山东省现代服务业发展研究报告
（2018）

王楠楠　主编

山东大学出版社

图书在版编目(CIP)数据

山东省现代服务业发展研究报告.2018/王楠楠主编.一济南:山东大学出版社,2018.8

ISBN 978-7-5607-6111-4

Ⅰ.①山… Ⅱ.①王… Ⅲ.①服务业一经济发展一研究报告一山东一2018 Ⅳ.①F726.9

中国版本图书馆CIP数据核字(2018)第185201号

责任编辑:姜　明

封面设计:牛　钧

出版发行:山东大学出版社

社　址　山东省济南市山大南路20号

邮　编　250100

电　话　市场部(0531)88363008

经　销:山东省新华书店

印　刷:山东华鑫天成印刷有限公司

规　格:787毫米×1092毫米　1/16

27印张　681千字

版　次:2018年8月第1版

印　次:2018年8月第1次印刷

定　价:180.00元

《山东省现代服务业发展研究报告(2018)》指导委员会

《山东省现代服务业发展研究报告(2018)》
编　委　会

前言

Preface

随着我国经济的发展，作为新兴经济的服务业在国民经济发展中所占的比重越来越大。服务业已经从传统的为人们日常生活提供各种服务发展到用现代化的新技术、新业态和新服务方式，满足人们日益增长的文化、休闲、旅游、娱乐、运动等需求。现代服务业作为促进我国经济社会发展的重要因素，在我国经济发展由粗放型向集约型转变的过程中，对推动服务业的可持续发展作用巨大。在现代服务业概念的发展过程中，逐步衍生出了与之对应的新型经济发展模式，例如分享经济、体验经济、平台经济、创意经济等。这些新型经济发展模式被很多国家视为新的经济增长点。

本报告既立足于我国和山东的实际，又具备广泛的国际视野。为了推动山东省现代服务业的快速发展，促进经济增长和就业，促进经济结构调整，为制定现代服务业发展政策提供依据，报告分析了我国及我省现代服务业发展的最新状态，考察了世界现代服务业发展动态和趋势，并选取国内外现代服务业中的热点行业，详细而深入地分析了发达国家和地区在促进这些行业发展方面的成功经验和有效做法，提出了今后我省现代服务业发展的重点领域、战略思路和政策措施，对我省现代服务业发展具有重要的理论和现实意义。

作者

2018 年 6 月

目录

Contents

综合篇

地区篇

行业篇

热点篇

政策篇

数据篇

注:本报告行业篇主要撰稿人在每章具体报告后予以注明。

综合篇

综合篇

第一章

全球现代服务业发展分析

一、全球经济发展总体概况

2008年国际金融危机以来，世界经济格局发生了巨大转变。值得特别注意的是，在发达国家出现了制造业回归以及否定多边贸易的逆全球化潮流，例如英国脱欧、特朗普当选美国总统后放弃"跨太平洋伙伴关系协定"（Trans-Pacific Partnership Agreement，TPP）等。这一趋势变化涉及制造业和服务业的关联度、发达国家服务业的开放度以及服务业发展与发达国家的经济竞争力和社会安全等问题（夏杰长和陈军，2017）。

（一）全球经济增速回升

全球经济活动的回升力度在继续增强。2016年全球经济增长3.2%，为全球金融危机以来的最低水平；而根据国际货币基金组织（International Monetary Fund，IMF）2017年10月发布的《世界经济展望》（*World Economic Outlook*，*WEO*）报告中的数据（见表1），全球经济增速预计2017年将上升至3.6%，2018年上升至3.7%。不同于之前若干年IMF在年度经济预测中习惯性地下调增长指标，2017年IMF不断连续上调全球经济增长预期。与2017年4月WEO中的预测相比，2017年和2018年的增长预测被分别上调0.1个百分点。同时，全球75%的经济体增速都在加快，且为近10年来所少有。《华尔街日报》将这一结果描述为"过去50年中极为罕见"。

其中发达经济体的2017年的预期增长率由2017年4月份预估的2%调整为2.2%（2016年仅为1.7%），而由于美国经济增长预计较低抵消了欧元区较高的增长预期，故而2018年发达经济体的预测增长率并未调整。由于对美国财政政策的预测进行了较大调整，故下调了美国经济增长速度预测值。全生产要素持续低迷和人口老龄化导致劳动力减少，导致了美国经济增长速度降低。2017年，欧元区表现出强劲的经济增长趋势，反映了欧元区在全球贸易扩大、出口速度增加以及在政治风险和不确定政策减少、金融条件宽松的情况下，国内需求的持续增长。欧元区的经济增长前景依然不容乐观，因为会受到生产力疲弱、人口结构不良以及一些国家存在的公共部门和私人部门债务过剩等情况的阻碍。

预测新兴市场和发展中经济体增长速度，将从2016年的4.3%将在2017年和2018年分别达到4.6%和4.9%。与2017年4月相比，2017年10月的WEO中的预测数据上调了0.1个百分点，这主要是由于中国和欧洲新兴市场的经济增长比预期要迅速。对中国预测值上调反映了2018年上半年基础设施的支出依然强劲有力以及房地产部门抵御风险的能力。中国具备在未来3～5年维持强劲经济增长的潜力，但需要加快改革步伐，以减少经济增长对债务和投资的依赖性。欧洲新兴市场预期经济增速上涨主要是由于土耳其在采取了几个季度的财政收缩后，改变了财政态度，扩大了财政，使得贸易出口经济复苏。

表1　世界主要国家经济增长率(%)

国家或地区	2016年	2017年[①]	2018年[①]
世界	3.2	3.6	3.7
发达经济体	1.7	2.2	2.0
美国	1.5	2.2	2.3
欧元区	1.8	2.1	1.9
德国	1.9	2.0	1.8
法国	1.2	1.6	1.8
意大利	0.9	1.5	1.1
西班牙	3.2	3.1	2.5
日本	1.0	1.5	0.7
英国	1.8	1.7	1.5
加拿大	1.5	3.0	2.1
其他发达经济体[②]	2.2	2.6	2.5
新兴市场和发展中经济体	4.3	4.6	4.9
独联体国家	0.4	2.1	2.1
俄罗斯	−0.2	1.8	1.6
其他独联体国家	1.9	2.9	3.3
亚洲新兴市场和发展中经济体	6.4	6.5	6.5
中国	6.7	6.8	6.5
印度	7.1	6.7	7.4
东盟5国[③]	4.9	5.2	5.2
欧洲新兴和发展中经济体	3.1	4.5	3.5
拉美和加勒比国家	−0.9	1.2	1.9
巴西	−3.6	0.7	1.5

续表

国家或地区	2016 年	2017 年①	2018 年①
墨西哥	2.3	2.1	1.9
中东、北非、阿富汗和巴基斯坦	5.0	2.6	3.5
沙特阿拉伯	1.7	0.1	1.1
撒哈拉以南非洲	1.4	2.6	3.4
尼日利亚	−1.6	0.8	1.9
南非	0.3	0.7	1.1
备忘录			
欧盟	2.0	2.3	2.1
低收入发展中国家	3.6	4.6	5.2
中东和北非	5.1	2.2	3.2
基于市场汇率的世界增长	2.5	3.0	3.1
世界贸易量(商品和服务)	2.4	4.2	4.0
进口			
发达经济体	2.7	4.0	3.8
新兴市场和发展中经济体	2.0	4.4	4.9
出口			
发达经济体	2.2	3.8	3.6
新兴市场和发展中经济体	2.5	4.8	4.5
商品价格(美元)			
石油	−15.7	17.4	−0.2
非燃料(基于世界商品出口加权平均)	−1.8	7.1	
消费者价格			
发达经济体	0.8	1.7	1.7
新兴市场和发展中经济体④	4.3	4.2	4.4

说明：①2017 年、2018 年数据为预测值。

②排除 G7(加拿大、法国、德国、意大利、日本、英国、美国)和欧元区国家。

③印度尼西亚、马来西亚、菲律宾、泰国和越南。

④排除阿根廷和委内瑞拉。

资料来源：IMF. World Economic Outlook, October 2017.

虽然近期增长有可能超过预期，但是，从各国国内状况、跨国情况以及从较长时间这几个重要方面看，复苏都未完全实现。从各国国内状况看，发达经济体的负产出缺口有所收窄，但与先前复苏相比，名义和实际工资增速仍很缓慢；从跨国情况来看，这是十年以来第一次有 75%的国家经济增长都在提速(按购买力平价 GDP 来看)，但这意味着余下的 25%对全球增长形成了拖累；从较长时间来看，在近期的正增长背后，许多经济体人均增长的较长期趋势已不及先前。

此外，重大下行风险继续笼罩着中期前景。第一，全球金融环境的收紧更为迅速、收紧幅度更大。

全球金融环境收紧可能是由于目前较高的全球风险偏好恶化造成的，这将减弱市场信心、使资产估值下降并使风险溢价扩大，从而对宏观经济活动造成负面影响。第二，新兴市场经济体出现金融动荡。其中，对中国增长预测值的上调表明，中国会更缓慢地向服务和消费型经济转型，债务水平预计将上升，财政空间也会减少。第三，发达经济体的通胀长期低迷。如果国内需求下降，可能会导致中期通胀预期下滑，这将延长并强化疲软的通胀。反过来，低通胀和低名义利率也会减弱央行降低实际利率的能力，从而更难在经济衰退中恢复充分就业。第四，全球金融危机以来在金融监管方面取得的进展普遍倒退。这可能会减少资本和流动性缓冲或削弱监管的有效性，对全球金融稳定产生负面影响。第五，政策转为内向型。如果各国转向保护主义，将减少贸易和跨境投资流动，损害全球经济增长。第六，非经济因素，包括地缘政治紧张、国内政治纷乱、治理薄弱和腐败带来的风险、极端天气事件、恐怖主义和安全问题等。这些都会让经济增长脱轨。

在经历了过去几年不尽如人意的经济增长后，全球经济活动的周期性改善令人欣慰，这为各国开展重大改革提供了理想的机会窗口，包括提高潜在产出、确保人们能从中广泛受益并增强抵御下行风险的能力。各国的经济周期仍然存在差异，因此仍宜采取不同的货币与财政政策立场。完成经济复苏并采取确保财政可持续的策略，仍是许多经济体的重要目标。

（二）世界贸易和投资速度放缓

根据世界贸易组织公布的1981～2016年世界贸易增长与国内生产总值（GDP）增长比率显示（见图1），2010年后国际贸易增长疲软，主要反映了全球经济的持续疲软。从历史上看，世界商品贸易量的增长速度大约是世界产量的1.5倍，但在20世纪90年代，增长速度是原来的2倍多。然而，自金融危机以来，贸易增长率与GDP增长率已下降到1∶1左右，表明在此期间世界贸易与GDP以几乎相同的速度增长，且均呈现较为低迷的状态。

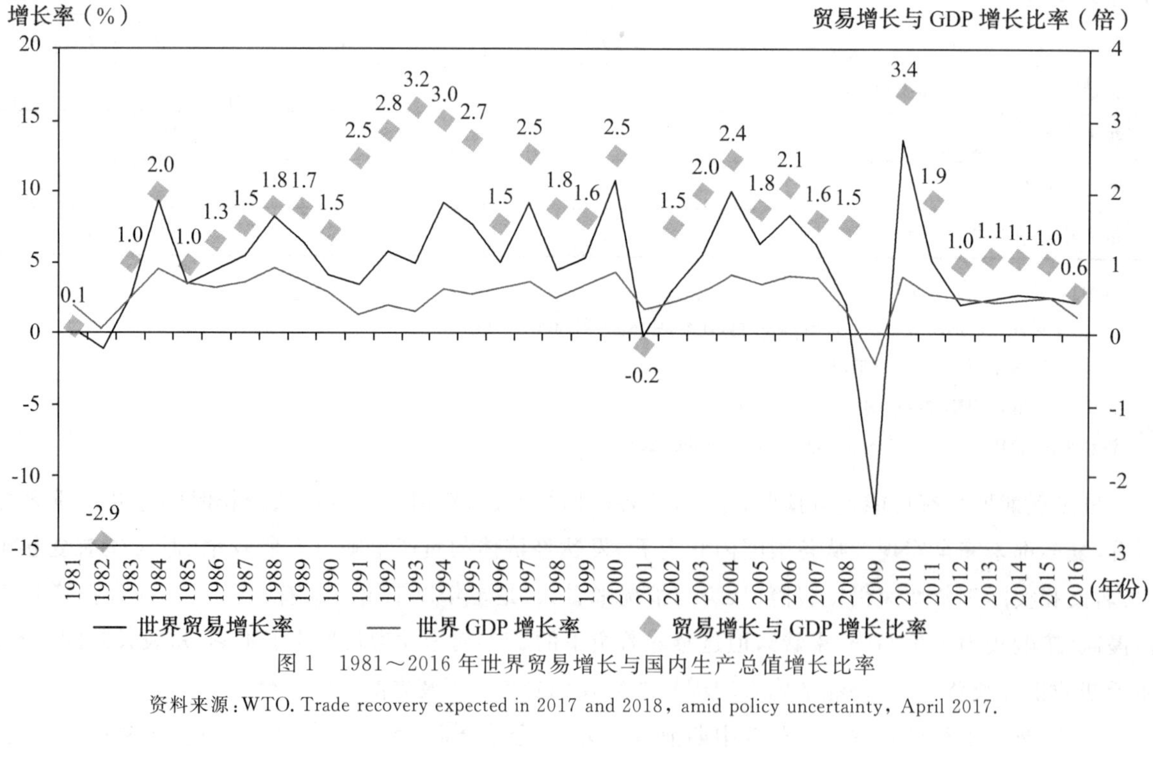

图1　1981～2016年世界贸易增长与国内生产总值增长比率

资料来源：WTO. Trade recovery expected in 2017 and 2018, amid policy uncertainty, April 2017.

2016年,贸易增长速度较疲弱,仅为1.3%。虽然一部分是因经济活动全面放缓所致的,但也反映了贸易与经济产出之间的深层结构变化。随着美国投资支出大幅度下滑,以及中国抑制进口需求、从投资转向消费以重新平衡其经济,全球需求的贸易密集型成分尤其薄弱。世界贸易组织预测,全球贸易将在2017扩大2.4%;然而,由于短期经济和政策发展的高度不确定性,这个数字将会在1.8%~3.6%之间。世贸组织预测2018年的贸易增长速度将在2.1%~4%之间(见表2)。

表2　2013～2018年各地区货物贸易和GDP年度增长率(%)

	2013年	2014年	2015年	2016年	2017年①	2018年①
世界货物贸易②	2.4	2.7	2.6	1.3	2.4(1.8～3.6)	2.1～4.0
出口						
发达经济体	1.7	2.4	2.7	1.4	2.8(1.9～4.0)	2.1～4.2
发展中经济体③	4.0	3.0	2.0	1.3	2.2(1.8～3.4)	2.0～4.0
北美	2.7	4.2	0.7	0.5	3.2(2.7～4.0)	3.7～4.7
中南美洲	1.7	−2.2	2.5	2.0	1.4(1.3～1.6)	2.2～2.6
欧洲	1.7	2.0	3.6	1.4	2.8(2.0～4.2)	1.9～4.1
亚洲	5.4	4.3	1.1	1.8	2.5(1.7～3.9)	1.9～4.4
其他地区④	0.5	0.9	4.3	0.3	0.8(1.1～2.0)	1.0～3.0
进口						
发达经济体	0.0	3.6	4.7	2.0	3.0(2.2～4.4)	2.0～4.0
发展中经济体③	4.6	1.7	0.5	0.2	2.2(1.8～3.3)	2.5～4.3
北美	1.3	4.8	6.7	0.4	3.0(1.8～4.8)	2.5～5.1
中南美洲	4.5	−2.4	−5.8	−8.7	0.1(−0.6～1.0)	1.0～3.0
欧洲	−0.2	3.2	4.3	3.1	2.9(2.0～4.2)	1.6～3.6
亚洲	4.8	3.0	2.9	2.0	3.2(3.2～4.1)	2.8～4.6
其他地区④	1.8	−0.9	−5.1	−2.4	0.5(−0.4～1.8)	2.5～3.0
按市场汇率计算的实际GDP	2.2	2.6	2.6	2.3	2.7	2.8
发达经济体	1.1	1.7	2.2	1.6	2.0	2.0
发展中经济体③	4.6	4.2	3.5	3.5	4.0	4.2
北美	1.7	2.4	2.5	1.6	2.3	2.7
中南美洲	3.3	0.6	−0.9	−2.0	1.0	2.0
欧洲	0.5	1.6	2.2	1.9	1.8	1.7
亚洲	4.4	4.0	4.2	4.1	4.3	4.0
其他地区④	2.7	2.5	1.1	1.7	2.4	3.0

说明:①2017年、2018年数据为预测值。②进出口平均值。③包括独立国家联合体(独联体),包括联合国和前成员国。④其他地区包括非洲、独联体国家和中东。

资料来源:WTO. Trade recovery expected in 2017 and 2018, amid policy uncertainty, April 2017.

对未来两年的贸易活动能够产生较大影响的因素有两个：第一，全球经济不可预测的方向以及政府对货币、财政和贸易政策行动的不明确；第二，通货膨胀率的上升导致利率上升、紧缩的财政政策以及采取措施抑制贸易。

(三)全球外国直接投资强劲复苏

2016 年，全球外国直接投资额减少了大约 2%，降至 1.75 万亿美元。对发展中国家的投资下降幅度更大，为 14%，对最不发达国家和结构薄弱经济体的投资流量仍然飘忽不定，数额低下。而得益于主要地区经济增长预期上升、贸易增长复苏以及企业利润回升，预计 2017 年全球外国直接投资将增长 5%，达到近 1.8 万亿美元。外国直接投资流量的适度增长将持续到 2018 年，届时将达到 1.85 万亿美元——尽管仍然低于 2007 年的最高值(见图 2)。政策不确定性和地缘政治风险有可能会阻碍这一复苏，税务政策的变化有可能对跨界投资产生重大影响。

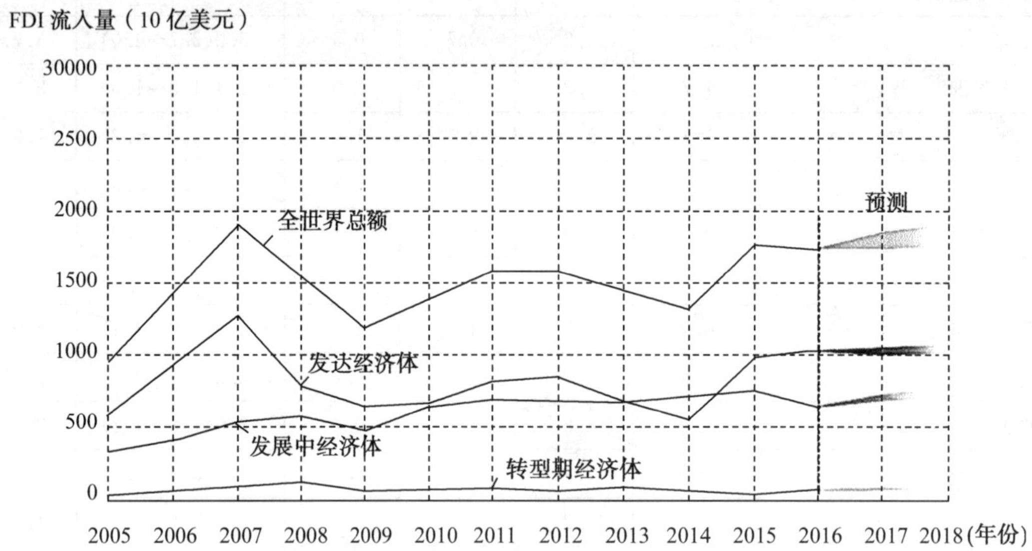

图 2　2005～2018 年按全球及经济体类别分列 FDI 流入量(投资额/100 万美元)

说明：2017 年、2018 年数据为预测值。

资料来源：UNCTAD. World Investment Report 2017.

发展中经济体的外商直接投资(FDI)的流入量将在 2017 年增长 10%左右，而发达经济体增速将保持稳定。联合国贸易和发展会议对不同地区在 2017 年的 FDI 流入量增速的预期也各不相同：由于石油价格小幅增长，非石油直接投资将会增加，预计非洲的 FDI 流入量将会有轻微增长，大约 659 亿美元；亚洲主要经济体经济前景的改善会刺激投资者的信心，因而发展中亚洲经济体的 FDI 流入量将增长 25%，总额达到 5150 亿美元；由于宏观经济和政策的不确定性，拉丁美洲和加勒比地区的 FDI 流入量情况仍然不容乐观，大约会下降 10%，总额约为 1300 亿美元；由于经济低迷见底、石油价格上涨和私有计划的支持，转型经济体的 FDI 流入量将适度增长，约 800 亿美元；发达经济体的 FDI 流入量预计会保持稳定，约 1 万亿美元(见表 3)。

表 3　　2014～2017 年按经济体类别和区域分列的 FDI 流入量及增长率

	2014 年	2015 年	2016 年	2017 年
FDI 流入量(10 亿美元)				
世界	1324	1774	1746	1670～1870
发达经济体	563	984	1032	970～1080
欧洲	272	566	533	560
北美洲	231	390	425	360
发展中经济体	704	752	646	660～740
非洲	71	61	59	65
亚洲	460	524	443	515
拉丁美洲和加勒比地区	170	165	142	130
转型期经济体	57	38	68	75～85
年度增长率(%)				
世界	－8	34	－2	－4～7
经济发达体	－18	75	5	－9～2
欧洲	－20	108	－6	－5
北美洲	－15	69	9	－15
发展中经济体	4	7	－14	2～15
非洲	－4	－14	－3	－10
亚洲	9	14	－15	－15
拉丁美洲和加勒比地区	－3	－3	－14	－10
转型期经济体	－33	－34	81	10～25

说明:2017 年数据为预测值。

资料来源:UNCTAD. World Investment Report 2017.

二、全球现代服务业发展特点

(一)服务业在经济活动中占据主导地位

20 世纪七八十年代以来,全球经济结构呈现出服务业主导的发展趋势,发达国家都经历了向服务业为主的经济结构转型和变革。在科技进步和经济全球化驱动下,服务业内涵更加丰富,分工更加细化,业态更加多样,模式不断创新,在产业升级中的作用更加突出,已经成为支撑发展的主要动能、价值创造的重要源泉和国际竞争的主战场(国家发展改革委员会:《服务业创新发展大纲(2017～2025 年)》)。世界银行(The World Bank)在 2017 年 3 月份公布的《2017 年世界发展指数》(*World Development Indicators* 2017)报告中指出,在世界 GDP 占比中,制造业比重在不断下降,服务业比重在不断上升。过去 20 多年,制造业在全球 GDP 占比中下降了 6%,而服务业比重上升了近 10%。这表明世界的产出结构和就业格局发生了变化(见图 3)。

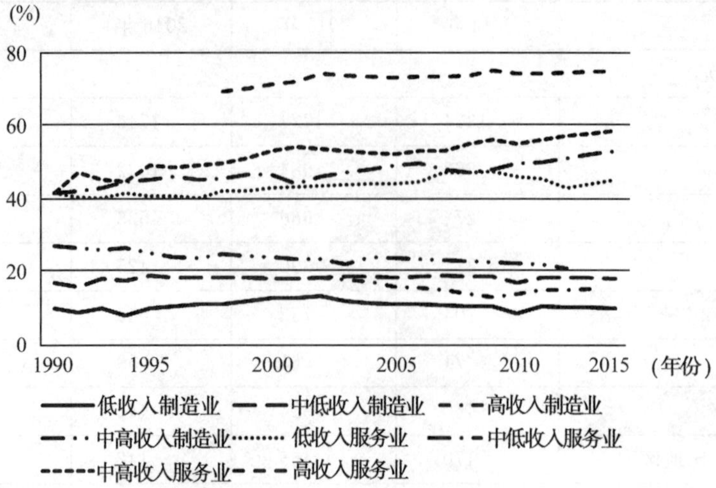

图 3 服务业与制造业占世界 GDP 比重

资料来源:World Bank. World Development Indicators 2017.

在 1990 年,低中收入国家的服务业平均贡献值仅占 GDP 的 40%以上。自此,服务业占 GDP 的比重在不同收入水平的国家群体均呈现稳步增长的趋势。在 2014 年,中高收入国家的增长速度达到最快,该比重近乎达到 60%;高收入国家的服务业也成为主导产业,约占 GDP 的 75%;在所有的不同收入水平的国家群体中,制造业占 GDP 的比重均呈现下降的趋势,但中高收入国家下降幅度最大。

(二)全球服务业发展不均衡

与 1990～2000 年相比,2000～2016 年世界的服务业平均年增长率在下降。而除欧洲与中亚、北美外,其余地区的数据呈现出增长趋势(见图 4),尤其是撒哈拉以南非洲、中东和北非,服务业平均年增长率提高近 1 倍。尽管这一数据无法否认全球服务业发展不均衡的事实,但是从侧面证明了这些地区的服务业正在飞速发展,努力缩小差距。

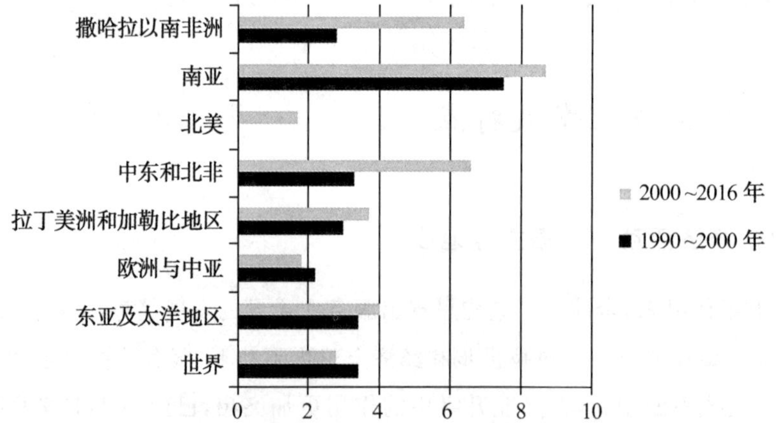

图 4 世界各地区服务业平均年增长率(%)

说明:北美地区无 1990～2000 年数据。

资料来源:World Bank. World Development Indicators 2017.

此外，通过全球服务业就业情况，也可以看出各地区服务业发展不均衡。由表4可知，低收入国家服务业就业人口占比不超过30%，而高收入国家有近65%的男性和近88%的女性从事服务业工作。这二者之间巨大的差异，表明了各地区服务业发展情况的巨大鸿沟。

表4　按收入划分各国服务业就业人口占比

	男性就业人口占比(%)		女性就业人口占比(%)	
	2000年	2016年	2000年	2016年
世界	39.0	45.4	43.8	55.5
低收入国家	26.0	23.8	23.4	23.0
低中等收入国家	32.6	39.0	26.8	39.5
高中等收入国家	37.9	48.3	41.2	59.5
高收入国家	58.7	64.7	80.6	87.3

资料来源：World Bank. World Development Indicators 2017.

(三)服务业占据全球外国直接投资份额持续增长

由于金融、商业活动、贸易和电信等行业的主导，服务业持续占据外国投资的主要份额，约为全球FDI的2/3(Word Investment Report 2017)。这个数字可能言过其实，事实可能仅为此数字的2/3。该数据被高估的主要原因之一是，统计FDI数据过程中的行业根据外国分公司的经济活动划分的，而非跨国企业所属的行业。许多制造业的跨国公司从事服务类型的活动，例如区域总部、后勤、金融控股、采购或物流中心、配送或售后服务以及研发。通过检测初级产业和制造业跨国公司的1500所以上外国分公司发现，超过一半的被归类到了服务业。

截至2015年，服务业大约占据全球FDI的2/3，与其所占世界经济的比例相同，制造业和初级产业分别占据26%和6%。从图5可以看出，服务业的发展已经趋于稳定。服务业的全球FDI中大部分集中于商业活动，其中包括控股公司和区域总部被默认地分配给服务业，尽管他们的母公司隶属于初级产业或者制造业。

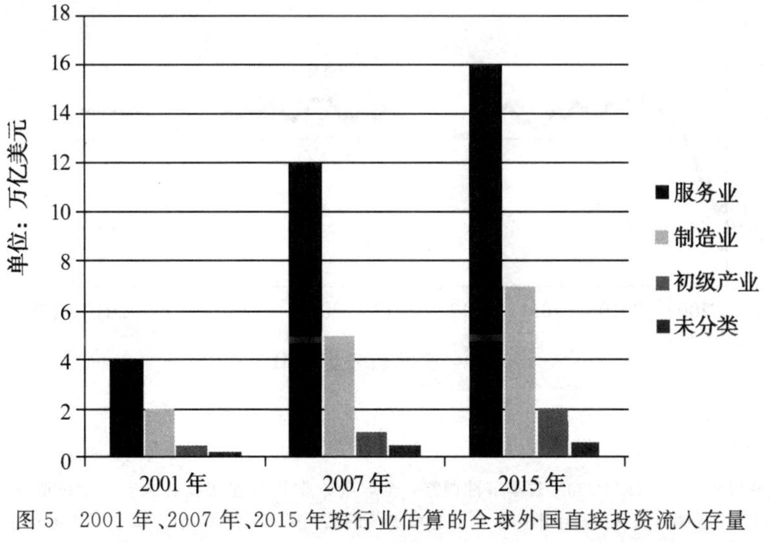

图5　2001年、2007年、2015年按行业估算的全球外国直接投资流入存量

资料来源：UNCTAD. World Investment Report 2017.

通过图6可以看出，参与调查的高管对2017年以后的经济好转和投资增强抱有较强的信心，尤其是发达经济体和服务业的相关人员。由此可知，未来服务业的发展将呈现较好的态势。

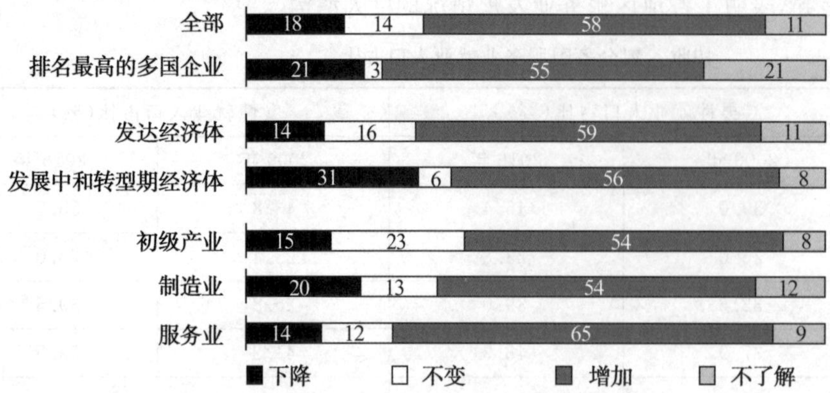

图6　高管人员对2017～2019年全球外国直接投资活动的预期(在各区域和部门高管人员中所占的百分比)

说明：由于四舍五入，数据相加之和可能不到100。

资料来源：UNCTAD. World Investment Report 2017.

三、全球现代服务业发展趋势

(一)全球服务业增速波动

根据J. P. Morgan、IHS Markit、供应管理学会(ISM)和国际采购与供应管理联盟(IFPSM)等在2017年12月份发布的全球服务业采购经理人指数①(PMI)可以看出，自2009年以来，全球服务业虽然在持续扩张，但增速呈现波动趋势(见图7)。由于美国、日本和英国的增长放缓，全球服务业活动的扩张速度于2017年11月份降至近四个月来的最低点。此外，印度和巴西出现了收缩的情况。可喜的是欧元区、中国、俄罗斯和澳大利亚的产量均以更快的速度增加。

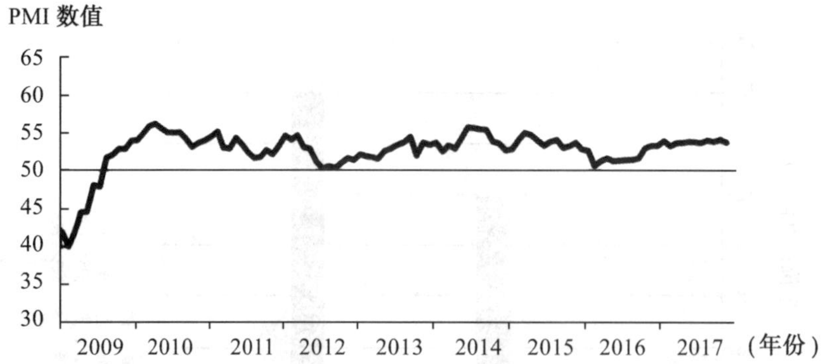

(a)　全球服务业PMI

① 全球服务业采购经理人指数(PMI)均经过季节性调整。全球服务业PMI是根据各国家对全球服务总价值增加贡献加权计算得到的，各国家权重根据世界银行提供的每个国家服务业总增加值的数据确定。PMI高于50表明服务业正在扩张，低于50则说明服务业出现萎靡。

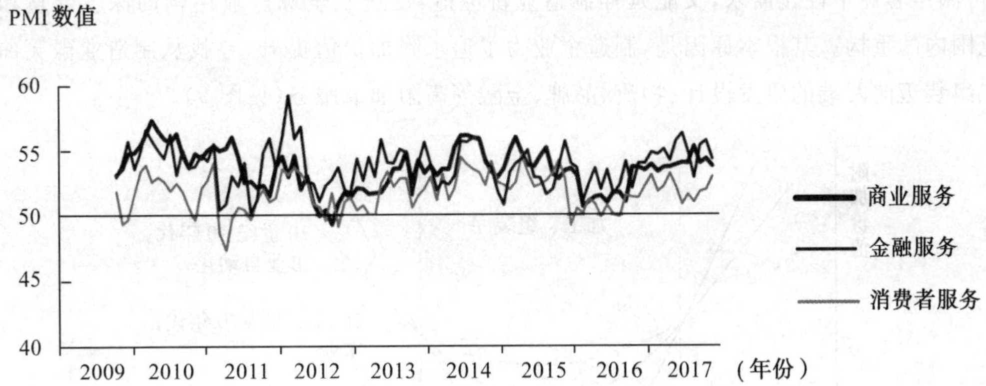

（b） 全球服务业各类商业活动 PMI

图 7 全球服务业及各类商业活动 PMI

资料来源：J. P. Morgan Global Services PMI, December, 2017.

图 7(b)表明，商业服务业、消费服务业和金融服务业的产出增长率都有大幅提高，其中最快的是金融服务业供应商，最慢的是消费服务业。

根据世界银行公布的《2017 年世界发展指标》，不难看出，2000～2016 年的全球服务业平均年增长率与 1990～2000 年相比呈现下降趋势，但是低收入国家、低中等收入国家和高中等收入国家的增长率均出现较大增长。因此，尽管高收入国家 1990～2000 年数据不适用，也可以看出其增长率应有降低(见图 8)。

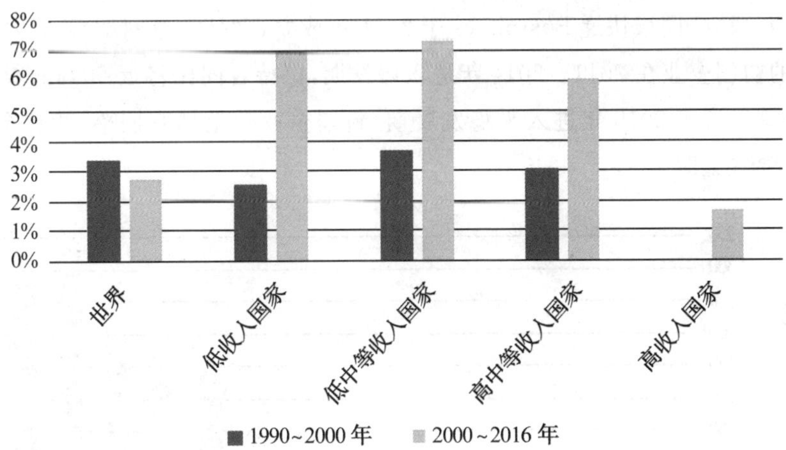

图 8 按收入分各国服务业平均年增长率(%)

说明：高收入国家 1990～2000 年数据不适用。

资料来源：World Bank. World Development Indicators 2017.

(二)全球服务业的业态创新

制造业服务化带动服务业的业态创新。放眼全球，惠普、戴尔等计算机企业早已开始从卖硬件向卖服务转型；耐克等企业通过产业链重组，逐渐将加工制造环节转移出去，集中开展产品设计、品牌维护等，从制造企业转型为服务提供商，全球制造业向服务化转型的趋势愈加明显。

制造业服务化，即制造企业由提供产品制造为核心向提供产品、服务和整体解决方案并重转变的过程，既可满足客户个性化需求，又能延伸制造业价值链，促进了全球产业结构的深度调整和价值链在全球范围内的重构。其根本原因是，制造企业为了追求附加价值提升，寻找从制造业微笑曲线最底部的加工组装迈向两端的研发设计、物流、品牌、金融等高附加值服务（见图 9）。

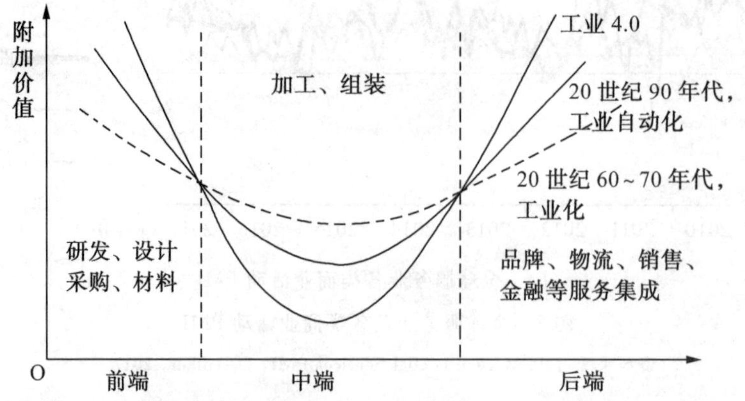

图 9　制造业微笑曲线

分享经济成为服务业新的增长点。分享经济（Sharing Economy）是指将社会海量、分散、闲置资源，平台化、协同化地集聚、复用与供需匹配，从而实现经济与社会价值创新的新形态。分享经济的四个特征：以闲置资源为基础，以互联网平台为支撑，以短时让渡使用权为方式，以获取收益为目的（何超等，2018）。

美国金融危机催生了分享经济发展的浪潮，分享经济平台迎来了爆发期。出行巨头 Uber 于 2009 年成立，短租巨头 Airbnb 于 2008 年成立，跑腿网站 TaskRabbit 于 2008 年成立，办公共享巨头 WeWork 于 2010 年成立，同城快递 Postmates 于 2011 年成立，食品共享网站 GrubWithUs 于 2010 年成立。分享经济的初创企业在 2011～2014 年进入爆发期，保持着同比将近 50%的增速发展。经过爆发式发展，海外分享经济于 2015 年进入平稳发展期，新增企业数量稍有回落，相比金融危机之前，仍保持着快速增长态势（见图 10）。

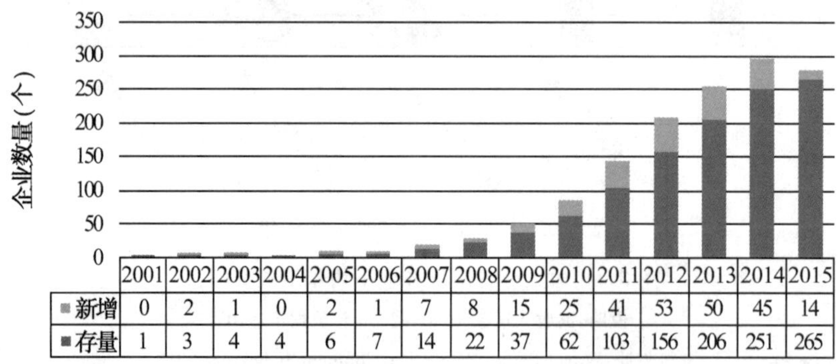

	2001	2002	2003	2004	2005	2006	2007	2008	2009	2010	2011	2012	2013	2014	2015
■新增	0	2	1	0	2	1	7	8	15	25	41	53	50	45	14
■存量	1	3	4	4	6	7	14	22	37	62	103	156	206	251	265

图 10　2001～2015 年全球分享经济初创企业数量

资料来源：根据 Crowed Companies（截至 2015 年 9 月）、腾讯研究院资料整理。

在分享经济风生水起的当下，奔驰、宝马等车企也纷纷推出汽车分时共享业务。据普华永道统计，到 2015 年，全球仅 P2P 借贷和众筹、人力共享、在线 P2P 短租、出行共享、音乐视频共享等五大领域的分享经济规模就将增长到 3350 亿美元。其中，空间、交通服务领域占据分享经济市场的半壁江上，Uber 和 Airbnb 是分享经济的两个典型代表。

参考文献

[1]何超,张建琦,刘衡.分享经济:研究评述与未来展望[J].经济管理,2018,40(01):191-208.

[2]夏杰长,陈军.世界经济格局变迁背景下的服务业发展与开放[C].第十五期中国现代化研究论坛论文集.2017.

[3]IMF. World Economic Outlook [R]. 2017. 10.

[4]UNCTAD. World Investment Report 2017[R]. 2017. 06.

[5]World Bank. World Development Indicators 2017[R]. 2017.

[6]WTO. Trade Recovery Expected in 2017 and 2018, Amid Policy Uncertainty[R]. 2017. 04.

第二章 全国现代服务业发展分析

2016年初，李克强总理在博鳌论坛上指出，消费和服务业已经成为拉动中国经济增长的主要力量。服务业发展水平是衡量一个国家市场经济发展水平的重要标志，服务业也正逐渐转变为世界各国经济发展的新的增长点。近年来，服务业在各国国民经济中的比重不断提高，中国也不例外，截至2015年末，服务业在中国国内生产总值中的比重已上升至50.5%，首次占据"半壁江山"。在服务业比重不断得到提高的同时，我们非常关心服务业发展质量的问题，因为仅依靠要素投入而非效率提升，服务业将难以维持长期高效快速发展，深入剖析服务业发展效率的问题，实现服务业高效发展，才是真正促进中国服务业健康发展的重要途径。

一、全国经济发展总体概况

(一)中国经济发展总体概况

中国经济40年增长的经验事实是持续高速增长，并通过高速增长带动了世界经济，重塑了世界经济格局。2016年，中国支撑了全球经济增长的41%的贡献，国内经济从高波动、高增长走向了低波动、中高速增长的成熟经济增长的新常态(张平和楠玉，2018)。中国与其他国家GDP增长率和人均GDP增长率情况见表1。

表1　　中国与其他国家GDP增长率和人均GDP增长率的比较

国　家	GDP增长率(%)		人均GDP增长率(%)	
	1978～2002年	2003～2016年	1978～2002年	2003～2016年
中国	9.70	9.59	8.37	9.01
美国	3.17	1.85	2.08	1.01

续表

国家	GDP 增长率(%)		人均 GDP 增长率(%)	
	1978～2002 年	2003～2016 年	1978～2002 年	2003～2016 年
英国	2.58	1.63	2.36	0.90
德国	2.14	1.25	1.92	1.24
法国	2.33	1.09	1.83	0.52
日本	2.96	0.86	2.50	0.89
韩国	7.98	3.59	6.82	3.05
新加坡	7.25	5.60	4.76	3.42
马来西亚	6.48	5.10	3.80	3.21
泰国	6.19	3.89	4.64	3.36
印度尼西亚	5.12	5.49	3.20	4.12
菲律宾	2.78	5.56	0.25	3.77

资料来源：根据世界银行(World Bank)WDI(World Development Indicators)数据库整理得到。

中国改革开放以来，经济增长保持了近 10%的增速。1978～2002 年，前 25 年 GDP 平均增长率为 9.7%，期间经历了中国改革开放的探索期：1978～1984 年的“拨乱反正”和农村土地承包制，1985～1988 年的乡镇企业带动期，1989～1991 年的经济调整期。1991 年邓小平南方谈话，迎来了中国全面对外开放的新历史时期：1994 年中共十四届三中全会奠定了社会主义市场经济理论，期间经历了 1997 年亚洲金融危机的冲击；2001 年互联网泡沫破灭冲击，同年 12 月 11 日中国成为 WTO 成员。1978～2002 年 25 年的增长，为中国改革开放从探索到成熟奠定了基础，中国坚定而又自信地走向了具有中国特色的社会主义市场经济的道路，改革开放的伟大成绩深入人心。2003 年，中国经济开始从工业化、对外开放的新起点向着工业化和城市化快速转变。2011 年，中国城市化率超过 50%，中国从农业人口占优的农业国转变为以城市人口占优的现代经济体。2012 年，服务业超过工业，成为经济发展的新引擎，中国经济结构服务化进程开启，中国经济增长逐步从高速增长转向中高速增长。2003～2018 年，预计增长仍能保持 9%的增长速度。40 年来，中国经济增长从各个阶段上看均为世界经济增长的领头羊。

通过国际比较发现，中国经济增速超过发达国家 1 倍以上，比新兴东亚国家韩国、新加坡、马来西亚、印度尼西亚、泰国和菲律宾等高出 30%以上(见表 1)。从总量看中国超过美国仍需时日，但中国经济增长的斜率远高于美国，始终保持着世界经济总量前三的地位，而且具备超越美国的趋势。2008 年全球金融危机后，中国经济总量超过日本并遥遥领先，成为名副其实的全球第二大经济体，而后来的赶超者印度与中国的差距较大，2015 年后其增长速度正在超过中国，但印度当前仍属于中等偏低收入国家，而中国正逐步迈入高收入国家的行列。

(二)中国经济新常态

2014 年 5 月，习近平总书记在河南考察时指出，我国发展仍处于重要战略机遇期，我们要增强信心，从当前我国经济发展的阶段性特征出发，适应新常态，保持战略上的平常心态。[①] 这是最高决策层

① 《习近平在河南考察时强调：深化改革发挥优势创新思路统筹兼顾　确保经济持续健康发展社会和谐稳定》，2014 年 5 月 11 日《人民日报》第 1 版。

首次使用新常态一词来描述中国经济,这是在对中国面临复杂的国际国内环境和条件变化的清醒认识上的重大战略判断,深刻揭示了中国经济发展阶段的新变化。2015 年 4 月召开的中央经济工作会议指出,认识新常态,适应新常态,引领新常态,是当前和今后一个时期我国经济发展的大逻辑。

中国经济新常态的五个主要特征:(1)正在向形态更高级、分工更复杂、结构更合理的阶段演化,经济发展进入新常态;(2)正从高速增长转向中高速增长;(3)经济发展方式正从规模速度型粗放增长转向质量效率型集约增长;(4)经济结构正从增量扩能为主转向调整存量做优增量并存的深度调整;(5)经济发展动力正从传统增长点转向新的增长点。

中国经济新常态面临一些研究的挑战,如"中等收入陷阱"风险、生态环境恶化、人口老龄化问题严重等(刘梦晨,2017)。面临如此形势,董伟(2017)、刘梦晨(2017)、石建勋和张悦(2015)等学者提出了中国经济发展可以选择的各种战略:(1)主动适应新常态要创造新优势;(2)主动适应新常态要保持稳增长和调结构平衡;(3)主动适应新常态要优化经济发展空间格局;(4)主动适应和引领新常态主要靠推进改革;(5)正确处理好政府与市场的关系;(6)大力推进改革创新建设创新型国家;(7)激发有效需求供给,保障和改善民生;(8)加强生态文明建设;等等。

(三)中国经济结构服务化

我国正处于实现"两个一百年"奋斗目标承上启下的历史阶段和从上中等收入国家向高收入国家迈进的关键时期,经济发展进入新常态,结构优化、动能转换、方式转变的要求更加迫切,需要以服务业整体提升为重点,构建现代产业新体系,增强服务经济发展新动能,实现经济保持中高速增长、迈向中高端水平。

新常态下中国新生动力正在成长,经济结构正在发生显著的变化。基于需求动力层面、要素供给层面、产业动力层面、区域经济层面和城乡经济层面五大维度,中国经济结构演化的特征事实可以概括为:消费成为拉动经济增长的主要需求动力,技术创新成为拉动经济增长的重要供给动力,服务业成为拉动经济增长的主要产业动力,中西部地区对经济增长的贡献增强,城乡经济发展差距在缩小(刘东皇等,2017)。中国经济走向新常态,意味着经济结构不断优化,这对全球经济的再平衡和健康发展都起到重要的正面效应(石建勋和张悦,2015),这一变化对于消费以及服务业有着更大的依赖性。

在由中关村股权投资协会主办的 2017 年第五届国际视野下的创新与资本论坛上,国务院发展研究中心资源与环境政策研究所副所长李佐军发表主题演讲。他认为:2017 年,中国经济结构将继续得到优化,消费对 GDP 的贡献率会继续上升。第三产业占 GDP 比重从 2013 年开始占比达 46.1%,第一次超过第二产业,预计 2017 年将继续上升(承安,2017)。2016 年从劳动力就业情况来看,第一产业占比为 27.7%,第二产业占比为 28.8%,第三产业占比为 43.5%,中国经济结构呈现出城市主导和经济结构服务化的趋势。改革开放近 40 年,中国成功跨越了三个阶段:农业主导到工业化主导,再到城市经济主导、经济结构服务化,现代经济体逐步成熟(张平和楠玉,2018)。

从国际上的其他经济体各个阶段的服务业发展情况来看,发达国家达到成熟后服务业比重仍然会逐步上升,但相对比较稳定,如偏于制造业的德国、日本稳定在 70%,而其他发达经济体则稳定在 80%。东亚制造业国家的该数值比较低,如韩国一直稳定在 60%左右。中国服务业也不必追求过快发展,中国金融服务业在服务业中的占比居全球首位,与中国当前的发展阶段已经有所脱离。中国经济正转向高质量发展阶段,但传统行业仍是中国经济增长的引擎,如果不能清理冗余或引入更多的竞争机制，则可能使经济面临严重的增长放缓风险。同时，中国其他服务业中包含了太多的行政化的服务体系，如科教文卫体等非市场化部分占比很大，因此服务业在一定程度上被低估了，服务业自身结构调整是下一阶段重要的改革部分。从供给带动看：①经济增长的带动力从第二产业转向了第三产业，2015 年第三产业贡献了 53.7%；②工业增长拉动的百分点在前 30 年的贡献都超过了服务业，只有在近 10 年其贡献率低于了服务业，但第二产业中的制造业在前 25 年是决定性的贡献者，后 15 年贡献份额已经逐渐排名至第二位。③服务化趋势在继续加强。中国与其他经济体各阶段服务业占比情况见表 2。

表 2　中国与其他经济体各阶段服务业占比情况　单位：%

国　家	1978 年	1988 年	1998 年	2008 年	2016 年
中国	24.6	31.2	37.0	42.8	51.6
美国	—	—	75.3	77.2	78.9
德国	—	—	67.6	69.0	68.9
法国	64.4	69.1	73.7	77.6	79.2
日本	58.0	60.8	64.8	69.9	70.1
新加坡	63.9	64	66.0	72.6	73.8
韩国	44.3	50	57.3	61.2	59.2
巴西	48.3	46.2	69.5	67.3	73.3
阿根廷	46.4	52.5	65.3	59.9	65.8
智利	54.0	45.2	50.5	58.5	64.4
乌拉圭	—	53.8	65.8	63.3	64.4
马来西亚	35.1	41.6	42.8	47.1	55.7
泰国	45.9	49.2	53.5	50.3	55.8
印度尼西亚	—	39.7	36.7	37.5	43.7
菲律宾	34.9	41.9	50.8	53.9	59.5

资料来源：根据世界银行(World Bank)WDI(World Development Indicators)数据库整理得到。

二、全国现代服务业发展特点

(一)服务业规模不断扩充

长期以来，中国服务业规模不断扩大，无论是产值，还是从业人数等，都呈现出持续增长的态势(见表 3)。

1997～2016 年的 20 年间，服务业平均增速超过 10%，高于同期国内生产总值的平均增长速度。2007 年中国服务业增加值为 115810.7 亿元，到 2011 年服务业增加值达到了 216098.6 亿元，2014 年，服务业的增长已经超过 30 万亿元，从业人员达 3.1 亿人。

表 3　　1997～2016 年服务业发展主要评价指标

年　份	产　值		就　业	
	服务业增加值(亿元)	服务业占 GDP 比重(%)	服务业从业人数(万人)	服务业从业人员比重(%)
1997	27903.8	35.0	18432.0	26.4
1998	31558.3	37.0	18860.0	26.7
1999	34934.5	38.6	19205.0	26.9
2000	39897.9	39.8	19823.4	27.5
2001	45700.0	41.2	20164.8	27.7
2002	51421.7	42.2	20958.1	28.6
2003	57754.4	42.0	21604.6	29.3
2004	66648.9	41.2	22724.8	30.6
2005	77427.8	41.3	23439.2	31.4
2006	91759.7	41.8	24142.9	32.2
2007	115810.7	42.9	24404.0	32.4
2008	136805.8	42.8	25087.2	33.2
2009	154747.9	44.3	25857.3	34.1
2010	182038.0	44.1	26332.3	34.6
2011	216098.6	44.2	27282.0	35.7
2012	244821.9	45.3	27690.0	36.1
2013	277959.3	46.7	29636.0	38.5
2014	308058.6	47.8	31364.0	40.6
2015	346149.7	50.2	32839.0	42.4
2016	383365.0	51.6	33757.0	43.5

数据来源:中华人民共和国国家统计局编. 中国统计年鉴-2017[M]. 中国统计出版社, 2017.

“十二五”以来,中国服务业发展连续迈上新台阶,2011 年成为吸纳就业最多的产业。服务业占 GDP 的比重不断上升,最终在 2012 年实现追平第二产业,并于 2013 年实现反超。但从增长速度来看,2002～2011 年,服务业占 GDP 比重增速趋缓,甚至偶有下降,2012 年起,增速开始加快。2012 年增加值超过第二产业,2015 年增加值占国内生产总值(GDP)比重超过 50%。服务领域不断拓宽,服务品种日益丰富,新业态、新模式竞相涌现,有力支撑了经济发展、就业扩大和民生改善。

表 4　　中国与七国集团(G7)的服务业增加值占比　　单位:%

国　家	2005 年	2007 年	2009 年	2011 年	2013 年	2015 年
加拿大	—	67.3	71.3	68.9	—	—
英国	77.3	77.8	79.5	79.0	78.8	79.9
美国	76.9	76.8	78.7	78.0	77.9	—
日本	70.6	70.6	72.8	72.7	72.4	—

续表

国 家	2005 年	2007 年	2009 年	2011 年	2013 年	2015 年
意大利	71.9	71.4	73.8	73.7	74.0	74.2
法国	76.6	77.1	78.5	78.3	78.5	78.8
德国	69.8	68.6	71.5	68.6	68.9	68.9
G7 平均	73.9	72.8	75.1	74.2	75.1	75.4
中国	41.3	42.9	44.3	44.2	46.7	50.2
G7-中国	32.5	30.0	30.8	30.3	28.4	25.3

资料来源：范超，刘晓倩. 服务业发展的国际比较研究[J]. 调研世界，2018(3).

在 GDP 中，服务业增加值所占比重反映了一个国家经济整体的发展水平，通常认为该国的服务业增加值占比越高，表明该国的经济发展水平越高。2005～2015 年，中国与七国集团的服务业增加值占比如表 4 所示。2005～2015 年，中国服务业持续快速发展，服务业增加值占 GDP 比重从 2005 年的 41.3%上升到 2015 年的 50.2%，11 年间增加了近 9 个百分点。与之相比，七国集团服务业增加值占比高达 75%左右①，且占比在各年也较为稳定，2005～2015 年，七国集团的占比平均值仅上升约 2 个百分点。虽然中国服务业增加值占比与七国集团的差距在逐年缩小，但仍有很大差距，截至 2015 年，七国集团比中国高出约 25 个百分点（范超和刘晓倩，2018）。

（二）内部结构明显改善

近年来，中国服务业在保持较快发展速度的同时，其内部结构明显改善，服务业结构转换与升级速度加快。物流、信息技术服务业、金融业等生产性服务业的带动作用开始显现。旅游、文化、教育培训、医疗卫生、体育、会展、中介服务、动漫、创意等需求潜力大的新兴服务业发展迅速。现代技术型、知识型服务业迅速发展，各种新型业态层出不穷，提升了服务业对国民经济特别是对制造业的支撑能力。尽管批发和零售等传统产业的主导地位并未改变，但现代物流、信息、金融、科学研究等现代服务业发展总体水平有所提升。从服务业内部各行业增加值来看（见表 5），交通运输、仓储和邮政业，批发和零售贸易，房地产业和金融业等服务业所占比重仍是最高，2016 年在全部服务业增加值中的比重高达 57.2%，但前三个行业已经略呈下降趋势。而文化、体育和娱乐业所占比重仍然较低。

表 5　　2013～2015 年第三产业增加值及构成

行 业	2013 年（亿元）	占第三产业比重（%）	2014 年（亿元）	占第三产业比重（%）	2015 年（亿元）	占第三产业比重（%）
第三产业	275036	100.00	305074	100.00	343010	100.00
交通运输、仓储和邮政业	26043	9.47	28501	9.34	30488	8.89
信息传输、软件和信息技术服务业	13730	4.99	15940	5.22	18546	5.41
批发和零售业	56284	20.46	62424	20.46	66187	19.30
住宿和餐饮业	10228	3.72	11159	3.66	12154	3.54

① 这里是指 7 个国家的平均值。

续表

行业	2013年（亿元）	占第三产业比重（%）	2014年（亿元）	占第三产业比重（%）	2015年（亿元）	占第三产业比重（%）
金融业	41191	14.98	46665	15.30	57873	16.87
房地产业	35988	13.08	38001	12.46	41701	12.16
租赁和商务服务业	13335	4.85	15276	5.01	17112	4.99
科学研究和技术服务业	11010	4.00	12251	4.02	13480	3.93
水利、环境和公共设施管理业	3056	1.11	3473	1.14	3852	1.12
居民服务、修理和其他服务业	8625	3.14	9706	3.18	10855	3.16
教育	18951	6.89	21160	6.94	24253	7.07
卫生和社会工作	11034	4.01	12734	4.17	14955	4.36
文化、体育和娱乐业	3868	1.41	4275	1.40	4931	1.44
公共管理、社会保障和社会组织	21693	7.89	23509	7.71	26623	7.76

数据来源：中华人民共和国国家统计局编. 中国统计年鉴-2017[M]. 中国统计出版社，2017.

在行业构成中，发展水平较高的国家占比最大的为科学和技术，而中国是批发零售。科学和技术属于知识密集型行业，因此中国的知识密集型服务业提供的服务占比较低。此外，中国服务供给未能适应需求变化，生产性服务业发展明显滞后，生活性服务业供给不足。

（三）区域发展差异显著

中国服务业的城市和乡村、沿海和内陆之间的非均衡差异明显，各个区域服务业发展之间的协调性也较差。无论是从从服务业占GDP的比重还是吸收就业等方面来说都是如此。按照1997年全国人大八届五次会议，先将中国31个省份划分为东、中、西部地区：东部地区包括北京、天津、河北、辽宁、上海、江苏、浙江、福建、山东、广东、广西、海南12个省、自治区、直辖市；中部地区包括山西、内蒙古、吉林、黑龙江、安徽、江西、河南、湖北、湖南9个省、自治区；西部地区包括重庆、四川、贵州、云南、西藏、陕西、甘肃、宁夏、青海、新疆10个省、自治区。以各地区第三产业占GDP比重为例（见图1），从整体上看，东、中、西部地区第三产业占GDP比重均从2003年开始下降，2004年开始反弹，并始终维持在30%～50%之间；分地区来看，在2004年之后，东部地区第三产业占GDP比重仍以低速上升，但中部和西部地区仍有起伏。显而易见的是，东部地区服务业占GDP比重最大，西部次之，中部最小，且东部与中、西部的差距显著。

在《服务业创新发展大纲（2017～2025年）》中提到：今后要充分发挥"四大板块"比较优势，推动东部地区服务业率先向价值链高端攀升、提升辐射带动能力和国际化水平；支持东北地区依托制造业和现代农业基础，加快发展生产性服务业；鼓励中部地区发挥区位和产业优势，扩大服务业规模，提升服务水平；支持西部地区加快弥补服务业短板，发展特色优势产业。

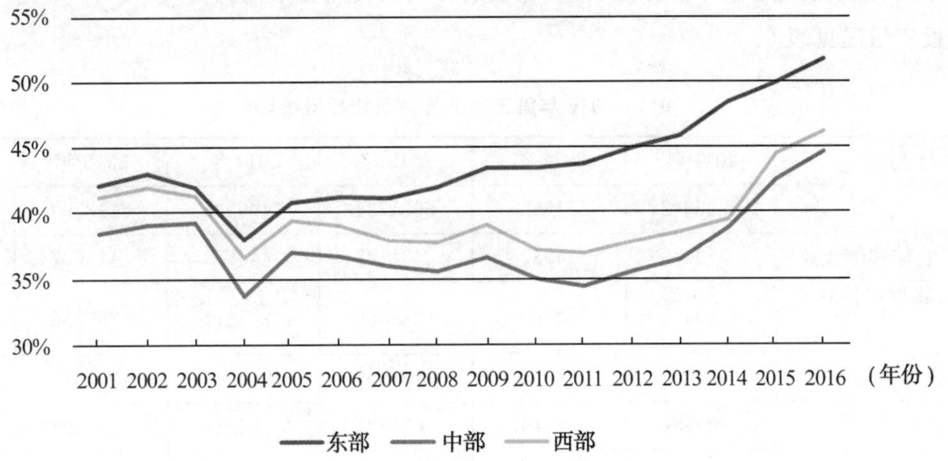

图 1　2001～2016 年东、中、西部地区服务业占 GDP 比重

数据来源：根据 2002～2017 年中国统计年鉴计算所得，http://www.stats.gov.cn/tjsj/ndsj/.

（四）贸易发展有待加强

中国服务业发展整体水平不高，产业创新能力和竞争力不强，质量和效益偏低。服务供给未能适应需求变化，生产性服务业发展明显滞后，生活性服务业供给不足。服务业增加值比重仍低于世界平均水平，整体上处于国际分工中低端环节，服务贸易逆差规模持续扩大。更为关键的是，服务业发展还面临思想观念转变相对滞后，体制机制束缚较多，统一开放、公平竞争的市场环境尚不完善等障碍。

中国服务业对外开放力度不断加大，但质量有待提高。

首先，从服务业吸收外商直接投资的规模来看，近几年来，中国吸收外商直接投资的规模不断扩大，服务业吸收 FDI 的比重也相应呈上升趋势，其中 2013 年、2014 年的比重增加很快，从 2012 年的 51.2%分别增加到 2013 年和 2014 年的 56.3%和62.0%（见图 2）。

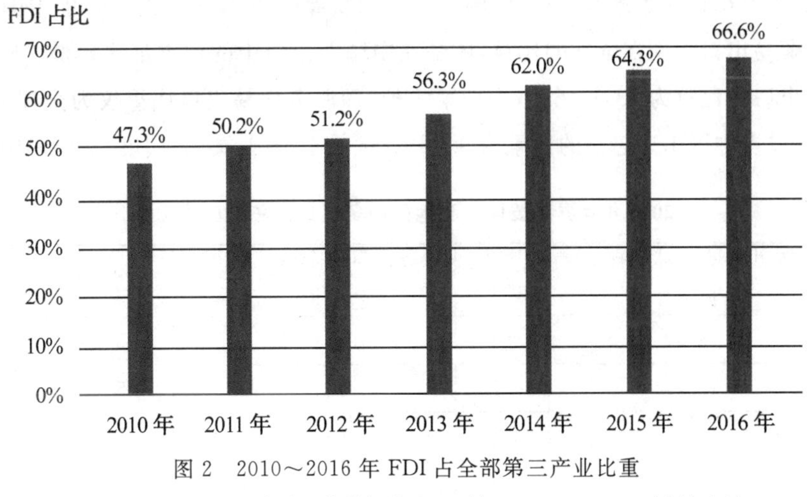

图 2　2010～2016 年 FDI 占全部第三产业比重

数据来源：2011～2017 年中国统计年鉴，http://www.stats.gov.cn/tjsj/ndsj/.

其次，从第三产业外商直接投资金额来看，第三产业中房地产业、租赁和商业服务业、批发和零售业占据主要份额。近几年，住宿和餐饮业以及房地产业吸引外商投资能力减弱，信息传输、软件和信息技术服务业、科学研究和技术服务业、教育等吸引外商投资能力增强。2011～2016 年我国第三产业外商直接投资情况见表 6。

表 6　　2011～2016 年第三产业外商直接投资统计　　单位:万美元

行业	2011 年	2012 年	2013 年	2014 年	2015 年	2016 年
第三产业	5825342	5719626	6621731	7409596	8113794	8389087
交通运输、仓储和邮政业	319079	347376	421738	445559	418607	508944
信息传输、软件和信息技术服务业	269918	335809	288056	275511	383556	844249
批发和零售业	842455	946187	1151099	946340	1202313	1587016
住宿和餐饮业	84289	70157	77181	65021	43398	36512
金融业	190970	211945	233046	418216	1496889	1028901
房地产业	2688152	2412487	2879807	3462611	2899484	1965528
租赁和商务服务业	838247	821105	1036158	1248588	1004973	1613171
科学研究和技术服务业	245781	309554	275026	325466	452936	651989
水利、环境和公共设施管理业	86427	85028	103586	57349	43334	42159
居民服务、修理和其他服务业	188357	116451	65693	71813	72131	49038
教育	395	3437	1822	2097	2894	9437
卫生和社会工作	7751	6430	6435	7757	14338	25411
文化、体育和娱乐业	63455	53655	82079	82338	78941	26732
公共管理、社会保障和社会组织	66	5	5	930	0	0

数据来源:2012～2017 年中国统计年鉴,http://www.stats.gov.cn/tjsj/ndsj/.

另外,从服务贸易出口比重来看,虽然中国服务业的发展取得了一定的进步,但中国服务贸易近年来一直逆差。服务贸易出口无论在全球的比重,还是在中国总出口中的比重都比较低。2016 年,中国货物出口占全球货物出口的比重为 13.15%,占全球第一位;而服务贸易出口比重仅为全球的1.30%,处于全球第五位;服务出口占中国出口总额的比重为 9.88%,远低于美国、英国、印度、法国等国家(见表 7)。

表 7　　2016 年世界主要国家和地区服务出口占总出口的比重

国家或地区	货物出口占全球货物出口的比重(%)	位次	服务出口占全球货物出口的比重(%)	位次	服务出口占本国出口的比重(%)
德国	8.40	3	1.68	3	19.99
中国	13.15	1	1.30	5	9.88
美国	9.12	2	4.59	1	50.36
日本	4.04	4	1.06	7	26.16
法国	3.14	7	1.48	4	47.00
英国	2.57	10	2.03	2	79.06

续表

国家或地区	货物出口占全球货物出口的比重(%)	位次	服务出口占全球货物出口的比重(%)	位次	服务出口占本国出口的比重(%)
中国香港	3.24	5	0.62	15	19.03
印度	1.65	16	1.01	8	61.08

数据来源:根据 WTO,*World Trade Statistical Review* 2017 计算整理所得。

最后,从服务业出口结构来看,从表8可以看出,中国服务贸易竞争力整体上薄弱。2011～2016年,中国服务贸易竞争力指数一直为负数,这表明中国服务贸易整体处于比较劣势,服务贸易的国际竞争力较弱。从各个具体行业来看,中国服务贸易进出口结构不平衡。部分服务业的竞争力较弱,如运输、旅行、知识产权使用费等高附加值的服务贸易领域,其行业竞争力指数大多数为负数,反映出中国资本和技术密集型服务贸易的国际竞争力水平比较低,特别是知识产权使用费接近－1,反映出该行业基本上处于依靠进口的状态。只有加工、建设、电信及计算机和信息服务、其他商业服务贸易竞争力指数一直保持正数状态,具有一定的竞争力。

表8　**2011～2016年中国服务贸易整体及分行业竞争力指数**

行业	2011年	2012年	2013年	2014年	2015年	2016年
服务贸易整体	－0.104	－0.165	－0.230	－0.328	－0.334	－0.369
加工服务	0.986	0.991	0.993	0.989	0.984	0.983
维护和维修服务	0.000	0.000	0.000	0.000	0.464	0.452
运输	－0.387	－0.376	－0.429	－0.431	－0.377	－0.409
旅行	0.199	0.342	－0.427	－0.675	－0.695	－0.709
建设	0.596	0.544	0.465	0.518	0.240	0.196
保险和养老金服务	－0.735	－0.722	－0.694	－0.662	－0.277	－0.521
金融服务	0.064	－0.010	－0.074	－0.043	－0.062	0.219
知识产权使用费	－0.904	－0.889	－0.919	－0.942	－0.906	－0.908
电信及计算机和信息服务	0.468	0.495	0.383	0.305	0.365	0.333
其他商业服务	0.068	0.093	0.095	0.257	0.193	0.145
个人、文化和娱乐服务	－0.530	－0.636	－0.683	－0.666	－0.443	－0.485
别处未提及的政府服务	－0.172	－0.025	0.016	－0.316	－0.414	－0.449

数据来源:根据2011～2016年《中国国际收支平衡表》整理计算。

三、国家推进服务业发展的相关政策和趋势分析

(一)国家相关政策

国家高度重视服务业的发展。近年来国家颁布多项政策,以加快服务业各个行业的发展和促进产业结构调整和升级。

《关于加快发展生活性服务业促进消费结构升级的指导意见》。生活性服务业领域宽、范围广，涉及人民群众生活的方方面面，与经济社会发展密切相关。加快发展生活性服务业，是推动经济增长动力转换的重要途径，实现经济提质增效升级的重要举措，保障和改善民生的重要手段。该《意见》提出今后一个时期，重点发展贴近服务人民群众生活、需求潜力大、带动作用强的生活性服务领域，推动生活消费方式由生存型、传统型、物质型向发展型、现代型、服务型转变，促进和带动其他生活性服务业领域发展。

《关于加快发展农业生产性服务业的指导意见》。为贯彻中央1号文件和《国务院关于加快发展生产性服务业促进产业结构调整升级的指导意见》(国发〔2014〕26号)精神，加快发展农业生产性服务业，2017年8月，农业部、国家发展改革委和财政部联合发布了《关于加快发展农业生产性服务业的指导意见》(农经发〔2017〕6号)。该《意见》指出，农业生产性服务是指贯穿农业生产作业链条，直接完成或协助完成农业产前、产中、产后各环节作业的社会化服务。加快发展农业生产性服务业，对于培育农业农村经济新业态，构建现代农业产业体系、生产体系、经营体系具有重要意义。通过发展农业市场信息服务、农资供应服务、农业生产绿色技术服务、农业废弃物资源化利用服务、农机作业及维修服务、农产品初加工服务、农产品营销服务等来积极拓展服务领域；利用培育多元服务主体和推动服务主体联合融合发展来培育农业生产性服务组织；采用推进专项服务与综合服务协调发展，大力推广农业生产托管，探索创新农业技术推广服务机制来不断创新农业生产性服务方式；实行健全工作推进机制，建设公共服务平台，引导服务规范发展，加大政策落实力度等方式加强指导服务。

《服务业创新发展大纲(2017～2025年)》。为深入贯彻习近平总书记关于供给侧结构性改革的重要讲话精神，落实党中央、国务院决策部署，推进服务业改革开放和供给创新，国家发展改革委员会会同有关部门研究起草了《服务业创新发展大纲(2017～2025年)》(以下简称《发展大纲》)。《发展大纲》明确了发展目标：到2025年，服务业市场化、社会化、国际化水平明显提高，发展方式转变取得重大进展，支撑经济发展、民生改善、社会进步、竞争力提升的功能显著增强，人民满意度明显提高，由服务业大国向服务业强国迈进的基础更加坚实。具体来说，就是要实现服务业发展环境全面优化、有效供给持续扩大、质量效益显著改善、创新能力大幅提升、国际竞争力明显增强等几方面。为了实现这一目标，《发展大纲》中也明确了具体的任务和要求，为中国服务业发展提供了指引。

(二)由政策看趋势

通过中国近期关于服务业相关政策文件，不难看出，服务业已经成为了中国经济发展的重点。为了深入打造中国服务新品牌、建设服务业强国，各项政策为服务业的发展指明了方向：

优化服务业产业结构。近年来，陆续出台的服务业相关政策都在努力促进生产性服务业向专业化和价值链高端延伸、生活性服务业向精细和高品质转变。例如，国务院相继出台了家庭、养老、健康、文化创意等生活性服务业发展指导意见，服务供给规模和质量水平明显提高。随着生产性服务业发展的滞后和结构不合理等问题的凸显，国务院也发布了相关指导意见，以加快发展生活性服务业，促进消费结构升级。

扩大服务业对外开放和贸易。以“一带一路”战略为统领，推动服务领域双向开放，深度融入全球服务业分工体系，以高水平对外开放促进中国服务业大发展。深度参与国际分工合作，在开放竞争中拓展空间、提升水平。继续开展服务业综合改革试点，规范有序推进自由贸易试验区、服务业扩大开放综合试点等建设。加快制度创新成果复制推广。把服务领域开放作为我国新一轮对外开放的重中之重，在坚守国家安全底线的前提下，加大开放力度，丰富开放内涵，提高服务领域开放水平。

提升中国服务文化影响力。《发展大纲》中多次提及文化创意产业相关内容。例如，鼓励企业采用更多文化元素进行服务产品设计与创新，提升研发设计、商务咨询等服务的文化创意含量，将传统文化、民俗风情和民族区域特色注入旅游休闲、文化娱乐、体育健身、健康养老等服务。发挥中华文化博大精深、兼容并蓄优势，吸收借鉴国外优秀文化成果，发展具有独特文化魅力和吸引力的服务产品及服务模式，提升中国服务国际竞争力；推动服务走出去与文化走出去有机结合，在服务业国际化发展中展示中华文化风采。

参考文献

[1]承安. 中国经济结构将继续优化[J]. 国际融资，2017(6)：46-47.

[2]董伟. 浅谈中国经济"新常态"[J]. 中国商论，2017(6)：3-4.

[3]范超，刘晓倩. 服务业发展的国际比较研究[J]. 调研世界，2018(3)：1-7.

[4]刘东皇，谢忠秋，季小立. 新常态下中国经济结构优化：障碍与突破路径[J]. 青海社会科学，2017(1)：86-92.

[5]刘梦晨. 关于中国经济新常态的若干思考[J]. 焦作大学学报，2017，31(1)：81-83.

[6]石建勋，张悦. 中国经济新常态趋势分析及战略选择[J]. 新疆师范大学学报：哲学社会科学版，2015(4)：1-7.

[7]张平，楠玉. 改革开放 40 年中国经济增长与结构变革[J]. *China Economist*，2018，13(1)：22-57.

[8]World Bank. World Development Indicators 2017[R]. 2017.

[9]WTO. Trade recovery expected in 2017 and 2018, amid policy uncertainty[R]. 2017.4.

第三章
2017 年山东省现代服务业现状分析

一、山东省经济发展总体概况

面对世界经济复苏乏力、我国经济发展进入新常态等一系列深刻变化，山东省在以习近平同志为核心的党中央坚强领导下，坚持以习近平新时代中国特色社会主义思想为指导，把学习宣传贯彻党的十九大精神作为首要政治任务，全面贯彻习近平总书记视察山东重要讲话、重要指示批示精神，认真贯彻党中央、国务院决策部署，落实中共山东省委要求和省第十一次党代会精神，克难攻坚，砥砺奋进，圆满完成了省十二届人大一次会议确定的目标任务。

自 2013～2017 年，全省经济综合实力大幅提升，地区生产总值迈上两个万亿元台阶，2017 年达到 7.27 万亿元，仅次于广东、江苏，排名第三位；占全国 GDP 比重的 8.8%，GDP 增速为 7.4%，常住人口 10005.83 万，人均 GDP 7.29 万元，排名第 8 位（见表 1）；一般公共预算收入突破 6000 亿元；规模以上工业企业增加值年均增长 8.4%；粮食产量稳定在 450 公斤以上；三次产业构成为 6.7∶45.3∶48.0，实现“二三一”到“三二一”的历史性转变。发展动力和活力显著增强，主要领域改革主体框架基本确立，简政放权、行政体制、财税金融、企业事业、农业农村、对外开放等改革取得实质性进展。区域城乡发展更趋协调，城镇化率年均提高 1.6 个百分点，850 万农业转移人口成为城镇居民；城镇人居环境持续改善，美丽乡村建设成效明显；对口支援和扶贫协作工作取得新成绩。民主法治建设有序推进，社会主义协商民主进一步加强，提请省人大常委会审议通过地方性法规 41 件、修改 50 件、废止 25 件，制定政府规章 45 件，行政复议体制改革全面完成，政府法律顾问制度全面建立。文化事业和文化产业蓬勃发展，中国梦和社会主义核心价值观深入人心，齐鲁优秀传统文化广泛弘扬；基层公共文化服务水平不断提升，文化产业增加值达到 3120 亿元，翻了近一番。群众体育蓬勃发展，我省体育健儿在国内外重大赛事连创佳绩。人民群众生活明显改善，城镇、农村居民人均可支配收入分别达到 36789

元、15118元，年均分别增长8.5%、9.7%；五年累计500多万省标以下贫困人口稳定脱贫，贫困发生率由7.2%下降到0.3%；城镇新增就业每年110万人以上，城镇登记失业率控制在4%以内。生态山东建设成效显著，生态补偿制度率先建立，城际联防联控制度初步形成，省市县乡村五级河长体系全部落实，大气、水、土壤等环境质量持续改善，污染物总量控制约束性指标全面完成。五年来的发展成就，充分印证了党的十八大以来我国经济社会发展取得的历史性成就、发生的历史性变革，鼓舞人心，催人奋进，为决胜全面建成小康社会、开启社会主义现代化新征程奠定了坚实基础。

表1　　2017年全国各省(市、区)GDP排名

省(市、区)	GDP排名	GDP总量(亿元)	占比(%)	可比增速(%)	人均GDP(万元)	GDP增速排名	人均GDP排名
广东	1	89879.23	10.9	7.5	8.10	16	7
江苏	2	85900.90	10.4	7.2	10.70	20	4
山东	3	72678.18	8.8	7.4	7.29	17	8
浙江	4	51768.00	6.3	7.8	9.26	11	5
河南	5	44988.16	5.4	7.8	4.72	12	19
四川	6	36980.20	4.5	8.1	4.48	7	22
湖北	7	36522.95	4.4	7.8	6.21	13	11
河北	8	36000.00	4.4	6.7	4.82	24	18
湖南	9	34590.56	4.2	8.0	5.07	9	16
福建	10	32298.20	3.9	8.1	8.20	8	6
上海	11	30133.86	3.6	6.9	12.45	23	2
北京	12	28000.40	3.4	6.7	12.90	25	1
安徽	13	27518.70	3.3	8.5	4.44	6	24
辽宁	14	23942.00	2.9	4.2	5.47	28	14
陕西	15	21898.81	2.6	8.0	5.74	10	12
江西	16	20818.50	2.5	8.9	4.53	5	21
广西	17	20396.25	2.5	7.3	4.22	18	26
重庆	18	19500.27	2.45	9.3	6.40	4	10
天津	19	18595.38	2.2	3.6	11.90	30	3
内蒙古	20	17472.00	2.1	4.0	6.93	28	9
云南	21	16531.34	2.0	9.5	3.46	3	30
黑龙江	22	16199.90	2.0	6.4	4.26	26	25
吉林	23	15288.90	1.8	5.3	5.59	27	13
山西	24	14973.50	1.8	7.0	4.07	21	27
贵州	25	13540.83	1.6	10.2	3.81	1	29
新疆	26	10920.00	1.3	7.6	4.55	15	20
甘肃	27	7677.00	0.9	3.6	2.94	31	31

续表

省(市、区)	GDP 排名	GDP 总量(亿元)	占比(%)	可比增速(%)	人均 GDP(万元)	GDP 增速排名	人均 GDP 排名
海南	28	4462.54	0.5	7.0	4.87	22	17
宁夏	29	3453.93	0.4	7.8	5.12	14	15
青海	30	2642.80	0.3	7.3	4.46	19	23
西藏	31	1310.60	0.2	10.0	3.97	2	28

资料来源:各省市、自治区 2018 年政府工作报告。

党的十九大胜利召开,科学地标定了我国发展新的历史方位。2017 年,山东省按照"一切围绕十九大,一切服从十九大,一切捍卫十九大"的要求,认真落实习近平总书记提出的"走在前列"根本要求和"凤凰涅槃""腾笼换鸟"等重要指示精神,按照省第十一次党代会部署,统筹推进稳增长、促改革、调结构、惠民生、防风险各项工作,加快推进新旧动能转换重大工程,聚焦聚力安全生产、生态环保、脱贫攻坚、金融风险防控、社会稳定攻坚战,形成了标本兼治、系统发力的工作局面,经济社会保持持续健康发展。

改革开放事业开创新局。制定推动国有企业改革、支持非公有制经济健康发展两个 10 条意见,省管企业公司制改制基本完成,省管企业实现利润增长 123%,创五年来新高。商事制度改革深入推进,实有市场主体达到 806.8 万户,其中企业突破 225.9 万户。农村集体产权制度改革、农村土地"三权"分置稳步推进,供销社综合改革成效明显。"营改增"试点全面推开,民生领域财政事权与支出责任划分改革率先突破。地方金融监管体制初步建立并发挥作用,金融风险防控机制不断完善。金融业增加值五年平均增长 10.4%,直接融资规模由 2012 年的 1814 亿元增加到 5366.9 亿元。科教融合发展实现突破,齐鲁工业大学与省科学院整合成立新的齐鲁工业大学,齐鲁医科大学[①]组建稳步推进,中国能源大学正在谋划筹建。制定出台推进新一轮高水平对外开放 20 条意见。全省进出口总额 17823.9 亿元,增长 15.2%;实际利用外资 1210.5 亿元,增长 9%;对"一带一路"沿线实际投资 100.6 亿元,增长 81.7%。

供给侧结构性改革取得重大突破。"三去一降一补"强力推进,全年压减粗钢产能 527 万吨、生铁产能 175 万吨、煤炭产能 351 万吨,超额完成国家下达的目标任务,妥善分流安置去产能企业职工 4.12万人。违法违规电解铝关停和"地条钢"清理整顿工作圆满完成,山钢集团在济南的 640 万吨钢生产线、567 万吨铁生产线实现全线安全停产。商品住宅去化周期 10.1 个月,稳定在合理区间。规模以上工业企业资产负债率降至 55%。落实各项减税降费政策,为企业减负 860 亿元。高速铁路、高速公路通车里程分别达到 1240 公里、5820 公里,比 2012 年增长 55.2%、17%;沿海港口吞吐量突破 15 亿吨,比 2012 年增长 42%。两条"外电入鲁"通道建成投用,新增外电接纳能力 500 万千瓦。

新旧动能转换重大工程启动实施。积极创建新旧动能转换综合试验区,成立领导小组和工作专班,草拟上报综试区总体方案,2018 年 1 月 3 日国务院正式批复,同步编制总体规划、专项规划和实施意见。谋划推出各类政策 100 余项,与国家部委、金融机构、中央企业、知名民企等签订合作协议。持续做好"去、增、提"三篇文章,在压减过剩产能、淘汰落后产能的同时,促进新兴动能和传统动能协调并进。坚持用工程的办法推进工作,建立健全项目库,围绕"四新四化"先期储备重大项目数百个,实行有进有出、动态管理。新技术、新产业、新业态、新模式快速发展,新登记"四新"经济企业 1.9 万家,

① 2018 年 5 月 31 日教育部发展规划司发布关于 2018 年拟批准设置高等学校的公示,将其正式定名为山东第一医科大学。

增长37.2%；高新技术产业产值占规模以上工业企业比重达到35%。

民生保障水平明显提高。聚焦"4个2"重点区域和老弱病残特殊贫困群体，以前所未有的力度推进脱贫攻坚，全年实现省标以下83.2万贫困人口脱贫。黄河滩区居民迁建规划获得国家批复，各项资金总额280亿元，其中中央补助资金60亿元；28个新建村台工程已开工18个，42个规划外迁社区已动工41个；我们将在2020年全面完成迁建任务，圆60万滩区群众的安居梦。深入开展环保突出问题综合整治攻坚，PM2.5、PM10平均浓度比上年分别下降13.6%、11.7%。煤炭消费总量压减2706万吨，超额完成控制目标任务。全省万元地区生产总值能耗五年累计下降22.9%，年度能耗总量近20年来首次下降。教育事业加快发展，全省普通中小学大班额化解工作取得显著进展。全民参保计划深入实施，社会保险待遇水平稳步提升。棚户区改造基本建成64.7万套，老旧小区改造惠及66.9万户群众，农村危房改造竣工率达100%。17市全部开展分级诊疗工作，全部实现跨省异地就医住院费用直接结算，组建各种模式医联体800多个；国家健康医疗大数据区域中心建设正式启动。

稳定和谐局面更加巩固。全力推进化工产业安全生产转型升级和危险化学品综合治理，开展非煤矿山转型升级和专项整治，全年安全生产事故起数、死亡人数分别下降49.1%和25.5%。出台退役士兵安置和权益保障11条政策，为25.5万人解决了就业、生活等困难。国防后备力量建设不断加强，双拥共建取得新成效。征兵工作任务圆满完成。推进网格化管理、组团式服务、信息化支撑，社区治理体系逐步健全。加强社会治安综合治理，按照省委统一部署，集中开展防范暴力恐怖事件、群体性事件、个人极端事件、安全事故等四类风险专项行动，保持对违法犯罪的高压态势。

政务生态环境持续改善。政府自觉接受省人大及其常委会的法律监督和工作监督，主动接受政协、民主党派民主监督和社会各界监督，办理省人大代表建议348件、政协提案767件。严格规范公正文明执法，行政复议、行政应诉等制度进一步完善。"放管服"改革不断深化，省级行政审批事项累计削减641项，兑现削减1/2的承诺。首批公布3.6万项"零跑腿"和"只跑一次"事项。省、市、县三级政务服务网上大厅实现互联互通，行政许可事项全部网上办理。政务信息系统整合共享工作全面推开，山东公共数据开放网建成开通。基层政务公开标准化规范化试点成效明显。认真贯彻中央八项规定精神和省委实施办法，持之以恒改进作风，"三公"经费比2012年压减55.3%。以坚定决心、更大力度推进反腐倡廉，全省纪检监察机关立案37075件，处分35520人，反腐败斗争压倒性态势已经形成并巩固发展。

二、山东省服务业总体发展趋势

(一)服务业总体发展稳中向好

1. 规模总量继续扩大

2017年，山东省实现地区生产总值为72678.2亿元，比上年增长5670亿元，实现第三产业增加值34876.32亿元，比上年增长3207.29亿元，第三产业增加值的增长额占地区生产总值增长额的56.57%。第二产业增加值32925.12亿元，第三产业增加值自2016年起继续超过第二产业。第三产业同比增长9.1%，再次超过第二产业增速。第三产业占地区生产总值的比例达到48.0%，同比提高0.7个百分点。从省际横向比较看，山东省第三产业增加值居全国第三位。2011～2017年，山东省第三产业占 GDP 比重从 38.3%上升到 48.0%，共提高了 9.7 个百分点，年均提高 1.4 个百分点，是东部沿海第三产业占比提速最快的省份之一（见图 1）。

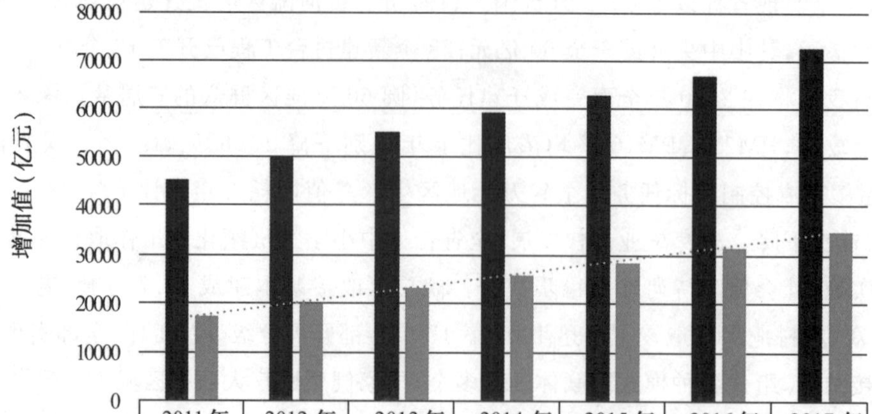

	2011 年	2012 年	2013 年	2014 年	2015 年	2016 年	2017 年
■地区生产总值	45361.85	50013.24	55230.32	59426.59	63002.33	67008.19	72678.18
■第三产业	17370.89	19995.81	23221.51	25840.12	28537.35	31669.03	34876.32

地区生产总值　第三产业　线性(第三产业)

图 1　2011～2017 年山东省地区生产总值及第三产业增加值

资料来源：2012～2017 年山东统计年鉴；2017 年山东省国民经济和社会发展统计公报。

2. 结构占比持续优化

2017 年，按可比价格计算，山东省地区生产总值同比增长 7.4%。其中，第一产业增加值 4876.74 亿元，同比增长 3.5%；第二产业增加值 32925.12 亿元，同比增长 6.3%；第三产业增加值 34876.32 亿元，同比增长 9.1%。2011～2017 年，第一产业、第二产业增加值占地区生产总值的比重不断下降，第三产业占比不断提升（见图 2）。2016 年，三次产业结构由上年的 7.9∶46.8∶45.3 调整为 7.3∶45.4∶47.3，第三产业占 GDP 比重首次超过第二产业，实现了由“二三一”向“三二一”的历史性转变。2017 年，三次产业构成为 6.7∶45.3∶48.0，“三二一”结构继续巩固。但从全国来看，2017 年全国三次产业结构为 7.9∶40.5∶51.6。与全国平均水平相比，山东第三产业比重明显偏低，仍相差 3.6 个百分点。

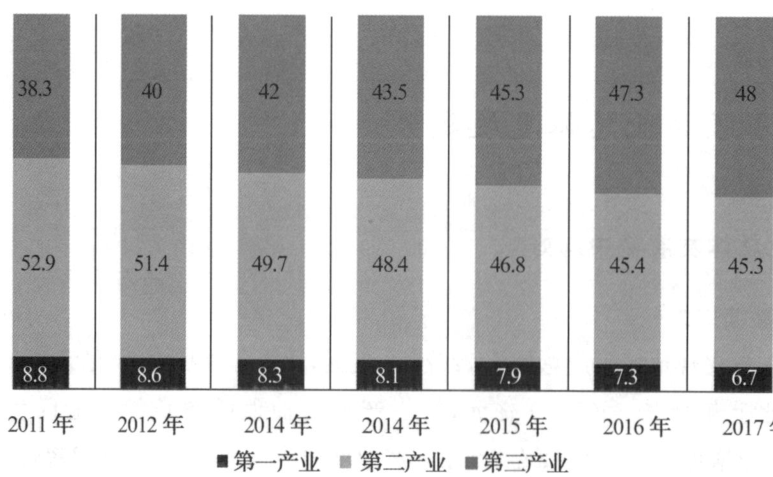

图 2　2011～2017 年山东省三次产业增加值占地区生产总值比重

资料来源：2012～2017 年山东统计年鉴；2017 年山东省国民经济和社会发展统计公报。

(二)服务业增长贡献坚实有力

1. 产业增长平稳有力

21 世纪以来,山东省第三产业发展速度较快增长并趋于稳定。从绝对数值来看,2001~2011 年,山东省第三产业增速均在 10%以上,此后保持在 10%左右。从增长趋势来看,2001~2007 年,山东省第三产业增速保持不断增长的态势,2008~2012 年受经济危机影响第三产业增速有所下降,此后第三产业增速趋于稳定。从与 GDP 增速对比的角度来看,两者整体变化趋势一致,表现出同步的周期性波动。2002~2006 年,GDP 增速高于第三产业增速,2007 年以来,除 2009 年 GDP 增速比第三产业增速高 1%、2013 年 GDP 增速比第三产业增速高 0.1%以外,其他年份第三产业增速都大于 GDP 增速。

2017 年,山东第三产业增速达到 9.1%,高于地区生产总值增速 1.7 个百分点,高于全国第三产业增速 1.1 个百分点,在 2016 年的基础上将第三产业与第二产业增加值的绝对差距进一步扩大(见图 3)。

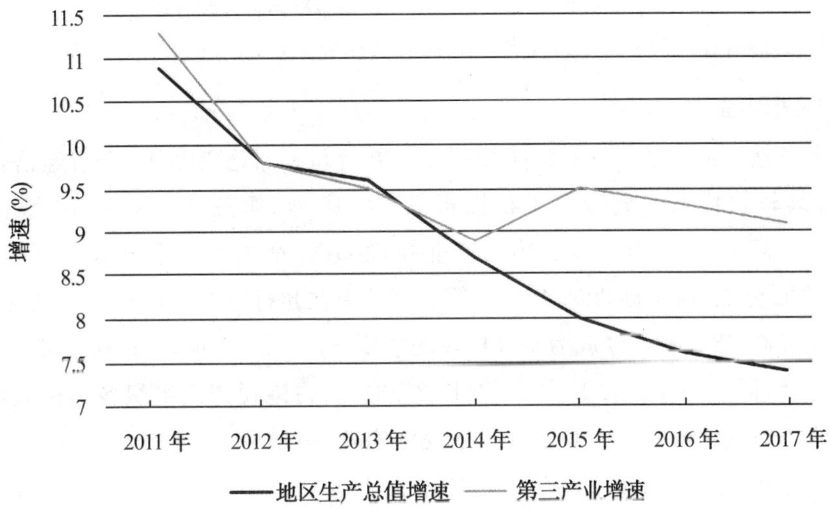

图 3 山东省地区生产总值及第三产业增速趋势

资料来源:2017 年山东统计年鉴;2017 年山东省国民经济和社会发展统计公报。

第三产业固定资产投资保持增长仍有提升空间。2017 年,按产业分固定资产投资总额为 54236.03亿元,比上年增长 7.3%。第一、第二、第三产业固定资产投资额分别为 1029.61 亿元、26876.28 亿元、26330.14 亿元,三次产业投资构成为 1.9∶49.6∶48.5。2011~2013 年,第三产业固定资产投资额所占比重较高,保持在 50%以上;而 2014 年以来,第三产业所占比重有所下降。2016 年第三产业投资比重在 7 年中最低,2017 年比重有所回升,比 2016 年提高 2.7 个百分点。从增速来看,山东省第三产业固定资产投资增速与固定资产投资增速具有较一致的周期波动性。2006 年以前,固定资产投资增速明显大于第三产业固定资产投资增速;2006~2011 年,第三产业固定资产投资发展较快,增速明显大于固定资产投资增速,2011 年以后两者较为接近。从全国来看,2017 年第三产业固定资产投资额占全社会固定资产投资总额的 59.4%,比上年增长 9.5%,而山东省第三产业固定资产投资额占比仅为 48.5%,比全国低 10.9 个百分点,同比增长 12.5%,说明山东省固定资产投资结构仍有优化空间(见图 4)。

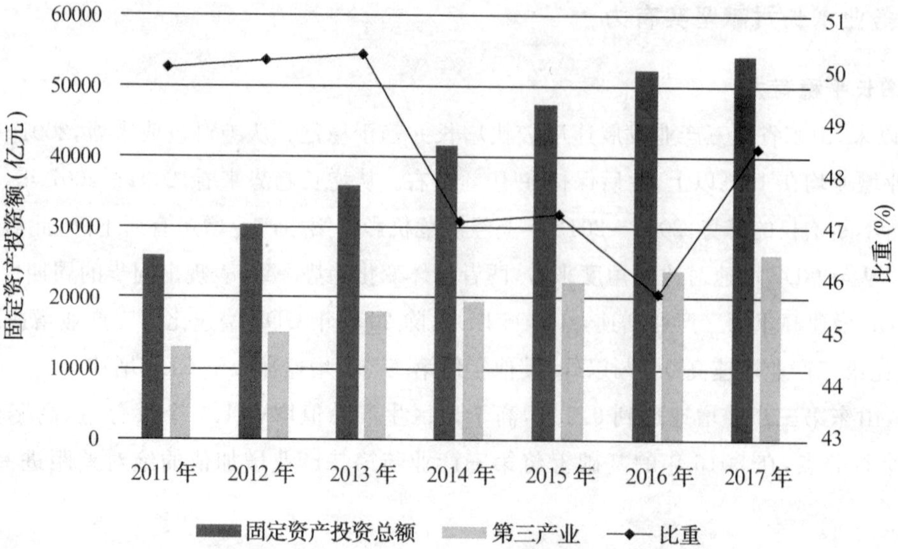

图4 2011～2017年山东省第三产业固定资产投资额及比重

资料来源:2017年山东统计年鉴;2017年山东省国民经济和社会发展统计公报。

2. 带动贡献持续增强

山东省现代服务业已成为经济发展的重要引擎。在经济新常态背景下,全省经济能够保持平稳发展,服务业的持续较快增长为此做出了积极贡献。2016年,第三产业对GDP增长的贡献率为55.6%,比2015年提高10.6个百分点。第三产业拉动GDP增长4.2个百分点,超过第二产业对GDP拉动的3.1个百分点,这是自2001年以来第三产业首次超过第二产业对GDP的拉动作用。

税收贡献稳步提高,服务业已经成为财政税收的主要来源。2017年,全省地税部门组织服务业地税收入1927.92亿元,同比增收327.03亿元,增长20.43%,占地税部门组织各项税收收入的比重为65.07%。其中,重点行业税收收入大幅增长。批发零售业、金融业、房地产业、租赁和商务服务业等4个重点行业共完成地税收入1400.61亿元,同比增长16.61%,增收199.48亿元,占服务业地税收入增收总额的61%。房地产业完成805.75亿元,同比增收143.01亿元,增长21.58%,占服务业地税收入增收总额的43%。随着国家房地产去库存政策的有效实施,加上2017年以来以我省济南、青岛为代表的国内二线城市楼市交易量火爆式增长,上述城市房地产市场呈现出量价齐升的局面(济南增长31.39%、青岛增长20.26%),有效地带动了房地产业及第三产业收入的持续增长。主体税种拉动增收作用明显。服务业中主体税种企业所得税完成296.31亿元,个人所得税完成337.69亿元,土地增值税完成350.52亿元,合计完成984.52亿元,同比增长36.63%,增收263.95亿元,占服务业地税收入增收总额的80.71%。

市场主体稳步发展。截至2017年底,实有服务业(第三产业)市场主体675.3万户,注册资本(金)10.9万亿元,同比分别增长13.3%和39.7%;全省一、二、三产业市场主体实有户数结构为5.1∶11.2∶83.7;注册资本(金)结构为5.0∶29.5∶65.5;2017年,全省新登记第三产业市场主体113.6万户,注册资本(金)2.5万亿元。从行业登记数量看,批发零售业、住宿餐饮业、居民服务修理和其他服务业居第三产业新登记数量前三位,2017年分别新登记70.8万户、17.4万户和14.4万户。"四新"经济(新技术、新产业、新业态、新模式)企业发展呈现蓬勃生机。2017年,新登记"四新"经济企业同比增长37.2%,为经济发展注入崭新活力。新兴现代服务业成为投资热点,教育、科学研究和技术服务业、卫生和社会事业、文化体育娱乐业新登记企业户数同比分别增长 49.1%、32.9%、32.6%和 27.8%，而传统的居民服务业、批发零售业新登记企业户数同比分别下降 24.0%和 22.2%，行业结构进一步优化，全省新旧动能转换步伐不断加快。房地产投资仍较为活跃，新登记房地产企业户数同比增长 50.8%。

就业带动功能继续增强，但仍有提升空间。近年来，山东省经济持续发展、产业结构不断优化的同时也带动就业结构的不断优化，第一产业劳动力占比不断降低，并逐渐向第二、第三产业转移，第二、第三产业从业人员比重持续上升。2016 年末，山东全省就业人口为 6649.7 万，其中第一产业为 1935.1 万，第二产业为 2354.0 万，第三产业为 2360.6 万，三次产业就业比重分别为 29.1%、35.4%、35.5%。而从全国就业人员产业构成情况来看，2016 年末，第二产业从业人员比重仅占28.8%，第三产业从业人员比重达到 43.5%。山东省第三产业从业人员比重明显低于全国水平，第三产业就业带动功能仍有提升空间（见图 5）。

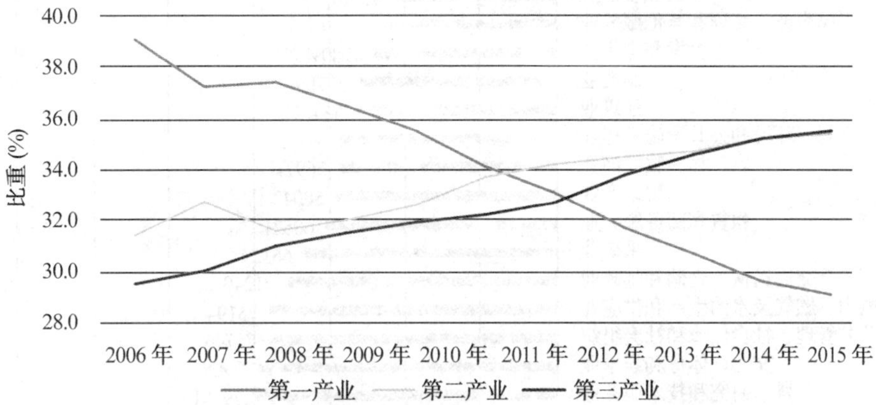

图 5　2006～2016 年山东省三次产业从业人员分布情况

资料来源：山东统计年鉴委员会编. 2017 山东统计年鉴[M]. 中国统计出版社，2017.

2016 年，我省三次产业的产值结构为 7.3∶45.4∶47.3，就业结构为 29.1∶35.4∶35.5。从山东省第三产业产值结构与就业结构的对比图来看，两者均处于逐年上升趋势，但第三产业就业比重低于产值比重，且两者偏差呈逐年扩大趋势，这从另一方面说明山东省第三产业就业带动功能仍有提升空间（见图 6）。

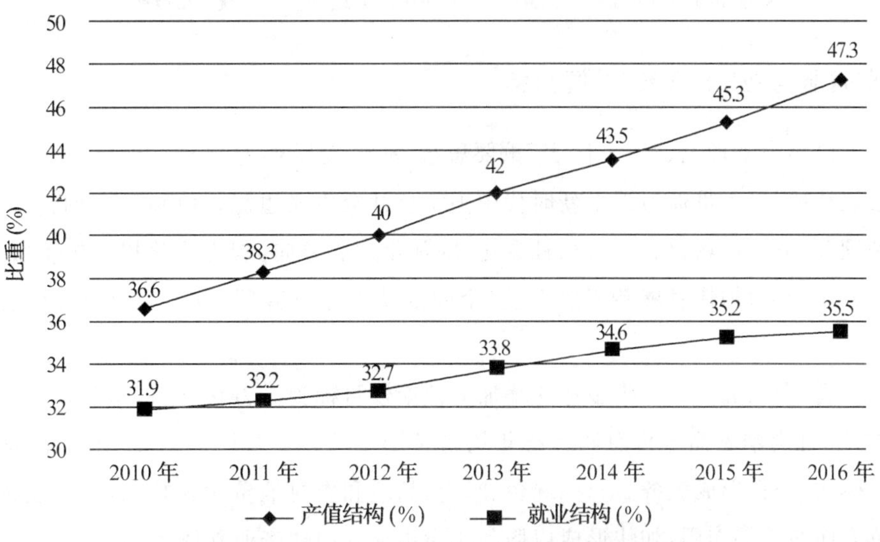

图 6　2010～2016 年山东省第三产业产值结构与就业结构的演进

资料来源：山东统计年鉴委员会编. 2017 山东统计年鉴[M]. 中国统计出版社，2017.

服务业收入增长效应明显。2016年山东省城镇集体单位从业人员年平均工资53790元，比2015年提高3599元，同比增长7.2%，在岗职工年平均工资为63562元，比2015年提高5365元，同比增长9.2%。在19个国民经济行业中，前三位年平均工资最高的行业分别为金融业，信息传输、软件和信息技术服务业，教育，分别为93405元、84346元、81165元；前七位年平均工资最高的行业均属于第三产业；前十位年平均工资最高的行业中有八个属于第三产业。服务业内部行业工资水平差距明显，以金融业为代表的现代服务业从业人员报酬远远高于其他行业。以金融业为例，其比第二位信息传输、软件和信息技术服务业年平均工资多9059元，是山东省年平均工资的1.5倍，是住宿和餐饮业的2.2倍。相对而言，以住宿和餐饮业为代表的传统服务业从业人员报酬明显偏低，如住宿和餐饮业工资为42496元，仅达到山东省年平均工资的67.95%（见图7）。

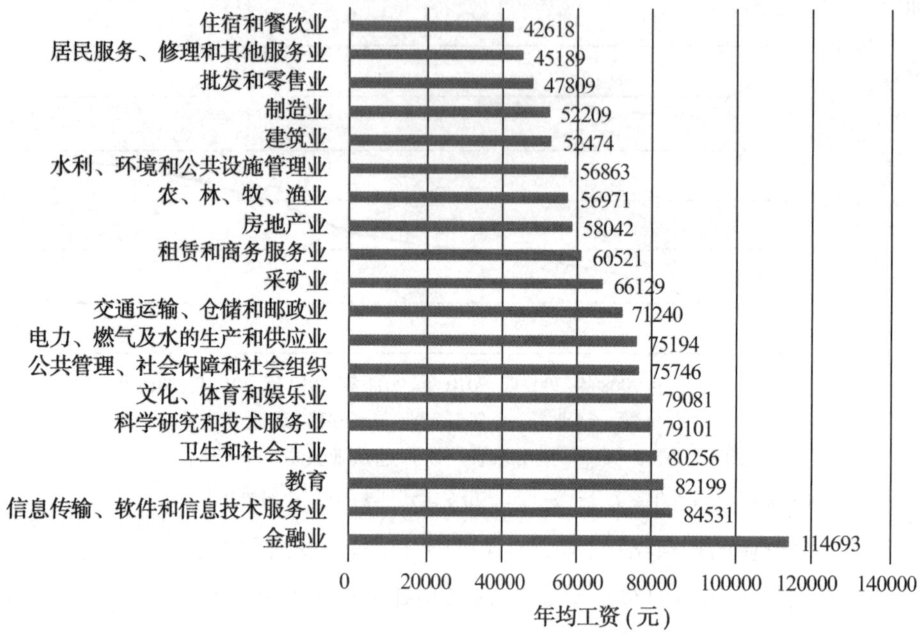

图7　2016年山东省分行业城镇单位从业人员年平均工资

资料来源：山东统计年鉴委员会编．2017山东统计年鉴[M]．中国统计出版社，2017.

（三）山东省服务业“十三五”发展目标

总体要求。以邓小平理论、“三个代表”重要思想、科学发展观为指导，全面贯彻落实党的十八大以来的中央会议精神，深入贯彻习近平新时代中国特色社会主义思想，全面落实“创新、协调、绿色、开放、共享”发展理念，坚持市场化、产业化、社会化、国际化发展方向，着力优化提升传统服务业，着力做大做强现代服务业，着力加快发展新兴服务业，全面推动服务业转型发展，为经济文化强省建设做出更大贡献。

任务目标。到“十三五”末，全省服务业增加值预期性目标为5万亿元，占全省地区生产总值的比重达到55%左右；社会消费品零售总额目标年均增长10%左右。“十三五”时期，广泛推广应用新技术、新业态、新模式，培育形成服务、信息、绿色、时尚、品质和农村消费六大热点，充分发挥新消费在引领供给侧改革方面的重要作用，加快形成以服务业为主导的现代产业新体系。

指导原则。一是贯彻落实创新发展理念，着力培育壮大新消费。以创新促进传统消费升级，以创新催生服务业新业态、消费新热点，满足并创造新消费，支持发展个性化定制、柔性化生产平台，以消费升级引领产业转型发展，扩大服务业有效供给，增进民生福祉。二是贯彻落实协调发展理念，构建融合发展新优势。加强服务业产业载体建设，推进生产、生活和公共服务业协调发展；发挥比较优势，推进城乡服务业协调发展；加快推广应用科技信息技术，推进三次产业、产城和产业内部不同行业跨界融合发展。三是贯彻落实绿色发展理念，形成绿色消费新供给。厚植崇尚勤俭节约的社会风尚，倡导绿色消费，推动企业增加绿色产品和服务供给，引导居民践行绿色生活方式和消费模式，全面推进公共机构带头绿色消费，积极推进供给侧改革。四是贯彻落实开放发展理念，增添竞争发展新动能。抢抓国家"一带一路"倡议和自贸区建设战略机遇，加快发展服务贸易，优化贸易结构；广泛参与国际服务业合作与竞争，不断扩大服务业对外开放领域，以开放促进服务业改革和发展。五是贯彻落实共享发展理念，共筑"互联网＋"新模式。鼓励公众将闲置资源通过社会化平台与他人分享并获得收益，通过分享、协作，促进创新创业，提供新型就业方式；应用"互联网＋"，创新商业模式，拓展分享经济新领域，加快发展新兴服务业。

三、山东省服务业产业结构变化

当前，山东省服务业的格局基本上还是以批零餐饮、金融、房地产、商务等传统服务业(第三产业)为主，而具有高知识含量和高附加值的新兴服务业还尚未形成一定规模，且产业关联度不高，专业帮助企业发展的服务性机构较少。具体来看，山东省第三产业包含的行业中，批发和零售业 2016 年增加值达到 9044.95 亿元，占地区生产总值的 13.50%，占第三产业增加值的 28.56%，远远超过其他行业。其次是金融业与公共管理、社会保障和社会组织，金融业增加值为 3364.44 亿元，占第三产业增加值的 10.62%；公共管理、社会保障和社会组织增加值为 2785.89 亿元，所占比重为 8.80%。房地产业与交通运输、仓储和邮政业紧随其后，所占比重分别为 8.75%和 8.60%。而现代服务业如信息传输、软件和信息技术服务业增加值仅为 1088.17 亿元，所占比重为 3.44%，批发和零售业是其 8.3 倍；科学研究和技术服务业增加值为 1000.37 亿元，所占比重分别为 3.16%，不及批发和零售业的 1/9(见图 8)。

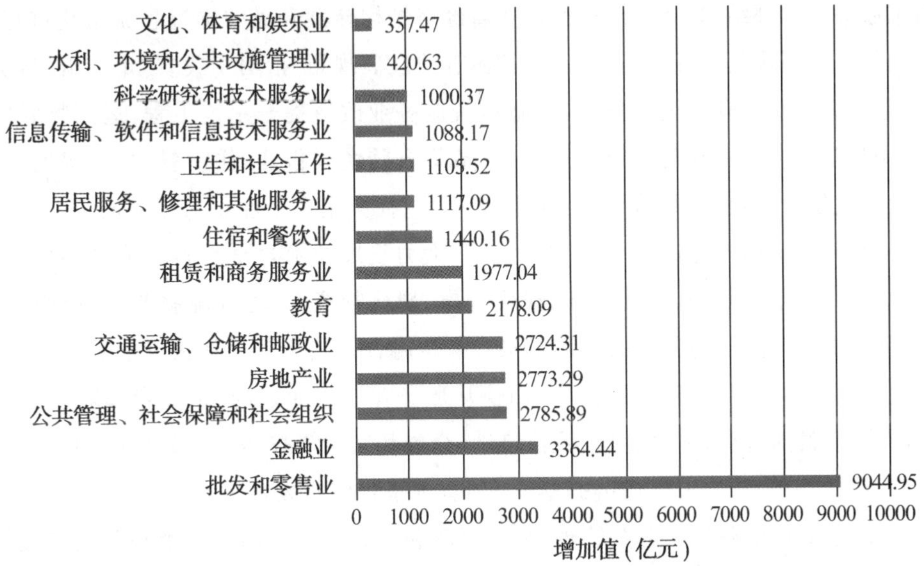

图 8　2016 年山东省服务业分行业地区生产总值

资料来源：山东统计年鉴委员会编. 2017 山东统计年鉴[M]. 中国统计出版社，2017.

从增速来看，2016 年山东省服务业地区生产总值增速为 9.3%，各行业中，教育增速最快，同比增长 20.2%，租赁和商务服务业，居民服务、修理和其他服务业，文化、体育和娱乐业，公共管理、社会保障和社会组织的增速均超过第三产业总体增速，分别为 19.0%、16.3%、14.6%和 10.9%。交通运输、仓储和邮政业，房地产业，信息传输、软件和信息技术服务业增速缓慢，分别为 6.8%、6.7%、1.8%。而水利、环境和公共设施管理业，科学研究和技术服务业甚至出现下降趋势，分别降低 2.9 个和5 个百分点。可以看出，山东现代服务业、新兴服务业增速较低，仍需进一步提高以利于内部结构的进一步优化（见图 9）。

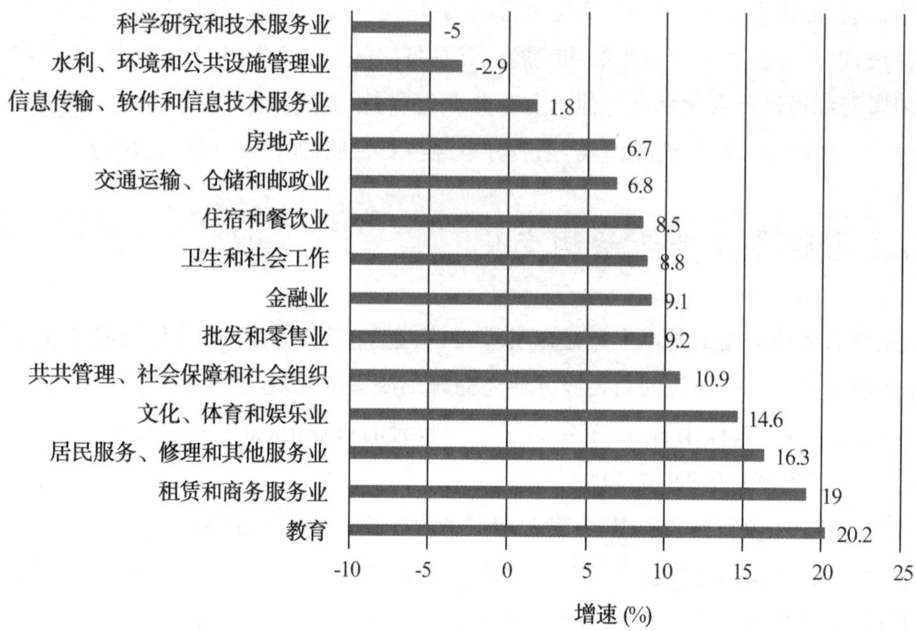

图 9　2016 年山东省服务业分行业增速

资料来源：山东统计年鉴委员会编. 2017 山东统计年鉴[M]. 中国统计出版社，2017.

尽管山东服务业内部结构不够合理，但伴随着经济结构转型升级的推进和城市化进程的加快，服务业产业结构仍在不断优化。《山东省“十三五”服务业发展规划》指明了我省“十三五”服务业发展的重点领域：一是着力优化提升传统服务业，实施传统服务业改造提升示范工程，运用物联网等新一代信息技术，采用科学管理模式和现代经营业态，改造提升传统零售业、住宿餐饮业、房地产业、养老服务、家政服务、文化创意产业，不断满足城乡居民多样化、社会化及个性化的服务需求。二是着力做大做强现代服务业，瞄准国内外先进水平“寻标对标”，大力发展技术含量和附加值高、对地方贡献大的现代服务业，重点突破信息服务、科技服务、现代金融、现代物流、人力资源服务、法律服务、会计评估等领域，实现创新链、产业链、财税链的有效衔接和有机融合。三是着力加快发展新兴服务业，支持企业产品标准化、品牌化，经营网络化、连锁化，加快从服务业新兴业态的“跟随者”转变成为“领跑者”，积极培育旅游休闲、健康养生、体育竞技、教育培训、会展和知识产权等处于初创时期或幼稚阶段的新兴业态，引领并创造新消费，抢占价值链高端。因此，本报告将批发和零售业、住宿和餐饮业、房地产业、居民服务、修理和其他服务业、公共管理、社会保障和社会组织、水利、环境和公共设施管理业六类行业划归为传统服务业；将交通运输、仓储和邮政业、信息传输、软件和信息技术服务业、金融业、租赁和商务服务业、科学研究和技术服务业五类行业划归为现代服务业；将教育、卫生和社会工作、文化、体育和娱乐业三类行业划归为新兴服务业。以下从传统服务业、现代服务业、新兴服务业三方面具体分析：

(一)传统服务业

1.批零餐饮业

打造"美食山东"品牌体系。首推美食地图，建设"美食山东"网站，线上线下合力推动餐饮业的大众化、标准化、品牌化发展。稳步实施美食山东推介工程，先后举办山东美食博览，建设"齐鲁美食汇"，餐饮产业链供给侧改革不断深化，2017年前三季度，全省餐饮业实现营业收入2480亿元，增长11.2%，增速高于同期社零额增速1.2个百分点，其中在线餐饮销售246亿元。全省45家餐饮企业(不含团餐企业)建成中央厨房，集中配送能力进一步增强。骨干企业连锁扩张取得进展，餐饮企业龙头凯瑞集团投资高速公路服务区升级换代，引入"服务区＋"理念，将服务区的单体功能升级为商业体，打造了服务区4.0版，创新了餐饮业发展的业态模式。目前，连锁门店总量超过270家，全年预计实现营业收入38亿元，上榜全国餐饮百强第三位；超意兴在全省各地快餐连锁门店接近300家，成为省内拥有单一品牌门店数量最多的快餐企业。

2.养老服务业

养老服务体系更加健全。一是推进基础设施建设。全省城市社区日间照料中心达到4400余处、农村幸福院1.1万处，各类养老床位达到70万张、每千名老年人拥有床位36张。二是加强养老人才队伍建设。全省25所职业院校设立养老专业，在校生达到2000余人。建立省级养老培训基地7处，省市两级每年培训1.5万人次。建立大学毕业生从业补贴制度，对从事养老服务工作的本、专科毕业生和取得职业资格护理员给予一次性补贴。2017年组团参加全国养老护理员职业技能人赛，山东两名选手夺得全国第一、第二名，荣获特等奖，山东获团体第三名。

管理运行机制持续创新。一是开展创新试点，济南、威海两个国家级居家社区养老服务试点创新探索，成效突出。11月，烟台、济宁被列为第二批国家居家和社区养老服务改革试点。二是加快公办养老机构改革，全省民办和公建民营养老机构在养老机构总数中占比超过50%。三是加快推动日间照料设施转型发展，将公办日间照料设施由专业组织托管运营，提高运营效益，增强发展活力。

产业融合发展加快推进。强化融合理念，推动养老服务与医疗、家政、保险、教育、旅游等相关产业领域互动发展。

3.家政服务业

提升"惠家服务"品质。组织实施"家政服务工程"，山东省家政网络信息公益平台上线运行，骨干企业依托网络平台和移动客户端推广家政服务步伐显著加快，烟台联民家政12343网上平台前三季度完成家政服务订单5000多单，预计全年超过7000单。组织编制居家养老、居家护理、母婴生活和育婴服务等系列标准化培训教材，服务标准化迈出新步伐。"阳光大姐"成为中国驰名商标和国家级服务业标准化试点单位，主导制订9项地方标准和5项国家标准，标准化服务连锁机构达到160余家，主要经济指标年均增长20%以上。组织召开全省家政服务行业座谈会和第九全省家庭服务业论坛，烟台联民家政网上服务、淄博善慈轩智能居家养老等新模式新业态引领家政行业加快转型升级。落实商务部家政扶贫部署安排，争取济南市列入首批试点城市，济南"阳光大姐"、大家园家政成为对口精准扶贫试点家政企业，并组织带领济南市及试点企业赴贵州省开展了扶贫对接活动，签署相关协议。组织举办家政、手机维修等行业技能兴鲁大赛，促进家庭服务业提升专业化服务技能和水平。2017年前三季度，家政服务行业实现营业收入362亿元，在线各类生活服务113.7亿元。

4. 文化产业

文化事业产业向好发展。2016年全省文化产业增加值达到2836.77亿元，占GDP比重4.17%。2017年前三季度，全省"三上"文化企业实现营业收入7295.4亿元、营业利润429.1亿元，分别同比增长9.3%和16.8%；全省文化产业施工项目3055个，同比增长8.4%，完成投资2521.8亿元，同比增长8%。积极引导和拉动文化消费。2017年7月至10月成功举办首届山东文化惠民消费季。签约文化企业686家、门店2100余家。在艺术精品欣赏、新兴时尚采撷、文化旅游揽胜、传统工艺体验、数字文化畅享、人文素养提升等六个领域策划开展了1000余项、近5万场次文化惠民消费活动，共吸引1.33亿人次参与，省市两级投入文化消费专项资金1.2亿元，直接拉动文化消费超过3亿元，累计实现消费总额206.7亿元。

截至2017年底，13件"文化惠民、服务群众"实事基本完成。成功举办第八届世界儒学大会和"2017瑞典·中国山东文化年"等文化活动。年末广播人口、电视人口综合覆盖率分别为99.11%、98.97%。城市营业影院477家，电影票房收入22.9亿元。共有艺术表演团体105个，艺术表演场馆92个，博物馆497家，公共图书馆154个，群众艺术馆和文化馆157个，美术馆49个，文化站1815个。出版各类图书18092种、报纸87种、杂志263种。规模以上文化企业法人单位增长9.9%，实现利润增长14.5%。国家级、省级文化产业示范园区(基地)分别达到17个、146个。

擦亮"老字号"牌匾。研究制定并以省政府办公厅名义下发《关于促进老字号改革创新发展的意见》，强化老字号发展政策体系支撑保障。出台《山东老字号认定及保护促进办法》，建立"优者上、劣者下"的动态管理制度。组织开展第四批山东老字号认定，深挖厚植老字号企业基础，全省老字号总量达到294家，较五年前扩大34%。成功举办首届中华老字号(山东)博览会暨老字号品牌发展高峰论坛，面向全国组织山东老字号LOGO海选征集，老字号社会知名度空前提升，东阿阿胶、青啤跻身中国最具价值的50个品牌之列。与建设银行联手开展战略合作，在善融电子商务平台开辟山东老字号专区，推动老字号上网营销，前三季度入驻善融平台的老字号企业数量达184家，实现网上营业额2.76亿元。促进老字号聚集发展，省内首条老字号特色商业街——宽厚里三期开街运营，指导成立山东省老字号企业协会，充分用好中介组织力量促进行业发展。

(二)现代服务业

1. 软件与信息服务业

软件和信息服务业实现快速发展。预计2017年完成软件和信息技术服务业务收入4800亿元，增速14%左右。5家企业入围2017年中国软件百强，其中海尔、浪潮、海信分别列百强第2、3、5位；5家企业入围2017中国软件和信息技术服务综合竞争力百强，浪潮列百强第5位。大数据产业规模达到630亿元左右，较2016年增长26%。

工业设计工作走在全国前列。2017年新培育认定迪尚、泰山体育等6家国家级工业设计中心，数量居全国首位。"设计创新山东行"活动达成设计服务合同8000万余元。

电子商务快速发展。全年全省社会消费品零售总额预计增长10%左右，稳居全国第二位；电子商务交易额、网络零售额分别达到3.5万亿元和4193亿元，分别增长32%和39.4%，高于全国3.3个和

5.6个百分点。7个县入围国家电子商务进农村综合示范工程，省级电子商务示范县、示范基地、示范企业分别达到50个、37个和90个，90%以上的涉农县建成电商服务中心，潍坊获批启动“国家农商互联标准化示范市”创建活动。支持60家企业借助电商平台，塑造外贸产品内销品牌、传统产品知名品牌、山东名优电商品牌。天猫、苏宁、京东“鲁产名品馆”产品上行启动运行。组织举办“中国淘宝村高峰论坛”“齐鲁电商节”“跨境电商峰会”等，电商买入卖出比由1∶0.73上升到1∶0.8。坚持以电商引领新经济，省政府与阿里巴巴签署协议，在传统产业转型升级、创新创业平台建设、普惠金融等领域开展全面战略合作。

2. 金融服务业

金融业作为现代经济的核心，在资源配置中处于枢纽地位。金融业已成为山东支柱产业，对全省地区生产总值和服务业增加值的贡献度不断提升，2016年金融业实现增加值3364.44亿元，同比增长9.1%，占服务业增加值和GDP的比重分别达到10.62%和5.02%，成为现代服务业的核心板块和全省经济的支柱产业。

重点领域信贷保障有效。2017年末金融机构本外币存款余额91018.7亿元，比年初增加5335.2亿元。年末金融机构本外币贷款余额70873.9亿元，比年初增加5630.4亿元。其中，涉农贷款余额25819.4亿元，增加1690.4亿元；县域贷款余额20707.9亿元，增加1353.7亿元；小微企业贷款余额15330.7亿元，增加1426.9亿元(见表2)。

表2　　2017年末金融机构本外币存贷款金额及增长速度

指标	余额(亿元)	比上年末增长(%)
存款余额	91018.7	6.2
住户存款	44409.1	6.4
非金融企业存款	29742.2	5.0
贷款余额	70873.9	8.6
境内短期贷款	28927.9	3.2
境内中长期贷款	37609.5	20.3

资料来源：2017年山东省国民经济和社会发展统计公报，http://www.stats-sd.gov.cn/art/2018/2/28/art_6196_812195.html.

银行业综合实力稳步上升。引领法人机构立足市场定位，持续优化网点布局。2017年，城商行共新设县域和两小支行45家、占新设支行总数的70%，农商行和村镇银行支农组织体系不断完善，行政村基础金融服务点覆盖率达到100%。推动银行业改革创新发展，5家城商行和7家农商行在齐鲁股权交易中心实现股权集中托管。大力推动科技金融发展，与省科技厅联合开展中小微企业创新竞技活动，完善科技金融专业服务体系，辖区科技型企业贷款余额1066亿元，科创贷款余额212亿元，授信户数1234户，授信规模和户数持续增加。

资本市场稳健发展。2017年共有上市公司294家，比上年增加26家。其中，境内上市公司196家，增加23家。“新三板”、齐鲁股权交易中心、蓝海股权交易中心挂牌企业分别达到636家、2270家和1124家。证券公司代理买卖证券交易金额11.8万亿元，比上年增长0.9%。期货公司代理成交金额7.8万亿元，增长39.9%。年末私募基金机构443家，管理基金规模1568.6亿元。

保费收入较快增长。2017年保险保费收入2738.1亿元，比上年增长18.9%。其中，财产险保费收入741.4亿元，增长11.8%；人身险保费收入1996.6亿元，增长21.8%。支付各项赔款与给付831.3亿元，增长5.7%。农业保费收入23.6亿元，增长18.5%，为1729.2万户次农户提供了647.3亿元的风险保障。

3. 现代物流业

物流业呈现稳中向好发展态势。2017年，山东省加快高速公路等交通基础设施建设，充分发挥交通基础设施投资对稳增长的拉动作用和对新旧动能转换的支撑保障作用。截至年底，共完成投资907亿元，同比增长15.8%，其中公路建设完成投资737亿元，同比增长17.1%，高速公路建设完成投资330亿元，同比增长22.6%；港航建设完成投资118亿元，同比增长9.0%；场站建设完成投资51亿元，同比增长14.9%(见表3)。

表3　　2017年客货运输量及增长速度

	货物				旅客			
	运输量（亿吨）	增长(%)	周转量（亿吨公里）	增长(%)	运输量（亿人）	增长(%)	周转量（亿人公里）	增长(%)
总计	32.3	14.6	9663.5	9.7	6.5	2.9	1247.7	5.0
铁路	1.8	6.7	1254.9	8.8	1.3	12.5	754.6	7.2
公路	28.8	15.3	6650.2	9.5	4.9	0.6	481.0	1.8
水路	1.7	10.6	1758.4	10.8	0.2	1.8	12.1	0.6

资料来源：2017年山东省国民经济和社会发展统计公报，http://www.stats-sd.gov.cn/art/2018/2/28/art_6196_812195.html.

沿海港口保持增长态势，累计完成沿海港口货物15.17亿吨，同比增长6.2%，较去年同期放缓0.2个百分点。青岛、烟台、日照三大港口集团主体地位明显，累计完成货物吞吐量13.16亿吨，占沿海港口货物吞吐量的86.7%。全省沿海港口累计完成外贸吞吐量8.01亿吨，同比增长9.0%。累计完成集装箱吞吐量2560万TEU，同比增长2.0%。全年内河港口累计完成货物吞吐量6548万吨，同比增长3.9%。

全年高速公路出口车流量45263.0万车次，同比增长12.6%。其中，客车流量31563.5万车次，同比增长12.1%，货车车流量13699.5万车次，同比增长13.9%。通行费收入方面，高速公路通行费收入共267.34亿元，同比增长11.9%。其中客车通行费93.68亿元，同比增长18.2%，货车通行费173.66亿元，同比增长8.8%。绿通等车辆共减免通行费31.48亿元，同比增长15.5%。

2017年全年邮政业业务总量完成392.9亿元，同比增长30.3%；业务收入完成279.3亿元(不含邮政储蓄银行直接营业收入)，同比增长21.3%。其中，快递业务量完成15.2亿件，同比增长25.7%；业务收入完成170.5亿元，同比增长22.7%。邮政业业务总量、业务收入和快递业务量、业务收入均超额完成2017年确定的各项指标，邮政业务总量和快递业务收入在全国排名均较2016年提高了1个位次，排名第6位。

流通现代化进程加快。一是着力推进物流标准化试点。目前，托盘标准化率提高14个百分点，装卸搬运成本下降31.4%，车辆周转率提高62%，货损率降低50%，物流成本占营业收入比重下降10个百分点。冷链物流示范推动潍坊、烟台、日照、威海、泰安、菏泽等6市实施75个重点项目，初步实现对冷链物流各环节的实时监控。二是实施“惠民三进工程”。“智能快件箱进楼宇工程”累计布放智能快件箱2.1万组，快件箱使用率由23%提高至48%，使用率提高至80%左右。试点新建改造社区智慧便利店600家，设立47个品牌农产品销售专区，“三品一标”农产品上架种类150余个，累计布设智能快件箱2.8万个。济南、青岛获批商务部供应链体系建设试点。

快递“向外”发展成效明显。主动对接中韩自贸区建设，加快“向外”拓展步伐，助推跨境电商发展。青岛成为全国首批中国快递示范城市，成立全国首家多式联运发展联盟。菏泽获批国家电子商务示范城市。济南国际邮件互换局正式启动鲁中西邮件进出口新通道。青岛、临沂、日照等市局联合民航部门，推进快递航空绿色通道建设。济宁航空快件获0.5元/件的财政补贴。淄博申通建立波兰仓配基地，“走出去”开拓欧洲市场。中邮集团烟台包裹陆运中心列入市级重点项目。威海市政府给予中韩EMS海运邮路运营补贴。临沂市政府免费提供邮政国际小包处理场地。

行业有效供给能力大幅提高。突出山东特色，烟台大樱桃、沾化冬枣等农副产品寄递服务网络渐成体系，进一步带动“网货下乡”和“农产品进城”双向流通，助力全省精准扶贫战略实施。2017年，全省共寄递烟台大樱桃1.73万吨、590.3万单，同期增长50.7%；沾化冬枣11万吨、1200万单，同期增长29.4%。山东邮政依托便民服务平台，发挥县、乡、村三级电商服务体系资源优势，打造“买卖惠”农村电商平台，实现我省17个市、122个县全覆盖。快递服务制造业试点范围不断深化。结合《中国制造业2025山东省行动纲要》产业布局，引导企业与制造业实施战略合作，推进邮政速递、顺丰速运服务中国重汽、海尔集团、歌尔电子等54个合作项目深度开展。

4. 电信业

行业整体保持平稳较快发展，规模稳居全国前列。业务总量高速增长，业务收入增速提升。2017年全年，山东联通、移动、电信各运营公司共完成电信业务收入678.2亿元，比上年同期增长4.6%。完成电信业务总量1498.4亿元，比上年同期增长76.5%。电信业务收入、电信业务总量均居全国第四位。固定电话用户继续下降，移动和宽带用户持续增长。截至2017年12月底，全省电话用户总数为10827.8万户，居全国第二位。其中固定电话用户884万户，同比减少了8.9%；移动电话用户9943.9万户，增长3.6%，居全国第二位。互联网宽带用户达到2588.7万户，同比增长9.4%，居全国第三位。

通信基础设施建设迈上新台阶，提速降费效果显著。宽带基础设施不断完善，为提速降费提供保障。截至2017年12月底，我省互联网宽带接入端口达5596.9万个，同比增长19.6%。光纤端口大幅增长，达到4699.5万个，同比增长76.6%，在宽带端口中占比达84%，较年初提升了27个百分点。高带宽接入端口增长迅速，城市50M及以上的宽带接入端口、农村20M及以上的宽带接入端口分别达到2423.9万个、2509万个。4G网络不断完善，基站总数达18.5万个，同比增长19.8%，基本实现行政村4G网络的全覆盖。提速降费效果显著，用户通信支出不断降低。网络提速降费行动有效推动了宽带用户结构的优化，截至2017年年底，我省光纤宽带用户达2130万，居全国第三位，占固定宽带用户的比重达82.3%。50M、100M以上高宽带用户占比分别达到55.5%、30.3%，较年初分别提升了40.7个、24.7个百分点。4G移动电话用户6242.6万户，渗透率达62.8%。提速降费还促进了信息消费的增长，2017年全省手机上网流量为118515.9万G，较上年增长203%，比全国平均水平高22.9个百分点。12月份，我省手机用户月均流量2.4GB，同比增长209.5%。截至2017年12月底，我省家庭宽带每用户月平均使用费为29.1元，同比降低7.5%，高于全国平均2.7个百分点，列全国第30位；手机流量平均费用为25.3元/G，同比降低了54.8%，高于全国平均0.4个百分点。

转型升级效果显现，新动能拉动增长。2G、3G用户加速向4G迁移，高带宽用户增长迅速。2017

年，我省固定电话用户数减少了8.9%，3G用户减少了25.9%，4G用户新增1595万户，增速达到34.3%，在东部省份中增速列第一位。固定宽带用户中，高宽带用户快速增长，100M以上用户达到783.4万户，占比达到30.3%，较年初提升了24.7个百分点。我省移动宽带用户普及率、固定宽带家庭普及率分别为72.8%、71%(全国分别为81.8%和72.1%)，较年初分别提高了12.9个百分点、7.8个百分点。语音业务持续下滑，数据业务占比继续提升。电信业务收入中，非话业务占比持续增大，2017全年共完成555.6亿元，增幅为12.8%，明显高出业务收入增幅。非话业务收入比重从2016年的73.8%，增长到2017年的81.9%。非话业务收入中，数据流量收入增幅达26.8%，移动数据及互联网收入增幅34.9%，成为业务收入增长的主要拉动力。

5. 科技服务业

新经济规模发展壮大。高新技术产业产值占规模以上工业企业的比重为35.0%，比上年提高1.2个百分点。工业机器人、城市轨道车辆、服务器、新能源汽车等高技术产品产量分别增长60.7%、80.2%、16.3%、300%。软件业业务收入4933.1亿元，增长14.3%；软件业务出口16.1亿美元，增长10.9%。新登记市场主体149.6万户，比上年增长4.5%。其中，新登记“四新”经济企业增长37.2%。123家企业和研发单位落户测绘地理信息产业基地。运营共享单车47万辆。

各类人才统筹发展。共有在鲁两院院士49人，“千人计划”专家205人，“国家百千万人才工程”人选176人，享受国务院政府特殊津贴专家3260人，省有突出贡献的中青年专家1297人，齐鲁首席技师1359人，高技能人才290.6万人。获中国政府“友谊奖”专家66人。获得“高层次高技能人才服务绿卡”人选402人。国家级高技能人才培训基地23个，省级以上人力资源服务产业园12家，博士后创新实践基地130个，山东省技工教育特色名校7个。

创新平台作用增强。中国(烟台)知识产权保护中心正式挂牌运营，青岛、东营、烟台、潍坊4市入围国家知识产权强市创建市。共有国家知识产权强县工程示范县(区)18个，国家级高新技术产业开发区13个，国家知识产权试点示范园区11个，国家创新型产业集群试点7个，国家火炬计划特色产业基地69个，国家级工程技术研究中心36个，企业国家重点实验室17个，院士工作站334个。

双创活力持续迸发。获得国家级科技成果奖励19项。其中，国家技术发明奖3项，国家科学技术进步奖16项。第十九届中国专利奖金奖4项，专利奖优秀奖64项。PCT国际专利申请量1700件，比上年增长21.5%。发明专利申请量6.8万件，发明专利授权量1.9万件。每万人口有效发明专利拥有量7.57件，比上年增加1.24件。省级创业孵化示范基地和创业示范园区达到161家，省级示范创业大学达到11家。年末实有民营经济市场主体增长13.9%。其中，私营企业增长19.9%，个体工商户增长12.0%。

6. 人力资源服务业

推进园区建设，扩大产业集聚效应。在已建成1家国家级和7家省级人力资源服务产业园的基础上，2017年，新建济南市高新区、青岛、枣庄、德州4家省级人力资源服务产业园。全省范围内的人力资源服务业集聚能力进一步提升，有效促进了人力资源服务业的素质提高。

支持举办峰会论坛，拓展行业影响力。中国烟台人力资源服务产业园第三次成功举办“2017中国人力资本论坛(烟台站)”，吸引了800家国内百强企业、上市公司和知名外企，1200位人力资源高管、业界权威、行业媒体、专业人士参会，为我省各类企业提供了与人力资源领军机构互动交流的平台，更新了观念，开阔了视野。各项活动的成功举办有效提升了我省人力资源服务领域发展意识和发展空间，进一步扩大了人力资源服务行业社会知晓度。

推进诚信体系建设，营造良好环境。结合人社部工作安排，组织开展了我省人力资源服务机构诚信服务主题创建活动，择优推荐22家人力资源服务机构参评“全国人力资源诚信服务示范机构”，最终10家机构获批“全国人力资源诚信服务示范机构”，位居全国前列。组织开展全省人力资源诚信服务示范机构和全省人力资源服务业十强机构评选工作，对信用状况良好，信用管理制度健全，具有较强影响力、较高知名度和社会认可度的人力资源服务机构给予褒奖，新命名省级诚信服务示范机构20家，人力资源服务业十强机构10家。目前，全省共有16家机构获评国家级诚信示范机构称号，86家机构获评省级诚信示范机构称号，全省人力资源服务机构的诚信自律意识和社会影响力显著增强。

加强队伍建设，提升从业人员整体素质。为加强人力资源服务业人才队伍建设，营造人力资源市场发展法制环境，分别在全省各市举办了12期全省人力资源服务从业人员培训班，针对《条例》解读、市场监管、人力资源服务业发展以及专业实务等方面对监管、从业人员共2000余人进行了培训。

（三）新兴服务业

1. 旅游业

2017年，全省接待游客7.85亿人次，同比增长10.2%；实现旅游消费总额9200.3亿元，同比增长14.6%。其中，接待国内游客7.8亿人次，同比增长10.3%；实现国内游客消费8491.5亿元，同比增长14.8%。接待入境游客494.4万人次，同比增长1.9%；实现入境游客消费31.7亿美元，同比增长3.6%。省内城乡居民人均出游3.8次，同比增长11.4%；居民旅行前后消费495.1亿元，同比增长16.4%。

截至2017年底，山东省拥有全国工业旅游创新单位3家，国家级工业旅游示范点39家，省级工业旅游示范点337家，数量全国第一。旅行社总数为2198家，其中经营出境游旅行社总数为209家，居全国第四位，2017年新增20家。共有全域旅游集散和咨询服务中心243处，跨界融合新业态旅游项目629个，旅游厕所1.6万座。青州古城旅游区和威海华夏城景区被国家旅游局认定为5A级景区，5A级景区数量上升为11个。共有A级旅游景区1075家，省级以上旅游度假区45家，省级旅游强乡镇527个，省级旅游特色村1180个。

大项目建设提速。全省纳入国家旅游局旅游项目管理系统的项目有1221个，规划旅游总投资达2.07万亿元，全年完成投资2231.8亿元，增长11.2%。25个项目列入国家旅游局优选项目库，10个项目列入省重点项目库。上报省发改委作为全省新旧动能转换重大项目库备选项目201个，投资总额达1.7万亿元，这些项目中，投资额超过100亿元的49个，50亿～100亿元的39个，50亿元以下的113个。

旅游新业态蓬勃发展。联合省教育厅等12个部门印发《山东省推进中小学生研学旅行工作实施方案》，曲阜“三孔”景区等10个单位入选第一批全国中小学生研学实践教育项目，泰山、孟庙孟府孟林、济南天下第一泉入选第一批全国港澳青少年游学基地（全国仅24家）。

乡村旅游扶贫成效显著。全省将旅游扶贫作为脱贫攻坚“三驾马车”之一，涌现出“临沂模式”“枣庄模式”“淄博模式”等一批可复制、可推广，具有创新性的旅游扶贫模式。临沂市承办了全国红色旅游扶贫培训班，全国贫困地区旅游扶贫培训班在枣庄市山亭区举办。截至2017年年底，直接脱贫19883户、46809人，间接带动26万人增收。

2. 教育培训业

提升高等教育服务能力。2017年，我省普通高校发展到145所，位居全国第三。高等教育在校生总规模达到258.02万人，位居全国第一。高等教育毛入学率达到50.8%，基本进入普及化阶段。高等教育科技服务能力明显提升。高校成为基础研究和原始创新的主力军，科技创新项目不断增加，质量不断提高，服务能力不断提升。2017年，我省高校获国家科学技术奖3项、高等学校科学研究优秀成果奖7项。山东省科技奖励中，高校作为第一完成单位获得省自然科学技术奖和技术发明奖数量分别占总数的72.7%和75%，并囊括了全部一等奖。在全国率先全面启动高等教育综合改革，特别是高等教育领域"放管服"改革走在全国前列。高校办学自主权进一步落实，内部治理结构进一步完善。科技教育资源融合实现重大突破。在完成省内燃机研究所并入山东交通学院、省化工研究院并入青岛科技大学的基础上，正式启动组建山东第一医科大学(筹)和新的齐鲁工业大学，进一步优化了我省高等教育的结构布局。

完善现代职业教育体系。实施现代职业教育质量提升计划，建立专业设置"负面清单"制度，组织开发172个高职专业教学指导方案，建立147个中、高职与本科相衔接的课程体系，立项建设1200门精品资源共享课、1600个教改项目、210个品牌专业(群)、20个省级专业教学资源库。12所学校入选全国高职院校服务贡献50强和国际影响力50强。

构建终身教育体系。与发改委、人社厅和财政厅等部门联合印发《关于加快推进学习型城市建设的实施意见》(鲁教民发〔2015〕1号)和《关于进一步推进社区教育发展的意见》(鲁教民发〔2017〕1号)。截至目前，全省社区教育、老年教育等终身教育机构设置相对健全，基本形成了省、市、县(区、市)、乡镇(街道)和村(居)五级社区教育机构模式。

发展多样化教育培训。从经济社会发展和个体终身发展需求出发，发展各种类型和形式的教育培训。到2017年底，初步建立了培养培训一体化、培训形式多样化，各类教育资源共同参与、社会声誉良好的教育培训体系，培育了一批具有影响力的教育培训品牌，年培训规模达到170万人次以上。

3. 体育产业

产业规模不断扩大，产业体系较为齐全。2016年全省体育产业总产出达到2292.18亿元，实现增加值704.08亿元，占当年全省GDP的比重为1.04%，GDP占比高于全国平均水平0.14个百分点，总规模和增加值均位居全国前列。体育服务业总产出和增加值分别为974.66亿元和447.95亿元，占全省体育产业总产出和增加值的比重分别为42.5%和63.6%。体育彩票业稳步增长，2017年销售额突破180亿元，体育彩票销量连续多年居全国前三位。

产业供给明显增长，发展平台不断夯实。一是全省已把全民健身经费纳入财政预算，健身设施建设、活动组织等资金投入逐年加大。全民健身中心县级覆盖率超过90%，行政村覆盖率92.6%。体育场馆数量超过11万个，人均体育场地面积达到1.8平方米；全省登记注册的体育社会组织达到5525个，建成各级体育总会1164个；建立国民体质监测站点569个，各类体育健身站点数量近6万个；经营性健身俱乐部数量已达数千家，具有技术等级称号的社会体育指导员22.8万人，全省每年举办承办各级各类体育赛事活动近万项次，参赛人次以百万计，形成了登山、马拉松、铁人三项、帆船、航空、武术、风筝、冰雪、自行车等传统项目，以及全民健身运动会、大中小学生联赛、职业俱乐部联赛等品牌赛事活动。18名运动员在7个项目上获得世界冠军。获得第十三届全国运动会金牌59枚、银牌45枚、铜牌47枚。二是各级政府部门对体育产业工作持续发力，不断加大政策和资金扶持力度，搭建和完善服务平台。省财政对包括体育在内的民办机构新上项目实行贷款贴息政策。省级体育产业发展引导资金累计投入1.37亿元,扶持250多个项目,拉动社会投资上百亿元。累计补助全省80多个大型体育场馆免费低收费对外开放资金1.23亿元,每年惠及健身人群几百万人次。已培育创建7个国家级和43个省级体育产业示范基地(单位、项目),基地引领带动作用已逐渐彰显。5个小镇入选国家首批运动休闲特色小镇试点项目。建立了2个国家体育产业联系点和省体育产业资源交易平台、省体育用品质检中心、省科学健身指导中心、省体育产业名优产品展厅等,正在筹建国家体育用品质检中心和山东省体育及体育用品标准化委员会。

市地发展特征突出,领先集团优势明显。青岛、德州、济南、威海、烟台、潍坊、临沂、淄博和济宁9个市,体育产业规模总量占全省总规模的81.8%,对推动我省体育产业整体发展提供了强力支撑。青岛作为沿海经济发达城市,蕴涵众多有利于体育产业发展的优势资源,总产出为514.27亿元,占全省的22.44%,稳居全省第一;德州体育产业在体育制造业龙头企业的带动下,总产出为264.33亿元,占全省的11.53%,排名第二;济南是我省政治、文化和教育中心,为体育服务业发展创造了良好条件,体育产业总产出为215.73亿元,占全省的9.41%,位列第三;各市结合地域特点,在体育制造业、体育服务业、风筝业、工贸和商业物流业、足球起源地等方面形成了独具特色的体育产业业态。

4. 医疗服务业

卫生服务水平继续提升。2017年末医疗卫生机构7.9万所。其中,医院2452所,比上年增加433所;基层医疗卫生机构7.5万所,社区卫生服务中心及乡镇卫生院中医药综合服务区(国医堂、中医馆)设置率分别达到74.6%和86.5%。完成诊疗服务6.4亿人次。实施医疗救助289万人次。人均基本公共卫生服务经费补助标准由45元提高至50元。432家医院实现省内异地就医联网即时结算。

扶持社会办医快速发展。截至2017年12月,全省社会办医院新增350家,达到1568家,占全省医院总数的63.94%;床位新增1.83万张,达到10.61万张,占全省医院床位总数的24.04%,医疗机构诊疗人次数3390.32万人次,占全省医疗机构全部诊疗人次数的15.09%。

实施创新驱动发展战略。国家健康医疗大数据区域中心试点正式启动,实现省全民健康信息资源综合平台与国家平台,26家委属(管)医院,17个市、137个县(市、区)、124家三级医院、307家二级医院、4656家各类基层医疗卫生机构数据对接,建成面向居民的山东健康服务网。稳步推进生物标本库科技创新联盟平台建设,组建了由10～15个医院参与的多中心大数据队列,立项实施的国家科技重大专项1项,国家自然科学基金4项,省重大科技专项4项,已申报了国家重大专项2项,国家自然科学基金5项,省重大专项1项。

"平安医院"建设成效明显。严厉打击涉医违法犯罪,联合14部门印发《关于做好新形势下医疗纠纷综合处置工作的意见》,全力维护正常诊疗秩序和医患双方合法权益。2017年,全省严重扰乱医疗秩序事件同比下降43.41%,市级医患调解工作实现全覆盖。国家卫生计生委最新监测数据显示,我省医院员工满意度居全国第一位,门诊和住院患者满意度分别居全国第二位、第五位。

5. 会展服务业

推进品牌展览平台建设。落实《山东省人民政府关于贯彻国发〔2015〕15号文件加快会展业改革发展的意见》(鲁政发〔2015〕30号),研究制定《山东省品牌展会认定办法(试行)》,突出专业化、品牌化、标准化、绿色发展及知识产权保护等关键环节,建立品牌展会评价体系,强化推进展览业品牌建设。强化行业培训，先后邀请中国会展经济研究会、国际展览业协会、中国展览集团等业内知名专家就会展业发展新态势、展馆运营水平提升、会展品牌营销以及会展标准化建设路径等进行专题解读，培训重点企业、行业协会和会展主管部门共300人次。全省会展业改革发展步伐加快呈现规模扩张、结构优化、主体壮大、品质提升良好态势，2017年，举办各类展会930个，展览面积1132万平方米，办展数量和面积分别比上年增长8%和9.7%，8个展会相继通过国际展览会协会的展览项目UFI认证，超额提前完成鲁政发〔2015〕30号文"到2020年，UFI(国际展览联盟)认证品牌展会达到2～3个"的目标。中国(山东)国际纺织博览会、青岛国际机床展、中国(广饶)国际橡胶轮胎暨汽车配件展览会和中国(东营)石油石化装备与技术展览会等一批品牌展会成为扩大我省与全国乃至世界的产业交流与合作的重要平台。

全力组织开展"山东品牌中华行"活动。充分发挥流通促消费功能，依托武汉中国食品博览会、香港美食博览等知名展会平台，集中宣传推介我省老字号、三品一标、驰名(著名)商标、国际自主品牌和知名互联网品牌产品等。截至目前，已成功举办上海站(中国国际食品和饮料展览会)、西宁站(中国青海藏毯国际展览会)、香港站(香港美食博览会)、济南站(中华老字号山东博览会)4站活动，组织410多家企业参与，累计实现现场成交2100余万元，签订合同、协议近5亿元，在提升消费品质、引领消费升级、助推山东企业和品牌产品开拓市场、擦亮山东名片等方面发挥了积极作用。其中，藏毯展实现现场收入562.7万元，达成采购意向额2558万元；香港美食博览我厅组织21家老字号企业和18家名优食品企业参展，达成协议意向450个，协议金额6850万元，现场产品销售及成交额450万元。香港站的香港美食博览期间，龚正省长和香港特首林郑月娥分别专程到山东展团巡视。

开拓多元化国际市场。创新开展"鲁产国际品牌产品"全球行、中华行、网上行，成功举办日本大阪展等9个自办展和15个重点展会，949家企业参展，共接待客商8.08万人次，意向成交5.61亿美元。组织认定36个自主品牌为"山东省重点培育的国际自主品牌"，总数达到312个。推动山东自主品牌企业利用知名跨境电子商务平台开拓国际市场，传播自主品牌，提升线上交易能力。扩大优质消费品进口，释放国内消费潜力，引导境外消费回流。羊肉、牛肉、奶粉、化妆品进口分别增长1.4倍和66.8%、76.9%、47.1%，全国首家进口澳大利亚肉牛5524头。

组织举办第四届泰山商务论坛暨第三届中国生活服务业大会。以"聚焦新消费·发展新模式·培育新动能"为主题，会同中国商业联合会在烟台组织举办了第四届泰山商务论坛暨第三届中国生活服务业大会，邀请知名专家学者围绕生活服务业如何提质增效、供给侧结构性改革与消费升级、创新零售转型新模式等业界关注的具体问题，分享观点理念、研究成果并提出意见建议。来自全省17市商务主管部门、省内外商贸流通企业、行业协会负责人和媒体记者约1000人参加活动。

四、山东省现代服务业面临的形势

(一)山东省现代服务业面临的有利形势

"十三五"时期，我省服务业既面临重大战略机遇，也存在一些困难和挑战。总体上看，"十三五"时期我省服务业将进入一个新的发展阶段。从有利的方面分析：

宏观环境有利于服务业的发展。从国际环境看，世界经济仍将延续复苏态势，全球经济仍在加快转型、产业布局加速调整中，国际服务业转移步伐将进一步加快，有利于服务业利用外资。从国内环境看，十八届五中全会把加快发展现代服务业作为构建产业新体系的重点，将进一步推进经济发展由工业主导向服务业主导转变；经济增长的良好基础及经济结构调整不断优化，将更有利于服务业发展。从我省情况看，"十三五"时期，新一轮结构性改革加速推进，产业升级提速，各种政策红利叠加释放，新需求快速形成，新供给持续增加，将为服务业发展注入新的生机和活力。从省内环境看，我省服务业占比和对经济增长的贡献率均已超过第二产业，已经成为经济高质量发展的重要支撑；新旧动能转换重大工程全面起势，打造十大强省产业对于服务业发展带来了更大的需求；"放管服"改革深入推进，企业的发展环境不断优化，创新活力持续增强。

基础设施建设将为我省服务业发展带来机遇。"十三五"期间，我省渤海海峡跨海通道等一批重大基础设施建设列入国家规划，我省也将加快推进高速铁路网、高速公路网建设，实现市市通高铁、县县通高速；加快推进城市地铁和轻轨建设；推进沿海、内河港口规划和建设；推进青岛、菏泽等5市机场新建和扩建，增开洲际直达航线；加快农村电网和城镇配电网改造建设等，这些基础设施项目的实施，将进一步完善我省公共服务体系，促进服务业发展。

新型城镇化进程加快进一步拓展服务业发展空间。"十三五"时期，我省城镇发展将进入快速发展时期。常住和户籍人口城镇化率分别提高到65%和55%以上。将有700万～1000万农村人口转化为城镇人口，据测算，城镇化率每增加1个百分点，将拉动城镇投资约5000亿元，增加消费约1200亿元。"十三五"时期，新型城镇化建设，将释放巨大消费潜力和投资潜力，必将为我省服务业产生更大需求和提供强力支撑，为我省服务业发展提供广阔的发展空间。

城乡居民收入提高将拉动消费需求不断增长。"十三五"时期，我省将率先建成小康社会，城乡居民可支配收入将年均增长7.5%以上，到2020年全省人均GDP将达1.5万美元；居民收入水平的提升，将促使服务消费、信息消费、绿色消费、时尚消费和品质消费成为消费新热点，加快消费方式转变，推动消费结构升级，引领产业向价值链高端提升，进一步促进产业结构转型升级。

进一步扩大开放将促进服务业加快发展。"十三五"期间，随着"一带一路"倡议的实现和人民币国际化的加快推进，将吸引更多的欧美等发达国家和地区的国际资本、管理、技术等进入我省服务业领域；中韩、中澳自贸协定的正式实施，鲁港、鲁台经贸合作深化，也给我省金融、旅游、交通等领域提供了合作机遇；中韩金融合作，特别是两国货币直接交易、跨境融资、区域债券市场开放等在我省先行先试，有利于扩大我省金融业的对外开放。扩大服务业对外开放，也有利于我省发挥比较优势，整合优势产业和优势服务业产品走出去，扩大齐鲁文化、教育、劳务合作等服务贸易出口，拓展服务业发展空间。"十三五"时期，我省服务业无论是"引进来"还是"走出去"，都将迎来一个新的快速发展期。

（二）制约山东省现代服务业发展的因素

政策缺乏精准化，制度体系建设存在滞后性。首先，我国现代服务业的管理部门条块分割等情况，造成相关政策呈现"碎片化"的状态。政策"碎片化"的情况更多地出现在现代服务业与信息技术融合、现代服务业与制造业融合、现代服务业的创新发展中，因此在进行顶层设计时，需要考虑部门协同和政策协同。其次，政策"靶向"度不高，缺乏精准支持政策体系。虽然目前政府出台了现代服务业发展的政策框架，不过专门针对现代服务业各行业的政策还不完善，缺乏"靶向"性，应当进一步细化和深化。再次，存在制度方面的滞后项，制度设计与行业发展脱节。现代服务业中的一些新兴业态，尤其是“互联网+”融合业态的出现，使得制度和政策的制订不能够同产业的发展同步或前瞻，因而，在制度和政策方面都存在着滞后项。服务规范、服务标准、行业自律都存在不足。最后，促进现代服务业发展的财税金融政策仍需完善。山东虽已出台了一系列促进现代服务业发展的财税金融政策，但还需要继续完善。

思想观念不够先进，创新意识不强。技术含量不高，创新能力不强，制约着山东现代服务业的发展，如软件和信息服务业由于自主创新能力不足、缺乏核心技术，所提供的产品和信息服务基本处于产业链低端，经济效益较低，且我省服务业领域研发投入不足，也在一定程度上影响了服务业创新能力的提高。此外，企业的自身素质亟待提高。我省服务业民营企业中，熟悉现代企业制度、适应现代产业国际化和善于资本运营的“领军式”经营管理企业匮乏，缺乏胜任和适应产业升级所要求的专业知识，企业发展的后劲不足；企业间缺乏合作发展的意识，大多数小微企业对转型升级的认识存在较大误区，认为大中型企业和政府才是主推力量，自己只是被动地选择，所以在科技创新、管理创新缺乏活力。

人力资源基础薄弱，高精尖人才稀缺。山东是高考人数排名前三的大省，每年大量优秀学生入读省外的“985”“211”高校，但毕业后回来的比例极低。究其原因，首先，从就业环境来看，相对北上广、珠三角、长三角等城市，山东省内的高端岗位就业机会少、工资水平低，提供给就业者的就业空间有限。其次，从城市规划布局看，山东省缺乏一线核心城市，济南、青岛的领先优势极其有限，对其他省内城市辐射带动能力严重不足。各个地市基本是各自为政，类似长三角的协同发展基本看不到。没有核心大城市，相对北上广等，也就没有了聚集高端人才的竞争力。再次，从产业结构看，山东经济发展主要依赖能源、化工、机械等重工业，金融、互联网和高新技术产业相对江浙和广东严重不足，山东生源学生较难找到专业对口的工作。山东省亟待突破现代服务业高精尖人才缺乏的瓶颈。

要素供给不足，配置不平衡。大力发展现代服务业，是为了更好地实现供给侧结构改革所要求的“矫正要素配置扭曲”目标。而我国服务业发展中的要素配置扭曲：一是一般制造业供给严重过剩，与对现代服务业的投资不足和产出瓶颈现象同时并存，表现为“总需求向服务业集中而总供给向制造业倾斜”的结构性矛盾；二是传统服务业进入过度与现代服务业进入不足同时并存，表现为传统服务企业的低利润甚至大量亏损倒闭，与一些垄断性的现代服务企业获取暴利的现象同时并存。进入过度的是那些与城市和农村的剩余劳动力就业有关的低技能的劳动密集型行业，而进入不足的是那些技术资本密集的现代服务业，这些行业普遍与政府管制和行政垄断密切联系。

外需拉动作用减弱，出口受到影响。“十三五”之后，出口对我国经济增长较大拉动作用将难以重现，经济增长面临需求约束将不断强化。国际金融危机之前出口对我国经济增长具有较大的拉动作用，货物和服务出口对我国国内生产总值的拉动作用占 GDP 总量的比重达到 30%左右。国际金融危机之后，我国出口增速明显放慢，由国际金融危机前的高于 20%的增长，回落到个位数增长，增速甚至低于 GDP 增长速度。展望“十三五”时期，一方面，从长周期来看全球经济正处在一个低速增长时期；另一方面，由于近年来要素成本的快速提升，加上汇率的升值，我国产品出口的国际竞争力有所下降。在这种情况下，我省经济增长外部需求动力将在较长时期内呈现较弱的状态，这也将导致我省经济增长面临的需求约束更加强化，更加需要依靠内需来拉动经济增长。

参考文献

[1]高秀娟,彭春燕.我国现代服务业的地区分布、制约因素及解决途径研究[J].青岛科技大学学报(社会科学版),2017,33(3):57-63.

[2]刘志彪.现代服务业发展与供给侧结构改革[J].南京社会科学,2016(5):10-15.

第四章
山东省服务业发展与粤苏浙的比较分析

一、服务业总体发展水平的比较

(一)第三产业发展规模

2017 年,山东省服务业增加值为 34876.3 亿元,广东、江苏、浙江的服务业增加值分别为 47488.3 亿元、43169.4 亿元和 27279.0 亿元,分别相当于山东的 136.16%、123.78%和 78.22%。2011～2017 年,山东与广东两省服务业增加值的差距呈缩小的趋势,由 2011 年的 40.84 个百分点降为 2016 年的 36.16 个百分点;山东与江苏的差距保持稳定;山东与浙江的差距由 2011 年的 16.82 个百分点扩大为 21.78 个百分点。从规模以上服务业总量情况看,山东省规模以上服务业增加值为 7088.2 亿元,分别低于广东、浙江和江苏 13128 亿元、4670.3 亿元和 5394.3 亿元。2011～2017 年四省第三产业增加值情况参见表 1。

表 1　　2011～2017 年四省第三产业增加值情况

年　份	服务业增加值(亿元)				相当于山东(%)		
	山东	广东	江苏	浙江	广东	江苏	浙江
2011	17370.89	24464.93	20842.21	14449.07	140.84	119.98	83.18
2012	19995.81	27061.04	23517.98	16071.16	135.33	117.61	80.37
2013	23221.51	30503.44	27197.43	17948.72	131.36	117.12	77.29
2014	25840.12	33223.28	30599.49	19220.79	128.57	118.42	74.38
2015	28537.35	36853.47	34085.88	21341.91	129.14	119.44	74.79

续表

年份	服务业增加值(亿元)				相当于山东(%)		
	山东	广东	江苏	浙江	广东	江苏	浙江
2016	31669.03	41816.37	38458.45	24091.57	132.04	121.44	76.07
2017	34876.32	47488.3	43169.4	27279.0	136.16	123.78	78.22

资料来源:2012～2017年粤苏鲁浙统计年鉴;2017年粤苏鲁浙国民经济和社会发展统计公报。

(二)第三产业增速

2017年,山东第三产业增速为9.1%,广东、江苏、浙江增速分别为8.6%、8.2%、8.8%,四省均高于全国8.0%的平均水平,山东在四省中增速最大。2011～2017年,广东、江苏、山东、浙江四省七年的平均增速分别为9.33%、9.70%、9.61%和9.63%,广东平均增速较低,其他三省较为接近。四省第三产业增速均呈下降趋势。2011～2016年四省第三产业增速情况见图1。

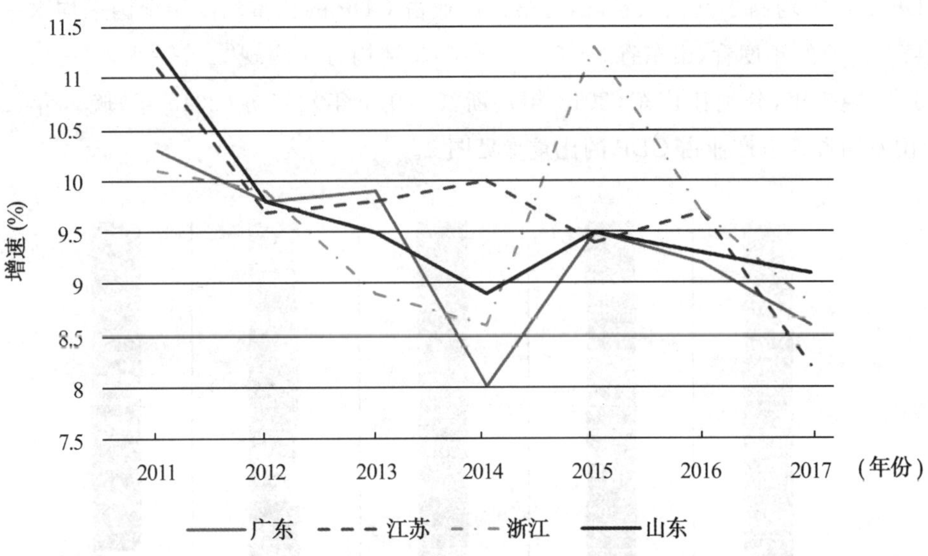

图1　2011～2016年四省第三产业增速折线图

资料来源:2017年粤苏鲁浙统计年鉴;2017年粤苏鲁浙国民经济和社会发展统计公报。

从第三产业增长的稳定性看,1991～2016年,山东第三产业增长波动系数为3.2%,江苏、广东、浙江分别为4.2%、3.1%和4.0%,山东、广东第三产业发展稳定性较强。26年中,广东最高增速是1991年增长19.4%,最低是2014年增长8.0%;江苏最高增速是1992年增长26.2%,最低是2015年增长9.4%;山东最高增速是1994年增长20.7%,最低是2014年增长8.9%;浙江最高增速是1993年增长25.6%,最低是2014年增长8.6%。1991～2016年四省第三产业增速对比参见表2。

表 2　　1991～2016 年四省第三产业增速对比情况表

	山东	广东	江苏	浙江
波动系数(%)	3.2	3.1	4.2	4
最高增速(%)	20.7	19.4	26.2	25.6
最低增速(%)	8.9	8	9.4	8.6
增速居首位年数(年)	5	4	9	9
增速居末位年数(年)	7	11	3	5

资料来源：广东统计信息网，http://www.gdstats.gov.cn/tjzl/tjfx/201712/t20171218_378023.html.

(三)第三产业占 GDP 的比重

2017 年，山东第三产业占 GDP 的比重为 48%，广东、江苏、浙江的比重分别为 52.8%、50.3%和 52.7%，山东明显低于其他三省，也远低于全国 51.6%的平均水平。与之相比，山东省第一产业、第二产业占 GDP 的比重均高于其他三省，四省第二产业占 GDP 的比重均高于全国平均水平。从服务业占比超过第二产业的年度看，山东省 2016 年三次产业结构首次实现“二三一”向“三二一”的转变，比全国(2013 年)晚 3 年，分别比广东(2013 年)、浙江(2014 年)、江苏(2015 年)晚 3 年、2 年和 1 年。2017 年全国及四省第三产业占 GDP 的比重参见图 2。

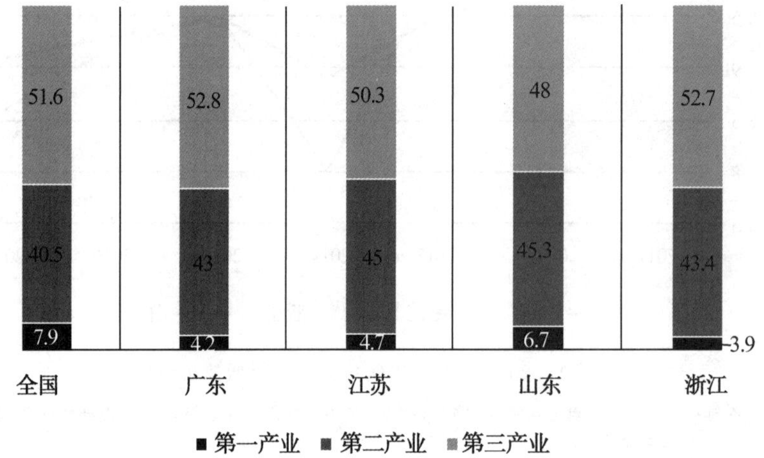

图 2　2017 年全国及四省第三产业占 GDP 比重对比

资料来源：2017 年粤苏鲁浙国民经济和社会发展统计公报。

二、服务业内部结构对比

服务业内部结构是指服务业内部各行业的构成及相互比例关系。各省总体来看，如表 3 所示，广东省服务业占比最高的行业前五位分别是批发和零售业、房地产业、金融业、交通运输、仓储和邮政业、租赁和商务服务业，占比分别为 20.05%、14.90%、14.65%、7.67%和 7.10%；前三位批发和零售业、房地产业和金融业占比相差不大，总和达到服务业增加值的一半。

江苏省占比最高的行业前五位分别是批发和零售业、金融业、房地产业、租赁和商务服务业、交通运输、仓储和邮政业，行业种类与广东相同，占比分别为 19.42%、15.63%、11.16%、8.97%和7.37%，前三位总和达到 46.22%。

山东省占比最高的行业前五位分别是批发和零售业、金融业、公共管理、社会保障和社会组织、房地产业、交通运输、仓储和邮政业，占比分别为 28.56%、10.62%、8.80%、8.76%和 8.60%，前三位总和达到 47.98%。其中，批发和零售业占比在四省中最高，比江苏高 9.14 个百分点；前三位行业种类与其他三省不同，除批发和零售业、金融业外，公共管理、社会保障和社会组织在四省中占比最高，排第三位。

浙江省占比最高的行业前五位分别是批发和零售业、金融业、房地产业、信息传输、软件和信息技术服务业、交通运输、仓储和邮政业，占比分别为 23.88%、12.66%、10.82%、9.30%和 7.37%，前三位行业种类与广东、江苏相同，总和达到 47.37%。与其他三省相比，浙江省信息传输、软件和信息技术服务业占比最高，达到第四位。2016 年四省第三产业分行业地区生产总值比重见表 3。

表 3　　2016 年四省第三产业分行业地区生产总值比重

	广东		江苏		山东		浙江	
	比重(%)	排序	比重(%)	排序	比重(%)	排序	比重(%)	排序
批发和零售业	20.05	1	19.42	1	28.56	1	23.88	1
交通运输、仓储和邮政业	7.67	4	7.37	5	8.60	5	7.37	5
住宿和餐饮业	3.75	10	3.36	11	4.55	8	4.64	9
信息传输、软件和信息技术服务业	6.88	6	6.35	7	3.44	11	9.30	4
金融业	14.65	3	15.63	2	10.62	2	12.66	2
房地产业	14.90	2	11.16	3	8.76	4	10.82	3
租赁和商务服务业	7.10	5	8.97	4	6.24	7	5.57	8
科学研究和技术服务业	2.79	12	2.85	12	3.16	12	2.87	12
水利、环境和公共设施管理业	1.28	13	1.44	14	1.33	13	1.13	14
居民服务、修理和其他服务业	3.14	11	3.92	9	3.53	9	3.01	11
教育	5.84	8	6.31	8	6.88	6	5.84	7
卫生和社会工作	3.91	9	3.67	10	3.49	10	3.86	10
文化、体育和娱乐业	0.95	14	2.07	13	1.13	14	1.60	13
公共管理、社会保障和社会组织	6.67	7	6.81	6	8.80	3	7.00	6

资料来源：2017 年粤苏鲁浙统计年鉴。

具体来看，四省在服务业内部结构方面各有特点，以下分别从传统服务业、现代服务业和新兴服务业三个方面对四省服务业的结构进行比较。

(一)传统服务业发展比较

总体来看,四省的传统服务业中批发和零售业所占比重均为最高,房地产业次之,公共管理、社会保障和社会组织第三,住宿和餐饮业所占比重较小。具体到行业,山东省批发和零售业所占比重明显高于其他三省,比广东高 8.51 个百分点,比江苏高 9.14 个百分点,比浙江高 4.68 个百分点;山东房地产业在四省中占比最低,比广东低 6.14 个百分点,比江苏低 2.4 个百分点,比浙江低 2.06 个百分点;公共管理、社会保障和社会组织占比广东、江苏、浙江相差不大,山东占比高于其他三省约 2 个百分点;住宿和餐饮业四省则相差较小。

从传统服务业总体占服务业增加值的比重来看,山东占比最高,达到 50.66%,超过服务业增加值的一半,其次是浙江和广东,占比分别为 46.35%和 45.37%,江苏占比最低,仅为 40.75%,山东比江苏高 10 个百分点,反映了山东服务业结构仍集中在传统服务业的现状。2016 年四省传统服务业行业增加值和比重分别见表 4 和图 3。

表 4　2016 年四省传统服务业行业增加值　单位:亿元

	批发和零售业	房地产业	住宿和餐饮业	公共管理、社会保障和社会组织
广东	8382.48	6229.50	1569.37	2789.33
江苏	7470.27	4292.79	1291.32	2618.65
山东	9044.95	2773.29	1440.16	2785.89
浙江	5754.19	2607.00	1119.00	1687.28

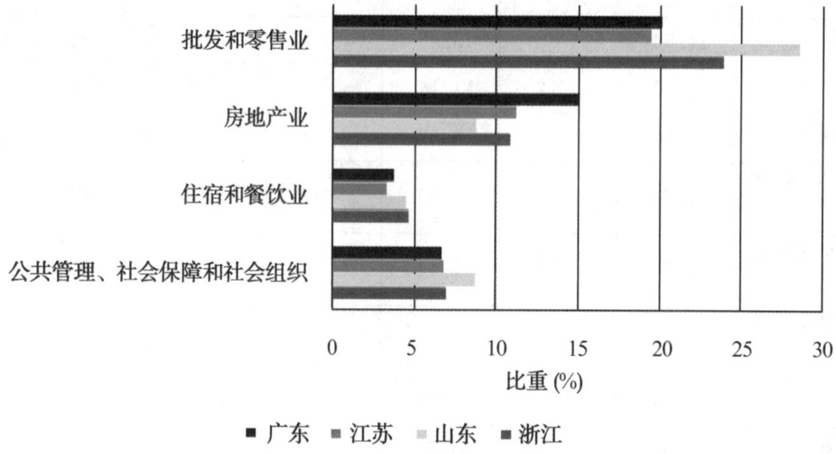

图 3　2016 年四省传统服务业行业比重

资料来源:2017 年粤苏鲁浙统计年鉴。

(二)现代服务业发展比较

中共山东省委书记刘家义于 2018 年 2 月 22 日在山东省全面展开新旧动能转换重大工程动员大会上提到,当前新一轮科技革命和产业变革加速孕育、集聚迸发,正在引发产业分工重大调整,重塑地区竞争格局。兄弟省市纷纷寻找科技创新的突破口,抢占未来发展的制高点。相比之下,山东省的差距还比较明显。2016 年,全省高新技术产业产值占规模以上工业企业产值的比重为 33.8%,分别比江苏、浙江低 7.7 个和 6.3 个百分点;全社会科技研发经费支出占比 2.30%,分别比广东、江苏、浙江低 0.22 个、0.32 个和 0.09 个百分点;PCT(《专利合作条约》)国际专利申请量,广东有 2.4 万件,我省 1399 件,仅为广东的 5.8%。这些数字,反映的是我省科技创新能力不强,警醒的是科技革命和产业变革的机遇正从我们身边悄然滑过。

具体到现代服务业领域,山东省依然存在明显差距。分行业来看(见表 5、图 4),2016 年四省金融业占比均最高。其中江苏金融业占比在四省中最高;山东金融业占比最低,比江苏低 5 个百分点,比广东低 4 个百分点,比浙江低 2 个百分点。信息传输、软件和信息技术服务业占比,浙江在四省中最高,达到 9.3%;山东在四省中最低,仅为 3.44%,山东占比仅达到浙江的 37%、广东的 50%、江苏的 54%。全国互联网企业百强我省只有 2 家,排名都在 60 名以后;滴滴打车、支付宝、微信红包等具有超前引领作用的创新模式,都没原创在山东。交通运输、仓储和邮政业山东占比最高,其他三省相差不大,山东占比高其他三省 1 个百分点左右。租赁和商务服务业江苏占比最高,广东次之,山东第三,浙江最低,山东占比比江苏低 2.7 个百分点。科学研究和技术服务业四省相差不大,山东占比在四省中相对较高。

从现代服务业总体占比来看,江苏在四省中最高,达到 41.2%;其次是广东和浙江,占比分别为 39.1%和 37.8%;而山东仅为 32.1%,在四省中最低,比江苏少 9 个百分点,比广东少 7 个百分点,比浙江少 5.7 个百分点,从另一方面反映了山东现代服务业占服务业总体增加值的比重偏低,结构不够合理的现状,与其他三省有明显差距。

表 5　　2016 年四省现代服务业行业增加值

	交通运输、仓储和邮政业	信息传输、软件和信息技术服务业	金融业	租赁和商务服务业	科学研究和技术服务业
广东	3208.35	2877.08	6127.05	2967.18	1167.51
江苏	2834.56	2443.22	6011.13	3451.12	1097.81
山东	2724.31	1088.17	3364.44	1977.04	1000.37
浙江	1774.37	2239.90	3050.61	1341.06	691.80

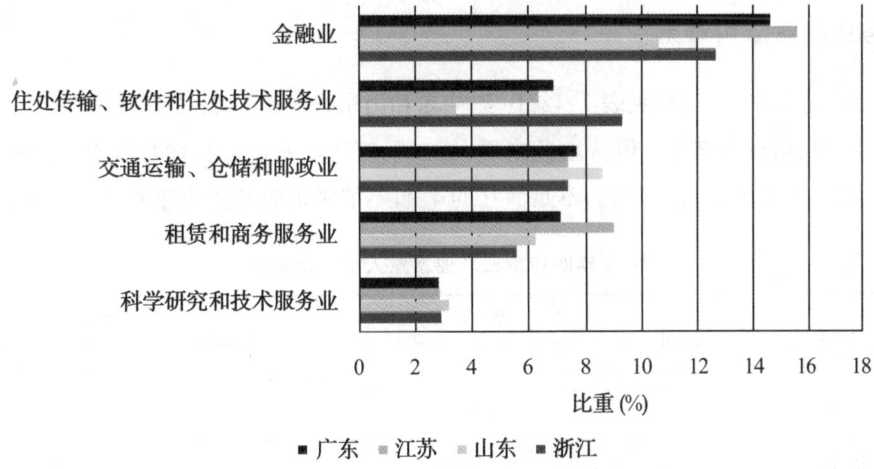

图 4　2016 年四省现代服务业各行业增加值占第三产业增加值比重

资料来源:2017 年粤苏鲁浙统计年鉴。

(三)新兴服务业发展比较

新兴服务业领域,教育行业山东占比最高,达到 6.88%,比广东、浙江高 1 个百分点,比江苏高0.5 个百分点;卫生和社会工作行业占比四省相差不大,山东在四省中占比相对较低;文化、体育和娱乐业江苏占比最高,浙江次之,山东第三,广东最低,山东比江苏低 0.94 个百分点。新兴服务业总体占比四省相差不大,广东为 10.7%,江苏为 12.0%,山东为 11.5%,浙江为 11.3%。2016 年四省新兴服务业行业增加值及所占比重情况分别见表 6 和图 5。

因此,山东服务业仍以传统的交通、商贸、餐饮住宿等传统服务业为主,现代服务业发展较慢。

表 6　　2016 年四省新兴服务业行业增加值　　单位:亿元

	教育	卫生和社会工作	文化、体育和娱乐业
广东	2442.14	1635.07	395.30
江苏	2426.57	1410.95	795.79
山东	2178.09	1105.52	357.47
浙江	1408.05	929.11	385.44

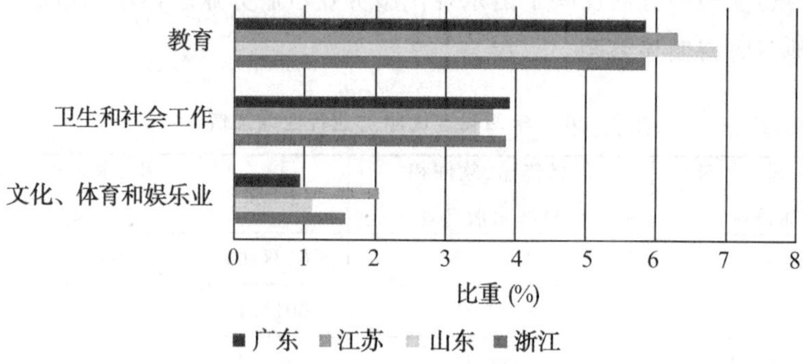

图 5　2016 年四省新兴服务业行业所占比重

资料来源:2017 年粤苏鲁浙统计年鉴。

(四)服务业就业结构对比

从第三产业就业人员数来看(见表 7),2016 年广东和山东人数相当,山东比江苏多 491.4 万人,山东第三产业的劳动力供给较为充足。但从增速来看,浙江第三产业就业人员增势强劲,达到 5.21%,广东也以较高速度增长,山东仅达到 1.26%,不足浙江的 1/4,不能满足服务业快速发展对劳动力的需求。

表 7　　2016 年四省第三产业就业人员数及增速

	人数(万人)	增速(%)
广东	2370.7	3.18
江苏	1869.2	1.77
山东	2360.6	1.26
浙江	1511.5	5.21

资料来源:2017 年粤苏鲁浙统计年鉴。

从就业结构来看，山东省就业结构的层次相对较低。图 6 反映了 2016 年全国及四省三次产业就业人员结构对比情况，全国第三产业就业人数占比达到 43.5%，四省均未达到全国水平。在四省中，浙江第二、第三产业就业份额均居第一；广东、江苏就业结构相差不大；山东第二、第三产业就业份额均明显低于其他省市，而第一产业占比最大，接近 30%，就业结构的层次相对较低，拉低了社会的整体生产效率。

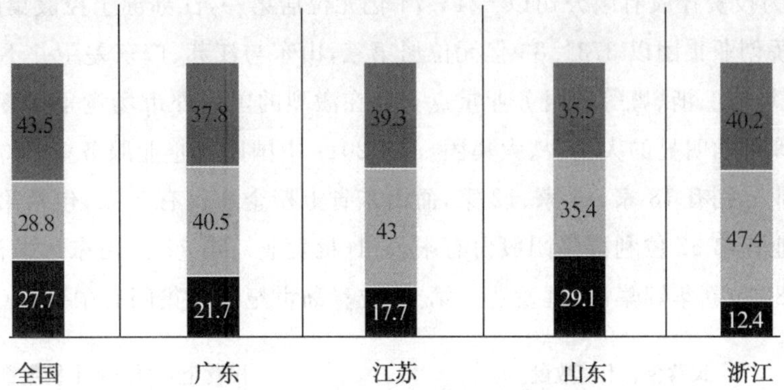

图 6　2016 年全国及四省就业结构

资料来源：2017 年粤苏鲁浙统计年鉴。

劳动生产率方面，2016 年广东、江苏、山东、浙江第三产业劳动生产率分别为 17.9 万元/人、20.8 万元/人、13.5 万元/人、16.3 万元/人。山东第三产业劳动生产率较其他省份仍有较大差距，但相比于 2010 年有了较大提高（见图 7）。

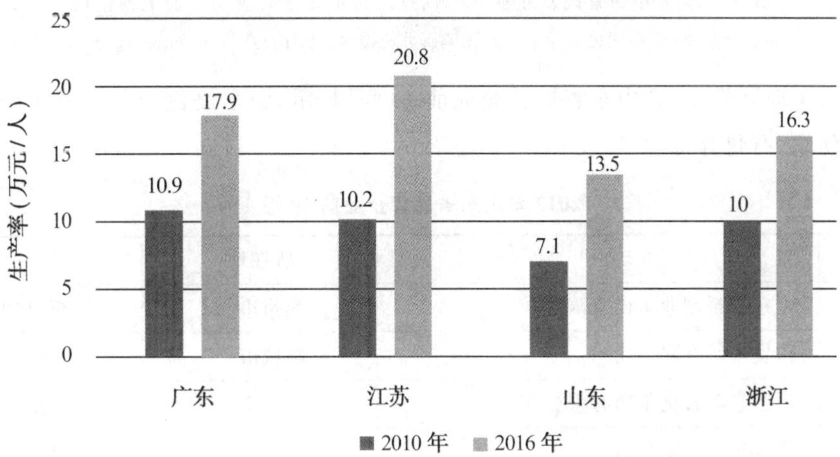

图 7　2016 年四省第三产业劳动生产率

资料来源：广东统计信息网，http://www.gdstats.gov.cn/tjzl/tjfx/201712/t20171218_378023.html.

（五）服务业所有制结构比较

非公有制经济是稳定经济的重要基础，是税收的重要来源，是技术创新的重要主体，是金融发展的重要依托，是经济持续健康发展的重要力量。民营经济作为服务业和新经济的主体，成为稳增长的主力。目前，民营企业在软件、互联网、设计、咨询、研发、电商及家政服务等新兴服务业态及高新技术产业中已经占据重要地位。2016 年，新兴服务业、高技术产业都保持了逆势上扬态势，比如，互联网和相关服务业、软件和信息技术服务业、信息技术咨询服务业等都保持了良好态势，这些新兴服务业以及新技术产业中很多都是民营企业。

据全国工商联发布的“2017 中国民营企业 500 强”榜单统计，上榜企业数量最多的省份前四名依次为浙江、江苏、广东、山东，上榜数量分别为 120 家、82 家、60 家、57 家，浙江连续 19 年蝉联全国第一（见图 8）。广东华为投资控股有限公司以 5215.74 亿元位居第一，江苏苏宁控股集团以 4129.51 亿元位居第二，山东魏桥创业集团以 3731.83 亿元位居第三，山东与江苏、广东差距并不大。

而在服务业领域，江、浙、粤等省服务业重点企业在激烈的国内外市场竞争中逐渐成为主业突出、核心竞争力强、品牌带动明显的大企业、大集团。在“2017 中国民营企业服务业 100 强”榜单中，广东、江苏、浙江上榜企业分别有 18 家、15 家、12 家，而山东省上榜企业仅有 5 家，包括第 23 位中融新大集团有限公司（批发业）、第 57 位利群集团股份有限公司（批发业）、第 77 位山东远通汽车贸易集团有限公司（零售业）、第 82 位新华锦集团（批发业）、第 97 位青岛世纪瑞丰集团有限公司（批发业）（见图 8）。

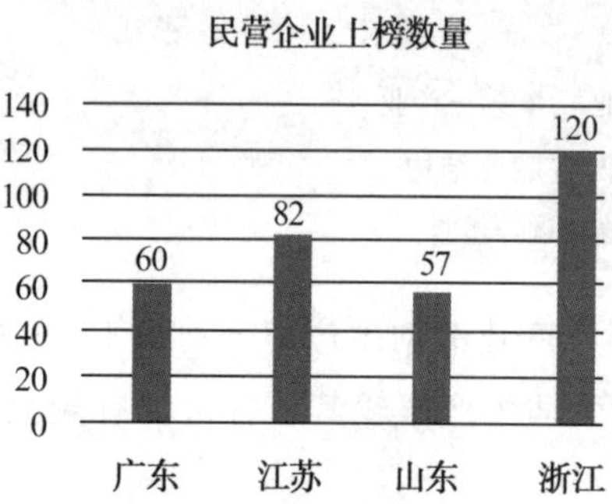

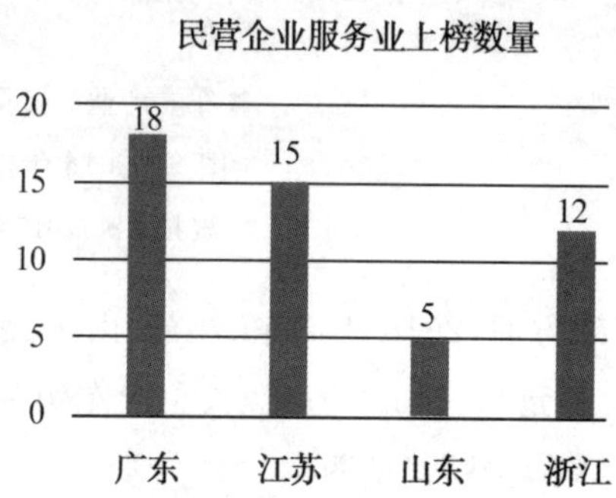

图 8　2017 年四省民营企业 500 强及民营企业服务业 100 强上榜情况

资料来源：中华全国工商业联合会《2017 中国民营企业 500 强调研分析报告》，http://www.acfic.org.cn/zt/17/my5bq/bg/bg.html.

而据山东省工商联发布的“山东省民营企业前 10 强”显示，山东民营企业主要集中在传统经济领域，如电解铝、纺织、石化等行业（见表 8）。

表 8　2017 年山东省民营企业前 10 强

排名	公司	所在地	领域
1	山东魏桥创业集团有限公司	滨州市	纺织、电解铝
2	信发集团有限公司	聊城市	电解铝
3	山东东明石化集团有限公司	菏泽市	石化
4	华泰集团有限公司	东营市	造纸
5	山东大海集团有限公司	东营市	纺织
6	中融新大集团有限公司	淄博市	能源
7	万达控股集团有限公司	东营市	石化
8	利华益集团股份有限公司	东营市	石化
9	山东京博控股股份有限公司	滨州市	石化
10	济宁如意投资有限公司	济宁市	纺织

资料来源：中国山东网，news.sdchina.com/show/4159190.html.

在中小民营企业和个体工商户方面，2016 年，山东每万人口拥有私营企业 77.4 户，低于全国92.1 户的平均水平，分别比广东、江苏少 66.3 户、105.3 户；每万人口拥有个体工商户 320.8 户，低于全国 326 户的平均水平，分别比广东、江苏少 54.1 户、157.1 户。

因此，山东民营企业总体规模较大，大型企业数量较多，但民营企业多集中在传统行业，服务业等新兴行业企业规模、数量甚少，中小民营企业不多，导致山东经济活力不足，创新能力受限。

(六)区域服务业结构的比较

区域服务业结构，山东发展较均衡。从四省各市服务业增加值占 GDP 比重看，广东最高的广州比重为 69.4%，最低的云浮比重为 38.5%，相差 30.9 个百分点。江苏最高的是南京(58.4%)，最低的是宿迁(39.8%)，相差 18.6 个百分点。山东最高的是济南(58.9%)，最低的是东营(34.3%)，相差 24.6 个百分点。浙江最高的是杭州(60.9%)，最低的是嘉兴(44.4%)，相差 16.5 个百分点。山东有 3 个市服务业比重不足 40%，而广东、江苏分别有 5 个、1 个，浙江全部市服务业比重均超过 4 成。山东区域服务业结构较均衡，但与江苏、浙江还有一定差距。

三、服务业固定资产投资比较

固定资产投资是城市设施建设和经济发展预期的重要指标，要实现服务业的快速增长，必须加大对服务业的投入力度，为服务业发展提供资金支持。2016 年，从第三产业的总体投资来看(见表 9)，各省绝对数额相差不大，但山东第三产业投资占全社会投资总额的比重仅为 45.77%，明显低于广东的65.06%和浙江的 67.89%；第三产业投资增速为 7.03%，而浙江增速达到 14.57%，山东不及浙江增速的 1/2。但山东第三产业投资比率(第三产业固定资产投资/第三产业增加值)表现较好，达到 75.7%。山东应进一步改善固定投资产投资结构，提高第三产业投资增速，在保证投资效率的情况下进一步提升整体效益。

表 9　　2016 年第三产业固定资产投资总体情况

	第三产业固定资产投资总额(亿元)	占全省固定资产投资总额的比重(%)	第三产业固定资产投资增速(%)	第三产业投资比率(%)
广东	21475.25	65.06	10.55	51.4
江苏	24403.93	49.43	7.12	63.5
山东	23965.10	45.77	7.03	75.7
浙江	20075.62	67.89	14.57	83.3

资料来源：2017 年粤苏鲁浙统计年鉴。

从 2016 年第三产业各行业固定资产投资情况看，四省存在较大的相似性，也各有特点。从图 9 中可以看出，四省的房地产业投资规模最大，水利环境和公共设施管理、交通运输仓储邮政业、批发零售业投资规模也普遍较高。居民服务、修理和其他服务业投资规模普遍较小，而金融业投资规模最低。在几个重要的行业中，四省各自比重差别较大，形成了较明显的产业内结构差异。广东在交通运输仓储邮政业和房地产业投资规模均最大，而其他行业投资规模均较低。山东在批发零售业、交通运输业、科研和技术服务业、教育、卫生和社会工作、体育和娱乐业、公共管理社会保障和社会组织行业投资规模较大，具有明显优势。但山东第三产业固定资产投资仍集中在传统服务业领域，而在高新技术等现代服务业领域的投资规模较低。山东在信息传输、软件和信息技术服务业投资规模较小，仅为290.68亿元，而江苏达到635.48亿元，是山东的两倍多。此外，山东金融业投资规模也较小。

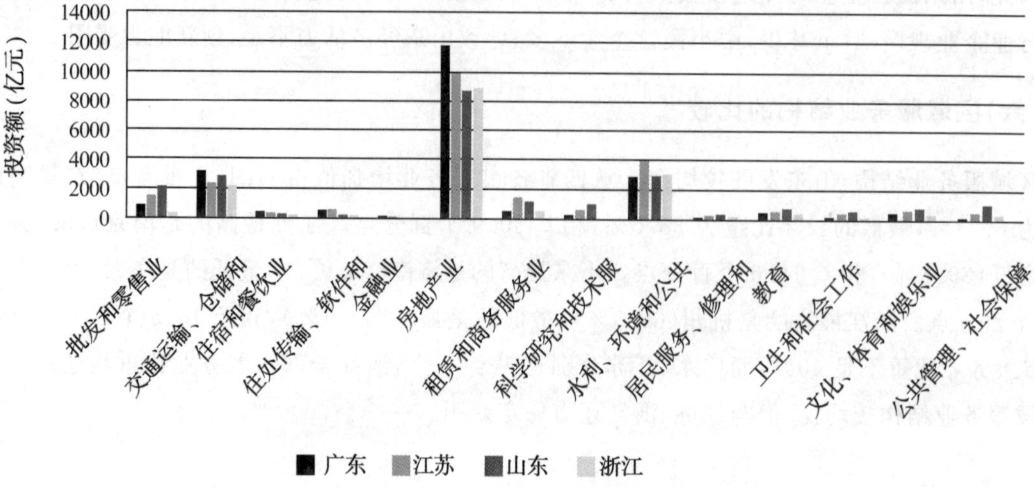

图9　2016年四省第三产业主要行业固定资产投资比较

资料来源：2017年粤苏鲁浙统计年鉴。

四、服务业利用外资的比较

服务业利用外资会加大各地区服务业的发展步伐，推动服务贸易的发展。2016年，山东第三产业实际利用外资为65.29亿美元，明显小于其他三省利用外部的规模，其中，广东实际使用外资达到160.88亿美元，接近山东的2.5倍。山东第三产业实际使用外资的增幅为7.6%，超过江苏和浙江，但仍刚刚达到广东增幅的一半。山东第三产业使用外资占全省外商直接投资的比重仅为27.1%，而广东已达到68.9%，超过山东的2.5倍，浙江也已超过山东的2倍，第二产业仍是山东吸引外资的重点，比重达到69.87%。与其他三省相比，山东省第三产业在引资方面仍存在不小差距，第三产业利用外资的规模总量、增速及占全省外商直接投资额的比重均有待提高。2016年四省第三产业利用外资情况见表10。

表10　　2016年四省第三产业利用外资情况

	实际使用外资（亿美元）	增速（%）	占全省外商直接投资额比重（%）
广东	160.88	13.7	68.9
江苏	114.63	1.3	46.7
山东	65.29	7.6	27.1
浙江	102.93	6.4	58.6

资料来源：2017年粤苏鲁浙统计年鉴。

此外，2017年各省大力提升开放型经济发展水平，深度参与“一带一路”建设，着力培育开放合作新优势，全方位对外开放新格局进一步形成。

广东开通中欧、中亚班列,对沿线国家进出口年均增长8%。高水平推进自贸试验区建设,形成385项改革创新经验。贯彻"一国两制"方针,率先基本实现粤港澳服务贸易自由化,港珠澳大桥主体工程全线贯通,粤港澳大湾区建设全面启动。认真落实《国务院关于深化泛珠三角区域合作的指导意见》,泛珠合作取得丰硕成果。对外交流合作进一步加强,新增国际友城59对。

江苏参与的重点是中蒙俄经济带和新亚欧大陆桥经济带,重点国家是哈萨克斯坦和俄罗斯。在连云港—霍尔果斯—中亚连线,苏州—满洲里—欧洲连线这两条经贸合作陆上大通道,利用"园区经济"开展国际产能、农业、资源、能源合作。现在已经取得成功的范例是柬埔寨西港特区、埃塞俄比亚东方工业园、印尼双马产业集聚区和坦桑尼亚中坦现代农业示范区等。

浙江凭借G20杭州峰会显著提升了其在全世界的影响力和美誉度。舟山江海联运服务中心、中国(杭州、宁波)跨境电子商务综合试验区、中国(浙江)自由贸易试验区等重大开放平台先后获批。宁波舟山港成为全球首个货物吞吐量突破10亿吨的港口,集装箱吞吐量跃居全球第四,波音飞机项目落户舟山,开通义新欧班列并实现常态化运行。

但是山东参与国际合作的区位优势越来越小。山东与日韩合作地理位置优越,长期是东北亚经济圈的重要一极。但近年来受地缘政治变化影响,山东与日韩地方经贸合作不确定性增加,对外合作的海上大通道优势发挥不出来。2017年,山东外贸依存度比全国低近10个百分点,与这种状况密切相关。在我国"一带一路"倡议下的对外开放格局中,山东的沿海区位比较优势也逐渐下降。

五、山东省服务业发展策略

(一)融合其他产业,促进现代服务业协调发展

推动服务业与先进制造业融合发展。《中国制造2025》强调:"要加快制造与服务的协同发展,推动商业模式创新和业态创新,促进生产型制造向服务型制造转变。大力发展与制造业紧密相关的生产性服务业。"因此,在未来的现代服务业发展工作中,要依托山东省制造业企业集聚带来的体量最大的"本土市场效应"优势,出台鼓励和扶持政策,加快生产性服务业发展,集中力量发展研发设计、技术转移、创业孵化、知识产权、科技咨询等科技服务业,以及第三方物流、第三方设计、法律服务、检验检测认证、电子商务、管理咨询、公关会展、融资租赁、人力资源服务、售后服务、广告推广、品牌建设等生产性服务业。此外,还要积极引导和支持制造业企业打破行业边界,延伸其自身服务链条,从主要提供产品制造向同时提供产品和服务转变;鼓励优势制造业企业"裂变"专业优势,通过业务流程再造,向顾客提供专业化服务。例如,可以鼓励企业学习爱立信、IBM等优秀跨国企业的发展道路,支持有条件的制造业企业由单纯的设备供应商,向提供系统集成总包服务的解决方案提供商转型升级。

推动服务业与现代农业融合发展。政策落实方面,抓好《关于加快发展农业生产性服务业的实施意见》和《山东省农业厅关于加快农业生产托管的实施意见》的宣传贯彻,通过财政扶持、信贷支持、税费减免等措施,大力支持发展农业生产性服务业,鼓励各地通过政府购买服务、以奖代补、先服务后补助等方式,支持服务组织承担农业生产性服务。此外,政府部门还可以出台鼓励现代服务业企业惠农的专项扶持计划,为企业搭建三农相关的电子商务、公共服务、生活服务、农资租赁等互联网平台提供政策便利和资金扶持,向农民提供技能培训项目,比如淘宝大学等。主体培育方面,大力培育新型经

营主体和服务主体，构建“一主多元”的农业生产服务体系，实现小农户和现代农业发展的有效衔接。农村集体经济组织通过发展生产性服务，强化统一经营层次，壮大集体经济。支持农民合作社、专业服务公司、龙头企业、家庭农场等围绕农户和农业生产的需求，提供多样化服务，提升服务水平。农机服务在积极培育各类服务主体的同时，更加重视支持跨地区、大规模、专业化的农业服务公司发展。项目实施方面，继续做好2017年度全省粮食高产创建平台建设农业社会化服务项目的实施工作，强化技术指导，确保项目顺利完成。

（二）提升服务质量，推进服务业创新发展

健全服务业质量治理体系。构建责任清晰、多元参与、依法监管的服务质量治理和促进体系，加快形成以质取胜、优胜劣汰、激励相容的良性发展机制。加强ISO9001质量管理体系在服务业的建立和实施。强化企业责任意识，引导企业加强质量控制，建立质量自我评估与公开承诺制度，主动发布质量标准、质量状况报告，政府设立并颁发服务业企业质量奖等。推行质量责任首负承诺，支持企业提高质量监测和产品全生命周期服务质量追溯能力。鼓励推广服务质量保险，逐步建立质量保证金制度。提升政府监管和执法水平，加大随机抽查和质量监督检查力度。继续开展服务质量满意度提升、服务质量标杆引领和服务质量检测能力提升行动。充分发挥“12305”“12315”等消费者质量投诉举报渠道作用，推广服务质量社会监督员制度，鼓励第三方服务质量调查。支持行业协会商会加强质量自律，发布行业服务质量和安全报告。加快推进检验检测认证等质量服务市场化发展。

加快标准化、规范化建设。开展服务标准化提升行动，加快形成政府引导、市场驱动、社会参与、协同推进的标准化建设格局。一是健全服务标准体系。建立政府主导制定的标准与市场自主制定的标准协同发展、协调配套的新型标准体系。加强“山东标准”建设，提高相关产品和服务领域标准水平。加快建设“企业标准领跑者培育库”“国际标准创新项目培育库”“推动质量品牌高端化‘一品一标’产品培育库”，以标准引领、加强产业标准体系建设，强化标准信息公共服务。二是推行更高服务标准。加强标准制修订工作，推动国际国内标准接轨，提高服务领域标准化水平。鼓励企业制定高于国家标准或行业标准的企业标准，积极创建国际一流标准。推动企业服务标准自我声明公开和监督制度全面实施，鼓励标准制定专业机构对企业公开的标准开展比对和评价。以生产性服务业企业为重点，培育形成一批品牌影响力大、质量竞争力强的大型服务企业。

抓好服务业品牌建设。鼓励服务企业加强品牌建设，培育质量高、效益高、诚信度高、美誉度高、关联度高的知名品牌。在生产性服务业企业试点开展质量标杆、品牌培育示范活动，发挥试点先行、示范引领作用。开展品牌价值提升行动，鼓励中小服务企业品牌孵化建设。支持具有文化、民族、地域特色的服务品牌创建区域性知名品牌，支持大型服务企业培育形成一批精品服务项目和服务品牌。发挥行业协会商会在品牌培育和保护方面的作用，建立和完善市场主导、顾客满意、行业自律、政府监督的品牌评价、发布机制。完善品牌信用信息平台，建立企业自我保护、行政保护和司法保护三位一体的品牌保护体系，打击侵犯商标专用权和制售假冒伪劣商品的行为。提升商标注册便利化水平，健全集体商标、证明商标注册管理制度。加强品牌宣传和展示，营造重视品牌、保护品牌的社会氛围。此外，要做好山东省老字号保护传承，加强老字号宣传推介，优化老字号公共服务，推动老字号创新发展，实现老字号市场开拓。

加快推动服务业创新发展。深入实施新旧动能转换重大工程，推动服务业转型升级，激发服务业

创新发展活力，坚持产品创新、服务创新、模式创新，把握产业链、价值链、创新链的核心环节，全面提升服务业创新发展水平。支持新技术新工艺新业态新模式创新应用，完善创新机制和模式，推动技术工艺创新和深度广泛应用，鼓励平台经济、分享经济、体验经济等新业态新模式发展，探索审慎监管和包容式监管方式，构建创新友好型发展环境。发挥信息化对拓展服务业广度与深度的巨大作用，推动信息技术在服务领域深度应用，推进数据资源开放共享，促进服务业数字化智能化发展。丰富服务业文化内涵，充分发挥文化元素和价值理念对服务业创新发展的重要作用，实施文化价值提升行动，增强服务业软实力。抓好服务业人才引进和培育。聚焦新一代信息技术、文化创意、精品旅游、医养健康、现代金融，继续组织开展泰山产业领军人才遴选工作，做好中期评估和年度评估，强化管理服务，为人才创造更好的发展环境。

(三)优化空间布局，推动服务业健康发展

服务业差异化适度聚集发展。首先，要抓好区域性服务中心建设。山东省发改委主任、党组书记张新文在全省服务业工作会议上提出要支持济南、青岛、烟台加快建设全省区域性服务业中心，率先形成以服务经济为主的产业结构。要以认定培育省级重点服务业城区、园区、企业和现代服务业集聚示范区为突破口，按照“产业集聚，企业集中，资源集约，功能集合”的原则，重点打造产业特色鲜明、高端要素集聚、配套功能完善的服务业重大平台、现代服务业集聚区和服务业重要园区。对于区域内不同地区，要结合省会城市群各城市的组员要素禀赋、产业基础等实际情况，根据城市特征及功能定位，统筹规划引导现代服务业适度集聚，形成差异性、互补性和特色突出的现代服务业集聚区。对不同行业的空间集聚程度及行业内企业集中度，要求从实际出发，遵循行业特点及市场需求特点，在不同城市合理进行专业化与多样化选择，形成深度融合、互利共赢、协同发展的新机制。

优化区域共生发展环境。各市要按照“多规合一”的要求，秉承区域协调发展的理念，科学制定现代服务业发展规划，加强不同类型、不同城市之间规划的对接协调，实现区域经济发展统一规划、统一管理，为推进区域协调发展提供科学指引。优化形成现代服务业区域共生发展环境，建立区域城市之间多层次互补性共生、互动性共生和协调性共生关系，促进服务业区域共生发展。在提升服务业在本区域的共生能力的同时，还应当与周边区域形成良好的产业共生关系。发挥城市之间产业综合协作能力优势，参与区域之间的竞争，拓展服务业市场生态圈。

强调发挥市场作用。政府减少主导作用，应该较多的发挥市场自主自发的力量，市场的力量会把各服务要素资源相对集聚在某一个特定的空间。政府的责任从“拿揽配”转变为“打平台、优环境、聚人才”。例如，在服务业聚集区内，做一些包括研发设计、试验验证等公共技术支撑平台；做一些咨询、评估、交易、成果转化、资产托管、投融资等运营性服务平台；做一些集交易、物流、支付于一体的综合电子商务服务平台，以降低制造业集群的交易成本和优化投资环境。

(四)优化治理环境，增进服务业良好发展

加大资金支持力度。第一，加快构建以政府投入为导向、社会投入为主体、金融信贷为支撑，多渠道、多层次的服务业投融资体系。第二，积极争取国家、省促进现代服务业发展的专项资金支持，推动现代服务业重大项目建设。第三，政府产业扶持和结构调整资金主要投向现代服务业，逐步加大现代服务业发展引导资金规模。第四，创新现代服务业引导资金投入方式，在行业上重点选择基础性、带

动性强的旅游业、物流业、金融业、软件信息服务业，在业务上重点投向重点载体、基础平台、关键技术、商业模式创新及产业链拓展等方面，发挥引导资金的示范带动和支撑作用。第五，管好用好服务业发展引导资金。充分发挥国家和省服务业载体项目的调度和监督检查，强化对项目建设的事中、事后监管，进一步提高项目管理水平，优化服务业资源配置，形成监管长效机制。调度项目资金需求，分门别类，做好银企对接工作，切实帮助企业解决融资难等问题。

注重服务业保障要素投入。土地方面，在工业园区内建设的物流、研发和工业设计等生产性服务业项目，可参照执行工业用地政策；发挥现代产业竞争性用地指标的杠杆作用，对符合国家产业政策和用地节约集约的服务业项目，优先安排年度新增建设用地计划指标。资金方面，优先将重大服务业项目列入政府投资计划，积极做好国家和省级服务业引导资金扶持项目的申报推荐和争取工作；鼓励金融机构倾斜信贷资金支持服务业企业，推动融资性担保机构为中小型服务业企业提供融资担保；支持符合条件的服务业项目采取 PPP 等多种形式筹集建设资金。人才方面，继续开展泰山产业领军人才、鸢都产业领军人才（现代服务业领域）申报评选工作，做好省服务业突出贡献人才的申报评选工作，大力引进培养高层次、高技能的服务业专业人才，加快建立一支服务业领军人才队伍。

深入推进服务业供给侧结构性改革。2016 年山东省委等颁布了《中共山东省委山东省人民政府关于深入推进供给侧结构性改革的实施意见》（鲁发〔2016〕12 号）》，明确提出实施供给侧结构性改革，是适应和引领经济发展新常态的重大举措，是新形势下抢占发展先机、赢得战略主动的必由之路，对促进山东改革创新、走在前列具有重要意义。要实现服务业的供给侧改革，首先要多措并举降成本，进一步清理规范行政事业性收费和政府性基金，认真执行涉企收费减免规定，落实研发费用加计扣除等税收优惠政策。其次，要精准施策去库存，着眼于满足居民住房刚性需求和改善性需求，确保全市商品房去化周期继续保持在合理区间。最后，要优化金融生态，支持企业市场化、法治化债转股，加大股权融资力度，加强企业自身债务杠杆约束，降低企业杠杆率。

扎实开展绩效考核评价工作。按照省委、省政府的安排部署，科学确定并分解当年服务业发展任务目标，作为绩效考核的基础。完善月调度、季分析和年度考核制度，全面、准确、客观地评价各市、各部门服务业发展工作，同时鼓励各市积极提报反映服务业发展质量提升、结构调整、创新发展等方面的指标，作为考核的差异性指标。监测分析服务业重点项目、服务业载体建设发展情况，坚持问题导向，深刻分析原因，提出针对性和操作性强的对策建议。强化结果运用，切实发挥好考核的评价、导向和激励作用，推进服务业平稳较快发展。

纵深推进简政放权改革。首先，要激活现代服务业市场、激发企业。例如，要尽快实行服务业企业自主登记制度，适时取消现代服务业企业一般投资项目备案制，不用或者少用产业政策干预企业的行为。其次，要全面实施负面清单管理，形成有利于市场平等竞争、透明度高的市场经济发展大环境。最后，要推进服务业监管转型，适应服务业企业经营发展的大趋势，尽快组建服务业综合监管机构，制定适合服务业发展的机制体制。

（五）开放思想，加强服务业国际竞争力

推进服务业领域对外开放。积极推动外资领域简政放权、放管结合、优化服务改革。对外资全面实施准入前国民待遇加负面清单管理制度，简化外资企业设立和变更管理程序，提高市场准入透明度和可预期性。在财政政策、融资服务、土地使用和经济技术合作等方面实现内外资企业一视同仁。推

动重点领域对外开放，优先放开对弥补发展短板、促进产业转型升级、提高人民生活质量具有重要作用的领域。有序推进教育、医疗、金融等领域对外开放。鼓励外商投资工业设计和创意、工程咨询、现代物流、检验检测认证等生产性服务业。进一步扩大招商引资引技引智力度，大力发展高层次外向型服务业。推动中韩服务贸易创新发展，探索中韩服务业合作新机制。支持有条件的地方建设具有较大影响力的金融、技术、信息等要素市场。深化国际旅游合作，大力提升“好客山东”品牌在海外的美誉度，提高山东旅游产品在国际上的知名度和影响力。

推动服务业开拓国际市场。鼓励服务业企业在全球范围内配置资源、开拓市场，拓展发展新空间，提升国际竞争力。积极探索我省与“一带一路”沿线国家服务业领域深度合作。加强我省与台湾、香港、澳门地区在服务业领域的合作，积极开展我省与新疆、青海、甘肃、重庆等“一带一路”沿线省(区、市)服务业领域的合作，提高服务业对外合作水平。扩大金融保险、交通运输、信息通信、研发咨询、环境服务等高附加值服务出口，鼓励科技企业成立数字化经济战略联盟，利用数字化技术整合全球科技和金融资源，为“一带一路”沿线国家信息化建设提供服务。积极推动文化、中医药等服务出口，加强体育、餐饮等特色服务领域的国际交流合作。大力发展服务外包，推动服务外包向价值链高端延伸。围绕关键短板和战略需求，支持服务业企业以跨国并购、绿地投资、联合投资等方式，高效配置全球人才、技术、品牌等核心资源。鼓励企业通过在境外设立研发中心、分销中心、物流中心、展示中心等形式，构建跨境服务产业链。鼓励企业利用信息技术改造提升传统服务投资贸易方式，积极发展跨境电商、全球维修、全球采购等服务。

参考文献

[1]新华日报.在与一二产业深度融合中发展现代服务业——新时代服务业改革与发展的路径选择[EB/OL].(2017-12-22)[2018-04-11].http://xh.xhby.net/mp3/pc/c/201712/22/c421917.html.

[2]国家发展改革委.服务业创新发展大纲(2017-2025年)[Z].2017-06-21.

[3]山东省发展和改革委员会.山东省服务业创新发展行动纲要(2017～2025年)[Z].2017-12-27.

[4]胡祖才.加快推动服务业创新发展支撑引领经济转型升级[J].现代企业,2017(08):4-5.

地区篇

第一章
蓝色经济区现代服务业发展报告

一、蓝色经济区地区概况

(一)规划范围

山东半岛蓝色经济区,是中国第一个以海洋经济为主题的区域发展战略,是中国区域发展从陆域经济延伸到海洋经济、积极推进陆海统筹的重大战略举措。规划主体区范围包括山东全部海域和青岛、东营、烟台、潍坊、威海、日照6市及滨州市的无棣、沾化2个沿海县,海域面积15.95万平方公里,陆域面积6.4万平方公里。2009年,区内总人口3291.8万,人均地区生产总值50138元。

"山东半岛蓝色经济区"包括9大核心区,分为主体区和核心区,其中主体区为沿海36个县(市、区)的陆域及毗邻海域。山东半岛蓝色经济区的核心区,为9个集中集约用海区,分别是:丁字湾海上新城、潍坊海上新城、海州湾重化工业集聚区、前岛机械制造业集聚区、龙口湾海洋装备制造业集聚区、滨州海洋化工业集聚区、董家口海洋高新科技产业集聚区、莱州海洋新能源产业集聚区、东营石油产业集聚区。每个集中集约用海区都是一个海洋或临海具体特色产业集聚区。

山东半岛蓝色经济区发展规划除1个总体规划外,还有15个省直部门分别编制海洋能源、现代服务业、高新技术产业发展、海洋生物产业发展、海洋装备制造业、临港重化工业发展、盐化工及海洋化工产业发展、信息服务、现代海洋渔业发展、生态环保、对外开放、园区发展、交通运输发展、海洋工程建筑业发展、海洋生态环保产业发展、现代农业发展、水利发展、土地开发利用、海底矿产勘探开发开采输送加工等专项、城镇体系建设、教育事业发展、科技事业发展、卫生事业发展、人力资源和社会事业发展、海洋文化旅游业发展等25个专项规划。

(二)发展现状及成就

2011年1月,国务院批复《蓝色经济区规划》,标志着山东半岛蓝色经济区建设正式上升为国家战略。随后,山东海洋经济发展迅速,成为促进全省经济发展的新动力,在全国海洋经济中的地位日益突出。

区域综合实力显著提升。山东省发改委报告显示,2011～2016年,蓝色经济区地区生产总值由21395.1亿元增长到31386.5亿元,海洋生产总值由8029亿元增长到1.3万亿元,年均增长速度保持在10%左右。2016年,蓝色经济区规模以上工业企业增加值增长7.8%;社会消费品零售总额增长10%;完成固定资产投资25117.9亿元,同比增长8.9%;公共财政预算收入2846.5亿元,同比增长9.2%;蓝色经济区对全省的经济增长贡献率接近50%,为全省经济社会发展发挥了重要的引擎作用。

海陆空基础设施不断完善。蓝色经济区的重大基础设施建设取得了比较明显的成果,海陆空多式联运系统加速形成。目前,烟台蓬莱机场、日照机场已建成使用,青岛新机场、济青高铁、青日连铁路、龙烟铁路等重大基础设施正在加快建设,青荣城铁已全线贯通,青烟威正式开启同城模式。青银高速扩容已启动前期工作,潍日高速、济东高速、龙青高速等工程进展顺利。仅2016年,蓝区沿海港口货物吞吐量达到14.3亿吨,同比增长6.4%,居全国第二位,蓝区成为中国唯一拥有三个过2亿吨大港的区域,以青岛港为龙头的现代化港口集群初步建立。

海洋产业体系形成且发展质量显著提升。《蓝色经济区规划》实施以来,蓝色经济区以培育战略性新兴产业为方向,以发展海洋优势产业集群为重点,强化"四区三园"载体作用,优化海陆空间布局,加快构建现代海洋产业体系。蓝色经济区重点培育了海洋生物、海洋装备制造、现代海洋化工等6大优势产业。组建成立了海洋生物、海洋动力装备、海洋食品等7大产业联盟,集聚海洋优势企业200多家,拥有上下游配套企业超过千家,打造了海洋企业"抱团聚力"发展新模式。青岛明月海藻集团已发展成为全球最大的海藻生物制品生产企业,海藻酸钠产量稳居世界第一;烟台中集来福士作为国家能源局和工信部海工装备主要基地,深水半潜式钻井平台交付量占全国总量的3/4。我省纯碱、氯化钙产量和市场占有率位居世界第一。山东出台了省级海洋牧场认定标准和认定办法,目前,全省共建成各类海洋牧场240余处,面积超过1.9万公顷,其中国家级14处,占全国总数的1/3。

科技创新能力显著提升。山东省海洋科研实力居全国首位,海洋科技对海洋经济的贡献率超过65%,高于全国5%。蓝色经济区建设6年多来,新增了青岛海洋科学与技术国家实验室、国家深海基地、"蛟龙号"载人深潜器等一大批重大海洋科技创新平台和科技装备,《青岛蓝色硅谷发展规划》获国家发改委等5部委联合批复,青岛、烟台、威海3市成为国家首批海洋高技术产业试点城市,数量居全国之首。青岛、烟台获批成为国家"十三五"海洋经济创新发展示范城市,潍坊海洋战略性新兴产业示范基地获批成为国家科技兴海产业示范基地,山东半岛蓝色经济区已成为中国重要的海洋科技集聚区。山东海洋科教资源也十分丰富。目前,全国50%以上海洋科研机构已进驻蓝区,拥有从事海洋科研的驻鲁两院院士21人,建成海洋领域院士工作站30余家,博士后工作站20家,引进国家"千人计划"85名,扶持43个泰山学者蓝色产业人才团队项目,直接从事海洋研发人员超过1万人,科技进步对海洋经济的贡献率超过60%。

对外开放能力显著提升。在对外交流和合作方面,蓝色经济区成功举办青岛海洋国际高峰论坛、第四届世界海洋大会、中乌经贸合作论坛等国际性活动。与美、法、加等国家开展海洋经济经贸、科技交流系列活动，打造参与“一带一路”建设的重要平台。

海洋管理水平稳步提升。在全国率先出台了《海域使用管理条例》，海洋管理法律法规体系进一步完善。海域使用管理、海上安全生产、海洋防灾减灾和抢险救助能力明显加强，海洋环境监察、海上联合执法力度不断加大，海洋综合管理水平处于国内领先地位。

（三）发展目标与蓝图

根据《蓝色经济区规划》，到 2020 年，建成海洋经济发达、产业结构优化、人与自然和谐的蓝色经济区，率先基本实现现代化。海洋经济综合实力和竞争力位居全国前列，建成具有世界先进水平的海洋科技教育人才中心，经济开放水平大幅提升，成为中国参与经济全球化发展的重点地区，海洋生态文明建设取得显著成效，单位地区生产总值能耗达到国内先进水平，主要污染物排放总量得到严格控制，区域、海洋生态环境质量不断改善，实现基本公共服务均等化，人民生活更加富裕。海洋生产总值年均增长 12%以上，人均地区生产总值达到 13 万元左右，城镇化水平达到 70%左右。

具体的战略定位如下：

建设具有较强国际竞争力的现代海洋产业集聚区。以高端技术、高端产品、高端产业为引领，强化港口、园区、城市和品牌的带动作用，加快发展海洋高技术产业，改造提升传统产业，培育壮大海洋优势产业集群，建设具有较强自主创新能力和国际竞争力的现代海洋产业集聚区。

建设具有世界先进水平的海洋科技教育核心区。整合海洋科教资源，着力加强海洋科技自主创新体系和重大创新平台建设，实施海洋高技术研发工程，突破一批关键、核心技术；提高教育现代化水平，加大各类人才培养力度，完善人才激励机制，聚集一批世界一流的海洋科技领军人才和高水平创新团队，构筑具有国际影响力的海洋科技教育人才高地。

建设国家海洋经济改革开放先行区。深化重点领域和关键环节的改革，完善海洋产业政策体系，推进实施海洋综合管理，着力构建海洋经济科学发展的体制机制；深化海洋经济技术国际合作，建设中日韩区域经济合作试验区，打造东北亚国际航运综合枢纽、国际物流中心、国家重要的大宗原材料交易及价格形成中心，构筑中国参与经济全球化的重要平台。

建设全国重要的海洋生态文明示范区。科学开发利用海洋资源，加大海陆污染同防同治力度，加快建设生态和安全屏障，推进海洋环境保护由污染防治型向污染防治与生态建设并重型转变；提升海洋文化品位，优化美化人居环境，增强公共服务能力，打造富裕安定、人海和谐的宜居示范区和著名的国际滨海旅游目的地。

二、蓝色经济区现代服务业发展现状分析

（一）服务业增速稳步提升，经济拉动能力扩大

自成立以来，蓝色经济区的服务业保持稳步增长，在国民经济发展中的带动作用日益凸显。在蓝色经济区 6 市及 2 个沿海县中，青岛市现代服务业一直处于领先地位，2013 年服务业占地区生产总值首次突破 50%，潍坊、烟台、威海三个城市的服务业占地区生产总值的比例也稳步上升，服务业成为蓝色经济区经济增速领跑的有力推手。在促进产业结构调整中，服务业发挥着重要作用。青岛市在 2011 年服务

业贡献率首次超过第二产业占比，产业结构调整实现了由“二三一”向“三二一”的标志性转变；威海市也在2016年实现由“二三一”向“三二一”的标志性转变。服务业在地方发展中的贡献也越来越大，青岛市2017年第三产业增加值6110.1亿元，增长8.4%，三次产业比例达到3.4∶41.2∶55.4，服务业成为推动青岛经济增长的主要力量，贡献率为59%，超过工业、建筑业等其他行业之和。2017年威海市服务业增加值1664.13亿元，增长9.6%，服务业对全市经济增长的贡献率为53.7%，服务业发展动力强劲。

梳理蓝色经济区成绩单可以看出，青岛、威海发展成绩显著，服务业增加值及服务业在地方税收收入中都占据了半壁江山，成为地区经济发展的强大动力。蓝色经济区的其他各市也基于已有的经济基础、地缘优势、优惠政策等优势，已经在推动服务业发展，发展服务经济，增加地区产值方面在省内起到了排头兵的作用。

(二)服务业产业结构持续优化

依托国家对蓝色经济区的战略规划及地理位置优势，蓝色经济区的服务业产业重点行业转型升级取得了新成效。以现代金融业、现代物流、电子商务和科技信息服务业、海洋旅游服务业为先导的服务业在相关扶持政策的刺激和引导下，表现出强劲发展态势。蓝色经济区的港口吞吐量、吸纳能力快速提升，航空、铁路、公路等运输同比快速上升。烟台市加快以渤海湾烟大航线甩挂运输为特色的深国际烟台综合物流港项目的建设，青岛市的港口吞吐量在全球位居前列。各市积极进行金融业、投融资体制机制创新，取得明显成效。青岛市成立全国第一家产融结合消费金融公司(青岛海尔消费金融公司)、全国第一支以“人民币”字样注册的投贷基金(山东省人民币国际投贷基金)、全国第一家拥有批量收购和处置金融机构不良资产的市级资产管理公司(青岛市资产管理公司)，烟台市的区域性基金管理中心在2016年获批，威海市助力“三角轮胎”“家家悦”成功上市，潍坊市积极引导规模以上企业进行改制并取得显著成果。电商销售成为企业开拓市场的重要渠道，增速快，成效大，青岛市启动“直购进口”和“中韩海运直购进口”等模式，提高跨境电商公共服务平台使用效率、通关和退税速度。物流园区的建设带动了当地经济的发展，临港物流园建设已基本完成，广饶物流园攻坚循序渐进，海科物流园项目正积极推进建设，东营市7家物流企业入选山东省第五批星级物流企业和物流园区。

(三)服务业集聚效应逐渐显现

蓝色经济区建立以来，现代服务业集聚区获得了蓬勃发展。山东省海洋社会资源聚集度在全国首屈一指，高度聚集的海洋社会资源为蓝色经济区发展提供了强有力的支撑。海洋科技人员总量约占全国的一半，有较多的中央驻鲁的海洋科研教学单位和海洋界两院院士，已建成20多个省部级海洋重点实验室。积极发展集聚区产业，中国烟台人力资源服务产业园成为北方首个国家级园区，海港路中心商贸区、烟台留学人员创业园区等9个省级服务业重点园区产业特点明显、集聚度增强、引领作用凸显；青岛市聚集各类服务业企业2万余家，组团发展，威海市形成以成山片区—荣成市区—石岛城区、文登市区—南海新区、乳山市区—银滩旅游度假区为区域中心的组合型城镇集群和产业发展极。立足于山东半岛海洋自然资源优势和海洋资源特性，通过发展相关海洋产业和临海产业，促进沿海地区次级中心城市和小城镇发展，形成了青岛—潍坊—日照、烟台—威海、东营—滨州三个城镇群，构建起“中心城区—次中心城市—小城镇—新型农村社区”以“一轴三带”为框架的多中心、海湾型大都市空间布局体系。

蓝色经济区现代服务业集聚具有资源共享、服务共享、规模经济的特点，可降低交易成本，形成外部经济优势，为蓝色经济区服务经济拓展更新更广阔的空间，也极大带动了区域经济发展。

(四)重点项目建设加快，助推服务业提速发展

实施重大项目带动战略，以重大项目为抓手，以服务业集聚区和龙头企业为依托，不断增强服务业发展后劲。青岛市高端服务业"十个千万平方米工程"全面完成建设计划，5年累计竣工面积达1.25亿平方米，80%已投入运营，集聚各类服务业企业2万余家，海尔智能产业园、即墨古城等13个项目竣工运行。威海市推进了一批服务业重大项目，近三年来推进服务业重大项目300多个，总投资达1500亿元左右，《华夏传奇》实景演出、大溪谷文化创意基地、碳纤维产业研究院、中海川公共海外仓等一批重大项目建成投运。东营市现代渔业示范区紧紧围绕打造滨海旅游资源开发先行示范区发展目标，推进红滩湿地旅游度假区、黄河口海参文化产业园、黄河口七彩盐田公园等"三个万亩"项目建设，取得了阶段性成效。红滩湿地旅游度假区规划面积25000亩，总投资2亿元；黄河口海参文化产业园规划面积12000亩，总投资4100万元；黄河口七彩盐田规划面积18000亩，总投资3000万元。截至2017年10月底，日照市213个重点项目已开工175个，完成投资467亿元，占年度计划的83%，奎山综合客运站及配套工程、日照市海洋公园建设项目、官山社区保障安居工程、莒县如意桃园棚户区项目、星河(日照)科技园项目、新兴产业"双创"示范基地建设项目6个省级重点项目1～10月份完成投资32.1亿元，占年度计划的106.7%，超出时间进度23.4个百分点，增幅居全省第二位。

(五)政府出台助力现代服务业发展的政策文件

2017年2月28日，青岛市人民政府办公厅印发《青岛市"十三五"现代服务业发展规划》(青政办发〔2017〕2号)，要求建成以服务经济为主的产业体系，生产性服务功能明显增强，生活性服务质量明显提升，公共性服务水平明显改善。通过以服务经济为主体的动力机制转换和产业体系重构，切实将发展方式转到以现代服务业和先进制造业为双引擎的轨道上来。服务业增加值年均增速8.5%左右，服务业增加值占生产总值比重达到57%，"青岛服务"品牌基本树立，初步建成国家重要的区域服务中心。该文件中还指出青岛要建设成国家重要的区域服务中心，主动融入全球服务分工体系，大力发展具有本土特色和比较优势的现代服务业，推动产业迈向高端，培育形成具有辐射带动竞争优势的区域服务中心功能。

2016年5月5日，东营市发展和改革委员会印发了《东营市"十三五"服务业发展规划》，确定"十三五"期间服务业发展的目标为：发展速度明显加快，服务业固定资产投资占全市固定资产投资比重明显提高，服务业增加值占地区增加值比重年均提高1个百分点以上，力争到2020年全市服务业增加值占地区生产总值的比重达到38%左右，生产性服务业增加值占服务业增加值的比重力争达到58%左右，服务业集聚发展态势更加明显，服务业主体功能更加突出，基本建成黄河三角洲区域性服务中心。

2017年2月17日，《威海市"十三五"服务业规划》(威发改服务〔2017〕5号)印发实施，提出：到2020年，服务业增加值突破2000亿元，占GDP比重超过50%；服务业完成投资突破2000亿元，占全社会投资比重达到55%；服务业实现税收占两税收入比重达到57%等。坚持生产性服务业与生活性

服务业并重，实施“7+5”战略，即大力拓展现代物流、现代金融、科技服务、信息服务、商务服务、电子商务、文化服务7个生产性服务业，优化提升旅游休闲、健康养生、现代商贸、社区家政、休闲体育5个生活性服务业，加快构建与先进制造业良性互动，与人民生活水平紧密相连的现代服务业新体系。

三、蓝色经济区现代服务业发展的问题分析

（一）区域内各市服务业发展不均衡

从区域发展的横向角度出发可以发现，蓝色经济区经济发展极不均衡。青岛和烟台两市在2015年的总产值占到了整个半岛蓝色经济区总产值的50.15%，两市的服务业的总产值占到了半岛蓝色经济区总产值的54.28%，工业总产值占了47.55%。在产业结构调整及发展方面，青岛、威海目前已形成“三二一”的产业结构，而其他城市或者县域仍停留在“二三一”的格局，仍然依靠工业经济的发展带动城市经济发展。“三个城镇组团”形成了一批以海洋工业、海洋装备、港口工业、石油化工、盐化工等为主业的实力雄厚、竞争力较强的支柱产业，工业拉动经济快速增长趋势明显，工业强市、工业兴市依然是“三个城镇组团”经济发展的主要手段，尤其是依靠二产发展的东营。

（二）传统服务业占比较高，现代服务业发展缓慢

与中国大部分地区一样，蓝色经济区的传统服务业在国民经济社会发展中仍占据重要的地位。交通运输仓储和邮政、批发零售、住宿餐饮、房地产等传统服务业仍然占据服务业的主要比重，金融、科技、信息、租赁和商务服务等新兴行业的发展与投资额均较小。生产性服务业作为服务于生产的服务业，对产品设计制造和销售及售后服务等生产性活动具有较强的社会服务性，可以减少工厂的生产成本，而且还可找到新经济增长点，但蓝色经济区的生产性服务业占服务业比重与先进城市的平均水平差距很大，生产性服务业对一、二次产业的支撑作用不足，生活性服务业聚集度不高、布局相对分散。

就现代服务业而言，蓝色经济区整体比重远低于长三角三省的平均水平，在产业结构调整及供给侧改革的大环境下，依赖工业的产业发展模式极易受到外部经济环境干扰，同时引发的高耗能产业比重过大，高排放项目多等问题致使区域内产业的结构性污染、开发与保护矛盾尖锐，将成为区域经济的最大发展威胁。

（三）区域内服务业融合互动、产业协同较弱

蓝色经济区内出现了单纯发展某一产业，忽视该产业与其他产业之间、部门之间的融合互动的现象，缺乏区域产业一盘棋的思想。如蓝色经济区旅游业与中国其他沿海地区的旅游业相比区位条件优、产业集聚性强、自然和人文资源融合好、政策条件好，而蓝色经济区以旅游业带动会展、信息服务、文化产业、房地产、广告咨询、金融服务、海洋服务等服务业发展的作用却没有得到充分发挥，旅游业的综合性、扩散性、渗透性、融合性的特征没有得到更好的体现，进而导致蓝色经济区旅游业产业链条不长、规模较小、企业品牌较少、旅游业新业态不多，规模宏大、功能完善、管理规范的旅游产业带和旅游产业集群还没有形成。

蓝色经济区内服务业资源开发秩序混乱，缺乏区内统一科学规划，现代服务业发展水平不高。受行政区划、财税体制和政府考核机制的影响，园区内各个地区一定程度上仍然存在“各守一摊”“小而全”的思想，经济自成体系，造成区域间产业结构雷同，不合理的低水平重复建设现象十分突出，尚未形成资源共享、优势互补、良性互动的一体化发展格局，在需要统筹配合的重大项目推进上，缺乏市和市、省和市的强力机制，不能完全形成加快工作的合力。

(四)现代服务业市场改革开放力度不足

蓝色经济区服务业市场状况大体可以概括为“三低”：一是服务业市场化程度低。例如，服务业市场准入门槛和体制机制障碍仍然较多，人才短缺矛盾凸显，市场化、产业化、社会化程度不高，发展内生动力和活力有待进一步增强。二是服务业对外开放的程度较低。受传统观念影响，仍然强调“工业兴市”，对服务业和制造业互动发展规律把握不准，导致服务业对外开放的水平仍然比较低。三是服务型水平低。以房地产为例，应当说房地产从规模上看已经到了一个相对饱和的状态，现在面临着规模房地产如何向服务型房地产转型的问题。如果房地产能够以健康服务为重点，不断提高服务水平，由此就会大大提高房地产的使用价值。伴随“互联网＋”、产业融合快速发展，新业态、新模式更迭加快，服务业企业加快改革和对外开放步伐，加快由生产型制造业为主开始向服务型制造业为主，从而形成服务业转型升级带动制造业转型升级的新优势，促进国民经济经济的发展。

(五)现代服务业企业市场竞争力较弱

蓝色经济区服务业增加值占 GDP 的比重正逐步超越第二产业的占比，青岛、威海已由“二三一”产业格局转变为“三二一”产业格局，且服务业税收也占据了地方税收的半壁江山。尽管服务业规模占比达到了相对理想状态，但服务业“质”的问题仍未改善。从企业竞争力看，区内服务业企业“低、小、散”现象较为突出，限额以上服务业企业占全部服务业市场主体较小，且大多集中在商贸、物流、房地产等行业，商务服务、信息消费、金融等现代服务业领域缺乏龙头企业带动。从企业准入门槛看，现代服务业准入门槛较高，部分行业中仍然存在政策性的进入壁垒和垄断现象，如银行、电信、保险、会展、传媒等，相关机构或企业的设立和业务扩展，都必须经过严格的审批程序，进入门槛极高，有些领域几乎由半官方的机构所垄断。而在传统服务业领域，准入门槛却存在偏低的问题，聚集了大量的小微企业和个体工商户，但企业的诚信度、服务质量等方面缺乏规范，一些行业问题不断出现。

四、蓝色经济区现代服务业发展的建议与对策

(一)健全区域现代服务业协调发展机制

加强组织协调，强化规划对接。各市要按照“多规合一”的要求，秉承区域协调发展的理念，科学制定现代服务业发展规划，加强不同类型、不同城市之间规划的对接协调，实现区域经济发展统一规划、统一管理，为推进区域协调发展提供科学指引。

健全区域经济利益分享和补偿机制。积极倡导区域经济发展中的“竞合”精神，建立制度化的利益表达和协商机制，保障弱势地区的话语权及其利益表达的有效性，确保在公平、公正的利益格局下

建立稳定的地方政府合作关系；制定互利共赢的利益分享和补偿机制，平衡不同地区之间的利益分配。

深入贯彻相关政策法规要求，共同推进行动计划。各市区深入贯彻落实《山东省推进服务业转型升级行动计划(2016～2020年)》，继续采取"敲开核桃，一业一策"的办法，依据省政府已经出台的家政、养老、科技、教育、房地产等重点行业和领域转型升级方案要求，共同研究制定实施意见，明确共同的年度目标和重点任务，并出台相关配套措施。

引导现代服务业集聚发展。以认定培育省级重点服务业城区、园区、企业和现代服务业集聚示范区为突破口，按照"产业集聚、企业集中、资源集约、功能集合"的原则，重点打造产业特色鲜明、高端要素集聚、配套功能完善的服务业重大平台、现代服务业集聚区和服务业重要园区。

(二)推进现代服务业改革，优化发展环境

破题投资体制改革，加快投资转型，实现投资与消费的互动和融合。在一定条件下，投资可能是关键。在一定条件下，消费可能是关键。问题在于，进入服务型经济发展的新阶段，投资要适应消费结构升级的大趋势，改变投资结构，关键是改变政府主导型的增长方式。因此，要贯彻《国务院关于积极发挥新消费引领作用，加快培育形成新供给新动力的指导意见》(国发〔2015〕66号)和《山东省人民政府关于贯彻国发〔2015〕66号文件，积极发挥新消费引领作用加快培育形成新供给新动力的实施意见》(鲁政发〔2016〕36号)文件精神，研究出台蓝色经济区积极发挥新消费引领作用、加快培育形成新供给新动力的实施意见。进一步明确消费升级重点和方向，加快重点领域制度创新，改善优化消费环境，研究提出相关政策措施，发挥新消费引领作用，培育形成新供给新动力，推动经济提质增效、健康发展。

营造良好的商业风气。相较于制造业，服务业的健康发展更需要良好的商业风气，既包括诚实守信的商业道德，又包括互利共赢的商业理念，更需要卓越的服务文化引导企业发展。政策法规只能规范经济行为的伦理底线，而行业标准也无法对商业活动逐一约束，面对着政策、行规的空白地带，商业伦理、企业文化就成为企业行为的指针。面临着《蓝色经济区规划》带来的大好机遇，如果黄河三角洲发展期没有形成良好的商业风气、塑造卓越的服务文化，那么无论短期经济如何繁荣，长期必将受损。

充分利用金融危机提供的有利时机，扩大蓝色经济区现代服务业的规模和品牌。一要鼓励并支持现代服务企业，尤其是服务外包企业、文化创意企业、软件服务业等之间开展以市场为中心、以产权为基础的多种多样的并购，特别是鼓励开展国际并购，较快地形成一大批具有国际竞争力、超过万人以上的现代服务企业。二要积极鼓励现代服务企业开拓国际客户资源。比如，安排客户开拓专项资金帮助企业到国外推介、扩大影响；帮助企业解决多次往返工作签证；鼓励有条件和有能力的企业到国外设立接单公司和售后服务机构等。三要进一步完善发展现代服务业发展的软硬件环境，包括国内服务业务外国企业禁入、外汇管制过于严格等问题。四要尽快出台鼓励国内政府、机构、公司外包非核心业务的税收、收费、信息保密和资格认定等政策，为现代服务企业提供更多的业务资源。

(三)注重创新能力、品牌、人才的培育

加大技术创新力度。支持研发设计、文化创意、知识产权、信息技术、检验检测认证、节能环保等领域的服务业企业加大研发投入力度，着力提升产业技术创新能力。鼓励服务业企业进一步提高创

新效率,创造更多具有自主知识产权的专利、软件著作权等技术创新成果。积极运用新一代移动通信、物联网、云计算、人工智能、基因检测等新兴技术改造提升传统服务业,提高服务业技术含量和专业化程度。

培育新模式和新业态。引导企业把服务理念创新、管理方式创新和商业模式创新结合起来,更好地满足市场需求。深化"互联网+"行动计划,重点在现代农业、先进制造、商贸流通、金融服务、文化旅游、医疗健康等6大领域开展"触网"行动,创造更多的新模式、新业态,激发和满足多样化、个性化的市场需求。

树立"蓝色经济区服务"品牌新形象。坚持标准引领、品牌发展、质量为先,推动企业引入新技术、改造商业流程、创新服务模式,打造一批商贸流通、餐饮美食、休闲旅游等领域的"蓝色经济区服务品牌"。加大已有服务标准的实施力度,重点推进现代物流、商务服务、金融服务、健康养老、科研、家政服务等领域标准化试点项目建设,支持企业制定和推广国家、省级服务标准。贯彻落实"标准化+"发展规划各项任务目标,积极推广实施生活性服务业和公共服务业标准规范,进一步提高标准试点示范项目的质量和效益。组织好标准的宣传和推广,进一步提高标准试点单位示范项目的质量和效益,争取在更多领域建设培育一批具有典型示范作用的标准化示范试点。

抓好服务业人才队伍建设。组织申报现代服务业及社会民生领域泰山产业领军人才工程,做好领军人才申报材料的初步审核、专家预评审、模拟答辩、正式答辩、实地考察、合同签订等工作。

(四)强化服务业重大项目、企业、载体建设

加快项目建设。着力抓好服务业重点突破项目和服务业重大项目建设,加强项目动态管理和跟踪服务,做好审批、土地、环评、规划、建设资金等关键环节协调工作,定期组织开展督导检查,推动项目尽快开工、加快建设、按期投产达效。准确把握国家产业政策和本地发展实际,每个重点行业精心筛选、论证10个投资规模大、带动力强的支撑性大项目,加大招商引资力度,积极对接"京津冀"产业转移,不断增强服务业发展动力。

培育壮大企业。开展服务业企业"百强工程",筛选扶持100家服务业龙头企业,制定中长期培育计划,分行业对龙头企业量身打造扶持政策,强化龙头企业示范带动作用。筛选1000家服务业中小企业,加大支持力度,优化服务业企业梯次结构。支持个体工商户向个人独资企业、合伙制企业和公司升级,进一步提升服务业企业在服务业市场主体的比重。

制定新的服务业引导资金管理办法。支持公共平台建设、企业培育以及特色产业项目、人才引进、集聚区、特色小镇(特色街)等关键领域、新兴技术和新型业态的发展,充分发挥服务业引导资金"四两拨千斤"的作用。

开展服务业招商引资工作。创新服务业招商引资方式,组织相关企业参加鲁港、鲁台经贸洽谈会;积极参与"一带一路"的服务业招商引资活动,力争服务业招商引资有新突破。

(五)发挥政府的引领作用和服务功能

加强调查研究。为进一步加快转变经济发展方式,促进产业结构优化升级,充分发挥服务业集聚区的集聚和带动作用,不断提升服务业发展水平,就现代服务业集聚区建设发展进行深入研究,提出支持服务业集聚区建设发展的意见建议,为相关部门提供决策参考。

加强舆论引导。 围绕深入贯彻落实省、市委、区域加快推进服务业跨越发展的决策部署，认真总结各县区、开发区和市直服务业行业主管部门加快服务业发展的新近做法和创新典型经验，引导新闻媒体广泛进行宣传报道，为服务业发展营造良好的舆论氛围。

强化规划引领作用。 围绕《山东省"十三五"服务业发展规划》确定的发展思路、方向、目标和重点，市直有关部门要加快制定完善有依托、有载体、路径清晰、操作性强、符合实际的分行业发展规划，并对已出台的行业规划作进一步修改完善。同时，按照部门职责分工细化分解年度工作任务，明确责任主体、工作内容、具体措施、完成时限等要求，做到任务分解到位、责任落实到人，各司其职、各行其是，确保高质量完成"十三五"服务业发展序时进度。

加强运行监测分析。 完善已建立的服务业运行监测体系，加强对具有行业和区域代表性的服务业企业进行重点监测和培育，为服务业运行分析提供重要的参考依据。每月组织召开各相关部门参加的服务业经济形势分析联席会议，特别关注重点产业、重点领域的发展趋势及热点、难点和苗头性问题，进一步提高运行分析工作的实效性。引导各区市围绕服务业增加值增速、增加值占比、税收、投资等重点指标加强监测、分析，加强对公路运输总周转量、批发零售业商品销售额、电信业务总量等11个统计指标的调度，确保实现服务业经济的持续稳定发展。

参考文献

[1]姜秉国，韩立民.山东半岛蓝色经济区发展战略分析[J].山东大学学报(哲学社会科学版)，2009(5).

[2]齐鲁晚报.日照市2017年重点项目建设进展情况新闻发布会召开[EB/OL].(2017-11-27)[2018-02-01].http://news.qlwb.com.cn/2017/1127/1135463.shtml.

[3]青岛市人民政府办公厅.关于印发青岛市"十三五"现代服务业发展规划的通知[EB/OL].(2017-02-28)[2018-02-01].http://www.qingdao.gov.cn/n172/n68422/n68424/n31280899/n31280901/170314112534858325.html.

[4]东营市发展和改革委员会.我市"十三五"服务业发展规划印发[EB/OL].(2016-05-05)[2018-04-19].http://dypc.dongying.gov.cn/sitefiles/services/cms/page.aspx?s=1&n=908&c=22639.

[5]威海市发展和改革委员会.我市出台〈威海市"十三五"服务业发展规划〉[EB/OL].(2017-02-20)[2018-04-19].http://www.whdpc.gov.cn/art/2017/2/20/art_4127_886097.html.

[6]张前.山东半岛蓝色经济区以旅游业带动现代服务业发展对策研究[D].山东师范大学，济南，2012.

[7]迟福林."十三五"以服务业市场开放为重点的结构性改革[J].行政管理改革，2016(2).

[8]刘德军，刘文涛.山东省"蓝黄"经济区发展高端服务业的政策建议[J].宏观经济管理，2012(12).

第二章
黄河三角洲经济区现代服务业发展报告

一、黄河三角洲经济区地区概况

(一)规划范围

黄河三角洲是山东省区域经济发展“一体两翼”整体布局中北翼的主体，区位条件优越，自然资源丰富，开发前景广阔，是全省拓展发展空间、保持持续快速健康发展的潜力所在、优势所在。黄河三角洲的最大亮点是没有走高耗能的发展模式，首次提出“生态高效”的增长模式。中国社会科学院区域经济研究专家徐逢贤在接受采访时谈道，黄河三角洲可以在借鉴其他地区发展经验的基础上，发挥后发优势，发展高效生态经济，为中国可持续发展、科学发展提供宝贵的经验和财富。因此，黄河三角洲开发建设一直得到国内外广泛关注和支持，党和国家领导人多次作出重要批示，发展黄河三角洲高效生态经济先后列入国家“十五”计划和“十一五”规划纲要。

黄河三角洲地区，是以黄河历史冲积平原和鲁北沿海地区为基础，向周边延伸扩展形成的经济区域，是中国最后一个待开发的大河三角洲，后发优势明显，开发潜力巨大。地域范围包括东营和滨州两市全部，以及与其相毗邻、自然环境条件相似的潍坊北部寒亭区、寿光市、昌邑市，德州乐陵市、庆云县，淄博高青县和烟台莱州市，共涉及 6 个设区市的 19 个县(市、区)，总面积 2.65 万平方公里，占全省的 1/6。黄河三角洲北邻京津冀，与天津滨海新区和辽东半岛隔海相望，东连胶东半岛，南靠济南城市圈，战略地位十分重要。黄河三角洲土地资源优势突出，地理区位条件优越，自然资源较为丰富，生态系统独具特色，产业发展基础较好，具有发展高效生态经济的良好条件。东营市是黄河三角洲的中心城市和黄三角高效生态经济区开发建设的主战场。

(二)发展现状及成就

黄河三角洲成立以来,黄三角建设已经成为推动全省转方式调结构、建设经济文化强省的强大引擎,取得了显著的成绩:

地区生产总值保持平稳较快增长,区域综合实力明显提升。2010年,黄河三角洲高效生态经济区实现地区生产总值5678.5亿元,增长13.6%,地方财政收入308.1亿元,增长29.3%,进出口总额189.5亿美元,增长67.3%,增幅分别高于全省平均水平1.1个、2.6个、4.2个、31.4个百分点,是改革开放以来发展最好最快的时期之一。2011年,黄河三角洲经济区生产总值达到6522.7亿元,同比增长12.3%,比全省增速高1.4个百分点;实现地方财政收入3970.7亿元,同比增长27%,比全省平均增速高1.3个百分点,呈现出投入力度大、增长速度快、质量效益好、发展后劲足的鲜明特点。2012年,全区实现地区生产总值7274亿元,同比增长11.8%,增速高于全省2个百分点;实现公共财政预算收入463亿元,增长18.1%,实现进出口总额251.9亿美元,增长10.7%,增速分别高于全省0.6个、3.1个、6.6个百分点;农民人均纯收入11030元,增长14.5%。2013～2016年,山东半岛蓝色经济区、黄河三角洲经济区和西部经济隆起带生产总值分别年均增长8.8%、8.7%和9.1%,分别高于全省0.3个、0.2个和0.6个百分点,带动了山东省生产总值的提高。

高效生态产业培育力度不断加大。作为地区优势产业,高效生态农业、石油装备制造、交通装备制造、轻工纺织、现代物流及生态旅游产业加速发展壮大。制定了"两区"建设专项资金管理暂行办法,下发了资金申报指南,安排专项资金集中扶持重点项目。黄河三角洲经济区产业投资基金管理公司完成组建并投入运营。全面推进重大项目建设,总投资55亿元的东营沃飞飞利浦3D裸眼电视等一批投资规模大、科技含量高、带动能力强的高效生态项目建成投产。启动实施了黄河三角洲高效生态农业冷链产业科技示范工程,建立了农产品物流信息平台和农产品产销对接、质量安全监控追溯系统,确定了6家试点企业,重点推进了畜牧、粮油、蔬菜等绿色无公害农产品生产和流通体系建设。截至2017年上半年,全区农业龙头企业发展到1431家,畜牧合作经济组织发展到1000多家,标准化生态鱼塘改造累计达100多万亩。"渤海粮仓"科技示范工程面积突破25万亩,推广种植耐盐碱作物品种30多个,部分地块率先实现吨粮田。

特色产业园区初具规模。研究制定了高效生态特色示范园区建设标准和管理办法,对园区实行分类指导、集中培育、挂牌奖励、动态管理,增强园区承载能力和产业集聚能力。黄河三角洲经济区围绕绿色种植业、生态畜牧业、现代水产业等传统优势产业,加大对良种繁育研发平台、标准化基地建设的支持力度,现代农业发展水平不断提高,初步建成全国重要的优质粮棉、特色果蔬生产加工出口基地,以及生态养殖、畜产品活体储备基地和环渤海地区重要的水产品物流贸易中心。2015年10月19日,国务院正式批复设立黄河三角洲农业高新技术产业示范区,成为全国第二个国家级农高区。目前,该区已形成以绿色种植类、生态畜牧类、生态渔业类、环境友好型工业类和现代服务业类的特色产业园区。

未利用地开发工作取得重大进展。开展了扎实细致的调度核查,彻底摸清了黄河三角洲未利用地面积、权属、开发潜力、开发成本等基本情况,明确了开发总体思路、基本原则和目标任务;提出了未利用地开发项目化管理、建立土地交易三个市场、开展未利用地开发管理改革试点等政策措施。《黄河三角洲规划》实施以来,黄河三角洲经济区积极创新未利用地开发利用模式,印发实施了《未利用地开发利用规划》,制定了省级土地指标交易平台建设方案。截至 2017 年上半年,黄河三角洲地区累计实施了 57 个未利用地开发项目,开发总规模 95.71 万亩,总投资 146.11 亿元,完成开发面积 78.67 万亩,新增耕地面积 19.87 万亩,新增建设用地面积 20.68 万亩。

科技创新能力加快提升。黄河三角洲可持续发展试验区获得国家批准,国家石油装备工程技术研发中心、潍坊滨海科教创新园区、中国石油大学科技园及"生态谷"建设进展顺利。6 市 19 县联合成立了黄河三角洲可持续发展产业技术创新战略联盟,突破了盐碱地改良、循环经济、生物质能源等核心技术。

(三)发展目标与蓝图

黄河三角洲经济区以建设高效生态经济区为目标,以改革开放和技术进步为动力,以完善基础设施为先导,以园区经济为载体,遵循循环经济理念,大力发展现代农业、现代加工制造业和现代服务业,加速构建现代产业体系,加快发展外向型经济,促进经济社会又好又快发展,建成全省重要的现代农业经济区、现代物流区、技术创新示范区和全国重要的高效生态经济区,成为促进全省科学发展、和谐发展、率先发展新的重要经济增长极,争取到 2020 年,要实现人与自然和谐相处,生态环境和经济发展高度融合,可持续发展能力明显增强,生态文明建设取得显著成效,形成竞争力较强的现代生态产业体系,开放型经济水平大幅提高,社会事业蓬勃发展,率先建成经济繁荣、环境优美、生活富裕的国家级高效生态经济区。

具体的功能定位包括:全国重要的高效生态经济示范区、全国重要的特色产业基地、全国重要的后备土地资源开发区、环渤海地区重要的增长区域。

二、黄河三角洲经济区现代服务业发展现状分析

(一)服务业总量稳步增长,占 GDP 比重稳步提高

"两区一圈一带"开发战略的不断实施和地区经济的不断腾飞,为黄河三角洲经济区的现代服务业发展提供了良好的机遇,黄河三角洲 19 个县服务业都呈现出良好的发展态势,主要指标总量稳步提升,规模不断扩大,占 GDP 比重稳步提升,拉动经济能力提高。服务业增加值占 GDP 的比重是衡量地区经济结构调整和转型升级的关键要素。黄河三角洲经济区乃至整个山东省在产业转型升级、发展动能转换方面做出了较大的努力,也初步形成了"三二一"的产业格局,对地区经济发展的带动作用不断增强。

(二)服务业税收平稳增长,投资增速加快

黄河三角洲经济区成立以来,服务业增加值获得了较快发展,同时税收支撑作用较为显著。2017 年,滨州市服务业实现税收收入 105.49 亿元,比上年增加 8.21 亿元,增长 8.4%;规模以上服务业企业财务报表显示,预期实现营业收入 184.51 亿元,同比增长 15.7%,继续保持平稳较快增长态势,生产性服务业企业实现营业收入 168.36 亿元,同比增长 17.5%。2017 年,滨州市服务业完成投资 829.53亿元,增长 17.0%,增速高于二产 18.6 个百分点,拉动全市投资增长 5.8 个百分点;占固定资

产投资的比重达到37.9%，较上年提升3.8个百分点。东营市2017年前三季度，规模以上服务业企业实现营业收入212.17亿元，同比增长7.9%，较上半年提高2.4个百分点；实现生产税9.71亿元，同比下降42.3%；其他营利性服务业实现营业收入76.46亿元，同比增长6.0%。

(三)新旧动能转换深入推进，新动能项目建设加快

在新旧动能转化的发展思想指导下，服务业企业越来越专注于发展新技术、新产业、新业态、新模式，促进产业智慧化、智慧产业化、跨界融合化、品牌高端化，一批体现新动能的服务业重点项目加快建设。2017年，滨州市208个服务业重点项目开工205个，完工68个；东营市重点服务业项目共14个。

东营创客中心、黄河文化馆、华智科技创业创新服务平台等项目开工建设，东营港、空港、广利港等物流园区，中心城森林湿地公园，蓝色港湾商业综合体等一大批大项目进展顺利。此外，中国善融网黄河三角洲现代农业数码港、惠民县电子商务创业孵化园、车联交互服务平台电商项目的完工运营，黄河口农产品电子商务总部基地、山东黄河三角洲钢铁仓储物流产业园、万坤国际建材家居广场三期建设项目和中凯后市场产业园二期项目建设并投入使用，促进了区域服务业的结构升级。

(四)高效生态产业集群发展

黄河三角洲经济区以科学配置土地资源为出发点，大力发展绿色经济和低碳经济，推进规模集约、产业集聚、人口集中，增强各类园区的产业聚集能力，形成以四个港口为支撑，以四大临港产业为核心，以经济技术开发区、高新技术开发区、保税区、特色工业园区和高效生态农业示范区为节点的"一带＋群星"(即"北部沿海经济带＋各类特色园区")的高效生态产业布局模式。北部沿海经济带凭借东营、滨州、潍坊、莱州四大临港产业区，依托港口和铁路交通干线，加强基础设施建设，大力发展了临港现代物流业。临港物流园建设已基本完成，广饶物流园攻坚循序渐进，海科物流园项目积极推进建设。在生态旅游业方面，突出了神奇黄河口、生态大观园、梦幻石油城、黄河水城、武圣故里、宋代古城、世界风筝之都、摩崖石刻、海岛金山寺、滨海渔盐、枣林等特色，开发了生态观光、文化会展、休闲度假、体育健身和古贝壳自然遗迹等产品，着力打造了黄河入海口、滨海旅游度假、红色旅游和民俗文化四大精品旅游线路，逐步建成了国家级旅游区。在文化产业方面，围绕黄河文化、孙子文化、杨家埠非遗文化、风筝文化等优势资源，打造了全国重要的文化产业基地，培育和引进了一批动漫创作、生产主体的创意产业。同时，在金融保险业、科技服务业以及商务服务业领域均依托优势资源形成了产业园区，带动了周边区域的产业发展。

(五)政府加强服务业运行调控管理

各市切实做好服务业发展规划和省、市政府关于加快服务业发展的若干意见贯彻落实，切实加强服务业运行调控管理，服务业占比稳步提高。一是制定了相关的政策文件。例如，滨州市政府编制印发了《滨州市"十三五"服务业发展规划》《滨州市"十三五"内贸流通发展规划》。同时，为配合好年度绩效考核工作的贯彻落实，依照《滨州市服务业绩效考核办法(试行)》要求，制定了服务业绩效考核办法，贯彻意见和落实措施。二是加强服务业运行分析和任务管理。各市按照省对市科学发展综合考核原则精神，本着积极进取、位次前移的原则，把服务业占比、占比提高幅度及与两大指标相关的服务

业增加值增速、投资增速等四项指标的指导性目标任务分解落实到区、县，压实区、县责任，并在每季度形成一期服务业经济运行分析报告。三是积极组织发动泰山产业领军人才工程申报工作。各市及县围绕泰山产业领军人才工程现代服务业及社会民生创新类人才和项目的申报工作，于年初就提前部署今年省级泰山产业领军人才的组织申报工作，探讨提报项目和人才，并主动帮忙强化项目策划，切实帮助解决实际困难。

三、黄河三角洲经济区现代服务业发展的问题分析

(一)生产性服务业与传统服务业发展不均衡

黄河三角洲经济区服务业总体技术含量不高，劳动生产率较低，科技对服务业的贡献率还有待进一步提高。作为第二产业比重占比较高的城市，东营市的服务业发展一直存在结构不优、市场化程度低、服务产品竞争力弱，现代服务业尤其是生产性服务业发展不足，因此很难满足发展较快的工业发展需求，从而提高了工业生产运营成本，没有充分发挥科技对服务业的带动作用。滨州市生产性服务业发展水平总体不高，科技研发、创意设计、金融服务、营销策划、现代物流、文化创意等现代服务业态总量偏小、档次偏低，对产业结构优化升级的有力支撑不足。站在总体角度，黄河三角洲经济区的现代服务业增加值占 GDP 总值比例低于省内其他区域，产业格局仍然是“二三一”形态，服务业的发展主要依靠房地产的发展，服务业在经济发展中的作用远没有被调动，发展水平远低于蓝色经济区。

(二)服务业企业创新能力不足

黄河三角洲生态经济区服务业企业在创新方面仍面临一些亟待解决的问题，主要是：创新人才短缺、创新资金来源单一、创新绩效不佳、创新环境不完善、企业家创新动力不足等。据中国服务业企业500强数据可知：东营市过百亿元的服务业企业仅有2家；中国最具品牌价值的500强，东营市市无一家；东营市33件荣获中国驰名商标中，服务业类仅有山东蓝海1件；黄河三角洲生态经济区内的创新人才也较少。

调查显示，创新人才短缺始终被认为是阻碍现代服务业企业创新的最主要因素。随着国家、省以及各市、各区对现代服务业的规划和实施，黄河三角洲经济区现代服务业体系逐步得以建立与发展，但由于创新人才培养、创新风险分担、营造鼓励创新的社会环境以及健全知识产权保障体系还没有形成，造成了具有创新意识和创新能力的人才短缺这一严重问题。

(三)高素质专业服务人才紧缺

黄河三角洲经济区虽然拥有丰富的人力资源，但服务人才的短缺、尤其是结构性短缺一直制约着黄河三角洲经济区现代服务业的发展。一是从业人员素质不高。目前，除会计、法律、工程咨询等行业要求持证上岗外，多数行业未建立完善的资格审核和等级评定制度，大量非专业人员集中于交通运输和批发零售等传统生产性服务行业，流动性较大。二是高端人才引进难、留不住。特别是领军型、管理型、复合型高级人才缺乏，传统服务业对人才的吸引力不强，中高级人才短缺为现代服务业发展的瓶颈，现代物流、金融保险、科技研发、信息软件、电子商务、管理咨询等领域表现尤为明显。三是对

高端服务业的人才培养上缺乏战略性、前瞻性规划。四是人才素质低导致国际接轨速度慢。区域内服务业与国内外服务业机构开展技术合作、产业跨区域合作以及人才交流与合作,但在接洽国际服务过程中,人才素质低不可避免地导致与国际服务规范的接轨较慢。

(四)服务业企业融资困难

劳动力成本是影响企业成本变动的首要因素,特别是近年来增加居民收入成为各级政府普遍关注的问题,劳动者工资报酬呈现普遍上升态势,这种快速上涨在企业内部直接体现为用工成本提高,企业的成本支出增加。另一方面,随着企业注册登记的改革以及黄河三角洲经济区以及国家对服务业的支持,规模以下服务业企业数量"井喷"式增长,而这类数服务企业由于规模小、信用低以及缺乏足够的抵押品等原因,大部分很难从银行获得企业发展所需的贷款;且现有的融资平台已很难满足规模以下服务业企业发展的需求,融资困难是制约现代服务业更快发展的首要难题。

(五)知名企业、品牌企业与长江三角洲相比较少

黄河三角洲经济区知名企业、品牌企业与长江三角洲地区服务业发展较好的地区比相对较少,导致现代服务业发展的主体支撑较为薄弱。黄河三角洲经济区规模以上服务业企业数量远远少于长江三角洲地区的服务业企业数量,营业收入过亿元的企业数量也非常有限。2017 年,山东服务业企业30 强企业以国有企业为主,共占 20 家,剩余 10 家为民营企业,主要分布在济南和青岛两地,其分别有 13 家和 12 家企业上榜,淄博有 2 家企业上榜,烟台、日照和临沂各有 1 家企业上榜。黄河三角洲经济区内没有一家服务业企业入围 30 强,企业规模偏小、品牌效应差严重制约着黄河三角洲经济区现代服务业发展。

四、黄河三角洲经济区现代服务业发展的建议与对策

(一)推进现代服务业创新体系建设

创新现代服务业培育机制。针对当前现代服务业规模偏小、产业集聚度不高的现状,充分发挥黄河三角洲可持续发展研究院、大学科技园的战略性新兴产业培育功能,探索建立战略性现代服务业培育机制,发现、遴选和培育具有前瞻性、成长性、带动性的现代服务业企业,实施跟踪、服务和重点扶植。

建设高端人才综合服务平台。针对当前高水平、高素质专业人员总量不足、高层次领军人才相对稀缺的现状,按照人才、项目、基地一体化建设的思路,探索建立高端人才综合服务平台,构建以黄河三角洲现代服务业研究院、博士后科研工作站、院士工作站、泰山学者岗、海外留学人员创业基地为核心的高端人才服务体系,参与国家"千人计划"、省"万人计划"项目,积极引进海内外高层次人才及其团队参与黄河三角洲现代服务业建设,带动相关领域科研工作向国际先进水平迈进。

创新高端人才选用机制。以实现高端人才"引得来、留得住、用得好"为目标,贯彻落实国家、省、市高层次人才政策,在人才选聘、录用、培养、考核等方面先行先试,开展非公有制单位高层次人员职称评聘以及事业单位人员到企业任职,建立灵活的激励机制,破解人才身份壁垒,打造黄河三角洲的人才特区,构筑人才高地。探索建设高端人才储备库,吸引和凝聚高层次创新人才。

(二)培育高技术服务业载体,为现代服务业提供支撑

培育现代服务业聚集区。山东省发展改革委员会制定印发的《山东省现代服务业集聚示范区认定培育办法(试行)》明确指出,当前及今后一个时期,我省将重点培育以旅游休闲、文化创意、信息软件、科技创业、金融等为主要内容的现代服务业集聚示范区。因此,黄河三角洲经济区应以交通枢纽和信息网络集约发展为依托,以产业链为基础,与国家、省高技术产业基地相结合,有重点地培育优势产业,形成布局合理、功能配套、信息快捷、资源高效利用、主业高度突出、生态和人文环境协调的服务业园区。

实施服务业重点企业培育工程。鼓励企业应用现代信息技术改造传统业务流程,加大商业模式创新、技术创新、业态创新等创新发展力度,带动全市服务业转型升级、提质增效。鼓励区、县加大生产性服务业剥离力度,不断扩大规上服务业企业数量。通过企业发展联盟,推动中小服务企业集群化布局与发展,促进企业间的合作与交流;鼓励在全省和全国范围内拓展会员,增强抵御风险能力,打开外围服务市场。积极探索建立中外服务企业合作联盟,加快国际化发展步伐。

抓好重点项目储备与跟踪管理。把项目建设作为增强服务业投入的重要载体,推进服务业发展的着力点,按照"储备一批重大项目,推进一批前期项目,实施一批成熟项目"的要求,抓好全市服务业重点项目库建设,为争取资金、扩大投入打好基础。实行"旬跟踪,月调度,季通报,年度考核"的跟踪调度和管理办法,对重点项目建设情况实时监测分析,及时了解项目动态情况,并建立"可追溯、双备份"的"动态管理台账"。

强化集聚区和特色小镇建设。抓好黄河三角洲生态区服务业集聚区发展,实现服务业规模化、集约化发展。根据省关于特色小镇建设的要求,开展服务业特色小镇评选创建工作,培育一批产业特色鲜明、文化底蕴浓厚、生态环境优美、富有生机活力、示范效应明显的服务业特色小镇,为县及县以下服务业特色发展、集聚发展、创新发展探索经验,提供示范。

(三)促进产业融合,推动服务业与三次产业一体发展

坚持高端服务业与先进制造业融合发展。依托区内高新技术和先进制造业优势,以延伸重点领域产业链条为切入点,加快完善生产前期研发、设计,中期管理、融资和后期物流配送、市场销售、售后服务、信息反馈等服务环节。重点发展信息技术服务、研发设计、现代物流、融资租赁、检验检测认证、电子商务、商务咨询、人力资源服务等重点行业,加快实施服务业与先进制造业、服务业集聚发展计划、商业模式创新计划、质量和品牌建设等五大行动计划。鼓励有条件的工业企业分离和外包非核心业务,推广应用新技术,培育发展新产业,促进生产型制造向服务型制造转变,延长产业链、打造供应链、提升价值链,促进产业融合发展。

坚持生产性服务业与传统服务业融合发展。以全新的服务理念、先进的信息技术和科学的经营方式,改造提升传统服务业,推动生产性服务业向价值链高端延伸。

坚持现代服务业与现代渔业融合发展。健全渔业生产服务支持体系,探索海产品流通模式,推进渔业技术推广、产品检测和认证等技术服务高端化发展。

围绕发展后劲抓剥离与融合。坚持融合和剥离"两手抓"。一手抓融合:一是第一产业和第三产业融合,重点围绕农业生产环节大力发展市场化和专业化服务,推进农产品冷链物流、农超农企产销

对接、农村电子商务等新型业态发展；二是第二产业与第三产业融合，重点鼓励工业企业发展生产流程中的研发设计、物流配送、采购分销、售后服务、后勤服务、教育培训等辅助性服务环节，推进由生产制造型向生产服务型转变。一手抓剥离：开展非核心业务剥离，有利于直接壮大服务业规模，也有利于工业企业集中精力做好主业，提升辅业的专业化、市场化、社会化水平。要积极推动工业企业内部服务环节做大做强，尽快从母体企业中剥离，纳入限额以上服务业企业统计范围。

（四）完善金融财税支持

营造良好的投资环境。优化区域金融环境，吸引资金流入黄河三角洲经济区，拓宽间接融资渠道，完善政银企紧密合作机制，制定黄河三角洲经济区重点支持现代服务业目录和指引，深化财税体制改革，加大财税政策扶持力度，增强金融资源对黄河三角洲经济区发展高效生态经济的支撑力。研究出台改善投资环境、扩大招商引资的办法，通过营造良好的投资环境，瞄准世界500强和“国字号”企业，引进一批战略投资者。

加强融资平台建设。政府主导为生态示范园区及城市生态建设搭建融资平台，以政府信用为基础，由银行与政府签订金融合作协议，按照“政府主导、统一规划、集中评审、大额承诺”的方式，为高效生态经济建设项目提供中长期贷款；向国际性金融机构申请低息贷款，支持高效生态经济建设。

建立多元化的金融机构服务体系。支持优质企业发行短期融资券、公司债券、企业债券，拓宽企业资金来源。加强证券、保险及中介服务机构的发展，稳妥发展产权交易市场，积极推动非上市公司股权交易试点。继续深化与各大银行开展全方位、多领域、深层次的金融合作，组建黄河三角洲发展银行、农村商业银行，支持办好邮政储蓄银行、村镇银行、小额贷款公司等新型金融组织。加快发展黄河三角洲产权交易市场。

（五）制定现代服务业发展规划和产业政策

发展生产性服务业。确立“腾笼换鸟”“凤凰涅槃”的战略方针，将生产性服务业作为新一轮现代服务业竞争的制高点，打破行政壁垒，发挥“6市的19个县（市、区）”的特有强项，用高端生产性服务业改造提升传统优势产业，大力发展如物联网、云计算、大数据等新兴生产性服务业，促进区域合作和错位竞争，形成以高新技术服务业为先导，以先进制造业、现代农业为主体，现代服务业为支撑的发展新格局，实现“黄河三角洲经济区”新型工业化、信息化、农业现代化和城镇化的融合。

调整现代服务业政策目标。根据十八届三中、五中全会提出“向改革要动力”的要求和高端生产性服务业发展影响因素，产业政策目标从以速度、产值为核心转变以结构优化、升级为核心。

实施“扶帮工程”和享受高技术产业政策。现代服务业具有“三高”特征，衍生“三新”发展态势，其发展是一个有风险和难度的长期过程，应实施“扶帮工程”，即设立现代服务业产业投资引导基金与产业投资基金，同时享受高新技术企业的一系列优惠政策。

创新现代服务业政策体制。尝试建立负面清单管理制度，拓展现代服务业与新兴经济体在金融、信息、物流等领域的开放合作，这是“十三五”的发展趋势。消除行业垄断，制定民营经济进入现代服务业尤其是高端生产性服务业的市场准入；吸引贸易型出口企业和跨国公司总部、采购机构、贸易服务企业入驻“黄河三角洲经济区”；加快落实服务业领域“营改增”方案，改变服务业用地价格高于工业用地的状况。

参考文献

[1]DRC调查中国企业家调查系统. 创新人才短缺是阻碍企业创新的主要因素——新常态下企业创新面临的困难与问题[EB/OL]. (2015-04-08)[2018-02-08]. http://finance.eastmoney.com/news/1371,20150408494253220.html.

[2]刘德军,刘文涛. 山东省"蓝黄"经济区发展高端服务业的政策建议[J]. 宏观经济管理,2012(12).

[3]人民网. 烟台:"用工、市场、资金"制约服务业小微企业稳定健康发展[EB/OL]. (2013-07-07)[2018-02-10]. http://news.163.com/13/0717/08/93VM4B3P00014JB6.html.

[4]杨长军,魏清泉. 黄蓝国家战略视域下的东营科技服务业发展思路与对策[J]. 科技创业,2012(8).

[5]张娟. 黄河三角洲地区高技术服务业发展评价研究[J]. 区域经济,2014(38).

[6]郭训成. 黄河三角洲高效生态产业发展研究[J]. 山东社会科学,2012(9).

[7]蔺栋花,侯效敏. 黄河三角洲高效生态经济区发展高端生产性服务业问题研究[J]. 生态经济,2016,32(12).

[8]中共滨州市委党校课题组. 关于加快"黄三角"高效生态经济区开发的建议[J]. 胜利油田党校学报,2011,24(3).

第三章
省会城市群经济圈现代服务业发展报告

一、省会城市群经济圈地区概况

(一)规划范围

省会城市群经济圈位于山东省中西部,包括省会城市济南及周边的淄博、泰安、莱芜、德州、聊城、滨州,共7市,52个县(市、区)。总人口3368万,国土面积52076平方公里,分别占全省34.8%和33.2%。济南与周边6市的距离均在150公里以内,属于典型的环状城市群经济圈。

2006年4月,山东省委、省政府组织16个省直部门和单位,就构建省会城市群经济圈问题进行了深入的调研。在深入调研的基础上,于2009年作出了加快省会城市群经济圈发展战略决策,明确了整体发展思路,出台了一系列相关政策措施。2013年8月,山东省人民政府印发了《省会城市群经济圈发展规划》,该规划明确了省会城市群经济圈的基础现状、总体要求、发展布局、产业升级、一体发展、政策保障和济莱协作区七大部分,规划期为2013～2020年,是省会城市群经济圈发展的纲领性文件。

省会城市群经济圈发展定位为全省改革开放先行区、转型升级示范区、文化强省主导区、生态文明和谐区,全国重要的战略性城市群经济圈。主要任务和目标是加大突破省会城市力度,做大做强省会经济,辐射带动周边区域,优势互补,联动发展,成为我省中西部崛起的战略平台和经济发展新的增长极。

(二)发展现状及成就

2017年8月,省会城市群经济圈迎来战略实施4周年。4年来,区域七市与省直有关部门协同推进，省会城市群经济圈建设取得了阶段性成果。省会城市群经济圈做大做强省会经济，辐射带动周边区域，优势互补，联动发展，逐渐成为我省中西部崛起的战略平台和经济发展新的增长极。省会城市群经济圈与半岛蓝色经济区和黄河三角洲高效生态经济区遥相呼应、与西部经济隆起带紧密衔接、与京津冀和中原经济区联动融合的战略发展态势正加快形成。

区域经济总体发展稳中向好。2015 年，省会城市群经济圈生产总值达到 21824.6 亿元，占全省生产总值的 34.6%；2016 年，省会城市群经济圈实现地区生产总值 23230 亿元，比上年增长 7.4%，比 2012 年增长了近 30%，公共财政预算收入达 1837 亿元，占全省比重从 2012 年的 29.4%提高到 34.9%。2017 上半年，区域实现地区生产总值 12159 亿元，增长 7.8%，为 2013 年以来增长率首次超过全省平均水平。省会城市群经济圈一体化发展效应不断显现，经济发展持续推进。

推动区域产业升级成果丰硕。省会城市群经济圈实施高端高质高效产业发展战略，巩固强化农业优势，拉长工业价值链条，加快服务业发展。服务业正加快提质扩量。数字经济初具规模，浪潮大数据流通与交易技术国家工程实验室、黄河三角洲云计算大数据产业基地、华为大数据产业园等项目扎实推进，济南大数据产业基地签约企业 28 家。电子商务持续发力，上半年滨州市、泰安市电子商务交易额分别达到 881.6 亿元、455 亿元，同比分别增长 41.6%、23%。聊城市新增规模以上服务业企业 42 家，服务业增加值增长 10.9%，增速居全省第二位，营利性服务业企业营业收入增长 23.8%。

区域一体化持续深入。基础设施方面，重点项目顺利推进。济乐、济东高速，石济客专，长清、济齐黄河公路大桥等一系列对区域发展影响重大的工程已经或即将完工。要素市场方面，金融市场日趋完善。区域 5 个市已完成 10 亿元以上融资担保机构组建，其中滨州市再担保股份有限公司资本金规模达到 17 亿元，居全省第一位。生态环保方面，联防联控措施得力。2017 上半年，区域内大气 PM2.5、PM10、SO_2、NO_2 浓度分别改善 8.3%、10.9%、26.9%、4.3%。公共服务方面，各领域全面对接。济莱协作区"五个同城化"深入推进。德州市协作创新初见成效，山东省技术转移转化中心落户德州，山东大学国家大学科技园禹城分园及生物工程、智能装备两个研究院启动运行，齐鲁工业大学生物制造（禹城）研究院正在建设。

融入京津冀态势明显。我省"十三五"规划提出打造京津冀协同发展示范区以来，德州、聊城、东营、滨州 4 市充分发挥国家、省内区域战略叠加优势，因地制宜，因势利导，采用多项措施，利用多种方式加快融入京津冀，协同发展取得良好开局。山东省政府和东营市、聊城市相继出台了关于加快融入京津冀协同发展的意见和行动计划等文件。4 市重点面向京津冀开展招商引资，取得良好成果。2016 年以来，德州市签约来自京津冀项目 197 个，开工 109 个；东营达成合作项目 167 个，总投资 2839 亿元。与此同时，4 市广泛开展与京津冀高等院校、科研院所的交流对接和项目合作，其中德州市还成功举办了第二届中国（德州）对接京津冀优质农产品博览会，签订农产品采购贸易项目 27 个，合同额近 10 亿元。

省会城市济南彰显核心带动作用。在经济上，2016 年济南市生产总值达到 6536.1 亿元，比上年增长 7.8%，高于全省 0.2 个百分点；一般公共预算收入增长 9.9%，高于全省 1.4 个百分点；主要经济指标全部达到或超过全省平均水平。2017 年上半年，济南市经济实力提升明显，主要经济指标增幅持续高于全省平均水平，生产总值占省会圈总量从 2013 年的 26.88%提升到 28.14%。济南产业结构调整明显加快，工业向高端高质高效转型升级，服务业增加值占比达到 58.9%；城市功能品质不断提升，"高快一体"路网基本形成；金融支撑作用明显增强，物流枢纽作用明显提升，社会物流总额达到 2.13万亿元，增长 12%；创新驱动能力明显提高，新增众创空间、科技孵化器 40 家，新增高新技术企业

268家，电子商务交易额增长46%，生物医药、高端装备制造等新兴产业均增长15%以上，软件和信息服务业产值达到2351.6亿元，规模居全省首位。

（三）发展目标与蓝图

2013年8月，山东省人民政府印发了《省会城市群经济圈发展规划》，确定了省会城市群经济圈的主要任务以及发展目标的总体要求。其主要任务为牢牢把握主题主线，按照"五位一体"的总布局，发挥圈内各市特色优势，以做大做强省会城市为龙头，以一体化发展为方向，以体制机制创新为动力，以提高发展质量效益为中心，增强城市辐射带动，推进资源要素整合，壮大优势产业集群，提高区域综合实力和科技创新、可持续发展水平，加快建设南承沪宁、北连京津、东接半岛、西启黄河中上游的枢纽型城市群，争取建成发展活力充足、创新能力较强、产业素质较高、服务功能强大、生态环境优美、社会文明和谐的经济圈，在带动中西部崛起、促进区域协调发展、建设经济文化强省中发挥重要作用。

主要发展目标包括：发展水平不断提高，经济结构优化升级，城市功能明显强化，生态环境不断改善，人民生活殷实富裕。

二、省会城市群经济圈现代服务业发展现状分析

（一）服务业规模效益大步提升，财政贡献显著

省会城市群经济圈认真贯彻国家、省关于加快服务业发展的各项决策部署，服务业保持了平稳较快发展。2016年，实现服务业增加值11076.5亿元；2017年，实现服务业增加值继续提升，各市服务业规模效益大步提升。其中济南市全市预计实现服务业增加值4300亿元以上，同比增长8.2%左右；服务业增加值占生产总值的比重达到60%左右，同比提高1个百分点。淄博全市实现服务业增加值2141.4亿元，突破2000亿元大关，同比增长9%，比上年提高0.3个百分点，分别高于全市GDP和二产增速1.6个和2.6个百分点。泰安全市服务业增加值实现1676.9亿元，同比增长7.3%，高于生产总值增速0.5个百分点。莱芜全年实现服务业增加值339.92亿元，同比增长9.9%，占GDP的比重达到37.9%。德州第三产业增长8.6%，服务业增加值增速连续三年高于第二产业增加值增速。聊城市实现服务业增加值1196.98亿元，同比增长9.3%，全市服务业增加值占GDP比重达到39.1%。滨州全市服务业实现增加值1153.45亿元，增长7.1%，高于GDP增速0.9个百分点。

同时，区域内各市服务业税收占比扩大，财政贡献显著。济南市服务业实现税收727.9亿元，增长16%，占全市税收收入的比重达到64.1%；淄博市完成税收收入233.32亿元；泰安服务业实现税收123.4亿元，同比增长11.8%，服务业税收占比达到48.9%；莱芜实现服务业税收30.45亿元，占全部税收总收入的36.85%；聊城全市实现服务业税收收入共计126.26亿元，同比增长45.44%，占全部税收的46.49%；滨州市服务业实现税收收入105.49亿元，比上年增加8.21亿元，增长8.4%。

在投资方面，各市服务业投资增速加快。其中济南市全年共完成服务业投资2824.2亿元，增长12.6%，占全社会固定资产投资的64.7%；滨州全市完成规模以上服务业企业投资829.5亿元，增长17%，增速高于二产18.6个百分点，拉动全市投资增长5.8个百分点，其余各市服务业投资也均保持较高水平。

(二)现代服务业发展迅速,重点行业蓬勃发展

现代服务业增速加快,区域内各市现代服务业增加值占全部服务业增加值的比重不断提高,各市现代服务业重点行业快速发展。

济南现代服务业体现龙头带动作用。2016年占服务业比重达到58.7%,同比提高1.6个百分点。2017年,全市共有银行49家,保险公司90家,预计实现金融业增加值780亿元左右,金融机构本外币存款余额1.7万亿元,均居全省首位。完成社会消费品零售总额4146.1亿元,增长10.1%。电子商务交易额、网络零售额分别增长36%和30%,与阿里巴巴集团开展战略合作。社会物流总额突破2.3万亿元,增长13%,国家5A级物流企业总数达10家,居全省第1位。举办各类展会167个,观展人数达850万人次。实现旅游消费总额964亿元,增长13.8%。

淄博市现代服务业发展增速加快。2017年,信息服务、科技研发、商务服务等代表现代服务业的其他盈利性服务业增加值增长15.4%,增速明显高于全市经济和服务业增速8%和6.4%。

泰安市现代服务业发展亮点涌现。2017年,全市现代服务业增加值实现890.6亿元,同比增长7.9%;占服务业增加值比重达到53.1%,同比提高0.6个百分点。旅游业"王牌牵引"作用显著,预计接待国内外游客6700万人次,实现旅游消费总额700亿元,同比分别增长8%、12%。泰山被命名为全球首个"世界摄影基地",泰安荣登2017中国全域旅游魅力指数排行榜20强,被确定为2018年央视春晚四大分会场之一。金融业稳健运行,全市金融机构人民币各项存、贷余额分别达到3325.2亿元、2103.6亿元,比年初分别增长8.8%、8.6%。电子商务发展势头良好,全市电子商务交易额突破千亿元,达到1050亿元,同比增长33%。消费市场繁荣活跃。分享经济突飞猛进,以摩拜、ofo单车为代表的共享单车自5月投入使用以来,实际用户量达到30万,车辆使用总次数超过200万次;泰山医学院大学生研发的7MA共享单车已在全国20多所高校推广。以旅游、文化、体育、健康、养老为代表的幸福产业快速发展。

莱芜市各行业稳步发展。2017年,重点调度的交通物流、旅游、商贸流通、银行保险、房地产、商务服务六大行业整体上保持了平稳运行态势。一是旅游业。预计全年共接待游客1130万人次,同比增长9%,实现旅游消费总额68亿元,同比增长13%。二是商贸流通业。全年实现社会消费品零售总额380亿元,同比增长9.3%。其中,批发零售业实现商品销售额345.45亿元,同比增长9.25%;住宿餐饮业实现零售额34.55亿元,同比增长9.54%。三是银行保险业。金融机构本外币存款余额954.03亿元,较年初增加40.03亿元,贷款余额735.34亿元,较年初增加63.14亿元;28家保险机构实现保费收入27.45亿元,同比增长17.95%。四是房地产业。全年完成房地产开发投资53.44亿元,同比增长13.3%;完成商品房销售面积90.66万平方米,同比增长84.25%。五是租赁和商务服务业。公证、律师、仲裁、会计、审计、咨询、广告、职业中介、拍卖等商务服务业实现税收1.68亿元,同比增长4.68%。

德州市金融市场持续健康发展。全市金融业实现增加值119.07亿元,增长6.5%。企业上市实现历史性突破,4家企业在沪深交易所上市,3家企业登陆新三板,6家企业在四板挂牌,实现直接融资304.95亿元,完成年度计划的102%;全市人民币各项存款余额为3098.02亿元,同比增长252.9亿元;各项贷款余额为1797.78亿元,同比增长146.2亿元;全市保险业快速增长,51家保险机构累计实现保费收入114.6亿元,同比增长24.1%。

聊城现代服务业重点行业发展迅速。一是现代物流业。继临清至青岛港的“临清号”集装箱班列开通后，2017 年又开通两列集装箱班列，即临清至新疆乌鲁木齐地窝铺快运货物班列“鲁疆号”和临清至广州(广局大朗站)集装箱快运班列。多式联运的快速发展，推动全市铁路货运量屡创新高。二是乡村旅游。全面提升农家乐和精品民宿发展水平。已成立 34 家乡村旅游专业合作社，开发了一批特色农家乐和精品民宿。三是房地产业。房地产业供给增幅明显，销售持续活跃。成交价格同比上涨，成交金额同比增幅明显。2017 年 10 月，出台了《关于进一步促进房地产市场平稳健康发展的意见》，规范市场秩序，稳定市场预期。四是文化产业。水城明珠大剧场委托保利集团管理，自 2017 年 8 月开展文化惠民消费季演出后数量逐渐增多，上座率不断提升。五是电子商务。创建了聊城市“互联网＋品牌”企业库，其中 4 家企业列入省“互联网＋品牌”重点培育企业名单。目前，全市已建成 8 个电子商务产业园区，在建 2 个。已经正式落地 5 个农村淘宝县级服务中心，建设农村淘宝村级服务站 300 多个，数量居全省第二位。积极开展不同层次的电商扶贫培训，参训人员达 3000 多人。

滨州市新兴服务业发展势头强劲。随着“互联网＋传统行业”的深入推进，电子商务等新产业、新业态、新商业模式蓬勃发展。2017 年，全市电子商务交易额完成 1787.5 亿元，同比增长 37.24%。全市农村电子商务网络零售额完成 40.7 亿元，同比增长 36.26%。依托阿里、京东等平台共建设县级服务中心 27 个、乡镇村级服务站点 1853 个，电商村 51 个，网店数量超过 4 万个。同时，区域会展经济品牌效益初现。2017 年全市成功举办了“第六届黄河三角洲绿化苗木博览会”“2017 中国·厨都国际酒店用品博览会”“中国·黄河三角洲第十九届春季车展”“首届中国国际金属板材工业展览会”“中国滨州第二届沾化冬枣电商节”等 14 个展会，同比增长 7.6%，办展面积 25 万平方米，同比增长 8.7%。一系列会展活动的成功举办，为活跃地方经济、提升滨州市在黄三角区域的形象和影响力发挥了重要作用。

(三)市场主体发育良好，重点项目建设持续推进

国家一系列简化注册流程等商事制度改革，营造了良好的创新创业市场环境，有力促进了服务业市场主体的快速增加。截至 2017 年底，济南市全市服务业企业达到 22.7 万家，占全市企业总量的 85.0%。其中，全市限额以上企业、规模以上服务业企业和资质房地产开发企业分别达到 2235 家、1017 家和 646 家；规模以上服务业企业全年实现营业收入 1066.9 亿元，增长 15.8%。淄博新增依法纳入国家统计体系的服务业企业 410 家，其中现代服务业企业 150 家，除批发零售和住宿餐饮企业以外新增规模以上服务业企业 169 家，比上年增长 177%，为服务业特别是现代服务业加快发展奠定了坚实基础，使服务业增速加快、占比提高。泰安市 2016 年全市新增企业 1.2 万户，新增企业注册资本 824.8 亿元，同比分别增长 18%、64.2%。莱芜市 2017 年 15 家市级重点企业实现业务收入 90.73 亿元，同比增长 16.33%；实现利润 8.94 亿元，同比增长 33.95%；缴纳税金 6.19 亿元，同比增长 17.25%。德州市 2017 年全市规模以上服务业企业实现营业收入 428.95 亿元，增长 10.0%。滨州市 2017 年末，全市实有服务业私营企业 44364 家，占全部私营企业的 66.3%，继续保持良好发展趋势。“大众创业，万众创新”热潮涌动，“放管服”改革深入推进，市场主体的积极性得到了充分调动。

各市集中抓好重点项目建设。济南市中央商务区标志性项目加快推进，集聚效应逐步显现。全市 240 个重点建设项目包含服务业项目 122 个，总投资 4882.1 亿元，年度完成投资 1079.6 亿元；中央商务区文化服务中心”“济南大数据产业基地”“鑫茂·齐鲁科技城”等重点项目顺利推进。淄博市突

出市服务业发展专项资金扶持引导作用，安排引导资金630万元，重点扶持山东中汇物流实业有限公司汽油罐区及配套设施等12个服务业重点项目加快建设，有力地推动了服务业重点项目顺利推进。2017年，淄博市级服务业重点项目累计完成投资262.6亿元，完成年度计划投资的109.1%，新建项目开工率首次达到100%，带动了全市服务业特别是现代服务业固定资产投资的快速增长。德州市也持续推进服务业重点项目建设，按照"聚焦重点，精简数量，提高质量"的原则，确定了全市2016年服务业重点项目，共50个，总投资130亿元，2016年计划投资31亿元。2016年底完成投资31.4亿元，占年度计划的101.3%，山东光华电子商务产业园、力洋高性能纤维工程技术研究中心、"阳光大姐"家政培训学校等21个项目竣工投入使用。总的来看，区域内各市超额完成服务业重点项目年度计划投资，部分项目竣工投入使用，未竣工项目正有序加快建设，各方面工作顺利推进。

(四)服务业载体建设不断加快

为了大力发展服务业，省会城市群中服务业载体建设也正加快进行。济南市重点园区加快推进，中央商务区已入驻重点企业450余家，省级总部近30家；传化(泉胜)公路港一期、山东盖世冷链物流、普洛斯仓储物流园等11个重点项目竣工投入使用，菜鸟物流中心等5个大项目签约落地，城市共同配送公共服务平台上线运营。2017年济南市积极支持各类服务业载体建设，4个城区、12个园区、32家企业纳入省服务业三大载体，载体数量居全省第一位。泰安制定出台了《泰安市服务业发展载体培育提升工程实施方案》，启动实施市级服务业发展载体培育提升"1123工程"，规划建设"泰山科技智慧小镇""曳尾园民俗古镇"等10个特色发展、集聚发展、创新发展的服务业特色小镇，培育提升泰山商贸集聚区、泰山现代物流园区等10个区位优势明显、发展特色鲜明的服务业集聚区。在莱芜市，重点园区集聚作用进一步增强，5个市级重点园区入园企业达到630家，其中新入园企业107家，累计完成投资63.70亿元，实现营业收入29.14亿元，缴纳税金4.78亿元。德州重点培植德城区等7个重点城区、齐河黄河国际生态城等10个重点园区、山东德百集团有限公司等20家重点企业，打造服务业发展的亮点和制高点。抓好11个省级服务业载体项目建设，2016年度完成投资30.2亿元，完成年度投资计划的100.3%，山东国际商贸物流港等4个项目竣工。

三、省会城市群经济圈现代服务业发展的问题分析

(一)服务业总量规模不大，服务业增加值占比偏低

虽然近年来省会城市群的服务业稳定增长，但是仍存在服务业总量规模小、服务业增加值占比低的问题。从整体来看，2010年省会城市群经济圈第三产业增加值占全省比重为38.58%，而2014年占比为35.72%，到2016年占比降低为34.97%，可见近几年省会城市群经济圈第三产业增加值占全省比重呈下降趋势。从各市来看，总量不大、占比偏低的问题普遍存在。济南市服务业总量长期居全省第二位，但占全省的比重逐年下降，2017年仅为12.3%左右，预计与青岛市的差距将扩大到1800亿元。2016年，淄博服务业增加值占GDP比重为44.1%，低于全省3.2个百分点，低于二产占比8.4个百分点。2017年，莱芜全年实现服务业增加值339.92亿元，仅占全省的0.97%，占GDP比重分别比全国、全省低13.73个、10.09个百分点。2016年，德州全市服务业增

加值占GDP比重分别低于全国、全省9.5个和5.2个百分点。2017年，聊城服务业占比39.1%，比重较全省平均水平偏低，总量较小。可见省会城市群经济圈第三产业发展较全省第三产业发展水平有所缓慢，发展程度相对落后。

(二)服务业结构不优，现代服务业发展滞后

在经济圈内现代服务业虽然正加快步伐发展，但是其发展相对滞后，与浙江、江苏等较发达地区相比层次偏低、竞争力不强。例如，2017年省会城市济南部分行业受宏观经济形势影响较大，房地产业约占服务业增加值的11.6%，金融业约占18.0%，住宿餐饮业约占5.1%。这三个传统服务行业比重很大，其增速下降明显，直接影响全部服务业的增速。莱芜市服务业发展结构存在不合理问题，生活性服务业发展较快，生产性服务业发展滞后；传统服务业占比较高，现代服务业发展缓慢，交通运输仓储和邮政业、批发和零售业、住宿和餐饮业等传统服务业占比偏高，达到43.8%，而金融、信息技术服务等新兴现代服务业占比分别为12%、6%。德州市交通运输、仓储和邮政业、住宿和餐饮业、金融业增幅均在10%以下，从而拉低了整个服务业增长速度；传统服务业转型压力也越来越大，传统服务企业在技术研发应用、商业模式创新、新兴业态发展上明显滞后，网络化、信息化程度不高，受电商冲击越来越大，在激烈市场竞争中处于被动局面。聊城传统服务业仍占据主体地位，现代服务业发展不足，特别是生产性服务业比重偏低，2016年其现代服务业增加值占服务业增加值的比重为47.8%。滨州市新动能发展滞后，传统服务业仍占较大比重，交通运输、仓储和邮政业以及批发和零售业等传统服务业仍然是滨州市服务业的支柱行业，在现代服务业中，金融业、商务服务业的巨大潜力还未凸显，科学研究、教育业、卫生福利业、文化业、水利环境管理业等新兴服务业发展不足。

总的来看，经济圈内服务业创新度不高，服务业内部结构虽不断优化，但劳务型服务业占比仍然偏高，知识密集型现代服务业发展仍然不足。高精尖技术占比较低，产业带动作用不明显。现代服务业例如金融业、电子商务等现代服务业虽增长较快，但总量偏少，批发、交通运输仓储和邮政业等传统行业占比依然较高。

(三)发展载体缺大少强，大规模领军企业不足

省会城市群经济圈服务业发展载体建设薄弱，现代服务业发展空间受限。服务业载体主要包括服务业城区、园区、企业和项目，服务业载体的建设是推动现代服务业发展的重要条件。在各市大力发展服务业的形势下，服务业投资持续增长，服务业载体建设不断加快，服务业重点项目重点推进，服务业重点企业也在培植发展中。但目前看来，省会城市群经济圈内部分城市的服务业发展载体依旧存在不多不强，投资力度仍需加大的问题。济南作为核心带动城市，突出省会优势，大力培育和发展服务业载体，载体数量居全省第一。但是其余几市的服务业发展载体发展仍不充分，领军企业不足。淄博服务业园区规模小、实力弱，尚未形成一批具备较大规模的现代服务业园区。泰安服务业市场主体竞争力不强。莱芜骨干企业少、龙头带动能力不强，规模以上服务业企业数量只占全市规模以上企业数量的35%，规模较大的服务业企业主要集中于金融保险等垄断行业和物流、房地产等行业，现代服务业和新兴服务业企业普遍规模小、竞争力不强。德州也存在服务业发展载体缺大少强的问题，中心城区规模仍然偏小，县域服务业发展水平偏低，辐射力强的服务业集聚区、重点功能区和各类特色园区较少；服务业企业规模小、竞争力弱，缺乏影响大、实力强的大企业集团。滨州骨干企业少、投资

力度弱的问题依然存在。

总的来看，一是除省会城市济南外，其余6市服务业都存在投资力度不够、发展载体不强、骨干企业少的问题；二是同一区域内其余6市和济南市差距较大，发展不平衡；三是省会城市群经济圈内服务业发展存在产业同质化，造成过度竞争，该问题也是急需关注和解决的。

（四）高层次创新型人才不足，技术技能人才未能满足需求

省会城市群经济圈现代服务业的发展离不开高素质专业人才的支持，而目前高素质专业服务人才紧缺，具有现代化服务意识、拥有专业技能和管理能力的各类人才较少，对现代服务业快速发展缺少强力支撑。中高级人才短缺成为现代服务业发展的阻碍，高端人才引不进、留不住，传统服务业对人才的吸引力不强。高层次创新型人才的缺乏，也是省会城市群经济圈现代服务业发展滞后的根本原因之一。不仅如此，据有关学者深入分析，省会城市群经济圈一方面把高新技术产业、现代服务业作为战略性产业进行培育和发展，但这些产业所需要的高素质技术技能人才本地高等职业院校无法满足供给，高等职业院校发展尚跟不上区域产业结构调整步伐；另一方面，省会城市群经济圈内高等职业院校供给的相当部分技术技能人才还是停留在了培养传统产业和通用岗位技能人才的层次，尚未紧密对接区域产业结构的调整而进行相应优化。由此可以看出，高素质技术技能人才作为产业转型升级所必需的重要支撑条件之一，就目前经济圈内情况来看，尚存在很大差距。

（五）管理体制机制尚不健全，发展环境有待进一步优化

省会城市群经济圈内各市有关服务业发展环境的问题不尽相同，但总体来说区域内部的管理体制机制尚不健全，发展环境还需要优化改善。淄博市在政策支持力度上存在力度不强的问题，财政投入规模较小，支持力度不够大；融资政策创新不足，财务成本居高不下；土地保障力度不足，征地难、地价高影响部分项目顺利落地，阻碍了服务业的发展。泰安市要素制约加大的问题需要进一步引起高度重视。莱芜市则存在部门职、责、权、利不明确，不能形成齐抓共管强大合力的问题。核算服务业增加值的各项指标，直接涉及交通、邮政、人行、商务、房管、经信、财政、地税、人社等10多个部门单位，间接涉及30多个部门单位。与工业增加值核算职、责、权、利基本统一不同，服务业行业主管部门只负责行业监管监测，但不关心对服务业增加值的影响，普遍重事业管理、轻产业发展，对加快本行业产业发展重视不够、办法不多，部门统计力量薄弱，样本企业瞒报、漏报、误报严重，报送数据不能很好地支持服务业增加值增长。德州市也提出融资难问题，服务业企业多是轻资产企业，小微企业众多，贷款融资难的问题长期存在，不利于企业转型提升、做大做强。聊城服务业统计工作有待于进一步改进。服务业统计制度不够完善，基础相对较弱。服务业增加值增速核算体系中，一些发展迅速的新兴服务业缺乏有效数据统计，不能细致监测聊城电商发展的整体情况以及对传统行业带动状况，缺乏对行业发展科学决策的数据支撑。

总的来看，区域内问题可总结为以下几点。第一，区域内服务业企业贷款融资难，要素制约严重。第二，政府管理方式粗放，行业主管部门运用市场规律推进服务业发展的意识、能力和素质较弱，在对服务业发展的研究、规划、指导、协调、服务上，尚未形成工作合力。第三，服务业制度不完善。在统计上，服务业统计制度不够完善，在部门管理服务与统计工作中存在着情况不明、底子不清、数字不准及信息封闭等多方面的问题。在产业标准规范上，现代服务业行业发展不够规范。许多信息服务业加

速成长，但由于缺少规范的产业标准，缺乏必要的制度约束和行业监管，造成产业发展竞争秩序混乱，产业发展环境有待优化。

四、省会城市群经济圈现代服务业发展的建议与对策

(一)引导服务业聚集发展，构建与制造业协同发展产业体系

中国社会科学院财政战略研究院副院长、研究员夏杰长在2016年发布的《面向“十三五”的中国服务业：前景展望与战略思路》中，从五个方面介绍推进中国服务业发展的战略思维。其中第三条提出引导空间集聚，文中表示“不要做政府主导的‘拉郎配’，人为地牵强附会地去搞园区，更应该较多地发挥市场自主自发的力量，只要彼此之间互相关联，有共同的利益诉求，能够互相补充，取长补短，市场的力量会把各服务要素资源相对集聚在某一个特定的空间”。上述提及的推进中国服务业发展的战略思维，作为引导山东省省会城市群经济圈内各市区服务业空间聚集发展的政策建议支持。

服务业适度聚集发展，提升现代服务业竞争力。对于区域内不同地区，要结合省会城市群各城市的组员要素禀赋、产业基础等实际情况，根据城市特征及功能定位，统筹规划引导现代服务业适度集聚，形成差异性、互补性和特色突出的现代服务业集聚区。针对现代服务业中企业聚集结构较差现象，创新金融服务，升级信息服务，做强物流服务，做好科技服务，提升企业集中度，改善行业聚集结构，成为具有国内和国际竞争力的龙头企业和品牌，增强现代服务业的区域辐射力和影响力，提升竞争力和竞争优势。

构建同制造业协同发展的产业生态体系。随着制造业不断转型升级，在以信息服务、金融服务、科技服务、现代物流为主导的现代服务业体系的基础上，探索创新现代服务业同制造业之间双向延伸与渗透、互动与融合的桥梁和模式，引导建立现代制造业同技术服务、信息服务、物流服务和金融服务等生产性服务业利益共享与分配机制，促进生产性服务业区域聚集同现代制造业协同聚集发展，构建是有新功能、适应新经济的现代产业生态体系。

(二)强化人才智力支撑，积极培养和引进高端服务业人才

省会城市群经济圈服务业人才总量不足，知识层次偏低，难以满足现代服务业发展需要。要进一步解放思想、拓宽思路，完善现代服务业人才培养和智力引进的工作机制。

积极引进服务业高端人才。经济圈内可全面推进高端服务业人才的交流合作，招揽国内外高端服务行业领军人物，以重点科研开发、大型服务业建设项目为纽带，开展招商引智活动。通过短期服务、项目引进、技术入股、委托经营等灵活多样方式，面向海内外广泛引进一批通晓国际通行规则和熟悉现代管理的信息服务、金融保险等高层次专门人才，为加快现代服务业发展提供智力支撑。

大力培养现代服务业专业人才。一是加强宏观调控和政策指导。结合省会城市群经济圈产业结构调整实际，抓紧制定出台专业人才培养总体规划和各地市行动计划，进一步明确各高职院校在省会城市群经济圈各类技能人才培养中的具体职责分工。二是整合职业教育资源。可重点在滨州、德州、莱芜、聊城、泰安等地市甄选质量高、专业适度强的中等职业学校优化重组为高等职业院校；对现有院校加大财政经费投入；鼓励各职业院校以地方重点产业发展功能定位为目标，有针对性地培养高素质

技术技能人才。三是可根据市场需要，依托省内外大中专院校和职业、技工学校，有计划地在现有高等院校和职业学校开设服务业急需的专业，扩大招生规模，采取定向委托培养、在岗脱产培训、短期学习集训等措施，加快人才培养，造就一大批现代服务业发展急需的实用型人才，不断提高从业人员专业水平和整体素质。

为服务业人才工作生活创造良好条件。应落实人才引进政策，努力营造良好的服务人才创业环境和条件。对重点引进的高层次人才，落实好住房、子女入学等方面优惠政策，加快建设国际学校等基础设施，确保人才引得进、留得住。规划建设一批服务业实训基地，多形式、多层次地开展在职培训，面向济南市现代服务业管理机构和企业的管理层、各级各部门管理者，及时提供现代服务业发展的态势信息，交流先进商业模式等，让管理层的理念跟上产业发展步伐，提升管理人才的服务业发展意识和能力。

(三)加大政策扶持力度，营造现代服务业发展的良好环境

中国社会科学院财政战略研究院副院长、研究员夏杰长在2016年发布的《面向“十三五”的中国服务业：前景展望与战略思路》中提及，服务业发展需要制度创新，包括人才的创新、金融政策的创新、土地使用制度的创新。中国(海南)改革发展研究院院长，中国经济体制改革研究会副会长迟福林在《把握以服务业为主导的经济转型大趋势》中也表示，创新体制和政策是加快服务业发展面临的重大课题之一。

上述服务业发展有关思路为省会城市群经济圈服务业发展提供了政策建议支持。山东省省会城市群经济圈应积极探索各项制度的创新，根据相关规划编制，健全完善或出台加快现代服务业发展的各项配套政策措施，营造现代服务业发展的良好环境。

加大资金支持力度。针对省会城市群经济圈内部分城市反映的贷款融资难的问题，应加大资金支持力度，建议主要有以下几点。第一，加快构建以政府投入为导向、社会投入为主体、金融信贷为支撑，多渠道、多层次的服务业投融资体系。第二，积极争取国家、省促进现代服务业发展的专项资金支持，推动现代服务业重大项目建设。第三，要研究建立市级现代服务业发展引导专项资金，用于扶持重点现代服务业项目建设。第四，政府产业扶持和结构调整资金主要投向现代服务业，逐步加大现代服务业发展引导资金规模。第五，创新现代服务业引导资金投入方式，在行业上重点选择基础性、带动性强的旅游业、物流业、金融业、软件信息服务业，在业务上重点投向重点载体、基础平台、关键技术、商业模式创新及产业链拓展等方面，发挥引导资金的示范带动和支撑作用。

保障和优化土地供应。服务业中要素制约严重是制约服务业发展的问题之一，其中包括土地保障力度的不足。针对该问题，有以下几点建议可供参考：第一，省会城市群内各市总体规划要充分考虑现代服务业发展需要，逐步迁出或关闭市区污染大、占地多等不适应城市功能定位的工业企业，退出的土地优先用于发展现代服务业。第二，对列入国家、省、市服务业发展规划的重点集聚区、园区、项目新增建设用地，优先安排年度用地计划指标。对带动作用大的现代服务业和惠及民生的旅游、养老等服务业项目建设，优先供地。第三，要把有限的土地、电力等要素资源，投入到有利于现代服务业做优、做强、做大的领域，使其最大限度地发挥作用。

(四)深化体制机制改革，建立考核指标体系

进一步理顺现代服务业管理体制。由于服务业是一个极其宽泛的领域，涉及许多行业，所以政府

的管理和指导也就分散于各个部门。特别是一些新兴服务行业的出现，更形成了相互交叉或难以明确归属的问题，省会城市群经济圈内面临各部门职、责、权、利不明确，管理体制方面不够清晰的问题。解决这一问题的根本方法应当贯彻"一方负责，多方协调"的原则。政府部门之间则应积极配合，加强协调。目前已有主管部门但却发现归属不当的，则应及时加以调整。此外，为了有效推进重点服务行业的发展，政府部门有必要成立专门的机构，对重点发展的现代服务行业专门负责研究制定推进政策措施，协调解决各部门之间在推进现代服务业发展中所存在的问题。

研究建立现代服务业考核指标体系。学习借鉴省内外先进经验，改进和完善现代服务业统计调查方法，定期做好现代服务业发展形势监测与分析工作。完善统计制度，实现对各服务行业指标的应统尽统，确保统计数据及时、准确，全面反映现代服务业的运行情况，为科学决策提供依据。要结合各级各部门的功能定位，科学制定现代服务业发展目标考核体系，明确各单位的工作和任务，细化考核内容，量化考核指标，将现代服务业发展指标纳入科学发展综合考核指标体系。

参考文献

[1]山东省政府.山东省会城市群经济圈发展规划[EB/OL].(2013-08-28)[2018-04-19].http://www.shandong.gov.cn/art/2013/9/18/art_2661_169170.html.

[2]山东省发展与改革委员会.凝心聚力圈层一体化加快显现[EB/OL].(2017-05-12)[2017-12-08].http://www.sdfgw.gov.cn/art/2017/5/12/art_4679_189123.html.

[3]山东省发展与改革委员会.2017年区域经济发展思路与重点[EB/OL].(2017-07-18)[2017-12-08].http://www.sdfgw.gov.cn/art/2017/7/18/art_5077_162723.html.

[4]夏长杰.面向"十三五"的中国服务业:前景展望与战略思路[EB/OL].(2016-09-01)[2017-12-08].http://theory.people.com.cn/n1/2016/0901/c40537-28684107.html.

[5]迟福林.把握以服务业为主导的经济转型大趋势[EB/OL].(2016-09-26)[2017-12-18].http://politics.people.com.cn/n1/2016/0926/c1001-28739835.html.

[6]服务业仍是开放重头戏[EB/OL].(2018-01-02)[2018-03-18].http://world.people.com.cn/n1/2018/0102/c1002-29739763.html.

[7]构建省会城市群经济圈[EB/OL].(2009-05-25)[2018-03-18].http://www.dzwww.com/2009/qyjj/shcs/200905/t20090525_4670255.htm.

[8]刘娟.山东省会城市群经济圈一体化发展的思考与建议[J].全国商情,2015(24),52-54.

[9]王滨.济南市现代服务业发展问题研究[J].中共济南市委党校学报,2017(4).

[10]张森.基于产业转型升级视角下的高技能人才队伍建设对策研究——以山东省会城市群经济圈为例[J].齐鲁师范学院学报,2016(5).

[11]沈小平,江娜平.产业转型时期珠三角现代服务业集聚分布差异与政策建议[J].科技管理研究,2017(13).

第四章
西部经济隆起带现代服务业发展报告

一、西部经济隆起带地区概况

(一)规划范围

西部经济隆起带范围主要包括枣庄、济宁、临沂、德州、聊城、菏泽6市和泰安市的宁阳县、东平县,共60个县(市、区);面积67179平方公里,人口4481万,分别占全省的42.8%和46.5%。

2012年的山东省经济工作会议上,省会城市群和西部经济隆起带作为山东深化和完善重点区域带动战略的重要方面,被提上议事日程。西部地区一直是山东经济文化发展相对落后的地区,西部在全省发展中具有重要地位。2013年年初,在省十二届人大一次会议上,提出要推动区域协调发展,抓好中原经济区相关政策争取落实,规划建设包括鲁西南、鲁西北在内的西部地区新的经济隆起带。2013年,山东省人民政府印发了《西部经济隆起带发展规划》,规划年限为2013~2020年,规划中西部经济隆起带与山东半岛蓝色经济区、黄河三角洲高效生态经济区、省会城市群经济圈相互呼应,形成四大经济区联动发展战略格局。

在我省实现由大到强战略性转变的关键时期,西部地区发展已经站在新的历史起点上。加快建设西部经济隆起带,是贯彻落实党的十八大和省第十次党代会以来的路线方针,抢抓机遇,乘势而上,激发动力活力,彰显后发优势,加快科学跨越发展,全力打造山东经济升级版的战略选择和重大举措;是完善全省区域发展格局,充分释放区域发展战略更大红利,增强山东长期发展后劲并实现可持续发展,把经济文化强省建设向纵深推进的迫切需要和重要标志;是深入开展党的群众路线教育实践活动,顺应人民群众新期待,为民办实事谋幸福,谱写幸福美好生活新篇章的重要内容和现实选择。

充分发挥区域战略叠加、优惠政策融合的优势条件,以条形布局、邻边经济为特征建设西部经济隆起带，形成东与山东半岛蓝色经济区、黄河三角洲高效生态经济区两大国家战略遥相呼应，中与省会城市群经济圈紧密衔接，外与京津冀、长三角和中原经济区合作联动的战略发展格局，促进东部率先发展、中部融合对接、西部加快隆起，对于建设经济文化强省、提前全面建成小康社会具有重要的现实意义。

（二）发展现状及成就

西部经济隆起带转型升级步伐持续加快，第三产业增速领跑全省各区域，电子商务、商贸物流、文化旅游等新兴服务业蓬勃发展。截至 2017 年年底，《西部经济隆起带发展规划》确定的 9 个方面 40 项支持政策已落实 37 项。2017 年，西部经济隆起带和省扶贫开发重点区域引进急需紧缺人才项目工作，共下达资助资金 9600 万元，支持项目 100 个，引进人才 113 名。易地扶贫搬迁工作扎实推进，下达了 6955 万元中央预算内投资和 1.5 亿元省级财政补助资金。我省“十三五”期间规划建设的 49 个安置区中已竣工 16 个。

统筹规划，推动各项政策落地。据了解，截至 2016 年年底，西部经济隆起带已落实财税、投资、土地、人才政策等 37 项。全年共有 199 个项目享受中部地区优惠政策，共争取中央预算内投资 122792 万元，比原先增加 54368 万元。统筹安排省级区域战略推进专项资金 10.9 亿元，占专项资金总额29.9%，重点扶持园区基础设施、环境整治、职业教育、人才引进、区域一体化等一批重点项目。持续加大融资支持力度，截至 2016 年年底，区域本外币贷款余额 13804.2 亿元，比年初增加 1288.8 亿元，占全省新增贷款的 20.8%。同时深入推进地方金融机构改革。调整完善土地利用总体规划，保障西部地区的规划发展空间，共增加建设用地规模 2 万公顷、减少基本农田保护任务 10.75 万公顷。在加强人才双向交流方面，2016 年度共安排人才项目 100 个、引进急需紧缺人才 112 名，研发关键技术 143 项。

保障民生，加快基础设施建设。铁路、公路、航空、水运等交通基础设施，以及水利设施等重大基础设施建设为区域经济发展增强支撑保障能力。2016 年，西部带共规划建设 9 条铁路，其中山西中南部铁路通道、胶新铁路电气化改造、邯济铁路扩能工程、临沂至临沭铁路已建成通车。规划建设高速公路项目共 13 个，总长 851 公里，总投资 567 亿元。内河航运方面，需要升级完善或规划新建的内河航道 4 条、港口 6 个。区域内有改扩建机场 2 个，规划新建机场 3 个。民生问题关乎每个老百姓的切身利益，2016 年西部带持续加大住房保障财政补助力度，向西部地区拨付中央和省级城镇保障性安居工程奖补资金、棚户区改造补助资金，以及农村危房改造补助资金、城镇和困难工矿区老旧小区整治改造试点奖补资金，共 76.55 亿元，占全省总数的 69.8%。着力改善基础教育办学条件，对所有财政困难县学生人数上浮至少 10%，共下达资金约 20 亿元。与此同时，西部带全力开展区域大气污染防治，区域内各市共获得省级财政生态补偿资金 1.3 亿元，各市编制完成落实“水十条”工作方案和各控制单元水质达标方案，分别参加所在海河流域和淮河流域治污考核并实现“九连冠”，全面完成 2016 年度主要污染物总量减排目标任务。

集聚创新，培植优势特色产业。西部经济隆起带聚焦创新核心竞争力提升，以重大关键技术突破带动产业转型升级，统筹落实重点研发计划资金、人才计划资助资金等近 3 亿元。2016 年，新增省级工程实验室和工程研究中心 23 家、省级企业技术中心 65 家、省级工程技术研究中心 17 家、院士工作站 54 家，已建成留学人员创业园 12 家。为了增强区域经济综合竞争力，西部经济隆起带着力打造优势特色产业集群。2016 年，三次产业比例为 10.28∶47.22∶42.50，与上年度相比，第二产业比重下降1.64,第三产业上升1.81,第一产业下降0.17,产业结构调整持续向好,产业发展的层次质量明显提升。2016年,安排省级服务业引导资金5220万元,支持西部地区服务业重点行业、企业和品牌建设,占全省的36.1%。大力塑造商贸物流新优势,以推进临沂商城改革试点为龙头,积极完善区域物流网络,推进商贸结构和业态调整。积极培育文化产业新亮点,努力打造文化旅游目的地品牌。

(三)发展目标与蓝图

根据《西部经济隆起带发展规划》,其主要发展目标有:

综合实力明显增强。保持经济持续快速健康发展,力争经济发展速度、公共财政收入增速、城镇化发展速度、城乡居民收入增幅均适当高于全省平均水平。西部地区生产总值年均增长10%左右,公共财政收入占生产总值的比重逐步提高,逐年缩小与中东部地区的差距。

质量效益明显提升。加快产业转型升级,大力发展战略性新兴产业、先进制造业和现代服务业;构建结构优化、附加值高、竞争力强的现代产业体系;推动县域经济整体突破。到2020年,西部地区三次产业结构调整为7∶48∶45,1/3左右的县(市、区)公共财政收入争取超过30亿元。

基础设施明显改善。加大投入力度,加快重点建设,城乡一体推进,基本形成畅通便捷的现代综合交通体系、安全可靠的高标准水利设施体系和数字化、宽带化、智能化的现代信息通信体系,大幅度增强对经济社会发展的保障能力。到2020年,新增高速公路通车里程1053公里,铁路建设总里程1643公里,新建聊城、菏泽民航机场,新增内河港口吞吐能力4400万吨。

城乡建设明显加强。区域中心城市的整体经济实力、集聚辐射能力和综合服务功能增强,城镇发展和新农村建设步伐加快,推动城乡一体化发展。到2020年,西部地区城镇化率达到60%左右。

生态环境明显改观。牢固树立生态文明理念,推动资源利用方式根本转变,加强全过程节约管理,能源、水、土地消耗强度和二氧化碳排放强度大幅降低,主要污染物排放总量逐年减少。到2020年,西部地区林木绿化率由目前的19.9%提高到26%,循环经济发展达到全省先进水平。

人民生活明显提高。加快推进西部地区基本公共服务均等化,建设覆盖城乡居民的社会保障体系,在学有所教、劳有所得、病有所医、老有所养、住有所居上持续取得新进展,使发展成果更多更公平地惠及全体人民,促进社会和谐稳定;城乡居民收入增长与经济发展同步,到2020年接近全省平均水平;西部地区建成产业特色突出、发展后劲充足、生态环境优美、经济文化融合、人民生活幸福的区域,争取实现与全省同步提前全面建成小康社会的奋斗目标。

2017年山东省发展和改革委员会发布的《2017年区域经济发展思路与重点》中写道,西部经济隆起带,以改革创新为动力,以落实各项支持政策为抓手,以产业升级、园区建设和基础设施为重点,突出西部特色,发挥后发优势,注重典型带动,持续放大规划引领、基础设施互联互通、产业协作联动"三大效应",抓重点、出亮点,统筹推进、狠抓落实,全面落实规划确定的各项目标任务,推动西部地区加快壮大实力、转型升级。

二、西部经济隆起带现代服务业发展现状分析

(一)服务业主要经济指标完成情况良好

2016年,西部经济隆起带三次产业比例为10.28∶47.22∶42.50,与上年度相比第三产业上升

1.81,经济结构不断优化。2017年西部经济隆起带服务业主要经济指标完成情况良好,主要体现在服务业总量持续提升,税收贡献持续增强,服务业投资保持较快增长。2017年,在服务业增加值方面:枣庄实现服务业增加值958.69亿元,增长7.9%,服务业增加值占GDP比重达到41.4%,比上年提高0.6个百分点;济宁市全市服务业增加值完成2030.44亿元,同比增长8.3%;临沂市服务业实现增加值2098.4亿元,增长10.5%,对GDP增长的贡献率达61.5%,服务业主导特征日趋明显;德州第三产业增长8.6%,服务业增加值增速连续三年高于第二产业增加值增速;聊城全市实现服务业增加值1196.98亿元,同比增长9.3%;菏泽全市服务业实现增加值1100亿元,同比增长10.2%,高于同期GDP增速1.6个百分点,服务业增加值占GDP的比重达到38.2%,同比提高0.8个百分点,三次产业结构不断优化。

在税收贡献方面,拉动经济增长。枣庄、济宁、临沂、德州、聊城和菏泽6市服务业发展是经济增长的重要支撑,是财税收入的重要来源。枣庄全市服务业税收达89.4亿元,同比增收23.9%,占全市税收的50.1%,同比提高4.6个百分点;临沂全市实现服务业税收251亿元,占全部税收比重为57.7%,同比提高1.7个百分点;聊城2017年全市服务业对经济增长的贡献率为44.2%,全市实现服务业税收收入共计126.26亿元,同比增长45.44%,占全部税收的46.49%;菏泽全市服务业完成税收113.23亿元,占全社会税收总额的35.6%,比去年同期提高2.0个百分点,同比增长26.5%。

(二)服务业投资保持较快增长

西部经济隆起带日益重视服务业的发展,加快调整经济结构的步伐。各市对服务业投资加大,2017年西部经济隆起带对服务业的投资快速增长,夯实了服务业发展和结构改善基础。枣庄服务业固定资产投资运行平稳,全市服务业固定资产投资806.4亿元,同比增长5.8%,占全社会固定资产投资比重达到44.9%。济宁服务业投资快速增长,全市服务业完成投资1611.8亿元,同比增长9.9%,高于全市固定资产投资增幅1.5个百分点,占全部固定资产投资的比重为46.4%,其中现代服务业投资高速增长,占服务业投资比重超过一半以上,服务业投资结构更加合理。临沂市服务业投资保持较快增长,全市完成服务业投资1711.1亿元,增长17.1%,增速高于全部投资9.1个百分点,占全市完成投资比重45.4%,同比提高4个百分点;全市完成房地产开发投资407.6亿元,同比增长8.8%,自2017年3月实现正增长以来继续保持回升增长趋势。德州服务业投资持续增长,全年全市完成固定资产投资总额2641.01亿元,同比增长8%,其中,第三产业投资完成1129.44亿元,占全社会固定资产投资总额的42.8%,同比增长17.3%,扭转了服务业固定资产投资增速下降的不利局面。聊城服务业的投资也持续快速增长,全市服务业固定资产投资完成808.66亿元,同比增长13.5%,高于全社会固定资产投资增速2.8个百分点。菏泽市民生投资加大,增长后劲充足,菏泽市委、市政府不断加大基础设施和民生投资,全市服务业完成固定资产投资582.29亿元,同比增长7.9%。区域内各市先后在服务业上大力投资,促进了服务业的发展。

(三)服务业重点领域和行业平稳运行

西部经济隆起带较其余三个经济区相比,服务业发展较为迟缓。目前,西部经济隆起带各市服务业重点领域和行业,正加大力度优先发展。枣庄市旅游业、文化产业、邮政行业、体育产业和电子商务发展良好。其中,旅游业龙头带动作用明显,预计全年接待游客2200万人次,增长8%,旅游消费总额

199亿元，增长14%；文化产业逐步完善，立足打造“转型升级和经济文化融合发展高地”，文化企业共实现营业收入147.29亿元，同比增长4.1%，增速同比提升了3.9个百分点，文化＋科技、文化＋旅游、文化＋创意设计、文化＋休闲娱乐、文化＋时尚、文化＋制造等新业态蓬勃发展；邮政行业发展加快，全市邮政行业业务总量累计完成11.44亿元，同比增长33.43%；体育产业蓬勃发展，2017年举办一系列大型群众体育赛事；电子商务助推“双创”，建立多个电子商务公共服务中心和服务站；农村服务业水平显著提升。济宁市围绕打造服务业发展新优势，文化旅游、现代物流、商贸流通、金融服务等一批特色优势行业呈现出加速发展势头。其中电子商务、金融业发展突出。2017年1～11月，全市电子商务交易额1437亿元，增长30%，在建的电商园区（基地）43个，入驻电商企业2275家；金融业运行平稳，2017年全市银行存贷款规模接连突破5000亿元、3000亿元大关，截至12月底各项存款余额5021.55亿元，比年初增加409.44亿元；各项贷款余额3158.04亿元，比年初增加278.77亿元，同比多增123.31亿元。临沂商贸物流业增长8%；旅游业和金融业健康发展；会展业形势良好，2017年共举办170个会展，带动相关收入101.3亿元。德州服务业重点项目重点推进，60个重点项目包括现代物流、科技信息、研发设计、检验检测、电子商务等5大生产性服务业领域项目22个；商贸流通、健康养老、文化旅游、教育培训、家庭服务等5大生活性服务业领域项目38个。聊城现代服务业发展迅速，包括现代物流业、乡村旅游、房地产业、文化产业和电子商务。菏泽市大力发展电子商务，2017年，全市电子商务交易额达到1707亿元，同比增长70%；淘宝村达168个，在全省占比接近2/3。

三、西部经济隆起带现代服务业的问题分析

（一）服务业总量小，现代服务业实力较弱

西部经济隆起带区域服务业总量小，占比低。例如，枣庄虽然近年来大力发展服务业，过去的五年平均每年服务业增加值占GDP比重以超过1.6个百分点的速度提升，但目前仍低于全省6.1个百分点，低于全国10.4个白分点，服务业仍旧是经济发展的短板。济宁虽然在2017年服务业增长迅速，规模总量较大，但在整个经济结构中所占的比重仍然偏低，服务业增加值占GDP的比重为43.7%，比全国的51.6%、全省的48.0%分别低7.9个和4.3个百分点。德州市服务业增长速度略有下降，发展后劲不足；2017年，德州一产趋稳、二产增长较快、三产出现下滑趋势，相比于2016年分别增减－0.1个、0.7个和－0.6个百分点，服务业增速下滑0.3个百分点。聊城市服务业增加值总量1196.98亿元，服务业占比39.1%，比重较全省平均水平偏低，总量较小。菏泽在山东省“西部经济隆起带”6市中，服务业增加值仅相当于临沂的49.9%和济宁的52.0%。

而在服务业中，6市现代服务业实力较弱，处于起步阶段。服务业内部结构不够优化，现代服务业发展不充分。传统服务业仍占据主体地位，现代服务业发展不足，特别是生产性服务业比重偏低。与先进地市相比，现代服务业项目少、规模小、整体实力弱。市场主体小散弱，龙头带动作用不强。例如，聊城2016年现代服务业增加值占服务业增加值的比重为47.8%，现代服务业发展不足，特别是生产性服务业比重偏低。济宁市虽然生产性服务业占全部服务业的比重超过50%，占GDP的比重超过20%，但与徐州、潍坊等相比较均有一定差距。菏泽市新兴服务业占比少、层次低、发展不够充分，电子商务相关行业规模小。总体来看，隆起带内现代服务业实力整体较弱，仍需大力发展。

(二)服务业创新发展能力不足,服务业规模企业少

服务业创新发展能力不够,是制约现代服务业发展的主要因素之一。临沂市服务业新技术、新产业、新模式较少,传统领域信息化水平低,现代服务业领域缺少有影响力的企业。德州传统服务业转型压力越来越大,传统服务企业在技术研发应用、商业模式创新、新型业态发展上明显滞后,网络化、信息化程度不高,受电商冲击越来越大,在激烈的市场竞争中处于被动局面;在健康养老、家庭服务、文化体育等具有公共服务性质的生活领域,缺乏大规模、旗舰型的领军企业,品牌化、连锁化、标准化程度不高。聊城缺少龙头型服务业企业集团和旗舰性项目,服务业规模企业相对偏少。菏泽虽然电子商务蓬勃发展,但电子商务企业"小、散、弱",产业层次低,缺少品牌意识和设计能力,同质化竞争严重;同时,缺乏知名度高、影响力大、覆盖面广的电子商务龙头领军企业,无法对全市整个电商行业的发展起到典型示范和带动作用。枣庄市市场主体小散弱,龙头带动作用不强;服务业规模企业少,缺乏领军企业的带头示范作用,制约了区域内服务业的发展。

(三)服务业投资力度不够,现代服务业投资集中度偏低

2017 年,西部经济隆起带对服务业投资加大,提高对现代服务业的投资,但是相比于其余三个经济区来说,其服务业投资力度仍然不够。其中,对项目投资相对缺乏。济宁大型现代服务业园区建设发展相对滞后,投资规模较大的项目大多集中在商业地产、文化旅游等领域,而信息技术、商务服务、金融保险、现代物流、服务外包等新兴现代服务业项目投资规模普遍较小,难以对全市服务业产业结构优化形成有力支撑。德州投资方面主要考核指标是高新技术产业投资、工业技改投资和民间投资,而这三个方面,基本以工业投资为主,这就造成各县市区高度重视工业投资增长,相应忽视了服务业投资。其余几个地市对现代服务业的投资不足,部分导致现代服务业发展载体缺乏、项目和规模小、规模以上服务业企业偏少的问题。

(四)服务业发展要素制约突出

在枣庄、济宁、临沂、德州、聊城和菏泽 6 市中,每个城市服务业发展要素都受到不同的制约。枣庄市项目投资力度不够,各级对服务业发展工作重视程度不够,还没有形成全社会齐抓共管的发展氛围。济宁市作为制造业大市,生产性服务业发展滞后严重影响了区域竞争力和资源配置效率。同时,济宁市服务业项目取得建设用地指标相对工业项目来说困难较大,服务业企业缺少可供抵押的固定资产,较难获得银行贷款。菏泽市农村电商人才缺乏是发展电子商务的短板之一。在网络销售环节,缺乏网店经营、网络营销、美工设计、企业管理等专业人才。在菏泽,受生活条件和环境等制约,企业招不来人才、留不住人才的问题较为突出,出现了结构性用工困难。

总体来看,西部隆起带服务业制约要素主要体现在三个方面。第一,服务业企业融资贷款难,不利于企业转型提升。第二,人才缺乏严重,包括复合型高级人才和专业技能人才的缺乏,引进外来高级人才难,留人难。而导致人才缺乏的原因主要有城市客观条件(例如规模、环境等)、工资福利待遇、生活条件相对较差等。第三,相应政策扶持力度不够,资源配置不合理,例如服务业企业用水、用电费用高,服务业项目取得建设用地困难较大等。

四、西部隆起带现代服务业发展的建议与对策

(一)强化现代服务业载体、重点项目、企业的培育建设

重点服务业城区、园区和企业(简称"服务业三大载体")是推动我省服务业加快发展的重要载体。为进一步培育壮大省级服务业三大载体,发挥示范带动引领作用。2016年,省发展改革委制定印发了《山东省重点服务业城区、园区、企业认定和动态管理办法》。省服务业办公室主任陈清华表示,重点服务业城区、园区和企业的认定将形成带动效应,培育新的竞争优势,为实现"加快建设经济文化强省,提前全面建成小康社会"奠定了坚实基础。因此,为扩大服务业总量规模,提升现代服务业实力,应继续强化服务业三大载体的培育建设。

构建现代服务业发展载体。将做大做强现代服务业载体作为现代服务业实现又快又好发展的切入点和突破口,推进各市现代服务业发展布局,抓平台载体提升发展,强力推进现代服务业集聚示范区建设。力争建成一批商贸流通服务业、旅游休闲服务业、现代物流业、现代金融、电子商务和信息服务业、科技创业服务业、文化创意与设计服务业、节能环保服务业等现代服务业集聚区。建设空间布局合理、功能特色鲜明、辐射带动力强、资源环境节约的现代服务业聚集区,形成特色鲜明、聚集发展的格局。

突出抓好现代服务业项目建设。落实省、市新旧动能转换重大工程安排部署,建立完善2018年各市服务业重点项目库。随时掌握项目建设进度,积极协调各方破解土地、资金等难题制约,为项目建设提供各种支持。进一步加大招商引资力度,围绕关键环节和缺失环节,积极利用各类招商引资平台,抓好服务业大项目的招商引资。健全和完善服务业重点项目联系点服务制度和重点项目协调推进机制,继续做好重点项目调度通报、考核督导,抓好每月调度通报、每季度跟踪督导、年终量化考核工作。

培育重点现代服务业企业。一是鼓励骨干企业采取多种方式加快规模扩张,对企业加大政策、资金扶持,支持、引导服务业企业创优创新,发展成行业龙头企业、高端企业。二是支持服务业企业创新发展,通过技术创新引领服务方式变革和服务内涵提升。三是支持服务业企业搞好品牌培育,支持争创驰名商标、著名商标,争创星级酒店、A级景区和服务业百强等。

(二)抓好服务业转型升级,推进服务业领域创新发展

中国社会科学院财政战略研究院副院长、研究员夏杰长在2016年发布的《面向"十三五"的中国服务业:前景展望与战略思路》中提到了激励服务创新,推动跨界融合。2018年4月3日,山东省服务业工作会议在济南召开,在会议中说明要主动转型、加快创新,推动服务业动能转换取得新突破。

抓好《创新发展行动纲要(2017～2025)》的贯彻落实。按照行动纲要确定的任务分工,细化政策措施,做到目标清晰、措施扎实、协同推进。要加强政策落实情况调度,继续推进我省出台的加快服务业发展的若干意见等一系列政策的落地实施,发挥政策的综合效应。

政策扶持,促进科技服务产业化与市场化。针对技术市场成交额较少,地区研发经费、科技经费支出比重小的问题,通过政府相关政策出台,给予财政、税收方面的支持。各市应加大对服务业创新

的投入力度，加大财政预算中科技经费的比例，提高资金投入规模和强度，并监督资金运行效率。拓宽科研经费来源，形成多种方式结合的创新投融资体系。同时，建设科技服务平台，提高中介机构服务效率，增加技术市场成交能力。

围绕服务业“四大经济”，突出新业态新模式新技术。一是鼓励发展平台经济。鼓励发展信息咨询、科技金融、商品交易、物流运输等重点领域专业特色平台。带动整合上、下游产业，实现融合创新发展。二是支持发展分享经济。支持交通出行、房屋住宿、专业技能、生活服务等领域分享经济发展。实施“企业上云”计划，引导企业立足现有生产能力、基础设施、能源资源等发展分享经济。三是促进发展体验经济。大力开发体验式新产品新服务、培育体验经济新模式、发展体验式消费。探索开展在生产制造、休闲娱乐、旅游购物、医疗保健等领域的应用示范，引导产业向“产品＋服务”转型升级。四是加快发展信息经济。利用现有信息网络基础设施，推动智慧、技术、创意加速向现实生产力转化，发展人工智能、大数据、云计算、创意设计等信息服务产业。

全力推动生产性服务业发展。围绕生产性服务业领域，通过产业深度融合，催生新产业、创造新需求，拉长产业链，打造以标准、质量、品牌为核心的竞争优势，加快推进生产性服务业转型创新，强化服务业的全产业链支撑作用。

(三)加大对现代服务业的多元投入力度

针对西部经济隆起带对现代服务业的投资力度不够问题，各市要重视对现代服务业的投资，集中力度投资现代服务业。一是进一步完善服务业项目库，并围绕现代物流、科技研发、电子商务和公共服务等领域，策划论证储备一批项目，强化要件支撑，提高项目成熟度，为项目建设、政策性资金争取和对外推进提供条件。二是拓展投资渠道。按照多元化融资思路，积极争取国家和省给予更大的支持，吸引更多社会资金投向服务业。鼓励创业投资机构和信用担保机构支持服务业运用新技术、发展新业态，积极支持中小服务业发展。采取银企洽谈，项目推介的方式，吸引更多信贷资金投向服务业领域。三是加大招商引资力度，努力提高招商引资项目的整体策划水平。充分利用招商引资活动，创新招商引资方式，吸引国内外资金、管理、技术和人才进入。

(四)强化人才保障

人才科技支撑能力不足是西部经济隆起带加快发展面临的一大瓶颈。培养和引进高层次人才，提高科技创新能力是加快西部经济隆起带发展的有效途径和根本举措。

注重培养人才。利用曲阜师范大学、聊城大学、临沂大学、济宁医学院、菏泽学院等高校教育资源，大力培养高层次人才。积极鼓励山东省中东部知名高校到西部经济隆起带设立分校。重视发展职业教育，统筹规划中等职业教育和高等职业教育，引导职业教育资源均衡分布，建设现代职业教育体系，支持德州建设全省职业教育示范发展区，鼓励和引导山东省中东部优势职业教育资源与西部丰富的劳动力资源相结合，支持西部经济隆起带打造职业教育优势品牌，培养更多的高层次专业技术人才。

加大引进力度。省政府出台优惠政策，鼓励高层次人才和大中专毕业生到西部经济隆起带工作，设立留学人员创业孵化中心和留学人员创业园，吸引更多的海外高层次人才。

开展东西帮扶。从山东省中东部高等院校、科研院所、企业、园区等选派一批优秀人才到西部帮扶交流，从西部经济隆起带选取一批青年干部到东部发达地区挂职锻炼。定期组织国家“两院院士”“千人计划”“长江学者”“泰山学者”等高层次人才到西部地区开展服务。科技方面：一是突出企业主导地位，提高企业研发创新能力，引导企业把技术进步作为核心动力，加大研发投入，采用先进工艺，淘汰落后产能。二是积极开展产学研相结合，鼓励高等院校、科研院所与企业开展对接，促进科研成果快速转化为现实生产力。

参考文献

[1]山东省发展和改革委员会. 西部经济隆起带发展持续向好[EB/OL]. (2017-05-26)[2017-11-02]. http://www.sdfgw.gov.cn/art/2017/5/26/art_4679_189145.html.

[2]山东省发展和改革委员会. 2017 年区域经济发展思路与重点[EB/OL]. (2017-07-18)[2017-12-08]. http://www.sdfgw.gov.cn/art/2017/7/18/art_5077_162723.html.

[3]我省加快培育服务业三大载体[EB/OL]. (2016-11-24)[2018-03-18]. http://paper.dzwww.com/dzrb/content/20161124/Articel12009MT.html.

[4]姜大明：规划西部地区新经济隆起带[EB/OL]. (2013-01-25)[2018-03-18]. http://www.dzwww.com/2013/sdlh/jdzfgzbg/201301/t20130125_7952005.html.

[5]承东启西省会城市群经济圈负重任[EB/OL]. (2012-12-26)[2018-03-18]. http://paper.dzwww.com/jjdb/data/20121226/html/3/content_2.html.

[6]吴光炜. 菏泽市西部经济隆起带发展战略定位与走向[J]. 理论学习，2016(5).

[7]梅蕾，邱淑凤. “一带一路”倡议下西部欠发达地区服务业创新能力研究[J]. 西安财经学院学报，2018，31(1).

[8]孙明明. 加快推进山东西部经济隆起带发展的对策研究[J]. 山东农业工程学院学报，2015，32(2).

行业篇

行业篇

第一章 山东省金融业发展报告

一、山东省金融业行业发展现状

(一)牢牢把握金融服务实体经济本源,助推全省新旧动能转换重大工程

针对新旧动能转换这一主题,扎实推进金融服务提质量和上水平,让金融回归服务实体经济本源,引导金融活水更好地浇灌实体经济。截至 2017 年 12 月末,全省社会融资规模 8498 亿元,同比增长 186 亿元。

一是紧紧围绕服务实体经济,促进动能转换,开展系列调研、签约活动。先后起草了金融支持新旧动能转换《实施方案》《工作规划》和《重大项目库》等,组织开展了赴浙江、湖南、河北等省调研活动,形成了具有较高参考价值的调研报告。策划推动了金融助推新旧动能转换系列签约活动,组织召开了若干专题座谈会,促成省政府与 14 家金融机构达成合作意向,与农业银行、建设银行、民生银行、中民投 4 家机构签署了合作协议,新旧动能转换现代金融发展母基金设立工作也在有序推进。抢抓"2017 香港·山东周"机遇,推动省政府与中国银行(香港)、中银国际、中国太平保险等签署了战略合作备忘录。

二是努力保持间接融资稳定增长,疏通金融进入实体经济渠道。积极协调银行机构落实国家降准降息、支农支小、促进民间投资等政策,通过加强银政企对接、创新抵质押物等措施,引导银行机构加大对先进制造业、小微企业等重点领域和环节的资金支持。截至 2017 年 12 月末,全省本外币贷款余额突达 70873.9 亿元,较年初新增 5630.4 亿元,同比增长 8.6%。其中,涉农和小微企业贷款余额分别达 2.6 万亿元和 1.5 万亿元。深入推进金融脱贫攻坚,牵头做好金融助推黄河滩区脱贫迁建工作,提高金融扶贫精准度和获得率。会同银监部门出台文件,规范银行机构涉企收费行为,降低企业

融资成本。持续改善对薄弱环节的金融服务，引导大中型商业银行设立(改组)普惠金融事业部，丰富金融产品供给，为实体经济"解渴"，目前省内大中型商业银行均已完成机构设立工作。

三是积极推动直接融资发展，加快建设多层次资本市场。企业上市实现新突破，上市数量创7年来新高，居全国第5位。全年上市公司、"新三板"挂牌企业、区域股权市场挂牌企业分别新增30家、118家、1013家，总量分别达294家、636家、3394家，企业股权融资额为1675.84亿元。340家区域股权市场挂牌企业获得省直投基金支持。上市公司实施并购重组190次，交易额为831.97亿元。推动企业发行债券，双创债券、绿色债券发行均已破题，2017年全省共发行各类非金融企业债券375只，融资3716.1亿元。深入推进规模企业规范化公司制改制，改制企业已累计完成超过15000家，占改制企业总数的45%以上，超过1000家改制企业在齐鲁股交中心挂牌。加快推动私募股权投资行业发展。2017年我省在中国证券基金业协会新增备案私募基金管理机构169家，总数达443家，管理基金757只，规模1568亿元。推进期货期权市场建设，三大商品期货交易所已在我省设立了27个品种的97家交割库，实现代理交易额12.28万亿元，同比增长24.8%。

四是有效发挥保险业功能作用，构筑实体经济风险保障体系。努力推进各项保险试点工作。保险法人机构达5家，省级分支机构94家、各类机构总量近7300家，居全国首位；全年实现保费收入2783亿元，同比增加18.93%，列全国第3位。推动农业保险扩面、增品、提标，开展安全责任保险试点，降低"政银保"贷款保证保险政策门槛，帮助小微企业获得贷款逾4亿元。发挥保险资金规模大、期限长、来源稳定的优势，编印《重点项目汇编》，积极推进保险资金运用，截至2017年12月末，我省运用保险资金达1560.96亿元，较年初增加685.96亿元。

(二)牢牢把握风险防控重点难点，全力维护金融稳定大局

一是抓好顶层设计，建立协调联动工作机制，推动重点企业风险化解。进一步健全工作机制。组建全省风险处置工作专门班子，构建了省市县上下联动、政监金企四方协调配合的工作体系。按照重点风险企业、风险企业、潜在风险企业划分不同风险类型和风险等级，坚持因企而异、分类施策，逐个制定化解方案。分类处置措施得到较好落实。对全省担保圈、企业债券、上市公司、非法集资等情况，逐一摸排，建立工作台账，实行"销号"动态管理。市场化处置手段不断丰富，各级初步建立转贷应急机制，两个省级金融资产管理公司规模都达到100亿元，金融资产交易中心不良资产流转平台作用初步显现。

二是强化综合治理，全面做好防范和处置非法集资工作。加强风险监测预警，及时发布风险提示，定期通报案件信息，着力打造情报信息中心。组织开展非法集资风险高发领域、集资企业、失信企业专项排查，摸清底数，采取相应措施进行分类处置。切实发挥宣传教育作用，先后开展了集中宣传月和老年人专题宣教活动，开办"防范打击非法集资，保障金融安全——山东在行动"和《幸福银龄》等多个专题广播、电视节目。深入实地开展督导，协调做好齐能化工、佳盟矿业等央批重点案(事)件，配合做好e租宝、昆明泛亚等重大案件的处置工作。

三是加强源头管控，深入开展互联网金融风险专项整治和交易场所清理整顿"回头看"等专项行动。互金专项整治方面，对省内111家重点对象组织现场检查和督导评估，及时处置新风险点，着重强化对"校园贷""比特币"等虚拟货币交易场所，"消费众筹和购物返利"等领域的整治力度。交易场所清理整顿"回头看"方面，做好重点交易场所风险处置和维稳预案，全年清理整顿违法违规交易机构

近700家，在全国率先公布通过清理整顿检查验收的“白名单”，进一步推动了各类市场规范发展。

（三）牢牢把握金融改革发展正确方向，促进地方金融强身健体提质增效

引导各类地方金融机构和金融组织优化资源配置和机构布局，着力提升地方金融监管水平和服务能力，不断增强金融服务地方经济社会的可持续性。

一是推动地方法人银行深化改革完善治理。稳妥推进省农信联社改革，相关改革方案得到了银监会的肯定，拟将我省作为全国改革试点省份。在深入调研基础上，起草了《山东省地方法人银行机构防范化解地方金融风险管理办法（试行）》，着力强化风险管控，推动农商行、城商行逐步提升治理能力和经营水平。积极推动德州银行、临商银行等引入战略投资者。稳妥做好涉“明天系”银行风险事件、临商银行储户集中提款事件善后处置工作。

二是积极稳妥地发展地方金融组织。把握稳中求进总基调，扎实推进小贷试点工作。截至2017年12月末，全省419家小贷公司，累计发放贷款663.54亿元，90%以上投向“三农”和小微企业。推动融资担保行业“减量增资”、做精做强，全省共有融资性担保机构415家，其中10亿元以上机构16家，在保责任余额1095.51亿元。推动山东省农业发展信贷担保有限责任公司完成设立审批。民间融资机构实现创新发展，全省获得业务许可的民间融资机构共522家，民间资本管理公司完成投资284.83亿元，民间融资登记服务公司成功对接23.57亿元。新型农村合作金融试点工作进一步“扩面、增效”，截至2017年12月末，全省有131个县（市、区和开发区）的397家合作社取得试点资格，13个市实现了试点县域全覆盖，累计发生信用互助业务3229笔，总计1.34亿元。各类交易市场发展活力进一步彰显。截至2017年12月末，全省权益类和介于现期货之间的大宗商品交易市场共有29家，交易额近4500亿元。鲁清所与交易市场、银行机构对接工作有序推进，有6家交易场所、2家银行成功接入。全面启动了“双随机，一公开”抽查监管工作。建立放管服工作台账，推进政府职能转变，省金融办的行政许可事项全部实现网上办理。进一步丰富各类监管手段，修订印发了小额贷款公司、民间资本管理公司分类评级办法，组织有关地方金融组织开展了分类评级、现场检查、行业年审、许可证集中换发和市场退出等工作，督促各公司针对发现的问题逐条整改落实。注重发挥行业协会沟通协调、示范引领作用，指导其加强行业自律、开展业务培训。加强非现场监管，继续做好金融综合服务信息平台运维工作。

三是协调推进综合性金融改革试点。指导推动济南区域性产业金融中心、青岛财富管理中心和烟台基金管理中心建设。指导烟台市申请国家级私募股权集聚区，批复临清市创建山东省小微企业金融创新服务试验区等。通过各种创新培优和政策扶持，构建了金融业聚集发展的高地。

二、山东省金融业发展存在的问题

一是金融供给规模受到制约。在严监管、防风险的政策背景下，2017年国家继续执行稳健中性的货币政策，在实际执行过程中可能会有所趋紧。据调度了解，各银行2017年的信贷总量与去年基本持平，有的略有下降。由于风险上升等因素，驻鲁银行在争取总行信贷资源中处于弱势地位，特别是个别银行总行已将山东列入高风险地区，通过上收权限、增加抵押担保、行业限贷等方式，抬高了放贷门槛。

二是信贷投向不够合理。银行出于防控风险、控制成本等因素考虑,信贷资源投放持续向基础设施、房地产领域以及大型企业、国有企业集中,制造业、小微企业等行业领域融资难和贵的问题依然突出。代表新动能发展方向的轻资产科技创新型公司因缺乏抵质押物和有效担保,难以获取银行资金支持。

三是风险防控压力较大。在经济增速放缓的大背景下,我省企业整体盈利能力下降,实体经济风险进一步向金融领域传递;一些企业在前期盲目扩张,甚至偏离主业,高杠杆风险持续暴露。个别大企业存在信用违约风险,担保圈、债券承兑、非法集资等领域风险较为突出。

三、山东省金融业下一步工作思路及建议

(一)瞄准新旧动能转换重大工程,切实改进金融服务

一是强化重点产业金融服务。发挥好全省新旧动能转换引导基金作用,推动省政府与有关金融机构战略合作协议的落地实施,提高新旧动能转换重大项目融资对接效率,保障高端装备制造、高端化工、信息产业、能源原材料、海洋经济、现代农业、健康养老、文化、旅游等重点产业合理金融需求。

二是着力推进供给侧结构性改革重点任务。引导金融机构坚持有保有压的差异化信贷政策,区别对待产能过剩行业中的不同企业,推动信贷资源由产能过剩行业向高效领域腾挪。支持城镇居民和农民工合理自住购房信贷需求,助推三四线城市去库存。以国有企业和产能过剩行业为重点,通过债转股、并购重组等方式,切实降低高负债优质企业杠杆率。推动金融机构加强内部管理、降低经营成本,为降成本创造条件。推动传统金融拓展普惠金融服务,支持小额贷款公司、融资担保机构、融资租赁公司、民间融资机构等普惠金融业态稳健发展,加快大数据、云计算、区块链等技术在金融领域的应用,补齐普惠金融发展短板。

三是加大金融对创新创业的支持力度。支持银行设立科技支行等科技金融专营机构,争取开展投贷联动试点。发挥好省级股权投资引导基金作用,做大私募市场规模。支持创新型企业上市或挂牌融资。扩大创新创业公司债券发行试点。拓宽科技保险标的范围,研究探索科技保险再保险制度。推动设立山东齐鲁知识产权交易中心,培育科技金融中介服务机构。支持绿色金融发展。引导银行业机构建立符合绿色产业特点的信贷管理制度,有效扩大绿色信贷规模。依托省能源环境交易平台,探索发展用能权、碳排放权、排污权等环境权益融资工具。协调推动环境高风险领域实施强制性环境责任保险制度。推动设立省级绿色发展基金。支持有条件的地区创建绿色金融试验区。推动齐鲁股权交易中心设立高端人才创新创业板,为科技人才创新创业提供融资等服务便利。

(二)坚持预警防范与分类处置结合,严密防控金融风险

按照坚持“四早”(早识别、早预警、早发现、早处置)、实现“五最”(在最初的环节、最低的层次、以最小的成本解决最大的问题,达到最佳的效果)的工作思路,细化落实工作责任,妥善化解金融风险。

一是加强监测预警。建立健全金融风险监测预警和应对处置机制;强化省维护金融稳定工作领导小组及办公室作用,定期调度研判风险形势,及时发布风险提示;抓好金融突发事件应急预案贯彻落实,推动应急体系建设,确保一旦发生金融突发事件,能够迅速控制、果断处置、有效化解。

二是坚持分类施策。按照重点风险企业、风险企业、潜在风险企业划分不同风险类型和风险等级，坚持因企而异、分类施策，完善动态监测、预警预案和销号管理制度。

三是加强金融秩序源头管控。推动金融领域社会信用体系建设，严厉打击非法集资、恶意逃废金融债务等各种违法行为；推进规模企业规范化公司制改制，完善企业治理结构，规范企业经营行为。

四是压实风险处置责任。强化属地风险处置责任，建立健全风险处置交办督察和责任落实制度，探索实施区域不良贷款动态管理，促进政监金企互信合作。

（三）以提升发展质效为重点，持续深化地方金融改革

一是加快推进地方银行业金融机构改革。理顺省农信联社与110家农商行之间的关系，建立以股权为纽带、以服务为保障的行业运行体制。指导农商行健全公司治理结构，提升风控水平和管理能力。推动城商行完善法人治理，引入战略投资，进一步提高经营管理和风控水平。协调推动恒丰银行改革。支持民营银行创新发展。

二是完善金融市场体系。全面加强多层次资本市场体系建设，进一步做好企业上市挂牌、股权投资、债券发行等工作。做强法人证券期货机构，推动对全省经济影响较大的大宗商品期货、期权新品种上市，鼓励增设期货交割库。支持发展地方法人保险机构，探索发展相互保险等新型保险业态，争取建设保险创新示范区。推动区域股权交易市场与高层次资本市场建立并逐步完善对接合作机制，稳妥发展权益类和介于现货与期货之间的大宗商品交易市场。深化新型农村合作金融改革。

三是优化金融发展布局。协调推动济南国家级产业金融综合改革试验区申建工作。以筹建青岛财富产品交易中心为抓手，推动青岛财富管理金融综合改革试验区建设取得更大突破。支持烟台基金产业集聚发展。总结推广县域金融创新发展试点经验，进一步提高县域金融服务能力和保障水平。

四是改革完善地方金融监管体制。建立健全金融工作议事协调机制，推进地方金融业态归口管理，加强地方金融监管能力建设。

有关金融业发展的两点建议：第一，是加强地方金融监管力量。随着山东金融业快速发展，特别是按照全国金融工作会议要求，下一步融资租赁公司、典当行等金融机构将归地方监管，我省的监管对象会突破5000家，维护区域金融稳定、做好地方金融监管等工作压力逐渐加大，因此建议适当增加全省各地市金融办人员编制，壮大地方金融监管力量，以解决地区金融业发展与人员编制不平衡的矛盾。第二，是继续加大相关政策扶持力度。“三农”和小微融资难和融资贵问题虽然得到一定程度的缓解，但是依然面临困境，而地方金融组织能较好服务金融薄弱环节，起到拾遗补缺的作用。建议对小额贷款公司、民间融资机构、融资担保公司等新型金融组织，在会计制度、税收、抵质押登记、法律诉讼等政策执行中，赋予其与金融机构平等的法律地位，努力营造公平的发展环境，进一步提升地方金融组织服务小微企业特别是创新创业企业的能力和积极性。

（杨　光）

第二章
山东省文化产业发展报告

一、山东省文化产业发展现状

2016年全省文化产业增加值达到2836.77亿元，占GDP比重4.17%。2017年前三季度，全省“三上”文化企业实现营业收入7295.4亿元，营业利润429.1亿元，分别同比增长9.3%和16.8%；全省文化产业施工项目3055个，同比增长8.4%，完成投资2521.8亿元，同比增长8%。具体发展现状如下：

（一）引导和拉动文化消费

一是成功举办首届山东文化惠民消费季。2017年7～10月成功举办首届山东文化惠民消费季。消费季以“荟文化·惠生活”为主题，按照“政府引导，市场运作，注重实效，普惠大众”的原则，大力引导和扩大文化消费，形成了“六大板块支撑，线上线下联动，十七市协同推进”的内容架构和活动体系。省、市、县、乡、村五级联动，29个省直部门、单位协同推进，签约文化企业686家、门店2100余家。

此次消费季内容丰富，活动高潮不断。在艺术精品欣赏、新兴时尚采撷、文化旅游揽胜、传统工艺体验、数字文化畅享、人文素养提升等6个领域策划开展了1000余项、近5万场次文化惠民消费活动，共吸引1.33亿人次参与，省市两级投入文化消费专项资金1.2亿元，直接拉动文化消费超过3亿元，累计实现消费总额206.7亿元，老百姓享受到了实实在在的文化实惠。在此次消费季期间，文化消费券广泛发放，消费平台便捷高效。探索开发应用银联钱包APP、齐鲁艺票通和山东文化消费服务大数据平台，搭建起覆盖全省的线上线下文化消费网络，增强居民消费便利性。仅省级消费券总额就达3700万元，涉及文艺演出、图书报刊、影视音像、传统工艺、数字文化等30多个领域、累计领券达30余万人次。建立协作联动机制，服务规范保障有力。成立首届山东文化惠民消费季组委会，省委宣传部、省文化厅会同省旅游发展委、省新闻出版广电局、省文物局牵头主办，24家省直有关部门和17市人民政府联合主办，同时吸纳行业协会等社会组织共同参与，形成牵头主办和联合主办部门各尽其责、社会力量共同参与、专业服务公司具体执行的筹办工作机制，变“各自为政，分散组织”为“总分结合，联动协同”。积极宣传引导，营造浓厚消费氛围，此次文化惠民消费季制定了《首届山东文化惠民消费季宣传方案》，综合利用新闻宣传、融媒体宣传、社会宣传，构建形成全方位、立体化的宣传推介格局，提高广大民众对文化消费季的知晓度，引导消费心理、培育消费行为、引领消费时尚，有效营造了浓厚的文化消费氛围。首届山东文化惠民消费季已经成为全国开展范围最大、企业参与最多、消费者分布最广、平台模式最新的文化消费促进行动，实现了社会效益和经济效益的双赢。

二是推进国家文化消费试点工作。积极推动济南、青岛、淄博市开展文化消费季和消费试点工作，共落实文化消费扶持资金3830万元；研究试点市文化消费服务平台的构建和文化消费机制的探索，召开试点城市文化消费服务大数据平台建设研讨会，打牢促进开展文化消费的平台基础，力争形成促进引导文化消费的山东模式。开展文化消费试点专项督查，配合文化部专家对青岛市进行文化消费试点督导，抓好国家文化消费试点城市动态管理工作。组织试点城市参加文化部主导，北京文资办主办的2017首届文化消费研讨交流会，并研究签署《关于协同推进文化消费有关工作的框架协议》。

（二）加强文化产业示范园区基地规范化建设

2017年，结合全省文化产业示范园区、基地发展实际，修订印发了《山东省文化产业示范园区创建管理办法》《山东省文化产业示范基地认定管理办法》，进一步规范了对省级文化产业示范园区、基地的申报创建和动态管理。同时委托第三方机构对省级文化产业示范园区、示范基地发展情况进行了综合评价，根据评价结果组织省内外文化产业专家对其进行分类指导，有效提升示范园区、示范基地的建设水平，助推文化产业发展转型升级、提质增效。研究制定了《山东省文化产业示范园区考核评价指标（试行）》《山东省文化产业示范基地考核评价指标（试行）》，是全国首个出台文化产业园区、基地考核标准的省份。积极开展国家级文化产业示范园区创建，台儿庄古城文化产业园列入文化部首批国家级文化产业示范园区创建单位名单。

（三）文化金融合作进一步加强

一是组织2017年度全省文化企业投融资路演活动。为进一步提高文化企业与投融资机构的对接交流能力和效果，拓宽文化项目与金融资本融合渠道，山东省文化厅与山东省文化金融综合服务中心联合举办全省文化企业投融资路演活动，东部各市的15个产业项目进行了现场路演。各市文广新局分管领导、产业科（处）长，省内外投资公司及银行金融机构、文化企业负责人，有关媒体记者70余人参加了活动。

二是建立全省文化企业融资贷款信息库。整理汇总全省文化企业贷款信息库150项，合计融资余额736549万元，申请贴息43120.85万元，掌握了文化企业融资情况和重点文化产业项目建设情况，为申报推荐中央、省级文化产业专项资金、省级文化产业投资基金、省级文化产业股权引导基金、国家特色文化产业项目库以及省文化产业项目投融资路演活动等工作打下了较好的基础。

三是指导支持文化金融综合服务平台搭建。山东区域文化产业研究院、山东九信金融超市管理有限公司经过半年多的筹备，山东首家文化金融综合服务中心——“山东文化金融综合服务中心”挂牌，面向全省中小微文化企业开展金融服务。

四是举办文化企业无形资产评估与文化产业发展论坛。第二届文化企业无形资产评估与文化产业发展论坛 6 月 17 日于济南召开，国内有关高校及科研机构的专家学者和文化企业界人士及新闻媒体工作者等 100 余位嘉宾参加。此次论坛的举行，对于文化企业无形资产评估与文化产业发展的学术研究，学术界和实业界的互动交流起到了重要的推动作用，对全省文化产业发展具有重要的积极意义。本次论坛面向社会公开征集到论文 100 余篇，其中的优秀论文将结集出版。

(四)扶持文化企业和文化产业项目

一是建立 2017 年度重点文化产业项目库。为进一步发挥文化产业项目的引领带动作用，加大对文化产业项目的培育、引导、管理和支持，制定下发《关于征集山东省文化厅 2017 年度重点文化产业项目库入库项目的通知》，征集全省范围内演艺业、娱乐业、动漫业、游戏业、文化旅游业、艺术品业、工艺美术业、文化会展业、创意设计业、网络文化业、数字文化服务业等领域的重点项目，共征集 280 个重点项目。

二是组织申报国家级文化产业项目。组织各市文广新局广泛发动符合条件的文化艺术类企业申报 2017～2018 年度国家文化出口重点企业和重点项目。根据《山东省商务厅关于 2017～2018 年度国家文化出口重点企业和重点项目申报情况的报告》(鲁商函〔2017〕131 号)，将通过我省初审的属于文化艺术类的 36 家企业和 5 个项目报文化部文化产业司，占全省上报总数的 85.7%和 55.6%。组织申报了文化部 2017 年度文化产业双创服务体系建设扶持项目工作，根据下达的名额，推荐了潍坊文化产业孵化器有限责任公司完成申报。

三是争取中央、省级财政文化产业资金扶持。组织推荐 2017 年度中央财政文化产业发展专项资金项目申报。根据财政部《关于申报 2017 年度文化产业发展专项资金的通知》(财办文〔2017〕25 号)和文化部《关于做好 2017 年度中央财政文化产业发展专项资金重大项目申报工作的通知》要求，印发《山东省文化厅关于做好 2017 年度中央财政文化产业发展专项资金申报工作的通知》，组织各市做好中央财政文化产业发展专项资金申报推荐工作，全省共申报项目 42 个，金融扶持 12 个、特色文化产业 18 个、文化创意融合 12 个。经材料初审、专家评审并报厅领导同意后，按照文化部下达推荐名额，确定推荐我省 8 家企业申报文化金融扶持计划、5 家企业申报支持特色文化产业发展、4 家企业申报促进文化创意和设计服务与相关产业融合发展项目。经文化部评审，中央资助我省文化金融扶持计划项目 3 个，特色文化产业项目 17 个(含优秀基层戏曲院团奖励项目 16 个)，资金总计 1430 万元。

四是组织企业参加各类专业展会。组织省内企业参加“第十届海峡两岸文博会”“第十三届中国(义乌)文化产品交易会”“2017 第十三届中国(深圳)文化产业博览会”等，扩大了山东文化企业的知名度和影响力。

(五)文化产业人才培养工作扎实开展

推动全省文化产业教学研究实习基地建设。印发《山东省文化厅山东省教育厅关于开展全省高等院校文化产业实训(习)基地共建工作的通知》，对接省内有关部门高等院校、研究院所，在全省符合条件的文化产业园区、基地设立文化产业教学研究实习基地，促进文化产业产学研相结合，推动我省文化产业综合能力发展。已受理园区企业申报共100家、高等院校申报40所。先后举办2017年山东省数字文化创意产业管理高级研修班、全省文化系统PPP业务培训班、全省2017年文化金融融合培训班等共三期，培训来自全省文化系统、文化企事业各类学员200余人，大力提升了全省文化产业管理干部、文化产业示范园区、基地、文化企业经营管理人员的政策理论水平和管理运营能力。

(六)推动数字文化产业创新发展

推动山东动漫服务贸易网建设。按照文化部的部署，下发《关于做好2017年动漫企业认定有关工作的通知》，组织开展2017年度动漫企业认定、已认定动漫企业年审、动漫企业进口免税资格认定和年审工作。按照文化部办公厅《关于开展中国文化艺术政府奖第三届动漫奖评选工作的通知》要求，印发通知组织开展第三届动漫奖申报推荐工作，经初审，研究同意，动画片《多宝一家人》《论语智慧》《国防后备军》3部作品和“食品有意思科普动漫团队”分别作为最佳动漫作品和最佳动漫创作者或团队推荐申报。配合文化部做好数字文化产业企业景气调查，共征集省内49家企业参与问卷调查、样本数据监测等工作。成功举办山东动漫产业品牌成长峰会，《齐鲁优秀传统文化传承创新系列动画》《香辣五侠》《辛弃疾》《福乐寻宝历险记》等20部作品，成为首批入选山东优秀原创动漫项目资源库的项目，5部作品荣获优秀原创项目。

(七)积极搭建文化产业发展要素平台

落实全省“互联网＋文化产业”行动计划，建立完善山东文化产业综合信息发布平台，打造集文化产业信息发布、文化产业项目推介融资、文化产品展示交易、文化版权交易、文化人才求职招聘等多功能为一体的文化产业发展公共服务平台，截至目前，已发布各类产业信息2062条，421个文化项目在线申报，单位注册用户数量1123个，涉及文化艺术服务类、文化创意和设计服务、工艺美术品的生产、文化休闲娱乐服务、新闻出版发行服务、文化信息传输服务等10大门类，为我省文化产业发展提供了线上支撑。

(八)精品创作生产持续繁荣

继续推进精品出版、影视制作“两大高地”建设。2017年全年共审批出版物选题2.2万种、核发书号9100多个，拍摄电影59部、电视剧8部292集。大力弘扬齐鲁优秀传统文化，出台《传承发展中华优秀传统文化实施方案》《大力弘扬沂蒙精神的实施意见》，制订《齐鲁大典》编纂实施方案，组织摄制大型文化纪录片《稷下学宫》。继续推进百部影视精品创作生产推进计划，电视剧《温暖的村庄》、电影《党员登记表》《大火种》等入选迎接十九大胜利召开推荐播出参考剧目、献礼影片，策划推出《跟着共产党走——一本给青年人看的简明党史》《十八大以来中国共产党思想研究》等60余种主题出版选题。在中宣部第十四届“五个一工程奖”评选中，影片《大圣归来》、电视剧《马向阳下乡记》、图书《血梅花》荣获表彰。《环球少年地理》等3种报刊被总局确定为“2017年度向全国少年儿童推荐百种优秀报刊”。《初心》《红色廉政耀沂蒙》等7件网络视听节目作品和项目获总局表彰，微电影《我的三奶奶》获中宣部“社会主义核心价值观主题微电影”一等奖。

(九)体制改革进一步深化

进一步深化“放管服”改革，优化政务环境，明确了14项“零跑腿”和“只跑一次”事项并向社会公布。行政审批事项从2014年的50项(107子项)削减到35项(66子项),累计削减率达30%(子项38.3%)。制定下发了《2017年全省新闻出版广播影视改革和发展工作要点》,40项重点改革任务扎实推进。继续深化省级广电体制改革,推进解决股权划转、财务挂账等遗留问题,加快直属"两厂一站"转制重组工作。融媒体发展步伐加快,大众报业集团、山东广播电视台"中央厨房"投入运行。在深入调研基础上,出台了促进县级广播电视台改革发展的意见和标准化建设实施方案,县级台改革全面启动。

(十)产业转型升级不断加快

以规划落实为抓手,研究制定了《山东省新闻出版广播影视业"十三五"发展规划实施意见》,建立了对年度目标任务完成情况进行动态监测的工作机制,以确保行业规划蓝图变为现实。以新旧动能转换为载体,加强政策研究和行业分析,撰写了《关于加快新闻出版广播影视业新旧动能转换的调研报告》,起草了《全省新闻出版广播影视新旧动能转换重点工程实施方案》,并积极争取了总局对济南、青岛建设影视文化消费先行体验区的支持。推动股改上市,世纪天鸿和山东出版传媒两家企业相继上市,至此我省新闻出版广电系统在主板上市企业已达4家。继续实施项目带动战略,"十三五"重点项目组织实施进展良好,18个项目入选总局改革发展项目库、数量位居全国前列。项目支持力度不断加大,全年共推荐40个项目获得中央和省各类专项资金支持,争取资金达6000万元。数字印刷、绿色印刷加快发展,乡镇以下发行网点达3269个。青岛东方影都、星工坊、泰山新闻出版小镇等重点园区加快建设。初步统计,2017年全省新闻出版总产出2226亿元,同比增长8.5%;广播影视总收入165亿元,同比增长3.3%;电影票房收入达22.9亿元,同比增长22.2%。

(十一)"走出去"步伐不断加快

根据中央和省委、省政府关于文化"走出去"的部署要求,结合行业实际,制定印发了《关于进一步推动全省新闻出版广播影视业"走出去"工作的意见》,加强了行业"走出去"工作的宏观布局、政策支持和指导服务。成功举办首届"中国·山东'一带一路'图书版权贸易洽谈会",签订图书版权贸易合作协议360余种。参与中俄媒体交流年活动,组织参加了2017年香港国际影视展、亚洲媒体峰会、北京国际图书博览会等国际性展会。我局荣获"2016～2017中俄媒体交流年"优秀组织奖、亚洲媒体峰会优秀组织奖、深圳文博会优秀组织奖。青岛被联合国教科文组织授予"电影之都"称号,成为中国首个"电影之都"。尼山书屋在海外落地总数达30家,7种图书入选"经典中国国际出版工程"和"丝路书香翻译工程"。2个项目入选总局"丝绸之路影视桥工程"年度项目储备库;有6个企业入选国家、省文化出口重点企业,有4个项目入选国家、省文化出口重点项目。开展了"走出去"工作"双十佳"评选活动,推出10个"走出去"重点企业和10个"走出去"重点项目。

二、山东省文化产业发展存在的问题

一是省内文化消费程度仍然偏低。虽然我省积极引导和拉动文化消费的举措取得了可喜的成就,但文化消费水平依然没有与丰富的文化资源相匹配,2015年山东文化消费缺口为2860亿元人民币。由于我省各地经济水平发展差异,文化产业的发展也不平衡。近年来,济南、青岛等地文化产业发展迅速，但其他经济水平相对落后的地市则不尽如人意。①

二是文化产业品牌数量少、质量低。尽管山东省的文化市场经营机构数量庞大，但文化企业品牌意识淡薄，导致知名文化产业品牌寥寥无几，品牌定位的模糊性也在一定程度上制约了山东省文化产业品牌的建立和发展。其次，我省文化产业品牌价值较低，市场竞争力不强，文化产业的集群效应难以发挥，无法形成较宽的产业链。最后，文化产业品牌发展不均衡，新兴文化产业品牌较少。文化产业的发展集中于传统业态，科技含量较高的数字出版、新媒体、动漫、游戏等新兴文化业态却相对弱小。②

三是内部体制机制不够完善。目前的文化产业管理体制还是处于部门分割、各自为政的状态。文化产业的十大门类分别由不同的部门进行管理，存在着条块、行业和区域分割，系统之间各自为政，难以形成合力；政府与文化经营单位之间的责、权、利关系尚未完全理清。③ 建议在制定规划政策过程中加强地区间、部门间的协调配合，出台更全面、更有针对性的优惠政策。

四是人才和资金支持不足。近几年我省越来越重视文化产业的发展，但在此过程中专项金融扶持力促仍然不够，针对文化产业的金融服务主体仍显贫乏，金融支持的方式和产品较单一。与北上广深等较发达城市比，我省文化产业投入的专项资金、对文化企业的财税支持力度、生产消费环节的扶持资金等皆有待提高和创新。同时，顶尖创意人才相对匮乏，例如高级管理创新人才、文化产业高级经营人才和高技术人才等。

三、山东省文化产业下一步工作思路及建议

2018年，深入贯彻落实党的十九大精神，以习近平新时代中国特色社会主义思想为指导，以新发展理念为引领，以满足人民日益增长的美好生活需要为出发点和落脚点，以供给侧结构性改革为主线，紧紧抓住新旧动能转换重大契机，完善发展支撑平台，发展壮大市场主体，培育新型文化业态，扩大引导文化消费，促进产业融合发展，推动山东文化产业整体水平走在全国前列。文化产业下一步发展思路共有以下六点：

（一）继续大力培育和引导文化消费

积极开展“第二届山东文化惠民消费季”活动，探索“一券一平台一区一店多方融合”的模式，进一步扩大文化消费领域。加强部门联合、全省联动，形成全省文化消费工作一盘棋，提高文化消费季的知晓度和参与度。不断完善拉动和引导文化消费的长效机制，以文化消费推进文化事业与文化产业融合，以文化事业促进文化产业，以文化产业反哺文化事业，提高公共文化服务效能，推动文化产业转型，加快新旧动能转换；进一步拓展文化消费信息服务大数据平台功能，推动文化企业实现“互联网＋”，探索建立全新的文化产品营销和物流系统，健全产业要素市场，积极适应居民发展型和享受型文化消费的新变化、新需求，以供给创新创造全新消费平台，释放消费潜力，以消费升级带动产业升级。

指导青岛、济南、淄博等市开展“国家文化消费试点城市”工作，组织开展省级文化消费示范县（市、区）创建工作。发挥财政补贴资金的引导作用，推动文化领域供给侧结构调整，促进文化产品服

① 亓珍．浅谈山东省文化产业发展现状及对策建议[J]．科技经济导刊，2017(20)：259＋262．

② 王元伦．品牌管理视角下山东省文化产业品牌的发展对策研究[J]．人文天下，2018(07)：33-41．

③ 张振鹏．山东省文化产业转型升级的对策研究[J]．人文天下，2016(11)：6-12．

务的创意开发力度，以群众需求为导向生产提供丰富优良的文化产品和服务，满足人民日益增长的美好生活需要。

(二)推动文化产业园区基地提质增效

研究制定《山东省文化产业园区转型升级实施方案》，充分运用市场运行规律和机制，实施一系列有效措施，全面提升文化产业园区的发展模式和效能，促进园区向增值服务、投资收益方向转型。加强文化创意集市和文化创客空间建设，推动文化产业园区由"租赁模式"向"孵化模式"转型升级。按照新修订的《山东省文化产业示范园区认定管理办法》《山东省文化产业示范基地认定管理办法》，加强对现有省级文化产业园区、基地和新创建园区、基地的动态管理和评估监测。加强对枣庄台儿庄古城文化产业园国家级文化产业示范园区创建的指导督导，进一步引导国家级文化产业园区突出主业、健康发展、提质增效和转型升级。

积极指导各市在文化系统动员符合条件的文化项目积极申报PPP示范项目，帮助项目进行全国PPP综合信息平台线上填报；搭建PPP基金平台，鼓励金融资本和社会资本投入文化领域，拓宽文化建设的资金渠道，更好地促进全省文化事业和文化产业发展。指导列入全国第四批政府和社会资本合作示范项目的淄川区文化中心及城区南部工业遗址旅游PPP项目、临朐县文化中心PPP项目和邹城市曲阜优秀传统文化传承发展示范区(邹城核心区)PPP项目规范手续，争取中央和省PPP基金优先支持，并引导各类文化产业投资基金跟进，多措并举推动社会资金和社会投资进入文化领域。引导金融、担保机构开发符合文化产业发展需求特点的产品与服务，定期举办小微文化企业投融资路演活动，搭建起文化企业与股权投资机构、银行、保险、担保机构对接的桥梁，鼓励金融机构建立专门服务文化产业的专营机构、特色支行和文化金融专业服务团队，探索"文化银行""艺术银行"商业模式；鼓励有条件的地区建设文化金融服务中心，支持潍坊市积极申请设立国家文化金融合作试验区。

(三)推动文化产业重点项目建设

加强文化产业项目库建设，做好文化产业发展专项资金申报。针对中央、省级文化产业发展专项资金的申报工作，组织各市做好中央财政文化产业发展专项资金申报推荐工作，建立完善"文化企业贷款信息库"和"文化产业项目库"，进一步提高申报项目质量和成效。同时一库多用，推荐申报国家级文化产业项目库，开展投融资路演和对接文化产业股权引导基金、产业投资基金使用。

(四)推动数字文化产业快速健康发展

加快发展以文化创意为核心，依托数字技术进行创作、生产、传播和服务的数字文化产业，培育形成文化产业发展新亮点。发挥省扶持动漫产业发展联席会议的作用，加强部门间协调合作，加大对全省动漫产业发展的扶持力度；指导省动漫行业协会，借助高校专业研究机构力量，开展"全省动漫企业发展现状分析""全省动漫产业发展动态及趋势"等课题研究，着手编制《山东动漫产业年度发展报告》，继续办好《山东动漫产业》会刊。与经信、商务部门加强合作，支持烟台、威海等市动漫服务外包业务加快发展，支持山东动漫服务贸易网平台建设。组织举办山东省动漫产业发展论坛，加快山东省优秀原创动漫项目资源库建设。积极申报文化部针对动漫的各类扶持项目。创新性地开展动漫企业认定、年审工作。

(五)加强文化产业人才培养

加强文化创意、动漫产业、文化金融、数字产业经营管理人才的培训。加大对文化产业示范园区、基地、特色文化产业项目实施单位经营管理、创意策划人才的培训力度。继续争取中央文干院、省人社厅等部门机构的资金支持,计划在文化产业政策理论、文化金融、文化创意、动漫、演艺产业、文化企业融资对接交流等领域举办培训班。完善"山东省文化产业高层次人才库",为文化产业发展提供政策建议、业务咨询和学术支撑。

(六)大力发展新闻出版广播影视业

一是着力打造全国影视创作生产高地,统筹抓好系列主题创作,继续推进百部影视精品创作生产推进计划,建立优秀选题项目储备库,集中力量打造精品,营造有利于优秀人才脱颖而出的良好环境,培育一批名编剧、名导演、名制片人,形成持续出精品、出人才、出效益的良好发展态势。继续办好"中国梦"主题原创网络视听节目征集活动,推出50部以上优秀原创网络视听节目。认真抓好弘扬齐鲁优秀传统文化、沂蒙精神重点项目、重点任务的贯彻落实,突出抓好《齐鲁大典》编纂、《稷下学宫》摄制等重点工程。

二是推动改革创新,增强发展活力。积极推进符合政策要求的国有企业加快股份制改造,推动实行交叉持股或跨地区部门行业兼并重组,大力推进新闻出版制版分离改革。认真落实好县级台改革意见,按照标准化要求实施分类管理,不断增强县级台活力,在总结县级台改革经验的基础上,加快推进市级台改革发展和标准化建设。深入实施"智慧新闻出版广电战略",推动互联网、大数据、云计算、人工智能与新闻出版广播影视有机融合,打造全媒体全功能服务,引导新供给、新消费、新业态。深化新闻出版数字化转型升级,进一步提升数字出版产业规模和效益。大力推动实体书店、网络发行、现代物流建设、推动线上线下协调发展。培育数字印刷、印刷电子商务、印刷融合创新等新的增长点。

三要加强对重点国有骨干文化企业的指导监管,打造具有核心竞争力的龙头旗舰,大力支持山东出版集团、山东广电网络、山东影视传媒集团等做大做强。继续推动山东影视传媒集团等企业改革上市。大力发展壮大民营企业。优化调整产品和服务结构,继续优化图书出版结构,不断调整报刊机构,明确频道频率定位。加强公益、文化、科技、经济类优秀节目制作播出。大力实施"媒体融合推进计划",围绕提升传播力、经营力和打造新型主流媒体的目标,全面加快媒体融合发展进程。

四要鼓励走出去机构在海外实施公司化运作、本土化运营、全媒体发展。充分利用上合组织青岛峰会的重要契机,大力宣传和推介山东,加强对外文化交流。借助总局"中国电影·普天同映""电视中国剧场""中国联合展台"等平台载体,让更多优质产品和服务走向国际市场。组织好"一带一路"图书版权贸易洽谈会、"一带一路"国家《论语》译介工程、尼山书屋等重要活动和重点项目,积极组织参加北京国际图书博览会、上海(国际)印刷周、香港国际影视展等国际性知名节展,推动我省精品图书、影视剧不断走向国际市场。

(王帅　田野)

第三章
山东省教育业发展报告

一、山东省教育业发展现状

(一)教育业工作开展良好

提升高等教育服务能力。2017年,我省普通高校发展到145所,位居全国第三。高等教育在校生总规模达到258.02万人,居全国第一位。高等教育毛入学率达到50.8%,基本进入普及化阶段。高等教育科技服务能力明显提升。高校成为基础研究和原始创新的主力军,科技创新项目不断增加,质量不断提高,服务能力不断提升。2017年,我省高校获国家科学技术奖3项、高等学校科学研究优秀成果奖7项。山东省科技奖励中,高校作为第一完成单位获得省自然科学技术奖和技术发明奖数量分别占总数的72.7%和75%,并囊括了全部一等奖。在全国率先全面启动高等教育综合改革,特别是高等教育领域"放管服"改革走在全国前列。高校办学自主权进一步落实,内部治理结构进一步完善。科技教育资源融合实现重大突破。在完成省内燃机研究所并入山东交通学院、省化工研究院并入青岛科技大学的基础上,正式组建山东第一医科大学和新的齐鲁工业大学,进一步优化了我省高等教育的结构布局。

完善现代职业教育体系。实施现代职业教育质量提升计划,建立专业设置"负面清单"制度,组织开发172个高职专业教学指导方案,建立147个中、高职与本科相衔接的课程体系,立项建设1200门精品资源共享课、1600个教改项目、210个品牌专业(群)、20个省级专业教学资源库。12所学校入选全国高职院校服务贡献50强和国际影响力50强。

构建终身教育体系。教育厅与发改委、人社厅和财政厅等部门联合印发《关于加快推进学习型城市建设的实施意见》(鲁教民发〔2015〕1号)和《关于进一步推进社区教育发展的意见》(鲁教民发

〔2017〕1号）。截至目前，全省社区教育、老年教育等终身教育机构设置相对健全，基本形成了省、市、县（区、市）、乡镇（街道）和村（居）五级社区教育机构模式。

发展多样化教育培训。从经济社会发展和个体终身发展需求出发，发展各种类型和形式的教育培训。到2017年底，初步建立了培养培训一体化、培训形式多样化，各类教育资源共同参与、社会声誉良好的教育培训体系，培育了一批具有影响力的教育培训品牌，年培训规模达到170万人次以上。

（二）推进高校建设，推进专业布局优化调整，促进高等教育内涵发展

推进高校"双一流"和高水平应用型大学建设。贯彻落实《推进一流大学和一流学科建设方案》和《推进高水平应用型大学建设实施方案》要求，组织专家对各高校制定的目标任务书进行了审核论证，并与各立项学科专业高校签订目标任务书，强化对立项建设一流学科和高水平应用型专业的目标管理。教育厅与省财政厅联合出台《山东省立项建设一流学科绩效考评办法》和《山东省高水平应用型立项建设专业（群）绩效考评办法》，量化考核指标和评价标准，加强立项建设学科和专业的绩效评估。组织依托高校做好立项建设一流学科与高水平应用型立项建设专业（群）的年度考评工作。2017年，省财政拨付立项建设一流学科和高水平应用型专业经费共计10.6亿元。

推进专业布局结构优化调整。引导高校调优专业布局结构、强化专业内涵建设、控制专业增长规模、培育专业特色、促进专业分类发展。进一步完善本科专业设置办法。根据教育部《普通高等学校本科专业设置管理规定》，结合我省新旧动能转换、经济社会发展需求和学校发展实际，采取控制总量、停撤与新增等量置换、调整本专科专业结构等方式，引导高校主动调整、优化专业结构体系，合理控制本科专业规模。

促进高等教育内涵发展。扩大学分制改革范围，加快推进学分制改革进程，39所省属公办本科高校实施学分制管理改革试点，24所高校实现学分制收费。修订本科专业人才培养方案，指导各高校进一步做好本科专业人才培养方案修订工作，组织力量审核各高校报送的3130个培养方案，建立专门网站集中公开发布，接受社会监督。推进教学改革研究创新，完成2016年度本科高校教学改革研究项目的立项评审工作，遴选确定立项项目305项，其中省属高校资助项目151项、自筹经费项目114项，部属高校项目40项。向教育部推荐并立项10个新工科研究与实践项目。

（三）推进品牌专业建设计划，推进现代学徒制试点

推进品牌专业建设计划，建设省级职业教育精品资源共享课。对接产业发展调整专业结构，立项建设110个品牌专业（群）。追踪技术进步深化课程改革，立项建设600门省级精品资源共享课。

继续推进现代学徒制试点，加强职业教育基础能力建设。遴选第三批42个省级现代学徒制试点项目；组建山东省现代学徒制试点联盟。完善校企对话制度，认定30对省级校企一体化合作办学示范校和企业。继续实施规范化中职建设工程，组织了第二批验收、第三批中期评估，认定省级规范化学校21所；立项建设第二批36所省示范性和优质特色中职学校。完成了国家示范中职建设任务，省级规范化、示范性及优质特色中职建设取得重大进展，规范化中职以上学校达到40%以上。完成技能型高职名校建设任务，高层次高职院校达到近50%；实施优质高职建设工程，确定16所学校为首批建设单位。

开展职业院校与本科高校对口贯通分段培养试点专业评估。对2013年增设的贯通分段培养试

点专业点进行了评估，20 所优良、2 所合格，提出了整改建议，进一步健全了对口贯通分段培养模式，提高了人才培养质量。

（四）继续实施高等学校科研创新平台计划和高校协同创新中心建设计划

继续实施山东省高等学校科研创新平台计划。 2017 年 3 月，组织有关专家对各高校申报的科研创新平台进行了评审。重点面向人工智能、生命科学、空间海洋、量子技术、纳米科技、核心电子器件、系统软件、生物基因、新药创制、智能制造、先进材料、信息安全、节能减排降碳、雾霾治理等领域，在全省本科高校和高职高专遴选建设了 169 个重点实验室、53 个工程技术研发中心、76 个人文社会科学研究平台(包含 64 个人文社会科学研究基地和 12 个新型智库)。

继续实施新一轮山东省高校协同创新中心建设计划。 2017 年，高校协同创新中心取得了显著成绩，受到了教育部科技司领导的肯定和《中国教育报》《齐鲁晚报》等媒体的广泛关注。为对接我省“十三五”战略性新兴产业发展规划，服务新旧动能转换重大工程，5 月底，印发了《关于申报第二批山东省高校协同创新中心的通知》。8 月底组织省内外有关部属高校专家，重点围绕“10＋2”重大项目，坚持需求导向，促进产业转型升级，积极服务我省新旧动能转换，推动优秀传统文化传承发展，对高校申报的协同创新中心进行了审核认定，新立项建设 22 个、培育建设 25 个“山东省高等学校协同创新中心”，每年争取财政专项资金投入 1 亿元。起草了《山东省高等学校协同创新中心绩效评估办法》，运用相应的评估指标，对协同创新中心目标任务完成情况、取得的成效等进行综合考核与评价。其中，重点考核服务新旧动能转换、对经济社会发展的实际贡献。结合《关于完善财政科研项目资金管理政策的实施意见》(鲁办发〔2016〕71 号)文件精神，起草了《山东省高等学校协同创新计划专项资金管理办法》，进一步加强省财政专项资金管理，提高资金使用效益。

（五）继续深入推进全省高校创新创业教育改革

高校创新创业教育改革工作进展良好。 组建省级创新创业导师库，向教育部推荐全国创新创业导师人才库 99 人。2017 年，25 所省属公办本科高校引进创新创业类课程 118 门、自主建设课程 111 门、新增教育基地 143 个、新编教材 19 部。10 所高校被评为教育部深化创新创业教育改革示范高校，7 所高校被评为全国创新创业典型经验高校。

“大学生创新创业训练计划”成果显著。 2017 年，省属本科高校 2646 个项目获批国家级大学生创新创业训练计划立项，立项数位列全国各省份第二位。建立了“山东省大学生创新创业训练计划平台”，实现学生网上报送项目、学校网上推荐项目、省厅网上审核管理项目，提高了项目申报、审核、管理的效率和质量。我省荣获“国创计划”十周年省级优秀组织奖，为全国获此殊荣的 5 个省份之一。

成功举办“互联网＋”大赛。 第三届山东省“互联网＋”大学生创新创业大赛中，我省共有 10429 个项目团队、30000 余名师生参加，分别是去年的 2.45 倍和 1.83 倍。我省高校参赛项目团队在第三届中国“互联网＋”大学生创新创业大赛总决赛中荣获金奖 1 项、银奖 3 项、铜奖 19 项。2017 年，组织开展了大学生数学建模、电子设计大赛、智能汽车大赛等 50 余项科技竞赛活动，竞赛规模逐年扩大，竞赛水平逐年提高。

（六）落实《山东省教育培训业转型升级实施方案》

2016 年 5 月，山东省人民政府办公厅印发《山东省教育培训业转型升级实施方案的通知》(鲁政办字〔2016〕85号），明确了部门任务分工，促进我省教育培训业转型升级。

转变发展模式，提升服务社会的能力。（1）动态调整发展结构。高校学科专业建设取得重大进展，在全国率先启动高水平应用型大学建设，实施专业分类拨款，建立专业负面清单，制定学科引导规划。（2）调整优化专业结构。按照教育部统一要求，根据《普通高等学校本科专业设置管理规定》，结合我省新旧动能转换、经济社会发展需求和学校发展实际，组织完成2017年新增本科专业申报评议工作。（3）推进高水平特色学校建设。在全国率先启动"双一流"建设和高水平应用型大学建设，"十三五"期间省财政投入50亿元重点打造，目前已审核认定了32个一流学科立项建设项目；投入20亿元重点建设60个高水平应用型重点建设专业（群）、40个培育专业（群）立项建设项目。（4）完成国家示范中职建设任务。省级规范化、示范性及优质特色中职建设取得重大进展，规范化中职以上学校达到40%以上。完成技能型高职名校建设任务，高层次高职院校达到近50%；实施优质高职建设工程，确定16所学校为首批建设单位。

改革培养模式，培养创新创业型人才。（1）深化教育教学改革。扩大学分制改革范围。加快推进学分制改革进程，39所省属公办本科高校实施学分制管理改革试点，24所高校实现学分制收费。（2）强化创新创业教育。把创新创业教育融入人才培养全过程。组建省级创新创业导师库，向教育部推荐全国创新创业导师人才库99人。10所高校被评为教育部深化创新创业教育改革示范高校，7所高校被评为全国创新创业典型经验高校。大学生创新创业大赛取得优异成绩。扎实开展国家级大学生创新创业训练计划。建立了"山东省大学生创新创业训练计划平台"，提高了项目申报、审核、管理的效率和质量。（3）加强实践教学设施建设。制定《山东省高等学校实验教学示范中心建设实施方案》和《山东省高等学校虚拟仿真实验教学中心建设实施方案》，并根据实施方案组织完成认定工作。向教育部择优推报16个国家级示范性虚拟仿真实验教学项目。

建立协同创新机制，服务创新型社会建设。（1）深入实施"高等学校协同创新计划"。2017年5月底印发了《关于申报第二批山东省高校协同创新中心的通知》（鲁教科函〔2017〕1号）；8月底，组织省内外有关部属高校专家，对高校申报的协同创新中心进行了审核认定，第二批立项建设22个、培育建设25个"山东省高等学校协同创新中心"；10月底，会同省财政厅联合印发了《关于公布第二批山东省高等学校协同创新中心名单的通知》（鲁教科字〔2017〕11号）；9月底，出台了《关于贯彻落实〈高等学校"十三五"科学和技术发展规划〉的实施意见》，制定了《山东省高等学校协同创新中心绩效评估办法》和《山东省高等学校协同创新计划专项资金管理办法》。（2）建立高校技术转移机制。教育厅与有关部门研究制定了《关于印发学科性公司工作指引（试行）的通知》（鲁教科字〔2017〕3号）和《关于印发科技成果转化对口合作工作指引（试行）的通知》（鲁教科字〔2017〕2号）。配合省科技厅起草印发了《山东省高等学校、科研院所科技成果转化绩效考评办法（试行）》，省属高等学校科技成果转化绩效考评结果，将作为各类科技计划项目、创新平台建设、科技奖励、成果转化基金等立项、验收、持续支持的重要内容和依据。（3）推进高校科研平台开放共享。2016年印发了《山东省教育厅办公室转发教育部办公厅关于加强高等学校科研基础设施和科研仪器开放共享的指导意见的通知》（鲁教厅办字〔2016〕9号），要求高校要明确职责任务，落实职能分工，研究制定有关制度规定和实施细则，建立符合学校实际的开放共享机制；要建立科研设施与仪器管理和开放共享的网络信息和服务平台，并根据国家、省和地方政府要求统一纳入各级网络管理平台。

构建终身教育体系，建设学习型社会。（1）建设开放教育体系。截至目前，全省社区教育、老年教育等终身教育机构设置相对健全，基本形成了省、市、县（区、市）、乡镇（街道）和村（居）五级社区教育机构模式和现代远程教育网络。(2)培育教育培训新业态。全省155所高校普遍开展了非学历继续教育工作，除高校独立承办外，还形成了学校与政府部门、企事业单位和社会机构合作的多元办学模式，通过面授、在线、线上线下相结合等方式开展教育服务，培训面向第一、第二和第三产业，内容涉及金融、能源、管理、交通和农业等多个领域。为广大社会成员提供了多渠道接受高等教育和各类培训的机会，为地方建设培养了大批急需的专门人才。(3)发展老年教育。截至2016年底，全省共建有各级各类老年大学（学校）5165所，校舍面积125万平方米，在校学员56.73万人。其中，省、市、县组织和老干部工作部门主管的老年大学共146所，包括省级1所、市级17所和县级128所，校舍面积42万平方米，在校学员22万人。山东广播电视大学、泰山医学院、山东力明科技职业学院率先在我省高校中开展老年教育试点工作。

推进办学体制机制改革，促进多元化发展。(1)鼓励社会力量兴办教育。坚持支持和规范"两手抓"，协调推进全省民办教育改革发展。一是加大财政支持力度，完善政府补贴和购买服务制度。二是落实税收优惠及价格政策。三是建立学生同等待遇保障机制。四是注重教师队伍建设。五是实行宽松的收费政策。六是开展公办高校帮扶民办高校三年行动计划。(2)鼓励校企合作办学。完善校企合作办学协调推进机制，高校与行业企业组建教育集团313个，与行业企业组建专业联盟156个。加大校企合作办学力度，高校与行业企业共同建设专业1089个、共同制定人才培养方案1687个、共同开发课程4589门、共建实习实训基地13185个，企业在高校建立研发中心301个，合作开展重大课题攻关和重大项目研创2433项。大力推进学校教师与行业企业人才双向交流机制。职业教育方面，完善校企对话制度，建立了覆盖21个专业大类的专业建设指导委员会；支持学校与知名大企业进行战略合作；遴选100个现代学徒制试点项目、50个校企一体化示范校和企业；推动多元主体组建职教集团，职教集团达到167个。(3)有序推进中外合作办学。2017年，共受理中外合作办学项目申请36份，批准6个专科项目，向教育部推荐申报本科及以上项目7个。目前，我省在办的中外合作办学项目170个。其中硕士项目2个，本科项目58个，专科项目64个，经审批获准的高中项目26个。

二、山东省教育业发展存在的主要问题

一是教育投入力度有待进一步加大，教育经费投入结构有失均衡。虽然山东省教育经费总量名列前茅，但庞大的在校生规模将我省人均教育经费拉低。因此，尽管山东省在校生人数呈减少趋势，庞大的在校生规模仍导致山东省教育经费存在总量不足的问题。同时，山东省近年来小学教育经费及高等学校教育经费存在严重不足，呈现出"两头小，中间大"的趋势，这种不均衡的教育经费投入结构严重影响着山东省教育经费体制改革的顺利进行。①

二是教育发展不均衡。经济发达地区和经济欠发达地区的信息化建设和应用的差距越来越大，与经济发达地区相比，经济欠发达地区学生享受的优质资源少，影响了教育的均衡发展。城乡之间、农村地区之间教育差距较大。农村地区的教育落后，部分地区农村学生辍学现象依然严重，教师素质及待遇有待提高。②

三是科研创新平台的财政支持不足。目前，我省高校协同创新中心每年财政支持1亿元，科研创

① 范晓婷．山东省教育经费体制改革：成效、困境及破解路向[J]．当代教育科学，2014(15)：37-42．

② 郭振宗．山东省农村教育发展中存在的问题及对策[J]．管理观察，2009(5)：16-17．

新平台没有财政支持，与其他省市相比差距较大，与我省教育大省的地位不相符，已经严重制约了山东高校科研工作的发展。

三、山东省教育业下一步工作思路及建议

(一)进一步加强民办教育规范化管理

根据《关于加强民办教育规范管理引导民办教育健康发展的意见》(鲁政发〔2007〕3号)，加强民办教育规范管理，保障民办学校举办者和受教育者的合法权益，引导、促进民办教育事业健康发展。

一是要充分认识坚加强民办教育规范管理的重要性和紧迫性。对于民办学校在招生、管理、教学等方面存在的问题，应展开排查和整改，高度重视并及时加以解决。

二是依法规范民办学校管理。

三是依法落实民办教育有关扶持政策。

四是切实加强对民办学校规范管理工作的领导。

(二)全面实现义务教育均衡发展

一是坚持双轮驱动，推进办学条件标准化。把解决“乡村弱”和“城镇挤”作为推进义务教育均衡发展的战略突破口。

二是加大补充交流，推进教师资源均衡化。深化教师管理体制改革，优化教师编制、岗位、补充、流动，提高乡村教师职业获得感。

三是加大投入力度，推进经费保障制度化。各级政府主动适应新型城镇化和户籍制度改革、城乡义务教育发展一体化的大趋势，不断加大经费投入，落实经费保障。

四是加快融合创新，推进教学手段信息化。大力推进“三通两平台”建设，加强应用研究，以信息化为手段扩大优质教育资源覆盖面，推进信息化技术与教育教学深度融合。

五是创新管理体制，推进教育治理现代化。体制机制改革对于教育均衡发展具有“乘数”作用，应采取措施强化对管理体制的改革创新。

六是坚持疏堵结合，推进办学行为规范化。坚持实打实、硬碰硬，一手抓规范，一手抓引导，规范学校办学行为。此外，还需关注特殊群体，推进教育机会均等化。加强流动儿童、留守儿童、残疾儿童和贫苦儿童保障工作，确保公平接受义务教育权利。

(三)进一步促进产学研合作

一是创新产学研结合模式，提高人才培养质量。制定推进高等学校和科研机构、行业企业合作培养人才的激励政策，鼓励高校与企业联合办学，共同制订教学计划，定向培养人才，提高人才培养质量。

二是促进科研成果转化。加大对产学研合作的支持力度，支持建立一批产学研示范基地，利用已有优质高校创新创业基地，大力推进校企合作联盟以及高校与企业共建实验室、研发中心，促进科研成果转化。

(杨光宇)

第四章
山东省旅游业发展报告

一、山东省旅游业发展现状

旅游业发展取得新成效。2017年，全省接待游客7.85亿人次，同比增长10.2%；实现旅游消费总额9200.3亿元，同比增长14.6%。其中，接待国内游客7.8亿人次，同比增长10.3%；实现国内游客消费8491.5亿元，同比增长14.8%。接待入境游客494.4万人次，同比增长1.9%；实现入境游客消费31.7亿美元，同比增长3.6%。省内城乡居民人均出游3.8次，同比增长11.4%；居民旅行前后消费495.1亿元，同比增长16.4%。旅游业发展总体情况如下：

(一)全域旅游发展势头良好

2017年5月，国家旅游局正式批复我省为国家全域旅游示范省创建省份，是全国7个创建省份之一。省政府聘请世界旅游组织专家编制了《山东省全域旅游发展总体规划》，将发展全域旅游列入了新旧动能转换十大工程。3月，省政府旅游工作联席会议召开了第二次全体会议，省政府领导出席会议并作重要讲话，省旅游发展委与26个部门签订了14个全域旅游联合推进计划，进一步强化了资源整合、政策扶持、环境保障、联合执法、宣传营销和综合考核六大机制。国家旅游局李世宏副局长两次作出专门批示，要求国家旅游局新闻中心给予重点宣传报道，要求各省区市学习借鉴。青岛市、临沂沂南县以创建"国家级旅游业改革创新先行区"为契机，积极探索全域旅游发展模式、推进路径。日照、临沂两市分别确立了"旅游富市""旅游立市"战略，其他市和部分重点县(市、区)普遍出台了发展全域旅游的意见，召开了高规格的推进会议。

(二)十大品牌建设取得重要进展

山东省政府出台《加快推进十大文化旅游目的地品牌建设实施方案》，十大品牌建设推进情况列入了省政府重点督察的34项工作。建立并完善了省市县三级推进机制，即将与17市签订《十大文化旅游目的地品牌建设合作协议》。组织专家对《山东省旅游产业发展总体规划》进行修订完善，丰富了红色旅游、体育旅游、低空旅游、工业旅游、旅游小镇等内容。邀请世界旅游组织编制规划专家及区域旅游专家就《总体规划》进行了培训。编制完成《东方圣地旅游目的地总体规划》。邀请国家级、省级重点媒体近300名记者分批次走进十大文化旅游目的地采风，发表原创文章500余篇，转发上万余次，受众超千万人次。策划"山东好时节"活动，依托2017中国旅游日平台，全省17市组织了200多场专题营销活动，十大品牌的影响力进一步扩大。

（三）大项目建设提速

全省纳入国家旅游局旅游项目管理系统的项目有1221个，规划旅游总投资达2.07万亿元，全年完成投资2231.8亿元。25个项目列入国家旅游局优选项目库，10个项目列入省重点项目库。上报省发改委作为全省新旧动能转换重大项目库备选项目201个，投资总额达1.7万亿元，这些项目中，投资额超过100亿元的有49个，50亿～100亿元的有39个，50亿元以下的有113个。"恒大童世界"项目、丁字湾海上"威尼斯"项目、明水古城国际泉水度假区项目、绣源河文旅综合项目等28个文旅项目成功签约落地，签约总额1277.45亿元。烟台市梨花集文旅小镇、莱阳市濯村西山旅游综合开发项目、临沂蛟龙航空小镇等一批旅游项目开工建设，泰山天颐湖旅游度假区、东营孙子文化园、揽翠湖旅游度假区温泉中心等一批旅游项目实现开门营业。威海华夏文化旅游集团荣获第三届"中国旅游业突出贡献奖"。山东银座旅游集团有限公司再度入围中国旅游集团20强，列第18位。

（四）旅游新业态蓬勃发展

旅游发展委员会联合省教育厅等12个部门印发《山东省推进中小学生研学旅行工作实施方案》，曲阜三孔景区等10个单位入选第一批全国中小学生研学实践教育项目，泰山、孟庙孟府孟林、济南天下第一泉入选第一批全国港澳青少年游学基地（全国仅24家）。济宁市围绕东方圣地品牌创新实施研学旅游"十百千"工程，推出开笔礼、拜师礼、"游圣地、学儒学"等85类项目，曲阜入选首批10个中国研学旅游目的地，三孔景区入选首批20家全国研学旅游示范基地。海阳旅游度假区、青岛奥帆中心等2家单位被国家旅游局、国家体育总局评为"国家体育旅游示范基地"，泰山国际登山比赛入选"国家体育旅游精品赛事"评定名单。临沂市费县许家崖航空飞行营地、泰安徂徕山航空飞行营地、栖霞市航空飞行营地等3家单位被评为"国家航空飞行营地示范单位"（全国仅15家）并授牌，青岛崂山风景区入选首批国家通用航空旅游示范工程。青岛市入选中国邮轮旅游发展实验区（全国共6家）。青岛崂山湾国际生态健康城入选首批国家健康旅游示范基地名单，日照市入选国家中医药健康旅游示范区创建单位。联合省中医药管理局公布了68家山东省首批中医药健康旅游示范区（基地、项目）。与省总工会、省财政厅、省人社厅联合印发《关于加强职工疗休养管理工作的意见》，有效推进了职工疗休养与旅游业融合发展。

（五）乡村旅游提档升级

6月，省政府印发《山东省乡村旅游提档升级工作方案》。一是推进规模化开发。基本建成威海、临沂、泰安等6个环城市游憩带，烟台市长岛县、日照市东港区等10多个集群化发展的县（市、区），安丘市柘山镇等30多个集群化发展的乡镇，形成了仙境海岸、齐长城以及黄河、运河沿岸等乡村旅游产业连绵带。打造了淄博市上小峰村、中郝峪村集群片区，枣庄市山亭区兴隆庄村、湖沟村集群片区，泗水县泗张镇等多个村庄连片开发的集群片区。目前，全省连片开发的集群片区达到20多个，在当地形成了品牌效应。二是实施精品培育工程。建成了山亭翼云石头部落、滨州西纸坊村、黄岛藏马山乡村旅游度假区等一批高端乡村旅游点，建成了泗水王家庄村、淄川峨庄村、长清马套村、高密平安村等一批画家村、影视村、艺术村，蓬莱泰生旅游小镇、泰安大汶口古镇、沂水沂蒙风情小镇等10多个文化旅游小镇初具规模，淄博市淄川区太河镇峨庄片区、泗水县等闲谷艺术粮仓被评为"中国乡村旅游创客示范基地"。依据《民宿服务质量等级划分与评定》标准，全省评选出五星级精品民宿10家（床位335个），四星级精品民宿45家（床位1352个）。三是加大培训力度。组织1300名乡村旅游带头人赴西班牙、意大利、法国、日本、中国台湾开展境外乡村旅游精准交流；组织100名房车露营、温泉滑雪、研学旅行、中医康养等旅游新兴业态带头人赴北京、安徽、浙江等省市开展精准交流；组织80名旅游带头人赴陕西茯茶小镇、朱家湾、白鹿仓等开展精准交流。四是组织开展千万市民游乡村活动。充分发挥"互联网+"思维，组织全省3500个乡村旅游点入驻八喜旅游网电商平台，乡村旅游点的民宿、农产品等实现了网上销售和网上支付，实现了"乡村旅游+互联网"。所有的乡村旅游点全部入驻电商平台，且在全省范围内实现乡村旅游移动支付，这在全国是首例。

（六）乡村旅游扶贫成效显著

全省将旅游扶贫作为脱贫攻坚"三驾马车"之一，涌现出"临沂模式""枣庄模式""淄博模式"等一批可复制、可推广，具有创新性的旅游扶贫模式。临沂市承办了全国红色旅游扶贫培训班，全国贫困地区旅游扶贫培训班在枣庄市山亭区举办。截至目前，直接脱贫19883户、46809人，间接带动26万人增收。一是加大各项资金投入，加速推进项目落地。积极争取省扶贫办特色产业扶贫基金1.49亿元，对149个扶贫村每村给予100万元资金扶持，从省旅游产业发展专项资金中拿出2690万元重点支持88个贫困村发展乡村旅游，基本实现旅游扶贫村资金帮扶全覆盖。二是统筹整合各类资源，推动成方连片开发。目前，全省已形成淄博市上小峰村、中郝峪村，枣庄市山亭区兴隆庄村、石嘴子村等10多个旅游扶贫示范带，带动了周边贫困人口脱贫致富。红色旅游扶贫惠民成为"精准扶贫"的有益补充。积极发挥红色旅游脱贫攻坚作用，我省开创了"一区带四员""一地生四金""村企共建"等13个模式，得到国家扶贫办、国家旅游局红办的充分肯定。三是继续加大育才引智力度，提升旅游扶贫持续性。组织数百名旅游扶贫村的乡村旅游带头人、旅游从业人员、村支部书记等，到省外精准交流，开阔视野，提升发展理念。优先选派旅游扶贫村乡村旅游带头人"点对点"式考察境外农场、牧场、渔家、垂钓、民宿等乡村旅游产品。委托山东省旅游职业学院制定培训计划，免费培训旅游扶贫带头人和镇、村业务骨干。联合省妇联、省扶贫办、山东广播电视台共同实施了"巾帼乡村旅游扶贫公益行动"。四是加大项目审计力度，严格旅游扶贫责任。委托第三方机构，通过实地抽查、电话访查的形式，调度扶贫资金使用和项目建设的有关情况。分析摸排相关线索，找准问题产生原因，建立旅游扶贫考核机制、督查台账和负面清单，持续推动旅游扶贫工作走向深入。

（七）A级景区创建管理工作取得明显成效

A级景区创建管理工作取得明显成效。青州古城旅游区和威海华夏城景区被国家旅游局认定为

5A 级景区,5A 级景区数量上升为 11 个。东营黄河口生态旅游区和"沂水萤火虫·大峡谷"旅游区通过国家旅游局组织的景观质量评审,被列入 5A 级景区创建名单。济宁微山湖旅游区、济南千佛山、日照阳光海岸、淄博周村古商城 5A 级景区创建工作也在逐步推进中。加大景区复核暗访力度,严格品牌质量,共对 39 家景区给予摘牌、警告等处理,其中取消 4A 级景区 2 家,给予 16 家 4A 级景区警告处理。推动旅游景区公益发展,在 1057 个 A 级景区中,执行残疾人免票政策的景区达 88%。指导蓬莱省级旅游度假区成功创建国家级旅游度假区,我省国家级旅游度假区达到 4 个,进入全国前三甲。会同省发改委向国家推荐了沂南红嫂家乡常山庄景区基础设施建设项目等 9 个项目列入全国红色旅游经典景区支持范围。省旅游委同省环保厅开展了生态旅游示范区调研,协调推荐烟台长岛和潍坊峡山创建国家级生态旅游示范区。实施"山东好礼·一景区一系列"景区旅游商品提升工程,以全省 5A 级景区为突破,开展旅游商品的创新研发,引领全省景区旅游商品提档升级。三是工业旅游创新发展。省政府办公厅印发《关于加快推进工业旅游发展的意见》。联合省经信委、省文物局评选出山东首批 20 家工业旅游示范基地。在第二届全国工业旅游创新大会上,张裕葡萄酒文化旅游区获评国家工业旅游示范基地称号,全国仅 10 家。截至目前,我省拥有全国工业旅游创新单位 3 家,国家级工业旅游示范点 39 家,省级工业旅游示范点 337 家,数量全国第一。

(八)旅游公共服务设施建设走在全国前列

我省厕所建设数量全国第一,枣庄、济宁、临沂、烟台、济南、青岛、潍坊 7 个城市获得"2016 年度厕所革命先进市"荣誉称号,受表彰数量全国第一。省旅游委、青岛市政府获评全国"厕所革命综合推进先进单位"。省旅游委与经信、财政等部门联合委托第三方对全省旅游厕所建设情况进行抽查复核,总体合格率达到 99.7%。加强督导管理,每月调度全省旅游厕所建设进度,完成了建设旅游厕所 2625 座、5A 级景区建设第三卫生间 30 座的目标。颁布了《山东省旅游厕所管理办法》和《山东省旅游厕所管理规范》,搭建了山东省旅游厕所信息化管理平台,研发制作旅游厕所 APP。制定《山东省旅游厕所建设管理新三年计划》。全省建成旅游集散中心 45 处,在建 44 处,建成旅游咨询服务中心 198 处,在建 37 处。济南、青岛、枣庄、烟台、潍坊、泰安、威海、莱芜、德州、聊城等市已建成市级旅游集散中心。"好客山东网"完成改版,正式上线运行,集旅游政务服务、市场营销、信息服务、行业管理、招商引资、产品预订于一体,实现全要素全产业链一站式公共服务。

(九)创新立体化推广营销模式

成立了省旅游推广中心。与 13 个国家和地区的 58 家渠道商签署了合作协议,联合设立了 35 个山东旅游营销中心。在 5 个国家和地区实行了"山东旅游专家"计划,已有 1300 余名海外旅游业者考取了"山东旅游专家"资格证书。组织拍摄了全省 17 市 54 家景区 VR 视频,优选各市 4800 张图片、180 个视频上传营销素材库。借势"中国研学旅游联盟成立大会""2017 中国-澳大利亚旅游年""2017 中国-东盟旅游合作年"开幕式活动、"2017 中美旅游高层对话"会议以及东南亚大型促销活动等,做好营销推广工作。将旅游营销纳入高层出访体系,与外事、商贸、文化等重大对外活动相结合,推广"好客山东"。2017 年 8 月,成功举办第五届世界摄影大会,来自 42 个国家和地区的 313 名海外摄影家、100 名国内知名摄影师、30 多名中央和山东媒体记者参加观摩,广泛报道。

(十)行业监管水平进一步提升

截至目前,我省旅行社总数为2198家,其中经营出境游旅行社总数为209家,居全国第四位,2017年新增20家。加强饭店建设管理,成立了领导机构——山东省旅游饭店评定委员会;出台《山东省文化主题饭店等级划分与评定标准》(试行)并下发实施;组建了60人的全省旅游饭店评定员队伍,对申报的19家文化主题饭店进行了评定检查,新公布济宁曲阜铭座杏坛宾馆等6家饭店为金星级文化主题酒店、济南璞秀居荷文化唯美酒店等5家饭店为银星级文化主题饭店,开展了2017年度全省四星和五星级饭店的评定性复核工作。推进五星级饭店建设,对12家拟申报五星级的饭店进行初评,3家通过检查,待全国星评委验收。积极争创全国旅游服务质量标杆单位,全国共产生7家,我省济南舜耕山庄集团公司榜上有名。大力发展文明旅游志愿者队伍,全省注册旅游志愿者1.7万人。国家旅游局公布2016"四个一批"旅游志愿服务先锋行动名单,我省沂南智圣阳光公益志愿者协会和"泉城旅游啄木鸟"——旅游服务质量监督队伍、济南世茂/宽厚里志愿服务基地和崂山风景区旅游志愿服务基地等榜上有名。深入开展文明旅游先进典型选树活动,评选出50家"全省文明旅游先进单位"、50名"文明使者"、50名"美德游客"、50名"最美领队"、50名"最美导游"。

(十一)旅游综合改革取得新进展

省编办已批复省旅游发展委员会实行兼职委员制度,省公安厅、省国土资源厅、省住房城乡建设厅、省交通运输厅、省海洋与渔业厅、省文化厅、省工商局、省食品药品监管局、省文物局9部门为省旅游发展委员会兼职委员单位,其分管领导担任兼职委员。青岛市、沂南县被评为首批国家级旅游业改革创新先行区,积极打造"沂南样板"。探索旅游市场治理"1+3+N"模式,莱芜市成立旅游警察、旅游工商和旅游法庭,是我省首家"1+3"旅游综合管理模式的地级市,威海市、德州市、烟台莱州市和龙口市成立了旅游仲裁机构,威海市刘公岛景区、里口山景区组建了旅游巡回法庭,枣庄市山亭区成立旅游巡回法庭。深入推进旅游"放管服"改革,省级旅游部门只保留外商投资旅行社审批和导游证核发两项行政许可事项,A级景区评定等行政服务事项实现了网上办理。

二、山东省旅游业发展存在的问题

我省旅游业发展不平衡、不充分的问题比较突出。发展不平衡主要表现在:一是区域发展不平衡。我省旅游发展总体上呈现出"局部强,整体弱""沿海强,内陆弱""沿山强,沿河弱"等现象。二是产品结构不平衡。从全省面上看,观光产品仍然占主流,一般化的产品较多,商务会展、低空飞行、养老养生、休闲垂钓旅游、文化演艺、工业旅游等新业态亟待推动发展,满足不了人们多样性的休闲度假需求。三是入境旅游市场不平衡,对单一客源市场依赖度高、抵御风险能力低。多年来,韩国市场来鲁游客一直稳居我省入境榜首位,且占全省入境游客接待总量的半壁江山。2017年初以后,受"萨德"事件影响,省内经营韩国入境旅游业务的旅行社接待量大幅下滑,韩国来鲁旅游人数骤减,导致我省接待入境游出现负增长。

发展不充分主要表现在:一是产业跨界融合度不够。在旅游发达国家和地区,一片农田、一个村庄、一座建筑、一所学校都是旅游资源,旅游全部融入到了经济社会发展的方方面面和各个领域,无处不在,无时不有。我省有的部门还没有这种理念,有的甚至画地为牢,作茧自缚,很大程度上制约了大旅游格局的形成。二是旅游市场主体发育不够。目前,广东、江苏、浙江、北京等旅游发达省市都建立了旅游大企业集团。2016 年,我省仅有 1 家大企业进入全国旅游企业 20 强,全省还没有一家在主板上市的旅游企业,也没有培育出自己的知名旅游电商。旅游大项目少,没有培育出像上海迪士尼那样具有国际影响力的大项目。三是旅游环境需要进一步优化。我省在政策突破上相对保守,包括小型车辆无法从事旅游营运、渔船无法办理休闲观光执照等政策难题,多年没有破解。从影响旅游业发展的安全环境、卫生环境、生态环境看,还有一些问题,与“三生三美”的要求还有很大差距。四是质量效益需要进一步提高。2016 年,我省旅游人均接待 7.16 次,比广东少 1.34 次,比江苏少 1.36 次,比浙江少 3.29 次,比贵州少 7.78 次。消费水平低,境内外游客人均消费只有 1128 元,仅居全国第 14 位,比江苏、浙江分别少 379 元、257 元。我省乡村旅游接待量占全省旅游接待总量的 1/2,收入仅为旅游综合收入的 1/4。

三、山东省旅游业下一步工作思路及建议

深入贯彻党的十九大精神,以习近平新时代中国特色社会主义思想为指导,牢牢把握重大战略机遇期,按照“走在前列”的目标定位,认真践行新发展理念,以加快新旧动能转换为统领,以齐鲁优秀传统文化为灵魂,以十大文化旅游目的地品牌建设为总抓手,以创建国家全域旅游示范省为总目标,着力提升山东旅游核心竞争力,实现山东旅游创新发展、持续发展、领先发展。

坚持世界眼光、国际标准、山东特色,用世界最先进的发展理念和技术标准,推进旅游资源的开发利用,打造一批具有国际水平的旅游大项目,提升旅游业的整体竞争力;坚持以“四新”促“四化”,用新技术、新产业、新业态、新模式推动旅游产业智慧化、智慧产业化、跨界融合化、品牌高端化,把“三生三美”与发展全域旅游有机结合起来,让生产美、生态美、生活美成为山东旅游的突出特色,营造安全、卫生、有序、生态、美化、好客,赏心悦目的全域旅游环境。

以东方圣地、仙境海岸、平安泰山、泉城济南等十大文化旅游目的地品牌为总抓手,规划建设济南—泰安—曲阜—邹城山水文化功能区、青岛山岳海洋城市旅游功能区、东部(烟台、威海)综合旅游功能区、日照滨海旅游功能区、临沂文化旅游功能区、黄河三角洲生态旅游功能区等“六大跨区域特色旅游功能”区。沿交通主干道、重要河流以及特色资源,构建沿京沪高速铁路、沂蒙山脉、京杭大运河山东段、滨海沿线的“四纵”,以及沿济青高速公路南线、济青高速铁路、齐长城、黄河的“四横”旅游连绵带。结合生态省建设,沿仙境海岸、沂蒙山、黄河、运河、孔孟之乡、渤海、齐长城打造“七大风景道”,把全省打造成大花园、大公园。

我省旅游业 2018 年总体目标为:2018 年实现旅游消费总额突破 1 万亿元,同比增长 10%以上。到“十三五”末,全省接待国内外游客 10 亿人次,年均增长 8.8%,其中接待入境游客 550 万人次,年均增长 3.6%;实现旅游消费总额 1.2 万亿元,年均增长 12%。旅游及相关产业对全省 GDP 的综合贡献率达到 11.5%。

(一)实施三大战略,推动旅游业转型升级

产业智慧化战略。第一,实施游客“一网通游”。加快推动信息产业与旅游产业深度融合,引导业

态创新、技术创新、主体创新，利用智慧化推动旅游产业培育新增长点、形成新动能，打造国际标准的现代旅游产业。以好客山东网为载体，促进旅游消费电商化，打造集形象展示、信息咨询、产品展销、在线预订等于一体的综合性网络平台，创新基于位置服务、虚拟导游、人工智能、可穿戴信息设备等新型服务模式。到2020年，创建100家智慧景区、100家智慧乡村旅游点、100家智慧酒店、100家智慧旅行社。全省4A级以上景区实现免费WIFI、智能导游、电子讲解、电子预订、智能门禁等智慧旅游服务功能，让游客“一机在手，畅游山东”。第二，推进管理“一网通办”。推进产业管理体系和治理能力现代化，塑造精简高效的旅游政务生态，以全省智慧旅游管理平台网为核心，实现政务管理服务全人群覆盖、全天候受理和一站式办理。建设省、市两级旅游产业大数据中心，推动跨部门、跨行业的涉旅数据资源共享。设立全省旅游产业运行监测与应急指挥平台，接入全省3A级以上景区出入口、游客集散区、主景观区和停车场的视频数据及游客实时流量数据。完善旅游舆情监测体系、服务质量评价体系、诚信体系。第三，联合企业“一网联通”。加快建立龙头带动、协同发展、互联互通的旅游电子商务体系。引进“携程”“去哪儿”等大型旅游电商与本土旅游互联网企业结合，提高在线预订、在线支付能力。鼓励旅游企业积极开发新型在线旅游产品，促进旅游企业整合上下游及平行企业资源、要素和技术，加快建立现代旅游企业产销模式。到2020年，3A级以上景区、3星级以上酒店、A级旅行社及重点乡村旅游点95%以上的旅游产品及旅游商品实现电子商务化。第四，推动营销“全网通达”。建立省、市两级的旅游宣传营销系统，整合优化营销内容、营销渠道、营销客户。定期开展在国际上有影响力的网络宣传活动，利用互联网、移动互联网、微博、微信、微视频、VR全景等新技术、新渠道开展精准营销、创意营销，推动线上营销与线下营销的融合发展，形成覆盖全网络、影响全社会、触达全游客的营销格局。

跨界融合化战略。第一，创建“旅游＋”城市。重点抓好四件事：一是核心吸引物。引导各市借鉴国内外著名旅游城市的做法，规划建设像巴黎埃菲尔铁塔、台北101大楼、上海东方明珠那样的城市旅游标志性吸引物，规划建设一批像上海新天地，成都锦里、宽窄巷子，哈尔滨中央大街那样游客必游的精品休闲街区。二是丰富业态。大力开发城市文化旅游、会展旅游、体育旅游、商贸旅游等新业态，培育一批品牌旅游节庆活动。三是保护城市文化。加强城市历史文化的保护传承，加大对城市老街区、传统建筑风貌、重大文化片区、重要开埠区等的保护，提升城市文化质感和层次感，留住城市记忆，打造城市文化标签。四是完善公共服务设施。加强旅游集散、旅游交通、信息咨询服务体系建设，加强对旅游宾馆、旅游餐饮场所的卫生管理。第二，创建“旅游＋”乡村。一是推进规模化发展。会同相关部门在全省打造100个相对集中、业态丰富、功能完善的乡村旅游集群片区。拓展观光采摘、休闲体验、科普教育、文化创意等功能，打造300个一、二、三产相互融合的乡村旅游园区。会同住房建设、交通运输、卫生计生、经信等部门，优先加强这些地区的交通、卫生、宽带网络、地下管网等公共基础设施建设。二是培育精品。会同相关部门重点打造60个国家级精品园区、20个精品乡村旅游酒店，改造建设一批精品民宿。会同文化部门，策划推出具有山东特色的10个精品文化旅游民俗活动、10个精品农事活动。第三，创建“旅游＋”工业。加强工业遗产保护，联合经信、文物等部门开展工业旅游资源普查，保留一批适宜发展工业旅游的厂矿企业，建立工业旅游资源数据库。重点丰富工业旅游业态，突出观光工厂、工业博物馆、工业遗址公园、工业文化创意基地、重大工业工程、工业旅游小镇、工业节庆会展、旅游装备制造等的支撑作用，构建布局合理、各具特色、层次分明的工业旅游业态体系。依托众多百年老字号企业、行业龙头企业，建设一批工业博物馆。利用老旧厂房、废弃矿山矿井等，打造一批工业遗址公园或文创园区。此外,大力推进旅游与农业、林业、水利、交通、体育、商贸、教育、会展等的融合发展。

品牌高端化战略。第一,打造十大文化旅游目的地品牌。坚定不移地打造东方圣地、仙境海岸、平安泰山、泉城济南、齐国故都、水浒故里、鲁风运河等十大文化旅游目的地品牌。第二,打造城市品牌。引导各市进一步明确城市功能定位,强化主题形象塑造,完善核心旅游要素,打造国际国内著名旅游城市,加快推进"城市旅游"向"旅游城市"转型。第三,打造景区度假区品牌。大力推进国家5A级旅游景区、国家级旅游度假区建设,力争每年新增1～2家5A级旅游景区、1家国家级旅游度假区,到"十三五"末,全省5A级景区总数达到20家,国家级旅游度假区总数达到5家,跨入全国前列。支持5星级饭店、主题酒店建设,引导符合条件的饭店创建5星级饭店、精品主题酒店。第四,打造旅游小镇品牌。结合正在推进的100个特色产业小镇建设,培育我省的旅游风情小镇,实现所有小镇都具备旅游功能、精品旅游小镇达到5A级旅游景区标准。第五,打造企业品牌。实施重组一批、引进一批、转型一批"三个一批"旅游大企业培育工程,分类推进国有景区、旅游企业混改,加快推进国有旅游企业资产重组、要素整合,组建"好客山东"文化旅游集团。第六,打造旅游商品品牌。做大做强鲁酒、鲁锦、鲁纺等工业旅游商品品牌,同时与烟台苹果、日照绿茶、金乡大蒜、菏泽牡丹、沾化冬枣、黄河口大闸蟹等地理标志农产品商品相结合,引入工业标准化理念,促进这些农产品品牌向高端提升。

(二)实施六大工程,不断为旅游业发展注入活力

环境优化工程。第一,提升道路沿线景观质量。省旅游委同相关部门重点改造提升国道、省道、绿道沿线可视范围内的景观。学习借鉴国外先进理念,沿高铁、高速公路、国道省道,实施"园林花海"工程,引入"粮食画"策划设计理念,打造风景最美公路、最美高铁。第二,开展旅游环境综合整治。省旅游委同相关部门重点解决旅游目的地小街小巷卫生状况差,小商小贩乱设摊点,出租车、三轮车、自行车乱停乱放,以及乱涂乱画、随意张贴广告等乱象,全面改善机场、车站、码头、商业区等旅游集散地和城乡街巷卫生状况和建设面貌。结合发展乡村旅游,实施"万村景区化"工程,推进乡村改厨、改厕、改客房、整理院落"三改一整理"。第三,加强食品卫生管理。联合食药、卫生、公安、工商等部门,开展旅游食品卫生安全整治,为群众和游客提供放心安全的卫生环境,让群众放心消费。

公共服务工程。第一,健全完善"快旅慢游"系统。省旅游委同交通运输部门,加快推进高速公路、干线公路与旅游景区的道路连接,打通"最后一公里"。加强重点景区之间的道路联接,支持重点旅游城市开通旅游专线或旅游公交,引导相关企业开展旅游异地租车服务。同时,进一步完善旅游风景道、绿道、骑行专线等的旅游慢行系统。第二,完善旅游公共服务设施。在济南、青岛市分别建设一处具有国际水准,集形象展示、旅游咨询、旅游购物、智慧旅游等功能的全域旅游集散咨询服务中心。到2020年,每个市至少建成1处综合游客服务中心,在4A级及以上旅游景区、省级旅游度假区、重点乡村旅游区等实现游客咨询服务中心全覆盖,高速公路、国道、省道以及城市出入口等重要位置设置统一规范的旅游标识标牌。第三,持续开展厕所革命。省旅游委同住建、交通、环保、商务、市政、环卫等部门,实施"厕所革命新三年行动计划",力争用三年时间再建设5000座高标准的厕所,5A级景区、重点交通服务区设置第三卫生间。

大项目拉动工程。第一,推进景区提升。按照十九大部署,以5A、4A级景区为重点,树立"两山"理念和以人为本理念,完善旅游基础设施和配套服务设施,强化人性化、文化主题化设计,进一步提升

景观质量，拉长产业链。深化企业改革，发展混合所有制经济，建立所有权归国家，行政管理权归景区管委会、经营权归企业独立运营的现代管理运作模式，促进景区多元投融资，做大做强。第二，培育大企业集团。实施重组一批、引进一批、转型一批“三个一批”旅游大企业培育工程，支持煤炭、钢铁、纺织等产能过剩的企业向旅游方向调整转型。加快组建山东旅游集团，支持各市组建文旅集团，搭建政府全域旅游投融资平台。加快推进银座旅游、济南文旅、山东坤河、山东龙冈等旅游集团的膨胀扩张，吸引旅游战略投资者、产品创新平台进入山东。第三，抓好重大项目建设。项目包括列入新旧动能转换的尼山圣境、长岛旅游度假区整体开发工程、威海黄金海岸产业融合试验区项目、日照太阳城项目、泰安“两山一河”工程、齐国故都齐文化传承创新示范区项目、济南府城历史街区提升工程、济宁环微山湖生态休闲旅游经济带、黄河风情文化城项目等。对重大项目实行点对点精准支持，优先安排资金、土地指标等。同时，结合十大文化旅游目的地品牌打造，在每个品牌下策划创意 1～2 个投资规模超过 50 亿元、具有鲜明品牌特色、能够形成带动辐射效应的重大文化旅游项目。用世界眼光策划引进旅游大项目。通过 2～3 年的努力，在全省矗立起一批重大项目，带动经济转型升级。

质量提升工程。紧紧围绕人民日益增长的对美好生活需要，聚焦发展不平衡、不充分的突出矛盾，推进供给侧结构性改革，实现旅游业的高质量发展。第一，用标准化引领高质量发展。加快编制省、市两级《旅游标准化发展规划》。研究制定省级全域旅游示范区、旅游度假区、旅游小镇建设与运营规范等旅游目的地标准。探索制定生态旅游、工业旅游、乡村旅游、研学旅游、中医药养生旅游等专项旅游服务标准。第二，用“好客山东”引领旅游服务提升。强化居民的主人翁意识，引导各行各业特别是航空、铁路、公交、高速、宾馆、出租车等窗口服务行业，践行“微笑迎宾、有问必答、有求必应”的好客准则。广泛开展“好客山东人”“好客大使”文明旅游典型选树活动。在重点旅游城市探索建立游客消费纠纷先行赔付制度，探索实行淡旺季门票价格。设立全省公共资源型景区免费开放日。第三，强化旅游市场监管。按照省政府《关于加强旅游市场综合监管的通知》精神，强化公安、工商、物价、交通、食药等 16 个部门的市场监管责任，建立责任清单，同时加强联合执法，形成工作合力。健全旅游信用信息公示制度，完善“旅游失信行为记录”制度。

精准扶贫工程。选择贫困人口较多，旅游资源禀赋、区位优势明显，发展愿望强烈，发展积极性高的重点村实施旅游扶贫项目。对深度贫困区域，制定乡村旅游规划，因地因人推进精准扶贫，打造乡村旅游特色村。因地制宜推进易地扶贫搬迁和黄河滩区脱贫迁建镇村发展乡村旅游。推进政府机关、旅游企事业单位与贫困村深入开展结对帮扶活动。指导村集体成立旅游合作社和行业协会，引导贫困户采取土地流转、房屋资产入股分红、门票分红等方式实现增收。实施景区带动扶贫工程，全省 4A 级以上景区、现代农业园区和龙头企业，带动周边贫困村发展。到 2020 年，在全省 400 个旅游扶贫村中打造 200 个乡村旅游特色村、100 个乡村旅游扶贫电商示范村。

人才兴旅工程。将旅游人才队伍建设纳入各地重点人才支持计划，继续组织赴境外精准交流和“送智下乡”“送教入户”活动。建立旅游教育培训基地，推进有条件的县（市、区）涉旅行业全员培训。加强旅游学科体系建设，优化专业设置，大力发展旅游职业教育，强化校企、校地合作，推进旅游产学研一体化。鼓励引导规划、建筑、设计、艺术等各类专业人才到基层挂职帮扶指导旅游发展。弘扬劳模精神、工匠精神、敬业精神，加快培育旅游创意策划、资本运作、管理运营企业家队伍。积极支持在旅游企业家中推荐人大代表、政协委员。建立全域旅游智库，设立旅游产业贡献奖。落实导游薪酬和社会保险制度，擦亮好客山东金牌导游队伍窗口。

(三)完善"六大机制"

完善资源整合机制。旅游、文化、体育、商务、经信、民政、住建、农业、林业、水利、卫生健康、海洋渔业等资源管理部门,建立资源整合机制,推进产业融合。

完善政策扶持机制。财政、国土、税收、金融等政策管理部门,加强政策扶持,为旅游业发展提供政策保障。

完善环境保障机制。交通、环保、公安、住房建设、安全监管、质监、卫生健康、食品药品监管、旅游等部门,联合加强卫生、交通、安全、应急等方面的保障,推动安全旅游目的地建设。

完善联合执法机制。旅游、公安、工商、卫生、物价、质监等部门开展联合执法,维护旅游市场秩序。

完善联合营销机制。旅游、宣传、外事、体育、商务等部门,整合各自的旅游营销宣传资源和平台,通过传统媒体、互联网以及重大经贸、文化、体育等活动宣传旅游,同时宣传目的地形象和城市形象。

完善综合考核机制。完善旅游指标体系和统计调查方法,健全省、市、县三级旅游数据统计体系。争取省政府支持,将旅游纳入新旧动能转换重大工程考核,发挥考核的促进作用。

(张记高)

第五章
山东省医疗卫生服务业发展报告

一、山东省医疗卫生服务业发展现状

(一)大力推进"健康山东"行动

进一步强化了对大健康大卫生理念的认识,将"健康山东"行动升级为全省发展战略。2017年,山东省卫计委筹备召开了全省卫生与健康大会,省委、省政府对加快推进健康山东建设作了全面部署安排,会议明确提出要把人民健康放在优先发展战略地位,以健康山东、生态山东、食安山东建设为抓手,统筹推进卫生与健康工作。印发了《关于贯彻落实全省卫生与健康大会精神重点任务分工的通知》,对牵头任务制定了《贯彻落实全省卫生与健康大会精神处室任务分工表》,纳入重点督查督办事项,集中精力,重点推进,确保如期完成,取得实效。起草了《"健康山东2030"规划纲要》,研究制定了"健康山东2030"建设推进机制,会同省统计局研究"健康山东2030"监测指标体系。编制出台了《山东省"十三五"卫生与健康规划》《山东省医疗卫生服务体系规划(2016~2020)》等13个专项规划,形成"十三五"时期全省卫生与健康工作规划体系。

扎实开展健康城市试点工作。印发《山东省健康城市健康村镇建设实施意见》,在全省范围内启动健康城市建设。组织开展健康城市、健康村镇省级试点申报工作,确定健康城市(县城)试点20个,健康乡镇试点62个,健康村试点138个。

积极组织全民健康活动。广泛开展健康细胞工程建设,评选首届山东省明星健康家庭100户、首批健康示范学校375所,举办了山东省首届明星健康家庭风采展示活动。以合理膳食、适量运动、戒烟限酒、心理平衡为重点,广泛深入开展健康教育与宣传,倡导推广全民健康生活方式,会同教育、体育、等部门启动"健康山东·全民健康"生活方式"一评、二控、三减、四健"专项行动,开展了职业人群健步走激励大赛、全省职工健骨操大赛、首届网络减重大赛等系列特色活动。

(二)医疗服务能力全面提升

实施创新驱动发展战略。省卫计委协调省科技厅启动省级临床医学中心建设,有5项初评入围。稳步推进省健康医疗大数据、生物标本库科技创新联盟平台建设,组建了由10～15家医院参与的多中心大数据队列;立项实施国家科技重大专项1项、国家自然科学基金4项、省重大科技专项4项;已申报了国家重大专项2项、国家自然科学基金5项、省重大专项1项。鼓励建立医疗卫生机构牵头,高校、科研单位、医药企业参与的"医研企"创新团队。目前,山东省卫生和计划生育委员会已批准3个团队开展研究。

医疗机构管理水平不断加强。医疗机构标准化建设持续推进,完成25家三级甲等医院复审、现场审核和巡查工作。首批遴选21家省级临床精品特色专科。推动医疗机构、医师、护士电子化注册工作,医疗机构注册激活率居全国首位。省千佛山医院率先提出人文医院建设,荣获"人文爱心医院"荣誉称号。

医疗服务质量持续改善。实施医疗质量安全核心制度落实年活动,深入开展改善医疗服务行动计划,三级医院全面开展预约诊疗服务,日间手术、多学科联合门诊等服务模式逐步推开。全部三级综合医院和90%以上的二级综合医院实行了临床路径管理,门诊、住院患者处方抗菌药物使用率处于全国较低水平。强化临床用血安全管理,全省采集血液101万人次,检测合格率达99%以上,多年保持无偿献血先进省荣誉称号。

基层医疗卫生服务体系进一步健全。省卫计委同省编办等部门印发了《山东省基层医疗卫生机构标准化建设工作推进方案》,基本完成了乡镇卫生院、村卫生室设备配备工作,消除社区卫生服务中心空白点82个。在淄博、泰安两市开展了乡镇卫生院评价试点工作。

"平安医院"建设成效明显。严厉打击涉医违法犯罪,联合14部门印发《关于做好新形势下医疗纠纷综合处置工作的意见》,全力维护正常诊疗秩序和医患双方合法权益。2017年全省严重扰乱医疗秩序事件同比下降43.41%,市级医患调解工作实现全覆盖。国家卫生计生委最新监测数据显示,我省医院员工满意度居全国第1位,门诊和住院患者满意度分别居全国第2位、第5位。

(三)公共卫生工作进一步加强

疾控体系建设力度加大。县级疾控中心实验室装备项目17个市都进入招标程序,14市完成项目采购。9个市和76个县(市、区)按新标准核定了编制,增加编制1761名。

重大疾病防控成效明显。全面落实传染病综合防控措施,及时有效处置新发H7N9、手足口病、流感等疫情,有效应对效价不合格百白破疫苗事件。全省法定传染病报告发病率361.32/10万例,处于全国较低水平。新创建6个国家慢病示范区,首批国家慢病示范区顺利通过复审。卫计委同有关部门,全力做好严重精神障碍患者救治救助和服务管理工作,建立起工作长效机制。

深入开展爱国卫生工作。持续推进卫生城镇创建工作,12个国家卫生城市、乡镇通过国家复审;新增国家卫生城市3个,国家卫生县城(乡镇)15个、国家健康促进县2个。

卫生应急处置和食品安全风险监测能力不断提高。圆满完成十九大、全国"两会"、省"两会"、省第十一次党代会等重大会议活动,以及中央领导来鲁等医疗保障任务。完成17起突发事件紧急医学救援等应急任务。编制完成了2016年度全省食品安全风险监测与评估报告白皮书。

(四)扶持社会办医快速发展

认真落实《国务院办公厅关于支持社会力量提供多层次多样化医疗服务的意见》,进一步简政放权、放管结合、优化服务,政策效应逐步显现,社会办医得到进一步发展,服务能力明显增强。截至2017年12月底,全省社会办医院新增350家,达到1568家,占全省医院总数的63.94%;床位新增1.83万张,达到10.61万张,占全省医院床位总数的24.04%,医疗机构诊疗人次数3390.32万人次,占全省医疗机构全部诊疗人次数的15.09%。

(五)积极推进医养结合等多业态融合发展

省委、省政府将建设国家医养结合示范省列为全省新旧动能转换"10+2"重大项目,并将医养健康产业列为全省重点发展的十大产业。预计到2022年,全省医养健康产业增加值将达到1.15万亿元,占地区生产总值的11.5%。省政府组织制定了《山东省建设国家医养结合示范省工作方案》,已上报国务院。起草了《山东省医养健康产业发展规划(2018~2022年)》(初稿),提出了我省医养健康产业的发展目标和医疗服务、医养结合、健康管理、健康文化、健康旅游、医疗装备器械、健康食品药品、体育健身等八大重点发展领域。确定济南、青岛、烟台、潍坊、济宁、威海6市为省级医养结合示范先行区,遴选确定了80个省级示范县(市、区)和15家省级示范单位。建设全省医养结合项目库,遴选确定了55个特色鲜明、示范性强、发展潜力大的项目进行重点扶持。努力营造医养结合良好社会氛围,开展"寻访健康老人"活动,面向社会公开征集"山东医养结合"标识和主题宣传口号,展现山东健康养老文化特色,打造山东医养结合品牌。

(六)全面发展妇幼健康服务

积极应对全面两孩政策,加快推进救治中心建设,着眼保障母婴安全,建立健全省、市、县危急重症孕产妇和新生儿救治网络。目前,共建立危急重症孕产妇救治中心182家、新生儿救治中心177家,基本实现市、县(市、区)全覆盖。2017年,全省孕产妇死亡率、婴儿死亡率和5岁以下儿童死亡率分别为10.21/10万、4.12‰和5.16‰,比上年度分别降低19.1%、9.05%和7.53%,再创历史新低。

强化出生缺陷综合防治工作。扎实推进出生缺陷三级预防,深入开展婚前医学检查、孕前优生健康检查和新生儿四病筛查等项目工作,加强出生缺陷综合防治,涵盖孕前、产前和新生儿各阶段的出生缺陷免费服务制度基本建立。据统计,2017年,我省为121.28万人提供了孕前优生健康检查服务,全省新生儿疾病筛查率达99.2%,在高龄产妇大量增加的情况下,出生缺陷发生率得到有效遏制,全面提高出生人口素质。

提升妇幼健康服务均等化水平。依托家庭医生式服务和乡村医生签约服务,广泛实施基本公共卫生服务项目。以《母子健康手册》的统一推广使用为抓手,为妇女儿童提供系统、规范的优生优育全程服务。

加强妇幼健康服务监管。严格技术准入行政审批,组织专家完成相关医疗机构人类辅助生殖技术和产前诊断技术现场评审工作。卫计委联合省公安厅出台了《山东省出生医学证明管理办法(试行)》(鲁卫发〔2017〕30号),组织开展全省出生医学证明管理专项督查,举办全省出生医学证明管理培训班，进一步提升出生医学证明管理规范化水平。完成免费孕前优生项目2017年全省第一次临床检验室间质量评价活动，覆盖154个定点服务机构，组织专家携带质控品开展“飞检”活动，加强服务质量管理，持续改进项目水平。

（七）中医药振兴发展持续推进

一是制定2017年度大型中医医院巡查工作方案，印发全省中医医院评审办法，研究制定三级中医医院评审细则附加条款，建立全省中医医院中医药特色指标监测通报制度。实施中医医疗质量控制中心建设计划，分两批评审确定中医病案等10个中医药质控中心，指导各质控中心完善组织架构，逐步开展质控工作。推动成立了全国首家省级中医药工作联席会议制度。二是加大中医药传承创新项目建设力度，对山东中医药大学附属医院等4个纳入国家项目库的单位工作进展、中医药传承创新项目进行调度，召集相关专家专门研讨并形成建设方案，该项目接受了国家中医药管理局、国家发展改革委评估，收到较好评价。三是启动省级中医药科技发展计划项目课题申报工作，获批7个省高等学校科研创新平台，18项课题获省研究生教育创新计划及教育质量提升计划立项。4项山东省科技惠民计划中医药类项目通过省科技厅验收。四是实施中医药名医评选工程，评选山东名老中医10名、名中医药专家80名、基层名中医120名，在国家国医大师评选中我省1人被评为国医大师、3人被评为全国名中医，国医大师、全国名中医数量居全国前列。五是启动实施了我省名中医药专家传承工作室建设项目，协调财政厅拨款支持21个省级名中医药专家传承工作室，为“三经传承”战略领军人才梯队建设奠定了基础。六是会同省人力资源社会保障厅、食品药品监管局联合印发基层中医药服务能力提升工程“十三五”行动计划，社区卫生服务中心、乡镇卫生院中医药综合服务区设置率分别达到74.57%和86.51%。中医优势病种收费方式改革在全省稳步推行，更多群众从改革中获益。

（八）健康扶贫工作扎实有效

按照“三个一批”要求，继续做好分类救治工作，大病集中救治范围扩大至93个病种，实现所有病种全覆盖。累计救治47.2万患病贫困人口，占总数的95.6%，超额完成既定任务。争取扶贫专项资金近2.5亿元，为符合政策的贫困人口购买了医疗商业补充保险。开展健康扶贫领域腐败和作风突出问题专项治理，重点解决了扶贫对象精准识别不够、政策落实不到位、工作开展不均衡等问题。以健康扶贫系列公益活动为载体，选择白内障、血友病、先心病、重性精神病等疾病进行专项救治，患病贫困人口受益面不断扩大。

（九）加快互联网医疗发展

规范和推动健康医疗大数据融合共享、开放应用，印发了《关于贯彻国办发〔2016〕47号文件促进和规范健康医疗大数据应用发展的实施意见》（鲁政办发〔2017〕55号），明确提出我省健康医疗大数据应用主要任务，先后与人社、民政、公安、教育等部门沟通交流，研究建立健康医疗大数据资源共享目录，探讨社会保障卡、居民健康卡融合问题。将我省成功纳入健康医疗大数据区域中心及互联互通工作试点省，加快健康医疗大数据应用，顺利完成省级云平台一期、二期建设任务，实现省全民健康信息资源综合平台与国家平台，26家委属（管）医院，17个市、137个县（市、区）、124家三级医院、307家二级医院、4656家各类基层医疗卫生机构数据对接，建成面向居民的山东健康服务网。广泛开展“互联网＋医疗健康”服务，省平台采用网站、手机 APP、微信平台等多种形式提供医疗健康服务，搭建起“医院—患者—监管”沟通新桥梁。山东省预约诊疗服务系统正式上线运行；积极推进医疗机构、医师、护士电子化注册工作，逐步建立完善医疗机构和从业人员的信用记录。

（十）深化医改取得新进展

公立医院综合改革不断深化。市县 467 家公立医院全部开展法人治理结构建设，潍坊被确定为公立医院薪酬制度改革国家试点市，威海市公立医院改革受到国务院办公厅通报表扬。改革后公立医院运行平稳，取得“四升四降”的明显成效，即业务收入、医疗收入、门诊人次、出院人次同比上升，药品收入、药占比、百元卫生材料费用、平均住院日保持下降趋势。

分级诊疗制度建设加快推进。累计组建各种模式的医联体 800 余个，三级公立医院全部启动医联体建设，涌现出青岛即墨区、临沂费县、滨州无棣县，以及省立医院、省立三院、省耳鼻喉医院等一批先进典型。李克强总理对我省医联体建设给予充分肯定。累计建立家庭医生服务团队 2.3 万个，全人群和重点人群覆盖率完成国家确定的目标。

药品供应保障机制更加完善。印发了《山东省公立医疗机构药品采购推行“两票制”实施方案》，各级公立医疗机构全面启动实施“两票制”。济南、青岛、威海、临沂等市进行了基本药物全额保障工作试点。完成全系列高值医用耗材省级集中采购工作，中标价格较实际采购价下降 21.51%。

基本公共卫生服务稳步实施。人均经费补助标准提高到 50 元，电子健康档案建档率达 85%，老年人健康管理率达 67%，高血压和糖尿病患者规范管理率达 60%以上，连续三年在全国考核中取得第三名的好成绩，更多城乡居民免费享受到更加优质的基本公共卫生服务。

综合监管工作持续规范。围绕“五个规范化”的目标，在全系统开展了综合监督规范年活动，监督检查单位 32 万户次，专业监督覆盖率达 99%以上，专业覆盖率和查办案件数均列全国前列。

二、山东省医疗卫生服务业发展存在的问题

一是卫生服务能力与“走在前列”的目标要求不相适应。我省卫生优质资源特别是优质专业人才资源总体不足，创新能力不强，专科发展能力不突出，大规模、高水平社会办医疗机构数量少，尚不能有效满足群众日益增长的多元化健康需求。

二是医疗卫生资源配置不平衡。从医疗机构分布看，优势医疗资源集中度较高，城乡间、区域间发展不平衡的问题客观存在，患者对基层医疗卫生机构信任度不高，趋高就医现象比较普遍，大医院患者“挤”、基层医疗卫生机构患者“少”的问题没有得到根本改观。

三是社会急需专项服务能力有待提升。我省人口老龄化程度偏高，养老医疗的社会需求增长很快，对医疗卫生保健，特别是老年病、老年护理、康复及中医药等服务提出了新要求。全面两孩政策实施后，人口出生数量将有较大提升，对妇女儿童医疗保健服务资源带来很大挑战。

四是社会办医院规模小、竞争力弱的问题仍然比较突出。非公立医院从数量上占比 63.94%，但床位数占比为 24.04%。有规模、有水平、有品牌、有竞争力的社会办医院仍然较少。

三、山东省医疗卫生服务业下一步工作思路及建议

(一)强化规划引导,提升服务能力

以健康需求和解决人民群众主要健康问题为导向,调整布局结构,优化资源配置。大力培育省级和部分有能力的市级医院打造具有国内较高水平的区域医疗中心,逐步形成以省级三甲医院和区域医疗中心为龙头,以专病专科医院为特色,以县级医院为支撑国内领先的医疗服务体系。以均衡配置为导向,建立县、乡、村三级之间医疗卫生资源合理流动、优化配置和合作共享的新机制,形成县乡联动、乡村一体的基层卫生服务新模式。加强社会办医疗机构与公立医疗卫生机构的协调发展,提高医疗卫生资源的整体效率。

(二)强化重点人群健康保障,提高社会急需供给

以解决好妇女儿童、老年人、残疾人等重点人群的健康问题为导向,加强康复、老年病、长期护理、慢性病管理、安宁疗护等接续性医疗机构建设。加大健康与养老、旅游、互联网、健身融合,催生健康新产业、新业态、新模式,打造一批知名品牌和良性循环的健康服务产业集群。

(三)制定扶持政策,提高社会办医水平

鼓励社会资本做大做强,举办高水平、规模化的大型医疗机构或向医院集团化发展。鼓励社会办医疗机构提高标准化、专业化、规范化水平,强化管理,注重质量,提升服务能力。进一步鼓励医师多点执业,认真落实社会办医疗机构与公立医院在学科建设、资金支持、人才培养等方面的同等政策,鼓励支持社会办医院加强学科建设,形成人才梯队,提升专业能力和学术水平,增强竞争和服务能力。

(四)加强组织领导,注重经验推广

把促进医疗卫生服务业转型升级工作列入各级政府重要议事日程,进一步细化目标任务,细化工作措施。加强各部门各行业的沟通协作,建立推进机制,对实践有基础、认识统一、已经看准的发展模式,适时总结,积累经验,凝聚共识,加以推广,形成山东模式,促进医疗卫生服务业转型发展。

(张振安)

第六章
山东省养老服务业发展报告

一、山东省养老服务业发展现状

(一)养老服务业发展和相关配套政策出台落实情况

养老服务业发展基本情况。2017 年,全省各级各有关部门认真贯彻落实《国务院关于加快发展养老服务业的若干意见》要求,坚持以供给侧结构性改革为主线,将医养健康纳入新旧动能转换重大工程,扩大有效供给,不断满足人民群众多层次、多元化健康养老服务需求,基本建立起以居家为基础、社区为依托、机构为补充、医养相结合的多层次、智能化养老服务体系,养老服务业转型升级成效显著。

相关配套政策出台情况。省政府于 2017 年 8 月出台了《关于印发"十三五"山东省老龄事业发展和养老体系建设规划的通知》(鲁政发〔2017〕21 号),对"十三五"时期全省老龄事业发展和养老体系建设进行了科学规划。7 月,下发了《关于贯彻国办发〔2016〕91 号文件全面放开养老服务市场提升养老服务质量的实施意见》(鲁政办发〔2017〕52 号),在优化市场环境、完善服务体系、提升服务质量、强化政策扶持、加强服务监管等方面作出了政策规定。12 月,下发了《关于进一步激发社会领域投资活力的实施意见》(鲁政办发〔2017〕84 号),养老服务业作为重要领域之一纳入其中。同时相关部门联合出台了养老新上项目贷款贴息、开展老年人能力评估、推进公办养老机构改革、养老院服务质量建设专项行动、养老院质量安全问题集中整治、实施老年人照顾服务等方面的配套文件。省民政厅代省政府起草的《关于支持社区居家养老服务的若干意见》也拟于近期出台。我省注重推进养老服务标准化工作,制定出台了指导意见和规划,于 2016、2017 两年陆续编制了《养老服务基本术语》《老年公寓服务规范》等 12 个地方标准。全省确立了 10 个养老机构为标准化实施示范单位,其中,威海盛泉的养老标准化做法被中央电视台报道。

(二)我省养老服务业创新做法和有益经验

政策支持体系日臻完善。一是资金补助方面。省级每年安排10亿元专项资金支持养老服务业发展,重点资助养老机构建设运营、日间照料设施建设运营和养老服务队伍建设等方面。各地认真落实配套资金,加大资金投入,有力发挥了资助政策的叠加效应。二是养老用地方面。省政府每年按照每张床位50平方米的标准,安排养老服务设施专项用地指标。对依法以协议价格取得养老服务设施用地,基准地价已覆盖地区,按不低于出让地块所在级别相同用途基准地价的70%比例确定土地出让底价。三是设施规划方面,新建小区按每百户不少于20平方米配套建设养老服务设施,与住宅同步规划、同步建设、同步验收、同步交付使用。即将出台的《关于支持社区居家养老服务的若干意见》提出:民政部门参与新建住宅小区综合验收。未按要求配建、不能同步交付使用的住宅小区,住房城乡建设部门不予办理竣工验收综合备案。已建成住宅区现有养老服务用房未达到标准要求的,由当地政府通过调剂、购买、置换、租赁等方式予以配备。四是融资支持方面,省有关部门联合制定出台了《关于进一步做好金融支持养老服务业发展工作的实施意见》,积极运用金融保险政策推进养老服务业发展;对新上养老项目按照中国人民银行1年贷款基准利率给予财政贴息。五是审批管理方面,放宽民非类养老机构资产管理政策,允许民非类养老机构出资者拥有对投入资产的所有权,并按不高于同期银行1年期贷款基准利率2倍的标准提取盈余收益。

养老服务体系更加健全。一是推进基础设施建设。全省城市社区日间照料中心达到4400余处、农村幸福院1.1万处,各类养老床位达到70万张、每千名老年人拥有床位36张。二是加强养老人才队伍建设。支持职业院校设立养老服务管理专业,每处给予100万元专业建设补助,全省25所院校设立养老专业,在校生达到2000余人,8所院校先后获得补助。建立省级养老培训基地7处,每年安排1000万元对养老护理员和管理人员进行免费培训,省市两级每年培训1.5万人次。建立大学毕业生从业补贴制度,对从事养老服务工作的本、专科毕业生和取得职业资格护理员给予一次性补贴。将养老服务人员纳入“齐鲁和谐使者”评选范围,入选者纳入省级人才库,每人每月享受1000元的政府津贴。2017年组团参加全国养老护理员职业技能大赛,山东2名选手夺得全国第一、第二名,荣获特等奖;山东队获团体第三名。

管理运行机制持续创新。一是开展创新试点,济南、威海两个国家级居家社区养老服务试点创新探索成效突出。2017年8月,民政部对试点工作进行了中期绩效考核,两市考核结果均为优秀。11月,烟台、济宁被列为第二批国家居家和社区养老服务改革试点。聚焦城区社区居家养老,在全省选择18个县(市、区)开展社区治理暨养老服务创新实验工作,采取项目化推进和点对点督导方式,指导推动试点地区在养老信息平台建设应用、社区综合养老服务中心建设、医养结合融合等方面先行先试,打造了一批可复制、可推广的典型样板。二是加快公办养老机构改革,培育和引进了以青岛阳光佳苑、南京美特康健康管理有限公司为代表的运营机构,全省民办和公建民营养老机构在养老机构总数中占比超过50%。滨州博兴县合村并居以地养老新模式在中央电视台报道。三是加快推动日间照料设施转型发展,改变原有的公建公营模式,将公办日间照料设施由专业组织托管运营,具备日间照料、居家养老、托养护理以及老年大学等功能,逐步转型发展为社区综合性养老服务中心,提高运营效益,增强发展活力。

养老服务水平明显提升。一是提升标准化水平,研究制定了《关于加快推进养老服务标准化工作的意见》，立足行业需求，树立问题导向，明确了全省养老服务标准化工作的总体目标和主要任务，着力规范养老服务市场和服务行为，促进养老服务业健康、规范、有序发展。二是提升养老院服务质量。以“五查五改，对标达标”为主要内容，全面开展养老院服务质量建设专项行动，完成全国养老机构业务管理系统信息录入，对照养老院 115 项指标要求开展检查，建立了问题清单、任务清单、责任清单三项清单。省政府办公厅印发《全省养老院质量安全问题集中整治方案》，明确了任务目标、整治内容和具体措施，压实各级各部门工作职责，全省各地共投入整改资金 11 亿多元，通过整治全省 3.6 万项整治指标，整治合格 3.1 万余项，1678 家养老院整治合格，整治合格率为 77.35%，养老院服务质量实现了明显提升。三是推进养老服务评估工作，制定出台了《关于老年人能力评估实施意见》，推动建立养老服务评估机制，为老年人接受养老服务、享受养老福利保障政策奠定了基础。

产业融合发展加快推进。强化融合理念，推动养老服务与医疗、家政、保险、教育、旅游等相关产业领域互动发展。一是“互联网＋养老”。在全省启动“互联网＋养老”建设项目，建设全省统一的养老管理平台、养老服务平台和山东养老服务信息网，打造政府管理、养老服务和宣传推广平台，2017 年 12 月底基本完成了“两台一网”在省、市、县三级的部署应用，形成全省养老管理、服务、宣传一体化、一张网。山东成为全国首个在省级层面开发养老信息系统的省份，得到民政部充分肯定，也受到审计署驻济南特派员办事处高度评价，并作为示范典型向全国宣传推广。二是“养老＋旅游地产”。积极引导社会力量投资休闲健康养生养老基地和大型养老综合体，在全省涌现出以鲁商知春湖、威海威高·天伦苑为代表的养老地产项目。三是“养老＋医疗”。围绕建设医养结合示范省，加快推进医养结合，引导闲置医疗资源转型为护理院、康复医院，支持养老机构与医院合作设立分支医疗机构，推动医疗养老融合发展。全省 279 家公立医院开设了养老病科，358 家设立老年就医绿色通道，开展医疗服务的 1200 余家，纳入医保定点的 110 家。中央电视台对青岛市医养结合经验作了专题报道。四是“养老＋对外合作”。组织举办了鲁台健康养老论坛、养老产业博览会、鲁台两岸康养产业洽谈会、全国康养产业高峰论坛，组织有关人员赴美国、加拿大等国家及我国台湾地区考察学习，促进了地区之间养老产业合作交流。11 月举办的“2017 养老服务业高峰论坛”，以养老服务业供给侧结构性改革主题，聚焦社区居家养老、养老服务质量、医养结合、养老服务业放管服改革等关键点，促进全省养老服务业精准对接、快速发展。五是“养老＋保险”。青岛、日照、济南等地先后建立了长期护理保险制度，根据护理等级按床进行包干结算，加强了对失能老年人的照护服务。2017 年 4 月，省政府印发了《关于试行职工长期护理保险制度的意见》，计划利用 3 年左右时间在全省全面建立职工长期护理保险制度。部分市建立了养老机构综合责任保险、老年人意外伤害保险等制度，提高了养老机构和老年人的风险应对能力。

基本养老水平不断提高。认真履行政府兜底线、保基本职责，完善制度，加大投入，切实加强对困难老年人的服务保障，让他们共享改革发展成果，拥有更多的幸福感、满足感和获得感。一是健全城乡特困老年人政府供养制度，其中城镇“三无”老年人 1.2 万人，集中供养和分散供养标准分别为每人每月不低于 840 元和低保标准的 1.5 倍。二是在省级统筹建立了低保老年人高龄津贴、困难失能老年人护理补贴和政府购买养老服务等制度，其中 80～89 岁、90～99 岁、100 岁以上高龄津贴低保老年人的保障标准分别为每人每月不低于 100 元、200 元、300 元；困难失能老年人护理补贴，保障标准为每人每月不低于 60 元。三是推动各地建立了政府为困难老年人购买养老服务制度，根据老年人的经济状况和身体状况，委托专业组织实行上门服务。

养老服务业综合改革试点初见成效。自2014年潍坊和滨州两市被列为国家级养老服务业发展综合改革试点后，省里同时确定济南市中区、潍坊潍城区、济宁邹城市、滨州邹平县为省级改革试点单位，分别安排1000万元扶持资金，集中打造一批区域性养老服务业发展高地。对试点地区加强工作指导，鼓励创新实践，在医养结合、护理保险、人才培养等方面先行先试，制定出台了一系列创新性政策文件。各试点地区积极探索，先行先试，为全省养老服务业发展发挥示范引导作用。如：潍坊市加强统筹谋划，研究制订了养老服务业三年提升计划和健康产业发展规划，把养老服务融入健康产业发展规划，推动养老医疗融合发展；创新"养老＋保险"模式，开展长期护理保险试点，扶持机构建立养老机构综合责任保险制度，增强了老年人和养老机构的风险抵御能力，加强了对失能老年人服务保障。滨州市创新养老服务人才培训模式，在全国率先建立起首个具备养老护理员培训鉴定能力的"一站式"服务基地，实现了家政服务、院校职业培训、民政资格鉴定"三结合"和培训鉴定能力、资源配置能力和就业输出能力的"三提升"；将养老服务业发展与扶贫工作有机结合，创新开展了养老人才千人培训扶贫行动和百所扶贫农村幸福院创建工作；创新公办养老机构建设和运营模式，运用PPP方式建设护理型养老机构，委托医院、专业养老组织托管运营，增强了公办养老机构的发展活力。2017年，我省寿光市的县域公办养老机构改革新模式、滨州市养老融合扶贫模式、东营市亲祥源嵌入式"医养结合"新模式等五个案例被国家发展改革委、民政部、全国老龄办作为养老服务业发展典型案例在全国推广。

二、山东省养老服务业发展存在的问题

我省养老服务业发展在取得显著成绩的同时，也面临着一些问题和困难：一是家庭养老功能弱化，老年人护理问题越发凸显，而社区居家养老服务需要进一步提升，其他相关养老服务有待进一步拓展。二是养老服务供给不足与过剩并存，一床难求和大量闲置并存，护理型床位数量少，养老床位结构有待进一步优化。三是社区居家养老工作刚刚起步，部分日间照料设施、养老信息平台功能不完善，缺乏盈利途径和可持续发展能力。四是社会力量参与养老服务存在土地落实难、融资难、经营难等现实困难，制约了其进一步发展的空间。五是区域城乡发展不平衡，东中西部地区养老服务水平差异性大，农村养老任务艰巨。六是养老服务专业技术人员紧缺，从业人员专业化水平有待进一步提高等。

三、山东省养老服务业下一步工作思路及建议

党的十九大报告提出，要积极应对人口老龄化，构建养老、孝老、敬老政策体系和社会环境，推进医养结合，加快老龄事业和产业发展，是今后做好养老工作的根本遵循和行动指南。一是全面放开养老服务市场，深化"放管服"改革。研究制定举办养老机构行政审批服务指南，推进"一门式"服务，通过简政放权、放管结合、优化服务，解决制约养老服务业发展的"痛点"和"堵点"，打破市场准入障碍，促进政府支持养老服务业发展的各项政策措施落实落地，引导社会资本广泛深度参与。二是以市场需求为导向，优化资源配置。一方面做优增量，丰富养老供给的形式和层次，特别是大力支持发展社区居家养老服务、医养结合、康复护理、老年社区等新型养老服务，引导新增服务供给与市场需求对

接；另一方面盘活存量，通过深化改革促进农村敬老院、乡镇卫生院、城乡社区养老服务设施等存量资源转型升级和有效利用，并通过建立医疗保险、长期护理保险与商业保险相结合的办法，以及推进建设医养联合体、分级诊疗、家庭医生、医保异地结算等体制机制改革，大力培育发展专业化服务组织，促进医疗养老进一步结合融合，加强对高龄、失能等特殊老年群体的照护服务。三是优化政策支持。针对养老服务业发展资金分配使用制度与基层实际结合不紧密，专项资金运行效率不高等问题，结合资金使用情况和基层工作实际，修改完善养老服业发展资金分配使用办法，重点由“补砖头”向“补人头”转变，提高资金运转效率，推动养老服务业转型升级。四是补短板强弱项。加快建设以家庭为核心、社区为依托、信息化为手段、专业化服务为支撑的社区居家养老服务体系，提升农村养老服务能力和水平，着力推进医养结合，积极解决失能半失能老人养老问题，尽快补齐养老服务业发展的明显短板。五是强化引导监管。通过需求倒逼、标准规范、品牌引领、人才支持、市场监管，不断拓展服务内容，提高服务质量。六是深化创新实验。加强对国家和省试点实验区工作的指导督导和支持扶持，鼓励改革创新，不断总结经验，以点上突破促进全面发展。

同时，建议国家继续加大对养老服务业发展的支持力度，进一步降低社会力量举办养老机构的门槛，推动养老服务业“放管服”改革。

（李海彦）

第七章
山东省家政服务业发展报告

一、山东省家政服务业发展现状

2017年，家庭服务业促进就业工作取得显著成效，具体概括为以下几个方面：

一是出台了发展家庭服务业、促进就业的政策措施。2017年，制定印发了《山东省发展家庭服务业促进就业工作联席会议2017年工作要点》，从加强对行业发展的政策支持，推进家庭服务行业规范化建设、从业人员职业化建设、中心城市家庭服务体系建设等方面进一步明确了相关部门职责及下一步工作的总体思路和主攻方向。

二是推动家庭服务职业培训示范基地建设。为推进我省家庭服务职业培训示范基地建设，根据《关于开展家庭服务职业培训示范基地建设工作的通知》（人社厅发〔2015〕62号）和《关于新旧动能转换做好当前和今后一段时期就业创业工作的意见》（鲁政发〔2017〕27号）要求，2017年以来，陆续认定了菏泽家政学院、烟台市联民家政职业技能培训学校、聊城大学东昌学院、曲阜中医药学校、东营老年乐园5家单位为山东省家庭服务职业培训省级示范基地，授予“山东省家庭服务职业培训省级示范基地”铭牌。

三是开展家政服务劳务对接工作。按照部际联席会议办公室印发的《关于开展中心城市家政服务劳务对接行动的通知》要求，开展了一系列卓有成效的工作。一方面，“面对面”协议先行。2017年9月，我省分别与重庆市、贵州省和甘肃省签订省级框架协议；济南市与重庆市武隆区、青岛市与甘肃省陇南市、烟台市与重庆市巫山县分别签订中心城市与贫困县家政服务劳务对接合作协议，明确了强化劳务对接、开展技能培训、建立长期合作关系等三个方面协作内容，制定了人岗需求对接、校企合作、职业技能帮扶等多项就业扶贫措施，确保了家政劳务对接行动有目标、有任务、有措施。另一方面，“点对点”市场先试。鼓励济南阳光大姐、山东大嫂等省内知名家政公司与帮扶地区相关方面进行了深度沟通，对当地的剩余劳动力和家政服务市场有了初步的了解，济南阳光大姐已达成在重庆市武隆区开设分店的初步意向。

四是召开联席会议第七次全体会议并举办省级师资培训班。5月下旬，省发展家庭服务业促进就业工作联席会议第七次全体会议在济南召开。会上传达部署了发展家庭服务业促进就业部际联席会议第九次全体会议精神；总结2016年及2017年一季度工作，研究部署下步工作重点。同时举办了家庭服务业省级师资培训，邀请了多位业内专家学者进行专题授课，内容涉及家庭服务业发展状况及趋势解读、师资培训基础知识与业务技能、教师礼仪形象塑造及教学示范等，受到学员好评，达到了良好的预期效果。这项活动启动后，省级师资培训在全省范围内开展，有效促进了我省家庭服务业培训师资队伍建设。

五是完成山东标准项目报送及标委会信息更新工作。及时上报2017年度“山东标准”建设项目计划；完成了山东省家庭服务业标准化技术委员会委员基本信息确认更新工作，为下一步更好地开展标委会各项工作，充实完善我省家庭服务标准体系建设奠定了良好基础。

六是开展全省家庭服务业促进就业工作调研。为进一步全面了解全省发展家庭服务业促进就业工作开展情况，山东省人力资源和社会保障厅于7月中旬至8月中旬期间在全省分片区开展了相关调研工作，调研采取座谈会与实地考察相结合的方式进行，重点了解各地在政策、工作机制、工作措施等方面存在的问题及下一步工作的思路与建议。

二、山东省家政服务业发展存在的问题

一是家政业政策扶持力度不足。家政培训机构和企业开展的家政服务培训活动难以得到有效的政策和资金支持，受师资力量有限、缺乏相关的专业设置等因素影响，难以提升受训人员的专业知识和技能。二是社会保障缺失。由于从业人员户籍性质、群体流动性大、企业类型等原因，大多数家政服务人员不在社会保险的覆盖范围之内，缺乏实质性保障。

三、山东省家政服务业下一步工作思路及建议

党的十九大报告提出：“建设现代化经济体系，必须把提高供给体系质量作为主攻方向，显著增强我国经济质量优势。支持传统产业优化升级，加快发展现代服务业，加强基础设施网络建设。”家庭服务业作为一项新兴产业，在当前和今后一个时期将迎来发展的重要战略机遇期。全省发展家庭服务业促进就业工作总的要求是，深入实施《家政服务提质扩容行动方案(2017年)》和《山东省家庭服务业“十三五”发展规划》，在省发展家庭服务业促进就业工作联席会议的统筹协调下，坚持市场运行与政府引导相结合，政策扶持与规范管理相结合，促进就业与维护权益相结合，进一步加大政策支持力度，加强规范化职业化建设，全面提升我省家庭服务业的规范化、产业化、品牌化水平，努力推动我省家庭服务业取得新发展。加强问题导向意识，针对存在的问题，抓住重点，理清思路，提出以下工作意见和建议，分类重点推进实施：

一是推动将家庭服务从业人员培训纳入职业技能培训规划，加强省级家庭服务职业培训示范基地建设，依托其开展家庭服务业师资和从业人员培训，并积极争取财政和相关处的支持，将职业培训

示范基地奖补资金和家政人员培训补贴列入就业创业省级资金支出范围。

二是建立家庭服务机构及从业人员实名统计系统，借助省级公共就业人才信息化系统升级改造，设计完善相关的统计指标和系统，同时列入就业考核范围。

三是研究指导家政人员持证上岗相关制度，依托家庭服务机构及从业人员实名统计系统，实现家政服务机构和家政员可查询、可追溯、可评价。

四是推进我省家庭服务业建章立制，依托省家庭服务业标准化技术委员会，抓紧研究制定我省家政服务业机构及家政服务人员的相关服务标准及管理办法。

五是深入推进我省与重庆市、贵州省、甘肃省家政服务劳务对接工作。指导济南、青岛、烟台等中心城市继续深入推进家政服务劳务对接工作，增加家政服务有效供给，引导农村建档立卡贫困劳动力到家政服务行业就业，实现精准脱贫，力争取得实效。

同时，应开展家庭服务业示范企业创建。选择部分不同规模、不同类型的企业，在新业态应用、诚信体系建设、服务技能规范等方面加以扶持引导，培育龙头示范企业并在全省加以推广，引导家庭服务业向诚信、便民、规范、优质方向转型。落实好商务部“百城万村”家政扶贫工作。指导和督促参与“百城万村”家政扶贫企业按照部里要求，建立与对口贫困县的联络机制，组织供需对接，支持开展相关培训，促进贫困县农村富余劳动力就业，同时缓解我省家政服务供不应求的矛盾。

（于淑丽）

第八章
山东省人力资源服务业发展报告

一、山东省人力资源服务业发展现状

人力资源服务业促进就业工作主要现状有以下几个方面：

（一）出台政策措施，引领推动产业发展

围绕推动人力资源服务业转型升级主线，立足我省实际，结合人社部《人力资源服务业发展行动计划》，研究制定了《山东省人力资源服务业转型升级实施方案》。《实施方案》客观分析了我省人力资源服务业发展现状和存在的问题，对宏观发展趋势进行了预判，提出了下一阶段的发展目标、着力方面以及发展措施，为今后的产业发展奠定了新的基础。

（二）推进园区建设，扩大产业集聚效应

根据各地实际，以促进人力资源服务业集聚发展为抓手，以推动区域人力资源服务业整体发展为目的，采取多种形式，统筹协调省级人力资源服务产业园建设。在已建成1家国家级和7家省级人力资源服务产业园的基础上，2017年，新建济南市高新（国际）人力资源服务产业园、青岛国际人力资源服务产业园、枣庄人力资源服务产业园、德州市人力资源服务产业园4家省级人力资源服务产业园。为加快推进全省人力资源服务业健康快速发展，省人社厅组织开展了2017年度省级人力资源服务业发展资金重点扶持项目申报遴选工作，公示省级人力资源服务产业园、“2017年度全省人力资源服务业十强机构”和“全省人力资源诚信服务示范机构”。全省范围内的人力资源服务业集聚能力进一步提升，有效地促进了人力资源服务业的素质提高。

(三)支持举办峰会论坛，拓展行业影响力

积极发挥现有产业园平台作用，烟台、淄博、威海、东营、潍坊等地依托产业园区组织峰会论坛，开展拓展活动。其中，中国烟台人力资源服务产业园第三次成功举办“2017 中国人力资本论坛(烟台站)”，吸引了 800 家国内百强企业、上市公司和知名外企，1200 位人力资源高管、业界权威、行业媒体、专业人士参会，为我省各类企业提供了与人力资源领军机构互动交流的平台，更新了观念，开拓了视野。各项活动的成功举办有效提升了我省人力资源服务领域发展意识和发展空间，进一步扩大了人力资源服务行业社会知晓度。

(四)推进诚信体系建设，营造良好环境

结合人社部工作安排，组织开展了我省人力资源服务机构诚信服务主题创建活动，择优推荐 22 家人力资源服务机构参评“全国人力资源诚信服务示范机构”，最终 10 家机构获批“全国人力资源诚信服务示范机构”，位居全国前列。组织开展全省人力资源诚信服务示范机构和全省人力资源服务业十强机构评选工作，对信用状况良好，信用管理制度健全，具有较强影响力、较高知名度和社会认可度的人力资源服务机构给予褒奖，新命名省级诚信服务示范机构 20 家，人力资源服务业十强机构 10 家。目前，全省共有 16 家机构获评国家级诚信示范机构称号，86 家机构获评省级诚信示范机构称号，全省人力资源服务机构的诚信自律意识和社会影响力显著增强。

(五)加强队伍建设，提升从业人员整体素质

为加强人力资源服务业人才队伍建设，营造人力资源市场发展法制环境，分别在全省各市举办了 12 期全省人力资源服务从业人员培训班，针对《条例》解读、市场监管、人力资源服务业发展以及专业实务等方面对监管、从业人员共 2000 余人进行了培训。

二、山东省人力资源服务业发展存在的问题

党的十九大提出，要着力加快建设实体经济、科技创新、现代金融、人力资源协同发展的产业体系；在人力资本服务等领域培育新增长点、形成新动能，这对我们推动人力资源服务转型升级提出了新的更高要求。我省新旧动能转换重大工程和社会发展对更高质量和更高层次的人力资源服务需求将持续扩大。人力资源服务业发展迎来重大发展机遇，市场空间巨大。另外，人力资源服务业发展在迎来爆发式增长的同时，也将面临更加激烈的区域间竞争。当前，我省人力资源服务业发展由于起步较晚，以及部分地区重视程度不够等原因，明显存在各地发展不平衡不充分问题，整体上规模较小、机构实力不强、行业组织建设滞后，与发达地区相比，仍有不小差距，需要各地从产业发展和基础建设的角度，给予高度重视，进一步加大推动力度，以免形成影响我省经济社会中长期发展潜力的人力资源配置和人力资源服务等基础性短板，进而影响我省综合竞争实力。

三、山东省人力资源服务业下一步工作思路及建议

立足提升产业质量规模，服务新旧动能转换，强化政府责任，通过促进产业集聚发展，培育人力资

源服务骨干企业，加强行业人才队伍建设，鼓励业态创新等措施，推动我省人力资源服务业跨越式发展，是我省人力资源服务业的下一步主要工作思路。

一是贯彻落实《人力资源服务业发展行动计划》和《山东省人力资源服务业转型升级实施方案》。按照《条例》要求落实各级政府发展人力资源服务业主体责任，紧密结合区域经济社会发展实际和中长期规划，将人力资源服务业作为发展现代服务业的重要领域，通过政策引导、资金扶持、环境营造，采取积极有效措施，推动区域人力资源服务业发展壮大，提升市场人力资源服务产品供给能力和供给水平。

二是加快建设人力资源服务产业园，打造产业集群效应。按照因地制宜、合理布局的原则，充分考虑经济发展水平和区域辐射能力，统筹规划建设省级人力资源服务产业园，通过推动人力资源服务业走上集聚化发展、园区化发展的轨道，快速提升我省人力资源服务业发展水平和发展质量。

三是加快培育骨干企业，鼓励创新发展。强化对技术含量高、创新能力强、业务规模大、市场前景好的优质人力资源服务企业的支持力度，鼓励企业跨省、跨国经营，服务一带一路建设，支持企业通过创新、合作、融资、上市等方式做大做强，加快培育一批实力雄厚、影响力大、核心竞争力强的人力资源服务企业集团。

四是加快培育行业组织，提升行业自律发展能力。积极指导、大力支持人力资源服务行业组织规范化建设，逐步建立起全省性人力资源服务业行业组织，构建政府依法监管、行业自律成长、市场有序竞争的发展环境。

（马莉亚）

第九章
山东省信息服务业发展报告

一、山东省信息服务业发展现状

2017 年，山东省信息服务业发展良好，其中通信服务业整体保持了平稳较快的发展势头，电子商务发展迅速，软件和信息服务实现快速发展。

（一）通信服务业发展现状

2017 年，山东通信业整体保持了平稳较快的发展势头，主要发展指标排名靠前。电信业务总量高速增长，电信业务收入涨幅稳步提升，用户规模持续扩大，行业转型升级步伐加快，提速降费效果明显，行业发展呈现出持续向好的发展态势。

1. 行业整体保持平稳较快发展，规模稳居全国前列

一是业务总量高速增长，业务收入增速提升。2017 年全年，山东联通、移动、电信各运营公司共完成电信业务收入 678.2 亿元，比上年同期增长4.6%。完成电信业务总量 1498.4 亿元，比上年同期增长 76.5%。电信业务总量、电信业务收入均居全国第四位。参见图 1 和图 2。

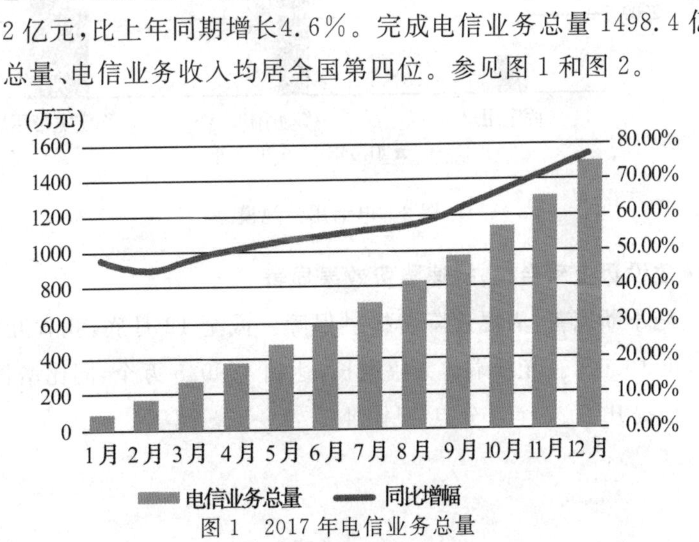

图 1　2017 年电信业务总量

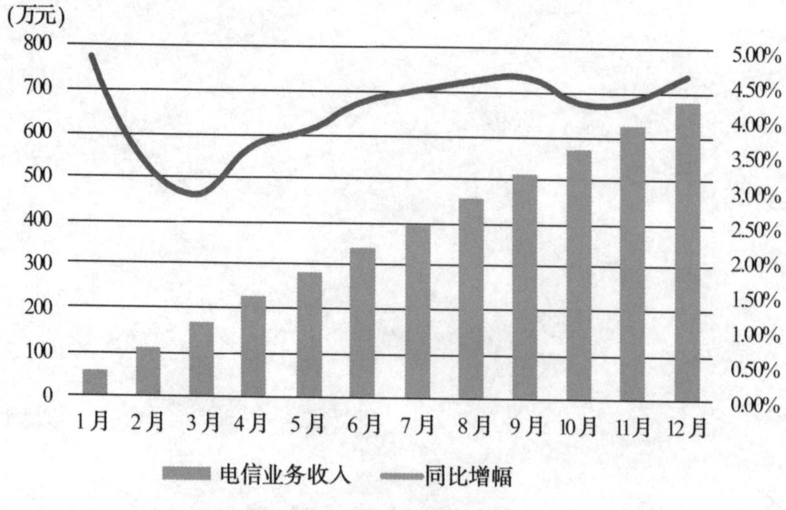

图 2　2017 年电信业务收入

二是固定电话用户继续下降，移动和宽带用户持续增长。截至 12 月底，全省电话用户总数为 10827.8 万户，居全国第二位。其中固定电话用户 884 万户，同比减少了 8.9%；移动电话用户 9943.9 万户，增长 3.6%，居全国第二位。互联网宽带用户达到 2588.7 万户，同比增长 9.4%，居全国第三位（见图 3）。

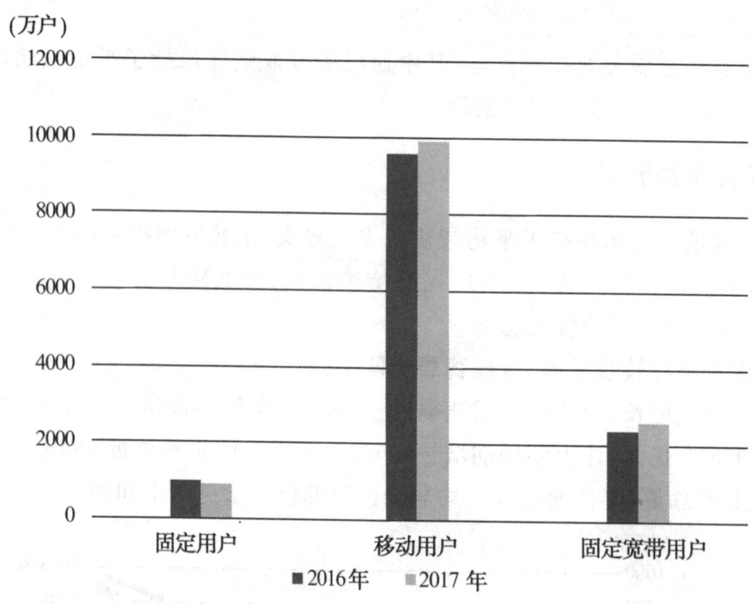

图 3　电话用户规模

2. 通信基础设施建设迈上新台阶，提速降费效果显著

一是宽带基础设施不断完善，为提速降费提供保障。截至 12 月底，我省互联网宽带接入端口达 5596.9 万个，同比增长 19.6%。光纤端口大幅增长，达到 4699.5 万个，同比增长 76.6%，在宽带端口中占比达 84%，较年初提升了 27 个百分点（见图 4）。

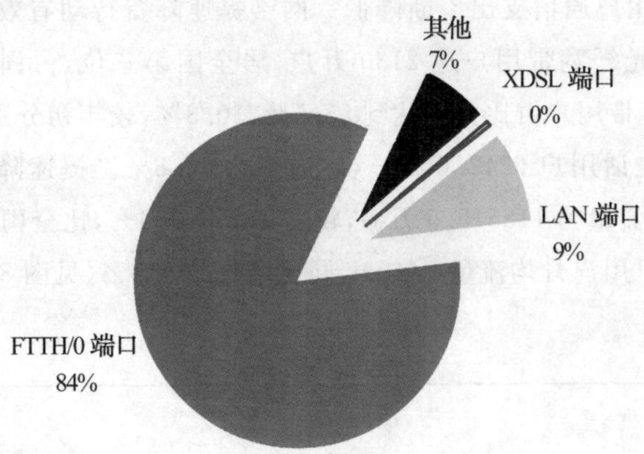

图 4　互联网宽带接入端口

高带宽接入端口增长迅速，城市 50M 及以上的宽带接入端口、农村 20M 及以上的宽带接入端口分别达到 2423.9 万个、2509 万个(见图 5)。

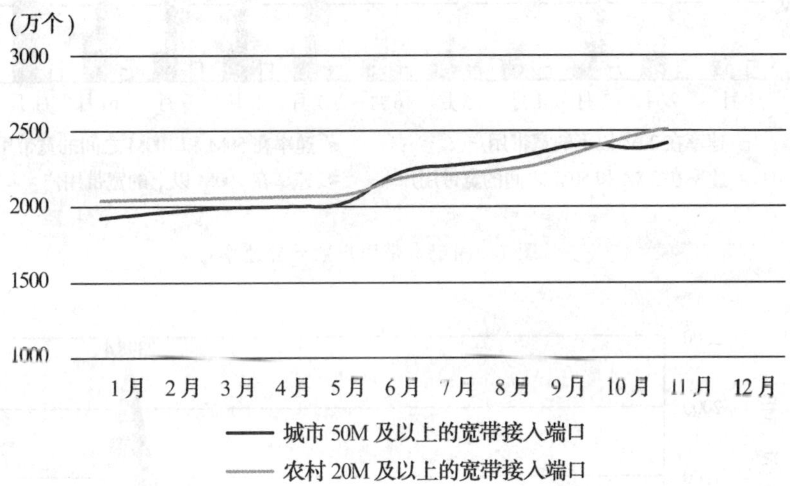

图 5　高带宽端口

4G 网络不断完善，基站总数达 18.5 万个，同比增长 19.8%，基本实现行政村 4G 网络的全覆盖(见图 6)。

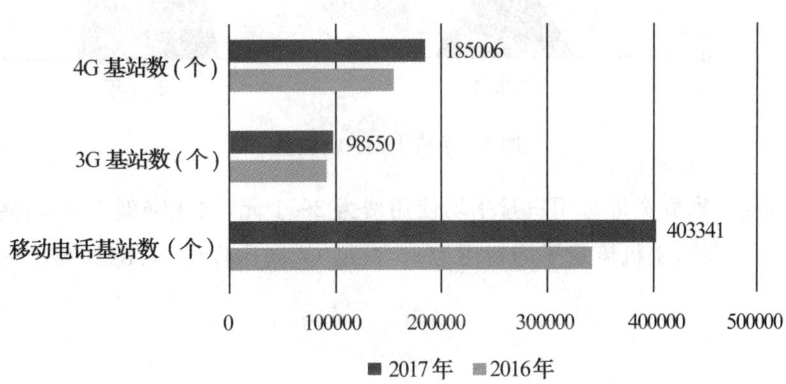

图 6　移动电话基站

二是提速降费效果显著，用户通信支出不断降低。网络提速降费行动有效推动了宽带用户结构的优化，至 2017 年年底，我省光纤宽带用户达 2130 万户，居全国第三位，占固定宽带用户的比重达 82.3%。50M、100M 以上高宽带用户占比分别达到 55.5%、30.3%，较年初分别提升了 40.7 个、24.7 个百分点(见图 7)。4G 移动电话用户 6242.6 万户，渗透率达 62.8%。提速降费还促进了信息消费的增长，2017 年全省手机上网流量为 118515.9 万 G，较上年增长 203%，比全国平均水平高 22.9 个百分点。2017 年 12 月，我省手机用户月均流量 2.4GB，同比增长 209.5%(见图 8)。

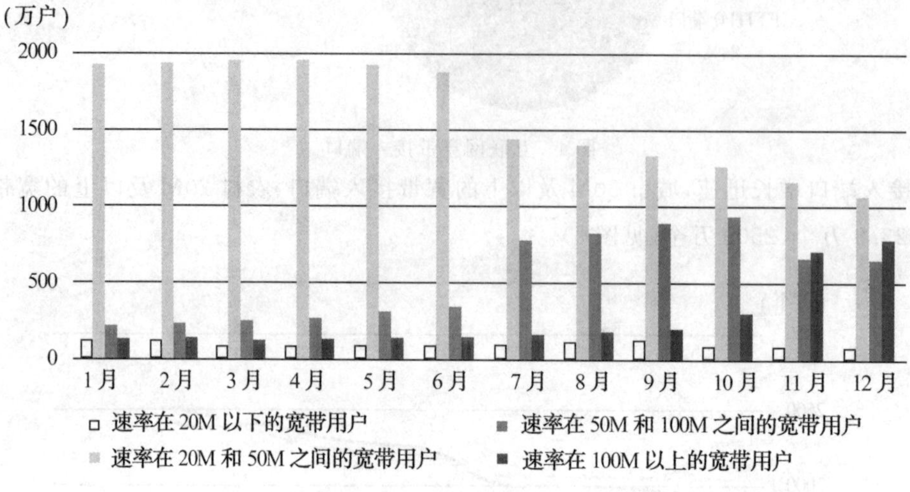

图 7　固定宽带用户数—分速率

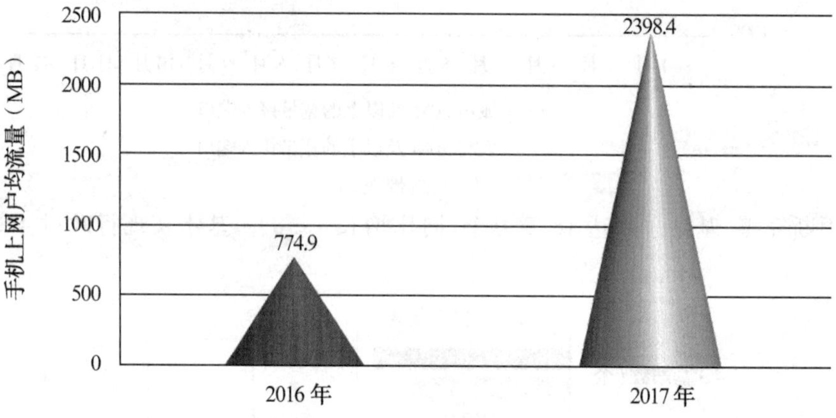

图 8　手机上网户均流量

截至 12 月底，我省家庭宽带每用户月平均使用费为 29.1 元，同比降低 7.5%，高于全国平均 2.7 个百分点，列全国第 30 位；手机流量平均费用为 25.3 元/G，同比降低 54.8%，高于全国平均 0.4 个百分点(见图 9)。

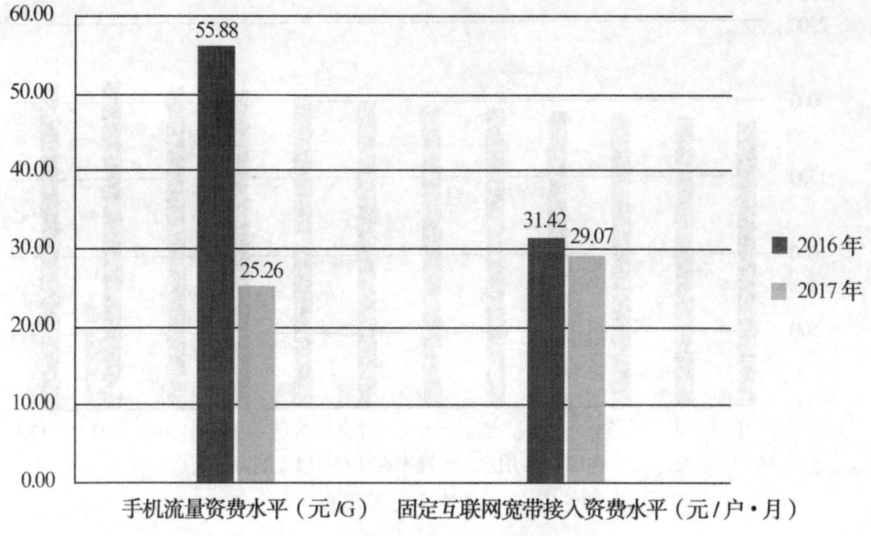

图9　互联网上网资费

3. 转型升级效果显现，新动能拉动增长

一是2G、3G用户加速向4G迁移，高带宽用户增长迅速。2017年，我省固定电话用户数减少了8.9%，3G用户减少了25.9%，4G用户新增1595万户，增速达到34.3%，在东部省份中增速列第一位。固定宽带用户中，高带宽用户快速增长，100M以上用户达到783.4万户，占比达到30.3%，较年初提升了24.7个百分点。我省移动宽带用户普及率、固定宽带家庭普及率分别为72.8%、71%（全国为81.8%和72.1%），较年初提高了12.9个百分点、7.8个百分点（见图10、图11和图12）。

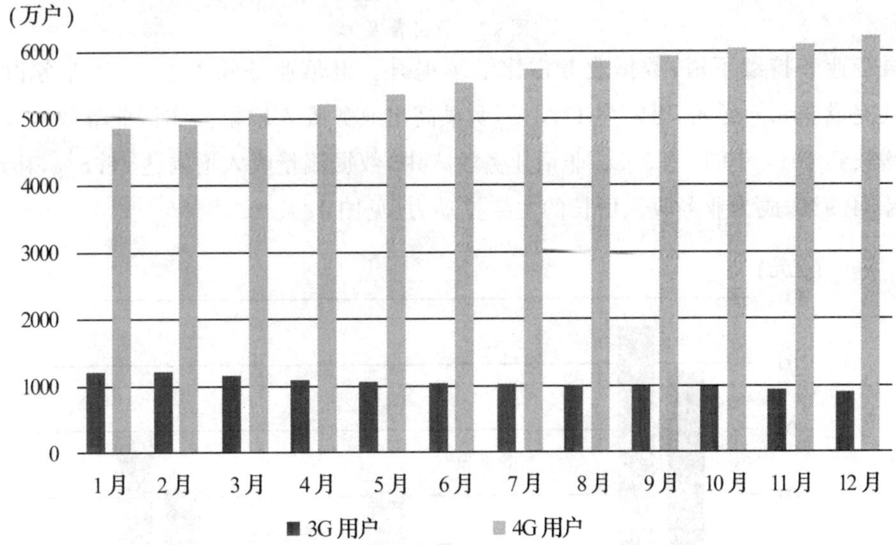

图10　2017年3G、4G用户

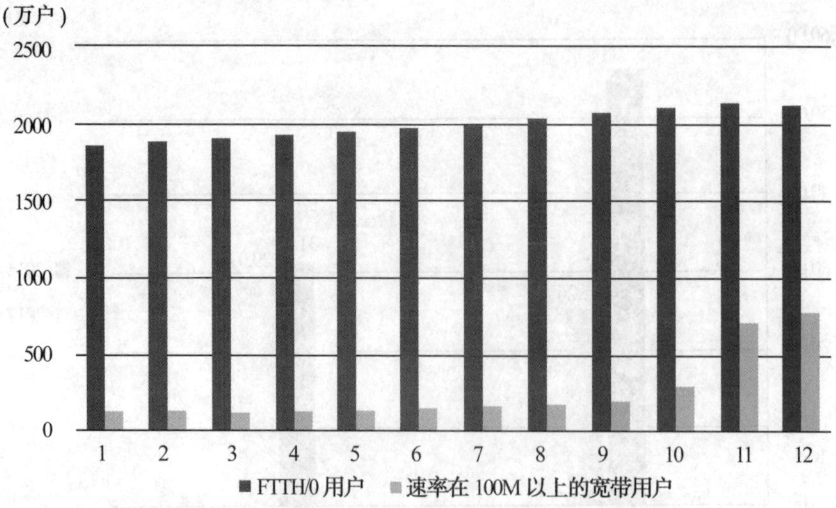

图 11　高速率宽带用户

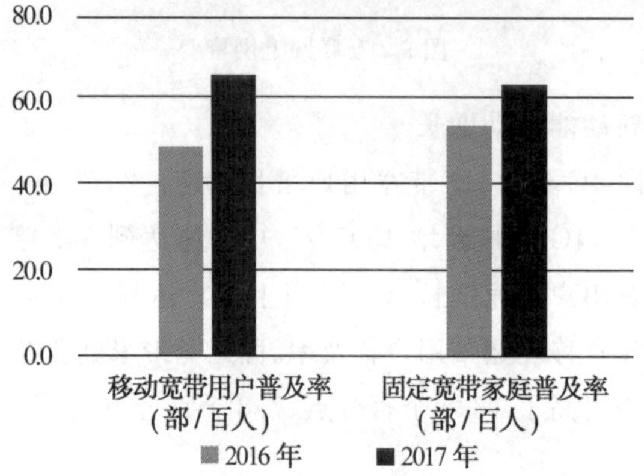

图 12　宽带普及率

二是语音业务持续下滑，数据业务占比继续提升。电信业务收入中，非话业务占比持续增大，2017 全年共完成 555.6 亿元，增幅为 12.8%，明显高出业务收入增幅。非话业务收入比重从 2016 年的 73.8%增长到 2017 年的 81.9%。非话业务收入中，数据流量收入增幅达 26.8%，移动数据及互联网收入增幅 34.9%，成为业务收入增长的主要拉动力(见图 13)。

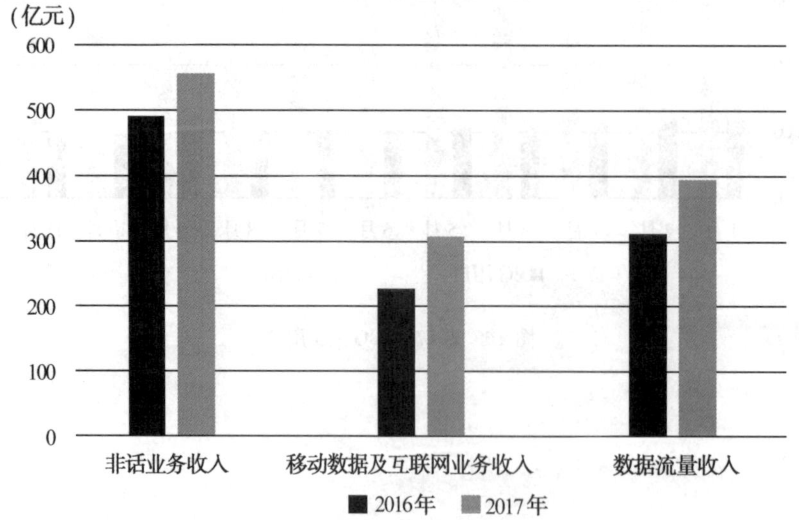

图 13　新业务收入增长

(二)电子商务发展现状

电子商务快速发展。7个县入围国家电子商务进农村综合示范工程,省级电子商务示范县、示范基地、示范企业分别达到50个、37个和90个,90%以上的涉农县建成电商服务中心,潍坊获批启动"国家农商互联标准化示范市"创建活动。支持60家企业借助电商平台,塑造外贸产品内销品牌、传统产品知名品牌、山东名优电商品牌。天猫、苏宁、京东"鲁产名品馆"产品上行启动运行。组织举办"中国淘宝村高峰论坛""齐鲁电商节""跨境电商峰会"等,电商买入卖出比由1∶0.73上升到1∶0.8。坚持以电商引领新经济,省政府与阿里巴巴签署协议,在传统产业转型升级、创新创业平台建设、普惠金融等领域开展全面战略合作。

(三)软件和信息服务业发展现状

软件和信息服务业实现快速发展。2017年,全年完成软件和信息技术服务业务收入4800亿元,增速14%左右。5家企业入围2017年中国软件百强,其中海尔、浪潮、海信分别列百强第2、3、5位;5家企业入围2017中国软件和信息技术服务综合竞争力百强,浪潮列百强第5位。大数据产业规模达到630亿元左右,较2016年增长26%。

全面促进软件产业健康发展。一是进一步优化产业发展环境。起草《关于支持首版次高端软件创新与推广应用的指导意见》,会同省财政厅、保监局研究开展首版次软件认定和保险补偿工作。二是全面做好政策宣贯。引导符合条件的企业申请企业所得税和增值税减免政策。2018年惠及我省111家软件企业,共享受所得税减免2.51亿元。三是深入实施"四名"战略。支持济南市建设高水平中国软件名城,协助青岛市启动中国软件名城创建工作。2017年11月初,青岛市成为工信部正式发布《中国软件名城管理办法》后全国首个"中国软件名城"创建试点城市。四是抓好基础提升工作。启动新一轮省级软件园区、中心申报工作,新认定5家省级软件产业园区和10家技术中心。

推进大数据和云计算产业加快发展。一是印发《关于促进我省大数据产业加快发展的意见》,起草完成《关于加快云计算产业发展的指导意见》,做好全省大数据发展的顶层设计。二是积极推动并支持济南、青岛两市申报国家大数据综合试验区,加快布局大数据产业。引导济南市启动"数创公社"建设,发布《济南市"数创公社"2020发展行动计划》。三是首批确立了3个省级大数据产业集聚区、20个大数据重点企业和30个大数据优秀产品和解决方案。推荐25个优秀大数据产品和解决方案参与工信部组织的优秀产品征集。

二、山东省信息服务业发展存在的问题

2017年,我省通信行业规模继续保持领先地位,部分指标增速明显。但同时也应该认识到,与先进省份相比,尚存在一定不足:我省电信业务总量增速基本与全国平均水平持平,但业务收入增速低于全国1.8个百分点;50M、100M的高带宽用户占比较低,分别低于全国平均14.5个、8.6个百分点;移动宽带用户普及率低于全国平均水平9个百分点;城乡差距特别是在4G覆盖方面仍然存在。

信息服务业发展的结构不优。我省信息服务业的发展仍处于初级阶段,信息内容服务业还滞后于信息技术的应用和发展。从信息服务业的构成来看,通信、软件以及互联网服务在整个信息服务业

中所占比重依旧较大，而数字经济、数据经济等在信息服务业中所占比重较低。在信息服务业“内容为王”“消费至上”的浪潮中，山东信息消费产业引领发展的能力不足。

三、山东省信息服务业下一步工作思路及建议

我省通信业的改革、发展和管理工作任务艰巨，责任重大。山东省信息服务业的发展应重点抓好以下工作：一要突破发展大数据产业。抓好大数据产业发展载体建设，培育一批大数据产业集聚区，抓好一批大数据重点骨干企业。开展大数据产业项目试点示范，通过试点先行、示范引领，总结推广可复制的经验和做法。研究出台《关于促进我省云计算产业加快发展的意见》，夯实大数据产业发展的平台基础。二要重点支持软件产业发展。深入实施“四名战略”，创建一批软件名城、名园、名企、名品。突出发展工业软件，提升工业软件创新能力，引导软件企业围绕数控机床、工业机器人、大型动力装备等关键领域进行技术攻关，开发工业大数据分析应用软件。抓好首版次软件工作，尽快出台《关于支持首版次高端软件加快推进软件产业创新发展的指导意见》，对首次采购或首次使用首版次软件的省内单位按一定比例给予资金补助。

同时，2018 年将重点推进国家电子商务进农村综合示范试点，深化与阿里、京东、苏宁在新零售战略合作，开展“电商小镇”、示范基地、示范企业创建活动，引领电商集聚创新发展。

（张学辉）

第十章
山东省科技服务业发展报告

一、山东省科技服务业发展现状

2017年，省科技厅进一步完善促进科技服务业发展的政策体系，稳步推进技术研发、技术转移、创业孵化、知识产权等相关工作，取得明显成效。全省培育各类科技服务骨干机构达到1361家，为科技服务业发展提供了重要支撑。

(一)加强创新平台体系建设，推进创新资源的开放共享

一是强化省级技术创新中心布局，在碳纤维、智能农机、生态纺织等领域建设技术创新中心，集聚创新资源，打造综合性技术创新平台，引领产业创新发展。目前，除全国唯一一家国家技术创新中心——高速列车技术创新中心外，我省共建设省级技术创新中心5家，同时，在医疗器械、燃料电池、合成生物等领域积极推进技术创新中心建设。二是加强工程技术研究中心、重点实验室等科技创新平台的绩效评估，积极推动平台强化科技研发、科技成果转移转化、开放服务，提升全省现代服务业创新发展水平。截至2017年年底，全省共有国家工程技术研究中心36家，国家重点实验室20家，拥有省级重点实验室244家，省级工程技术研究中心1081家，其中省级示范工程技术研究中心371家。三是积极推进创新公共服务平台建设。投入7220万元，支持74个省级创新公共服务平台建设，不断提升公共技术服务能力，为我省重点产业技术创新、科技创新创业等提供支撑。四是强化大型仪器设备的共享共用。通过创新券鼓励科技型中小微企业加强科技研发。1540家左右中小企业使用创新券12500余次，补助经费3800万元。五是搭建创新竞技平台，推进创新创业。省科技厅会同省财政厅、山东银监局、省知识产权局共同组织实施“山东省中小微企业创新竞技行动计划”，加强对创新能力强、成长性好的科技型中小微企业进行重点培育，在先进制造、新材料、电子信息等8个竞技领域，为

6000家(个)企业和团队提供培训、辅导、咨询和对接等服务,帮助236家企业和41个创新创业团队脱颖而出,推动银行机构与167家次企业达成16.2亿元合作意向,85家企业与23家投资机构初步达成约3亿元的投资意向。六是加强大学科技园建设,出台了《关于进一步加强山东省大学科技园建设的实施意见》和《山东省大学科技园管理办法》,进一步强化大学科技园在促进产学研融合、技术成果转化、双创人才培养、服务区域经济等方面的重要作用。

(二)强化科技成果转移转化体系建设,畅通科技成果转化为现实生产力的渠道

科技部正式批复了我省建设济青烟国家科技成果转移转化示范区,初步建立了以省科技成果转化服务平台为核心,数据标准、品牌标识、管理制度和服务规则相统一,覆盖省、市、县三级的网上技术交易平台体系。在巩固扩大现有实体技术市场规模的同时,形成了以省技术成果交易中心、技术转移转化中心为统领,青岛、淄博、济宁等各市级市场为枢纽,山东省农科院农业技术成果转移中心、寿光果菜品种权交易中心等专业性市场为支撑,线上、线下相互融合,省、市、县(区)三级联动,全省统一、区域性与行业性纵横交错的技术市场体系。2017年,省属高校已建立科技成果转移转化服务机构20个,研究开发机构381个,科技成果转化服务平台31个。累计成功申报32家国家技术转移示范机构、4家创新驿站,编制了全省技术经纪人培训教材,培育了中介服务机构200多家,培养技术经纪人2000多人。全年登记技术合同超过25000项,成交金额541.61亿元。

(三)提升创新创业孵化体系专业化水平,打造龙头骨干企业

以激发创新创业活力、满足创新创业需求为导向,通过加强专业化高水平的创新创业孵化载体建设,培育多元创新创业主体,完善创业服务功能,形成了专业化的创新创业孵化体系。一是通过开展品牌科技孵化载体培优,积极落实国家税收优惠政策,加强科技孵化载体从业人员培训等有力措施,提升创新创业孵化器专业化水平。迪尚集团、浪潮集团的众创空间成功入选国家级专业化众创空间。各类专业化众创空间已达68家,拥有国家专业化众创空间5家,数量保持全国第一。二是围绕技术创新链条各个环节,着力引进和培育研究开发、技术转移、检验检测认证、标准制定、创业孵化、科技咨询、科学技术普及等专业科技服务机构,培育和发展电子商务、技术交易、科技服务外包等新型科技服务业态,在服装时尚设计、大数据、乘用车自动变速器、医学检验自动化、互联网+品牌的打造、特种设备等专业细分领域汇聚相关产业的国内外创新资源,构建了产业、创新和孵化链条,协同产业链条上下游企业和团队创新创业,提升了科技型创新创业专业化服务的供给能力。山东省各类科技企业孵化器达到442家,其中省级以上科技企业孵化器203家;全省各类众创空间达到681家,其中省级以上备案的众创空间443家。2017年度全省各类孵化载体聘请创业导师9525人,服务创业团队23809个,在孵企业数量达31243家,举办创新创业活动16676场,开展创业教育培训10080次,开展国际交流活动376次,创业团队和企业吸纳就业338837人,其中吸纳应届毕业大学生就业82704人。全省各类创业孵化载体累计孵化毕业企业8357家,累计上市或挂牌企业472家。海尔集团、盛瑞传动等创新引领型企业主导建设“双创”平台,带动中小企业协同共生、融通发展,其中海尔“海创汇”的人人创客模式,汇聚1333家风险投资机构、12亿元创投资金,合作共建108家孵化器,超过100个小微企业年收入过亿元,李克强总理对此给予了充分肯定。

(四)强化知识产权服务体系建设,提升知识产权创造、运营和保护水平

一是从建设知识产权综合公共服务平台、培育知识产权服务业集聚区、培育知识产权服务品牌、培养知识产权服务人才四个方面入手,全面提升全省知识产权服务业水平。烟台、东营、潍坊知识产权保护中心获得国家知识产权局批复,有效提升了区域知识产权审批效率和保护力度。二是积极构筑知识产权服务业区域发展优势,充分发挥知识产权质押融资风险补偿基金引导作用,进一步扩大了知识产权质押融资规模,有效带动了专利保险、知识产权证券化等新兴知识产权金融服务业态发展。2017 年共办理专利权质押 350 余项,融资额近 40 亿元,位居全国前列。三是与济南高新区管委会合作开展了山东省知识产权公共服务平台暨山东齐鲁知识产权交易中心建设,初步建立了符合市场价值规律、体现知识产权核心价值的知识产权价值评估指标体系,在有效促进知识产权转化实施和市场化流转方面起到了积极的作用。四是积极扶持培育知识产权服务机构,制定并印发了《关于鼓励全省专利代理机构服务创新发展的暂行意见》,加强对执业专利代理机构和代理人的服务、培训和监督管理,带动知识产权服务业整体服务能力提升。2017 年,全省新增专利代理机构 6 家,新增执业专利代理人 49 人,全省专利代理机构数量达到 66 家,分支机构 94 家,执业专利代理人达到 564 人,全省专利代理服务业区域布局更加合理。

(五)开展区域试点示范,打造区域创新创业服务样板

在山东半岛自主创新示范区积极开展科技创新服务业区域试点、海洋新兴产业组织和知识产权管理体制机制的创新示范工作。发挥青岛海洋科学与技术国家实验室的作用,牢牢把握“以蓝色经济引领转型升级”的战略定位,以深化体制机制改革为动力,大力发展科技服务业,营造创新创业环境,着力打造全省科技创新创业服务业样板区。新增省级以上创新创业服务机构 17 家,新增创业投资机构 22 家,技术交易额超过 100 亿元,同比增长近 100%。示范区已拥有产业技术研究院 20 余家,科技企业孵化加速载体 60 多个,孵化面积达 450 余万平方米,累计孵化企业近万家。创业金融服务体系不断完善,科技信贷、天使投资及多层次资本市场持续发展,累计集聚了 300 多亿元的创业资本。

二、山东省科技服务业发展存在的问题

与经济社会发展的需求相比,我省科技服务业发展还存在很多困难和问题。一是科技服务机构多为企业、科研院所、高校内设机构,独立开展社会化服务的积极性不高,专业化服务和市场运营能力还不强。二是创意工业设计、知识产权深度开发等新型科技服务业发展不足,整体技术水平较低。三是科技与金融结合不紧密。金融对科技创新及科技服务业支撑不强,风险投资和科技担保机构数量少、资金规模较小。四是区域发展不平衡,西部经济隆起带科技服务业发展相对滞后。

三、山东省科技服务业下一步工作思路及建议

以深化科技体制改革为动力,以满足科技创新和产业发展需求、为新旧动能转换提供支撑为导向,加强培育科技服务市场主体,加快科技服务模式创新,积极构建服务机构健全、产业链条完善、新

兴业态活跃、组织形式新颖、布局科学合理的科技服务业体系。科技成果转化机制更加健全，创新创业环境日趋完善，全省科技服务业产业产值超过6000亿元，全省培育各类科技服务骨干机构超过1500家。重点做好以下工作：

第一，完善资源开放共享的创新公共服务平台体系。进一步促进技术创新中心、重点实验室和工程技术研究中心等研发平台资源的开放，以“创新券”为手段鼓励科技型中小微企业充分利用大型科学仪器设备开展科技创新，积极培育新型公共创新服务业态。

第二，完善专业化的创新创业孵化体系。实施科技企业孵化器（众创空间）专业聚焦行动计划，引导孵化器、众创空间向专业化、精细化方向升级。强化科技企业孵化器管理，推进国家和省众创空间备案工作。建立和完善科技企业孵化器绩效评价体系，深入开展创新创业宣传活动。鼓励建设以高校为主体、科研为纽带的大学科技园，加速高校科技成果转化。

第三，推进科技成果转移转化。积极推动山东省技术成果交易中心和山东省技术转移转化中心建设，培育区域性市场和专业型技术市场，完善省、市、县统一的技术转移转化体系，大力促进创新成果同产业对接、创新项目同现实生产力对接，探索具有山东特色的科技成果转化机制和模式。积极推进济青烟科技成果转移转化示范区建设，打造科技成果转移转化策源地、海洋科技成果转移转化集聚区和绿色农业科技成果转移转化高地。

第四，构建多元化的投融资体系。建设省级科技金融综合服务平台，加快区域性科技金融服务平台或一站式服务中心布局，推动科技金融和创新服务的信息共享和协同配合。强化知识产权质押融资，完善省级科技成果转化贷款风险补偿机制，撬动信贷资金支持科技型中小微企业创新发展，构建覆盖种子期、初创期和发展期科技型企业融资需求的科技创新投资体系。

第五，推动知识产权创造、运营和保护。积极推进知识产权保护中心建设，构建知识产权快速协同保护机制。加强对知识产权社会服务机构管理力度，扶持知识产权服务机构做大做强，结合当前知识产权服务业发展热点，积极推动全省知识产权服务业转型升级。积极开展专利导航工程，为区域、产业、企业优化创新路线提供依据，规避知识产权风险。推广企业知识产权管理规范标准化，完善企业知识产权管理制度，大力培育知识产权密集型企业。

第六，完善企业创新服务体系。做好技术先进型服务企业认定工作，深入落实减按15%的企业所得税优惠等政策，为加快发展服务贸易提供支撑。深入实施山东省中小微企业创新竞技行动计划，探索政府搭台、银行和社会资本共同支持中小微企业创新发展的新模式，培育一批能够实现跳跃式发展的科技小巨人企业。

有关科技服务业发展的几点建议：

一是建立完善科技服务业的统计体系。依据国家科技服务业分类标准和指标体系，统计部门会同相关部门和行业协会建立完善科技服务业统计报表制度，按照国家统一部署组织实施。

二是在积极推动服务业人才队伍建设的同时，强化激励措施，推动科研机构、高等院校服务人才走向市场，创办服务机构特别是科技服务机构。

三是强化对西部经济隆起带服务业发展的支持，在制定相关政策和措施的时候给予适当倾斜，营造全省相对均衡的产业发展环境。

（王同庆）

热点篇

然点篇

第一章

平台经济发展研究报告

一、平台经济总体发展综述

互联网时代“平台经济”的崛起为我们提供了至关重要的选择，它可以把“生产”和“消费”两端、“产品”和“服务”两个环节有机结合起来，故而对维系经济增长，激励创新活动举足轻重。进一步说，在技术突破日新月异、商业模式层出不穷的今天，“平台经济”已经成为一种显著的技术、经济和社会现象。

根据阿里研究院2017年发布的《数字经济2.0报告——告别公司，拥抱平台》显示，近年来平台经济体发展迅速，以2016年12月23日价格计算，十大平台经济体（苹果、谷歌、微软、亚马逊、脸书、阿里巴巴、腾讯、Priceline.com、百度、Netfix）市值超十大传统跨国公司（伯克希尔·哈撒韦、埃克森美孚、强生、摩根大通、通用电气、富国银行、美国电话电报公司、宝洁、雀巢、沃尔玛）。十大平台经济体中，中国占三席。未来5年，将可能出现首个交易额过6万亿元人民币的平台经济体和首个市值过万亿美元的平台经济体。

（一）发展背景

平台经济是一种区别于农业经济、工业经济的新兴经济形态，是后工业社会基于互联网进行资源分配、生产和消费的网络化经济形式。平台经济源于20世纪70年代的信息技术革命，兴起于20世纪90年代现代通信、电子计算机和现实资源网络的相互渗透。互联网信息技术的快速发展突破了沟通交流的空间限制，催生了网络虚拟交易平台、平台产业、平台经济的兴起。电子支付技术和现代物流服务又给金融交易和货物交易带来极大的便利。在国际和国内，近十年来基于网络虚拟平台的产业发展和融合已经形成巨大的规模，其中以电子商务平台为代表的各类平台服务越来越深入到人们的工作和生活之中，在改变企业营销方式和人们消费方式的同时，也产生了一大批网络虚拟平台型企业，如国外的谷歌、苹果、脸谱和国内的阿里巴巴、百度、腾讯等。随着平台型企业影响力的逐渐扩大，平台型产业乃至平台经济不断形成和发展。

玛丽·米克尔发布的《2017年全球互联网趋势报告》指出，截至2017年，按照市值计算的全球大的互联网公司均为平台型公司，其中美国有12家，中国有7家，日本有1家。互联网平台的力量可见一斑。近年来，平台经济的崛起则是互联网技术与应用强力渗透的结果。相互依赖的不同群体因平台而聚合在一起，平台促进了群体间的高效互动，创造了独有价值。

1. 平台经济的内涵

平台经济近几年得到迅猛发展，而国内对平台经济的研究刚刚起步。作为新生事物，"平台经济"是一个发展的概念，内涵丰富且不断变化。因此，目前国内外尚缺乏对平台经济的清晰定义和明确定位。

要全面和准确把握"平台经济"这一概念，首先需要厘清平台、平台型企业之间的关系。目前，学界对平台理论比较统一的认识主要是以网络、电子信息技术为基础形成的虚拟空间，或者也可以是一个实体空间，比如一个小园区等。所谓平台型企业，主要被理解成为平台的载体型企业，是平台的组织方和构建方，这种载体型企业通常能够成为某一领域的龙头型企业。平台型企业往往以虚拟或实体平台为载体，通过沟通上下游产业链或者厂商和消费者，使关联方增值，并实现平台自身的价值增值。在"平台""平台型企业"概念的基础上，学界总结了"平台经济"的概念，主要理解为基于虚拟或现实空间，以平台型企业为主导，通过整合各关联方力量，与平台各方一起组成的新的经济生态系统。这种经济生态系统形成新的核心竞争力，实现平台各方彼此价值增值。

对"平台经济"概念的理论来源，国内外相关研究通常是在"双边市场"的内涵下进行，认为双边使用群体通过使用平台使彼此受益，形成平台经济。信用卡市场、在线拍卖平台、在线销售平台等都属于平台的范畴，通过这些平台，实现了市场信息的集聚和交易的集中。总的来说，所谓平台就是为合作参与者和客户提供一个合作和交易的软硬件相结合的场所或环境。平台经济是指一种虚拟或真实的交易场所，平台本身不生产产品，但可以促成双方或多方供求之间的交易，收取恰当的费用或赚取差价而获得收益的一种商业模式。

具体来说，其概念内涵包括：

第一，平台经济是一个双边或多边市场。平台企业一边面对消费者，一边面对商家。平台经济通过双边市场效应和平台的集群效应，形成符合定位的平台分工。在这个平台上有众多的参与者，都有着明确的分工，都可以做出自己的贡献，每个平台都有一个平台运营商，它负责聚集社会资源和合作伙伴，为客户提供好的产品，平台通过聚集人气，扩大用户规模，使参与各方受益，达到平台价值、客户价值和服务价值最大化。

第二，平台经济是一个开放的系统。因为开放，所以能够吸引各种资源的加入，吸引众多合作伙伴的加入，提高平台对资源的集聚，实现多方共享、共赢，提高平台价值。开放的系统带来规模效应，系统规模越大，平台企业越有竞争力。例如淘宝、腾讯、京东商城、奇虎360、百度等平台型企业都是开放过程中不断发展壮大，竞争力不断提升。

第三，平台经济是一种增值服务。平台型企业通过为消费者和商家提供增值服务而获得收益，从而实现自身价值增值。如百度在为广大用户提供搜索服务、聚集流量的同时，为商家提供更加精准的广告,提高客户的广告效益。平台型企业之所以能够立足市场,平台经济之所以快速发展,其关键就是为双边或多边市场吸引客户、实现价值创造。

第四,平台经济价值来源在于其网络外部性。平台企业能够促成双边交易、实现双边价值增值,在于其网络外部性特征。其网络外部性的核心在于买卖双方任何方数量越多,就越能吸引另一方数量的增长,其网络外部性特征就能充分显现,卖家和买家越多,平台越有价值。同时,正是这种交叉外部性,使得一边用户的规模增加会显著影响,另一边用户使用该平台的效用或价值。在网络外部性下,平台型企业往往出现规模收益递增现象。

2. 平台经济的作用和主要特征

平台经济是推动经济转型发展的重要引擎。从微观角度来看,平台经济的作用和价值在于推动买卖双方的交流或交易,具有中介功能。通过组织、服务和利益协调,推动市场结构和产业组织合理化;从宏观角度看,平台经济的发展能够推动产业持续创新、引领新兴经济增长、加快制造业服务化转型和变革工作生活方式,是推动经济结构调整和发展方式转变的重要力量。

平台经济有以下主要特征:

整合资源,实现产业持续创新。平台通过对产业资源、市场资源的整合,可为参与企业提供广阔的发展空间,同时驱动企业进行持续创新,以获得和巩固竞争优势。例如,电子商务平台上产品相似的多家企业为赢得更多用户,就必须加强技术、产品、服务与品牌宣传推广等方面的创新。同时,平台企业自身为了实现高附加值和高成长性,也要持续进行技术创新和商业模式创新,而这些创新将会带动整个产业的发展。例如,苹果应用商店模式的创新发展就引来众多企业效仿,从而带动了硬件制造—软件开发—信息服务整条产业链的创新发展。

集聚发展,推动新兴经济增长。平台经济属于服务经济范畴。实际上,各类服务业的价值链或者价值网络中都存在着搭建平台的机会。平台一旦建立,就能够吸引各种资源加入,发挥平台的集聚效应,推动整个产业的资源向平台倾斜,创造出巨大价值。平台经济作为创造和聚集价值的桥梁,正日益成为服务经济中最有活力的一部分。谷歌的成功在于其打造了信息汇聚与分享的平台,苹果的成功在于其打造了内容汇聚与交易的平台,而脸谱的成功在于其打造了人汇聚与联络的平台。这都充分体现了平台经济的巨大潜在价值。

突破瓶颈,实现制造业服务化转型。在日益激烈的产业竞争中,制造业企业更需要利用有效的中介平台打通制造和流通、制造与服务之间的瓶颈,实现产品制造链和商品流通链的有效衔接,促进制造业向服务业转型发展。例如,面对劳动力成本、商务成本不断提高,行业利润持续走低的局面,许多制造型企业、家电企业纷纷转向电子商务平台,借助其庞大的用户资源和快捷的销售渠道,扩大销售规模、提高收益、降低成本,创新营销模式,获取更高利润。由于能够实现制造业与服务业的融合,近年来,平台经济成为制造业服务化转型的重要推动力。在平台经济的撮合作用下,产业链的上下游企业、生产者与消费者之间,在相互选择中完成了产品的交易。而且,产品从生产、运输到消费,都能够通过平台得以整合,制造业和服务业在平台的作用下得以整合。例如 1 号店作为平台经济新兴业态,生产者能够通过 1 号店网上平台展示其产品,吸引潜在消费者的注意,而消费者通过这一平台浏览、比较并选择购买产品。在买卖双方的双向选择下,从展示、选择、下单购买、电子支持,再到快递运输,平台经济直接沟通了生产、消费、物流、支付等从生产到服务的全产业链条。同时,平台企业本身也会衍生出各种服务,包括咨询、营销等,实现制造业与服务业融合,促进制造业向服务业的转型发展。

变革消费方式，实现商业模式创新。随着互联网由以信息为中心转向以人为中心，平台经济中所蕴含的全新的展示、交流、交易模式，不断融入人们的生活，成为人们日常生活模式和社交结构变革的重要推动力。社交网络平台、人际关系平台等新兴平台，加速了人与人之间的交流和信息流动，在人们生活中扮演着越来越重要的角色。目前，新浪微博等社交网络平台日益成为人际交往的重要渠道。淘宝网等电子商务平台也已成为人们日常消费的优先选择，而支付宝等第三方支付平台以及网络银行的普及为人们带来了更多便捷。信息消费迅速发展，平台经济的发展能够产生更多新的经济概念，基于信息交换的商务活动、交易活动直接带来消费方式的改变，平台经济成为未来人们经济活动的主要方面。

平台经济推动人们消费方式发生变化，平台商家的商业模式也不断创新。一是经营方式（如团购等）的创新也带动了业态创新（如第三方支付的发展）。第三方支付在解决平台经济发展瓶颈的同时，也推动了自身的发展，涌现出一批知名的第三方支付中介公司，如支付宝、快钱、财付通、银联电子支付等。二是企业组织模式发生了变化。在越来越多平台企业出现的同时，一些传统企业也通过搭建平台，成功开拓了新的增长点。如应用商店（APP Store）作为软件销售平台，使苹果从纯粹的电子产品生产商转为以终端为基础的综合性内容服务提供商，成为苹果战略转型的重要举措，成为苹果重要的盈利模式。此外，平台之上又衍生出新的平台，形成新的商机。比如返利网把众多网络购物平台整合，成为平台之上的权威平台。平台经济推动着商业模式、经济形态和人们消费习惯的彻底改变，使整个经济的微观基础发生了变化。

（二）现状及特点

随着数字技术的飞速发展，平台经济迅速崛起，近年来，互联网平台成为新经济引领者。2016 年中国电子商务交易额超过 20 万亿元，网民 7.1 亿，互联网普及率达到 51.7%，平台经济已经占据了 GDP 的 10.5%。2017 上半年中国电子商务交易额 13.35 万亿元，中国网民数量达 7.51 亿，互联网普及率达 54.3%。2017 年全国电子商务交易额达 29.16 万亿元。如今平台经济正为中国经济营造出热气腾腾的发展场景。截至 2017 年 7 月，全球十大平台经济体市值已经超过十大传统跨国公司，其中中国公司占三席（见表 1）。时至今日，平台经济已成为推动经济发展的重要引擎。我国在经济转型过程中，须认真研究平台经济的特征和规律，推动其发展。

表 1　　十大平台经济体 VS 跨国公司

平台经济体				跨国公司			
名称	国家	市值（美元）	成立时间（年份）	名称	国家	市值（美元）	成立时间（年份）
苹果	美国	7808	1976	伯克希尔哈撒韦	美国	4341	1956
谷歌	美国	6491	1998	强生	美国	3596	1886
微软	美国	5619	1975	埃克森美孚	美国	3322	1882
脸书	美国	4841	2004	摩根大通	美国	3277	1859
亚马逊	美国	4721	1995	富国银行	美国	2697	1852
阿里巴巴	中国	3946	1999	雀巢	瑞士	2623	1867
腾讯	中国	3811	1998	沃尔玛	美国	2455	1962

续表

平台经济体				跨国公司			
名称	国家	市值(美元)	成立时间(年份)	名称	国家	市值(美元)	成立时间(年份)
Priceline. com	美国	997	1998	美国电话电报公司	美国	2394	1877
百度	中国	784	2000	保洁公司	美国	2325	1837
Netflix	美国	781	1997	通用电气	美国	2233	1892

说明:①市值基于 2017 年 7 月 31 日收盘价格计算。

数据来源:根据新浪财经、阿里研究院、德勤研究有关资料整理。

在全球市值排名前十的互联网公司中,阿里、腾讯、百度、京东四家中国公司入列。随着中国互联网用户规模增长的持续降速,人口红利逐步消退,中国互联网平台企业正开始逐步转向技术红利挖掘,在机器学习、虚拟个人助理、智能机器人、商业无人机、自动驾驶汽车、算法分发等智能技术领域不断突破,人工智能企业数量更居世界第二,仅次于美国。中国互联网产业在少部分技术领域开始呈现赶超态势。百度阿波罗开放计划广泛集聚全球产业资源,聚焦打造的自动驾驶技术开放生态已处于世界领先地位,其智能语音交互平台的技术实力也已处于全球领先。在其他技术领域,“今日头条”创新实现了媒体个性化精准信息推送,开启变革全球媒体分发行业大幕。

海外市场成为中国互联网平台经济体主要拓展方向。中国互联网平台企业大力推进全球化进程:阿里巴巴极力推动菜鸟网络全球化与蚂蚁金服全球化,以支付为入口,规模撬动海外商户和用户;腾讯聚焦游戏和社交,在印、韩、日、俄、以色列等国广泛布局;百度目前已经覆盖全球 103 个国家和地区;不同于优步的全球落地政策,滴滴在全球范围内投资七家主要的本土化共享出行企业,规避政策风险的同时积极海外扩张。针对全球争相抢占的印度市场,中国互联网巨头同步推进业务出海和资本出海,印度免费 APP 日下载排行榜前 10 名中 3 款中国应用软件上榜,超过 50%印度本土互联网用户正在使用中国开发者推出的互联网产品和服务。不仅如此,中国互联网企业已经逐渐实现从跨境运营到本地团队本地推广、从短期快速套利变现到长期深度耕耘的跨越式升级发展。众多中国中小创新互联网企业基于自身差异化定位,凭借中国本土经验优势,面向发展环境类似、设施欠完善的发展中国家新兴市场大举进军布局。许多企业在国内工具的红海时代独辟蹊径,瞄准海外市场用户痛点取得巨大成功。APUS 从手机桌面应用出发,聚焦比中国市场落后 2～5 年、终端性能普遍欠佳的发展中国家新兴市场,大幅改善用户体验,全球用户早已超过 10 亿。茄子快传旁路对信息基础设施的需求,通过点对点的方式高效分享数据,全球用户已近 10 亿,在 30 多个国家的 Google Play 应用市场工具类榜单中,茄子快传长期稳居榜首位置。猎豹浏览器在全球诸多区域长期位居浏览器工作类应用榜首,更基于中国本土视频直播领先优势,在美国推出社交直播应用 Live. me,发布三个月即在 App Store 及 Google Play 双平台均占据领先位置。

根据德勤研究预计,2030 年,中国平台经济规模将突破 100 万亿元。为了衡量平台经济对未来中国经济和社会的影响,我们通过测算电子商务平台交易规模(B2B、B2C、C2C)、互联网平台营收、平台推广、平台游戏等平台类业务的产值,预估 2030 年中国整体平台经济规模可达 100. 4 万亿元人民币(见图 1)。未来随着高端芯片、量子芯片、人工智能、物联网、工业互联网、5G、AR/VR、区块链等技术的发展,平台经济将以更迅猛的速度发展,更深入、更广泛地影响和渗透经济社会。

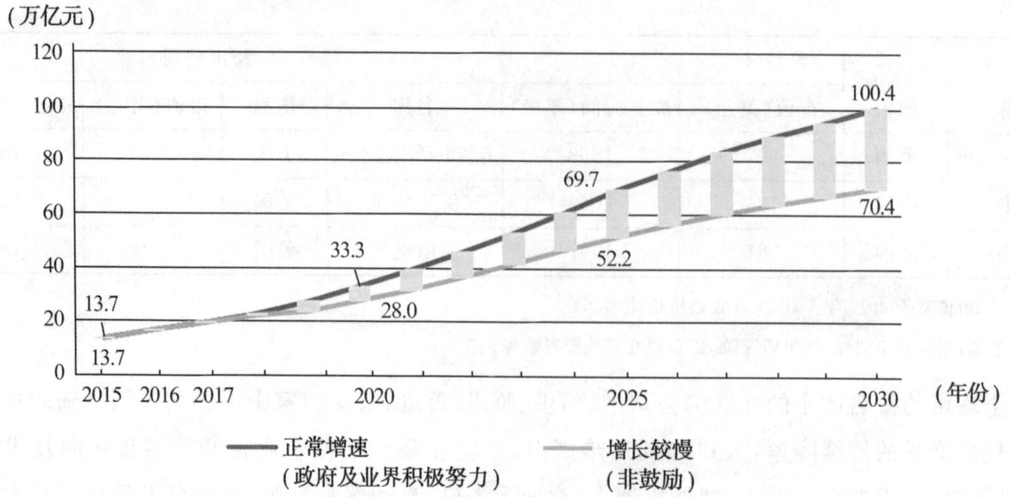

图1　2030年中国平台经济规模测算

数据来源:根据商务部、艾瑞、赛迪、阿里研究院、德勤研究有关资料绘制。

其中,平台经济规模100.4万亿元的测算为乐观预计,来自以下假设:相应的扶持性政策框架将很快到位;包容性政策环境能够容忍广泛性的创新和试错,互联网平台对经济的带动作用能够充分发挥。70.4万亿元是基于平台经济的保守预计,即假设制约因素不变,互联网平台的政策性摩擦较大,创新支撑力不足。两个数字的差距说明,如果政策制定者和商界领袖把握住平台经济发展的历史机遇,能够带来对于经济发展强大的推动力。

2017年8月,阿里研究院与德勤研究联合发布了《平台经济协同治理三大议题》报告,提出平台经济协同治理的三大挑战:权益保护、合理税收和公平竞争,阐述了目前我国平台经济发展有待解决的三大问题。在权益保护方面,互联网在给人们带来便利、快捷、高效的电子商务同时,其全球性、虚拟性和管理的非中心化等特点也给消费者带来了各种风险。同时,电子商务的高速发展,海量数据与个性化,对治理的快速响应要求,多样性、生态化与跨区域性,都使得传统的治理模式不能很好地适应于电子商务,客观上呼唤一种与之相适应的治理模式,平台治理就是顺应这种信息社会复杂环境治理要求的结果。在合理税收方面,平台经济带动了上游供应链和下游服务业的快速发展,预计到2030年,平台经济将为中国创造税源规模77万～110万亿元,其中B2B将长期占据电商税源贡献的主导地位。平台经济很大程度上改变了传统的贸易模式、协作分工方式和经济理论框架,带来经济结构的整体变革,对传统的税收理论和实践带来全新的机遇和挑战。在公平竞争方面,平台经济的发展,对反垄断法的理念和规则提出新要求。如何发挥竞争机制作用、维护公平竞争市场秩序,需要探索新的标准和做法。

平台交易的兴起开拓了新的市场领域,给消费者提供了便捷的消费方式,但是也不可避免加大了消费者受损害的可能性,给消费者保护增添了新的障碍。根据《中华人民共和国消费者权益保护法》中的定义,消费者权益是指消费者在有偿获得商品或接受服务时,以及在以后的一定时期内依法享有的权益。关于消费者权利的界定包括以下9个方面:安全权、知情权、自主选择权、公平交易权、求偿权、结社权、获得有关知识权、人格尊严和民族风俗习惯受尊重权和监督权。网络消费者权益是消费者在网络交易过程中,尤其在购买、使用网络商品和接受网络服务时所享有的权益。网络消费者应该享有以上9种消费者权利,同时,9种权利中的安全权、知情权、公平交易权和求偿权等容易受到侵害。

平台经济发展在权益保护方面面临的挑战之一，即网络虚拟性带来的权益保护问题。网络的虚拟性可以掩饰不法分子的欺诈行为，网络的各种新型技术也容易被利用来创造出新的欺骗方式。与此同时，网络的匿名性会导致准确查明违法行为人以使其承担法律责任的难度增加。因而，一些缺乏自律意识和诚信观念的人便敢于冒险、肆无忌惮地从事不法行为。另外，网络超地域性带来的权益保护问题也是平台经济发展过程中面临的一个挑战。网络的超地域性也加大了市场交易管理的难度。一些在传统的市场交易中不太常见的问题，在电子商务环境下日益突显出来，其中最难以解决的便是消费者保护的国际管辖问题。从经营者看，经营者在线经营时，可能受到各国法律的管辖，但对于谁能够获知其广告和销售信息就无从控制。而各国对销售对象、折扣、产品安全和要求的披露程度差别极大，而且变动频繁。即使在一国之内也会发生这种情况，更何况一些网上交易本来就具有很大的不可预见性。从消费者看，消费者在线消费时，可能丧失本国消费者保护法的保护。消费者熟悉保护其权益的国内法及其适用情况，不熟悉其他国家的法律，如果进行网上跨国消费，从遥远的他国购买商品，往往对销售方所在国的法律一无所知。这与传统经济治理存在很重要的差别。这种消费者的网上跨国消费行为需要国际间的合作与协调来予以解决。

如何降低或规避这些风险，促进平台经济下电子商务的健康发展，需要在行业规范、自律、立法等各个方面对电子商务中所涉及的关系进行规范，客观上呼唤一种与之相适应的治理模式。

此外，税收作为平台经济快速发展所引发的新现象、新问题之一，受到生态多利益相关方的关注。如何看待和处理税收问题，抱以何种理念和目标作为决策指导，如何面对新业态、新环境，这些都需要有全新的视角。

平台经济很大程度上改变了传统的贸易模式、协作分工方式和经济理论框架，带来经济结构的整体变革，对传统的税收理论和实践，以及现有税收体系提出了全新的挑战。

平台经济对税收治理提出新需求。平台经济格局下，经济主体趋于小型、灵活和分散化，商业组织结构更加开放、多元，纳税主体更加小巧、灵活和碎片化；商业交易更加频繁、高效，冗长的供应链条将被分布式、实时协同的网状协作所解构，将弱化以层层抵扣为抓手的流转税体系的价值；以厂商为中心的大生产、大零售、大品牌、大营销的商业模式将被以消费者为主导的C2B柔性化模式所替换，推动税制重心从生产型向消费型迁移；批量化的流水线和大额交易将被大量碎片化交易所替代，推动税收管理的精细化、柔性化；产销消清晰的商业合作模式将融为一体、不分彼此，存量的自然和社会资源将被盘活共享，库存有望成为历史，资源配置效率和结构达到前所未有的高度和优化，有望将重新定义纳税人和税基；数字货币将带来金融和财务变革，而金融和财务是税收的基础；人工智能将极大地满足人类经济生活需求，将对包括税法在内的各项法律提出全新挑战。总之，经济的数字化特征，对各项税制要素将产生全面的影响，而传统税收体系在对新兴业态的适从中将逐步表现出一定的滞后性。互联网平台经济的发展，对传统税制结构提出全新的要求，也将重塑税收文化和理念。税收体系是否能够适应新兴经济业态的发展需求，将成为影响新业态和新经济发展的重要因素。

平台经济撬动巨大税源。平台经济依托繁荣的商业生态系统、开放的基础设施、数据化的生产要素和低成本高效率的信息撮合机制，支撑了大规模协作的形成，激发出前所未有的经济活力。除了自身创造的价值之外，带动了原材料、设计、生产制造、分销等上游供应链的协同分工和经济增长，促进了电子商务交易服务、电子商务支撑服务和电子商务衍生服务的快速发展。

以互联网平台为中心、上下游产业为强关联的平台经济体，形成了平台经济税收生态系统。从上中下游税源比重来看，上游环节的产值和税源规模远大过于平台交易的中心环节。平台经济在推动创新、促进消费过程中，对上游供应链形成强大的拉动力，呈现出平台与上游产值的杠杆效应，平台得以撬动巨大税源规模。

平台经济还催生了新的社会服务产业。在互联网平台服务市场上，客服外包、摄影、咨询服务、招聘、培训、质检品控以及定制类设计等服务商，成为新的规模增长点。平台经济依托众多的第三方服务商（如软件服务商、代运营服务商、电信、金融、物流、云计算等），在生态圈共同成长。

随着平台经济推动中国传统产业从低效率转向创新高效商业模式的演进，平台经济体 2030 年创造税源规模达 77 万～110 万亿元。其中，B2B 仍将长期占据电商交易和税源贡献的主导地位。在平台经济规模的基础上，考虑了平台下游电子商务服务业（支撑服务和衍生服务）的发展因素，经过测算，在自由的市场和鼓励性政策环境下，2030 年平台经济税源规模达 110 万亿元；反之，在持续的不当管治和非市场环境下，其税源规模约为 77 万亿元，其上下限的间距呈逐步扩大状态（见图 2）。

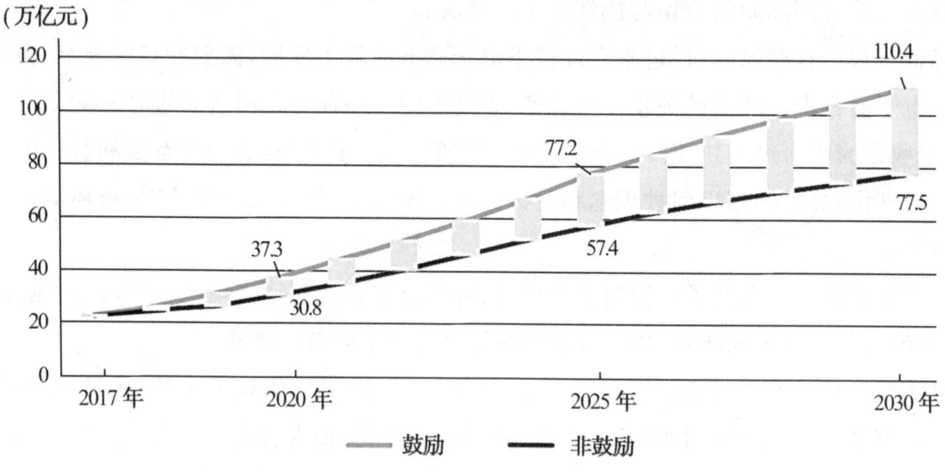

图 2　2030 年中国平台经济税源规模测算

数据来源：阿里研究院. 数字经济 2.0 报告——告别公司，拥抱平台。

与此同时，在平台经济的公平竞争方面，平台经济与工业经济的区别正如工业经济之于农业经济的区别，甚至这种区别还更大。一如前工业经济时代的反限制竞争规定不适应工业经济一样，面对平台经济，以工业经济为基础的当前反垄断理念、规则也受到巨大挑战。在平台经济时代，竞争机制仍然是配置经济资源的最基本方法。但是，如何反对垄断、维护竞争机制，则不应一成不变地沿用工业经济时代的做法，而应针对平台经济的竞争特点，对当前反垄断理念、规则进行改造、变革。

考察平台间的竞争，平台上交易双方的网络效应是最重要的关键点。平台间的竞争，其根本着眼点在于形成或维持平台上一方用户或双方用户的数量，努力使其形成正反馈，避免出现负反馈。平台间的所有竞争手段和形式，都是围绕这一点展开的。平台成立初期对双方用户的价格补贴、平台成熟期仍保持对一方用户的价格补贴、平台的各种纵向限制行为、平台采取的提高用户体验的各种方法，最终均是为争取用户、增强用户粘性从而形成或维持正反馈的手段。平台涉及相互影响、相互依赖的三方关系，而非传统经济的两方关系，从而造成平台竞争分析迥异于传统竞争分析。一些基于传统经济而被认定为违反反垄断法的商业安排，在平台经济的条件下，可能具有充分的合理性，不应被认定为违法。建立平台经济条件下新的经济分析范式，重新梳理各种商业安排的合法与违法之间的界限，是当前对平台经济进行反垄断规制的一项新课题。

二、主要经济体政策支持与发展趋势

(一)中国

过去两年，为了推动平台经济发展，发挥互联网、电子商务平台对经济社会的带动作用，我们国家出台了一系列支持政策(见表2)。由此看来，国家对整个平台经济的发展前景看好，正积极营造良好的政策扶持环境。

表2　　国家已发布的支持平台经济发展的政策

国家政策	政策内容
《国务院关于积极推进"互联网+"行动的指导意见》国发〔2015〕40号	营造开放包容的发展环境，将互联网作为生产生活要素共享的重要平台，最大限度优化资源配置，加快形成以开放、共享为特征的经济社会运行新模式。
《国务院关于加快构建大众创业万众创新支撑平台的指导意见》国发〔2015〕53号	当前，全球分享经济快速增长，基于互联网等方式的创业创新蓬勃兴起，众创、众包、众扶、众筹(以下统称四众)等大众创业万众创新支撑平台快速发展。鼓励各类电子商务平台为小微企业和创业者提供支撑，降低创业门槛。
《国务院关于大力发展电子商务加快培育经济新动力的意见》国发〔2015〕24号	电子商务与其他产业深度融合，成为促进创业、稳定就业、改善民生服务的重要平台，对工业化、信息化、城镇化、农业现代化同步发展起到关键性作用。
《国务院办公厅关于推动实体零售创新转型的意见》国办发〔2016〕78号	大力发展平台经济，以流通创新基地为基础，培育一批为中小企业和创业者提供专业化服务的平台载体，提高协同创新能力。

随着移动互联网应用、云计算技术应用和大数据应用分析的不断普及，物联网、3D打印等技术的不断完善，未来网络平台经济的发展趋势和前景难以估量。一方面使得平台技术越来越先进，功能越来越完善，使用越来越方便；另一方面，平台的使用者也越来越便捷，能随时随地使用。以电子商务生态系统为核心的网络虚拟交易平台产业，正在中国经济体系中扮演着越来越重要的角色。虚拟平台正在从有形商品和虚拟商品交易向在线教育、在线医疗等领域扩展，在不确定的未来，或许所有的交易过程都将通过网络虚拟平台来实现未来网络平台经济的弱空间依赖性、跨区域性和自生长性特征所产生的影响将会越来越大，平台不再受地域限制，而规模的扩大也因为网络技术的兴起而不影响"交叉外部性"，所以技术创新促进平台经济呈几何级数的增长。例如成立于1999年的阿里巴巴集团，在2003年宣布当年实现了日收入100万元；在2004年实现了每天利润100万元；"一天纳税1000万元"已在2012年成为现实；到了2013年，阿里巴巴的日纳税额超过2000万元；2017年，阿里巴巴纳税366亿元，平均每天纳税超1亿元，其强劲的势头让人咋舌。据中国人民大学劳动人事学院测算，阿里巴巴零售平台带动产业链上下游，直接间接创造3300万个就业岗位。网络平台经济对某些传统

经济的替代和颠覆，对新的需求和服务的催生范围也将越来越广。平台经济将改变我们的生活方式，改变工业化时代的生产方式，颠覆传统经济的利益格局，对社会经济产生革命性的影响。

1. 平台经济改变生产生活方式

平台经济模式将彻底改变人们的生活方式，而网络信息技术手段的发展和消费者的需求，将推动网络平台经济进一步创新和发展壮大。经过十多年的发展，通过网络交易平台进行消费，已经从新兴事物变成了人们生活中不可或缺的一环，网络购物消费已经成了大众化的消费行为，网络平台经济已经与人们的生活、工作高度相关。随着移动互联网技术、云计算技术和大数据技术应用分析的推广，将会出现更多的细分消费需求，从而推动网络平台经济的创新和发展。而随着与互联网一起成长起来的一代新人开始进入社会，多元化的消费者需求也将进一步推动网络平台经济的创新和发展。因此，在不久的将来，网络平台经济将在"兴起—生态化—社会化"的基础上进一步产生"生态裂变"，必将彻底改变人们的消费习惯和生活方式。

平台经济模式将彻底改变供需双方的关系，改变工业化时代的传统生产方式随着网络平台技术的继续发展，供需双方之间在空间上的障碍将进一步减少，供给方将在很多情景下通过网络虚拟平台直接面向需求方；供需双方的信息不对称现象将大为减少，实体中介、实体交易环节的重要性将大大降低；供需双方为交易支付的成本将进一步降低；根据实际需求的供给(生产活动)将成为主流，个性化、小批量、灵活为特色的定制化生产将被开启；中间产品和最终产品的库存将大幅度下降。同时，对通过网络虚拟平台和实体渠道的商品展示、咨询、广告营销、培训、IT 外包、快递等衍生性需求将会大幅增加。更多行业的实体店铺将被替代，传统商业设施的功能将被颠覆和渠道化，新催生的需求与服务也会进一步增加。

平台经济模式将彻底重新塑造生产企业、消费者的社会信用。随着消费者和生产者在网络虚拟平台上交易信用的逐步积累，并通过大数据分析技术的开发应用，有别于传统信用体系构建方式和内容的互联网时代的信用体系将逐步建立起来。基于互联网的金融体系也将因此而形成并将逐步挑战传统金融的作用和地位，甚至有可能替代或颠覆传统金融。在互联网金融对传统金融利益的蚕食过程中，传统金融、保险行业要求的实物不动产抵押的重要性将被弱化，银行和保险公司自身拥有的实物不动产资产的重要性也将被逐步弱化。

平台经济促进生产要素和服务的异地化。平台经济日益发展壮大的过程中，跨区域性的生产要素使用、异地服务与被服务将会成为常态，尤其是人力资源。越来越多的人力资本将通过网络虚拟平台参与异地生产和商务活动。社会资本将从传统经济模式下的集聚，转向网络平台经济模式下的分散。从全国范围来看，资源配置更趋于优化，而从区域经济来看，在传统经济模式时代具有优势的区域可能会丧失一些既有的优势。现代城市作为市场要素集聚地的功能和地位将发生变化。特别是那些积聚传统生产要素的中心区域，需要重新审视网络虚拟平台经济高度发展前提下的市场要素配置的变化趋势和方向。

总之，平台经济的全面发展将对个人生活、企业生产和销售、产业和城市或区域经济发展等社会经济各方面都产生不同程度的影响。作为新的产业生态，它已经并将继续深刻影响零售业、制造业、物流业和传统服务业等几乎所有经济活动。平台经济的演进将导致消费行为方式、习惯乃至生活方式的改变；平台经济产业链的不断延伸，将导致企业组织或经营模式的转换；平台经济的发展将对产业经济、城市或区域经济产生重大影响，改变产业、城市或区域竞争格局和利益格局。因此，平台经济的进一步发展对国家和区域层面的产业政策和发展战略调整提出了新的要求，对传统服务型城市或地区而言具有机遇和挑战的两面性。

2. 平台经济改变产业组织形式

首先，平台经济影响产品定价机制。平台经济作为一个双边的市场，间接受到买卖双方的影响。在买卖双方的互动中，买方关注卖方的数量和构成，卖方对买方也有同样的关注。如果平台由一个厂商运营，这个厂商会通过定价机制等方面影响双方的互动。电子商务和平台经济会带动更多活跃的消费者，他们在搜索中不断影响着买卖双方的定价。

在平台经济中，买卖双方不仅关心网络卖家和买家的数量，网络平台本身的规模也成为影响定价的因素，而且价格竞争和创新本身是平台发展的重要因素。买卖双方最终都要从平台中获益，平台规模的扩大会对平台市场的创新产生复杂的效应。在苹果公司的应用商店（App Store），卖方通过质量、创造性和价格竞争，而买方则通过利用率、等级和相关细节来确定其心理价格。通过持续的创新提供平台产品是平台经济发展的根本动力。卖方通过竞价获得增加市场份额的机会，卖方的创新强度决定其价格和营业额。例如谷歌的安卓市场比苹果公司的 App Store 兴起得晚，但是其发展速度更快，正是源于其平台的应用创新和竞价优势。

平台经济条件下，平台竞价达到均衡的主要特征是买方参与决定对平台进入费用的影响。当买方进入费用低于一个门槛值，卖方之间的竞价会使平台市场价格降低，从而使得更多的买方进入平台市场。反之，当买方进入费用高于门槛值时，会有更多的卖家来分担销售，从而使价格回到均衡值。

此外，平台市场催生新的销售方式。与传统的销售方式不同，平台经济中，在保证交易便利性的同时，其新的销售模式不仅推动产品的销售，其版权也得到了有效的保护。在这种互动中，终端私人用户是信息产品的应用者，在文件分享技术和网络连接中处于非常重要的位置。网络交易，包括信息产品的交易不断催生新的平台市场和新的营销技巧。例如，在软件和服务的销售上，平台经济与传统产业销售产品不同，不同层次的厂商决定了软件和游戏的成功。而在传统产业上，如果消费是不可分的，那么销售往往也是不可分的，而且这种情况下更多是由一个厂商提供，例如在汽车产业。而且，在传统经济中，“平台”的组成成分具有兼容性，例如衣服可以放进任何一个洗衣机，餐具可以放入任何一个洗碗机。而现在则不同，在游戏系统（例如软件和音乐），消费者必须在平台上应用，由于非兼容性，游戏、软件和音乐不能够从一个系统转移到另一个系统，也不可能在二手市场销售。这暗示消费者被锁定在特定的标准上，这种标准往往与所有权相连。

另外，平台经济影响产业创新模式。平台经济的发展使得世界各国的产业能够汇集，在全球网络的驱动下，电子商务平台为各种合作提供可能和便利。全球通信网络也推动了贸易开放和全球竞争。在产业链不同环节，情况会有所不同。与以往产业创新模式不同的是，上游环节例如设计等环节趋向汇集各国优势，形成规模经济，而下游环节则趋向分散到各个国家，利用各国优势进行专业生产和服务。

开放的平台战略对产业创新具有重要影响。开放的平台允许平台外的企业参与其发展，平台的组成更加丰富，企业间能够相互促进激发快速创新。大量的案例研究显示，开放通过各种角度影响平台创新和技术进步，例如平台各组成部分功能的提升、平台的延伸和扩展、平台的升级、对平台补丁的修复和消除、产品质量的提升和成本的控制，等等。

平台对产业创新的作用毋庸置疑，平台的开放形式对平台经济的创新能够产生不同的作用。平台开放通常有两种方式：一种是有限的开放，即建立一个通道，外部企业通过通道与平台联系，这样就平台而言,外部开放的市场就成为围绕平台进行补充创新的领域,平台适当放弃一些控制权,这种方式在理论和实践上操作难度较大;另一种方式是平台所有者放弃所有的控制权,平台成为一个完全开放的领域,这样平台能够快速发展和扩张。

与此同时,平台经济竞争催生平台领导者。在平台经济的市场环境下,任何规模的企业都可能成为平台领导者,恰当的技术和商业决定能够促成这一目标的达成。近年来,一些高科技产业,从智能手机到脸书和 Myspace 等社交网站,都成了平台经济的战场。这些市场需要显著的竞争策略,因为这些产品的核心部件往往由一家公司提供,而另一些部件由其他公司提供,如果一个平台领导者出现,并与部件生产和服务者一起组成一个创新的生态系统,它们能够显著提高创新的价值,更多的消费者会采用这个平台消费其产品。

平台竞争策略与产品竞争策略具有较大的区别。在一家企业控制下的产品具有最大的产权。而在产业平台条件下情况则有所不同,产业平台是由多个企业组成、彼此相互依赖的技术和服务的基础,企业只对特定的要素具有产权。在平台竞争策略下,影响企业能否成为平台领导者的因素主要有:(1)企业经营者早期是选择产品策略还是平台策略。企业对平台的偏好与对产品的偏好具有较大的差别,因为产业平台所有者和组装厂家的内生动力显著不同,对平台所有者来说,平台创新创造新的价值比通过规模竞争降低价格更加有吸引力。例如微软能够从众多的运用其操作系统的计算机生产厂家中获益。PC 机制造商可能更愿意看见微软公司面临较强的竞争压力,这样他们在操作系统上可以竞得有利的价格。这样一来,早期在选择产品策略还是平台策略上的失利将会带来较大的摩擦。实现平台策略需要管理技能的提升、产品系统设计和经营者关系的协调,进而形成一个生态系统,这与单个购买产品不一样。(2)企业领导者是看重自身产品的潜力还是重视平台的作用。苹果公司在 PC 机领域就单个产品来说是具有领导力的产品,但是却不能成为主导行业的平台领导型企业,因为其不能够对第三方企业开放其外观设计和应用软件。成为平台领导者的收益显而易见,但是并不是所有的市场都能够出现平台领导型企业,例如在 Video 游戏等领域,几个平台型企业都坚持但没有企业能够胜出,这是由于市场有足够的空间允许产品差异化同时存在,消费者在平台之间的切换并不困难。

目前,网络经济发展中最容易产生平台领导型企业的主要有计算机行业和电信行业,不仅是由于这些行业中平台企业和产品企业区别明显,而且这些企业的网络效应明显,平台企业与其他企业领导互动关系密切。另外,新能源产业中银行信用卡和相关服务企业也不断产生平台领导型企业。

3. 平台经济的复杂性催生新的监管方式

与传统经济相比,平台网络经济具有虚拟性,而且平台双方参与者众多,运营情况复杂,生态环境复杂性较传统经济形态大大增强。平台经济中的商业欺诈、虚假排名等不当行为的影响也比传统经济更大。同时,由于平台经常连接拥有知识产权的卖家和买家,使得平台竞争中容易出现大量的直接或间接侵权问题。因而,需要对平台经济生态系统中的平台运营商和平台交易、交流双方的职责和权益进行明确规定,以规范平台运营,更好地保护平台参与者的利益。对平台经济的垄断和侵权问题也需要加以规范。同时,平台经济技术的特殊性,对电子信息技术和互联网技术高度运用,其监管手段需要区别于传统经济。监管部门、监管技术都比较复杂,需要政府有专门的部门以及管理和服务措施,以加强规范引导和管理监督,引导平台型企业发展,保障平台经济健康稳定发展。另外,平台经济发展也需要避免低水平重复和无序的竞争,需要加强引导,实现平台间的差异化发展,鼓励平台创新,推进平台经济发展水平提升。

(二)美国及其他主要经济体

在美国,平台经济形成于自身的经济、社会以及政策环境,尤其是美国独特的高科技产业在其发展中发挥了重要作用。许多关键的电子商务技术和交易流程在美国形成发展并被称为"硅谷模式"(Silicon Valley model)。在硅谷模式中也包括许多在 dot.com 时代幸存下来并成为 B2C 电子商务的领导者,例如书籍和唱片零售、在线拍卖、网络门户、旅游服务和在线股票交易。除了硅谷模式,在美国更大的电子商务模式被称为"自适应融合模式"(adaptive integration),由现有的企业合并高技术企业,通过网络来扩展和修补原有的发展战略、运营模式和供销渠道传统。这种模式应用在各种主体产业,是 B2B 的主体模式,包括制造、贸易、保险以及交通行业等。

截至 2017 年 8 月,全球上市公司市值前 10 位的企业中,互联网科技企业占到 7 家,其中前 5 位苹果(市值 7964 亿美元)、谷歌母公司 Alphabet(市值 6751 亿美元)、微软(市值 5392 亿美元)、亚马逊(4754 亿美元)、脸书(市值 4388 亿美元)均为美国平台型企业。美国由于传统市场较成熟,消费者有相对固定的消费习惯,因此互联网带来的社会进步以全方位、渐进式为主,在良好的基础上各企业通过技术创新实现全面、渐进式升级,不断拓展前沿技术应用领域,抢占全球产业发展先机。谷歌在人工智能、机器人、物联网、AR/VR、空间技术等重点趋势性领域引领全球布局,亚马逊云技术实力长期冠居全球并不断突破持续推出创新服务,脸书在 VR、通信无人机等方面实现全球领先探索,优步大力发展自动驾驶技术,与共享出行结合着力拓展行业新发展空间。

截至 2017 年 9 月 25 日,全球独角兽企业[①]达到 267 家,分布于 22 个国家,总估值达到 9208 亿美元,中美两国成为独角兽企业主要诞生地,独角兽企业数量之和占全球比例超过 80%。美国独角兽企业数量第一,各领域分布较为全面均衡,达到 124 家,占全球总数的 46.4%,广泛布于 22 个行业领域。其中,互联网软件领域独角兽企业数量最多,达到 31 家,约占其独角兽企业总数的 1/4;电子商务领域独角兽企业较少,仅有 5 家,软件、消费互联网、健康、金融服务、企业服务等五大领域独角兽企业数量占比接近 2/3。从分布领域看,美国独角兽企业在电子商务、娱乐、硬件、安全等领域分布较为均衡,安全、数据分析、金融科技、纳米技术等领域独角兽企业更为美国独有,技术创新型企业较多,体现了美国互联网创新技术驱动的主要特征(见图 3)。

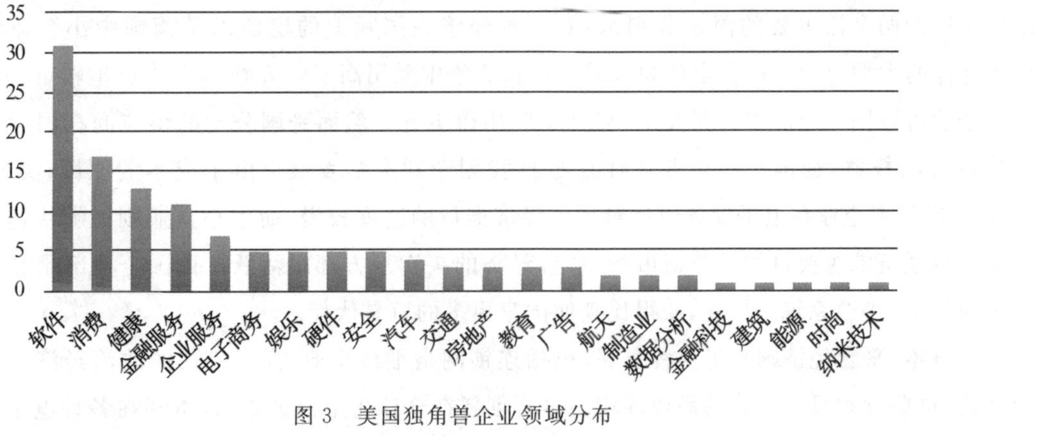

图 3 美国独角兽企业领域分布

数据来源:Crunchbase,2017~2018 年互联网发展趋势报告。

① 独角兽企业一般指投资界对于 10 亿美元以上估值,并且创办时间相对较短的公司的称谓。

在排名前10名的独角兽中，美国和中国企业各占一半。美国5家独角兽企业分别是排名第一的优步、第五的Airbnb、第六的SpaceX、第七的Palantir、第八的WeWork。其余5家独角兽企业分别是中国的蚂蚁金服、滴滴出行、小米、陆金所和新美大。美国的5家独角兽主要集中在汽车交通、旅游、航空航天、企业服务领域，而中国的5家独角兽主要集中在汽车交通、金融、智能硬件、本地生活领域。TOP10估值独角兽门槛不断提高。随着独角兽数量的不断增长和估值的持续走高，全球市场中估值前10位的独角兽企业门槛也不断提高。TOP10独角兽中，估值最高的优步达到680亿美金，最低的估值也达到近200亿美金，甚至超过很多上市公司。

此外，世界其他经济体平台经济的发展也呈现出不同的特点：

在法国，平台经济成型于其经济和创新系统。法国国家创新系统由大型企业主导，这些大型企业并没有很好地跟上互联网革命，这在一定程度上阻碍了电子商务的创新发展，电子商务只在一些主要产业的大型企业运用，以应对国际和国内的产业竞争。同时，法国政府在市场中的主导作用过强，影响了技术的选择。因而，只有在EDI这样的大型企业的支持下，互联网技术才被广泛采用。事实上，EDI早在20世纪80年代就在B2B、B2C领域运用了电子商务技术。到20世纪90年代中期，当互联网普遍商业化应用时，法国厂商和消费者并没有将之与其既有的技术进行比较，以至于延迟了基于互联网技术的电子商务的应用。而且，既有的高效的销售渠道也阻碍了在线交易的发展。总的来说，相对于法国的经济规模看，平台经济的利用率较低。然而，当全球范围内的互联网快速发展并推动新一轮创新浪潮时，法国政府启动了积极主动的政策推动互联网的利用，以达到跟上其他发达国家互联网技术的目的。由于法国经济和创新模式由大型企业主导，法国平台经济发展迅速，B2C由主导的零售商推行并迅速成长为电子零售商(e-tailers)。另外，法国平台采用者向对于其他国家也更加倾向于将平台网络进一步一体化。

在德国，其许多领域成为创新的领导者时间并不长，但德国总是能够成为创新的快速跟进者，包括信息技术领域。IT技术在其他国家一旦取得成功，德国总是快速应用其结论。无论大厂商还是小厂商，总是会快速跟进这些技术，并与现有的技术进行整合，以最大化地获得商业利润。这也是为什么德国许多厂商总是采用相似的信息技术战略的原因。德国厂商不会采用那些未被证明的技术，只有当技术被证明，并被早期应用者采用，当达到“临界质量”时，德国厂商才会快速跟进。平台经济在德国发展的两个最重要的因素分别是：对德国经济在国际上的定位以及德国中小企业的活力。像EDI这样的大型跨国公司在全球和区域合作和竞争中采用高工资高技术模式负担较重，但是，德国的中小企业可以同等地应用这些技术，甚至于应用得更好。然而跨国公司的供应商在国际竞争中需要维护自身的权益，德国中小企业往往立足自我创新和灵活发展。由于成本的原因，类似于EDI和EFT这样的大企业在电子商务时代对平台经济推行的速度较慢，而中小企业则能够快速推进。德国应用平台经济的主要目的是开拓市场，平台经济的买卖双方都很活跃。德国企业部是喜欢将互联网与之前的IT整合系统一体化，获得比其他国家更多的贸易伙伴。

在日本，平台经济则是另一种景观，包括连锁网络平台企业、高度贯通的政治经济以及独特的商业文化，这些导致日本独特的商业环境。尽管创新在全球化中很重要，日本却在各种电子商务的运用样本中比较选择。日本在互联网运用中滞后了，没有获得一些实质的收益，例如扩大规模、提高收益、降低成本等。日本演绎了一段本地企业采用新技术的模式，例如在本国环境下对电子商务的运用。日本在互联网和电子商务的运用中使得本国经济得到了加强，而不是在全球经济中失语。日本厂商在电子商务技术的广泛应用中大步迈进，例如在东京运用美国硅谷模式，电子商务快速发展，并使得产业供应链的效率大大提高。然而信息系统的开支与其他国家平均水平相比较少，导致日本企业网络平台销售滞后。而且，企业的经理对平台经济的认识水平也滞后。日本平台经济是混合型的，不同的产业有不同的表现，取决于具体产业的发展目标以及与国际市场的联系紧密度。制造业在上游商务功能中应用较多，零售业在分销功能中应用较多，而银行金融部门在资金交易功能中应用较多。

在韩国，发展平台型经济有着良好的基础。韩国是世界互联网普及率最高的国家。据联合国下属的国际电信联盟发布的报告称，韩国是2010年全球互联网和通信业最发达的市场，互联网接入水平、使用量和使用技巧都很高，而高速互联网服务也保持在很多低收入国家可以承受的水平。2017年11月，韩国首尔承办了第四届全球5G大会，与全球产业界共同探讨5G政策、频率、标准、试验和应用等议题。韩国电信公司KT表示，将在2019年3月推出5G网络商业化服务。得益于政府的举措，韩国的互联网宽带的定价和早些年推出3G服务的定价比较低，韩国居民的消费者信心指数高达99.0，加上较高的可支配收入，这些都刺激了韩国的网上零售业发展。其中"Z一代"通过浏览社交网站和博客，作为辅助工具，来支持网上购物。根据韩国统计局的数据，2016年12月韩国移动电子商务销售额达到30.8亿美元，B2C电子商务销售额约54.7亿美元。这意味着移动电子商务已经占韩国B2C电子商务销售额的一半以上。

三、山东省平台经济发展的对策建议

(一)以新发展理念推动经济发展变革

党的十九大报告指出，我国经济已由高速增长阶段转向高质量发展阶段，正处在转变发展方式、优化经济结构、转换增长动力的攻关期，建设现代化经济体系是跨越关口的迫切要求和我国发展的战略目标。

由工业大国走向服务业大国，无论企业、社会、还是政府，都将面临前所未有的考验，尤其是需要改变某些传统的发展理念。走向服务业大国，形成服务业主导的新格局，不是摒弃制造业，而是通过生产性服务业提升传统工业，推动"中国制造"向"中国智造"的升级。李克强总理在会见2016夏季达沃斯论坛企业家时指出："'中国制造2025'和'互联网+'是不可分割的，要使中国制造向智能化的方向发展，必须依靠互联网，依靠云计算，依靠大数据，这样才能使中国200多项产量占世界第一的工业产品能够跃上新的水平。"因此，各级政府应以新发展理念推动经济发展变革，准确把握科技发展前沿趋势和经济发展脉络，推进数字技术、信息技术、智能技术、绿色技术等新技术异军突起，推动人工智能、机器人等新产业培育壮大，推动基于互联网的创新设计、智能制造、新型营销等新业态层出迭现，推动分享经济、平台经济、融合经济等新模式蓬勃兴起。

(二)从战略高度以平台经济促进山东转型发展

2018年一季度，山东省服务业实现增加值9899.4亿元，同比增长8.5%，对全省经济增长的贡献率达到62.7%，成为推动全省经济保持中高速增长的主引擎。全省规模以上服务业企业中，互联网和相关服务、软件和信息技术服务业、商务服务业营业收入分别增长21.5%、26.9%和29.9%，分别比规模以上服务业企业高 11.9 个、17.3 个和 20.3 个百分点。平台经济发展对全省经济转型升级和结构调整助推作用逐步显现。

从平台经济对具体产业部门施加影响的角度看，无论是广义的平台经济体系（实体＋虚拟），还是本文讨论的金融产业、创意产业等，整个平台经济体系影响下的产业都应得到各级政府的足够重视。相关政府主管部门要从战略高度推进具体产业部门的建设，以发展的眼光，健全诸如网络出版管理、著作权保护、商务环境建设、网络通信安全管理等涉及平台经济与服务创新方面的法律法规，鼓励促进知识与信息的传播和交流，为产业发展提供良好的政策环境。

（三）培育“四新经济”企业做大平台经济促进转型发展

近年来，山东省新业态新模式不断涌现，依托互联网的平台经济茁壮成长。比如，山东科瑞集团打造国内首家石油装备 B2B 跨境电商——易瑞跨境电商平台建成运营，目前已签约进驻企业 1500 多家，业务覆盖北美、东欧、中东、非洲等 80 多个国家和地区，上半年实现网上交易额 2.2 亿美元，预计全年进驻企业 3000 家，未来几年将每年带动 30 亿～50 亿美元的石油工业产品出口。但是在如何依托互联网改造传统产业，推出跨界融合的服务新形态等方面还有许多事情要做，并且这些也是互联网时代山东经济转型发展的重要抓手和主攻方向。

《山东省人民政府办公厅关于转发省发展改革委山东省 2018 年国民经济和社会发展计划的通知（鲁政办发〔2018〕8 号）》中指出，以山东新旧动能转换综合试验区建设为总抓手，以“四新”促“四化”实现“四提”为总要求，以打造“5＋5”十强产业为重要着力点，推动新旧动能转换取得实质性进展。为了有效地支持新技术、新产业、新模式、新业态的“四新经济”企业发展，山东省应探索将“四新经济”企业纳入服务企业机制的覆盖范围，探索在高新技术企业认定中向“四新经济”企业倾斜，政府部门要拓宽培育“四新经济”企业的发展空间，优化“四新经济”企业发展的市场化支撑体系，并考虑推动建立扩界融合新领域的行业准入机制，并在该机制内利用相对宽松的财税和监管政策，充分激发企业自身的创造力。

（四）以互联网思维积极促进服务创新的发展

近年来，互联网与经济社会深度融合的发展趋势越发明显。根据腾讯研究院发布的《中国“互联网＋”指数报告（2018）》，山东省“互联网＋”指数列全国第五位，仅次于广东、江苏、浙江和北京，增速超过 80％。科研创新壮大科技发展新动能、加快动能转换，研究和实验发展营业收入增长 24.8％。

在培育发展平台经济的服务创新过程中，政府部门应当充分发挥市场在资源配置中的决定性作用，积极利用互联网思维和大数据技术、在网络上获取数据，从数据中汲取智慧，实现科学决策和管理。政府部门还要充分考虑平台经济对现有产业的渗透性，充分利用山东自身的比较优势，发展高附加值创新活动，积极先行先试，努力将成功经验逐步拓展，创新集成具有山东特色、中国特点的服务创新模式。

（五）强化网络技术基础设施建设促进服务创新发展

山东省不断探索强化平台经济网络技术基础设施建设以促进本省服务业创新发展。2018 年 3 月 22 日，由山东省互联网传媒集团主办的山东省原产地商品互联网＋电商战略签约仪式在济南举行，各成员单位将在整合资源立项筹建山东省电子商务大数据管理赋能中心、山东省农产品滞销应急联盟和山东电商产业服务中心等业务模式上进行积极探索，以产业大数据为依托、以商业智能化为驱动，对山东优质原产地产品提供培训、运营和孵化服务，建设专注于地道、优质的山东原产地商品互联网品牌。

在从海外大都市到国内各省市均积极进入平台经济领域的背景下，主要基于互联网为承载平台的服务创新发展，取决于基础设施的完善程度。能否方便接入，也是平台经济及相关服务发展的制约因素。本省可以凭借新旧动能转换的有利时机，继续加大投入，在基础技术研发和行业应用推广方面进行政策支持，以取得基础设施环境条件的优势地位。

(六)加快新业态发展，深入实施新旧动能转换重大工程

2017 年山东省动能转换加快推进，转型升级迈出新步伐。全省高新技术企业数量突破 6000 家，高新技术产业产值占规模以上工业企业的比重达 35.0%，比年初提高 1.2 个百分点。

2018 年 3 月，山东省十三届人大一次会议审议通过的《山东省 2018 年国民经济和社会发展计划》进一步明确指出，统筹推进大数据、物联网等发展，重点推广开放式研发、个性化定制、协同式创新等新模式，提供线上线下智能化垂直化服务。争取国家大数据综合试验区落户山东，争创国家级物联网产业基地。加快发展分享经济、平台经济等新业态，研究出台我省网络直播、网约车、共享单车等领域监管办法。开展供应链创新发展试点示范。支持企业从产品供应商向整体解决方案提供商转变，为客户提供总集成总承包服务和专业化集成方案。推动服装设计品牌国家平台建设。

(七)推动平台经济与先进制造业融合发展

2017 年山东省两化融合取得重要进展，全国 70 家互联网与制造业融合发展试点示范企业，本省入围 11 家，居全国第一位。为促进平台经济快速发展，我省应积极推动平台经济与先进制造业融合，引导制造业企业不断增加服务要素在投入和产出中的比重，重塑价值链重心，加速向“互联网制造”转型，通过平台带动规模经济效应的提升。积极推进科技研发、系统集成以及生产、检测、计量等专业化公共服务平台建设，鼓励企业在工业设计、信息技术、财务管理、人力资源管理等领域广泛采用服务外包。重点培育服务能力较强、行业影响较大的服务型制造示范企业，打造功能完备、运转高效的公共服务平台。

(八)推动平台经济与品牌农业融合发展

2017 年山东省互联网与农业、制造、民生、政务等领域深度融合，大数据应用全面铺开，在全国首创“云服务券”助推“企业上云”，经济智能化、社会便利化程度不断提高。全年实现网络零售额 4193 亿元，其中农村网络零售额 541.9 亿元，分别增长 39.4%和 43.4%。

为继续促进平台经济快速发展，我省应积极推动平台经济与品牌农业融合，大力推动农商互联，打造以消费需求为导向、以电商企业为纽带、以线下产品和物流资源为基础的一体化农产品供应链。要搭建各类农业生产服务平台，加强政策法律咨询、市场信息、病虫害防治等服务。完善农副产品流通体系，搭建农超对接、农社对接平台。重点依托中国食品谷，整合优质农产品的检验检测、流通存贮、农超对接、农村电商等资源，培育蓝色经济区内综合性农业产业集团。

(九)探索建立技术创新支撑平台

以国家、省重大现代服务业项目实施为基础,依托区域内的现代服务业优势企业和重点研发机构,在新能源、新材料、节能环保、生态等产业领域,探索构建现代服务业创新支撑平台,建设一批重点现代服务业的国家、省级技术中心和工程技术研究中心。同时,鼓励各级地方政府积极探索建立技术创新支撑平台,研究建立高端服务业创新体系,鼓励高端服务业领域科技研发,加快涉海软件、网络、海洋医药等核心技术开发运用,增强高端服务业先进技术推动力。例如,威海市推进减船转产与更新改造,助推海洋渔业转型升级,构建海上生产、休闲垂钓、观光旅游、文化体验、住宿餐饮五位一体的现代渔业发展格局。2017 年休闲渔业产值超过 50 亿元,成为全国唯一的"中国休闲渔业之都"。充分发挥平台优势,培育海洋渔业新经济,打造 2 个海洋产业孵化集聚区,研发出 10 个填补国内空白的海洋产品,建成省级以上企业涉海研发平台 119 个、海洋产业公共服务平台 14 个。

(十)创新产学研合作模式,为平台经济发展注入新活力

2018 年 3 月 5 日,国务院总理李克强在作政府工作报告中指出,要提供全方位创新创业服务,推进"双创"示范基地建设,鼓励大企业、高校和科研院所等开放创新资源,发展平台经济、分享经济,形成线上线下结合、产学研用协同、大中小企业融合的创新创业格局,打造"双创"升级版。

我省应按照"五个一"(即选择一家骨干企业、依托一家高校院所、引进一名高层次人才或创新团队、建设一家研发机构、服务一个主导产业)的建设模式,以大学科技园、区域现代服务业中心为载体,重构优势企业、优势学科、优势平台、高端人才等创新资源,探索建立稳定的产学研合作创新机制和多方共赢的合作模式,为促进山东省平台经济的发展注入新活力。

参考文献

[1]阿里研究院. 数字经济 2.0 报告——告别公司,拥抱平台[R]. 2017.

[2]MARY MEEKER. 2017 年全球互联网趋势报告[R]. 2017.

[3]阿里研究院,德勤研究. 平台经济协同治理三大议题[R]. 2017.

[4]王玉梅,徐炳胜. 平台经济与上海的转型发展[M]. 上海:上海社会科学院出版社,2014.

[5]Crunchbase. 2017～2018 年互联网发展趋势报告[R]. 2017.

[6]王千. 新经济时代的价值创造[M]. 北京:经济科学出版社,2016.

[7]阿里巴巴 2017 年日均纳税超 1 亿[EB/OL]. (2018-01-24)[2018-04-08]. http://www.hangzhou.gov.cn/art/2018/1/24/art_812266_15314260.html.

[8]阿里研究院. 平台经济[M]. 北京:机械工业出版社,2016.

[9]山东省人民政府. 山东省人民政府办公厅关于转发省发展改革委山东省 2018 年国民经济和社会发展计划的通知[EB/OL]. (2018-03-12)[2018-04-08]. http://www.shandong.gov.cn/art/2018/3/12/art_2442_235792.html.

[10]阿里研究院. 新经济框架:从行业分工到平台共享[R]. 2016.

[11]中文互联网数据资讯中心. 韩国统计局:移动电子商务占韩国电子商务销售额一半以上[EB/OL]. (2017-04-19)[2018-04-08]. http://www.199it.com/archives/581603.html.

第二章
分享经济发展研究报告

一、分享经济总体发展综述

党的十九大报告明确提出，推动互联网、大数据、人工智能和实体经济深度融合，在中高端消费、创新引领、绿色低碳、分享经济、现代供应链、人力资本服务等领域培育新增长点、形成新动能。搭乘建设现代化经济体系的快车，2017 年我国分享经济正从起步期向成长期加速转型。

中国国家信息中心的数据显示，2018 年中国分享经济的规模将超过 2300 亿美元，占国内生产总值(GDP)的 1.67%，占全球分享经济总量的 44%。到 2020 年，中国希望把分享经济交易额占 GDP 的比例提高到 10%，2025 年提高到 20%。中国国家信息中心认为，分享经济在 2018 年依然是大势所趋，共享服务在很多城市发展得欣欣向荣。

(一)发展背景

分享经济，又称“共享经济”，在全球范围内于 2008 年前后开始快速发展，2011～2014 年出现井喷，目前仍保持着稳步增长的态势。

2006 年之前是全球分享经济的萌芽期。在互联网商业化发展初期，分享经济原型企业出现，例如在线二手交易平台 eBay 于 1995 年成立、在线影片租赁网站 Netflix 于 1997 年成立、在线雇用网站 Elance 于 1999 年成立。2000 年汽车分时租赁鼻祖 Zipcar 成立。随着 2004 年 Facebook(脸书)社交网络的出现，人们开始习惯线上与陌生人分享；一些传统认为高经济风险的资源分享出现，例如全球第一家 P2P 网贷公司 Zopa 于 2004 年成立，P2P 网贷公司 Lending Club 于 2006 年成立，在其他领域的分享企业也开始起步，例如手工艺品共享网站 Etsy 于 2005 年成立。

2007～2014 年被认为是全球分享经济的高速成长期。美国金融危机催生了分享经济发展的浪潮，分享经济平台迎来了爆发期。出行巨头优步（Uber）于2009年成立，短租巨头Airbnb于2008年成立，跑腿网站Taskrabbit于2008年成立，办公共享巨头We Work于2010年成立，同城快递Postdates于2011年成立，食品共享网站Grub Withus于2010年成立。其中，分享经济的初创企业在2011～2014年进入爆发期，保持着同比将近50%的增速发展。

2015年至今，经过爆发式发展海外分享经济进入平稳发展期，新增企业数量稍有回落，但相比金融危机爆发之前，仍保持着快速增长态势。

相比于全球其他国家和地区，分享经济在我国的发展晚于海外。从发展实践看，中国的分享经济实践大体经历了三个阶段①：

一是信息分享阶段（2008年之前）：继20世纪90年代美国陆续出现Craigslist、Napster、Zipcar等分享经济平台，在互联大潮的影响下批海归回国创业，国内互联网产业开始发展，开始出现一些基于互动式问答的知识分享网站，并逐步出现一些众包平台，如K68、威客中国、猪八戒网等。这一时期分享经济的发展仍处于萌芽阶段，似星星之火，尚未形成燎原之势。

二是服务分享阶段（2009～2012年）：伴随着国外分享经济浪潮的发展国内众多领域的分享型企业开始大量涌现，如"滴滴出行""红岭创投人人贷""天使汇""蚂蚁短租""途家网""小猪短租""饿了么"等。

三是实物分享阶段（2013年以来）：随着技术和商业模式的不断成熟、用户的广泛参与以及大量的资金进入，部分领域的代表性企业体量和影响力迅速扩大。分享经济影响越来越广泛，许多领域出现了本土化创新企业，已经有企业开始了全球化进程。总体上看，这一时期分享经济领域的企业数量和市场规模都呈加速成长态势。

关于分享经济的定义内涵，国家信息中心分享经济研究中心、中国互联网协会分享经济工作委员会在2016年、2017年和2018年连续发布的中国分享经济发展报告中指出，分享经济是指利用互联网等现代信息技术，以使用权分享为主要特征，整合海量、分散化资源，满足多样化需求的经济活动总和。分享经济是信息革命发展到一定阶段后出现的新型经济形态，是整合各类分散的资源、准确发现多样化需求、实现供需双方快速匹配的最优化资源配置方式，是信息社会发展趋势下强调以人为本和可持续发展、崇尚最佳体验与物尽其用的新的消费观和发展观。

这一定义包含以下三个基本内涵：

第一，分享经济是信息革命发展到一定阶段后出现的新型经济形态。互联网（尤其是移动互联网）、宽带、云计算、大数据、物联网、移动支付、基于位置的服务（LBS）等现代信息技术及其创新应用的快速发展，使分享经济成为可能。

第二，分享经济是连接供需的最优化资源配置方式。面对资源短缺与闲置浪费共存的难题，分享经济借助互联网能够迅速整合各类分散的闲置资源，准确发现多样化需求，实现供需双方快速匹配，并大幅降低交易成本。

第三，分享经济是适应信息社会发展的新理念。工业社会强调生产和收益最大化，崇尚资源与财富占有；信息社会强调以人为本和可持续发展，崇尚最佳体验与物尽其用。分享经济集中体现了新的消费观和发展观。

---

① 国家信息中心分享经济研究中心，中国互联网协会分享经济工作委员会.中国分享经济发展报告2016[R].2016.

从分享经济发展的内在需要来看，闲置资源是前提，用户体验是核心，信任是基础，安全是保障，大众参与是条件，信息技术是支撑资源利用效率最大化是目标。

作为互联网时代全新的经济形态，与传统商业模式相比，分享经济具有以下显著特征：

(1)技术特征：基于互联网平台。依托于互联网特别是智能终端的迅速普及，海量的供给方与需求方得以迅速建立联系。互联网平台不直接提供产品或服务，而是通过将各参与者连接起来，提供即时、高效、便捷的技术支持、信息服务和信用保障。离开了互联网，现在意义上的分享经济就不复存在了。

(2)主体特征：大众参与。分享经济得以发展的前提条件是需要有丰富的供需双方共同参与。互联网平台的开放性特征，使得一般个体只要拥有某些资源和技能，就可以参与到分享经济中去。相应地，分享经济是典型的双边市场，即供需双方在平台上直接进行交易，一方参与的人数越多，另一方得到的收益就会越大，供需双方两个群体相互吸引，相互促进，网络效应逐渐进一步放大。在分享经济的商业模式中，参与者往往同时是生产者和消费者。所以，其个体潜能与价值会得到最大限度的发挥。

(3)客体特征：资源要素的快速流动与高效配置。现实世界中的资源往往是有限的，但闲置与浪费现象也普遍存在，如闲置的房间、设备、车位、时间等。分享经济所要解决的就是将这些丰富的、分散的各类资源通过网络平台聚合在一起，让其发挥最大效用，满足用户日益增长的多样化需求，实现“稀缺中的富足”。

(4)行为特征：权属关系的新变化。通常来说，分享经济主要通过分离所有权与使用权，采用以租代售、以租代买等方式让渡产品或服务的部分使用权，实现资源利用效率的最大化。毋庸置疑，分享经济将逐渐渗透到更多的领域，例如，股权众筹等新业态的出现已经涉及所有权的共享。

(5)效果特征：用户体验最佳。凭借信息技术的快速发展，分享经济大大降低了各个群体的交易成本，能够以便捷、低成本、快速、多样化的方式满足消费者的个性化需求。在交易平台上，用户评价能够及时得到公开、透明的反馈。这些反馈会对其他消费者的选择产生直接影响，继而推动平台与供给方努力改善服务，更加注重提升用户体验。

(6)文化特征：“不求拥有，但求所用。”分享经济很好地满足了人性中固有的社会化交往、分享和自我实现的需求，也顺应了当前人类环保意识觉醒的潮流。

(二)发展现状及特点

2017年我国分享经济继续保持高速发展态势，新业态、新模式持续涌现，技术创新应用明显加速，在培育经济发展新动能、促进就业方面发挥了重要作用，国际影响力显著提升，成为新时期中国经济转型发展的突出亮点。

1.分享经济继续保持高速增长，结构不断完善

据初步估算，2017年中国分享经济市场交易额约为49205亿元，比上年增长47.2%。表3列出了2015～2017年中国分享经济重点领域的市场规模状况。

表3　　2015～2017年中国分享经济重点领域市场规模　　单位:亿元

领　域	交易额		
	2015年	2016年	2017年
知识技能	200	610	1382
交通出行	1000	2038	2010
生活服务	3603	7233	13214
生产能力	2000	3380	4120
共享金融	10000	20863	28264

数据来源:国家信息中心分享经济研究中心,中国互联网协会分享经济工作委员会.中国分享经济发展报告(2017);中国分享经济发展年度报告(2018)(注:2018年起,"中国分享经济发展报告"改为"中国共享经济发展报告")。

非金融分享领域(包括生活服务、生产能力、交通出行、知识技能、房屋住宿等)市场交易额约为20941亿元,比上年增长66.8%。金融分享领域市场交易额约为28264亿元,比上年增长35.5%。

我国分享经济结构继续改善,非金融分享领域市场交易额占总规模的比重从上年的37.6%上升到42.6%,而金融分享领域市场交易额占总规模的比重则从上年的62.4%下降到57.4%,下降了5个百分点。

从各领域增速看,2017年知识技能、生活服务领域市场交易额增长较快,增速分别为126.6%和82.7%。

从投融资市场情况看,初步估算,2017年分享经济融资规模约2160亿元,同比增长25.7%。其中,交通出行、生活服务和知识技能领域分享经济的融资规模位居前三,分别为1072亿元、512亿元和266亿元,同比分别增长53.2%、57.5%和33.8%。2017年全球规模最大的10笔风险投资中,有5笔投向中国企业。其中,单笔规模最大的是"滴滴出行"55亿美元的融资。

近年来出现的科技创新独角兽企业中,分享型企业往往都占到1/3以上,具体中国分享经济企业在全球独角兽企业中的情况可见表4。根据CB Insights公布数据,截至2017年2月17日,全球独角兽企业共有186家,其中中国公司达到42家(占总数的22.6%),具有典型分享经济属性的公司有15家,占中国独角兽企业总数的35.7%。截至2017年年底,全球独角兽企业共有224家,其中中国企业增加到60家,占总数的26.8%;具有典型分享经济属性的中国企增加31家,占中国独角兽企业总数的51.7%。

表4　　全球独角兽企业榜单中的中国分享经济企业　　单位:亿美元

公　司	估　值	行　业
滴滴出行	338.0	需求
陆金所	185.0	金融科技
新美大	180.0	电商/市场
饿了么	45.0	需求
中商惠民	20.0	需求
微影时代	20.0	电商/市场
挂号网	15.0	医疗
优客工场	10.2	房地产物业
货车帮	10.0	供应链与物流

续表 4

公　司	估　值	行　业
途家网	10.0	电商/市场
新达达	10.0	电商
融 360	10.0	金融科技
魔方公寓	10.0	设备
瓜子	10.0	电商/市场
知乎	10.0	互联网软件服务

说明:①截至 2017 年 2 月 17 日。

数据来源:国家信息中心分享经济研究中心,中国互联网协会分享经济工作委员会.中国分享经济发展报告(2017).

2017 年新进入该榜单的中国企业有:“今日头条”“联影中国”“快手”“摩拜单车”“ofo 小黄车”“斗鱼”“拼多多”“VIPKID”“小红书”“团贷网”“网易云音乐”“猿辅导”“一下科技(秒拍)”“iTutorGroup”“沪江网”“小猪短租”“51 信用卡”等。

共享企业的成长速度尤其引人关注:“滴滴出行”和“陆金所”用了 3 年时间、“美团点评”和“今日头条”用了 5 年时间,成为估值过 100 亿美元的超级独角兽;“ofo 小黄车”和“摩拜单车”仅成立 1 年多就成长为独角兽企业。

2. 分享经济拉动就业成效显著,助力实现包容性增长

就业是最大的民生,也是包容性增长的根本,我国始终坚持把就业置于发展优先位置。十九大报告指出,要坚持就业优先战略和积极就业政策,实现更高质量和更充分就业。过去五年是我国就业最好的五年,也是分享经济大发展的五年,分享经济发挥了就业蓄水池和稳定器的作用。

初步估算,2017 年我国参与分享经济活动的人数超过 7 亿人,比上年增加 1 亿人左右;其中参与提供服务者人数约为 7000 万人,比上年增加 1000 万人。

2017 年我国分享经济平台企业员工数约 716 万人,比上年增加 131 万人,约占当年城镇新增就业人数(1354 万人)的 9.7%,意味着城镇每 100 个新增就业人员中,就有约 10 人是平台企业新雇用员工;而 2016 年分享经济平台企业新增员工数(85 万人)占当年城镇新增就业人数(1314 万人)的比重约为6.5%。分享经济对扩大就业的作用进一步凸显。2015～2017 年我国分享经济企业员工数如图 4 所示。

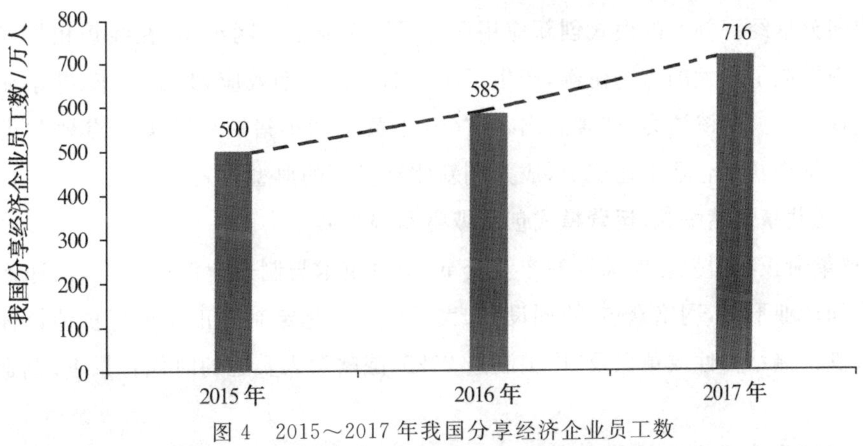

图 4　2015～2017 年我国分享经济企业员工数

数据来源:国家信息中心分享经济研究中心、中国互联网协会分享经济工作委员会.中国分享经济发展报告(2017);中国共享经济发展年度报告(2018).

分享经济有力地促进了包容性增长，在解决产能过剩行业工人再就业以及贫困地区劳动力就业等方面的作用开始显现，对去产能和脱贫攻坚起到积极推动作用。数据显示，“滴滴出行”平台已经为去产能行业（煤炭、钢铁、水泥、化工、有色金属等）职工提供了393.1万个工作和收入机会，为复员、转业军人提供了178万个工作和收入机会，帮助133万失业人员和137万零就业家庭在平台上实现再就业，促进了社会和谐稳定。在生活服务领域，截至2017年底，美团外卖配送侧活跃骑手人数超过50万人，其中15.6万人曾经是煤炭、钢铁等传统产业工人，占比31.2%；有4.6万人来自贫困县，占比9.2%。在劳务分享领域，“众志好活”是一家专注于打造劳务外包的双创平台，成立两年时间已经累计拥有用户数72.1万户，月活跃用户数12.1万户，绝大多数分布在劳动密集型产业。

3. 分享经济是最活跃的新动能，成为创新驱动发展的时代缩影

分享经济作为一种新的经济形态、新的资源配置方式和新的发展理念，集中体现了理念创新、技术创新、模式创新和制度创新的内在要求。近年来，我国分享经济发展迅猛，新业态新模式蓬勃兴起，创新型企业不断涌现，成为中国创新的一张亮丽名片。

移动互联网、物联网、大数据、云计算、基于位置的服务（LBS）、移动支付、近场通信等一系列信息技术的不断成熟和创新应用，是分享经济爆发式发展的关键支撑条件。作为中国的原创性产品，共享单车是继网约车之后信息技术在交通出行领域的又一重大应用创新，成为2017年度分享经济领域最耀眼的一颗明星。共享单车解决了传统城市公共自行车需要提前办理手续、在固定位置取还车等问题，较好满足了城市“最后三公里”的出行需要，在全国部分大城市迅速崛起。2016年除市场占有率较大的“ofo”和“摩拜”外，还有“优拜”“小鸣”“小蓝”“骑呗”等几十家平台涌现。彭博社评价称，单车分享推动“中国正重新成为自行车大国”。数据显示，截至2017年底，全球共享单车投放量超过2300万辆，注册用户接近4亿，累计订单量超过115亿单，覆盖全球20多个国家的304个城市，先后有74家企业进入共享单车行业，融资额超过200亿元。

共享单车发展有力地带动了自行车行业技术升级，包括轻便的一体化车身设计、真空鞍座、铝合金培林花鼓、NB-IoT物联网智能锁、独特的太阳能电池板以及双密度结构的特殊车胎等。不完全统计，共享单车企业累计申请专利数超过300项，如“ofo小黄车”的产品累计进行了25次更新迭代，最新推出的“ofo小黄蜂”进行了101项用户体验研究。

分享经济是模式创新最活跃的领域。依托转型发展的强大需求、网民大国红利、节俭的文化以及成功的实践，中国分享经济领域的模式创新应用取得了巨大成就。网约车、在线短租模式创新引入国内后，在短时间内形成了较大的市场份额，产生了明显的示范带动效应，共享单车、共享充电宝等新模式不断涌现，表现出强大的渗透力。“滴滴出行”“ofo小黄车”“小猪短租”“美团点评”“运满满”“名医主刀”“好活”等一批创新型企业迅速成长，成为创新驱动发展的典型代表。

4. 制造业产能共享悄然崛起，运营模式创新取得积极进展

新一轮科技革命正在引发影响深远的产业变革，信息技术与制造业深度融合，加速产生新的生产方式、商业模式和产业形态，网络众包、协同设计、大规模个性化定制等正在重塑价值链体系。在创新驱动发展战略、供给侧结构性改革以及“中国制造2025”战略深入实施的时代背景下，制造业产能共享正在悄然崛起。

初步估算，2017年制造业产能共享市场交易额约为4120亿元，较上年增长25%，平台上提供服务的企业数超过20万家。

一些传统制造型企业开始实施转型发展战略，积极开放研发、设计、生产、营销、金融等资源，加速推进基于平台的个性化、网络化、柔性化制造与服务化转型，打造上下联动、内外协同的创新创业生态系统，如沈阳机床厂推出了“Isesol”平台，海尔推出了“海创汇”“Hope”以及“COSMO”三大平台，航天科工打造了“航天云网”平台，等等。

新兴的互联网企业开始涉足制造业领域，通过搭建第三方共享平台，以轻资产方式充分整合调动社会优质资源和闲置产能，为大量中小微企业提供低成本、低门槛、低风险的加工制造服务。阿里巴巴“淘工厂”、硬蛋科技等企业正在崛起，已经覆盖工业制造、智能硬件、装备制造等多个细分领域。“淘工厂”平台上的企业商铺覆盖了服装、家居、工业品等 49 个一级行业和 1709 个二级行业。

制造业产能共享创新取得积极进展，初步形成了四个主要模式：一是中介型，其特点是平台自身不拥有制造资源，主要提供撮合及交易相关服务；二是众创型，其特点是平台开放自身优势资源，打造面向企业内部和行业的创新创业生态系统；三是服务型，其特点是平台以工业系统、软件、智能控制、云服务等共享为中心，为用户提供全方位的生产技术服务；四是协同型，其特点是多个企业共同使用制造资源，实现订单共享和协同生产。

与生活服务领域相比，分享经济在制造业的融合渗透程度还很低。由于企业转型参与的意识不足、信息化水平不高、工业互联网尚不成熟以及共享模式尚处于探索阶段，整体上还处于起步期。

5. 大数据应用不断深化，推动形成数据驱动型创新体系和发展模式

大数据是信息化发展的新阶段。以分享经济为代表的新业态新模式蓬勃发展，推动数据呈现出爆发增长、海量聚集的特点，对经济发展、社会治理、国家管理、人民生活都产生了重大影响。在复杂多变的市场需求以及行业竞争加剧的双重驱动下，大数据、云计算、人工智能(AI)等新一代信息技术应用不断深化，引领分享经济创新发展，在优化产品服务、保障交易安全以及智能化辅助决策方面发挥了重要作用，推动形成数据驱动型创新体系和发展模式。

优化产品与服务。“滴滴出行”交通大脑是兼具云计算、AI 技术、交通大数据和交通工程的智能系统，通过机器自我学习的方式，搭建出能够支撑类脑推理的核心算法模型，帮助实现更准确的预测能力、智能的调配能力，实现最优的交通组织。2017 年全年，“滴滴出行”平台为全国 400 多个城市的 4.5 亿用户，提供了超过 74.3 亿次的移动出行服务，为出租车司机链接了 11 亿次出行需求，每日定位轨迹数据 70TB、处理数据 4500TB、路径规划请求 200 多亿次，日均定位数据超过 150 亿次，推出了 3000 万个推荐上车点，全年节省司乘通话超过 21 亿次，对 15 分钟后的出行需求预测准确率超过 85%。运满满汇聚了全国接近 80%的公路干线重卡运力，平台上单车月行驶里程由 9000 公里提高到 12000 公里，平均找货时间由 2.27 天降低为 0.38 天，节省柴油费用 1300 亿元，减少碳排放量 7000 万吨，促进物流降本增效和节能减排效果显著。为应对潮汐效应带来的需求变化，“ofo 小黄车”和“摩拜”分别推出了“奇点”和“魔方”大数据平台，采用卷积神经网络预测用户出行需求，优化车辆调度，结合即时的地点、时间、单车数量等因素，使单车供给最大限度地满足用户需求。美团“智能 O2O 实时调度系统”的应用，使得单均配送时长缩短至 28 分钟，准时率超过 98%。相比过去，人均日配送单量增长 46%，单均配送成本下降 20%。

保障安全。“滴滴出行”从驾驶时长、车速、加速、转弯、刹车五个维度监测司机驾驶行为，提醒司机减少危险驾驶行为，保障出行安全。数据显示，滴滴平台上发生的交通事故死亡率较传统出租车行业低 40%。“WiFi 万能钥匙”通过自主研发的安全云感知系统和安全隧道保护系统，可以从连接前、连接中、连接后三个阶段为用户提供全方位的安全防护。“美团外卖”研发了智能语音助手，通过智能耳机、PUSH、APP 等多种智能方式与骑手进行互动，让骑手在送餐过程中可以使用语音交互完成接单、到店上报、取餐上报、拨打电话以及送达上报等操作，大幅降低骑行过程中带来的安全隐患。

智能化辅助决策。“名医主刀”借助平台上沉淀的大量医患数据，当患者发起手术预约请求后，平台会根据患者描述在病例库、术式库和专家库中进行自动匹配，简单病例 1 分钟、复杂病例半小时就能为患者找到最合适的专家。微医集团开发的中医辅助诊断系统，在浙江已经累计开放超过 170 万个处方，帮助全科医生、基层医生，甚至中医学生开处方，相比过去也更加精准。“春雨医生”开发的智能辅助诊疗系统，在 3 分钟内帮助用户匹配到合适科室的医生，根据用户提供的信息，给医生提供相应的自动追问、症状辅助诊断等服务。在使用辅诊体系后，春雨医生的用户满意度已经超过 98%。

6. 领先企业生态化步伐加快，积极打造全链条生态系统

生态化成为领先企业的普遍选择。为了适应瞬息万变的市场需求，弥补自身技术与资源不足，平台企业往往采用“小步快跑，迭代创新”的发展策略，积极推动横向业务拓展，开发增值服务，加强与用户的双向互动以及跨领域合作。同时，平台企业积极利用掌握的用户资源、数据优势、技术优势，通过与用户、金融机构、政府、高校及其他企业等不同主体的协同互动，打造全链条生态系统。

“美团点评”业务覆盖餐饮、电影、酒店旅游、社区服务、家政、美业等多个领域，2017 年 4 月上线“榛果民宿”，先后推出保洁服务，智能门锁等配套功能，不断迭代与完善服务体系，旨在一体化满足用户“吃喝玩乐行”等需求。

“猪八戒”平台在知识技能共享服务之外，还推出了办公空间分享业务，为会员提供工作台、会议室预订和其他办公设施服务，也为创业公司提供商标注册、版权申报、财税管理等一系列创业孵化服务。截至 2017 年底，全国已有 20 多个办公共享社区开放运营，入住率达 75%。

“优客工场”除了提供办公空间共享，还连接了 721 家服务商，涵盖财税、法律、人力、金融、政务、营销、旅行、软件等服务，同时链接与创业教育辅导相关的人才、技术、市场和资源，形成了较为完整的创新创业服务体系。截至 2017 年 12 月，“优客工场”已与超过 150 个创业导师建立合作，开设超过 5000 场次现场课，超过 100 个投资机构建立了合作关系，平台上处于新兴和高增长行业的企业占比达 83%。

7. 中国成为分享经济创新者和引领者，引发全球关注

分享经济是创新发展的结果，也是创新发展的动力源泉，正在改变全球生产方式、生活方式和思考方式。中国分享经济发展时间虽然不长，但在市场规模、创新应用、国际影响力以及制度创新探索等方面都走在了世界前列。

新模式应用领跑全球。过去五年，中国分享经济已经渗透到交通出行、住宿餐饮、文化创意、教育培训、医疗诊断、制造服务等多个细分领域，产生了丰富多彩的新产品新模式，对全球分享经济起到了创新引领效果。以共享单车为例，国外共享单车市场多是插卡缴费、固定位置，而我国的单车则利用移动支付、GPS 定位、APP 扫码功能，打造了一个全新的商业模式。

企业全球竞争力明显提升。在全球十大独角兽榜单中，中美两国各领风骚，“滴滴出行”“美团点评”“今日头条”“陆金所”4 家中国分享经济企业位列其中。中国分享经济企业国际化步伐显著加快，通过海外业务拓展、国际化投资与合作等方式，大幅提升全球竞争力。共享单车在短短一年时间内，已经在全球 20 多个国家布局，成为“中国智造”新型代言人。“运满满”研发了越南语、阿拉伯语、俄语等多语种的国际版 APP，将服务范围拓展至中亚、东盟等“一带一路”沿线国家。“小猪短租”在线房源已经覆盖全球 100 多个城市，在有华人的欧美国家，几乎都有“小猪”的房源。VIPKID 推出全球首个 100%浸入式教学在线少儿中文教育平台，正式发力中文出海业务，成为中国文化出海“新名片”。平台学员来自美国、加拿大、埃及等 28 个国家和地区，中文教师申请人数超过 4000 余人。在近三年时间里，“滴滴出行”通过投资或产品技术合作等形式，将全球合作网络延伸至北美、东南亚、南亚、南美等 1000 多个城市，覆盖全球 70%以上的市场，其投资合作情况如表 5 所示。

表 5　“滴滴出行”国际市场投资合作情况

企业名称	时　间	轮　次	业　务	所在国家
Lyft	2015.05	E 轮	拼车服务	美国
	2016.01	F 轮-上市前		
Grab	2015.08	E 轮	打车软件	新加坡
	2016.08	F 轮		
	2017.07	战略投资		
OlaCabs	2015.09	F 轮-上市前	打车软件	印度
Uber 中国	2016.08	合并	打车软件	美国
99	2017.01	C 轮	出租车、专车	巴西
Taxify	2017.08	A 轮	打车软件	爱沙尼亚
Careem	2017.08	战略投资	打车软件	沙特阿拉伯

数据来源：国家信息中心分享经济研究中心，中国互联网协会分享经济工作委员会．中国共享经济发展年度报告(2018)．

制度创新探索引领全球。面对蓬勃发展的分享经济，我国积极鼓励市场准入的开放和业务模式创新，为各类分享经济新业态创造了更充分的发展空间。十九大报告、政府工作报告以及相关战略规划，都明确提出要大力发展分享经济，地方政府和有关部门也出台了一系列促进分享经济发展的政策文件，充分反映了我国政府大力发展分享经济的坚定决心。以网约车为例，我国是全球首个承认网约车合法地位的国家。

分享经济“中国式创新”引发全球关注。美国彭博社、英国《金融时报》、日本《日本经济新闻》、德国“德国之声”、西班牙《发展报》等媒体都对我国分享经济发展给予了高度关注和赞誉。《纽约时报》针对中国分享经济的创新势头评论道：“现在，轮到硅谷山寨中国企业了。”“中国抄袭美国的时代过去了，在移动领域，美国已经开始抄袭中国。”我国分享经济创新也受到国外企业家的赞誉，爱彼迎(Airbnb)联合创始人、首席战略官内森·布莱查奇克指出，“与其他国家相比，中国对于分享经济的创新模式更为认可、热情更高、反应更快”。

然而，随着近年来的快速发展，分享经济的也面临诸多挑战。法律法规不适应、公共数据获取难、统计监测体系亟待建立等共性问题依然存在，2017 年用户权益保护难题进一步凸显，新业态发展与传统的属地管理、城市管理以及理论研究滞后间的矛盾更加突出。

既有法律法规不适应新业态。分享经济也是网络经济，具有典型的跨区域、跨行业特征，现有的法律法规越来越无法适应分享经济发展需要。主要表现为平台企业的法律地位和责任界定不清；关于平台的性质认定、行业归类、新型劳资关系、从业者和平台的税收征缴等尚无明确规定。在这种情况下，如若不对现有不合理的法律法规加以修订，就会导致大量的分享经济活动处于灰色地带，甚至有“违法”嫌疑，面临随时可能被叫停、被扼杀的风险。

出现上述难点的原因：一是分享经济活动作为新生事物，发展变化快，法律法规跟不上实践发展。二是分享经济的跨地区、跨行业特征，与数量巨大的行业性、地区性法规产生明显冲突，既有法规的修订量大面广，难以在短期内完成。三是对于能够已经看得清楚，客观上也能够尽快修改完善的法律法规，也存在主观能动性不足的问题。

公共数据获取难。分享经济从根本上说是一种数据驱动的经济。实践中许多创新性分享实践都需要公共数据的支撑，如在交通出行、房屋住宿、生活服务等诸多领域都面临交易双方身份和信用认证问题，尤其是一些与个人信用相关的关键性数据掌握在相关政府部门和公共机构手中，获取公共数据的渠道少、成本高，既不利于监管，也不利于发展。

究其原因，公共数据开放共享的深度和广度尚不能满足需要，而政府部门间的信息资源开放共享历来都是一大难题。

分享经济统计监测体系亟待建立。现有统计体系难以界定和衡量分享经济发展的规模、水平、速度和对经济增长、就业等的实际影响，在一定程度上影响人们对分享经济发展的判断以及相关部门的政策制定。分享经济统计监测体系建设面临的主要问题是：

一是缺乏与分享经济相适应的行业分类体系。一般而言，分享经济活动具有参与者分布广泛分散、业态跨界融合、组织边界模糊、就业灵活、非正式等特点。现有的国民经济行业分类体系无法按照行业、领域、法人（机构）与分享经济活动一一对应，自然也很难以对分享经济活动进行精确统计。

二是缺乏一套标准的统计指标体系。虽然分享经济仍处于产业发展初期，但已经迅速渗透到多个领域，既有汽车、房屋、办公空间、衣服等实体物品的分享，也有知识、经验、技能等虚拟物品的分享。虽然平台企业拥有完整的交易数据，但由于行业差异性较大，统计口径多样，很难形成一套标准的统计指标体系，传统的数据收集和抽样办法也不能完全适应新业态的发展。

三是容易忽略分享经济对经济质量和社会效益的贡献。分享经济的主要贡献体现在资源的有效利用和社会福利的改进，现有的 GDP 核算方式无法测度分享经济带来的闲置资源的充分利用、经济运行效率的提升、产业结构升级以及创新能力的提升等。用户通过参与分享而降低的消费成本、赚取的收入、体验的改善也不能得到有效体现。

用户权益保护难题进一步凸显。分享经济的快速渗透和广泛普及，引发个人信息安全、押金风险、社会福利等用户权益保护难题。

用户隐私保护与信息安全面临挑战。平台企业发展过程中会收集到越来越多的用户个人信息，积累起大量的日常行为数据，这些反映用户隐私的信息一旦发生泄漏，或被不正当利用，将威胁到用户权益甚至人身财产安全。2017 年 6 月 1 日，我国《网络安全法》正式实施，对加强个人信息保护等提出了具体要求，对平台企业提出了明确规定，在具体落实上还需各方共同努力。

押金风险集中爆发，引起社会广泛争议。押金制度是信息不对称、诚信缺失、信用体系不健全的产物。在共享单车行业，平台企业往往将押金作为解决信用难题的主要手段，目前行业累计押金总额上百亿元。2017 年下半年，随着酷骑单车、悟空单车、町町单车、小蓝单车等企业纷纷停止运营或倒闭，用户的押金退还出现困难，涉及民众数百万、押金总额数十亿元。押金“退还难、退还慢”等问题，引发公众对共享单车行业，乃至整个分享经济新业态的担忧，用户参与积极性受到冲击，在微博、微信等网络媒体中引发了一些负面评论，不利于营造良好的外部环境。

分享经济通过网络平台整合资源，许多产品和服务需要线上线下结合，但线下的法律条文很难直接适用于线上业务。在平台责任界定不清、诚信体系不健全以及先行赔付机制缺乏等情况下，分享经济面临“监管难、取证难、维权难”的挑战。如何有效保护用户权益，成为未来分享经济健康发展迫切需要解决的问题。

新业态与传统属地管理之间的矛盾更加突出。分享经济时代，条块分割的治理组织架构亟待优化。传统监管体系强调属地管理、行业管理、科层管理，与分享经济的跨区域、跨部门、跨行业等发展实践的现实需求不匹配，“一个平台、服务全国”的运营特点与传统的属地管理制度之间的冲突日益凸显。

在网约车管理方面，各地出台的网约车管理措施基本都延续了传统出租车管理体制和做法，所有的网约车平台企业都要适应出租车的属地管理要求，要求在本地设立分公司并取得行政许可。以“滴滴出行”为例，要获得全国300多个地级市的行政许可，需要携带几乎相同的材料跑遍这些城市，因材料中包含营业执照、法人身份证、线上能力认证函和公章的原件，又不能异地同步办理，即使马不停蹄地逐个城市递送材料，300多个地级市至少需要3年才能办完。打破属地管理制度对分享经济业态发展的桎梏，显得尤为重要。

新的共享模式给城市治理带来新挑战。分享经济快速发展对城市管理提出了新要求。由于城市规划、配套设施、管理方式以及共享资源投放等多种原因，一些新的共享业态与城市管理方式之间的矛盾日益凸显。

在共享单车领域，平台企业为了迅速抢占市场，导致短期内单车投放数量急速增加，甚至超出城市可承受范围，再加上现有城市规划中在慢行交通系统管理方面存在的规划建设不足、智能化管理水平不高等短板，以及用户自觉有序停放意识薄弱等原因，导致车辆乱停乱放问题严重。

在共享汽车领域，城市规划前瞻性不足导致公共停车位、公共充电桩等配套设施难以满足市场需求，繁琐的审批程序导致平台企业自建电站的周期长、成本高，使得汽车共享难以在城市快速普及。

在生活服务领域，快递外卖、上门取送件、共享停车位等新业态离不开线下场景的开放，与部分小区封闭式管理规定出现明显冲突并引发许多纠纷。如何把握新业态培育和城市综合治理的平衡点，考验着城市管理者的智慧。

快速创新实践与理论研究滞后之间的矛盾更加突出。尽管分享经济引发的社会关注越来越多，政府、平台企业、研究机构对分享经济的理论思考也更加理性与深入，但与快速发展的实践相比，理论研究仍显滞后，难以有效支撑政府的政策制定、行业监管以及企业创新实践的需要。

如何界定平台企业责任是理论研究的一个难点。近年来，社会各界围绕平台企业主体责任、市场竞争行为、用户社保与税收抵扣等一系列问题，展开了广泛讨论，但一直没有形成共识。

如何界定平台企业的垄断行为是理论研究的另一个难点。近年来，越来越多的行业参与者、消费者、监管部门，开始关注分享经济平台的并购和定价等行为可能存在的垄断问题，平台企业也面临反垄断合规的风险和挑战。

分享经济统计监测和价值衡量体系亟待建立。现有的依行业、地域、法人（机构）分类采集数据和抽样统计的核算体系，无法一一对应分享经济业态，无法反映分享经济平台跨行业、跨地域、大量自然人参与的特点，也就难以准确地反映分享经济发展的规模、速度、结构、贡献等状况。

二、主要经济体政策支持与发展趋势

(一)中国

1.中央层面的政策支持

为顺利度过经济发展的关键期,抓住改革发展的新机遇,国家鼓励利用互联网平台优化社会闲置资源的配置,支持发展协同创新的经济新模式。自"分享经济"概念首次在中央文件中提出以来,政府在战略高度一直采取开放的态度,积极推动分享经济的发展。由于分享经济是一个全新的事物,具体到战术层面,政府也在不断地进行探索和尝试。

2015 年 9 月 26 日国务院发布的《关于加快构建大众创业万众创新支撑平台的指导意见》(国发〔2015〕53 号)中,首次在中央文件中提出"分享经济"概念。该文件指出,在当前全球分享经济快速增长的大背景下,我国要壮大分享经济,培育新的经济增长点,以把握发展机遇,汇聚经济社会发展新动能;同时,要推动整合利用分散闲置社会资源的分享经济新型服务模式,以激发创业创新活力。

2015 年 10 月 29 日,党的第十八届五中全会进一步指出,我国要坚持创新发展,实施网络强国战略,实施"互联网+"行动计划,发展分享经济。同日,发展分享经济,促进互联网和经济社会融合发展被纳入《中共中央关于制定国民经济和社会发展第十三个五年规划的建议》。

2015 年 11 月 19 日,国务院在《关于积极发挥新消费引领作用加快培育形成新供给新动力的指导意见》(国发〔2015〕66 号)中指出,我国要完善分享经济,调整完善有利于新技术应用、个性化生产方式发展、智能微电网等新基础设施建设、"互联网+"广泛拓展使用权短期租赁等分享经济模式成长的配套制度,以加强助推新兴领域发展的制度保障。

2016 年 3 月 5 日,李克强总理在《政府工作报告》中提出,我国将把发展分享经济作为"十三五"时期的重大举措,要推动新技术、新产业、新业态加快成长,以体制机制创新促进分享经济发展,建设分享平台,做大高技术产业、现代服务业等新兴产业集群,打造动力强劲的新引擎。同时报告称,充分释放全社会创业创新潜能是我国政府 2016 年的工作重点,政府将着力实施创新驱动发展战略,促进科技与经济深度融合,提高实体经济的整体素质和竞争力,为此,我国需要发挥大众创业、万众创新和"互联网+"集众智汇众力的乘数效应。打造众创、众包、众扶、众筹平台,构建大中小企业、高校、科研机构、创客多方协同的新型创业创新机制。支持分享经济发展,提高资源利用效率,让更多人参与进来、富裕起来。随后发布的《国民经济和社会发展第十三个五年规划纲要》也提出:"促进'互联网+'新业态创新,鼓励搭建资源开放共享平台,探索建立国家信息经济试点示范区,积极发展分享经济。"

2016 年 7 月,《国家信息化发展战略纲要》发布,强调要"发展分享经济,建立网络化协同创新体系",分享经济成为国家信息化发展战略的重要组成部分。

与此同时,消费、物流、交通、制造业等相关领域新出台的政策文件中,也明确提出了鼓励分享经济发展的政策,为分享经济向更广阔领域拓展、更高层次发展、更多群体参与创造了良好环境。

2017 年,国家明确了以"鼓励创新,包容审慎"为核心的分享经济发展原则和政策导向。同年 3 月的《政府工作报告》中提出，加快培育壮大新兴产业，本着鼓励创新、包容审慎的原则，制定新兴产业监管规则。

2017 年 6 月 21 日，国务院常务会议明确提出，要清理和调整不适应分享经济发展的行政许可、商事登记等事项及相关制度，同时按照“鼓励创新，包容审慎”原则，审慎出台新的准入和监管政策。

2017 年 6 月 27 日，李克强总理在夏季达沃斯论坛的致辞中指出：“我们对新产业、新业态、新模式，比如像电子商务、移动支付、共享单车，都实行包容审慎监管方式，促进了其健康发展。”

2017 年 7 月 12 日，国务院常务会议强调，“对于任何新生事物，应尽量秉持‘包容审慎’的监管方式，不能一上来就‘管死’”。“鼓励创新，包容审慎”成为我国制度创新的基本政策取向，为分享经济发展营造了良好的外部环境。

2017 年 7 月，国家发改委等八部门联合印发《关于促进分享经济发展的指导性意见》，围绕市场准入、行业监管、营造发展环境等进行了全面部署，这是分享经济发展过程中一个里程碑式的文件。该文件的出台表明，“鼓励创新，包容审慎”成为分享经济监管主基调，“放宽准入，底线思维”成为分享经济监管新要求，“多方参与，协同治理”成为分享经济监管大方向。随后重庆、浙江、天津、江苏、甘肃等地区也出台了鼓励分享经济发展的指导性意见。

为支持和鼓励有条件的行业和地区先行先试，充分发挥示范引领作用，促进分享经济健康良性发展，2017 年 12 月国家发改委启动了首批分享经济示范平台申报工作，围绕创新能力、生产能力两大领域，瞄准科研仪器、知识技能、生产设备、生产资源以及分散产能等五个方向，发展一批分享经济示范平台。旨在梳理总结分享经济示范平台典型实践和先进经验，加大宣传推广力度，增强分享经济创新力和竞争力。

在网约车、共享单车、共享汽车、在线直播、互联网金融、网络餐饮、互联网医疗等细分领域，近年来中央有关部委及地方政府主管部门也相继出台了一系列政策文件。如 2015 年 7 月 18 日人民银行等 10 部门联合出台《关于促进互联网金融健康发展的指导意见》、2016 年 7 月 28 日交通运输部等 7 部门联合出台《网络预约出租汽车经营服务管理暂行办法》、2016 年 8 月 24 日中国银监会等 4 部门联合出台《网络借贷信息中介机构业务活动管理暂行办法》、2016 年 11 月 4 日国家互联网信息办公室出台《互联网直播服务管理规定》、2016 年 12 月 12 日文化部出台《网络表演经营活动管理办法》、2017 年 5 月 8 日国家卫计委出台《互联网诊疗管理办法（试行）》（征求意见稿）和《关于推进互联网医疗服务发展的意见》（征求意见稿）、2017 年 8 月 3 日交通运输部等 10 部门联合出台《关于鼓励和规范互联网租赁自行车发展的指导意见》和 2017 年 11 月 6 日国家食药监总局出台《网络餐饮服务食品安全监督管理办法》等。

近年来国家出台的关于分享经济的若干政策见表 6。

表 6　近年来国家关于分享经济出台的相关政策

日　期	有关文件	相关表述
2016 年 3 月	国家“十三五”规划纲要	发展分享经济，促进互联网和经济社会融合发展；推进产业组织、商业模式、供应链、物流链创新，支持基于互联网的各类创新
2016 年 3 月	关于促进绿色消费的指导意见	支持发展分享经济，鼓励个人闲置资源有效利用，有序发展网络预约拼车、自有车辆租赁、民宿出租、旧物交换利用等，创新监管方式，完善信用体系
2016 年 3 月	关于促进二手车便利交易的若干意见	明确要求各地人民政府不得制定实施限制二手车迁入的政策，已经实施限制二手车迁入政策的地方，要在 2016 年 5 月底之前予以取消
2016 年 4 月	关于深入实施“互联网＋流通”行动计划的意见	鼓励发展分享经济新模式，密切跟踪借鉴国外分享经济发展新特点新趋势；激发市场主体创业创新活力，鼓励包容企业利用互联网平台优化社会闲置资源配置；支持发展协同经济新模式；提升社会化协作水平和资源优化配置能力
2016 年 5 月	关于深化制造业与互联网融合发展的指导意见	积极发展面向制造环节的分享经济，打破企业界限，共享技术、设备和服务，提升中小企业快速响应和柔性高效的供给能力
2016 年 8 月	推进“互联网＋”便捷交通促进智能交通发展的实施方案	牢固树立并贯彻落实创新、协调、绿色、开放、共享的发展理念；发展“互联网＋”交通新业态，并逐步实现规模化、网络化、品牌化，推进大众创新、万众创业
2017 年 3 月	2017 年政府工作报告	要推动新技术、新产业、新业态加快成长；以体制机制创新促进分享经济发展；建设共享平台，做大高技术产业、现代服务业等新兴产业集群，打造动力强劲的新引擎
2017 年 7 月	关于促进分享经济发展的指导性意见	坚持包容审慎的监管原则；引导平台企业建立健全消费者投诉和纠纷解决机制；研究完善适合分享经济特点的税收征管措施
2017 年 10 月	党的十九大报告	在中高端消费、创新引领、绿色低碳、分享经济、现代供应链、人力资本服务等领域，培育新增长点，形成新动能
2018 年 3 月	2018 年政府工作报告	高铁网络、电子商务、移动支付、分享经济等引领世界潮流；“互联网＋”广泛融入各行各业；发展平台经济、分享经济，形成线上线下结合、产学研用协同、大中小企业融合的创新创业格局，打造“双创”升级版

数据来源：艾瑞咨询. 中国分享经济行业及用户研究报告；中华人民共和国中央人民政府网，www.gov.cn

2. 地方政府的政策支持

目前已经有相当一部分地方政府将发展分享经济的促进政策纳入本地区政府未来的工作重点，其主要着力点表现为在市场准入监管和配套制度完善上为发展分享经济营造宽松的制度空间。

在市场准入方面鼓励融合创新。对于发展分享经济涉及的市场准入监管，主要涉及对于可能的新的市场主体的监管和新的入市交易客体的监管两个方面。

从目前地方政府所推出的发展分享经济的思路和具体指导性政策看，地方政府发展分享经济的一个重要目的是促进传统产业的转型升级、利用创业创新培育新的经济增长点，因此对于市场主体的监管主要还是立足于在原有市场监管框架上进行适应发展需求的创新。具体而言，不少地方政府将发展分享经济与实施“互联网＋”行动并列，要求通过促进互联网与经济社会融合发展，构筑发展新优势和新动能，拓展发展新空间。这包括加快发展云计算、大数据、物联网、移动互联网等与现代制造业、现代农业、现代服务业深度融合，促进电子商务、工业互联网和互联网金融健康发展，发展分享经济。许多地方政府将分享经济模式视为一种以互联网思维为支撑的新技术和新知识，认可其在推动传统产业的转型升级、激励经济社会新潜力发展方面将能够产生积极影响。例如,北京市和南京市政府分别要求推进基于互联网的产业组织、商业模式等创新,推动互联网新理念、新技术、新模式与经济社会各领域深度融合发展,以发展分享经济、激发经济增长新潜力。

另一方面,不少地方政府认识到分享经济模式可能表现为各类资源的使用权短期租赁,因此很可能为新的入市交易客体提供相对宽松的监管环境,配置相应的市场准入制度。河北省、安徽省政府和大连市政府制定的相关经济政策都明确提出,分享经济模式的一个重要方面在于"使用权短期租赁"。甘肃省政府和无锡市政府指出发展分享经济的要义在于"整合利用分散闲置社会资源"。另外值得注意的是,无锡市政府将"分享经济"的定义写入《无锡市国民经济和社会发展第十三个五年规划纲要》,即不同人或组织之间对生产资料、产品、分销渠道、处于交易或消费过程中的商品和服务的分享,这从某种程度上反映出可能参与租赁的"使用权"和闲置的社会资源,既可能包括有形的生产资料和产品、商品,也可能包括无形的分销渠道或服务;既可能包括静止的生产资料或产品,也可能包括那些正处于交易或消费过程中的商品或服务等。

一些地方政府提出了重点或优先支持分享经济发展的领域,主要集中在能够改善人民生活的服务行业领域。例如,福建省政府提出在设备租赁、交通出行、旅游、房屋出租、体验评价等领域提供新服务,以培育"互联网+"新业态。无锡市政府提出拓展分享经济新领域,重点支持快递物流、家政服务、教育培训、媒体创意、租赁服务等领域。在这些被列举出来的行业领域中,涉及的大多数交易客体(例如机器设备、交通工具、房屋、旅游服务等)都已经受到一定程度的市场准入监管制度的规范,如何充分让这些已经在首次交易活动中完成分配的资源顺利进入二次或多次交易活动,需要政府对已有的市场准入制度进行适度调整。

在共享单车领域,2017 年国内共享单车保有量超过 2000 万辆,融资总额超过 200 亿元。为引导共享单车行业健康发展,各地方陆续出台了一系列相关政策措施(见表 7)。

表 7　　2017 年部分城市出台的共享单车相关政策

部委/城市	时　间	名　称
成都	3 月 3 日	《关于鼓励共享单车发展的试行意见》
深圳	4 月 1 日	《关于鼓励规范互联网自行车的若干意见》
南京	7 月 19 日	《关于引导和规范互联网租赁自行车发展的意见(试行)》
武汉	8 月 24 日	《关于鼓励和规范互联网租赁自行车健康发展的意见》
北京	9 月 15 日	《北京市鼓励规范发展共享自行车的指导意见(试行)》
宁波	9 月 20 日	《关于加强互联网租赁自行车管理工作的通知》
天津	9 月 29 日	《关于鼓励规范发展互联网租赁自行车的指导意见》
杭州	9 月 30 日	《杭州市促进互联网租赁自行车规范发展的指导意见(试行)》
西安	10 月 26 日	《鼓励规范互联网租赁自行车发展的指导意见(试行)》
上海	11 月 9 日	《上海市鼓励和规范互联网租赁自行车发展的指导意见(试行)》

数据来源:国家信息中心分享经济研究中心,中国互联网协会分享经济工作委员会.中国共享经济发展年度报告(2018).

从支持创业创新和升级消费结构刺激增长。发展分享经济需要调动分散闲置的资源,因此相应地,需要通过宏观政策引导大众将手中的社会资源投入到新的生产环节中,同时也需要引导消费者接纳这种新的产品供应来源和产品形式，形成健康良性的生产消费循环。为此，地方政府积极鼓励大众创业创新和升级消费结构。

具体而言，为激励群众汇聚智慧、互利共赢，积极分享手中的闲置资源，从而推进大众创业、万众创新，甘肃省政府提出要最大限度地利用大众力量推动整合利用分散闲置社会资源的分享经济模式，发展以社会服务为核心的电子商务平台，积极发展线上与线下联动的知识内容众包，促进形成智慧汇集分享新模式。

在激励广大消费者接纳分享经济下新的消费模式、为分享经济健康发展营造良性经济循环方面，不少地方政府将促进消费升级、增加中高端消费作为分享经济发展的主要目标之一。而实现这一目标的主要途径，在于利用分享经济优化生产供给结构、实现供需双方高效对接的特点，打造群众广泛参与、互助互利的服务生态圈，拓展服务性网络消费领域。

积极制定配套制度进行监管。在市场秩序监管方面，许多地方政府将自身在促进分享经济发展过程中的职能定位为为分享经济成长提供配套制度、积极为强化产业模式创新提供制度保障，在划定政府监管和市场机制的边界上表现出了克制。例如，河北省政府要求下属各责任单位调整完善有利于新技术应用、个性化生产方式发展、智能微电网等新基础设施建设、"互联网＋"广泛拓展、使用权短期租赁等分享经济模式成长的配套制度。

无锡市政府提出建立健全行业标准规范和规章制度，构建以信用为核心的新型市场监管机制，营造更加宽松的政策环境；建立健全各类互联网分享平台，完善网络信息安全体系，为分享经济发展提供新动力。政府提出建立健全行业标准和规范以监管分享经济的发展，这就提高了各类市场经济主体对政府政策和措施的预见性，有利于分享经济参与者积极投资和消费，而提出完善网络信息安全体系，又进一步表现出政府将自身市场秩序监管职能限定为保护网络通信安全等最重要的社会秩序价值，有助于市场交易成本的降低和信任机制的建立。

同时，无锡市政府还提出构建以信用为核心的新型市场监管机制，表现出政府对利用自身权力监管分享经济市场秩序表现出克制的同时，积极推动市场声誉机制的建立，试图利用市场自律对分享市场秩序进行更及时和有效的监管。

3. 分享经济的发展趋势

党的十九大明确宣示中国特色社会主义进入新时代，对新的发展阶段作出了战略规划和全面部署。我国已经站在了新的历史起点上，社会主要矛盾转化为人民日益增长的美好生活需要和人不平衡不充分的发展之间的矛盾，分享经济是解决经济社会发展主要矛盾、实现经济高质量发展的重要抓手。未来几年，在理念创新、技术创新、模式创新和制度创新加速推动下，我国分享经济将呈现出一些新的发展趋势。

分享经济从起步期向成长期转型。预计未来五年，随着信息技术创新应用不断加速，人们认知水平的明显提升，以及政策法规的日趋完善，我国分享经济有望保持年均30%以上的高速增长。分享经济将从起步期向成长期转型。共享产品和服务的领域越来越广，从生活消费领域向生产制造、公共服务、社会民生等领域渗透融合；平台企业间的竞争将日趋激烈，行业并购越来越多，精细化运营成为企业竞争焦点；与起步期相比，未来将更注重分享经济整体发展质量的提升。

农业、教育、医疗、养老有望成为分享经济的新"风口"。面对人民日益增长的美好生活需要，党的十九大报告提出了一系列具体目标和举措。未来一个时期，努力解决人民最关心最直接最现实的利益问题，保障和改善民生，满足人民群众“幼有所育、学有所教、劳有所得、病有所医、老有所养、住有所居、弱有所扶”的迫切需求，将成为我国经济社会发展的重要任务。在此背景下，农业、教育、医疗、养老等领域都可能成为分享经济的“风口”，这些领域的共同特点是：民生关切，痛点明显，市场需求大，商业模式正在积极探索中但尚未成型。

从现实需求看：城乡差距依然较大，提高农民收入、改善农民生活水平、建设美丽乡村的需求迫切；优质教育资源、优质医疗资源供给不足与需求不断增长之间的矛盾依然突出；人口老龄化趋势明显，养老服务需求不断攀升，亟须引入分享经济模式，实现优质资源的再配置。

从发展基础看：我国农村有大量的土地、水利设施、农机设备以及劳动力等资源，共享农业发展有着良好的物质基础；在医疗、教育、养老等领域，已经出现了一批分享经济平台，形成了比较成熟的商业模式，如名医主刀、好大夫在线、微医集团、VIPKID 等。随着相关政策的陆续出台以及资本市场的密切关注，民生领域分享经济有望成为爆发式增长的新“风口”。

分享经济发展将逐步走向规范化。在积极鼓励分享经济发展的同时，针对实践中出现的突出问题，尤其是直接影响群众切身利益的问题，量身定做监管制度成为大势所趋。与此同时，多方参与的协同治理体系建设将加速推进。

有关部门将积极创新监管方式，运用大数据、云计算、人工智能等技术，创新监管手段，实时把握平台企业市场运营、资金管理、用户权益保护等风险动态，提高潜在风险处置能力。实施分类监管，对做得好的平台企业，总结经验，积极推广示范；针对可能引发系统性风险的金融欺诈行为、随意侵害用户数据权益的行为、严重妨碍市政市容管理等问题，将有针对性地强化治理；对一些苗头性、倾向性的潜在风险问题，将采取措施积极防范。

多方参与的协同治理体系建设将加速推进。未来政府将围绕营造公平有序的市场环境，积极创新监管方式，推进公共数据开放共享，加快完善法制建设，大力推动试点示范。平台企业将更多地以“用户为中心”，依靠价值创造来构建可持续发展能力，并通过与监管部门的互动和数据共享，推动平台的健康发展。社会组织将在标准化建设和行业自律等方面发挥积极作用。用户将更多的通过评价、反馈机制参与平台治理，真正达到共享共治。

信用体系建设与分享经济发展的双向促进作用将更加凸显。分享经济是典型的信用经济，具有陌生人之间“缺场”交易的显著特征。一方面，分享经济的快速发展对社会信用体系建设提出了新的更高要求；另一方面，分享经济与信用体系的双向促进作用将更加凸显，为信用体系建设提供数据和技术支撑。信用免押机制效果显著。芝麻信用平台数据显示，相比缴纳押金客户，免押客户租金欠款率低 52%，违章罚款欠款率低 27%，丢车率低 46%。从信用免押机制实施效果看，未来信用免押金服务将成为解决信任问题的重要手段，大幅降低公众参与分享经济活动的成本，激发了人们参与分享经济活动的积极性，减少用户违约行为，也将有效避免沉淀押金带来的潜在风险。

有关部门将积极推进各类信用信息无缝对接，打破信息孤岛，推动建立政府、企业和第三方的信息共享合作机制，积极引导平台企业利用大数据技术、用户双向评价、第三方认证、信用评级等手段和机制，健全相关主体信用记录。同时，也将加快建设守信联合激励和失信联合惩戒机制、设立诚信“红黑名单”，形成以信用为核心的分享经济规范发展体系。

国际市场拓展与治理合作趋势明显。我国已经成为全球分享经济引领者，在移动支付、创新模式、用户量、市场规模、运营经验等多个方面都走在了世界前列。未来，中国分享经济企业国际化步伐将会越走越快，将有更多的企业走出去，更好地适应当地法律、制度、文化以及用户习惯等，进一步深耕国际市场。在走出去的同时，我国也将更多的引入国外成功模式，推动形成全面开放新格局。

全球互联网治理体系变革进入关键时期，构建网络空间命运共同体日益成为国际社会的广泛共识。面对不同国家、不同文化、不同规章制度的巨大差异，在国际化步伐不断加快的强劲趋势下，分享经济的治理需要全球共同努力。各国将不断拓展和深化在分享经济领域的交流与合作，加强在创新平台治理模式，推进消费者权益保护、税收征管、劳动保障、制度创新、法律服务和案例研究等方面的经验交流和成果分享，促进建立更加常态化的工作机制，携手共建网络空间命运共同体。

（二）英国

1. 政策支持

2015 年英国商务部关于分享经济的调查报告显示，英国通过参与分享经济获得的个人收入已经达到了数十亿英镑，3%的英国劳动力通过分享经济平台提供服务。英国的分享经济正在有声有色地展开。

在政策支持方面，早在 2014 年初英国就已经宣布决心打造全球分享经济中心，并从政策等层面予以支持，鼓励发展分享经济。英国政府表示会不遗余力地营造促进分享经济自然生长的良好环境。

2014 年 9 月，英国商务部启动了一个独立调查项目，对英国的分享经济进行评估，并找出英国在成为分享经济全球中心的道路上面临的障碍，其最终目的是为把英国打造成分享经济全球中心制定一张路线图。

在政府对策中，英国政府将扶持政策分为两类：一类是一般性的扶持政策，另外一类是针对分享经济细分市场的具体建议。一般性的扶持政策包括如下六项内容：

第一，试点“分享城市”。英国政府认识到分享经济能够以创新方法帮助城市解决社会和经济挑战，并推动当地发展。为此，英国政府决定 2015～2016 年在利兹市和大曼彻斯特区设立两个实验区，重点支持在交通、住宿和社会保障领域的共享尝试，如利兹市成立一个网络共享平台，分享资产和服务，包括闲置的空间和设备，以及居民的各项专长和技能。

第二，建立数据收集和统计制度。分享经济是一个新兴且快速发展的新业态，对其进行精确统计评估有很大的难度，因此英国政府让创新实验室（Innovation Lab）和国家数据办公室（Office for National Statistics）通力合作，统计和评估英国分享经济的发展规模和经济影响。此外，国家数据办公室还可以与外国数据机构合作，并提出分享经济细分市场发展的可行性报告。

第三，开放政府身份核实系统和犯罪记录系统。信用体系是分享经济网上交易进行的基石，英国政府正在与银行、移动网络运营商等协商，逐步对包括分享经济平台在内的私人经济部门开放政府的身份核实系统（GOV. UK Verify）。此外，向分享经济平台开放犯罪记录查询服务（Disclosure and Barring Service），英国政府承诺实现网络查询，并降低查询的手续和费用。

第四，将分享经济纳入政府采购，探索政府资产参与共享。英国政府逐步更新其政府采购框架，让分享经济也成为政府采购的选项之一。如从 2015 年秋季开始，英国政府官员履行公务时，可以选择分享经济中的住宿和出行服务。与此同时，英国政府增加政府办公资源的共享程度，如从 2015 年春季开始，英国税务及海关总署开展了一个实验项目，通过一个数字平台实现其闲置的文具、办公用品、家具和 IT 设备的共享。

第五，消除数字鸿沟与鼓励保险。分享经济离不开网络的支持，但英国在2015年仍有20%的人口缺乏基本的网络使用技能，尤其是老年人。英国政府承诺到2016年，将使这一数字减少25%，使得更多英国人能够享受到分享经济带来的益处。此外，英国政府支持保险公司开发适应分享经济的保险服务，欢迎英国保险商协会发布世界第一份分享经济保险指引。

第六，简化税制。英国税务及海关总署在英国政府官网上发布分享经济纳税的指引，并开发税务计算APP，以帮助分享经济参与者简单快捷地计算出应缴纳的税额。此外，税务及海关总署计划充分利用网络媒体(如Youtube、Twitter)以加大分享经济纳税宣传至于分部门的具体政策，从住宿共享、技能和时间共享、出行共享等方面提出具体政策，如住房共享领域，政策明确提出要区别对待居民零散出租闲置房屋与商业酒店，并且政府鼓励房东将闲置房间出租，并给予税收优惠，比如租金每年不超过4250英镑，就可以对分享出租的房间给予免税待遇。在出行共享领域，伦敦交通局在2015年已经宣布，专车在伦敦属于合法运营。

2.现状及发展趋势

2014年11月，英国独立研究报告《开启分享经济》(*Unlocking the Sharing Economy*)出炉，向政府提出了30多条建议。2015年3月，英国政府下属的商业创业和技能部对这份研究报告作出回应，发布了一份政府对策，涵盖一揽子分享经济扶持政策，正式迈出了成为“分享经济全球中心”的第一步。

英国人对分享经济的热情极高。Airbnb曾于2014年3月公布过当时有超过100万名顾客来自英国和法国(Airbnb用户总量当时为200万名)。同年，尼尔森的一项有关共享社区的全球调查也显示，在60个国家有超过3万名受访者愿意参与分享经济活动，这其中有1/3是英国人。

2014年，内斯塔慈善基金会委托TNS(特恩斯市场研究公司)进行了一项针对英国人参与分享经济情况的调研(以下称“内斯塔调查”)。结果显示：在过去的一年中，有64%的英国人参与了分享经济活动，25%的人是利用网络和移动应用来参与的；35～44岁的人、已婚人士、有很多孩子的人、农村人、寻找全职或兼职工作的人、管理人员、专业人员、行政人员以及照顾儿童的人，比起其他人群更容易参加分享经济活动。

越来越多的人通过参与分享经济活动与不认识的人交往并发生金融交易。内斯塔调查显示：2013年一年间，英国有20%的人购买或出售过自用商品，其中包括8%的受访者甚至提供无偿出借或免费赠送的商品或服务。16%的英国人与他们不认识的人进行互动。英国人参与分享经济活动的范围也较广，10%的受访者使用互联网技术来获取或提供媒体资源(如书籍和DVD)，8%进行服饰配件的分享，7%参与家居用品的分享，5%分享运输交通，4%分享旅行相关产品，1%分享工作和任务等，不一而足。

2015年秋季，英国政府官员履行公务时，可以选择分享经济中的住宿和出行服务。而早在2010年，英国克罗伊登理事会就通过决议，开始与Zipcar合作，让汽车俱乐部成员取代政府车队，并在工作时间为其开辟专用车道，其余时间则允许当地居民参与使用。

分享经济深受英国居民的追捧和喜爱，同时获得了英国政府的大力支持。英国商务部的独立调查报告认为，就目前的发展趋势来看，未来英国的分享经济将朝着衣物时尚、食品、商品、B2B电子商务以及打造分享城市的方向发展。

首先，衣物时尚领域。Wrap研究发现，英国家庭平均拥有大约价值4000英镑的衣服，但其中至少30%使用没有超过一年。分享模式可以让人们通过出借或租用的方式体验更多时尚风格，甚至可以从拥有的闲置衣服中赚钱。在美国，Rent The Runway 平台用户仅在 2014 年上半年就租了价值 3 亿美元的衣服，这预示着衣物时尚领域拥有强大的发展潜力。英国这一领域的分享经济仍然处于早期阶段，目前类似的平台数量不多，Girl Meets Dress 是其中之一通过共享设计师服装的方式，用户仅需支付小部分购买价格就可以租到高价的衣服，反响较好。另外还有优衣库服装回收计划（Uniqlo's Clothing Recycling Initiative）和玛莎购物（M，S's Shopping）等。总体上讲，衣物时尚领域的分享经济目前属于可开发空间较大的一类形式。

其次，食品领域。食品分享模式可存在于食物的生产和分配中的各个阶段，现有的项目包括：想要种地的人和拥有闲置土地的人通过某个平台联系起来，如休·费恩利—利惠廷斯托尔的分享项目（Hugh fearnley-whittingstall's Landshare Project）；直接从农民手里购买粮食的企业平台，如 Farmdrop 和 The Food Assembly；邀请美食大师到临时餐厅，让消费者体验别样风味，像 Grub Club 那样的弹出式餐厅；和不能自己做饭的老年人共进餐食的分享平台，如 Casserole Club。在食品方面的分享经济企业已现出雏形，但当前仍存在法规监管不统一的问题，还需要企业和政府共同摸索出一条健康发展的道路。

二手商品交易领域也是分享经济中日渐流行的一部分，英国现有的案例有：像 Freecycle 这样的社区团体，鼓励人们放弃他们不想要的东西的使用权，将之回收再利用；物品分享平台，如 Rentmyltem、Ecomodo、Streetbank 和 Streetclub，供人们免费或支付少量金额来共享物品，如居民的电动工具等。这些模式对于那些人们需要却不常用而且又很昂贵的东西来讲，特别有效且便捷。而且有研究表明，消费者使用他们的电子产品时更注重其可持续性：仅 5%的消费者买卖过 DIY 制品和园艺产品，但 78%的人愿意考虑这样做；80%～90%的消费者愿意考虑交易电视和笔记本电脑这样的消耗性电子产品；19%的消费者正在租用 DIY 制品和园艺产品，其中 69%认为这个模式可以利用。

B2B 电子商务和物流分享也是具备潜力的领域。迄今为止，在分享经济上的大部分创新都是关于消费者的，然而，分享经济也为企业提供了分享彼此资源的机会。英国人力资源部门已经开启共享后台的功能，但这只是开始。BrandGathering 是一个在线平台，它帮助企业开展合作营销并进行品牌推广活动，利用对方的网络和客户来帮助企业节约资金。另外，作为分享经济的另一个领域，物流可能会越来越重要。在全球其他地方已经有 Nimber 这样的分享经济平台实现对等方式交货，其在提高效率的同时又节省资源。

最后，是分享型城市理念。目前英国已经设立了两个试点城市利兹和大曼彻斯特。未来可着重挖掘这一领域的发展，鼓励更多的城市加入分享城市计划，把日常生活的方方面面，如交通、办公室、宿舍和技能，都引入分享经济模式的运用中。

总之，通过内斯塔的调查报告和英国政策建议报告可以看出，在英国新模式的发展过程中，"分享经济"的理念对于连接社区、推动城市发展都有非常重要的作用，一个完善的智慧的发展规划可以使个人、企业、政府和社会都有所受益。我们希望通过借鉴国外，尤其是英国的做法，帮助我们自己的分享经济得到更公平更健康的发展，共同创造更光明的前景。

（三）美国

美国的分享经济范围较之英国更大，而且发展更为成熟。从经济体量来看，美国分享经济市场规模估测约为 5100 亿美元，约占美国 GDP 的 3%。从流入分享经济的风险资金来看，风险资本对于分享经济领域的关注度也越来越高。据 Crowd Companies 统计，2010 年美国只有不到 20 家机构投资于分享经济，截至 2015 年 4 月底，已增至 198 个。从分享经济创业企业来看，截至 2015 年年末，全球 18 家分享经济独角兽企业中，有 12 家是美国公司，其中的佼佼者当属估值超过 100 亿美元的 Uber Airbnb 和 Wework。可以说，美国是分享经济发展非常充分的国家，其经济体量、风险资本密集度和独角兽公司的数量都处于世界各国的前列。

汉威士环球(Havas Worldwide)在 2014 年就其对于消费和共享的态度调查了全球 10514 名消费者。美国和英国的消费人群中有相似比例的人愿意分享，其中 52%的美国受访者同意"如果人们分享更多，社会会更加美好"，而这个比例在英国为 55%；但美国有更多的消费者已经参与过分享经济交易，其中该比例在美国为 20%，英国则为 16%。

分享经济在美国迄今为止仍在不断发展。美国的监管环境已经在很大程度上与分享经济的商业模式相适应。这将影响分享经济服务的提供方式。例如，优步(Uber)的内部数据显示，美国的司机平均每周工作 10 小时，而在英国司机则平均工作 25 个小时。优步解释，在美国成为一名优步司机更加容易，也不需要占用很多时间；而在英国，成为优步司机之前需要办理价值 44 英镑的无犯罪记录证明，通过体检，在认可中心接受地形技能测试并获得私人租用许可证(价值 114 英镑)，这意味着更多的伦敦优步司机将把这份工作作为他们的全职工作。因此，监管条例的不同造成了优步在英国和美国不同的商业运作模式。英美的劳动力市场也有所不同，包括工作条件和收入支付的差异。这意味着不能直接比较两国司机的劳动力市场。

在美国，尽管已经存在有关于现行劳动市场监管条例对分享经济案件适用性的法院判例，联邦政府仍旧表示将继续放宽对分享经济服务的监管。2015 年 6 月，美国联邦贸易委员会(FTC)成立了公开的咨询研讨工作组，讨论如何对现有的分享经济适用监管条例。工作组研究了 2000 多份意见书。对于同年 10 月份发布的研讨结果，美国联邦贸易委员会主席拉米雷斯伊迪丝评论道，任何针对分享经济性的监管措施"只需要保障消费安全"。FTC 显然已经清楚地认识到，如果当地法律设置分享经济的进入门槛且对消费者没有明显的好处，那么舆论会施加压力以消除这些限制。

此外，分享经济对劳动供给的影响很难衡量，因为劳动力市场包括退休人员和其他每周仅工作几小时的人群，市场较为分散。因此与英国一样，美国的劳动力市场统计调查同样不包括在分享经济平台上提供劳动服务的人群。也因如此，我们无法得知这类人群的其他收入来源、年龄和社会地位信息。

在对优步提供劳动供给的有关研究中，经济学家乔纳森·霍尔和阿兰·研究了优步在 2015 年的业务数据。通过为尼森战略集团在 2014 年 12 月进行的对 601 名活跃的优步司机的统计调查，了解了何种人群将成为优步司机以及他们从事这项工作的动机问题。他们发现，大多数优步司机把优步看作在找到下一份正式工作之前的收入来源，或者只是一个非正式的收入补贴平台。同时，优步表示其平台上的大部分司机同时也为其竞争对手 Lyft 工作。

霍尔和克鲁格的报告显示，优步司机比出租车司机或者平均人口的受教育程度更高，36.9%具有大专以上学历，而该数据在出租车司机中为 14.9%，在整体就业人口中则为 25.1%；同时与出租车司机的性别分布相比，女性人群占比更高，其中 13.8%的优步司机为女性，而该数据在出租车司机和整体就业人口中分别为 8%和 47.4%；优步司机平均年龄更为年轻，其中 49.2%的优步司机低于 40 岁，相比于出租车司机的 28.4%和就业人口的 48.4%。受访者中有半数此前从未当过司机，73%的受访者表示工作时间的灵活性是成为 Uber 司机的价值所在。

总的来说,美国分享经济在高速发展的同时,也还存在对分享经济监管等问题的探索空间。对于美国决策者和监管部门来说,很多错综复杂而富有挑战的问题仍待解决。

三、山东省分享经济发展的对策建议

(一)建立政府部门的“治理”理念

我省分享经济要实现大幅度发展,必须有与之相适应的政府管理的新理念。“监管”理念强调的更多的是政府单方面的管理,“治理”的理念更加强调市场的力量,通过市场的充分竞争,可以实现监管的目的。山东省政府相应监管部门应充分吸纳市场参与者的意见,更多遵循市场主导思路,对分享经济持更包容、鼓励和促进的态度,站在更高的战略高度看待分享经济对我省乃至我国发展和转型的意义。《山东省人民政府办公厅关于支持双创示范基地建设推进全省双创深入发展的实施意见》(鲁政办发〔2017〕81 号)指出,山东省要按照“管理创新,包容审慎”的原则,支持和引导各类市场主体积极探索分享经济新业态新模式。

在分享经济、“互联网+”等宏观方面,山东省政府应在中央政府出台的政策文件和行动计划的指导下,积极探索在分享经济比较活跃的交通、食宿、服务和劳动、零售、金融等领域,出台相关的扶持和鼓励政策。以细分行业政策和行动计划推动细分行业发展,探索建立分享经济的“负面清单”制度。目前,《山东省人民政府关于助推新旧动能转换做好当前和今后一段时期就业创业工作的意见》(鲁政发〔2017〕27 号)强调,山东省要积极推动平台经济、众包经济、分享经济等创新发展,构建适应新产业新业态发展规律、满足新动能集聚需要的政策和制度环境。

(二)全民普及分享经济的理念和价值

分享经济的发展需要民众道德素养的提升和消费理念的转变,这需要较长的时间去培育分享的文化。因此,山东省政府及相关部门可以采取多元化宣传方式,从社会意识、学校教育以及设立分享经济示范城市等多方面着手,宣传分享经济给经济、社会和环境带来的良好效果,鼓励青年学生参与分享经济的创业创新项目,消除社会公众对于分享经济的一些疑虑和误解,最终提升社会公众对于分享经济的认识和参与热情。更重要的是,山东省政府应从自我做起,探讨如何促进各地方、各部门之间的合作,如何更有效地利用彼此的资源,探索加强部门信息资源的分享和开放,提高信息资源的使用价值。

(三)创新监管方式和手段

山东省政府应着力探索分享经济的差异化监管和适度性监管方式和手段。差异化监管要求我省监管部门根据分享经济的具体问题进行具体分析,根据被监管对象本身的特点,尤其是面对分享经济这一新生“商业物种”有着与传统不同的商业模式、经营方式,不能削足适履,强迫新事物符合旧的监管框架,而应在监管中鼓励创新,宽容试错。至于适度性监管,其实质是监管机构要保持权力的谦逊,对于市场的创新,更多应该交由市场规律来处理。《山东省 2018 年国民经济和社会发展计划》《山东省人民政府办公厅关于支持双创示范基地建设推进全省双创深入发展的实施意见》(鲁政办发〔2017〕81号)等我省政策文件中均指出,山东省要构建分享经济规范健康发展的制度环境,研究制定山东省网络直播、网约车、共享单车等领域监管办法。

(四)完善信用机制、社会保障等配套制度的建设

《山东省人民政府关于印发山东省"十三五"促进就业规划的通知》(鲁政发〔2017〕26号)指出,山东省要积极营造有利于分享经济加快发展的政策环境,重点强调了我省要加快完善风险控制、信用体系、社会保障等政策法规,保障各方合法权益,促进社会资源通过共享实现高效充分利用,促进分享经济加快发展。其中指出,我省要进一步完善支持劳动者参与分享经济就业创业的政策措施,支持符合条件、经工商登记注册的分享经济创业人员,按规定享受现行就业创业扶持政策。同时,我省还要完善劳动用工、工资支付等相关制度措施,引导和支持更多劳动者参与分享经济下的就业创业活动,以及加强劳动人事争议调解仲裁和劳动保障监察,切实保护劳动者合法权益。

(五)加快分享经济所需的基础设施建设

山东省应进一步加强宽带基础设施建设,提速降费,消除数字鸿沟,使更多人融入分享经济平台,参与分享经济服务;推出分享经济示范城市,树立示范效应;将分享经济纳入政府采购范畴,鼓励各级机构使用分享经济平台进行采购、交通、住宿等服务。《山东省人民政府办公厅关于支持双创示范基地建设推进全省双创深入发展的实施意见》(鲁政办发〔2017〕81号)强调,我省要加大政府部门对分享经济产品和服务的购买力度,扩大公共服务需求。鼓励企业、高校、科研机构分享人才智力、仪器设备、实验平台、科研成果等创新资源与生产能力。

《山东省人民政府关于贯彻国发〔2016〕28号文件深化制造业与互联网融合发展的实施意见》(鲁政发〔2017〕17号)中指出,我省要积极发展面向中小企业服务的第三方"双创"平台。推进山东工业云、"好品山东"建设,进一步完善中小企业公共服务平台体系,推动各级资源共享、服务联动和服务延伸,扩大创业创新服务受众面。支持大型互联网企业、基础电信企业联合共建资源开放、数据共享、创业孵化、在线测试、创业咨询等面向中小企业的"双创"服务平台,推动中小企业制造资源与互联网平台全面对接,实现制造能力的在线发布、协同和交易;积极发展面向制造环节的分享经济,打破企业界限,共享技术、设备和服务,提升中小企业快速响应和柔性高效的供给能力。深化国有企业改革和科技体制改革,支持制造企业联合科研院所、高等院校以及各类创新平台,探索构建支持协同研发和技术扩散的新模式。

(六)完善分享经济数据统计机制

目前,分享经济带来的经济增量数据尚未全面地体现在GDP统计中。因此,山东省政府可以探索建立新型数据收集机制,有效统计分享经济对GDP和消费者价格指数(CPI)的影响,为我省政府决策提供精准数据分析。具体来说,我省应积极探索将分享经济纳入国民经济核算体系,科学评估分享经济对经济增长、资源节约、劳动就业、收入分配、税收等的贡献,改变传统的基于抽样调查数据获取方式,加强与平台企业对接合作,运用大数据、云计算等信息技术手段收集数据,完善形成符合分享经济发展模式的统计体系,探索建立分享经济价值衡量体系。《山东省2018年国民经济和社会发展计

划》中强调，山东省要统筹推进大数据、物联网等发展，重点推广开放式研发、个性化定制、协同式创新等新模式，提供线上线下智能化垂直化服务。争取国家大数据综合试验区落户山东，争创国家级物联网产业基地。

（七）分类指导，细分新业态规范发展

为促进我省分享经济快速健康发展，山东省政府应紧跟国家政策，对分享经济分类指导，细分新业态规范发展。一方面，我省要针对分享经济在资源分享、供需形式、商业模式等方面的新变化，以及在使用社会资源资产、城乡公共空间、基础设施等方面的新形式，探索分类制定适应新业态的运行规则、监管措施、安全保障等办法；调整、完善现行社会资源、公共空间、基础设施的使用规则和政策；同时在今后相关设施的规划建设中，充分考虑分享经济发展需求。另一方面，根据分享经济的形态和特点，分类采取不同的商业模式，对使用社会资源、公共空间、基础设施的行为进行规范。

（八）鼓励各级地方政府部门主动作为

根据国家发展改革委、中央网信办、工业和信息化部、人力资源社会保障部、税务总局、工商总局、质检总局、国家统计局在 2017 年 7 月 3 日联合发布的《关于促进分享经济发展的指导性意见》的要求，山东省各级地方政府及其各部门要担起责任，主动作为，切实加强对分享经济的深入研究，因地制宜，不断完善发展环境，创造良好社会预期，务实推进分享经济健康快速发展，努力争取山东省分享经济在未来一段时间内保持高速增长，并在农业、教育、医疗、养老等领域探索分享经济的新“风口”。同时，山东省政府应鼓励有条件的行业和地区先行先试，充分发挥专业化众创空间、科技孵化器的支撑作用和双创示范基地的示范作用，不断提升服务能力，积极开展相关探索实践。

参考文献

[1]山东省商务厅. 中国成全球分享经济引领者[EB/OL]. (2018-03-02)[2018-04-08]. http://www.sdcom.gov.cn/public/html/news/410178.html.

[2]国家信息中心分享经济研究中心，中国互联网协会分享经济工作委员会. 中国共享经济发展年度报告(2018)[R]. 2018.

[3]国家信息中心分享经济研究中心，中国互联网协会分享经济工作委员会. 中国分享经济发展报告 2017[R]. 2017.

[4]国家信息中心分享经济研究中心，中国互联网协会分享经济工作委员会. 中国分享经济发展报告 2016[R]. 2016.

[5]马化腾，张孝荣，孙怡，蔡雄山. 分享经济供给侧改革的新经济方案[M]. 北京：中信出版集团，2016.

[6]腾讯研究院. 2016～2017 分享经济发展研究报告[R]. 2016.

[7]腾讯研究院. 2016 分享经济海外发展报告[R]. 2016.

[8]中国互联网信息中心. 第 41 次中国互联网络发展状况统计报告[R]. 2018.

[9]杨敬凯. 席卷全球的分享经济[J]. 金融博览(财富)，2016(7)：53-55.

[10]吴敬琏，厉以宁，林毅夫. 读懂中国改革 4. 关键五年 2016～2020[M]. 北京：中信出版

社，2016.

[11]张其金.共享经济:新经济成长的动力器[M].北京:中国商业出版社,2016.

[12]王千.新经济时代的价值创造[M].北京:经济科学出版社,2016.

[13]发展改革委等印发《关于促进分享经济发展的指导性意见》的通知[EB/OL].(2017-07-03)[2018-04-22].http://www.gov.cn/xinwen/2017-07/03/content_5207691.htm.

[14]徐俊.英国如何推动分享经济的发展[N].中国经营报,2016-02-22(E04).

[15]张影强.促进我国分享经济发展的政策建议[J].高科技与产业化,2016(09):44-47.

第三章
体验经济发展研究报告

一、体验经济总体发展综述

自1998年美国学者约瑟夫·派恩与詹姆斯·吉尔摩首先提出“体验经济”这一学术概念之后，在20年的时间里，体验经济正逐渐受到人们越来越多的关注。体验经济不仅满足了消费者日益增长的精神文化需要，而且还是对寻找到新的经济增长点的一种全新探索。对中国而言，发展体验型产业是经济全球化的必然选择。目前，由于对体验经济的研究还处于初级阶段，尚未有官方机构发布的权威统计数据，因此本文在整理现有各方资料的基础上，对体验经济的概念、现状和对现代服务业如何在体验经济环境下进行升级改造以实现新旧动能转换的对策性建议作一个简要的梳理。

（一）发展背景

派恩与吉尔摩在《体验经济》一书中明确提出体验经济是继农业经济、工业经济、服务经济之后的又一新的经济发展形态。两位学者认为“体验”将成为继“产品”“商品”“服务”之后的第四种经济提供物，并成为未来经济中“一种新的价值源泉”，而与体验经济相关的产业与服务业的分离也是一种“有价值的区分”。这一种新的经济发展理念，为我们研究和规划未来的经济发展模式提供了全新的思维视角。

体验经济的兴起主要有以下原因：

一是现代科学技术的高速发展不断推动全球性经济的转变，将人类社会不断地推向一个新的历史阶段。在这种情况下，人们不仅需要更加丰裕的物质生活资料，而且还需要更高层次或品位的精神生活需求。

二是随着制造业的自动化和服务业的细化以及收入的不断增长和休闲时间的增多，人们的消费内容与结构也趋向于多元化、个性化、趣味化,希望能够通过增加幸福感来分享经济增长所带来的成果。

三是随着劳动方式的创新,产业重点不断转向高新产业,特别是网络科技方面的发展尤为突出。产业比重的排序由“一二三”向“三二一”转化,经济发展由过去主要依靠资金与劳动力的外延扩张逐渐转向知识或智能等方面的投入。

四是由于世界市场的不断扩张,经济发展不断全球化,世界各个国家和地区已经不再完全依靠自然资源或传统的经济模式来维持发展。必须增强同世界其他国家和地区的关联性与互补性,不断强化自身在经济全球化中的适应性。

五是随着科技的不断进步,自动化设备的不断应用以及经济全球化的不断加强,通货膨胀、有效需求不足、自然生态的破坏和就业困境,已成为世界各国经济发展中共同面对的问题。

六是由于资讯技术的蓬勃发展,资讯价格越来越低,市场的竞争也越发激烈。以优质功能或差异化为目标的资讯产品,“日用品化”的速度不断加快,很难维持垄断地位和的长期竞争优势。

以上提及的六大背景可以概括为三点结论:一是人类的科技发展水平发展迅速;二是人们的消费层次在快速提升;三是社会经济发展遇到了许多新问题。就这三个结论而言,“科技进步”是最根本的推动力,它使人们有了更多的可支配收入,解放了劳动力,使人们有了更为弹性的工作与休闲时间,带来人们消费内容与消费结构的变化,各产业结构也随之发生了很大的转变。“科技进步”带动了“消费层次”的变化,而生产力与消费层次的变化,引发了“经济发展的新问题”,包括企业间的不当竞争、生态环境的恶化、食品安全问题、失业率增高等一系列经济与社会问题。这需要我们思考应如何以合理的方式调配人力和物力,并最大限度地减少自然资源的损耗,使得经济的发展得以持续。在这些问题的讨论中,出现了许多新观点、新思想或新理论,体验经济就是其中之一。

关于体验经济的概念,现任中国社会科学院信息化研究中心秘书长姜奇平曾在《更为人性的经济》的评论中形容,体验经济就是“一个筐”,什么内容都可以往里装。他认为不能装的反而成为少数或是“一小撮”。在这个筐里,“休闲业可以放进去,好莱坞影视可以放进去,迪斯尼乐园可以放进去,意甲足球可以放进去,澳门博彩可以放进去……”但“随着体验经济的膨胀和壮大,什么是体验经济,反倒一句话两句话说不清楚了”。

早在1970年,美国著名的未来学家阿尔文·托夫勒在其所著的《未来的冲击》一书中指出,体验经济将逐渐成为继农业经济、工业经济、服务业经济之后的一种经济形态,体验企业将成为未来经济发展的支柱。但这一观点长期以来一直未能受到人们的关注。

1999年,约瑟夫·派恩(B. Joseph Pine)和詹姆斯·吉尔摩(James H. Gilmore)在《体验经济》(由哈佛商学院出版)一书中对体验经济作出了详细的分析,也是到目前为止最全面权威的阐述,它引起了人们极大的兴趣,并就此展开了广泛而深入的探讨。但对于何谓“体验经济”,他们并没有给出明确的界定。派恩认为,体验是一种经济商品。体验经济就是企业以服务为舞台,以商品为道具,以消费者为中心,创造能够使消费者参与,值得消费者回忆的活动,消费者要为参与这种活动,体验这种感受支付费用。据此意,可将体验经济初步界定为:以商品为道具,以服务为舞台,以提供(能够使消费者在消费过程中感受到“美好”“愉快”“难忘”等且需支付费用的)体验作为主要经济提供品的经济形态。

商品经济中分离出了服务经济,服务经济中分离出体验经济。体验本身代表着一种从已有经济类型中成长出来新的经济类型,这种新生的经济形态必能提供新的舞台给未来经济发展。体验经济时代的到来，消费者已不仅仅是产品的被动接受者，而是追求产品所代表的价值和参与价值创造的过程，传统零售方式已经不能满足新的时代环境，体验式消费成为主流。随着用户参与和体验意识的增强，经济环境和消费环境也相应变化，品牌运营重点由只关注产品和服务转向如何为用户提供更好的体验。

为此，理解“体验经济”这一概念应把握如下逻辑特征：

体验经济既是一个动态的概念，也是一个相对的概念。“动态”是指它与服务经济一样，所包含的范围处在不断发展变动的状态，因而无论是服务经济还是体验经济都不能僵硬的、一成不变地按照传统的方式去理解。“相对”是指在不同的国家和地区，体验经济的模式都有所不同，这种不同主要是由当地的社会发展力水平差异所决定的。因此，世界各国和地区不会有一个统一的体验发展期。从服务经济的发展来看，生产力以及社会文化发展水平较高的国家，体验经济相对发达；反之，则发展较为迟缓。

体验经济既是一个抽象概念，又是一个具体概念。由于体验经济注重消费者的精神感受，与工业、农业的所提供的“可触摸”的实物产品和服务业提供的标准化服务相比，体验经济概念在理解上会显得抽象。作为具体概念，是指体验经济所包含的各类产业所生产的产品，无论采取什么样的形式，都是为了满足不同人的不同需要，其表现形式又是不一样的，是可以分类划分的，即表现形式又很具体。虽然其具体的产业划分较为困难，并缺乏统一的认识，但体验经济现象已经越来越多，其表现形式也越发明显。

体验经济既是一个多层次概念，也是一个多样式概念。在发展的第一个阶段，体验经济所涉及的行业将作为一个整体产业，即体验业与农业、工业、服务业形成并列关系，成为社会产业分工体系的重要组成部分，与其他经济类型互为条件、相互联系。在发展的第二个阶段，体验产业范围将持续扩大，即一些隶属于农业、工业、服务业的行业开始细化或是分化出“体验”的部门，这些体验部门将被逐步纳入体验业中。在此发展阶段，原有的体验产业发展将不断深化，从业者的在社会劳动中的表现将更加职业化。此阶段体验业各个部门将不断的分化组合。在发展第三个阶段，体验业的形态将趋于成熟，产业形态相对稳定。伴随产业分类的明确，将促使一些新兴行业的出现，实现体验经济与其他经济形态更大规模的融合或结合。

体验经济思想的提出，为我们研究与规划未来的经济发展模式提供了新的思维视角。作为一种新型的经济发展类型，体验经济就应该具有与农业经济、工业经济和服务经济不同的特性。对此，我们可以归纳出如下特征：

第一，体验经济具有生产过程的短周期性，而消费过程却具有持久性。一般情况下，农业经济受到自然气候的影响，其生产周期多以年为单位，即便运用现代技术，生产过程也至少要以季度为单位。工业经济时代，生产周期多是以季度和月份为单位的。服务经济较短，多以天或小时为单位。以网络为发展基础平台的体验经济则可以分钟甚至秒为生产周期单位。这里需要说明一下，所谓的生产与消费过程同时发生是指体验经济不像其他经济形态需要有中间过程或是相对较长时间间隔。虽然服务经济在很多方面同样具有即时性，但是与体验经济不同的是，服务经济的生产与消费都是即时性的，体验经济的生产具有即时性，而消费却具有持续性，其“感受”作用会“弥留延续”。

第二，体验产品是无形产品，产品面向人类的精神层面，在某种意义上，具有储存性。农业和工业提供的是有形实物性产品，而服务业与体验业提供的是无形产品。需要指出，服务只是提供一般性满足需要的活动,对人类精神层面的作用的影响力很小,所以,服务不能像有形产品那样存放,具有不可储存性。比较而言,体验作用于人类的精神层面,目的是给人以“美好”“难忘”的感觉,所以会伴随着人的记忆而存在的。从某种意义上讲,体验产品具有储存性。一般来说,生产无形产品不能储存,这是服务经济的本质特征之一,也是亚当·斯密批判“服务”是“随生随灭”不创造价值的原因。但随着以计算机和互联网为基础的信息业的出现,无形产品不可储存性这一传统特征受到了挑战,由此形成了服务经济与体验经济的重要区别。

第三,体验经济的生产过程具有消费者的直接参与性。农业经济、工业经济,其经济产品的产出过程都停留在消费者之外,不与消费者直接发生关系。体验经济则表现为消费者参与到生产或服务过程之中,其经济活动是在消费者的消费体验中完成“产品”的生产与交换的。在此方面,体验经济与服务经济的最大的不同点在于,生产者与消费者是强烈互动的。可以说,消费者在某种意义上讲,也是生产者。服务经济是以生产者为价值创造主体,消费者处于被服务地位。体验经济则是以消费者作为价值创造的主体,是以消费者为中心的。如消费者在网络上处理信息、商务办公或是视听享乐,其在网络平台上所产生的价值是高于网站价值的,而其他的产品经济与服务经济在产品和服务经济生产出来之后价值就固定下来,体验经济则是要在消费者体验后才能获得相应的价值。

第四,体验经济的产品具有异质性,“大规模量身定制”是体验经济的本质特征。产品经济和服务经济提供的大多是标准化产品,而体验经济为消费者提供的产品是某种心理感受,这种感受因个体的差异而有所不同,导致生产与消费的个性化。从这个意义上讲,体验的“个性化”是体验经济的灵魂,能够做到“大规模量身定制”,这正是体验经济的本质特征,工业经济的到来依靠的是蒸汽机,而体验经济则依靠网络技术的支持。体验产业是以“人”为中心的产业,并致力于满足人的精神层面需求,其产品自然“因人而异”,但生产却能规模化。

第五,体验经济依据体验所达到的“感受程度”或“体验效果”形成“体验价值”,并依此制定市场价格。在体验经济中,就生产者来说,创造某种“特有的感觉”是一种独立的经济提供物,能够满足消费者情感和个性化的高层次需求。消费者为某种希望得到的“体验”而支付费用,生产者依据所提供的体验感程度决定价格。

(二)发展现状及特点

目前,随着我国供给侧结构性改革进一步深化,经济效益持续提高,新动能加快成长,服务业继续保持稳中向好发展态势,推动我国体验经济向高质量发展迈进。

1. 服务业稳定较快增长,促进体验经济蓬勃发展

继“十二五”期间我国第三产业增加值占 GDP 首次超过第二产业之后,2017 年,服务业增加值 427032 亿元,占全国 GDP 比重为 51.6%;服务业增加值比上年增长 8.0%,比国内生产总值和第二产业增加值增速分别高出 1.1 个和 1.9 个百分点,已连续五年在三次产业中领跑。服务业增长对国民经济增长的贡献率为 58.8%,比第二产业高出 22.5 个百分点;拉动全国 GDP 增长 4.0 个百分点,比第二产业高出 1.5 个百分点。服务业整体呈现出平稳较快的运行态势,作为服务经济进一步发展的体验经济也得到长足发展。

2. 服务业新动能加快成长,带来生活新体验

随着服务业新产业、新业态、新模式的蓬勃兴起,互联网给人们带来了全新的技术体验。2017 年

1～11月，规模以上服务业企业中互联网信息服务行业营业收入同比增长43.3%，数字内容服务行业同比增长34.0%，信息技术咨询服务行业同比增长37.5%，数据处理和存储服务行业同比增长43.6%；1～11月，移动互联网接入流量高达212.1亿GB，同比增长158.2%。

新零售时代来临，促进体验式消费蓬勃发展。2017年全年网上零售额比上年增长32.2%，实物商品网上零售额占全社会消费品零售总额的比重从上年的12.6%提高到15.0%；线上线下深度融合诞生了“盒马鲜生”“超级物种”等超市加餐饮新业态。

平台经济与分享经济发展迅猛，带来生活新体验。一些新兴平台如“微票儿”“喜马拉雅FM”“猪八戒网”和“腾讯云”等交易额同比实现成倍增长。网络视听高速发展，2017年全国视频预付费会员用户将增长至1亿元。共享单车、共享汽车增长迅速。住宿领域分享经济快速发展，预计全年市场交易规模可达125.2亿元，比上年增长42.6%。

3.服务质量和技术水平不断提升，坚实体验经济基础

服务业产品引领中国创造，科学技术奠定体验经济基础。被外媒点赞的中国“新四大发明”，即高铁、支付宝、共享单车和网购，都属于服务业且与体验经济密切相关。2017年第3季度，银行业金融机构处理移动支付业务97.22亿笔，金额49.26万亿元，同比分别增长46.7%和39.4%；“印度版支付宝”“泰国版阿里巴巴”受到热捧，中国移动支付技术已开始走向全球。中国共享单车用户规模已超过1亿，摩拜单车被评为“2017年改变世界的50家公司”之一。

中国服务业技术、标准在多个领域位于世界先进水平。2017年8月，中国“墨子号”量子卫星成功实现国际上首次千公里级的星地双向量子通信，量子通信技术已跻身全球领先地位。百度公司研发的阿波罗2.0无人驾驶平台系统已能实现城市道路上的自动驾驶。依图科技搭建了全球首个10亿级人像对比系统。华为公司开发的全球首个端到端5G预商用系统，已进入多个信息产业发达国家，荣获“世界互联网领先科技成果奖”，中国已成为全球5G技术、标准、产业、应用的引领者之一。2017年，中国专利质押融资额达720亿元，比上年增长65%，知识产权使用费出口额已超过40亿美元。

4.“五大幸福产业”快速发展，满足人民体验美好生活的需要

旅游、文化、体育、健康、养老等“五大幸福产业”的快速发展进一步满足了人民日益增长的体验美好生活的需要，增加了人们的获得感、幸福感。2017年1～11月，规模以上服务业企业中，“五大幸福产业”营业收入合计同比增长13.8%，比上年同期加快1.2个百分点。2017年，我国人均出游次数达到3.7次，比上年明显增加；全国建设各类体育场地2万余个，经常性参加体育锻炼的人口比例提高到41.3%；城市院线观影人次达到16.2亿，比上年增长18.1%；远程医疗覆盖1.3万家医疗机构和所有国家级贫困县，开展远程会诊，远程病理、影像、心电诊断等服务超过6000万例次。截至2017年11月底，全国93.4%的养老院提供了不同形式的医疗服务，养老院护理型床位占比提升到46.4%，老年人口的医疗需求得到了更好的满足。

总体来说，随着近年来我国人均收入水平的不断提高、科学技术尤其是互联网科技的迅猛发展以及服务业持续快速的增长，我国正逐渐步入体验经济时代。然而，从我国体验经济目前的发展来看，我国体验经济理论的研究滞后于实践。西方国家体验经济的产生一方面得益于其经济与技术基础，同时又与西方国家体验经济理论的产生及其影响有着密切的关系。在未来，我国体验经济的发展将迎来一个新的阶段。

二、主要经济体政策支持与发展趋势

(一)中国

以上海为例。上海作为我国主要经济体之一,已率先开启体验经济时代。发达国家的经验和数据表明,一国或地区的消费结构随着经济水平的高低依次递延,当人均 GDP 超过 1000 美元时,居民在服装衣着方面的消费会加速增长,并颠覆原有的纯功能性消费理念,更加注重品牌体验;当人均 GDP 达到或超过 4000 美元时,休闲、娱乐、体验、旅游观光和生态文化等需求将急剧增长;当人均 GDP 超过 8000 美元时,体验式消费将位居主流。而上海的人均 GDP 已经超过 17000 美元,这种经济基础推动上海进入"体验经济"时代。从上海的消费结构演变中也可以看出这一趋势,2017 年上半年,全市居民人均消费支出中包括体验式服务在内的服务性消费占比近 60%,已接近国际水平。可以说,体验经济已构成上海经济的最大亮点,也代表着上海产业转型的机会。目前,整个上海的发展更多是第三产业的释放,包括艺术馆、剧场、影院、会展、旅游、时尚、创意等各种消费,串联这些业态的灵魂则是"体验"。一方面,随着网络科技、服务模式与商旅文的结合,轻资产、重服务的创新型企业将以"硅巷"的形式层出不穷,甚至是偶然间的灵光一闪都有可能孕育出全新的体验型业态,如无人零售店、智慧商店,或以"选货—无线射频商品识别—扫码支付"的模式,或以"拿起就走"的模式,满足了顾客的体验需求;另一方面,也要有倾向性地引导、入驻一些新奇特,能够提供极致体验的新业态、复合业态,如上海大悦城上摩天轮、浦东巴黎春天商场中五层楼高的滑梯都备受消费者关注,又如一些书店,除了卖书,还搞讲座、展览、课程,从书店变成了"杂货铺",不仅满足消费者的购物需求,而且还兼顾消费者的参与、体验与感受。开辟了体验新业态,也有助于扭转某些实体店销售额下滑的趋势。依此,将上海打造成为购物天堂就具备了需求增量、需求体量。

(二)美国

自 1998 年美国的学者约瑟夫·派恩与詹姆斯·吉尔摩首先提出"体验经济"这一学术概念之后,近 20 年的时间内美国在移动互联网、电子商务、文化创意等众多产业领域掀起体验经济的热潮,在带给消费者良好用户体验的同时也促进美国经济不断发展。

随着消费者收入增加、文化消费品位提升、消费观念改变和健康科学知识普及,体验经济为美国现代服务业和战略性新兴产业创造了新的增长点。在过去的一年内,美国服务业强劲增长。美国供应管理学会(ISM)发布的《非制造业 ISM 商业报告》显示,2016 年 6 月,美国非制造业 ISM 指数达 56.5,升至 2015 年 11 月来最高,表现好于预期的 53.3,表明美国非制造业仍在继续增长且速度有所增加,同时进一步佐证美国经济继续向好。从 2016 年 6 月至 2017 年 6 月,受益于新订单、就业等方面的良好表现,美国 ISM 非制造业 ISM 指数基本在 54 以上,就业指数、新订单指数和商业活动指数全面上升。2017 年 2 月,非制造业 ISM 指数达 57.6,创 2015 年 10 月以来新高。稳定的就业增长、更加健康的消费融资以及市场信心的回升,进一步抬升了服务业的需求。2017 年 6 月,美国非制造业 ISM 指数为 57.4,好于预期的 56.5 和前值 56.9,表明美国二季度经济增长强劲。这一指数已连续 9 个月处于荣枯分水岭 50 上方,显示服务业继续扩张(见表 1)。

表 1　　2016 年 6 月～2017 年 6 月美国 ISM 服务业采购经理人指数(NMI)

2016 年							2017 年					
6 月	7 月	8 月	9 月	10 月	11 月	12 月	1 月	2 月	3 月	4 月	5 月	6 月
56.5	55.5	51.4	57.1	54.8	57.2	57.2	56.5	57.6	55.2	57.5	56.9	57.4

数据来源:美国供应管理学会(ISM).2017 世界服务业重点行业发展动态。

科技进步成为推动美国服务业和体验经济发展的核心驱动力之一。目前,全球已开始迈入"第四次工业革命"时代,这是由物联网技术、大数据与云计算以及人工智能、3D 打印技术推动,以互联网产业化、工业智能化、工业一体化为代表的全新革命。"第四次工业革命"结合了各种新兴技术,将对世界经济、商业、社会和个人带来前所未有的改变与体验,成为推动世界经济繁荣的重要动力。

美国电商巨头亚马逊(Amazon)紧紧抓住高龄化与城市化背景下消费者对于购物便利性体验需求快速攀高的趋势,借助高新技术和设备,推出 Dash 系列创新体验服务,不仅创造出实质的商业价值,也成为亚马逊成功的商业模式之一。2014 年,亚马逊推出 Dash 购物服务(用户在家中用语音和扫描的动作购物),2015 年销售金额较前一年涨了 5 倍,销售商品扩大超过 200 种。在美国市场取得成绩后,亚马逊将 Dash 服务扩展到英国、德国、奥地利及日本。2015 年,亚马逊推出名为 Dash Button 的硬件产品,通过 Dash Button,用户只需一键点击,就可购买需要定期购的商品。亚马逊还进一步融入数据分析技术,于 2016 年推出具有消费预测功能的 Amazon Dash Replenishment 服务(Dash 补充服务),自动帮用户订购库存不足的日用品。近乎完美的用户体验使得亚马逊深受用户喜爱,同时也引领了体验经济的时代潮流。

人工智能、大数据分析、"互联网+"等新技术还对美国的专业服务业产生深远影响。例如,人工智能在广告业的新模式新业态已悄然崛起,美国人工智能创业公司 Veritone 可以追踪品牌在所有媒体上的提及、外观及实物展示,进行更准确的广告效果测量和与竞争对手差距分析,让广告投放更高效、更智能。

此外,大数据、移动互联网、人工智能等新兴技术与健康服务业的结合也是备受瞩目的新趋势。这些技术与健康服务业相结合,成为美国健康产业发展的新方向,也为未来健康服务业发展提供新动力,从而促进产业快速升级。据 MarketLine 的《医疗保健产业报告》,2016 年全球医疗保健产业产值达到 7.442 万亿美元,同比增长 4.9%,2012～2016 年的年复合增长率为 4.9%。从区域分布看,美国医疗保健产业排名第一,产值为 3.358 万亿美元,占到全球的 45.1%。近年来,将机器人应用于康复、护理、健康管理、远程服务、救援、转运等医疗和健康服务,呈现百花齐放的态势。可穿戴智能设备的出现,医疗健康大数据的应用推广,都给人们带来医疗健康领域的全新体验。

"第四次工业革命"不仅带来技术的巨大进步,还改变了生产方式和生产关系,衍生出新的经济形态——分享经济(Sharing Economy)。分享经济的诞生与体验经济密不可分,体验经济是分享经济行为的基础。以 Uber、Airbnb 等为代表的分享经济企业,融合了大量的科技应用与数据基础,将过去长期存在于邻里社区间的分享服务,转化为能够复制、扩大与计算的实际商业价值,可以说是将社会需求及产业趋势予以"服务化"的代表。随着美国分享经济创业企业基数的增大,独角兽的诞生也随之增多。在美国家庭花销较为集中的住宿、交通、食品等行业,多数分布着分享经济独角兽企业。2014 年美国家庭平均花销与独角兽企业及估值见图 1。

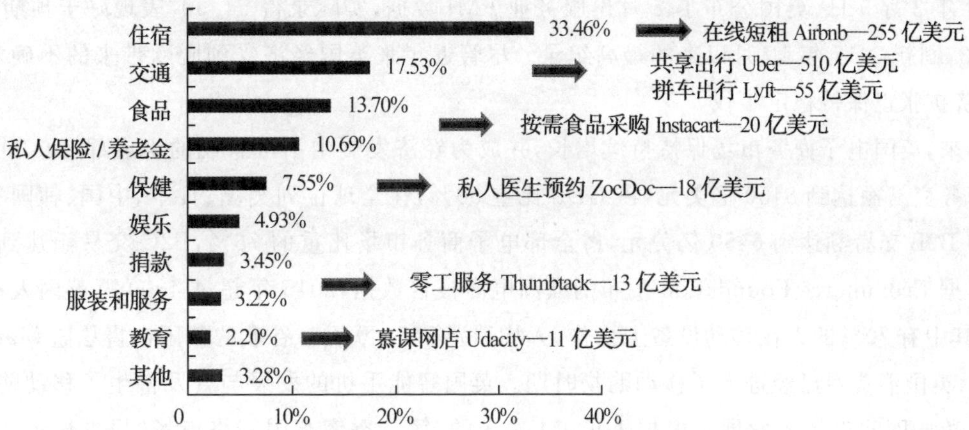

图 1　2014 年美国家庭平均花销与独角兽企业及估值

数据来源：根据 KPCB、CB Insights、腾讯研究院资料整理。

技术的发展还催生众多新型商业模式并推动新产业的发展，随着信息科技时代体验经济的兴起，美国乃至全球经济形态逐渐发生变化。根据跨大西洋关系研究中心(Center for Transatlantic Relations)的丹尼尔・S・汉密尔顿(Daniel S. Hamilton)发表的《2017 跨大西洋数字经济》报告显示，美国在 2015 年向欧洲出口了 1800 亿美元的数字支持服务，并进口了 1091 亿美元，在这个领域产生了 710 亿美元的贸易顺差。美国是欧洲最大的数字支持服务供应商。在企业对企业(B2B)和企业对消费者(B2C)电子商务方面，美国是德国和英国企业的头号外国电子客户，在瑞典、意大利、法国和丹麦的公司客户中排名前五。美国电子商务市场持续增长，2016 年美国电子商务(B2C)规模达到 3938 亿美元，比上年增长 15.2%，占全部零售市场的比重提升为 8.2%，并涌现较多新模式，如会员制电商、分享电商等。同时，美国仍然是 C2C 平台经济的领导者。高度数字化带给美国人民全新的生活体验，也促使美国进入体验经济时代，但麦肯锡估计，美国整体经济的数字潜力仅发挥了 18%，麦肯锡将其定义为经济中领先行业数字化的最高界限。

另外，值得关注的是，体验经济下文创产业是美国经济转型发展的重要力量之一。联合国贸发会议数据显示，2015 年全球创意产品进出口贸易规模达到 9641.48 亿美元，其中出口总额 5097.53 亿美元，进口总额 4543.95 亿美元。2015 年版权产业整体为美国 GDP 贡献的增加值将近 2.1 万亿美元，占美国经济整体的 11.69%，2012～2015 年均复合增长率为 3.87%，超过同期美国 GDP2.11%的年均增速。其中，游戏产业是体验经济中增长显著、业态活跃的一支劲旅。2016 年，游戏业全球销售总额首次突破千亿美元大关，达到 1010.6 亿美元，游戏市场规模已经是电影市场的 3 倍。2016 年，美国成为全球继中国之后的第二大游戏市场，中美两国的游戏营收不仅远超日本、德国和英国，甚至还高于收入排在前十位的其他八国的总和。

(三)英国

早在约瑟夫・派恩与詹姆斯・吉尔摩 1999 年撰写的《体验经济》一书中，就有这样一段描述："英国的 TopGolf 公司特立独行地在每个高尔夫球和降落区内都安装了电子芯片，可以实时监测每个球手击出的每个球的降落位置，而且可以把每轮结果显示在电脑屏幕上，真正做到让每个玩家随时都能登上排行榜。这款专属产品，给人们提供了自助式的高尔夫体验。"英国作为世界主要经济体是较早发展体验经济的国家之一，在电子商务、游戏、人工智能科技等多领域保持领先地位。

2018年3月5日，英国公布了2月份服务业PMI数据，实际录得54.50，表现好于预期值53.30和前值53，刷新2017年10月以来的最高纪录。尽管近年来英国经济受到脱欧带来的不确定性的影响，但经济扩张正保持稳定步伐。

近年来，英国电子商务市场保持持续增长，并成为经济发展中不可忽视的组成部分。2015年，英国电子商务交易额达到8450亿美元，占GDP比重30%，在全球位列美国、日本、中国、韩国和德国之后。其中B2B交易额达到6450亿美元，占全部电子商务市场比重的76%，B2C交易额达到2000亿美元。根据Ecommerce Foundation发布的欧洲电商报告数据，2015年超过4300万英国人有网上购物体验，其中有20%的人在移动设备上操作，人均消费3652欧元。谷歌的英国销售总监Martijn Bertisen表示英国消费者已经进入了移动购物时期。英国智能手机的发展与普及催生了移动购物体验，也推动了英国网购市场的发展。根据UKOM发布的"第二季度英国网络市场"报告显示，2017年6月有超过5000万英国人使用PC、智能手机和平板电脑访问互联网，且使用智能手机上网的时间份额增长至50%。

此外，英国游戏产业一直保持稳健的增长态势，市场规模不断扩张，是体验经济的重要"爆发点"之一。荷兰游戏市场数据研究公司Newzoo对2017年全球各国游戏营收进行了预测排名，英国以42.18亿美元的营收总额排名全球游戏营收第五名。根据YouGov的调查显示，超过1/3的英国成年人(35%)了解各种电子竞技比赛。游戏产业逐渐成为英国体验经济时代的新引擎。

为了应对人工智能科技越来越多地融入其他科技应用的大趋势，英国下议院的科学和技术委员会(The House of Commons'Science and Technology Committee)在2016年的10月发布了一份关于《人工智能和机器人技术》的报告。报告视英国为机器人技术和人工智能系统的道德标准研究领域的全球领导者，并且认为英国应该将这一领域的领导者地位扩展至人工智能监管领域。

在人工智能领域，英国计算机科学家艾伦·图灵(Alan Turing)被世人尊称为"人工智能之父"。英国的人工智能公司被认为是世界上最具创新力的公司，在不同的行业不断刷新用户体验，引领英国体验经济发展。在医疗保健与生命科学领域，Babylon Health与英国国家医疗服务系统合作，通过移动设备测试聊天机器人对病人提供建议。该公司2017年完成了6000万美元的融资。在数字营销领域，AdBrain的客户ID映射平台让营销人员能够对不同设备、渠道和平台的个人消费者进行定位和跟踪，从而实现更好的营销效果。Pixoneye提供基于人工智能的图像和手机图片功能分析，帮助客户更好地划分用户群体。在汽车领域，牛津的Oxbotica公司开发了一套自动驾驶系统，Selenium利用来自激光和车载摄像机的数据进行自动导航。

三、山东省体验经济发展的对策建议

随着山东省消费者收入增加、文化消费品位提升、消费观念改变和健康科学知识普及，体验经济将为我省现代服务业和战略性新兴产业创造新的增长点。而且随着"经济—文化—科技"一体化趋势不断加强，多样化的体验经济方式将渗透到我省经济的各个领域，为转变经济发展方式注入新的活力。

(一)大力发展现代服务业和战略性新兴产业

加快发展我省现代服务业和战略性新兴产业既能够创造更多的价值源泉，同时还能够有效促进我省体验经济不断向前发展，二者都是新的经济增长点和转变经济发展方式的立足点。《山东省人民政府关于印发山东省“十三五”战略性新兴产业发展规划的通知》(鲁政发〔2017〕7号)中强调，山东省要重点发展新一代信息技术产业，打造互联、融合、智能、安全的信息技术产业体系，到2020年全面实现提升用户的上网体验；加快生物技术药物创新和产业化，推进先进技术研发和关键技术规模化应用，完善我省居民在生物医药领域的使用体验；重点发展高端装备产业，着力提升高端装备业创新能力和国际竞争力，通过发展智能装备、轨道交通装备、通用航空装备等来全面升级我省居民日常生活体验。

(二)加快精神消费升级，转变文化发展方式

成熟的市场经济既需要殷实的物质消费，又需要丰富的精神消费和繁荣的文化大发展。山东省发展体验经济应以提升精神消费需求层次为目标，以物质消费为载体，以文化发展作支撑。首先，山东省政府应加强引导和监管精神消费，让精神消费逐渐走上健康发展的轨道，即体验经济作为第三产业的重要支柱，在产业结构优化时需要以物质消费为动力，更需要以精神消费为指引。其次，山东省应着力激发文化发展活力和创造力。依托齐鲁文化、儒家文化、泰山文化、运河文化、黄河文化、滨海文化、红色文化、水浒文化等山东特色文化，重点挖掘鲁中山区、胶东半岛、京杭大运河沿线文化资源，打造具有鲜明区域特点和民族特色的文化创意产品。

(三)强化政府引导，更多发挥市场作用

山东省在大力发展体验经济的过程中，要注意适当减少政府主导作用，充分发挥市场自主自发的力量。市场的力量会把各服务要素资源相对集聚在某一个特定的空间，这种满足消费者需求的资源配置方式更有利于体验经济的快速发展。我省发展体验经济，其政府的责任应从拿揽配转变为打平台、优环境、聚人才。例如在服务业聚集区内，做一些包括研发设计、试验验证等公共技术支撑平台；做一些咨询、评估、交易、成果转化、资产托管、投融资等运营性服务平台；做一些集交易、物流、支付于一体的综合电子商务服务平台，以降低制造业集群的交易成本和优化投资环境，为体验经济在山东落地发展奠定扎实基础。

(四)抓好服务业重点项目、企业和品牌建设

为促进我省体验经济发展，应大力推进服务业重点项目建设。进一步加大服务业重点项目特别是现代服务业项目的策划、招商力度，着力引进一批投资规模大、科技含量高、服务业态新、示范带动作用强、经济社会效益好的现代服务业重大项目，带动优化全省服务业投资结构，同时带给社会公众更优质的消费体验。

此外，山东省还应加大对重点企业培育力度。选择一批规模大、实力强、主营业务突出的龙头骨干企业加大培育力度，促其进一步做大做强；选择一批业态新、运营模式新、成长性强的创新型企业，加大培育力度，带动全省服务业企业创新发展。通过现有服务业企业转型为现代服务业企业，优化存

量结构，促进我省体验经济发展。

同时，山东省要抓好服务业品牌建设。加强服务业名牌产品、名牌企业、名牌行业、名牌区域建设，深入开展山东服务名牌认定评审工作，鼓励企业开展品牌创新，建立品牌创新的长效机制。开展服务质量品牌提升行动，引导服务业企业强化质量为先的理念，支持服务业企业提高服务质量，提升服务品牌价值，从而充分刺激我省消费者进行体验式经济消费。

（五）加大服务业对外开放力度

为促进我省体验经济发展，应逐步探索加大服务业对外开放力度。山东省政府应逐步扩大服务业对内对外开放力度，鼓励民营资本进入生产性服务业，积极引进国际先进服务业态，构建充满活力、特色明显、优势互补的服务业发展格局。与此同时，山东省应积极推进服务外包示范城市建设，加快服务贸易发展，探索全方位实行对外开放。高度关注、积极应对当前中美贸易中出现的新情况，认真落实国家进一步扩大教育、医疗、金融等领域对外开放的政策，在更宽领域实行对外开放，统筹推进文化、教育、科技等各行业对外开放，加快服务业全产业链对外开放，推进服务业高效融合、高端发展，进而全方位促进体验经济在我省的发展。

（六）推动文化创意与相关产业融合发展

文化创意产业是体验经济的重要组成部分之一，在大力发展文化创意产业的同时，山东省政府还应积极推动文化创意与相关产业融合发展，为我省体验经济的发展注入新鲜活力。一方面，推动文化产业园区、文化旅游景区、综合文化中心等开展“文化创意集市”建设，搭建集成式体验经济平台；另一方面，推进山东省文化创意设计行业协会建设，吸引艺术设计、工业设计、建筑设计、旅游产品设计等相关领域创意人才、优秀文化企业、金融机构参与，搭建从创意设计到产品开发再到市场营销各个环节的交流合作平台，即通过全面优化流程实现促进我省在文化创意领域体验经济的发展。

（七）打造高效规范的服务环境

为促进我省体验经济发展，山东省各级政府部门应着力打造高效规范的服务环境。对于重点鼓励发展的体验经济相关行业，建议采取“一业一策”的政策进行扶持，对于重大的和重点引进的服务业项目，要采取“一事一议”的办法予以落实。同时，山东省政府应尽可能探索简化登记、许可、立项、规划、等审批、验收环节，合理设置审批程序，取消不必要的中间流程，压缩审批时限，进而为体验经济在我省的发展打造高效的服务环境。此外，山东省政府还应加快电子政务建设，积极推行网上咨询、预审、审批，提高效率，降低企业运行成本。最后，我省应加大执法力度，严厉打击不正当竞争行为，规范服务业市场秩序，加强诚信体系建设，培育服务消费市场，推动我省体验经济持续、健康、有序发展。

（八）降低市场准入条件，打破行业垄断

随着体验经济时代来临，消费者日益表现出个性化、情感化和直接参与等消费偏好，多元化的服务需求逐渐凸显。因此，山东省政府有必要探索对现代服务业各行业的市场准入条件、资质及审批程序等进行重新评估，按照“非禁即入”的原则，适当降低门槛，拓宽准入领域。同时，山东省政府还应注意，以市场化的方式尽可能打破服务业发展中一些不必要的垄断，吸引更多的民资和外资以灵活多样

的方式参与现代服务业发展，改变服务业发展市场准入要求过严、限制过多、程序复杂的状况，进而确保我省体验经济多元化发展。

参考文献

[1]赵放，王淑华.体验经济与中国体验型产业发展的研究[J].社会科学战线，2013(11):50-54.

[2]赵放.体验经济思想及其实践方式研究[D].吉林大学，2011.

[3]杨芳，包喜军.体验经济映射下的我国政府管理创新[J].社会科学家，2008(3):101-103.

[4]佘碧蓉.体验经济下基于用户体验和大数据的新零售商业模式探究[J].电子商务，2018(2):11-12.

[5]中华人民共和国国家统计局.许剑毅:2017年服务业稳定较快增长质量效益提升[EB/OL].(2018-01-19)[2018-04-01].http://www.stats.gov.cn/tjsj/sjjd/201801/t20180119_1575485.html.

[6]文汇报.做大品牌经济体验经济正当其时[EB/OL].(2018-01-18)[2018-04-01].http://wenhui.news365.com.cn/html/2018-01/18/content_629583.html.

[7]腾讯研究院.2016分享经济海外发展报告[R].2016.

[8]DANIEL S. HAMILTON. The Transatlantic Digital Economy 2017[R].2017.

[9]英国服务业PMI创近4个月新高英央行今后或更偏鹰派[EB/OL].(2018-03-05)[2018-04-01].http://finance.ifeng.com/a/20180305/16011292_0.shtml.

[10]上海市经济和信息化委员会，上海科学技术情报研究所.2017世界服务业重点行业发展动态[M].2017.

[11]中文互联网数据资讯中心.Ecommerce Foundation:2016年英国电子商务市值达1740亿欧元[EB/OL].(2016-04-27)[2018-04-01].www.199it.com/archives/466964.html.

[12]中文互联网数据资讯中心.预计2018年，英国、美国、德国和中国网络零售额增长至3200亿美元[EB/OL].(2015-06-09)[2018-04-01].www.199it.com/archives/354243.html.

[13]中文互联网数据资讯中心.UKOM，2017年Q2英国网络市场趋势报告[EB/OL].(2017-11-09)[2018-04-01].www.199it.com/archives/620400.html.

[14]YouGov. Just a game? Understanding the existing and future eSports market in the UK[R].2017.

[15]胡振虎.顺势而为发展体验经济[EB/OL].(2011-11-28)[2018-04-01].http://finance.ifeng.com/opinion/mssd/20111128/5144668.shtml.

[16]山东省人民政府.山东省人民政府办公厅关于进一步做好利用外资工作的意见[EB/OL].(2010-11-08)[2018-04-23].http://www.shandong.gov.cn/art/2011/1/26/art_2661_168284.html.

第四章
创意经济发展研究报告

一、创意经济总体发展综述

(一)发展背景

创意经济是创意、创意人群、创意活动、创意产业的统称,其核心是创意产业。创意经济是当今世界发达国家和地区进入后工业化社会以来,在现代城市广泛存在的一种重要的新经济形态。新的历史条件下,文化与经济相互交融、相互作用,以文化创新为内涵的创意成为经济发展的重要驱动力。在城市转型期发展创意经济,有助于克服工业化带来的资源瓶颈、环境压力、传统产业衰退和生活品质恶化等诸多实质性矛盾和难题。世界发达城市纷纷将发展创意经济作为在更高层次上形成自己核心竞争优势的战略制高点。

创意产业不是空穴来风,古已有之,据介绍英国在18世纪已经开始实践文化创意产业。不过长期以来,创意一直没有被看作产业或者产业化程度还不高。早在1986年,著名经济学家罗默(P. Romer)就曾撰文指出,新创意会衍生出无穷的新产品、新市场和财富创造的新机会,所以新创意才是推动一国经济成长的原动力。但作为一种国家产业政策和战略的创意产业理念的明确提出者是英国创意产业特别工作小组。

1997年英国大选之后,首相布莱尔提出"新英国"这样一个构想,希望改变英国老工业帝国的陈旧落后的形象。作为"新英国"计划的一部分,工业设计、艺术设计等领域有着崇高的地位。布莱尔还着手成立了"创意产业专责小组"(Creative Industry Task Force),并亲自担任了主席,推进文化、个人原创力在经济中的贡献。英国创意产业专责小组先后于1998年和2001年分别两次发表研究报告,分析英国创意产业的现状并提出发展战略。这两份报告成功并快速地使创意产业成为英国经济发展的重要角色，也使世界各国纷纷重视起这些早已存在、却因一个名词的整合而促进其得到大翻身的产业。创意产业这个观念自英国正式被正名，并在几年内快速地被新加坡、澳洲、新西兰以及我国台湾与香港等国家和地区调整采用。

世界上不同国家或地区对创意产业的定义及包括的具体行业的划分，虽然有不同的说法，但不难发现：不管叫“创意产业”还是叫“文化创意产业”“创意工业”或者叫“版权产业”，首先提出“创意产业”概念定义的英国所指“创意产业”的13个行业，几乎全部已列入相关国家或地区的该类产业。创意产业具体包括的行业不外乎广告、建筑、艺术品和古玩、工艺品、设计、时装、电影与录像、动漫、音乐、表演艺术、出版、软件与电脑服务、电视和广播等。随着时代的崛起，创意产业包含的内容也日益更新，创意产业既有设计、研究开发、软件、咨询、会展策划、印刷包装等生产性服务的内容，也有信息、文化艺术、时尚消费和娱乐等消费性服务的内容。可以说，创意产业是二、三产业共同发展的结合点，是城市经济发展的新内容和新载体。

创新能力是国际竞争力的核心能力之一，创意产业体现了城市的创新能力。当今世界，有影响力的顶级城市无一不是创意产业最集中、最发达的地区，都以独具特色的创意产业闻名世界。英国的伦敦、美国的纽约、法国的巴黎、日本的东京等，无不被创意经济的发展注入了活力，以崭新的面貌仍然跻身于世界城市的前列。创意经济对中国城市的推动作用正在显露，北京、上海、深圳、杭州等一大批城市正面临着城市功能的转型、产业的升级等问题。创意产业，提升了城市的形象，改善了城市的运转机制，创建了一批创意产业集聚地，推动了城市功能的再造能力，增强了城市的综合竞争力。

创意产业的兴起是产业发展演变的新趋势，它既具备知识服务业的业态，又有如下特征作为其标志。

创意产业是高附加价值产业，具有很强的渗透性。创意产业的核心生产要素是信息、知识特别是文化和技术等无形资产，是具有自主知识产权的高附加价值产业。创意在这里是技术、经济和文化等相互交融的产物，创意产品是新思想、新技术、新内容的物化形式，特别是数字技术和文化、艺术交融和升华，技术产业化和文化产业化交互发展的结果，可以渗透到许多产业部门。正因为如此，创意产业很难从传统产业类型中完全分离开来。

创意企业人员主要是知识型劳动者，拥有能激发出创意灵感的设计高手和特殊专才。创意从业人员的工作有其特殊性和不可替代性，他们不断创造新观念、新技术和新的创造性内容，职业能力既来自于个人经验积累，也来自于个人灵感的迸发。生产方式是以脑力与体力、手工与信息化等现代化手段相结合，实现智能生产与实时敏捷生产。在发达国家，随工业化的发展和后工业化社会的进步，教育和研发、文化、金融等众多领域的创意人群在人口中所占的比重正在增加。

创意产品是文化与技术相互交融、集成创新的产物，呈现出智能化、特色化、个性化、艺术化的特点。创意产品有其相同的特性，即是以文化、创意为核心，运用知识和技术，产生出新的价值，是创意灵感在特定行业的物化表现。电影、电视广播、录音带、音乐产业、出版业、视觉艺术产业等文化产品，是与新科技和传媒相结合的产品，达到大量生产并掀起全球性商品流动与竞争，而传统工艺或创意设计产品，可能为手工的、少量生产的产品，它们都呈现出智能化、特色化、个性化、艺术化的特点，它们的价值并非局限于产品本身的价值，还在于它们所衍生的附加价值。如那些具有版权的产品，包括书、电影和音乐的出口能够比服装和汽车等制造业产品出口获得更多的利润。

产业技术向数字化、知识化、可视化、柔性化方向发展。从世界范围来看，现代科技的发展尤其是信息技术、传播技术自动化技术和激光技术等高科技广泛运用，给创意产业带来了革命性的影响，产业应用的技术正向数字化、知识化、可视化、柔性化方向发展。

产业组织呈现集群化、网络化，企业组织呈现小型化、扁平化、个体化、灵活化的特点。当今社会，创意产业已不再仅仅指个体设计师艺术家灵感突发，而是知识和社会文化传播构成与产业发展形态及社会运作方式的创新。创意产业的发展并不仅是个人和单个企业的行为，而是需要集体的互动和企业的地理集聚，形成集群的环境。创意产业集群的特征是生活和工作结合、知识文化产品生产和消费的结合、有多样化的宽松环境、有独特的本地特征，而且与世界各地有密切的联系。

创意产业的企业则呈现出小型化、扁平化、个体化、灵活化的特点，“少量的大企业，大量的小企业”成为普遍现象。一个小的设计公司虽然只有几个到十几个人，但其设计创意人员占据主导地位，处于产业价值链的高端，对周边制造业能起到重要的带动作用。

企业管理向信息化、网络化、知识化管理的方向发展。创意通常是个人的灵感体现，往往是零乱的、不系统的，因此，创意企业需要利用信息化、网络化的手段，通过知识管理来整合和集成。只有通过现代管理手段，整合从研发到营销环节的各种资源，才有可能针对消费者的需求，更快更好地创造出市场需要的产品和企业的最大效益。

（二）世界创意经济的发展现状

20 世纪 90 年代以来，国际文化创意产业发展迅速，市场规模不断扩大，对经济增长和增加就业起到重要作用，已成为许多经济体的支柱产业之一。从国际经验看，经济发达国家都十分重视文化创意产业。美国、英国、日本等多个国家都通过政府计划大力推动文化创意产业的发展。以文化创意产业作为支柱产业的美国，在文化创意产业的各个领域包括电影、图书、音乐、动画、游戏、体育、主题公园和其他衍生产品开发与销售等诸方面都具有全球领先地位。英国从 1997 年起把发展创意产业作为国家战略。法国和奥地利等都注重对重大文化产业品牌项目的扶持与经营。日本在 20 世纪 90 年代的 10 年持续经济低迷时，唯独文化产业取得了巨大的增长，特别是在以青少年和家庭为主要消费对象的动漫和游戏领域，取得了全球的市场领先地位。当今时代，越来越多的国家和地区也都开始重视文化产业并取得了长足进步。韩国秉持“政府作为服务者”的管理理念，成立了专门性质的国家机构文化产业振兴院，制定了文化产业的国家战略，在公共文化服务平台建设、企业孵化扶持、信息提供等方面积极引导企业创新，在短时期内实现了文化产业从贸易逆差到顺差的飞跃，尤其在内容出口、增强影响力和数字内容产业方面取得了重大进展，在部分细分市场还获得了领先优势。新加坡为了发展文化旅游，专门在旅游局下面成立了会展署，支持企业发展会展经济与娱乐产业。

创意经济是全球贸易的重要组成部分。2012 年，全球创意产品和服务市场交易总额达到 5470 亿美元。创意产品跨境贸易在过去 10 年中持续增长。尽管世界经济出现经济减速的现象，但从 2003 年到 2012 年，增长率仍为每年 8.6%，体现出创意经济的活力与复原力。

截至 2015 年底，文化创意产业已在全球创造 2250 亿美元收入和 2950 万个就业机会，超过全球电信业务（1570 亿美元）。其中，排名前三的产业分别是电视产业（477 亿美元），视觉艺术产业（391 亿美元）和报纸杂志产业（354 亿美元）。

文化创意产业为全球提供了 2950 万个就业岗位，雇用了全球活跃人口的 1%，雇用人数排名前三的产业分别是视觉艺术产业（673 万人）、书籍产业（367 万人）和音乐产业（398 万人）。

随着全球创意经济产业的快速发展,创意经济的发展也呈现出一些新趋势:

产业结构的规模化。20 世纪 90 年代以来,国际文化创意产业再次出现了大规模的产业结构调整,通过兼并、重组,在世界范围内形成了少数几个全球性的产业集团,覆盖了传媒、娱乐等诸多门类。产业结构调整,兼并重组浪潮,促进强强联合,使得文化创意产业的管理模式、资金使用、技术开发与市场开拓得以重组,各行业之间的优势互补,降低经营风险,推动其迅速成长为集中化程度很高,产业跨度很大,发展速度最快的产业。

多媒体化。随着互联网等新媒体的崛起,信息革命席卷全球,世界文化的原生内容、传播模式和交互方式发生巨大变革,多媒体经营逐渐成为发展潮流。新媒体在促进区域联系、国家合作、民族沟通、人际交往的同时,也使不同文化的相互影响、渗透、融合、碰撞、冲突变得更加频繁,世界文化变革与重构的帷幕正在拉开。多媒体的迅速发展,有助于打破各媒体之间存在的传统产业壁垒,集传媒、通讯、信息服务于一体,更能促进报刊、广播、电视、通信等各方面的资源得以共享,产业结构得到优化,使得各种文化产业生产要素的优势得以互补。

垄断化。在世界范围内的产业结构调整和经济全球化浪潮中,发达国家凭借自身雄厚的经济实力,通过掌握文化产业的话语权和规则制定权,逐步推动全球文化产业向垄断化、规模化和高投入、高科技化发展,从而更加巩固了发达国家在文化产业的垄断地位。发达国家的文化产业在创意核心产品的研究与设计、生产与传播等方面具有突出优势。如美国的传媒业和电影业、英国的软件业等,在国际产业界处于领先地位,其产品成为重要的出口商品。与此同时,产业加工制作、创意衍生品授权制造等价值链上附加值较低的中间环节向发展中国家扩散。发展中国家的印刷品和出版物、表演艺术、视觉艺术类出口产品比重较低,新媒体、网络游戏等新兴文化业态与发达国家差距较大。

高科技化。文化产业之所以被人称为“无烟工业”“朝阳工业”,一个重要原因就是它不同于一般的传统产业,具有科技含量高、能耗少、生产工艺先进、产品附加值高的特征。自动化、数字化、网络化等高新技术已经成为当前文化产业发展的基本走向。其中最主要的就是互联网的发展以及与广电技术的相互融合。当今世界各大文化产业集团都加大了这方面的投入,以图抢占下一步技术和市场发展的制高点。可以预见,今后的 5～10 年,数字化网络化将使传媒发展产生更大变化,成为媒体集团发展的一个最为关键的阶段。

文化贸易与投资。当今世界,文化多样化发展的趋势进一步凸显。从一定意义上说,正是人类文化的多样性成就了人类生活的丰富性,成就了当今世界的多彩和灿烂。而综观全球文化产业格局,在高度规模化与发达国家文化产业垄断、而发展中国家的文化产业发展空间巨大的局势下,文化贸易与投资的方向必将指向发展中国家,而发达国家的投资将暂缓。

政策趋势。按照国际经济学的理论,一国某产业的对外开放政策分为自由和保护两种,美国对文化产业对外开放政策的管理代表了文化产业政策中自由的极端,而加拿大和法国的文化产业政策则代表了保护的极端,其他文化强国,比如英国、日本和韩国,虽然对文化产业的保护程度不同,但基本都认同文化产业的特殊性,认同保护民族文化的意义,因此认为政府必须采取一定的措施在一定的范围内保护本国的文化创意产业发展。

(三)我国创意经济的发展现状

中国是文化大国,但不是文化强国。在文化产业的对外开放过程中,存在传统文化的资源开发不足、中华文化的国际影响力没有完全展现，监管部门的职能不明确和行政监管比重过大等问题。而我国政府也早已认识到了文化创意产业发展的重要经济作用，在政策上给予支持。

2000 年党的十五届五中全会通过的《中共中央关于制定国民经济和社会发展第十个五年计划的建议》，第一次明确提出要大力发展文化创意产业。十多年来，随着文化体制改革的不断深入推进，文化产业得到了蓬勃发展，整体规模和实力快速提升。我国文化产业法人单位大幅增加，占国内生产总值的比重显著跃升，新闻出版、图书、印刷、广播、电影、电视、国产动画等行业产值呈几何级数增长。我国目前已成为世界最大的艺术品交易市场之一，互联网和移动网游市场规模迅速壮大，成为文化创意产业领域的领军力量。现代文化市场体系初步建立，资产、产权、人才、信息、技术等文化要素市场逐步完善。文化创意产业已成为我国经济发展新增长极，在繁荣社会主义文化、满足人民精神需求、引领大众创业万众创新、优化产业结构、加快转变经济发展方式、提升国家文化软实力等方面发挥着重要的作用。

2016 年，我国文化及相关产业保持平稳快速增长，比重稳步上升，对促进经济转型升级、平稳健康可持续发展发挥了重要作用。经核算，2016 年全国文化及相关产业增加值为 30785 亿元，比上年增长 13.0%（未扣除价格因素，下同），比同期 GDP 名义增速高 4.4 个百分点；占 GDP 的比重为 4.14%，比上年提高 0.17 个百分点。按行业分，2016 年文化制造业增加值为 11889 亿元，比上年增长 7.6%，占文化及相关产业增加值的比重为 38.6%；文化批发零售业增加值为 2872 亿元，增长 13.0%，占 9.3%；文化服务业增加值为 16024 亿元，增长 17.5%，占 52.1%。按活动性质分，文化产品的生产创造的增加值为 19655 亿元，比上年增长 15.1%，占文化及相关产业增加值的比重为 63.8%；文化相关产品的生产创造的增加值为 11130 亿元，比上年增长 9.5%，占 36.2%。2012～2016 年我国文化产业增加值及占 GDP 比重参见图 1。

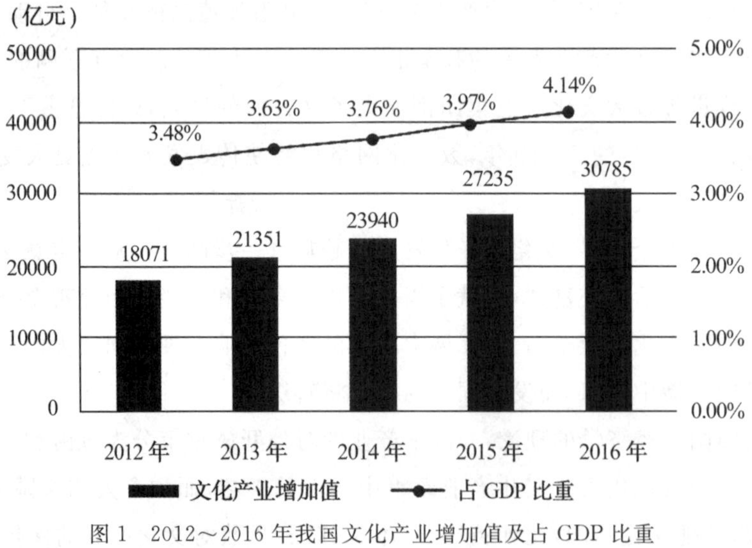

图 1　2012～2016 年我国文化产业增加值及占 GDP 比重

数据来源：中国产业信息网，http://www.chyxx.com/industry/201710/570228.html.

据中国互联网信息中心的统计，截至 2017 年 12 月，中国网民规模达 7.72 亿人，全年共计新增网民 4074 万人。互联网普及率为 55.8%，较 2016 年底提升了 2.6 个百分点。截至 2017 年 12 月，中国手机网民规模达 7.53 亿人，较 2016 年底增加 5734 万人。网民中使用手机上网人群占比由 2016 年底的 95.1%提升至 97.5%。截至 2017 年 12 月，中国网民中农村网民占比 27.0%，规模为 2.09 亿人。

截至 2017 年 12 月，中国网民手机上网使用率为 97.5%，较 2016 年底提高 2.4 个百分点；使用台式电脑、笔记本电脑及平板电脑上网的比例分别为 53.0%、35.8%和 27.1%，较 2016 年底均有所下降。

2017 年网络娱乐类应用用户规模均保持了高速增长，强烈的市场需求、政策的鼓励引导、企业的资源支持共同推动网络文化娱乐产业进入全面繁荣期。网络娱乐应用中网络直播用户规模年增长率最高，达到 22.6%，其中游戏直播用户规模增速达 53.1%，真人秀直播用户规模增速达 51.9%。

我国文化创意产业园区的建设从 20 世纪 90 年代起步，到 2002 年末只有 48 个园区建成，2012 年时出现井喷态势，达到 1457 个，并在 2014 年时达到 2570 个园区的顶峰。2015 年，园区数量稍有回落，全国正常运作的园区在 2506 个左右。其中由国家命名的文化创意产业各类相关基地、园区就已超过 350 个。在政府的积极引导下，我国文化产业已经初步形成了以国家级文化产业示范园区和基地为龙头，以省市级文化产业园区和基地为骨干，以各地特色文化产业群为支点，共同推动文化产业加快发展的格局。参见表 1 和图 2。

表 1　2011～2015 年中国文化创意产业园类型数量情况　　单位：个

类型结构	2011 年	2012 年	2013 年	2014 年	2015 年
产业型	453	518	532	534	535
混合型	992	1378	1575	1733	1661
艺术型	61	77	79	80	82
休闲娱乐型	80	100	107	110	110
地方特色型	85	106	113	113	118
合计	1671	2179	2406	2570	2506

数据来源：中国产业信息网，http://www.chyxx.com/industry/201610/454625.html.

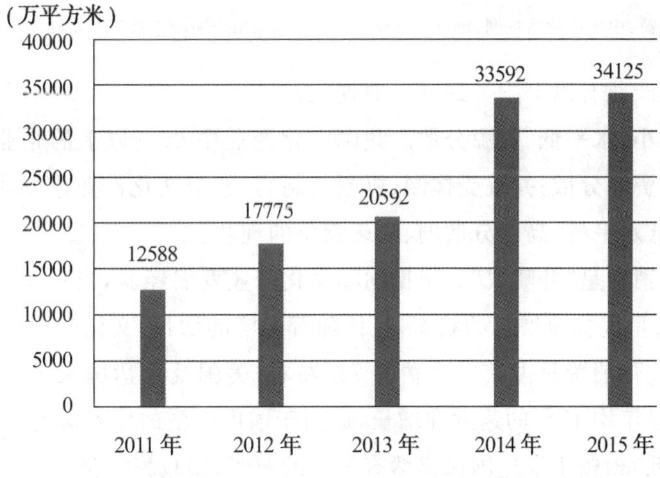

图 7　2011～2015 年中国文化创意产业园面积规模

数据来源：中国产业信息网，http://www.chyxx.com/industry/201610/461065.html.

旅游业作为创意产业的重要产业，也取得了快速发展。2017 年，旅游业综合贡献 8.77 万亿元，对国民经济的综合贡献率达 11.04%。2017 年，旅游总收入约有 5.4 万亿元。其中，国内旅游收入为 4.57万亿元，国内旅游人数为 50 万亿人次，入境旅游人数为 1.39 亿人次，出境旅游人数为 1.29 亿人次。2017 年，旅游直接就业 2825 万人，旅游直接和间接就业 8000 万人。截至 2017 年年底，全国已有

144支旅游产业投资基金，总规模超过8000亿元，预计2017年全国旅游业投资达1.5万亿元。截至2017年年底，全国共建成旅游厕所7万个，超额完成3年5.7万个的计划任务。2017年，全国乡村旅游25亿人次，旅游消费规模超过1.4万亿元。2015～2017年，全国红色旅游接待游客累计达34.78亿人次，综合收入9295亿元。

中国数字媒体产业于20世纪90年代萌芽，首先被应用到了动画制作中，当时出现了许多优秀并且经典的动画作品，如《葫芦娃》《宝莲灯》等，后来数字技术开始向游戏、影视、建筑等领域发展。2010年后国内的数字创意产业发展开始呈现出规模增长快、从业人员数量需求大、延伸领域广、相关产业聚集的特点。2015年我国数字创意产业已集聚了36948家企业、近384万从业人员，产业规模达到5939亿元，同比增长22.9%，其中VR增幅最大，达267.5%（见图3）。

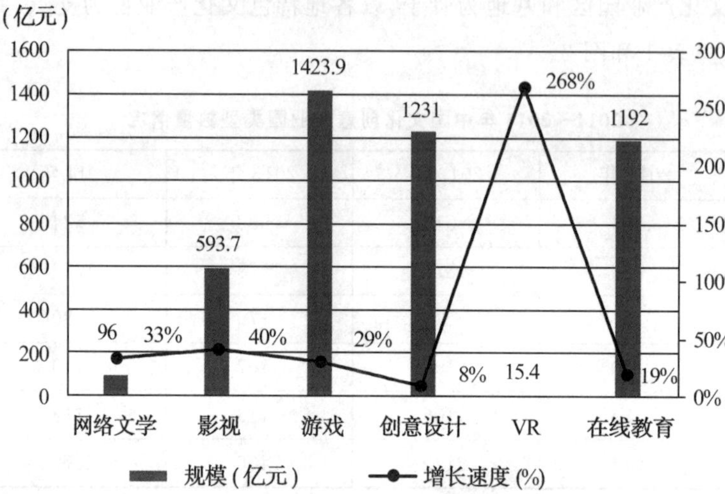

图3　2015年数字创意产业各领域规模与增速

数据来源：中国产业信息网，http://www.chyxx.com/industry/201708/551751.html.

当前我国文化创意产业有以下三个最突出的现状：

多数文化企业规模小、水平低、资源分散。我国文化产业中90%以上的企业都是中小企业，文化产业集约化程度较低且资源分散；并且受体制、机制的制约，整个文化产业市场化发育程度不高，结构还不合理，尚处在一个低水平的、高度分散的、缺乏竞争的现状。

文化及相关产品的消费呈"井喷式"。根据国际文化产业发展经验，当一国人均GDP接近或超过500美元时，文化产业会呈现快速增长的状态，且伴随着经济的增长，文化产业也呈现持续加速增长的态势。当前，我国平均文化消费只占家庭消费的7%左右，美国及发达国家占家庭消费20%～30%；近年来，我国文化产业以年均15%的速度在增长，远高于国民经济的增长速度，尽管如此，我国文化产业占GDP比重依然偏低，相较于发达国家仍然有很大的差距，市场发展潜力巨大。

文化产业呈两极分化的趋势。一方面，2014年，在反奢靡之风的新形势下，演出市场及舞台演出制作公司60%倒闭，艺术品、画廊行业持续低迷，文化产业园区以及主题公园70%～80%处于亏损状态；另一方面，一部分文化产业呈现快速增长的态势，特别是文化产业利用资本市场有了超常的发展，在政策、资本和市场三方资源的合力作用下，文化产业正发生着质的飞跃，即从模仿国外向利用本民族文化自主创新发展转变。

上述现状表明，我国文化产业依然处在较低发展水平阶段，企业规模小，缺乏市场竞争力，不能适应日益增长的文化市场需求，在新形势下面临着重大调整的机遇，现阶段文化产业的落后状况正是文化产业的发展基础，蕴藏着巨大的提升空间。

与发达国家和城市相比，中国的创意经济虽然还处于萌芽和起步阶段，但却已凸显出良好的效益和光明的前景。在区域发展、园区发展和学术研究方面都已取得不菲的成绩，尤其是香港、上海、北京深圳几大城市创意产业的发展，显示了自己的城市特点。早在几年前，香港就已提出了重点发展文化创意产业的具体措施和战略目标；上海、北京深圳等地也觉察到了发展文化创意产业的前瞻意义与潜在价值，并自觉地进行了经济政策的调整，相继建立了多种内容和形式的文化创意产业园区。

二、英、美、日、韩及中国台湾地区政策支持与发展规划

（一）英国

如何在信息社会的到来继续保持社会和经济的持续发展，如何发挥文化产业在社会和经济持续发展的重要作用，已成为英国政府，特别是文化主管部门、商界及学术界普遍关注的问题，英国提出了这样的战略目标：用英国的创意经济来影响英国和整个世界。

英国政府为支持文化创意产业的发展，提出了文化创意产业发展的四项基本原则：

第一，鼓励民众尤其是青少年参加文化活动，并为民众提供尽可能多的参与机会。这就为文化艺术产品培养了潜在的广阔的文化消费市场。

第二，支持文化艺术门类的产业发展，特别是对那些优秀的具有创造性的文化艺术门类提供资助。经费主要拨向与公众文化生活密切相关的重点文化单位和艺术品种。

第三，强调必须保证文化艺术成为教育服务体系的组成部分。政府认为，艺术教育是启发人的思维的教育，是提高个人综合素质和创造力的教育。创造力和创新精神是新一代高科技产业的基础。思维是发明的组成部分，而发明却能创造新的产业。

第四，必须重视文化产业所能带来的巨大经济效益。

与此同时，为了使文化艺术发挥其凝聚力，增强民众对国家的认同感，整合居民共同意识，乐意安居在自己的国土上，必须认同如下三项重要理念：

第一，政府需要艺术，比艺术需要政府更为迫切。

第二，文化行政当局应尊重各种艺术团体的生态环境，容许艺术家于特定的生态环境中创作与展演。

第三，成功的艺术经纪人及文化行政官员，必须是始于自身对文化艺术的爱好与尊重。

这些理念都要求必须尊重文化生产的规律，为文化营造良好的发展环境。

英国政府为扶植文化产业发展，也出台了一些独特的战略措施：

促进文化资源向文化资本转变。文化资源要变成文化生产力必须进行商业化的运作和进行文化的创新，才能转换成现实的文化生产力。英国非常尊重历史，对历史文物的保护非常重视，正是这些宝贵的历史文化资源，为英国发展文化产业打下了良好的基础。为使古老的文化重新焕发出生机和活力，英国把文化与旅游紧密地结合起来，进行了市场化、商业化的运作，从而带来了滚滚财源。

以制度奖励政策推动文化投资。文化产业的发展需要巨额的文化投资。在英国，文化投资的渠

道是多样的,有政府拨款、准政府组织资助、基金会资助等。除此之外,还运用了一种非常规的投资方法,这就是用发行彩票来筹集文化基金。他们在鼓励企业赞助文化艺术的同时,鼓励全体公民自愿支持文化事业。

推进经济与文化融合形成产业链。在推进经济文化融合上,英国采取如下措施:一是注重商品与工艺美术的结合提高商品的附加值;二是在每个知名的旅游景点进行综合性开发;三是以节庆活动为依托,进行产品的推介。

培育公民创意生活与创意环境。政府从产业发展角度来推动创意产业的同时,也意识到公民创意生活的重要性,因此采取了一系列的措施,包括开放更多的博物馆及将所有数据档案数字化等,期望通过教育培训、支持公民的创意发展、提供公民的创意接触的机会,使人们可以享受创意生活,并为产业的发展提供基础。

实施创意产业数字化战略。近年来数字化技术的快速发展,对创意产业产生了深远的影响。数字化技术不但大大缩短了创意产业的创作过程,降低了创作成本,提高了创意产品的创作质量(如电影数字化制作等);而且也促成了创意产品销售渠道和消费者消费习惯的深刻变化(如在线销售、在线支付与消费等)。

为顺应数字化的发展,英国政府采取了一系列的措施。例如:1998 年,政府对下议院特别委员会所提出的"多媒体革命"作出响应,开始积极计划应对数字化潮流。2000 年,Consumers Call the Tune 研究数字化对音乐消费的影响及知识保障的重要性。2000 年,创意产业负责小组对互联网进行研究,并提出若干建议;政府作出响应,提出了相应的具体措施。2002 年,《数字技术对电影产业影响的报告》研究了数字科技对电影生产及销售的影响,并提出应对数字化发展趋势的电影产业政策。

英国方面还率先开发"创意产业生产系统",用以计算与创意产业有关的上游及下游活动,这些活动可分为以下四个部门:内容创作、生产、分销及消费。

例如,为了使伦敦市的创意经济在国际上取得竞争优势,伦敦市提出如下的国际战略措施:

政府支持产业集聚区建设,打造文化品牌,以规模优势赢取国际竞争力。集聚区是指产业中相互关联的、在地理位置上相对集中的若干企业和机构的集合,具有强大的群体竞争优势和集聚发展的规模效益,从而可以在一定程度上克服创意产业所具有的不确定性和高风险性。例如,伦敦西区的表演艺术集聚区是英国戏剧的代名词;霍克斯顿是英国数字企业的代名词。伦敦拥有全国 40% 的艺术基础设施、2/3 的电影制作岗位、70% 的电视制作公司、3/4 的广告业岗位。伦敦贡献了全国设计业总产值的 50%、音乐产业总产值的 70%、出版业总产值的 40%。

伦敦市政府积极开展国际创意产业的交流活动,通过举办创意产业相关的展览、研讨会、讲座,扩大国际影响,开拓海外市场,提升行业的国际声誉,制定行业标准,成功打造"国际创意之都"的形象。例如,由"创意伦敦"工作组与伦敦发展署共同发起的"伦敦设计节"是全球设计行业瞩目的年度盛会。每年,设计节有超过 200 场设计庆典、贸易展会和其他活动。伦敦设计节极大地提升了伦敦设计行业和创业产业的整体形象,成为全球范围内具有标杆意味的行业盛会,帮助伦敦设计业掌握世界设计业的话语权和规则制定权。

伦敦充分发挥英语作为世界通用语的语言优势,借助世界一流媒体提升国际文化影响力。英语是国际通用语言,这为伦敦创意产业开拓国际文化市场提供了得天独厚的优势。伦敦的图书出版在全球化经营方面拥有丰富经验,从选题策划开始即着眼于国际市场,特别是英语国家和以英语为第一外语的国家,大力开拓海外市场,而英国政府对出版业也给予政策上的支持,图书、期刊、报纸免征增值税。在国际上拥有巨大话语权的媒体。如《泰晤士报》《经济学人》《金融时报》,其总部都位于伦敦,无形中进一步放大了伦敦的文化影响力。此外,作为昔日英帝国的心脏,伦敦成功开发和利用英国皇室的文化品牌效应,打造伦敦文化产品的高端形象。

伦敦鼓励世界各国文化精英前来学习交流。感受英国的政治价值观和文化理念,理解伦敦的生活方式和审美趣味,并通过这些文化精英将伦敦文化传播出去,最终扩大伦敦文化产品和文化服务的受众,影响这些文化精英所在国的文化,为创意经济的海外输出创造条件。这些国际文化精英也给伦敦带来创意产业繁荣不可或缺的多元文化,使得城市具备强大的文化包容力,进一步夯实伦敦全球创意中心的地位。

伦敦充分利用其世界一流的法律和金融配套服务。在知识产权保护方面,伦敦领先于世界上诸多城市,拥有完善的法律服务体系。伦敦作为全球领先的金融中心,拥有宽松的融资环境和强大的融资能力,其创意产业对外资的吸引力和融资能力高居世界各大都市榜首。伦敦政府协同金融界和民间投资者积极支持有发展潜质的创新型个人或企业,建立政府、银行、行业基金、创意产业间紧密联系的融资网络,设立各种资金资助计划和制定扶持性税收政策,对创意产业予以支持,从资金上为伦敦创意产业的发展铺平道路、创造条件。

伦敦市政府与英国文化协会紧密合作,积极利用后者的全球网络。英国文化委员会在全球 109 个国家的 223 个城市设有办事处。近年来,英国文化委员会与英国政府其他部门一道,在全球开展了一系列的文化传播和交流活动,例如文化连线活动、支持国际艺术活动、英格兰国际艺术家奖学金计划、艺术家奖金、专业发展计划、国际年度出版家项目等。

(二)美国

美国是文化产业头号强国,拥有 1500 多家日报、8000 多家周报、1.22 万种杂志、1965 家电台、1440 家电视台,拥有美国广播公司、哥伦比亚广播公司、全国广播公司三大电视网和全世界最具影响力的电影生产基地。文化产业大概占全国 GDP 的 10%,拥有全世界 56%的广播和有线电视收入,85%收费电视收入,55%的票房收入。从数据可以看出,在美国,文化产业规模庞大、地位重要,是其第二大产业。文化产业出口方面,美国居世界第一位。美国通过好莱坞电影,不仅出售文化产品,还大力宣传其价值观念和生活方式。

美国强大的经济基础和科技实力背景,很大程度上左右了世界文化产业的发展和走向。美国不设文化部,采取间接管理的方式;设立国家艺术基金会、人文基金会用以扶持公益性文化发展;对非盈利性的文化产业免税。

美国已经形成了定位明确、层阶清晰、相互衔接、体系完备的文化产业发展法律体系,这些法律法规为美国文化产业发展提供了理念、政策和实践的法律指导和保障(见图 4)。同时,美国已有 540 所大学设立了文化创意及与之相关的专业。

美国创意经济的发展模式并不同于英国,它更重视自由和市场,政府只是创造一个良好的环境。从一开始就采取自由竞争政策,刺激产业发展完善发达的融资投资环境,使在美国的年轻人创业很容易;政府补助研究项目,促进创新;创造良好的就业环境,吸引人才;完善的行销体系,加快资本运行速度;注重发展技术和国际发展趋势。在美国,创意经济是知识经济的核心内容,更是其经济的重要表现形式。其最具代表性的是迪斯尼乐园的建成。迪斯尼乐园实现了将欢乐变为产业的梦想,提供给全世界一种全新的经营理念,即以动漫作品为基点销售相关产品,两方面相结合,形成了一条完整的创意产业链。

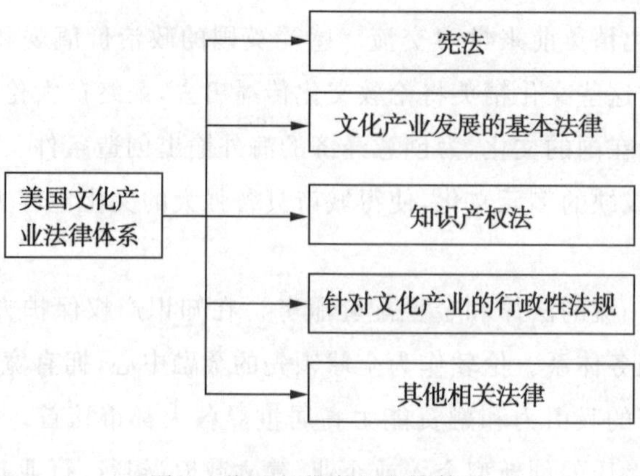

图4 美国文化产业法律体系

20世纪70年代以后,随着美国版权产业的崛起,美国为了维护其经济利益,促进其版权产业发展和全球竞争力的提升,开始全面实施版权战略,加强版权保护,具体来说包括以下几方面内容:

重视版权保护。美国政府相当重视对版权产业的保护,政府机构中设有版权办公室(隶属于国会图书馆,主要负责版权的登记、申请、审核等工作,以及为国会等行政部门提供版权咨询)、美国贸易代表署(负责知识产权方面的国际贸易谈判)、商务部国际贸易局和科技局版权税审查庭、海关(主要负责知识产品的进出口审核)等相关的行政部门。除此之外,随着版权产业发展的需要,美国政府还成立了一些直属政府部门的工作小组,加强版权的监督与保护。如克林顿政府的"美国国家信息基础设施顾问委员会""信息政策委员会"等。

加强版权立法。美国政府先后通过了《版权法》《半导体芯片保护法》《跨世纪数字版权法》《电子盗版禁止法》《伪造访问设备和计算机欺骗滥用法》等一系列版权保护法规,形成了全球保护范围最广、相关规定最为详尽的法律系统。近年来,美国不断修改版权法,推出了包括数据库保护在内的众多立法议案,不断完善版权保护制度,为版权产业的繁荣提供法律保障。

实施数字化版权保护战略。美国是数字化技术及应用方面全球领先的国家。随着互联网、数字技术的进步,为版权产业国际化、数字化提供了广阔的发展空间。为了适应数字化时代对美国版权产业发展的要求,美国积极实施数字化版权保护战略。美国1998年10月通过了《跨世纪数字版权法》(Digital Millennium Copyright Art)该法针对数字技术和网络环境的特点,对美国版权法做了重要的补充和修订,为大众和版权产业界提供数字化版权保护。

推动版权保护国际合作。20世纪70年代以后,美国版权产业获得了巨大发展,逐渐成为世界最大的版种产品出口国,国际版权保护对美国经济的意义日益显现。在美国版权产业界的积极推动下,美国开始积极加入国际版权保护体系,不断推动国际版权保护,加强合作,为美国版权产品和版权产业在海外提供了更好的保护。经过多年努力,美国于1998年加入《伯尔尼公约》,为版权提供双边保护。此外,美国还积极推动建立与国际贸易相关的新型国际版权保护体制,通过关贸总协定乌拉圭回合谈判的机会,最终形成了TRIPS协议,不仅提高了国际知识产权的保护水平,而且建立了有效的法律实施机制和争端解决机制。创意凝聚着人的知识和智慧,尤其是娱乐业、广告策划业中保护创意的这种需求非常重要。美国法院已经探索用财产权方法准合同或不当得利方法、合同方法、信任(秘密)关系方法、反不正当竞争方法和著作权方法来保护创意人的创意,使知识智慧产业在美国迅速发展。

创意经济蓬勃于纽约。纽约提出"创意核心产业部门"的概念,并将其定义为:创意内容在产业产出的文化和经济价值中居于中心地位的产业部门。纽约创意产业发展的最大优势在于其强大的支撑体系,这个体系由慈善组织、行业协会、中介组织、劳工组织和政府部门组成包括大量支持创意产业发展的慈善基金会、赞助机构、知名贸易机构、工会以及当地政府。

纽约市发展创意经济的主要措施有:

多渠道、多形式的资金支持。慈善机构和金融团体、政府部门和个人捐助,构成了纽约创意产业资金支持体系。纽约是全球基金会最为集中的城市之一,是洛克菲勒基金会和福特基金会的全球总部,德意志银行(Dek Bank)美国总部,以及摩根大通银行(JP Morgan)等企业总部所在地,这些机构都是非营利性文化机构和团体的资助者,个体捐赠者也是慈善资金支持的重要力量,除了来源于私人和企业的慈善捐赠之外,大量投资银行、风险投资公司和金融家也大力支持纽约创意产业发展。

成熟的创意行业协会和工会组织。行业协会和艺术服务组织为纽约的创意企业和创意人群提供服务,如美国图文艺术研究会、美国广告经销协会、国家视觉艺术互助协会和纽约生产同盟等。这些组织的服务范围非常广泛,从新科技和商业技巧的培训到产品宣传和交流活动。纽约是美国国家和地方艺术服务组织最多的城市,提供特殊技能培训、医疗保障和金融支持、发展艺术市场和观众等。工会组织在纽约创意群体的集聚和创意产业的发展中发挥着重要的作用。在纽约,工会是创意产业中大多数创意群体的代表,特别是电影、戏剧和电视等创意行业领域更是如此。纽约至少有15个工会和50家工会分会为创意群体服务,包括演员公正协会、美国音乐艺术家协会、美国全行业艺术家互助会、美国电视广播艺术家联盟、美国地方音乐802联盟、美国工人交流会、导演互助会戏剧舞台经营者国际联盟等。工会组织为在纽约就业的创意群体提供技能培训和权益保护等服务。

完善创意产业链。纽约创意产业的快速发展还得益于创意产业链条完整,创意产品的生产、传播、流通和销售,都有相关企业支撑,而且这些企业在地理上聚集,提高了创意产品的生产效率,降低了创意产品的生产成本。如,纽约的电影制作人和摄影师能够在非常短的时间内获得最新的电影设备和摄像设备,纽约的剧院能够非常方便地得到美国最好的戏剧装饰品制造企业的服务。

政府大力支持创意产业的发展。纽约政府设立了文化事务部和电影戏剧与广播市长办公室两个专门机构,通过资金支持等方式,分别扶持文化公益事业和影视产业发展。文化事务部的主要职能是倡导文化艺术,提供发展资金,支持高水平的文化发展计划,其服务对象是包括非营利文化机构在内的公益性机构。纽约市文化事务局用于资助的年度财政预算,甚至超过了美国国立艺术基金会的年度预算。

(三)日本

日本高度重视创意产业。早在1995年,日本文化政策推进会议就提出了题为《新文化立国:关于振兴文化的几个重要策略》的报告,喊出了"独创力关系到国家兴亡"的口号,并由此确立了日本在21世纪的"文化立国"战略。

日本素有"动漫王国"之称,产业规模巨大,是世界上最大的动漫制作和输出国,目前全球播放的动漫作品中有6成以上出自日本,在欧洲这个比例更高,达到8成以上。

20世纪80年代,日本动画得到飞跃发展,此后持续发展,拥有大量享誉世界的作品。经历了2005～2010年因碟片销售额急速下降而导致的不景气阶段后,日本动画的销售渠道和适用范围不断拓宽,自2013年开始保持连续增长,2015年市场规模达到1073亿元人民币,同2014年相比增加了115亿元人民币。仅从市场规模而言,日本的第四次动画高潮已经到来,但目前并没有出现引领第四次高潮的核心作品。

日本将文化产业放在国家战略高度,重要性凸显。主要依靠市场机制发展文化产业,但政府主导的特点也很明显。大力支持和发展文化产业,为文化产业提供方便,制定相关鼓励政策,是日本文化产业得以发展的一个根本原因。日本发展文化创意产业的主要政策如下:

积极推动并倾力支持文化创意产业的发展。早在1996年,日本便确立了21世纪文化立国方案,其"文化立国"战略正式确立;2001年全力打造知识产权立国战略,明确提出10年内把日本建成世界知识产权强国;2003年又制定了观光立国战略,2004年5月制定《知识产权推进计划》;2007年5月通过的《日本文化产业战略》成为日本文化产业的纲领性文件。

另外,还出台了《内容产业振兴政策》,将内容产业确定为国家的重要支柱产业,推行"文化外交新构想",来全面推销日本文化。2010年更是确定了《文化产业大国战略》等等。

建立和完善文化产业法律法规。为促进文化产业发展,日本不仅在政策上予以鼓励,而且还制定了健全的法律、法规。其中最具代表性的法律是1970年颁布的《著作权法》。该法经过20多次修改,于2001年更名为《著作权管理法》并开始实施。近年来,根据文化产业发展的新形势,日本又制定了多部新的法律,如知识产权基本法、文化艺术振兴基本法等。可操作性强是日本文化产业法律法规的特点。新的法律颁布后,往往还有更为具体的措施相配套。

文化和市场深入结合。在日本,企业是文化产业发展的主体,大型文化活动要靠企业的参与和赞助,更重要的是,在演出界、电影界、出版界、广告界等拥有一支成熟的知名文化企业队伍。日本的文化产业不是由政府"包办"的,文化产业项目都进入市场操作。这是日本促进文化产业发展的重要经验。

发挥中介组织的作用。日本文化行业协会很多,几乎每个行当都有自律性的组织或机构。这些行业协会都是社团法人,负责制定行业规则,维护会员的合法权益,同时进行行业统计。日本文化行业协会的作用十分突出,被看作是政府职能的延伸。日本文化产品的审查,通常不是由政府直接负责,而是由行业协会把关。

积极开拓海外市场。日本经产省与文部省联手促成建立了民间的"内容产品海外流通促进机构",拨专款支持该机构在海外市场开展文化贸易与维权活动。

从以上日本文化产业政策的五个特点不难看出,日本政府非常重视文化产业的发展,并且为之做出很多努力。

(四)韩国

韩国的经济管理模式也是通过模仿和应用而成为追求型的增长,政府正在努力将韩国的经济模式转变为以韩国创造力为基础的领先型增长模式。为了实现这一目标,创意经济在2013年被韩国政府确定为重要的政策议程。韩国连续三年(2014～2016年)荣登欧盟创新联盟记分牌指数,韩国创意经济得到全球社会的高度认可。此外，过去四年(2014～2017 年)，根据彭博社创新指数，韩国排名第一。

2013 年 6 月 5 日，韩国制订了创意经济蓝图——“创意经济行动计划与建立创意经济生态体系”。这是一个利用韩国科学技术和信息通信技术能力的创意经济促进战略。“创意经济行动计划”为“通过创造性经济实现韩国人民的幸福新纪元”树立了一个愿景。

韩国也提出：在未来的发展中，知识密集型和高附加值的文化产业，特别是文化创意产业，是最能代表未来发展方向和最适合韩国国情的产业。由此，韩国政府相继提出了一系列政策和配套措施，成功地将文化创意产业培育成为 21 世纪在韩国经济中居主体地位的国家重点产业。

在国际竞争日趋激烈的今天，文化贸易成为各国角逐的新领域。特别是文化出口兼具经济、文化和政治功能，是“软实力”建设的核心，对一国的整体实力的提升意义重大。韩国作为一个资源匮乏的半岛国家，曾经较为封闭，文化消费对进口依赖性很高，对外文化贸易一直处于逆差状态。20 世纪 90 年代后半期，为了应对亚洲金融危机，韩国政府开始大力扶植文化产业。

据韩国文化体育观光部统计，2008～2011 年，韩国文化产业出口规模以年均 22.5%的速度飞速增长。2012 年出口额达到 46.12 亿美元，同比增长 7.2%，创历史新高，贸易顺差达 29.38 亿美元。其中，电影、音乐和游戏业增长最为显著，分别达到 27.5%、19.9%和 11%。在出口产业中，游戏业多年来一直是主要行业，占据半壁江山，2012 年占文化产业出口总额的 57.2%。据文化体育观光部与韩国未来创造科学部联手发布的《韩国文化产业对外输出促进方案》预测，韩国文化产业整体对外出口额将在 2017 年达到 100 亿美元。该部还表示力争到 2020 年，将文化内容出口额提高到 224 亿美元，从 2010 年全球排名第九位(2.2%的市场份额)提高到 2020 年第五位(5%的市场份额)，使韩国成为世界第五大文化强国。

韩国的创意服务出口额从 2007 年的 16.43 亿美元增加到 2012 年的 34.05 亿美元。其中建筑和相关服务以及文化和娱乐服务占服务出口的绝大部分。2012 年，建筑、工程等技术服务出口12.2亿美元，文化和娱乐服务出口 12.53 亿美元。创意服务进口额超过创意服务出口额，2012 年达到85.91亿美元。市场研究和民意调查服务是最大的一个部分，2012 年为 45.02 亿美元。然而，贸发会议在以后几年内没有关于创造性服务的数据。

韩国游戏产业 2014 年出口 29 亿美元，韩国游戏的主要目的地分别为中国和日本，分别为 32.2%和 30.6%，其次是东南亚(18.2%)、美国(6.9%)和欧洲(4.0%)。在游戏收入方面，韩国在全球排名第六位，到 2017 年将有 2560 万游戏玩家花费 42 亿美元。

韩流是指流行音乐，电视剧和电影在韩国流行的韩国文化和流行文化现象。在韩国也被称为“韩流”，这个词在 20 世纪 90 年代末由中国媒体首先提出，用来形容韩国流行文化在中国日益流行。

以上数据可以看出，韩国文化产业在短短十多年间异军突起，超越传统的制造业成为经济发展核心动力，极大地促进了文化出口的发展，为韩国带来了巨大的经济和政治效益，也将韩国带入世界舞台，成为当今世界文化贸易市场的后起之秀。

韩国文化贸易的崛起，其文化产业政策、法律的推动及文化投资的促进功不可没，主要包括以下几点：

以“文化立国”为统领。亚洲金融风暴后，为了重振经济，韩国在 1998 年提出“文化立国”力，将文化产业作为 21 世纪国家经济发展的战略性支柱产业。之后，政府陆续制定了《国民政府的新文化政策》《21世纪文化产业的设想》《文化韩国21世纪韩剧的设想》《文化产业发展五年计划》《文化产业前景》和《文化产业发展推进计划》等多部文化产业发展规划，以把韩国建设成为21世纪文化大国和知识经济强国为目标，明确了文化产业发展战略和中长期发展计划。政府还专门设立了文化产业振兴院，统领支持全国文化产业发展，有力推动了文化产业沿着既定目标快速发展。

进军国际市场为目标。在“文化立国”战略统领下，韩国把进军国际市场作为重要的战略目标，分阶段、战略性进行开拓。以中国、日本为重点的东亚地区是其规划登陆世界的基石，进而进军东南亚和欧美市场，并不断发展潜在的中东和中南美市场。在产品战略布局方面，韩国政府根据产业发展的深度以及目标市场的消费发展趋势，不断调整文化出口的主打产品。例如金融危机后，政府主推影视业，通过影像媒介向以东亚文化圈为主的海外市场宣传推销韩国文化，并迅速打开销路。

不断完善法律保障。1999年，韩国政府第一次制定了有关文化产业的综合性法规《文化产业振兴基本法》，对文化产业进行界定，提出了振兴文化产业的基本方针政策，并首次规范文化产业的具体行业门类，奠定了文化产业发展的法制基础。近年来，政府又陆续对《影像振兴基本法》《著作权法》《电影振兴法》《演出法》《广播法》《唱片录像带暨游戏制品法》等进行修订，为文化产业发展提供更加明确的战略方向、较为全面的政策依据与制度环境。法律体系的完善规范了文化产业市场的运行，避免了企业盲目操作。

出台配套产业政策。根据形势的变化，政府不断调整具体的产业支持政策。例如，为解救在金融危机期间饱受美国好莱坞冲击的电影业，1998年，韩国政府将电影产业作为培植的重点对象，给予取消审查制度、税收优惠等多项扶持政策。在政府有计划的支持下，“韩流”电影在亚洲风靡，电影业成为韩国经济增长最强劲的产业。

打造特色文化名片。韩国特别注重运用有限的资源开发具有品牌价值的特色文化产品。当今，“鸟叔”“都教授”等已成为韩国的代名词。

商业链带动高附加值。韩国企业十分注重对文化产品的综合开发，善于以点带面发展，一旦某种文化产品或服务在市场取得成功，便进行后续或相关产品和服务的开发，产生连锁的高效产业附加值。例如，韩国电视剧获得了二次甚至多次收益，带动了旅游、餐饮、图书、语言培训、美容整形的一系列“商业链条”，创造了难以想象的连锁经济价值。

韩国进出口银行海外经济研究所发表的《韩流出口影响分析与金融支援方案》，通过对2001～2011年韩国对92个国家的文化商品和消费品出口情况所做的调查进行分析，指出：若将出口带动效果以美元折算，韩国文化产业出口每增加100美元，就能使韩国商品出口增加412美元，被称为“四倍效应”。

集约化发展，提高产业化程度。为了扬长避短、优化资源组合、提升研发生产能力，同时形成合理的文化产业布局和文化产业链。韩国政府在2001～2010年10年间，在全国建设了10多个文化产业园区，承担研发、技术培训、信息交流和生产制作等任务。近年，富川影视文化园区、坡州出版产业园区、HEYRI艺术村、韩国民俗村、春川动画基地等园区已形成各自特色。政府还鼓励具有雄厚财力和经营管理经验的大财团，特别是传统大型跨国企业投资文化产业，采取规模化经营，集中力量开发特色产品。

多渠道资金支持。韩国的文化产业可以得到的资金支持如图5所示：

支持一　政府资金支持

韩国政府不断增加对文化产业的预算投入，每年投入文化事业的国家预算超过国家总预算的 1.1%。国家还设立了多种专项振兴基金，如文艺振兴基金、文化产业振兴基金、信息化促进基金、广播发展基金、电影振兴基金、出版基金等。

支持二　文化产业专门投资组合

“文化产业专门投资组合”是社会资本为主、政府和民间共同融投资运作的，另外，很多地方政府也设立了专门的文化基金。

支持三　企业文化基金

在市场层面，大企业逐渐成为投资人，CJ 文化财团、三星文化财团、LG 文化财团等，大型企业设立的文化基金，主要为某一文化行业发展提供资金支持，或为有志于发挥文化才能的年轻人实现梦想提供平台。

图 5　韩国文化产业资金支持体系

(五)中国台湾地区

随着 20 世纪 90 年代以来“文化创意产业”在台湾的形成与发展，考察台湾地区文化政策的转变及其背后隐藏的文化艺术在当代社会中被赋予的价值而成为一个重要命题。

台北市作为台湾的政治、经济、文化中心，文化创意产业发展亦领先于其他城市。自台湾当局 2002 年提出《挑战 2008：台湾发展重点计划》，台北市政府延续了台湾当局的策略，大力推动文化创意产业发展。

台北市发展文化创意产业的主要政策有：

释放利用闲置资源，拓展文化产业发展空间。“闲置空间再利用”逐渐成为 21 世纪以来台湾地区文化政策的一项重要内容，主要有两条发展脉络：一是活化再利用闲置厂房和商业用地，二是活化再利用传统历史建筑和古迹空间。随着文化保存范围的拓展和工业文化遗产观念的形成，这两种类型也出现了互相影响的情形。

打造世界设计之都，提高城市国际能见度。台北市为人文汇聚之地，拥有不少优秀设计人才，据《全球设计观察》报告，2010 年台湾的设计竞争力排第十三位，而台湾每 10 家设计企业就有 3 家位于台北市。近年来，台北市更是注重于“设计之都”的打造。2011 年，“台北世界设计大会”及“台北世界设计大展”等国际性盛会成功举办，进一步提升了台北市的国际知名度和影响力。2012 年，台北市更是积极竞逐“2016 世界设计之都”，期望在智能生活、生态永续、生活质量、都市提升等层面，进一步提高市民的幸福指数。据悉，“世界设计之都”是国际工业设计社团协会自 2005 年发起的全球性活动，历次获选城市为：2008 年意大利都灵、2010 年韩国首尔、2012 年芬兰赫尔辛基以及 2014 年南非开普敦。为争取申办“2016 世界设计之都”，台北市秉持“以人为本的设计”理念，启动一系列城市改造。另外，2016 年开始施行“台北声音地景计划”。该计划选择台北捷运作为声音地景计划主轴，运用大众捷运站特殊的空间、声音、人等元素作为创作源，期望市民借由“听觉”体验台北独特的城市风貌。

以创意文化为引领，催生都市空间文化治理。 台北地区在经济发展与社会变迁过程中，许多旧建筑、厂房被搁置而未被有效利用，造成了资源浪费、周边地区经济竞争力衰退等问题，这逐渐引发了台北市政府对“都市再生”的思考。随着强调可持续发展和城市整体发展观念的深入，以着重整建和在地文化延续的都市再生逐渐替代了以重建为主的都市更新。在全球提倡“都市再生”的背景下，2010年5月台北市都市更新处发起“都市再生前进基地”（简称“URS”）行动计划，希望借助艺术与文化的介入，达到都市再生的可能性。2012年，台北市都市更新处更是邀请Charles Landry担任创意空间策略咨询顾问，推动URS计划，将文化创意产业投入既有公有闲置空间，作为创意基地或创意聚落。该计划旨在置空间再利用基础之上，以一种创意文化的方式保存地方历史文化记忆，让都市再生成为台北市民的共识与集体主张，进而带动产业经济发展。“都市再生前进基地”计划对于老旧空间再利用的新思考突破了过去对闲置空间的使用方法，不再仅仅是老旧建筑的修缮与维护，更着重于带动整个社区的文化发展和城市再生。

结合区域特点，推动文化创意产业集聚发展。 2010年被台北市定位为“文创元年”，开始规划打造“双L台北文创群聚推动计划”蓝图，借此整合各方资源和各方力量，推动该市文化观光营销，进而提升台北市全球能见度。该计划主要内容为串联台北既有的特色文化创意街区、创意市集以及文化创意园区，在空间上形成双L形轴带，即台北市旧铁道与中山北路沿线和罗斯福路与西门迪化街。横轴上，串联台市政经核心区之旧工业遗址；纵轴上，连接大型文化基础设施以及既有的特色商圈。为配合“双L台北文创群聚推动计划”，台北市文化局规划了松山文化创意产业园区、11个创意街区以及连续三年（2011～2013年）举办的“台北人情WAY”创意街品展，利用《i台北，创意街区地图》、文化创意讲座、名人带路街区巡礼等方式进行创意街区行销。台北市文化局依据2010年创意聚落调查结果，并结合现有的“双L形文创产业轴带”及文创产业园区，为从业者提供进驻及产业辅导等服务，推动发展文化创意产业聚落。2013年开始实施创意聚落计划。为了使台北市成为重要的中华文化传承基地及最大的艺文展演、人才与潮流汇聚中心，落实台北成为文化汇聚中心的目标，市文化局在已成型的“双L形文创轴带”基础上，还兴建了“华人创意设计中心”“华人流行音乐中心”“华人影视文化中心”“华人艺术中心”“华人汉字文化中心”等艺文展演设施，提供创意能量得以展现的舞台空间，建构具有台北特色的文化创意产业集群。

加大多元资金投入，建立健全补助机制。 为进一步秉持“文化台北”“创意台北”的理念，台北市文化局、都市发展局出台一系列文化创意产业补助政策。2012年的“台北市文创产业扶植计划”，提供经营管理、行销、财务、法律、创新研发等咨询服务，有效地促进了文化创意产业的成长动能和繁荣发展。为鼓励文化创意青年以创意装点台北，并带动周边地区发展，台北市将闲置空间整建维护补助首度纳入“文创产业”，提供工程经费最高75%，上限100万元新台币补助。为进一步奖助民间文艺工作者或团体从事有关艺文之保存、创作、传习、展演等，台北市文化局出台了《台北市艺文补助暨奖励自治条例》《台北市艺文补助暨奖励自治条例施行细则》等补助、奖励政策。补助范围包括：传统艺术活动；文化资产、民俗技艺之保存、传习、推广、出版、研究调查；艺术文化活动之展演、推广、创作、研习；促进文化交流之艺文创作与活动；艺文空间、设施之规划、营运管理、修缮、维护、购置及技术水准之提升；艺文专业人士之培育、研究、进修、考察及参与国际文化交流活动；民间艺术教育之推广、师资培训、教材研发与出版；与艺文有关之调查、出版、研究、开发、记录、整理、保存及倡导；弱势团体等少数族群办理各项艺文活动等。

三、北京市与上海市创意产业的政策支持与发展规划

(一)北京市

2016年,北京文化创意产业总体发展持续向好、稳中有升,支柱地位更加巩固,在拉动首都经济增长、促进经济转型升级中的作用更为显著,产业增加值占比、居民文化消费、资本市场等多项指标继续保持全国领先。

北京文化创意产业发展将深入贯彻党的十九大精神,以习近平新时代中国特色社会主义思想为指导,立足首都城市战略定位,积极推进疏解整治促提升,按照全国文化中心建设“一核一城三带两区”总体框架,以推动高质量发展为目标,聚焦打造产业“高精尖”结构,加快健全现代文化创意产业体系和市场体系,完善文化经济政策,培育新兴文化业态,推动产业高端化、融合化、集约化、国际化发展,建设市场竞争力强、创新驱动力足、文化影响力广的文化创意产业引领区。

1. 高端引领、创新驱动,着力构建产业“高精尖”结构

明确主攻方向。顺应文化创意产业内容为王、科技引领、资本带动、跨界融合的发展趋势,从科技创新支撑、内容价值引领两个层面,明确产业发展的主攻方向。落实《“十三五”国家战略性新兴产业发展规划》,在文化科技融合上全面发力,打造数字创意主阵地。促进数字技术创新链与文创产业链衔接渗透,推动大数据、人工智能、虚拟现实、全息成像等技术深度应用;加快新型文化产品及新型文化装备研发;发展基于互联网的新型商业模式和产业业态。依托北京文化资源优势,在内容版权转化上率先布局,形成文化创新策源地。加大对精品力作的扶持,打造内容原创中心、资源集聚中心、版权运营中心,推动内容版权化、版权产业化,构建完整的版权经济链条。

聚焦重点领域。围绕首都构建“高精尖”经济结构,立足历史文化、科技、人才等资源优势,结合文化创意产业功能属性,以科技创新和内容价值为引领,大力推动创意设计、出版发行、广播影视、演艺娱乐、媒体融合、动漫游戏、艺术品交易、文博非遗以及文创智库等重点行业领域发展。针对产业复合型特征,着力发展产业链中内容研发、新技术应用、文化资源数字化转化等高端环节。坚持以科技创新提升传统产业含金量,促进传统文化资源创造性转化、创新性发展,以内容价值提升产业发展内涵,承载全国文化中心功能,全面推动文创意产业内容优化、结构优化、链条优化、层级优化。

推进融合发展。以“文化创意+”提升相关产业附加值,助力首都构建“高精尖”经济结构。扩大与旅游商务的多点融合,研发丰富“北京礼物”以及工业体验游、民俗游、冰雪游等特色品类,鼓励老字号企业利用互联网拓展营销渠道,支持商业场所引入特色文化资源。促进与体育教育的有机融合,加快发展体育传媒、体育动漫、体育会展等新兴业态,开发运用互联网多媒体教学资源,创新丰富文化教育等产品和活动。推动与宜居城市建设的深度融合,展现“首都风范、古都风韵、时代风貌”的城市文化内涵。带动与其他产业增效合,在制造业、农业等领域提高创意和设计能力,提升产业综合效益。

2. 优化布局、拓展空间,形成产业集聚发展新优势

提速产业功能区建设。结合《北京城市总体规划(2016~2035年)》,从加强统筹管理、提升主导产业、落实专业化服务入手,深入推进文化创意产业功能区建设,推动文化创意产业和配套设施向重点区域、特色区域布局,形成集聚优势,实现错位发展。面向文化艺术、影视传媒、数字出版、设计服务等

领域，建立数字化舞美设计、网络视频云计算技术应用、跨平台游戏引擎等开放共享的专业化服务平台。推进中国北京出版创意产业园等首批 4 个示范区建设，着力打造中国(怀柔)影视产业示范区、国家新媒体产业基地，以及动漫网游及数字内容、创意设计服务等功能区或区内重点园区。

深度推进产城融合。结合疏解整治促提升，以城市空间承载产业升级，以产业发展支撑城市功能完善。规范现有空间载体，构建以"文创产业功能区、文创产业示范园区、文创小镇、文创街区、文创空间"为主的空间体系架构。盘活利用存量空间，以老旧厂房为抓手，通过功能性流转、创意化改造，"腾笼换鸟"，建设新型城市文化空间；挖掘公共文化设施资源，鼓励支持图书馆、美术馆、博物馆等在保障公益性服务的前提下，创新体制机制，开展产业化运作，促进传统文化资源传承发展。打造新型空间形态，创建"文化三里屯"、台湖演艺小镇等产业要素集聚、文化氛围浓郁的特色文创街区和文创小镇。

加强区域联动发展。围绕"三个文化带"建设，坚持山水同源、文化同根，把文化产业协同发展作为共同保护传承历史文脉、共同加强生态治理修复的战略支撑，加大跨区域合作力度。组织开展规划对接、企业对接、项目对接、服务对接，促进文化带沿线各地在文博非遗、文化旅游、休闲娱乐、设计服务等领域加强联动合作，实现内生性协同发展。深入推进京津冀文化产业协同发展，支持北京企业跨区域布局，通过投资输出、品牌输出、管理输出，参与项目建设合作。

落实京津冀地区增值税、企业所得税、营业税"三税分成"政策，合作建设跨区域"文创飞地"。以筹办 2022 年北京冬奥会、冬残奥会为契机，推进京张跨区域文化合作。支持雄安新区文化创意产业发展。

3. 目标牵引、重点带动，发挥重点企业重大项目引领作用

"以点带面"推动企业发展。培育壮大产业主体，构建企业梯度培育机制，着力打造龙头型、旗舰型文化创意企业，支持高增长企业、成长型企业发展，形成"大而强""小而美"企业竞相发展、互促共进的新局面，激发企业内生动力，带动提升文化创意产业整体活力和竞争力。实施分类指导，针对不同类型、不同规模、不同领域的文化创意企业分别制定扶持计划，精准扶持，有效促进企业发展。做强做优做大国有文化企业，以国有文化资本运营、国有文化企业改革、国有文化资产监管为重点，全面推进市属国有文化企业改革，加快建立有文化特色的现代企业制度，探索开展特殊管理股试点；推动新闻出版、广播影视等领域加强战略性资源重组，打造一批具有国际影响力、核心竞争力的龙头企业。

重大项目带动提升产业能级。建立体现文化创意产业特点的资源类、资产类、资本类"三资"项目投资引导体系。拓展开发资源类项目，围绕古都文化、红色文化、京味文化、创新文化，打造"三山五园"历史文化景区、云居寺佛教文化景区、云蒙山文化旅游景区等文化旅游融合项目，提升什刹海、南锣鼓巷、古北水镇等历史文化街区环境品质，以产业开发擦亮北京文化符号。高效推动资产类项目，高标准推进台湖演艺小镇、环球主题公园、北京基金小镇等项目建设，打造特色文化地标；实施北京国家数字出版基地、中国乐谷、天桥演艺区等集约化改造项目，推进"书香京城"等项目建设，提高资产利用效益。大力支持资本类项目，支持企业并购重组、挂牌上市，重点在网络视听、数字游戏、影视投资、移动阅读、国际传媒等领域，实施市场规模化提升、国际化拓展项目，实现国内国际领先发展。

4. 拓宽渠道、做大市场，持续扩大文化消费和文化贸易

完善文化消费促进机制。加快国家文化消费试点城市建设，围绕城乡居民消费升级的新形势、新要求，加强政府部门的宏观引导和服务促进作用，挖掘消费潜力，增添市场活力。依托惠民文化消费季等品牌活动，丰富活动内容，创新机制模式，强化品牌引领，搭建更加充分、有效的文化消费供需对接平台，以文化消费升级促进产业转型升级。常态化发放年度 5000 万元的惠民文化消费电子券，实现对文化消费的精准支持和激励引导，形成贯穿全年、覆盖全领域的促进效应，进一步增强惠民实效。推进北京文化惠民卡功能升级，集成线上线下市场资源、优质活动，完善常态化文化消费促进机制。拓展文化消费空间，在消费园区基础上，打造一批汇聚艺术表演、阅读分享、观影体验、创意市集等消费业态的文化商业综合体。探索建立城际文化消费联动促进机制，探索尝试京津冀三地联动举办惠民文化消费活动的有效形式。依托大数据、"互联网＋"等信息技术手段，借鉴分享经济理念，构建更加便捷高效的电子化、数字化、网络化供需对接和资源链接服务平台。

扩大对外文化交流贸易。整合北京作为国际交往中心的资源优势，与国外城市、国际组织、外国驻华使领馆等加强沟通合作，拓宽与"一带一路"沿线国家的文化交流合作渠道。坚持"请进来"与"走出去"相结合，持续办好北京国际设计周、北京国际电影节、北京国际文化创意产业博览会等国际性展会活动，吸引海外文化创意企业总部落户北京，推动国际大型交易博览、品牌发布、贸易洽谈等活动在京举办。引导北京文化创意企业参加大型国际展览展销活动，举办自主品牌巡展推介会。实施"中华文化世界行""文投环球十大中心""北京优秀影视剧海外展播季""北京文化庙会"等项目工程，持续打造文化"走出去"品牌。鼓励有实力的文化创意企业申报国家文化出口重点企业（项目），支持企业以参股、换股、并购等形式与国际品牌企业合作，创新"走出去"模式。深入推进国家对外文化贸易基地（北京）建设，集中打造文化保税综合服务中心。

5. 精准施策、优化服务，有效改善产业发展的营商环境

完善政策扶持体系。围绕文化创意产业供给侧结构性改革，突出政策引领，优化政策体系和政策服务。制定出台推进文化创意产业创新发展的统领性政策文件，明确产业"高精尖"发展的目标方向、结构体系、重点任务和保障措施。坚持问题导向，健全完善文化科技融合、文化金融融合、老旧厂房保护利用、国有文化企业改革、实体书店、影视行业等有关行业领域的专项政策措施，加强土地、资金、人才等要素资源对文化创意产业的供给和保障，研究制定各区配套政策。以产业创新发展政策为基础，通过行业领域深化、市区衔接联动，在全市形成"1＋N＋X"政策体系，创新体制机制，释放政策红利，鼓励支持更多优质企业、领军人才在京发展。推动北京文化创意产业立法工作，把行之有效的文化经济政策法定化。深化文化领域"放管服"服务改革，对重点企业、重大项目实施"一企一策""一事一议"，提升服务保障效能。

提升文化金融服务水平。推进国家文化产业创新实验区和文化金融合作示范区建设，进一步探索机制体制、管理模式、金融产品、财金政策创新，打造全国文化金融创新高地。探索设立北京市文化创新发展基金，加强对重点行业、重点领域、重大项目的投入。进一步完善文化投融资服务体系建设，积极筹建文创银行，支持银行等金融机构设立专业性机构或业务部门，构建文化创意企业信用评价体系。探索建设文创板，促进文化版权、文化类非上市非公开股权的交易或流转。实施"投贷奖"联动，发挥财政资金放大效应。培育完善文化金融中介服务市场体系，建好文化金融生态圈。鼓励和引导民间资本参与投资公共文化服务体系建设、非遗传承保护、文化交流贸易、文创特色小镇建设等，探索文化领域政府和社会资本合作（PPP）模式。

增强系列服务平台功能。建好文化经济政策服务平台，提供"一站式"政策服务，及时对接反馈企业需求，增强服务平台的综合效能。依托北京文化产权交易中心、北京国际版权交易中心等机构，打造集版权孵化、登记、维护、开发、交易、输出于一体的综合性 IP 服务平台。发挥文化消费品牌榜、首都文化企业 30 强 30 佳及文创杰出人物推选、北京市文化创意创新创业大赛等活动平台功能，大力培育北京文化品牌以及领军型、创新型企业及人才。规范引导行业组织发展，支持首都文化产业协会、首都互联网协会、首都版权产业联盟等发挥枢纽平台作用。探索组建首都文化创意产业专家咨询委员会，广纳海内外优秀专家资源，为企业发展建言献策。广泛动员社会各方力量，形成支撑体系与服务合力，创新推动文化创意产业高质量发展，开创新时代北京文化创意产业发展的新局面。

(二)上海市

上海是我国创意经济的先发城市之一。上海在发展阶段和区位势能方面具有明显优势，城市经济处于从工业化后期向后工业化的过渡期，城市的国际化程度较高，发展创意产业的城市基础和条件良好。在市场和政府的双重推动下，上海创意产业发展表现出一些独有的特点，如与产业结构升级相结合、与城市形态和城市功能优化相结合等，并且形成了独特的创意产业发展模式，分批规划建设了大量创意产业集聚区，以设计为代表的一些创意行业发展突出，在现代城市创意经济发展道路的探索中积累了经验。

经济发展的现状及产业发展的重点和趋势，上海出台了《上海创意产业发展重点指南》确定了鼓励发展的 5 大类重点行业和领域：研发设计创意、建筑设计创意、文化艺术创意、时尚消费创意、咨询策划创意。这 5 个门类中包括 38 个中类行业、55 个小类行业，其中研发设计创意是上海创意产业发展的核心部分。上海市创意产业发展重点见表 2。

表 2　　上海市创意产业发展重点

产业重点门类	内　涵	相关行业
研发设计创意	主要指与工业生产和计算机软件领域相关的研发与设计活动	工业设计、工艺美术品设计、软件设计、服装设计、产品设计、包装设计、电脑动画设计、广告设计、研究与试验发展
建筑设计创意	主要指与建筑、环境等有关的设计活动	工程勘察设计、建筑装饰、室内设计、城市绿化设计
文化传媒创意	主要指在文化艺术领域中的创作和传播活动	包括文艺创作表演、广播、电视、电影制作、音像制作等行业
咨询策划创意	主要指为企业和个人提供各类商务、投资、教育、生活消费及其他咨询和策划服务的活动	市场调研、证券咨询、会展服务、市场调查
时尚消费创意	主要指在人们日常消费、生活娱乐中体现创造性及其价值的行业	休闲体育、休闲娱乐、美发及美容设计、婚庆策划、摄影创作、娱乐游戏、旅行

资料来源：根据中共上海市委、上海市人民政府《关于加快本市文化创意产业创新发展的若干意见》整理。

上海市发展创意产业的措施有：

建设全球影视创制中心。将影视产业作为上海文化创意产业发展的着力点，焕发中国电影发祥地新活力，振兴上海影视产业，构建现代电影工业体系，推进全球影视创制中心建设，构建影视产业目标体系，优化影视产业扶持机制，提升影视产业链发展能级。

打造亚洲演艺之都。激励创作、鼓励演出、繁荣市场，推动全市演艺创作从“高原”走向“高峰”，向世界呈现中国元素、讲述中国故事，着力打造亚洲演艺之都，提升创作演出能力，优化演艺设施布局，培育优秀演艺市场主体。

建设全球动漫游戏原创中心。深挖动漫游戏产业市场发展潜力，强化原创内容创作，加快“走出去”和“引进来”步伐，逐步形成具有全球影响力的动漫游戏原创中心，提升动漫游戏原创能力，深化动漫游戏公共服务，加快全球电竞之都建设。

巩固国内网络文化龙头地位。把网络文化产业作为驱动上海文化创意产业创新发展的新动能，培育新供给、促进新消费，带动传统产业转型升级，夯实国内领先地位，实施网络文化提升计划，培育网络文化龙头企业。

深化国际创意设计高地建设。发挥创意设计贯穿于经济社会多行业多领域的特点，强化创意设计的引领和支撑作用，提高创意设计产业整体效益和国际竞争力，加快实现由"中国制造"向"中国创造"转变，建设国际设计之都，建设国际时尚之都，建设国际品牌之都，建设国际会展之都，建设信息技术支撑高地。

构建出版产业新格局。加快传统出版产业数字化转型发展步伐，全面提升出版、印刷、发行整体水平，着力构建与中国近现代出版发祥地和传统出版重镇地位相适应的出版产业新格局，推进传统出版转型升级，加快数字出版产业发展，推动实体书店升级发展。

构建国际重要艺术品交易中心。发挥艺术品产业在传承历史文化和推动业态创新中的带动作用，形成上海艺术品产业整体优势，努力把上海建设成为世界重要艺术品交易中心之一，优化艺术品产业格局，鼓励艺术品业态创新，促进艺术品贸易便利化。

加快实施文化装备产业链布局。将实施文化装备产业链布局作为发展先进制造业和新兴战略性产业的组成部分，促进科技在文化创意领域的应用和推广，有效提升文化创意领域技术装备国际化水平，完善文化装备产业功能布局，提升文化装备技术创新能力。

增强市场主体发展活力。做强做优各类市场主体，深化国有文化创意企业公司制改革和股份制改造，培育一批主业突出、市场竞争力强的国有大型文化创意企业集团，保持全国同行业领先地位；加大市场主体培育力度，建立更加开放透明的文化市场准入管理模式，引导各类资本进入文化创意产业，优化营商环境，激发市场活力和社会创造力。

加大重大项目推进力度。发挥重大文化项目的产业带动作用，加快推进博物馆、图书馆、剧场、展览展示场馆等文化项目建设，完善布局，为相关产业发展提供空间；提升文化创意园区发展能级，深化部市共建，强化上海张江国家级文化和科技融合示范基地、国家对外文化贸易基地（上海）、上海张江国家数字出版基地、中国（上海）网络视听产业基地、金山国家绿色创意印刷示范园区、上海国家音乐产业基地、国家级文博创意产品开发生产基地、中广国际广告创意产业基地、江南智造等国家级基地的引领示范作用；加强公共服务平台建设，打造文化"众创空间""创新工场"等新型创业服务平台，推动研发、生产、技术、咨询、交易、展示、评估、物流、贸易等各类产业公共服务平台建设。

加快金融服务体系创新。发挥产业基金撬动放大效应，加快建设政府资金引导、社会资本参与的文化产业创新创业投资母基金和新媒体发展投资母基金，鼓励有条件的各类资本创设文化创意产业投资基金；构建文化创意投融资体系，完善文化创意产业"补、贷、投、保"联动机制，鼓励和引导社会资本进入文化创意产业；充分利用多层次资本市场，完善文化资产评估体系，鼓励金融机构创新文化创意金融产品和服务，探索开展无形资产质押和收益权抵（质）押贷款等业务。

提升文化创意节展活动影响力。巩固重大节展活动国际领先地位，巩固和提升上海国际电影电视节、中国上海国际艺术节、中国国际数码互动娱乐展览会等在国际同类活动中的领先地位，对重大节展活动加大投入力度，实施"一会一策，一展一策"，打造重点领域的全球交易平台，为境内外供应商和采购商提供便捷服务，提升对国内外文化资源和要素的配置能力；提升区域性重点节展汇聚能力，发挥市场机制和跨领域带动作用，提升中国国际动漫游戏博览会、上海书展、中国上海国际童书展、上海旅游节、上海时装周、上海双年展、上海科技节等文化展览展示活动的社会影响力。引进国际顶级文物艺术品展会，鼓励社会力量举办特色艺术节庆活动。

扩大对外文化贸易。加强出口引导激励，完善文化出口重点企业和重点项目认定管理。鼓励通过新设、收购、合作等方式对外投资，在境外收购文化创意企业、演出剧场和文化创意项目实体，在境外设立演艺经纪公司、艺术品经营机构、文化经营机构，鼓励文化创意企业借助电子商务等新兴交易模式开拓国际业务，培育发展文化创意跨境电子商务；提升贸易服务能级，加强国家对外文化贸易基地（上海）、国家版权贸易基地（上海）、上海文化贸易语言服务基地、上海自贸试验区国际艺术品交易中心等平台建设，提升上海国际电影电视节国际影视市场、中国上海国际艺术节演出交易会等平台功能。

促进大众文化消费。优化文化消费条件，落实国家《关于推动文化文物单位文化创意产品开发的若干意见》，积极开展试点工作，推动文化元素融入商业业态，鼓励把文化消费嵌入各类消费场所，支持文化综合体建设，支持社会力量在大型商业综合体、中心城区户外空间举行艺术展览和演出活动，创新消费信贷产品，推动文化消费线上线下融合创新，鼓励开发新型文化消费金融服务模式；推动互联网公共上网服务场所、歌舞和游艺娱乐场所等传统文化消费升级，支持文化消费新业态发展，加快文化衍生业态创新；营造文化消费环境，完善公益性专场演出、营业性演出低价票及学生公益票等补贴政策，多渠道鼓励市民文化消费，推进国家文化消费试点城市建设，构建社会、企业、市民、政府“四位一体”的文化惠民新模式。

提升政府服务文化创意企业水平。成立上海市文化创意产业促进会，配备专门工作力量，健全协调沟通机制和专业服务体系；推进文化领域有序开放，在互联网、文化、文物等专业服务业争取更多的扩大开放措施先行先试。严格按照国务院有关规定，应该下放的审批坚决下放，坚决取消不必要的审批、办证规定，便利企业有效经营；保留的行政审批事项一律依法向社会公开，公布目录清单，目录之外不得实施行政审批；探索创新监管方式，营造公平竞争环境，进行审慎有效监管，积极防范风险。完善文化创意大数据平台，提供“一体化、一站化”网上审批服务；通过第三方服务平台，为入驻上海的文化创意企业解决发展中遇到的实际问题，营造法治化、国际化、市场化的营商环境。

提升知识产权保护水平。鼓励文化创意企业申报国家和本市知识产权领域试点、示范及优势企业认定，在知识产权创造、运用、保护和管理方面给予支持；完善版权综合服务体系，推进全国版权示范单位、示范园区建设，打造集成式版权公共服务平台；建立知识产权侵权查处快速反应机制，推进知识产权民事、行政、刑事“三合一”审判机制，积极发挥上海知识产权法院作用；将侵犯专利、商标、版权等行为信息纳入市公共信用信息服务平台；完善影视作品等的知识产权保护机制，加大对产品版权、商标权、姓名权和名称权等的综合保护力度；加强对文化创意企业商标专用权的保护，推进建立文化创意企业商标品牌工作指导站。

提升文化市场综合执法水平。创新文化市场监管方式，全面落实行政执法责任制；建立健全文化市场信用体系，建立守信激励和失信惩戒机制，完善红名单、警示名单和黑名单制度。

发挥财政资金引导和杠杆作用。加大财政支持力度。进一步发挥市级宣传文化专项资金、市促进文化创意产业发展财政扶持资金、市服务业发展引导资金等专项资金的引导和杠杆作用，加大财政资金投入，突出重点项目扶持力度；创新财政资金扶持方式，充分发挥文化创意产业投资基金的引导作用，撬动社会资本投入；对符合条件的担保机构为经认定的上海市文化创意产业示范园区内的中小文化企业提供担保所发生的代偿损失，可按照《上海市关于深入推进文化与金融合作的实施意见》给予一定比例的补偿；支持文化创意领域创新产品首次应用和研发设计成果应用；将上海市基本公共文化服务中的艺术教育项目纳入地方终身教育体系；鼓励相关区结合自身定位，因地制宜，加大政策扶持力度。

合理减轻企业税费负担。落实各项税收扶持政策，规范收费行为，落实国家相关政策，规范广告领域文化事业建设费征收，不得在广告媒介单位和户外广告经营单位以外违规扩大征收范围。

强化人才队伍支撑。大力集聚海内外优秀人才，优化人才培养和激励机制，依托高等院校设立一批高层次文化艺术人才工作室和紧缺艺术人才创新工作室，支持高等院校、科研院所和文化创意企业联合共建人才实训基地。鼓励社会力量参与，培育、引进知名文化创意人才培训机构。促进文化领域非学历教育培训市场规范发展。鼓励文化创意企业以知识产权、无形资产、技术要素入股等方式，加大对骨干人才的激励力度。推进用人制度改革，推进完善文化人才分类评价。

四、山东省创意产业发展的对策与建议

山东省属于全国经济大省，2013 年 GDP 产值为 5.47 万亿元，同比增长 9.6%，居全国第三位，文化创意产业增加值将近突破 3000 亿元，可见山东省文化创意产业市场有极大的消费能力和发展前景。山东省可以利用好文化产业投资基金，支持文化创意、影视制作等产业做大做强，培育一批有实力、有影响力的文化企业、产业项目和产业园区，力争文化创意产业增加值增长 16%以上。

首先，素来以”孔孟之乡，礼仪之邦”著称的山东省有几千年的历史文化积淀，儒家文化影响深远。其次，作为大汶口文明的发祥地，在这片广袤的大地上有着大量的具有研究价值和保护性的文化历史古迹，包括文物、遗址、古籍文献等：泰山是中国第一个被联合国教科文组织同时评为世界自然与文化双遗产的名胜；曲阜的“三孔”属于世界文化遗产，也是世界上最大、延续最久、保留最完整的宗族墓地与人造林园；淄博有蒲松龄写作《聊斋志异》的“聊斋园”等。山东省还有大量风格独特的自然旅游资源，如天下第一泉“趵突泉”、扬名海内外的大明湖、海上第一名山青岛崂山、烟台的蓬莱阁等。另外，省内有 23 个中国民间艺术乡，75 个各类博物馆。这些都为文化创意产业的发展提供了丰富的素材与源泉。

山东省处于黄河下游，东临渤海、黄海，与朝鲜半岛、日本隔海相望，西部与河北省、河南省接壤，南与安徽省、江苏省毗邻。山东半岛与辽东半岛相对，环抱着渤海湾，使山东省成为黄河经济带与环渤海经济区的重要结合部和交会点，在全国经济格局中占有重要地位。特殊的地理位置使山东省有极高的对外开放度，利于国内外的文化吸引与传承。

人力资源是促进文化创意产业发展的战略性资源。从古代木工木匠祖师鲁班到 2012 年中国首位获得诺贝尔文学奖的本土作家莫言，许多各个产业的优秀人才都出生于山东。以山东大学为首开设的创造发明课程不仅熏陶出创意创新的学术氛围，而且还产生了许多专利成果，这种优势资源为文化创意产业人才的发展提供了优异的独特的感染力。

尽管山东省在发展文化创意产业方面具有上述优势，但是目前山东省创意产业的发展仍存在诸多不足，如产业创新不足、人力资源开发力度不足、政府管理缺失等。

为了充分利用山东省发展文化创意产业的优势，同时解决山东省目前创意产业发展的诸多问题，山东省可采取以下措施，以使山东省的文化创意产业更具竞争力。

(一)提升产业自主创新能力，实现跨界融合发展

自主创新是我国文化创意产业实现可持续发展、提升国际竞争力的基础条件和根本保障。山东省虽然文化创意产业发展迅速但也面临自主创新能力不强的大障碍。主要表现在：第一，产业链偏短，创新产品单一。像自制剧的创立，湖南、安徽、浙江等省份已经取得了显著的成效，但是山东本土自制剧尚在酝酿中。第二，创新力度不够，缺少新意。比如综艺节目照搬照抄多，难以创新，降低了收视率。第三，跨界融合深度不够。全国政协委员王勇在2018年"两会"上也提出"文化与金融融合发展是推动中华文化繁荣兴盛的重要条件，也是'一带一路'文化走出去的重要保证"。

针对上述问题，山东省应该重点支持原创性文化产品，并将这些经典的、原创性的作品，带向全国、带向全世界；同时，将文化产业与旅游业、展览业、金融业、电子商务行业等实现深度跨界融合，找寻着力点和平衡点，实现多方合作与共赢。

(二)改变政府扶持方式，完善行业协会建设和市场运作机制

几乎每个行业都有自律性的组织或机构。行业协会的主要职能是，负责制定行业规则，维护企业合法权益，并进行行业统计。因此，创意产品的审查，可以由行业协会把关，而不是政府直接负责。

创意经济不同于传统的产业经济，创意不是政府支持就能有的。过去政府在硬件建设、税收优惠等方面的支持是足够的，而发展创意经济要更多地在制定规则投融资环境等方面给予支持。要借鉴发达国家和地区的先进经验和做法，做好产业总体规划；建立和完善相关法律环境和支持体系；建立宽容、有序和多元的文化环境和用人制度。创意产业的发展关键是要解决融资问题。由于创意产业的企业规模较小、风险较高，在筹集资金开办公司或进行业务拓展方面容易出现困难，因此需设立多项资助计划协助创意产业获取资金。应当对小型公司从银行或其他财务机构获得贷款提供贷款保证计划，有力地推动创意产业的发展。除了为文化产业化提供必需的资金之外，还要做好文化产业化的服务支持工作：协调政府不同部门以及产业界之间的关系，创造文化产业化发展的良好环境，保护知识产权，发展中小企业，提供相关的劳动力培训和咨询等。此外，大力利用信息科技等现代技术手段，鼓励大企业和中小企业通过电子商务等方式加强合作，利用网络等新兴技术手段销售文化产品。

(三)建立创意产业集聚区，激发城市内部个体和机构的创新活力

我国创意产业在上海快速崛起，一个个富于个性的创意产业集聚区相继成立，成为上海发展新型创意产业的载体。北京地区的创意产业虽然起步较晚，但也有六个创意产业集聚区初步形成。深圳作为中国最崭新的城市，有着最年轻的人群。目前，深圳的创意产业主要包括由设计而衍生的系列产业，如印刷、动漫、建筑、服装等。深圳的目标是成为"创意设计之都"。

山东省应依据省内城市特征对城市发展方向进行定位，建立城市创意产业集聚区，激发城市内部个体和机构的创新活力。

(四)立足本土要素，发展具有特色的优势创意行业

现代城市的要素供给是创意经济发展的重要基础，分析城市要素构成，立足要素供给的比较优

势，清晰地定位创意经济的发展目标和重点行业，才能凭借创意产业的发展特色，形成错位竞争。不同城市发展创意产业有不同的取向，各地应根据城市要素供给的特点，制定差异化的创意产业发展思路，优先发展具有比较优势的创意行业，避免在投融资、税收、进出口、人才培训等产业政策和相关配套手段等领域的恶性竞争。同时，各县区要摸清发展县域特色文化产业发展的家底和市场规律，找到“亮点”，把握“拳头”产品，政府也应集中力量打造县域文化产业的公共服务平台和良好的发展环境，布局文化产业全域化发展体系。

(五)夯实创意人才培养基地，架构合理人才层次

人才是创意产业发展的核心资源，目前我省文化创意产业人才还相当缺乏，创意人才总量、结构、素质还不能够适应产业快速发展的要求。应借鉴国外发达国家人才培养的经验，调整人才教育结构和培养方式，加强对创意产业人才特别是高端人才、复合型人才、营销人才的培养。

我省在创意人才的培养方面，应在培养渠道、培养手段和培养模式等方面有所创新和落实。培养创意人才，要通过多种渠道，采取多种手段。具体有以下几个方面的措施：一是学历教育。通过高等院校来培养创意人才，是发展创意产业、解决创意人才匮乏的重要战略。要尽快建设创意产业的相关学科，设置相关的专业；要解放思想，革新教育方法。大学应该承担起培养艺术人才、设计策划人才、技术人才和经营管理人才的重任。在艺术教育中注重应用性，而不是纯美术的、纯技术的；要强调学生的综合素质，强调人文精神和文化背景；要打破条条框框，与相关产业紧密联系起来，建立产学研结合的平台，充分利用学校与企业、科研单位等多种不同教学环境和教学资源以及在人才培养方面的优势，把以课堂传授知识为主的学校教育与获取实际经验、实践能力为主的生产科研实践有机结合，从根本上解决学校教育与社会需求脱节的问题。要加强国际合作，加大创意产业的相关学科对外交流的力度，为学生创造更多与海外一些设计名家和著名的教学机构接触的机会，开展跨学科教育培养模式，开拓学生的视野。二是培训。创意产业的发展需要大量的创意人才和后备力量。潜在的创意人才和创意事业爱好者是未来为创意产业贡献力量的主体。三是资格认证。对创意人才进行资格认证，是培养创意人才、规范人才市场的一个重要手段。创意产业是个新兴产业，而且发展迅猛，因此涌现出了很多新的职业门类，需要政府劳动部门进行资格认证，以规范对从业人员的专业素质要求，理顺人才市场的运作，同时提高从业人员的素质和积极性。

(六)注重知识产权，完善创意产业发展的制度保障

完善知识产权制度应立足创意经济的发展规律，而不能就法规谈法规。知识产权制度是一个技术、经济与法律相结合的产物，是创意经济发展的保障机制。知识产权制度不仅仅是“保护知识产权的法律制度”，而是指涉及知识产权的法律、法规和国家政策的总和。

完善知识产权制度应当服务于创意产业发展的各个环节，围绕产业链的关键环节，研究与知识产权相关的制度、政策体系和市场环境，系统归纳提出创造保护和利用知识产权的政策体系。

加强版权保护的最终目的是促进知识创新，通过保护发明创作者的创新工作来鼓励他们的创新活动，为文化产品的生产提供了社会基础。知识产权的重视程度低、盗版现象严重，若不加以控制将会严重削弱创新的积极性。山东省政府应尽快完善相关法规，为创造产业营造一个适合其生存发展的有利空间。

(七)构建创意产业链,放大创意经济效益

只有创意,没有产业,就形不成创意经济;只有产业,没有产业链,创意经济就无法发展壮大。产业链可以放大创意的经济效应。发展创意产业的核心是要构筑创意产业链,并尽量拓展延伸,以形成规模,获得最大经济效益。要扶持龙头企业,推动产业链的整合。创意产业的发展并非单兵突进,它必须与营销、管理、技术、文化、人才等各种因素乃至其他产业结合,借助先进的市场营销手段及大量的市场营销人才来发展创意产业。只有促进创意成果转化为经营资源,通过向传统产业的渗透和产业链的整合与延伸,进行深度开发,才能充分获取创意产业的效益。

(八)营造良好外部环境氛围,广泛吸引创意成员

适合创造性人才生活、工作和旅游的城市将成为创意人才集聚的优势区位。为了吸引优秀的创意人才,要营造一个有宽容氛围的城市、包容性很强的城市。所以,要提高城市利便性,聚集创意性人力资本。实践和理论表明,高素质的人力资源有向利便性高的城市集中的趋势。利便性指城市金融、法律、保险、交通等生产性服务和餐饮、休闲、娱乐和体育等消费性服务的现代化程度。创意人才一般属于高收入阶层,其关注城市的文化、艺术等人文环境和气候、地理景观、生态等自然环境。利便性高、生态环境承载能力强的城市将成为创意经济发展的优势区位。要创造宽容的社会氛围,打造独具魅力的城市人文精神,以吸引优秀的创意人才,尤其是国际性的高端创意人才。综观国际上创意产业发达的大都市,无一不是用自身独特的城市人文精神将各路创意人才网罗过来。因此,我们要建设、打造更加国际化的城市形象,形成更具人文气息的城市风格、独具魅力的城市文明精神,以吸引优秀的创意人才。

(九)积极打造文化企业和文化产品品牌,提升消费者满意度

随着消费市场的不断升级,文化企业需要抓住机会,在传承传统文化的同时,精准把握消费者的需求变化,提供更多个性化、多样化的产品和服务。

对于品牌而言,创意经济的到来将刷新品牌发展格局——未来品牌将以创意为中心。随着人们生活水平和自身素质的提高,人们不再仅仅满足于商品的物质性功能,而越来越重视消费过程的精神享受和审美快感。创意产业在产品上创造出丰厚的精神价值者的审美需求。由此可见,在创意经济时代,品牌要成为人们的注意力中心,必须针对消费者的审美需求,通过创意来为消费者创造难忘的消费体验。

品牌要取得商业创意的成功,往往也需要借力于创意产业,搭上“创意经济”这辆顺风车。这里所讲的“创意”,是指贯穿品牌建设与传播过程的创新力,而不是仅仅局限于广告创意。它包括广告创意、品牌创意、行销创意与创意产业的各个环节进行嫁接。例如广告创意与广告,品牌形象创意与设计,营销创意与媒体/艺术,等等。创意产业的发展,为商业创意提供了强大的借鉴作用,特别是在政府扶持知识产权保护等方面。山东省在借鉴国外模式的时候,不应该照搬形式,而是要学习其内涵。

(十)注重海外营销渠道开拓,提升创意产业国际影响力

2018 年的全国“两会”上,对文化和旅游产业也给予高度重视,提出组建“文化和旅游部”这一方

案，其目的包括“加强对外文化交流，推动中华文化走出去”等。目前，国内文化产品出口主要有两种渠道：一是通过国内国外的文化产业博览会，另一个渠道是通过外国公司代理。这两个渠道都有一定的效果，但也都有其局限性。所以，大力增加文化产业产品发行网络和发行渠道，对文化出口意义重大，其可以促进山东省创意产业的发展。

（十一）科学规划空间，引导创意活动和创意产业的合理布局

创意经济的发展是市场机制和政府干预的共同结果。政府要充分考虑影响创意经济区位选择的因素，有意识地将城市空间规划和创意经济的发展结合起来，提高存量空间资源的配置效率。根据不同创意行业对城市区位的承担能力，为创意经济的发展创造适宜的空间。城市政府应顺应市场趋势，将城市空间规划和产业发展相结合，转换废弃工业空间，开发近郊生态空间，集约高校周边空间，打造高新技术园区孵化空间等，重塑城市形态，实施分区管理的空间政策，结合城市发展创意经济的基础和条件，保护自发形成的创意产业集聚区，扩大创意产业发展的空间供给。

参考文献

[1]季琼. 国际文化产业发展理论、政策与实践[M]. 北京：经济日报出版社，2016.

[2]罗昌智，林咏能. 两岸创意经济研究报告(2016)[M]. 北京：社会科学文献出版社，2016.

[3]孙福良，张迺英. 中国创意经济比较研究[M]. 上海：学林出版社，2008.

[4]尹宏. 现代城市创意经济发展研究[M]. 北京：中国经济出版社，2009.

[5]上海市经济委员会，上海创意产业中心. 创意产业[M]. 上海：上海科学技术出版社，2005.

[6]王静. 山东省文化创意产业 SWOT 分析[J]. 中国商贸，2014(28)：171-172.

[7]中央网络安全和信息化领导小组办公室，国家互联网信息办公室，中国互联网网络信息中心. 第 41 次中国互联网络发展状况统计报告[R]. 2018. 1.

[8]中共上海市委，上海市人民政府. 关于加快本市文化创意产业创新发展的若干意见[R]. 2017.

[9]北京市国有文化资产监督管理办公室，中国传媒大学文化发展研究院. 北京文化创意产业发展白皮书(2017)[R]. 2017.

[10]United Nations. Creative Economy Outlook and Country Profiles: Trends in international trade in creative industries[R]. 2015.

[11]International Confederation of Societies of Authors and Composers (CISAC). Cultural and Creative Industries (CCI) Generate US＄2,250b of Revenues and 29. 5 Million Jobs Worldwide[R]. 2015. 12. 4.

[12]United Nations. Strengthening the Creative Industries for Development in the Republic of Korea[R]. 2017.

[13]British Council. The Creativee Conomy：An introductory Guide[R]. 2010.

[14]2018 年文化产业前瞻：天高任鸟飞[EB/OL]. (2018-01-10)[2018-01-10]. http//www. cci-times. com/shuzi/baogao/2018-01-10/10676. html.

[15]2015 年我国文化创意产业园区数量为 2506 个[EB/OL]. (2016-10-09)[2017-12-26]. http://www. chyxx. com/industry/201610/454625. html，2017-12-26.

[16]2016 年中国文化创意产业园区建设现状回顾[EB/OL].(2016-10-26)[2017-12-26].http//www.chyxx.com/industry/201610/461065.html.

[17]2017 年中国数字创意产业市场发展趋势预测[EB/OL].(2017-08-17)[2017-12-26].http://www.chyxx.com/industry/201708/551751.html.

[18]2016 年我国文化及相关产业增加值比上年增长 13%[EB/OL].(2017-09-26)[2018-01-02].http://www.cinic.org.cn/xw/tjsj/403922.html.

[19]中华人民共和国国家旅游局.一张图快速了解 2018 年全国旅游工作会议[EB/OL].(2018-01-09)[2018-01-12].http://www.cnta.gov.cn/xxfb/syhdp/201801/t20180109_852952.shtml.

[20]2017 年中国数字创意产业市场发展趋势预测[EB/OL].(2018-01-18)[2018-01-12].http://www.chyxx.com/industry/201708/551751.html.

[21]关于国务院机构改革方案的说明[EB/OL].(2018-03-14)[2018-03-15].http://www.xinhuanet.com/politics/2018lh/2018-03/14/c_1122533011.htm.

第五章
电影产业发展研究报告

一、电影产业总体发展综述

(一)发展背景

电影产业是对以电影制作、发行和放映三个行业为主，同时包括电影的后产品的开发，如音像制品、相关图书、玩具，以及与电影相关的市场活动的总称，属第三产业中娱乐业的一部分。电影产业既植根于民族文化土壤，又与一个国家的社会政治经济紧密相连，同时，电影产业发展也与世界的整体经济环境紧密相关。

随着技术革新和世界市场的扩大，全球化程度也在不断加深。新技术的不断革新不仅克服了空间障碍，也为市场的整合与深化提供了物质保障；而市场则为经济生活的扩大、为新技术提供了需求动力。电影产业具有其高附加值、产业集群化、高度外部关联性的特性。它的发展与全球化进程的总体脉络紧密契合。从欧洲国家电影的国际性扩张时期，到美国电影的全球主导时期，再到20世纪80年代以来逐步向多元推动、多元共存的多元化格局转变时期，全球化影响下的电影产业呈现出不断融合的新局面。

中国电影开始真正市场化、产业化，始于1993年。尽管当时并没有形成完整的市场化概念，甚至没有提出过电影的产业化，但是当时提出的改革思路，已经孕育了中国电影的产业化之路。虽然经过了十几年的改革尝试，但整体改革谨慎，过程相当缓慢。真正的转变来自2002年，电影产业进入新一轮改革。首先，在观念上明确了电影是经营性文化产业。其次，在政策上，广电总局采取了一系列措施：一是从2003年开始相继出台了《电影剧本(梗概)立项、电影审查暂行规定》《中外合作摄制电影片管理规定》《电影制片、发行、放映经营资格准入暂行规定》《外商投资电影院暂行规定》，降低电影制片、发行、放映领域的准入门槛，吸纳一切有实力的社会力量参与电影产业；二是搞活电影流通领域，促进国产电影的发行与放映；三是减少政府审批程序，促进产业快速发展；四是鼓励电影产品创新，让电影产品更好地面向群众、面向市场。2017 年 3 月，中国文化产业领域第一部法律《中华人民共和国电影产业促进法》颁布，坚持产业化发展方向，促进与管控并行，重视文化属性，坚持法律的基础性、框架性规范作用，推进了中国电影走向法治化时代，为电影产业转型升级提供了有力支持保障。

(二)世界电影产业发展现状

从世界电影产业的发展来看，近年来，在新兴电影产业特别是中国等亚洲市场的带动下，全球电影市场保持着稳定增长的基本态势。虽然美国电影在全球的优势地位依然明显，但是许多国家本土电影产业的发展已显示出强大活力。从我国电影产业发展来看，2017 年票房首破 500 亿元，观影人数、银幕数再创新高，整体发展态势良好。

2016 年全球电影票房持续增长。美国电影协会(Motion Picture Association of America，简称 MPAA)公布《2016 年电影市场数据》(*Theatrical Market Statistics*)显示，2016 年全球电影票房为 386 亿美元，较 2015 年 384 亿美元有所上涨(见图 1)。

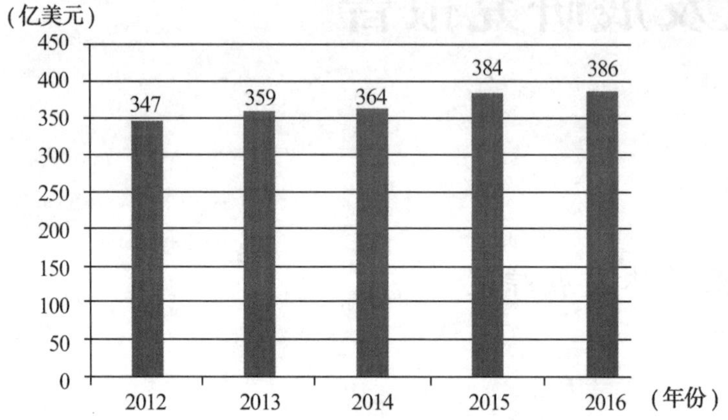

图 1　2012～2016 年全球票房

数据来源：MPAA，Theatrical Market Statistics 2016，https://www.mpaa.org/wp-content/uploads/2017/03/2016-Theatrical-Market-Statistics-Report-2.

亚太地区票房持续上升成为最大票仓。从各地区来看，北美电影票房近年来呈现小范围波动，欧洲、中东和非洲的电影票房近年来在波动中小幅增长。而中国、俄罗斯等新兴的电影市场则成为了全球电影票房的增长引擎，也促使亚太地区票房在 2016 年大幅度超过了北美和欧洲、中东及非洲地区，成为全球最大票仓。尽管近年来拉美地区票房也增长迅速，但由于市场规模较小，所以在全球电影业中仍处于从属位置。2012～2016 年各地区电影票房情况见表 1。

表 1　　2012～2016 年各地区电影票房　　单位：亿美元

	2012 年	2013 年	2014 年	2015 年	2016 年
北美	108	109	104	111	114
欧洲、中东及非洲	107	109	106	97	95
亚太地区	104	111	124	142	149
拉丁美洲	28	30	30	34	28

数据来源：MPAA，Theatrical Market Statistics 2016，https://www.mpaa.org/wp-content/uploads/2017/03/2016-Theatrical-Market-Statistics-Report-2.

北美票房收入最高，亚洲地区票房竞争力突出。全球电影市场中，北美优势地位难以撼动，2016年票房收入达114亿美元，中国自2012年超越日本成为全球票房第二的国家以来，票房持续上升，在2016年达到66亿美元。在2016年票房收入前20的国家或地区中，亚洲占据7席，票房总数达128亿美元(见表2)。

表2　2016年票房收入前20的国家或地区　单位：亿美元

序号	国家或地区	2016票房收入	序号	国家或地区	2016票房收入
1	北美及加拿大	114	11	巴西	7
2	中国	66	12	意大利	7
3	日本	20	13	俄罗斯	7
4	印度	19	14	西班牙	7
5	英国	17	15	荷兰	3
6	法国	16	16	印度尼西亚	3
7	韩国	15	17	中国台湾	3
8	德国	11	18	阿根廷	3
9	澳大利亚	9	19	中国香港	3
10	墨西哥	8	20	波兰	2

数据来源：MPAA，Theatrical Market Statistics 2016，https://www.mpaa.org/wp-content/uploads/2017/03/2016-Theatrical-Market-Statistics-Report-2.

全球银幕数量持续增加。2016年全球电影银幕数量达到155069块，近五年来数量达到最高，较2015年增长14019块，银幕数量是2012年的1.7倍(见图2)。

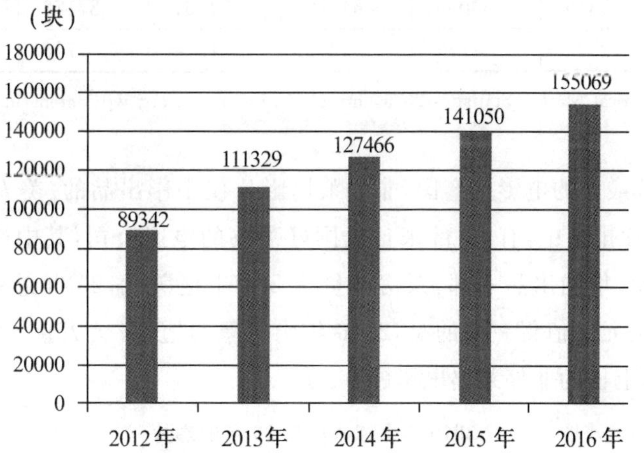

图2　2012～2016年全球银幕数量

数据来源：MPAA，Theatrical Market Statistics 2016，https://www.mpaa.org/wp－content/uploads/2017/03/2016-Theatrical-Market-Statistics-Report-2.

亚太地区银幕数量占比最大。亚太地区银幕数量最多，达到了66360块，占全球银幕数量的42.79%，北美排名第二，银幕数量达到43531块，欧洲、中东及非洲紧随其后，达到41840块，拉丁美洲为12197块(见图3)。

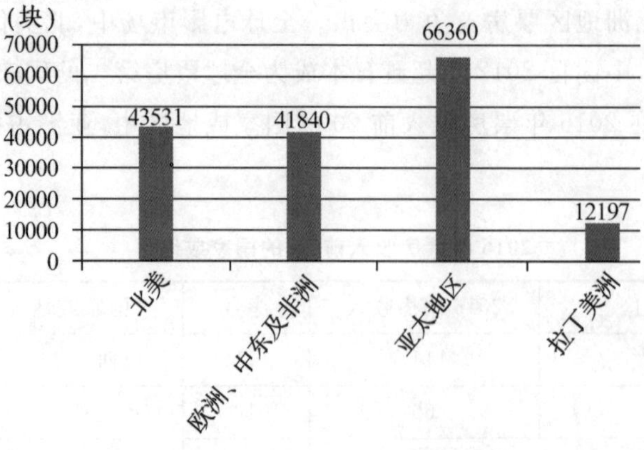

图 3　2016 年各地区银幕数量

数据来源:MPAA, Theatrical Market Statistics 2016, https://www.mpaa.org/wp-content/uploads/2017/03/2016-Theatrical-Market-Statistics-Report-2.

全球 3D 银幕数超 8 万块,亚洲地区 3D 银幕占总屏幕数比例近 80%。2016 年全球 3D 银幕数增加 12615 块,较 2015 年增加 17%,达到 87176 块。其中亚洲地区数量最大达 46949 块,且 3D 银幕占总银幕数比例高达 78%,远远超过其他地区,由此可见亚洲地区观众的观影习惯与全球其他地区的观众有所差别(见表 3)。

表 3　2012～2016 年全球各地区 3D 银幕数量　单位:亿美元

	2012 年	2013 年	2014 年	2015 年	2016 年	占数字银幕的比例(2016)
北美	14734	5782	16143	16441	16745	39%
欧洲、中东及非洲	13964	15813	16880	17580	18278	45%
亚太地区	14219	17726	27472	35807	46949	78%
拉丁美洲	2629	3748	4294	4733	5204	43%
总计	45546	53069	64789	74561	87176	56%
较前一年增幅	25%	17%	22%	15%	17%	—

数据来源:MPAA, Theatrical Market Statistics 2016, https://www.mpaa.org/wp-content/uploads/2017/03/2016-Theatrical-Market-Statistics-Report-2.

美国仍为票房产量最大的电影生产国,非好莱坞影片仅中影出品的《美人鱼》一部上榜。在 2016 年全球票房前 20 的影片排名中,有 19 部来自美国好莱坞的电影公司,其中迪士尼出品达 7 部,票房产量高达 60.81 亿美元,华纳出品 4 部,票房产量达 27.51 亿美元,20 世纪福克斯紧随其后,共出品 5 部,票房达 27.13 亿美元。值得一提的是,2016 年中国票房冠军《美人鱼》以 5.53 亿美元的票房排名第 12,成为唯一一部上榜的非好莱坞电影(见表 4)。

表 4　2016 年全球票房前 20 名的影片

名次	片名	票房(亿美元)	出品公司	名次	片名	票房(亿美元)	出品公司
1	《美国队长 3》	11.53	迪士尼	11	《奇异博士》	6.57	迪士尼
2	《海底总动员 2》	10.28	迪士尼	12	《美人鱼》	5.53	中影
3	《疯狂动物城》	10.24	迪士尼	13	《X 战警:天启》	5.43	福克斯
4	《奇幻森林》	9.66	迪士尼	14	《功夫熊猫 3》	5.21	福克斯
5	《爱宠大机密》	8.75	环球	15	《魔兽》	4.33	环球

续表

名次	片名	票房(亿美元)	出品公司	名次	片名	票房(亿美元)	出品公司
6	《蝙蝠侠大战超人》	8.73	华纳	16	《谍影重重5》	4.15	环球
7	《星战外传:侠盗一号》	8.19	迪士尼	17	《冰川时代5》	4.77	福克斯
8	《死侍》	7.83	福克斯	18	《海洋奇缘》	4.34	迪士尼
9	《神奇动物在哪里》	7.77	华纳	19	《独立日2》	3.89	福克斯
10	《自杀小队》	7.45	华纳	20	《泰山归来》	3.56	华纳

数据来源:Box Office Mojo, http://www.boxofficemojo.com/yearly/chart/? yr=2016&p=.htm.

(三)我国电影产业发展现状

2017电影票房持续增长,首超500亿元。2017年中国电影票房达559.11亿元(含服务费),保持持续增长态势,与北美地区114亿美元(折合人民币为721.23亿元)的差距进一步缩小,说明中国电影正在改变着以北美为主导的世界电影格局(见图5)。

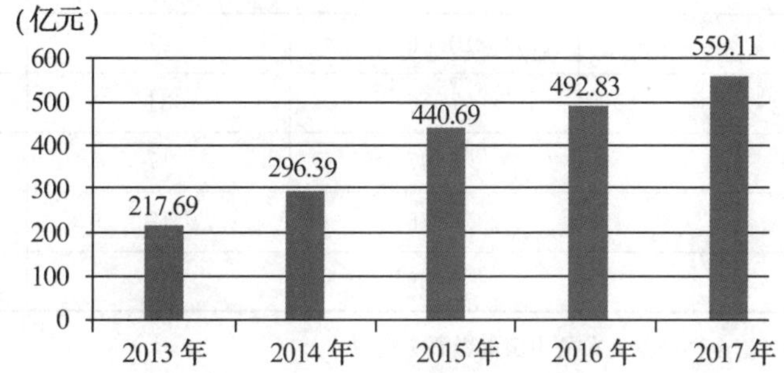

图4 2013~2017年中国票房

数据来源:根据国家电影专项资金办公室发布的中国电影票房整理。

国产电影产量再创新高。2017年,中国国产电影创作持续增长,全年生产故事片共798部、动画电影32部、纪录电影44部、科教电影68部、特种电影28部,影片总量达970部(见图5)。

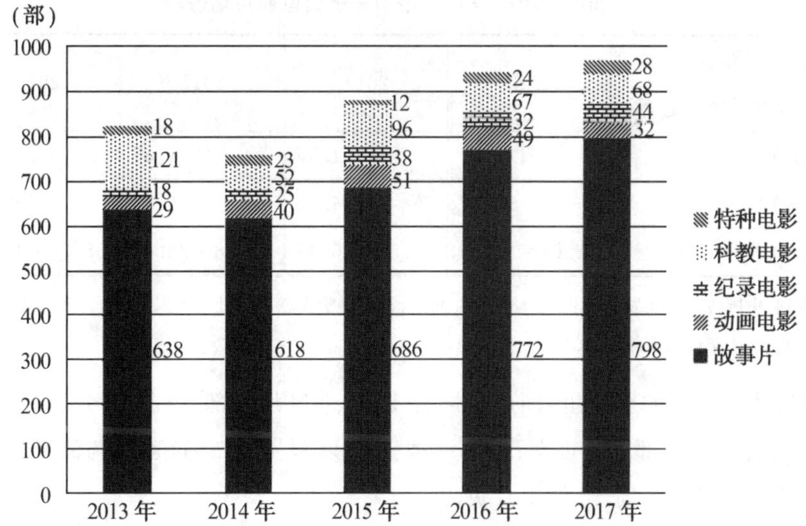

图5 2013~2017年国产电影生产情况

数据来源:崔保国.中国传媒产业发展报告(2018)[M].北京:社会科学文献出版社,2018;
陈锐,许亚萍,司若等.2017年中国电影产业发展报告[M].北京:社会科学出版社,2017.

国产电影类型趋于多元。2017年国产电影创作题材丰富，类型更加多元，全年票房前十的国产电影中包含了爱情、动作、喜剧、奇幻等多种类型。此外，艺术电影、纪录电影得到更广范围的关注和票房上的突破，如艺术电影《冈仁波齐》票房近1亿元，入围多伦多国际电影节"当代世界电影"单元；纪录电影《二十二》，最终取得1.71亿票房，打破纪录片的票房纪录，并引起广泛关注。2017年标记排名前10的国产电影情况见表5。

表5　2017年票房排名前10的国产电影

排名	影片名称	票房(亿元)	场均人次(人)	类型
1	《战狼2》	56.83	38	军事/动作
2	《羞羞的铁拳》	22.07	25	喜剧/爱情
3	《功夫瑜伽》	17.48	33	喜剧/冒险
4	《西游·伏妖篇》	16.52	36	魔幻/动作
5	《芳华》	11.08	28	战争/历史/青春
6	《乘风破浪》	10.46	27	青春/文艺
7	《大闹天竺》	7.56	31	喜剧/功夫
8	《悟空传》	6.97	17	奇幻/动作
9	《追龙》	5.76	17	动作/犯罪
10	《情圣》	5.29	18	爱情/喜剧

数据来源：根据国家电影专项资金办公室发布的中国电影票房整理。

国产电影保持本土电影市场优势。2017年，国产电影总票房为301.04亿元，进口电影票房258.07亿元。近五年来，国产电影的市场份额超过进口片，也是少数国产电影能够在本土市场与好莱坞电影相抗衡的国家之一。2013～2017年国产电影与进口电影市场份额情况见表6。

表6　2013～2017年国产电影与进口电影市场份额

年份 国产票房与进口票房	2013	2014	2015	2016	2017
国产票房(亿元)	127.67	161.55	271.36	266.63	301.04
进口票房(亿元)	90.02	134.84	166.33	190.49	258.07
国产票房与进口票房比例	58.65∶41.35	54.51∶45.49	61.58∶38.42	58.33∶41.67	53.84∶46.16

数据来源：崔保国．中国传媒产业发展报告(2018)[M]．北京：社会科学文献出版社，2018；陈锐，许亚萍，司若等．2017年中国电影产业发展报告[M]．北京：社会科学出版社，2017．

2017年电影票房前十的影片里，国产电影有4部，进口片5部，合拍片1部；在票房排名前五中，国产电影占3部，合拍片1部。年度票房第一《战狼2》以领先第二名《速度与激情8》30亿以上的票房遥居榜首。2017年票房排名前10的影片见表7。

表 7　　2017 年票房排名前 10 的影片

排名	影片名称	票房(亿元)	国别
1	《战狼 2》	56.83	中国
2	《速度与激情 8》	26.71	美国
3	《羞羞的铁拳》	22.07	中国
4	《功夫瑜伽》	17.48	合拍片
5	《西游·伏妖篇》	16.52	中国
6	《变形金刚 5:最后的骑士》	15.51	美国
7	《摔跤吧！爸爸》	12.99	印度
8	《芳华》	11.80	中国
9	《加勒比海盗 5:死无对证》	11.80	美国
10	《寻梦环游记》	11.60	美国

数据来源:根据国家电影专项资金办公室发布的中国电影票房整理。

全年观影人次再创新高。2017 年全年城市电影院线观影人次达 16.2 亿人,自 2013 年以来呈持续上涨的趋势。看电影越来越成为人们喜闻乐见的娱乐方式之一。2013～2017 年年度观影人次见图 6。

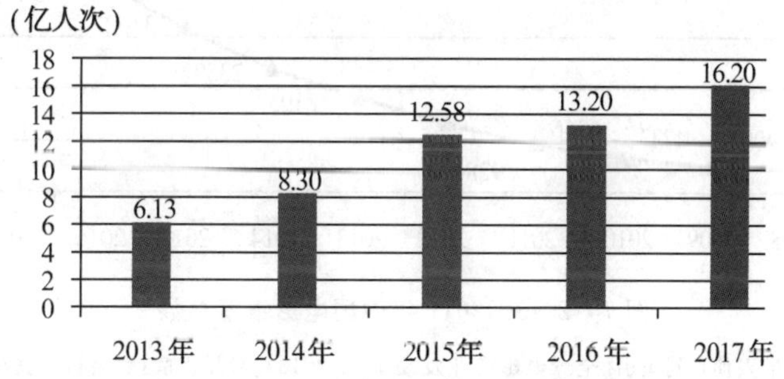

图 6　2013～2017 年年度观影人次

数据来源:崔保国.中国传媒产业发展报告(2018)[M].北京:社会科学文献出版社,2018;陈锐,许亚萍,司若等.2017 年中国电影产业发展报告[M].北京:社会科学出版社,2017.

东南沿海省份依然是主要票仓省份。2017 年各省(直辖市、自治区)的票房均有上涨,排名前十的省份产出票房均超过 17 亿元,放映场次超过 250 万次,观影人次超过 6000 万人。广东省保持持续增长态势,以超过 75 亿元的年票房收入位居榜首;江苏省以近 49 亿元年年票房收入位居第二;第三名的浙江省也取得了超过 41 亿元的年票房收入。2017 年票房收入排名前 10 的省份见表 8。

表 8　　2017 年票房收入排名前 10 的省份

排名	省份	总票房(万元)	场次(万场)	人次(万人)
1	广东省	751881.83	994.99	22110.12
2	江苏省	486241.36	708.27	15988.45
3	浙江省	411633.24	627.38	12499.44

续表

排名	省份	总票房(万元)	场次(万场)	人次(万人)
4	上海市	343432.26	305.13	8305.97
5	北京市	322482.66	253.44	7636.31
6	四川省	298064.67	400.28	9490.91
7	湖北省	247317.07	329.37	8312.41
8	山东省	215745.55	388.00	7187.97
9	河南省	190098.09	339.27	6533.13
10	辽宁省	177090.19	267.45	6090.15

数据来源:全国票房年报(2017),中国电影网,http://www.chinafilm.com/xyfx/3308.jhtml

银幕总数持续增加。2017 年院线市场保持发展趋势,影院建设取得重大突破。

电影银幕数连续十年保持增长趋势,2017 年的银幕数是十年前的 12 倍,是五年前的近 4 倍。2013～2017 中国电影银幕总数见图 7。

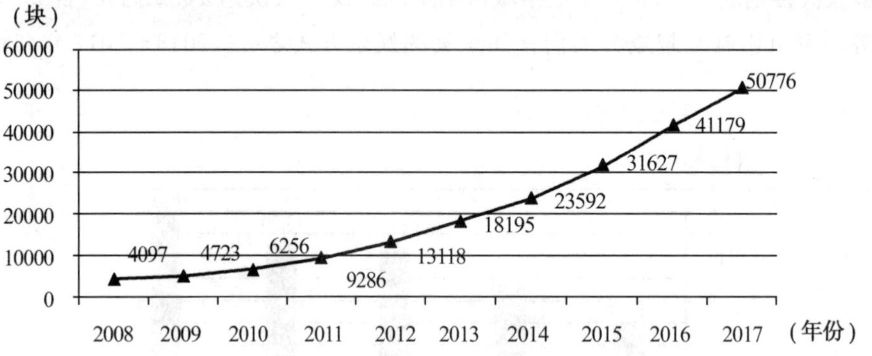

图 7 2013～2017 年中国电影银幕总数

数据来源:卢斌,牛兴侦,刘正山.全球电影产业发展报告(2018)[M].北京:社会科学文献出版社,2018;陈锐,许亚萍,司若等.2017 年中国电影产业发展报告[M].北京:社会科学出版社,2017.

2017 年电影银幕总数达 50776 块,跃居世界第一位,新增影院 1519 家,新增银幕 9597 块,同比增幅达 23.30%,平均每天增加银幕数约为 27 块。2013～2017 年中国电影影院建设情况见表 9。

表 9 **2013～2017 年中国电影影院建设数据**

年份	银幕数(块)	新增银幕数(块)	银幕数同比增幅(%)	新增影院数(家)
2013	18195	5077	38.70%	1048
2014	23592	5397	29.66%	1015
2015	31627	8035	34.06%	1042
2016	41179	9552	30.20%	1612
2017	50776	9597	23.30%	1519

数据来源:卢斌,牛兴侦,刘正山.全球电影产业发展报告(2018)[M].北京:社会科学文献出版社,2018;陈锐,许亚萍,司若等.2017 年中国电影产业发展报告[M].北京:社会科学出版社,2017.

二、主要经济体电影产业政策与发展规划

(一)美国

长期以来,美国一直在全球的电影市场中占据强势地位,是全球电影业当之无愧的龙头,以电影生产为核心的产业,已经成为美国经济生活中的第三大支柱型产业。这离不开美国国内雄厚的经济基础,离不开美国电影产业一百多年来的发展经验,更离不开政府的大力支持与行业组织的监管。

自好莱坞电影工业形成之初,美国政府奉行自由主义的经济政策,对电影业并未施加过多的干涉,因此美国形成了以大制片厂制度为特征的结构系统,这一传统也保持至今。美国强调电影的市场属性和产业特征,对它的行政干预比较少,行业自我管理远远大于政府的行政管控,美国尽管未设置文化部或电影局等类似的电影主管部门,但政府通过各种优惠政策为电影发展提供条件,但是美国电影行业的发展并不依赖于这种保护,而是通过商业化、市场化的路线来赢得持续发展的动力。

第一,联邦及各州政府通过多种方式支持电影业发展。政府支持并不是直接提供经费资助电影产业,而是通过立法、税收和外交谈判等方式,提高电影企业抗击市场风险的能力和国际竞争能力。早在1790年,美国即制定了第一部版权法,此后数次修订。其中,1976年版权法将版权保护期限由原来的28年延长到75年或作者去世后50年。1998年的版权期间延长法案进一步将版权保护期限延长到95年至120年或作者去世后70年。同年,《千禧年数字版权法》(*Digital Millennium Copyright Act*,简称 *DMCA*)为网络作品著作权的保护提供了法律依据,将一般人列入侵权对象,并在刑事、民事责任上处以重罚。随着视听产品家庭化比例上升,2005年《家庭娱乐与版权法案》(*Family Entertainment And Copyright Act*)颁布,加重了侵害电影版权的刑事责任,重点对电影院非法偷录电影和P2P传播行为减少了主观构成要件。美国还通过加入国际版权公约或签订双边知识产权协议来加强电影及相关产业的版权保护。1955年,美国加入《世界版权公约》(*Universal Copyright Convention*),1989年加入《保护文学和艺术作品伯尔尼公约》(*Berne Convention for the Protection of Literary and Artistic Works*),1994年签署《与贸易有关的知识产权协议》(*Agreement on Trade-Related Aspects of Intellectual Property Rights* ,简称 *TRIPs*),1996年主导和推动世界知识产权组织通过《世界知识产权组织版权条约》(*World Intellectual Property Organization Copyright Treaty* ,简称 *WCT*)和《世界知识产权组织表演和录音制品条约》(*WIPO Performances and Phonograms Treaty* ,简称 *WPPT*)。1989年美国贸易法中的"特别301条款"正式生效后,美国国际知识产权联盟每年向美国贸易代表署提交"特别301条款"国家名单,提请贸易代表署向有关国家施加压力,进行贸易制裁,或逼迫有关国家修改国内版权法,以保护美国在该国的版权利益。美国还通过世界贸易(World Trade Organization,简称 WTO)争端解决机制等国际资源来保护美国的海外版权。

各州政府在税收和公共服务体系建设上也承担了扶持电影产业的责任。各州依据自身情况制定税收优惠政策,以扶持电影产业,带动地区经济,客观上形成了各州之间相互博弈的竞争格局,共同推动电影产业的发展。在加利福尼亚州,符合条件的电影项目所获税收优惠的额度可达制作费用的25%;而在纽约州,凡是直接用于影视制作的商品和服务,可获得最高税收优惠额度占制作费15%;佐治亚州对制作花费超过50万美金的影视作品提供20%的基础赋税奖励金,如果作品能加上佐治亚州

推广标识则会收到额外10%的税收减免;马萨诸塞州规定电影的出品人和制片人如果有一半的电影制作或一半的预算花费在本州内,就可以获得25美分贷款1美元的信用,可将此信用折合票面值的90%直接退税,也可以按照市场利率出售。各州优惠政策适用范围广,不仅包括电影、电视剧,而且还有互联网视频、网络游戏、音乐制品等。既包括前中后期制作,也包括付给雇员的工资。除了税收以外,各州地方政府公共服务业为电影拍摄提供便利。如加利福尼亚州政府成立专业的公司,只收取少量费用或免费,专门为电影制作提供完备的公有设施服务。凡是在本州公共土地上进行拍摄,需要出动的消防员、警察和其他公共服务,都由政府来支付相关费用;佐治亚州推广"指定拍摄社区"(Camera Ready)计划吸引更多电影到各个指定社区进行拍摄。从电影制作者角度,这些政策降低了电影的制作成本,提升电影品质;从州政府角度,拉动当地经济发展,增加本地居民的收入,带动旅游并在一定程度上解决就业。

第二,美国电影产业之所以能引领全球电影产业,并成为美国经济的第三大支柱,除了美国联邦、州政府与产业主体之间良好的互动以外,还得益于各种电影行业组织、工会组织发挥的纽带作用。美国电影协会(Motion Picture Association of America,简称MPAA)是美国电影产业的协调者和保护者,该组织成立于1922年,最初是作为电影工业的一个交易组织而出现的,目前它负责管理电影分级制度并通过政治游说来保护电影和电视产业创意内容和消除贸易壁垒。为保证能够在国际市场上获得最大收益,该协会在美国政府的支持下制定了一系列面向国际市场的政策,特别是版权政策。该政策规定,任何国家上映好莱坞电影,都必须先获得好莱坞的同意,交纳一定的版权费以购得放映权。这样的政策让好莱坞各大公司在对外策略上相当一致。美国电影协会每年向贸易署提交美国电影在世界各国遭遇的贸易壁垒报告,以便政府有针对性地采取保护性措施。美国电影协会还一直致力于遏制侵犯版权的行为,其中包括最近试图通过P2P技术的网络文件共享,以限制受版权保护的作品共享。该协会还在世界各地招募人员,协助其发现各国、各行业对美国影视的盗版行为。因此,美国电影协会在某种程度上充当着好莱坞电影业有力保护者的角色。美国影院业主协会(National Association of Theatre Owners,简称NATO)总部位于华盛顿,成立于1965年,最初由几家大型商业影院合并而成,目前是世界上最大的电影放映业组织。该协会的成员包括大型电影院线及众多的独立影院业主,迄今已拥有美国全部50个州的超过29000块电影银幕,以及遍布在世界上50个国家的其他影院。该协会不仅是美国影院业主的联合体,也是全球极具影响力的影院业主组织,其发布的观点在国际上具有较强的代表性,对全球影院的发展具有重要影响。除了行业组织,工会组织在美国电影产业的运行中也起到了至关重要的作用。在美国电影产业发展的早期,以六大制片厂为代表的大电影公司占据了大部分市场份额,利用其寡头垄断的地位威胁着电影工作者的权益。为了反抗欺压,电影工作者组成了分别代表各个工种权益的工会,与代表投资者利益的制片人展开了旷日持久的争斗,造就了好莱坞电影业别具一格的生态。各个工会的职责都是保护会员的权益,其目标设置有一定的共通之处,如工作时限、休息时间、最低工资和薪酬区间、加班酬劳、差旅费标准等。如美国导演工会(Directors Guild of America,简称DGA)至今已有80年历史,目前拥有超过1.3万名会员,涵盖了电影、电视、戏剧、广播等各领域的专业导演,它不仅代表着整个行业的发展水平和未来趋势,而且还在维护导演权益方面做着积极的努力,堪称美国传媒行业规范的最大保证。除了导演工会外,美国还拥有演员工会(Screen Actors Guild,简称SAG)编剧工会(Writers Guild of America,简称WGA)等。

(二)日本

日本电影产业在其高度发达的社会经济支撑下已发展比较完善,其发展主要依靠市场机制,但政府主导的特点也十分明显,特别是自20世纪90年代以来,日本经济增长速度长期低速徘徊,促使日本政府把文化和经济结合起来,日本电影在新世纪的发展首先得益于内容产业的发展战略。

1996年7月日本政府就正式提出了《21世纪文化立国方案》,标志着日本"文化立国"战略的正式确立。进入21世纪后,这一战略得以实质性推行,2001年原《著作权法》更名为《著作权管理法》,明确提出十年内把日本建成世界第一知识产权国;同年,《振兴文化艺术基本法》颁布,明确规定了振兴构成文化核心的艺术、媒体艺术、传统技能、生活文化、大众娱乐、出版物、唱片、文化遗产等文化艺术的基本概念及国家、地方政府的责任,同时规定了有关振兴文化艺术的基本政策和方法;2003年6月颁布了《内容产业促进法》,以法律形式推进内容产业国家战略;2004年5月制定《知识产权推进计划》;2007年5月通过的《日本文化产业战略》成为日本文化产业的纲领性文件。另外,还出台了《内容产业振兴政策》,将内容产业确定为国家重要支柱产业,大力推行"文化外交新构想",以全面推销日本文化;2010年确定了《文化产业大国战略》,围绕此战略,日本政府推出了一系列政策文本,采取了相关措施,如逐年增加内容产业的政府预算,并通过政府出资与民间捐款相结合的方式设立了"艺术文化振兴基金",对各领域的文化艺术活动进行资金援助。日本从国家战略高度看待文化产业发展,将文化产业的重要性提升到了前所未有的高度,虽然政策有所支持,政府力量发挥巨大作用,但更多是战略与政策的制定,文化产业项目进入市场操作,通过财政、基金扶持和灵活的投资体制带动产业的整体发展,产业整体运行依然遵循严格的市场运作模式。这一系列措施都在政策层面为日本电影产业的发展保驾护航。

在开拓国际市场方面,日本政府也起着相当重要的作用。2002年,经产省与文部省联手促成建立了民间的"内容产品海外流通促进机构",并拨专款支持该机构在海外市场开展文化贸易与维权活动。该机构由17个社会团体和19家文化企业组成,主要目的是促进日本文化产品的出口,管理海外市场的反盗版活动,代表日本文化产业界参加国际知识产权保护论坛,参加国际市场的诉讼关联活动。此外,日本的设计、电影、时装、漫画等文化商品向海外推行的"酷日本"计划,都对日本文化产业的输出发挥了重要的作用。电影作为内容产业的重要组成部分,因政策推动而出现新的生机。日本动画片及动画电影的海外推行就极为成功,如今全球播放的动漫作品中有6成以上出自日本,在欧洲更达到八成以上。

(三)韩国

20世纪90年代,韩国电影在亚洲异军突起。从金泳三政府提出电影振兴政策,到金大中政府倡导"文化产业是21世纪的基干产业",再到卢武铉政府持续推进电影产业振兴计划等。由此可见,韩国电影由衰而盛以及迅速崛起,与政府主导的支持电影发展的政策息息相关。

首先,在立法层面对电影产业进行规范和管理。韩国在电影法制化方面起步较早,1962年朴正熙军人独裁政权时期就制定了旨在保护国产电影的《电影法》。但直到20世纪70年代末,韩国的电影政策不符合韩国电影发展的实际需要,因而电影产业产生持续性衰退。市场开放以后,韩国政府持续注重电影法律法规的制定、修订和完善,陆续解除电影产业发展面临的政策束缚。在1985年对《电影法》第5次修正中，韩国政府正式解除了对电影业的过度管制，从而奠定了电影市场中自由竞争的基础。1987年，韩国政府对《电影法》进行了第6次修正，外国电影公司不仅可以进入国内市场，而且还可以直接发行电影。1995年，金泳三政府制定的《电影振兴法》代替了原有的《电影法》，韩国电影的制作登记申报制度宣告废止。1996年，第一次修订《电影振兴法》，电影的四级分级制度取代了电影审查制度。金泳三政府执政期间，制定了《影像振兴基本法》，对影像物的制作、流通、发行和政府推行的项目加以规定，并在新五年计划中将影像产业与制作业结合起来，享受与制造业相同的金融税制优待权利。随后，金大中政府1999年修订《电影振兴法》，将对电影的管理职能转向纯民间机构韩国电影振兴委员会(Korean Film Council，简称KOFIC)。2002年，韩国再次修订《电影振兴法》，将原有的电影四级分级拓展为五级，增加"限制上映级"，并新设了"限制上映影院"。这一系列高透明度的法律政策，成功确保了韩国电影产业发展过程中，市场开放的有效性，推进了韩国电影的兴盛繁荣。韩国电影的管理主要依靠行业机构的自律和自治，由电影行业本身根据产业发展的变化进行调整，政府只负责电影政策的宏观调控和监督，行政手段并不直接干预电影产业的市场化进程和行业开放，在很大程度上尊重了电影的产业属性和市场特征。

其次，韩国电影振兴委员会全面主导电影发展。1999年，成立于1973年的韩国电影促进会(Korean Motion Picture Promotion Corporation，简称KMPPC)改名为韩国电影振兴委员会，隶属于文化观光部，成为韩国非官方性质的电影最高主管机构。该机构主要负责拟定政策、辅助金审核执行、人才培育、教育研究和海外市场行销推广等事务，其主要资金来源是电影票房3%的税收及政府每年约4000万美元的预算。特别是在鼓励电影创作的方面，每年委员会用"电影辅导金"对独立电影导演进行资助，用以进行艺术电影、实验短片或纪录片的创作，且不要求这部分资金的返还，也不要求电影取得奖项或票房上的回报，目的在于给电影行业的新人更多学习和成长的机会，来培养电影产业的后备力量。此外，在支持外国电影在韩国境内拍摄方面，电影振兴委员会也推出了一系列补贴制政策。2011年开始，委员会对在韩国拍摄的外国影视剧的制作费给予部分补贴，制作费的30%可以得到现金补贴，补贴金以补贴申请日未发放预算为准，每部电影最高补贴为20亿韩元。以此吸引国外制作公司来韩国拍摄影视作品。韩国这种主要采取政府文化部门监督调控、行业机构自律相结合的管理模式，有利于协调和处理好电影艺术和产业之间的平衡关系。

第三，电影配额制度对本土电影的保护。在20世纪60年代，韩国就开始对电影实施放映配额制度；1985年对《电影法》第5次修正，仍规定国内电影院的全部放映日的33%用来放映本国电影；1995年韩再次对《电影法》进行修改，国产电影放映比例要达到40%，每家影院每块银幕全年放映国产片的时间不得少于146天。1996年，《电影振兴法》允许本国电影生产量波动的情况下，减少放映国产片的数量，但最多不得超过20天。在美国的施压下，2006年韩国政府被迫将对国产电影保护的电影配额制从原来的146天调减为73天。制度实施的同时还做到了监督执行。电影工作者成立电影义务上映制度监督团体，积极监督影院实际上映国产片的天数，起诉不遵守义务上映制度的影院经营者，并不断向政府提出建议。由于有了电影行业监督机制，使得韩国各影院虚报放映情况的事件越来越少。这种强制性的措施使得本土创作者有了一定的市场空间，为他们坚持电影创作创造了条件，在一定程度上保护了本国的电影产业，同时也提高了外国电影占领韩国电影市场的难度。

第四，民间机构执行分级制度。一方面，韩国电影振兴委员会主管电影政策制定和电影产业的管理运作；另一方面，韩国电影的审查工作也定位于民间机构审查和行业自律，此项工作由影像制品分级委员会来完成。2000年,原本隶属于政府部门负责电影审查的演出振兴委员会被影像制品分级委员会所取代,由政府机构变成了民间机构,这个分级委员会成员由不同年龄段的孩子的父母所组成,特别要求其中包括女性委员。政府对电影内容和级别审定不做干涉。2002年,韩国再次修订《电影振兴法》,将原有的电影四级分级制度拓展为五级,即根据电影的题材内容和表现形式,分别对电影实行"全体观众可以观看""12岁以上可以观看""15岁以上可以观看""18岁以上可以观看""限制上映"的五级电影分级制。在此政策的引导下,韩国电影的创作力得到空前释放,导演拥有了极大的自主权和创作空间,不仅原有的政治历史题材禁忌被打破,而且对于很多特定类型的电影生产也起到了促进作用,韩国电影的商业性和艺术性都有了大幅提高,这使得观影人数大量增加,国内市场空前繁荣。

(四)英国

英国电影产业十多年的快速发展得益于英国政府的大力支持,特别是将电影纳入创意产业(Creative Industry)的范围之中,并把创意产业作为振兴英国经济的重要手段,为英国电影业的发展扫清了诸多障碍,促进了电影产业的振兴。英国是提出"创意产业"这个概念最早的国家。1997年5月,为振兴英国经济,英国首相布莱尔采纳经济学家约翰·霍金斯的建议,正式提出创意经济(Creative Economy)的概念,推动成立了隶属于英国文化、媒体和体育部的创意产业特别工作小组。随后,创意产业的内容不断丰富和延伸,涵盖广告、建筑设计、艺术与古董交易、手工艺、设计、时尚、电影音像、互动休闲软件、音乐、表演艺术、出版、软件及电脑服务、广播等13类。特别工作小组深入分析了英国创意经济的现状,提出要把创意产业作为振兴英国经济的重要手段。经过多年的发展,创意产业已成为英国的核心产业和重要经济支柱。1998年英国文化、媒体和体育部下属的电影政策审议小组发布报告《宏图》(*A Big Picture*),强调政府扶持电影产业发展的重要性。

其次,在税收层面,政府也给予电影产业很大的支持。为刺激电影市场,2007年,英国政府制定了与电影产业相关的一系列减税政策。在原有的政府直接财政拨款和国家彩票基金支持的基础上,继续减免税费。这些税收政策降低了投资影视制作的风险,吸引了更多海外投资,有力地推动了英国电影产业的发展,对本国电影产业的保护起到了非常重要的作用。能够得到减税的英国电影首先要通过相应的文化测试。一部电影必须取得总共31分中至少16分才能获得英国片待遇。具体内容和分值详见表10。

表10　英国文化测试内容与分值表

序　号	文化测试	分　值
A	文化内容	小计16分
A1	故事以英国为背景	4
A2	主角是英国公民或居民	4
A3	描绘的是英国题材或根据英国公民或居民创作的素材改编	4
B	文化贡献	小计4分
	表现/反映英国的文化遗产、文化多样性或文化创意	4
C	文化中心	小计3分
C1	影棚拍摄和/或实地拍摄/视觉效果/特效	2

续表

	文化测试	分 值
C2	音乐录音/音乐后期制作/画面后期制作	1
D	文化从业者	小计 8 分
D1	导演	1
D2	编剧	1
D3	制片人	1
D4	作曲	1
D5	主要演员	1
D6	大部分演员	1
D7	主要职员(主要摄影师、主要制片设计师、主要服装设计师、主要剪辑师、主要音响设计师、主要视觉效果总监、主要发型师和化妆师)	1
D8	大部分演员	1
总计		31分

资料来源:BFI。

通过设置文化测试,政府推动英国文化传承和创新的目的得以实现,保证了电影的英国元素。通过文化测试的影片,在满足英国合作拍摄双边条约和欧盟公约关于电影合作拍摄条款等条件下,可以得到税收减免。免税政策只适用于通过电影资格认证的制片开销的 80%。对于成本高于 2000 万英镑的大制作,制片公司最高可获得这部分开销的 20%的现金减税;对于成本低于 2000 万英镑的影片,可以申请更高的优惠额度,这一比例可达 25%。

此外,英国对电影产业的扶持不仅仅体现在税收政策上,也体现在通过各种电影机构对电影的资助上。2000 年 4 月,文化、媒体和体育部成立具有商业属性的英国电影委员会(The Film Council,2003 年更名为"UK Film Council"),作为一个统一的机构代表政府资助电影产业,来扶持电影产业的发展。电影委员会每年的预算除了来自政府财政拨款,还有很大一部分来自英国国家彩票基金。从 1995 年开始,以法律形式固定下来彩票基金给艺术领域的拨款,主要用于电影院、剧院、音乐厅、艺术中心、学校等开展电影相关活动的机构的改扩建、硬件设施的完善等。1997 年,政府开始对单部影片提供基金,资助覆盖电影制作、发行、放映等各个环节。但是,由于经济危机带来的财政困难,2011 年英国电影委员会最终被裁撤,其功能由 1933 年成立的非营利性质组织——英国电影协会(British Film Institute,简称 BFI)承担,促进和保证英国电影艺术、文化的存续发展。英国电影协会设立了多个基金种类,用于支持电影的制作、发行、放映、融资,以及对电影人才的教育、培训。多元化基金的设立使得电影产业的各个阶段得到更广泛、更精准的覆盖。主要的基金种类是电影基金(The Film Fund)。每年,英国电影协会设立预算为 1800 万英镑预算的电影基金,用于影片的项目开发、制作和后期加工。除此以外,协会还提供建议和其他实质性帮助。由于每年资助的电影项目数量有限,所以竞争是非常激烈的,大约仅有 10%的申请会被接受。

(五)法国

法国是世界公认的电影的诞生地,法国电影产业经过百年的发展和积淀,形成运作良好的产业体系。政府的政策规划较为完善，法国政府并没有采取简单的保护措施以限制国外电影进入国内市场，而是制定了发展本土电影和鼓励国产电影参与国际竞争。此外，健全且严格的法律法规为法国电影市场的规范运作保驾护航。这得益于法国政府很早便意识到电影在意识形态和传承民族文化上的重要作用，对电影产业实施全方位的保护。

首先，建立法国国家电影中心(Centre National de la Cinématographie，简称CNC)，将促进电影的发展上升为国家意志。法国国家电影中心成立于1946年10月，直属法国文化部，直接对法国电影产业的发展做出引导和规范，它是改善与安排整体法国电影产业结构的中心组织。

法国电影资助政策大多数依靠国家电影中心运作得以实现(见表11)。国家电影中心参与到法国电影的制作、发行、宣传、放映、保存和奖励等各个环节，通过独具特色的自动性资助和选择性资助两种补贴方式对影视产业的各个环节进行资助。基金形式也十分多样，仅中心下设的各种基金、补贴就有16种之多，其中包括计划扶助金、处女作扶助金、剧本创作补贴、短片扶助金、纪录片扶助金等，每年法国有七成左右的影片可以直接受益于它。此外，国家电影中心还主导法国电影在海外的推广，国家电影中心资助举办各类电影节，如戛纳电影节、凯撒电影节等都是法国电影对外输出的重要渠道，电影节由电影产业所带动的其他娱乐和消费，为法国经济做出了巨大贡献。法国国家电影中心每年还在世界多个城市举办法国电影展，以拓展法国电影的受众面。

表11　　法国国家电影中心的目标与任务

目　标	任　务
规章	制定和实施视听产业的规章制度
经济	改进产业结构，整合产业中各个分支
补助	帮助生产非商业片、纪录片、教育片
国际	文化推广与国外宣传，鼓励跨国合制
资金	资金及营收管理
研究/数据/资讯	进行研究各种产业数据
宣传	进行国内外宣传
训练/研究	职业训练、进行资讯和数据之研究
影展	组织国家和国际电影节

资料来源：刘立行.国家电影制度：政治、经济、文化产业之理论与实务[M].台北：正中书局，2009：19.

此外，法国政府采取强制性手段建立电视与电影的互补关系。法国国家电影中心的资助基金主要由三项税收构成：电影票附加税、电视营业税以及录像带和在线点播销售税。其中电视营业税占比例最高。20世纪80年代，电视的兴起导致电影市场的萎缩，法国政府很早就意识到电影与电视是互惠互利、合作共赢的关系，在政府的干预下，电视业成为电影业最大的支持者。在法国无论免费频道还是付费频道每年都需要拿出3%的营业税支持电影产业并以合拍和预购两种方式为电影产业提供资金。从另一个角度看，电影丰富了电视的播放内容，拓宽了电影的观影方式，同时为电影市场培育新的受众。

三、山东电影产业发展现状及对策研究

“十三五”是我国电影产业进入“新常态”的关键时期，改革尚未完成，启动新一轮发展仍需要动力。作为一种新的产业形态，山东省的电影产业发展还处于初级阶段，发展时间短，基础不牢固，需要规划引导及重点培养。从电影市场的角度来看，2015 年，山东的电影票房为 17.12 亿元，仅占全国票房总数的 3.88%；2016 年，山东电影票房增长到 17.43 亿元，全国票房占比下降 0.06%，仅占3.82%；2017 年，山东电影票房从 17.43 亿元体量增长到了 22.92 亿元，占比也达到了全国的 4.1%，是全国票房排名第八的省份。但相比于全国总票房 559 亿元(含服务费)的总成绩，22.92 亿元的票房贡献依然微乎其微，这样的票房成绩与山东这样一个 GDP 常年位居全国第三的沿海经济大省不相匹配。在电影制作方面，虽然近年来涌现出如山东影视集团等一批深耕创作、讲求品质的电影制作企业，但相对于“鲁剧”而言，山东电影在题材上相对单一，类型化还很不成熟。

在顺应生产力发展新要求，加速培育壮大新动能、改造提升传统动能的背景下，加快山东省电影产业转型升级，必须树立建设文化强省的目标。要始终坚持以人民为中心的创作导向，坚持把社会效益放在首位，实现社会效益与经济效益相统一；不断以深化改革为动力，以文化创新为先导，以融合发展为重点，以科技进步为支持，以依法管理为保障，推动山东省电影产业由规模数量增长向质量效益发展转变、由传统业态向新兴业态升级，增强电影产业的整体实力和竞争力。

“十三五”是我国电影产业进入“新常态”的关键时期，改革尚未完成，启动新一轮发展仍需要动力。作为一种新的产业形态，山东省的电影产业发展还处于初级阶段，发展时间短，基础不牢固，需要规划引导及重点培养。在顺应生产力发展新要求，加速培育壮大新动能、改造提升传统动能的背景下，加快山东省电影产业转型升级，必须树立建设文化强省的目标。始终坚持以人民为中心的创作导向，坚持把社会效益放在首位、实现社会效益与经济效益相统一；不断以深化改革为动力，以文化创新为先导，以融合发展为重点，以科技进步为支持，以依法管理为保障，推动山东省电影产业由规模数量增长向质量效益发展转变、由传统业态向新兴业态升级，增强电影产业的整体实力和竞争力。

(一)深化体制机制改革，为电影产业注入生机和活力

电影产业的发展，首要问题是转变思想观念。2017 年 3 月，我国文化产业领域第一部法律——《电影产业促进法》出台，其目的在于规范电影产业发展和市场秩序，通过简政放权、加大扶持力度，提高电影整体发展的工业化和现代化的水平。在这样的背景下，如何打破陈旧思想观念的束缚，进一步深化体制改革，以适应社会经济发展的形式和要求，给电影产业的发展提供和创造一个良好的生存环境是摆在当下亟待解决的问题。

政府代管的模式已经落后于形势发展，政府管理职能转变，关键在于观念的转变，在于对电影作为产业的清晰定位上。电影行政管理部门要实行政企分开、政事分开、管办分开。要简政放权，依法行政，实现从办电影向管电影转变，从直接管理向间接管理转变，从面向系统内向面向全社会转变。真正面向市场，掌握市场变化，运用市场调控，实现对电影产业的管理目标，促进电影产业健康发展。此外，充分发挥政府部门在推动产业发展中的引导、调控作用，发挥政府部门在方向引导、政策调节、市场监管、社会管理和公共服务的各自职能，做到依法行政、廉洁高效、公开透明。创新政府管理机

制，调整管理职能与职责分工，形成权责一致、分工合理、执行顺畅、监督有力的电影行政管理体制，为电影产业的发展提供体制保障。目前我省电影产业仍处于弱势地位，需要政府财政进行扶持，以带动社会资本进入电影产业，促进电影产业加快发展。改变电影制作、发行、放映相脱节，资源配置分散，产业上下游分离等状况，进行制度和体制创新，促进电影产业各个环节、各个方面协调发展，从制度上更好地发挥市场在资源配置中的基础性作用，通过体制机制创新推动电影产业发展。

（二）运用市场机制，刺激电影企业竞争性发展

从市场主体层面来看，电影制片、发行、放映单位属于企业性质，是电影市场中的经营实体，是电影产业发展的重要力量。必须深化这些电影企业内部机制的改革，加快制度创新，从而适应目前以市场为主导的产业运作及面临的市场激烈竞争。国有电影企业要加快转制，建立现代企业制度，通过体制机制创新，完善法人治理结构，建立市场化经营模式。要通过企业转换身份，员工改变角色，去市场开疆拓土，增强效益，创新品牌，盘活资产，提高竞争力，重塑成为自主经营、自负盈亏、自我发展、自我约束的市场主体。积极推进股份制，加快建立现代产权制度，实行所有权和经营权分离，明确产权归属和经营责任，努力扩大融资渠道，形成投资主体多元化，积极探索国有资本、集体资本和非公有资本等参股的混合所有制形式。鼓励电影系统以外的国有、民营、外资参与电影企业股份制改造，建立现代企业制度，扩大投入，搞活经营，增加产出，拓展市场。鼓励电影企业之间通过兼并、重组、联合等形式实现资源重组和资本结构改造。改制中要健全资产评估制度，确保国有资产保值增值。深化企业内部机制改革。深化电影企业内部机制改革，加快制度创新，建立健全有序高效的决策机制、经营机制、评估机制，健全竞争激励约束机制，实行经营目标和岗位目标责任制。积极推行电影制片人制、项目责任制、经纪人制等管理有效的运行机制，促进电影经营水平的不断提高。扩大电影集约化经营。运用市场机制，合理配置电影资源，大力推动规模化、集约化经营，打破地域性、行业性的封闭型经营格局，形成影视录盘等多媒体多元化经营结构。鼓励影视合流，鼓励电影企业组建以资本为纽带的跨地域、跨行业、跨所有制经营的大型电影集团。努力形成国有或国有控股为主导，民营影视企业为骨干，多种所有制并存的电影产业市场新格局。

（三）加快科技创新，提高影视产品附加值

当今，以信息技术为主的高新技术的发展，正在对提升文化创新能力、催生文化新业态发挥着日益重要的支撑和引领作用，正在成为促进文化产业发展的新引擎。随着《国家文化科技创新工程纲要》的出台，“科技带动文化产业发展战略”正式成为我国大力发展文化产业的核心战略之一。在此背景下，加快科技创新，为电影产业的发展提供了新的动力和方向。

在科技创新方面，我省应建立产学研相结合的文化科技创新体系，建设一批产学研战略联盟和公共服务平台，发展一批高新技术的新兴文化业态。努力促进电影生产与先进科技的结合，提高电影制作水平，支持科研成果的有效转换，吸纳引进国际先进技术，提高我省电影生产的自主创新能力，全面提升电影制作的高科技含量，提高电影的制作水准。要充分利用信息化、数字化、网络化的现代技术手段和传输方式，开发数字电影市场，完善数字电影院线，增加数字电影银幕数量，特别是完善规范县级数字影院管理和服务，培育和引导县级数字影院形成市场主体。建立数字电影节目平台，充分利用电影节目源开发电视付费频道、高清电视频道，扩大电影 VOD 点播规模，发展互联网电影视频点播等

多媒体、新媒体业务。利用高科技手段，加强对电影资产的保护、修复、存储等工作，广泛进行数字化处理和应用，提高信息资源的利用率，促进信息的社会化交流与共享。

（四）促进产业融合，延伸电影产业链实现多元化盈利

市场经济条件下，电影产业同其他产业一样，需要遵循市场经济规律，走市场化道路，追求经济效益最大化。只有加快电影产业与其他产业的融合，创新电影产品和服务，发展新业态，延伸产业链，才能最大限度地实现电影产业的经济效益，实现电影产业的生产和再生产，更好地实现电影产业的社会效益。因此，电影产业要充分利用我省扶持服务业和文化旅游产业的政策措施，加强电影与旅游、金融、房地产等产业的结合，积极发展影视旅游、电影、影视会展等业态。重视影视园区建设，遵循产业化运作，以影视为主体，力促园区经济功能的实现。建立电影产品的多元盈利模式。充分发挥电影作为内容产业带动相关产业发展的优势，改变仅靠票房收入的单一经营模式，运用新技术对电影原创品、复制品、衍生品和形象产品进行多媒体传播，多层次开发，多渠道营销，实现电影产业链的多元盈利模式，充分挖掘电影产品的整体效益。

（五）实施精品工程，激发文化创新创造活力

内容与创意是电影发展的关键因素，谁抓住了这一点，谁就可能取得突破性发展。题材陈旧、创意不足、品牌缺失已成为制约电影产业进一步发展的瓶颈。党的十九大报告中提出把“激发全民族文化创新创造活力，建设社会主义文化强国”作为新时代文化建设目标。在新起点上开创山东电影产业发展的新局面，必须更新创作观念，不断丰富电影的内容创作和表现方式，强化电影原创价值和价值导向，不断增强电影的表现力和吸引力，构建合理的创作扶持机制，鼓励和引导优秀电影的创作。

更新电影的创作观念，树立市场意识和观众意识，平衡电影的商品属性与艺术价值，加强市场调研，完善电影项目的策划、论证。以市场需求为取向，以提高质量为根本，以群众满意为目标，面向群众、面向市场，充分调动我省电影创作人员的积极性，探索新的艺术表现形式，真正把观众评价和市场份额作为创作生产和的重要标准。此外，鼓励本省的电影创作者对题材、主题、风格和样式进行创新性探索，大胆创新实践，并充分借鉴世界范围内的电影先进艺术经验和成果，形成多样化、类型化的创作格局，充分挖掘利用全省丰富的文化资源，特别是齐文化、鲁文化、红色文化、黄河文化、运河文化、滨海文化等，以独到创作观念开拓电影的新境界。要更好地配置和发掘现有的创作资源和生产力资源，满足电影市场的多样化、多层次需求。

此外，构建科学的电影创作扶持机制。以内容质量核心，建立完善科学的评价体系，通过政府项目、评选评优等多种形式，引导和促进优秀作品的创作。进一步完善支持影视创作的政策措施，引导更多优质资源集中到影视创作生产项目上，实施精品工程，有效地促进山东省影视优秀作品走进大众、占领市场，形成山东文化名片。

（六）强化原创价值，引导正确价值导向

支持原创作品，不断推出具有山东文化特质、国际审美标准的优秀产品，形成山东影视文化创意、内容创新的“战略高地”。制定优秀电影的发展规划，推进影视作品的原创生产，促进精品内容网络传播，形成既有总体品牌形象又有鲜明特色个性的品牌体系，推动山东由影视生产大省向创作强省转

变。2018年《山东省政府工作报告》中提出，推动优秀传统文化创造性转化、创新性发展，这是强省建设最深厚、最持久的精神力量。落实到电影创作上，应坚持正确价值导向，全面贯彻落实习近平总书记在文艺工作座谈会上的重要讲话精神和中央关于繁荣发展社会主义文艺的意见，以社会主义核心价值观为引领，以“中国梦”为时代主题，坚持以人民为中心的创作导向，推出体现“三性”统一、两个效益俱佳、反映山东气派齐鲁特色的优秀作品，重点抓好反映“中国梦”、弘扬中华优秀传统文化、体现社会主义核心价值观、涉及国家重大战略、展现山东特色的重大革命历史以及改革开放和现代生活等题材的作品创作。坚持大力发展先进文化，支持健康有益文化，努力改造落后文化，坚决抵制腐朽文化。以饱满的艺术热情讴歌现代化建设的崭新实践，着力反映社会生活的本质和进步，着力刻画人民群众的创造精神，引导电影创作贴近实际、贴近生活、贴近群众，坚持社会效益和经济效益相统一，创新品牌，提高质量，努力创作出一大批深受群众喜爱的弘扬民族精神和时代精神的优秀作品。

（七）加强人才引进与培养，保障人才储备

2018年《山东省政府工作报告》中提出，要把山东省“教育大省、人口大省优势转化为教育强省、人才强省优势”。推动社会主义文化大发展大繁荣，队伍是基础，人才是关键。山东的电影产业发展时间短，基础不牢固更需要人才的引进和培养以弥补产业的不足。

切实加强电影人才的培养，积极发展电影高等教育和职业教育，有组织、有计划地开展在职人员的岗位培训。构建以高等院校为主体、以企业为补充、培养引进并举的电影产业人才体系。要着眼于电影产业的发展战略，加大力度培养优秀创作经营和管理人才。构建多元化的电影产业人才开发体系吸引更多人才参与电影发展。要不断加强马克思主义文艺观和唯物史观教育，为新一代电影人才提供良好的成长环境，努力建设适应电影产业发展需要的高素质人才队伍。加强电影理论和电影科学研究。紧密围绕电影改革、发展、创新的主题，着眼于电影产业新的实践和电影市场新的变化，深入开展电影理论和电影科学研究，加强战略研究和对策研究，突出研究课题的创新性和应用性，提高理论引导水平，繁荣电影评论，促进科技进步，为电影产业发展提供理论支持和科学动力。

（八）加大公共事业投入，完善社会功能

2018年，山东省已将“提高文化惠民水平”纳入政府工作报告。特别是广大农村地区，如何让电影的娱乐性和教育性融入农村生活也是需要深入思考的问题。推进农村公益电影放映工程，广泛普及电影放映，逐步实现由16毫米向35毫米、由露天放映向室内放映、由免费放映向售票放映的三过渡目标。充分使用并管理好电影流动放映车，扩大放映场次，改善放映条件，提高服务水平，真正发挥有效作用，积极探索农村电影数字化放映，鼓励有条件的中心村镇建设电影院。要确立政府扶持、市场运作、社会参与、有偿服务的发展思路，加快推进市场化、现代化进程。充分发挥电影的社会功能，扩大放映规模，鼓励电影企业深入城乡社区、厂矿、校园、军营、广场和农牧区开展各种群众性放映活动。认真保护电影遗产，加大资金投入，加强对电影博物馆、电影资料馆等公益性电影设施的建设，加强对电影资料、电影文物的收集、保存、整理和利用。

（九）推动电影“走出去”，扩大国际交流与合作

电影是具有国际化性质的文化产业门类之一，推动山东电影“走出去”，对于提升文化软实力具有

重要意义。近年来,电影“走出去”的数量不断增多、市场布局更为完善的同时,仍面临整体带动性不足、观念陈旧等问题。山东电影“走出去”必须从长远着眼,做好政策保障,建立长效的奖励、补贴制度。

首先,鼓励山东电影题材融入全球文化价值体系。选择国际社会共同关心的主题,创作集国际性表现形式与中国特色创意完美融合的、具有国际市场竞争力的影片,打响山东电影的品牌。在推动山东电影“走出去”的过程中,我们应该同时强调话题、主题的共通性和视角的差异性,明确我们“走出去”的电影是以中国视角看待人类共通性问题即“可分享价值”,而不是刻意表现中国式民俗、陋规。应将视角放在情感主题,关注环境问题、科技对人类的影响问题等,以全球共同关心的主题为切入点,结合中国特色,充分表现在共同性主题上的中国视角。充分利用高科技手段,提升影片观赏性,打造国际性表现形式与特色创意完美融合的、具有国际市场竞争力的影片。

其次,在政策上,大力实施电影“走出去”工程。积极扩大国际交流与合作,鼓励山东电影走向世界。加大“鲁剧”在海外营销和宣传力度,在确保本土电影票房份额的前提下,引入竞争机制,发掘、培育具有良好发展前景的本省电影企业。推进电影企业资本构成的多元化,鼓励本省其他产业资本为山东电影“走出去”做贡献。借鉴欧洲国家经验,设立专项引导基金,资助本省电影人或企业拍摄可供输出的影片。通过税收优惠、财政补贴等经济杠杆,鼓励电影企业走出国门。针对专门的电影海外推广机构,给予特殊政策扶持,增强其整合资源的能力,以中介机构的形式集中宣传推广,促进电影企业利用各种途径开拓海外市场。

参考文献

[1]于秀娟,刘汉文.美国电影产业监管模式与扶持政策分析[J].传媒,2013(11).

[2]吕岩梅.世界影视强国内容产业扶持政策研究[J].现代视听,2009(5).

[3]李洋.欧洲电影扶持政策及其分析[J].电影艺术,2010(1).

[4]石同云.英国检测电影国籍的“文化测试”及其对中国的启示[J].电影艺术,2010(5).

[5]石同云.英国电影文化政策解析[J].北京电影学院学报,2014(6).

[6]商忱.英国电影产业及其政策扶持概况[J].中国电影市场,2013(3).

[7]沈强.日韩文化产业比较研究[D].吉林大学,2010.

[8]张潇.当代法国电影资助政策研究[D].西南大学,2017.

[9]2018年政府工作报告[EB/OL].(2018-03-05)[2018-04-01]. http://www.gov.cn/zhuanti/2018lh/2018zfgzbg/zfgzbg.htm.

[10]中华人民共和国电影产业促进法[EB/OL].(2016-11-08)[2018-01-10]. http://www.gapp.gov.cn/sapprft/govpublic/6680/307898.shtml.

[11]2018年山东省政府工作报告[EB/OL].(2018-02-02)[2018-03-10]. http://www.shandong.gov.cn/art/2018/2/2/art_2463_233121.html.

第六章
时尚产业发展研究报告

一、时尚产业总体发展综述

(一)发展背景

英文中出现了“fashion industry”的说法,意为“时尚服装的制造者与销售者”,最早发端于法国巴黎与意大利米兰的服装制造业。目前在西方发达国家,时尚产业的发展已相当成熟,产业范围不断拓宽,产业体系日益完善,主要分为时尚设计与时尚营销两大领域。时尚设计指从时尚概念的确立、创意方案的设计到数据管理、产品开发以至最终形成时尚产品的全过程,而时尚营销则包括了在制造和零售过程中所有为目标客户计划、设计、发展产品线及营销的全部活动。

根据现阶段产业发展现状,时尚产业是指通过工业和商业化方式所进行的时尚产品和时尚服务的设计、采购、制造、推广、销售、使用、消费、收藏等一系列经营性活动的总称,是随着社会历史的进步和生产力水平的提高,在新的历史条件下与生产要素相互融合,所产生的一种全新的产业概念和形态。

时尚经济则指与时尚产业相关的一系列经济活动和经济形态。由于时尚产业具有十分丰富的文化艺术内涵和鲜明的时代特征,在社会经济各个层面形成一张涵盖面极其广泛的产业网,使得各种产业元素之间相互影响、彼此作用,形成环环相扣的纽带,只要与时尚元素结合,就能产生不可估量的经济效益。

时尚产业主要具有以下特征:

第一,时尚经济一体化。经济发展水平的高低直接左右着时尚领域。比如在物资匮乏年代,人们对衣服的偏好倾向于结实耐用;而经济繁荣的时代,更看重健康、舒适、美观。由于时尚概念商品化的日益加强,市场经济越发达,时尚经济一体化的趋势越明显。

第二,符号消费性特征。时尚产品具有符号价值,符号价值在于其示差性,即通过符号显示与其他商品的不同。时尚产品消费者通过消费既实现了实用价值也通过消费行为过程完成了对时尚理念的演绎和体验。

第三,高附加值。时尚产业的核心竞争力在于概念设计与市场营销,属于高智力高技术投入的高端服务业,附加值较高。

第四,高度全球化。一方面时代变迁和人类交流频率加快,使得构成时尚的要素层出不穷、瞬息万变,使得时尚产业日益多元化;另一方面借助信息技术时尚产业的流行速度之快、流传范围之广前所未有,使得时尚产业的全球同步性趋势不断加强,周期大大缩短。

尽管时尚产业在国民经济中的地位日益重要,但并未形成统一的行业划分标准。在西方发达国家,时尚产业包括的范围已从流行的服装或者发型设计行业,延伸到以下领域:第一,建筑、室内设计;第二,体型、化妆品、美容;第三,美食、舞蹈、音乐;第四,体育、游戏、娱乐;第五,政治、新闻、宗教;第六,礼仪、科技、经济。

我国对时尚产业范围的界定如下:第一,时尚商品制造业。包括时尚休闲服装鞋帽、皮草皮具、各种饰品、名表、珠宝、香水、护发护肤化妆品、美食、消费类电子产品等等。第二,时尚服务业。包括美容美发、健身旅游、流行音乐、影视摄影、动画漫画、时尚书籍杂志、餐馆酒吧等休闲娱乐产业。

(二)世界时尚产业的发展现状

虽然时尚产业在欧洲和美国率先发展,但今天它是一个国际化和高度全球化的产业,服装通常在一个国家设计,另一个国家制造,并在第三个国家销售。时装业一直是最大的顾主之一,在21世纪依然如此,占世界经济总量的很大份额。

Chanel,Anais Anais,Patek Philippe,LouisVuitton……服装、香水、手表、箱包、打火机……每个时尚品牌都有着自己的风格和故事。无论是独特的设计、快速的供应链、还是高效的经营模式,时尚品牌以其特有的风格引领着时尚产业的发展。ZARA——快速时尚的先锋。通过快速地推出时尚又价格亲和的服装,目前已经成为全球排名第三、西班牙排名第一的服装零售商 ANNASUI——魔幻精灵的奇妙世界。安娜苏的设计结合了流行趋势与现代市场需求的方向,告诉我们,“独特”的设计是使其获得成功的一个重要元素。POLO——多品牌运作的典范。拉尔夫·劳伦品牌在多元化过程中有明确的分工,在品牌延伸的时候能保证品牌风格的多元化。

综观世界时尚之都的发展历程,其中最有影响力和生命力的时尚之都有巴黎、米兰、伦敦、纽约和东京。巴黎时装在世界占有先导地位。巴黎的时装设计师在充满艺术气息的创作环境中,想象力、创造力往往受其他艺术家、文学家的启发,在自己的设计中融汇了音乐、舞蹈、雕塑和建筑等多种艺术形式。米兰造就了一批对美有着一种特殊感受与执着追求的设计师,追求高雅、方便、舒适、自由,休闲和年轻化的高级成衣是现代审美情趣和生活方式的完美诠释。古老的伦敦已成为世界上先锋文化、音乐、艺术的殿堂,时装设计师成长的摇篮、时尚教育培训的基地,也奠定了伦敦在国际时尚前沿不可替代的地位。纽约时装趋向大众化、平民化,经久耐穿,价格多元,这些特点使纽约时装大量生产,行销世界各地。东京作为亚洲时尚潮流中心诞生了许多时尚产品,东京的设计师擅长于挖掘日本及东方传统中的精华。东京作为一个国际性的大都市,还经常举办各种国际文化交流活动。

随着时尚产业的快速发展，未来国际时尚产业将会出现一些新的发展趋势：

“快速时尚”的发展趋势。 快速时尚即是快速翻新产品，时刻紧随正在流行的时尚。由于快速时尚品牌更契合消费潮流，其所具有的核心要素“流行、稀缺和低价”的特点足以打动消费者。

多元化市场的采购模式。 很多西方国家的零售商为了加快市场反应速度，开始在靠近销售点的地区寻找货源。中国目前仍然是高产量和低成本的采购首选地，同时，中美洲地区凭借其优越的地理位置，可以成为极具吸引力的供应基地和采购地；美国重要的货源地还将考虑越南、巴基斯坦、印度和孟加拉。

新动力的涌现——巴西、俄罗斯、印度、中国。 最近，市场分析家们对巴西、俄罗斯、印度和中国十分关注。因为在大部分西方发达国家，零售市场已经过度饱和。正是来自巴西、俄罗斯、印度和中国的高消费游客推动了西方城市奢侈品市场增长。巴西有着轰动全球的时装周以及众多国际品牌。俄罗斯的高消费人群主要集中在莫斯科、圣彼得堡等城市。印度年轻人和日益繁荣的经济令其成为所有国家中最有潜力的一个。中国东部沿海城市在创造财富的同时也在培养一个有消费实力的中产阶级团体，这些消费者在逐步寻求国际大品牌的品牌价值。

国际大品牌越来越占据主导地位。 世界前三大奢侈品集团几乎囊括了全球的奢侈品品牌。法国的 LVMH 集团，旗下拥有 50 多个世界奢侈顶级品牌。瑞士的 Richemont 历峰集团，旗下拥有众多世界著名的珠宝、手表品牌。法国的 PPR 集团，旗下最主要的品牌是 GUCCI(古驰)。

互联网成为时尚产业的新战场。 越来越多的高端品牌通过网络崭露头角。如，英国设计师 Hussein Chalayan 将其 2008 年春夏时尚单品同步在 Yoox. com 的网络上发行。Dior 则开始在 Second Life 网站上向网民展示自己最新季度的首饰设计。

绿色环保理念。 绿色时尚将成为时尚产业未来发展的趋势。设计师们在设计的环节中，把环境因素列为重要的考虑条件之一；在生产过程中，更大程度地去平衡环保及经济效益追求之间的关系，把创新、专业技术、环保知识统一成一个整体。

国家和地区识别并没有因为全球化而削弱。 在时尚领域里，高端时尚品牌也会在不同的市场推出不同特色的产品，以迎合当地消费者的需要。和欧洲相比，Zegna 专卖店在中国销售的衬衫在花色上要含蓄得多，因为 Zegna 充分考虑了中国新兴的中产阶层表现欲比较含蓄的消费习惯。

消费者忠诚度下降，对于品牌的关注低于品质和价格。 “蝴蝶顾客”说明消费者变得比以前更加缺少品牌忠诚度，这些顾客许多是“时尚业余爱好者”。根据网络广告集团 Millard 调查数据，只有 2%的消费者在网上购物时关注品牌，而有 37%的关注质量，26%关注价格。

名人效应。 名人通常是在艺术、音乐、影视娱乐、体育、文化、政治、宗教有极大影响力的人。在过去的十年里，名人代言的广告数量已成长了两倍之多。

(三)我国时尚产业的发展现状

中国的时尚流行，一直以来具有明显的区域性质，其表现在于：地域文化决定任何一种时尚流行在不同的地域都具有不同的特点，以及一种时尚流行在其发源地和流传地之间具有明显的时间差。

进入现代社会，封建等级观念逐渐被打破，社会生活的选择不再受明显的等级制约，时尚现象逐渐成为社会生活重要的组成部分。时至今日，社会经济的发展使得社会的共性发展到前所未有的层次，不仅在一个国家中打破了地域的限制，甚至打破了国与国的限制。

交通的发达,特别是高速公路的普及,使得地域之间的交流大大缩短,时尚产品可以在一周之内送达中国的任何一个地方。空运的频繁和成本的降低,使得各大洲之间高档货物的交流在几天之内即可实现,这给时尚品的世界同步奠定了时空的基础。

改革开放以后的大学生自主创业,在为数不多的几个行业中取得了成效,其中就包括时尚业,而时尚业中取得成效最早也最典型的是服装业。如杭州女装的领军人物不少都是服装设计专业的大学毕业生,即使是非服装设计专业(如经济类以至哲学类等)的大学毕业生或者没有大学学历的人,也都逐渐通过服装设计专业的培训(包括成人高等教育)而具备了基本的专业素质。改革开放后,消费者的消费观念最先受到世界影响,最先成熟的也是时尚业。这也就决定了时尚业是中国走入真正的市场经济最早的行业之一。

互联网的出现,使得地域的限制在理论上成为零。互联网不仅以几乎即时的速度传播语言信息,更以几乎即时的速度传播视觉信息。生产手段的全球同步化,使得除一小部分受到专利保护及最尖端的生产技术外,任何新的时尚产品的生产都不成其为问题。由时尚视觉信息转化为时尚产品,不再以年计,甚至不再以月计,而迅速到以天计算。正因为时尚信息获得的轻而易举,正因为时尚产品获得的轻而易举,按照市场经济等价交换的铁的规律,追求时尚的消费者对时尚产品品质的要求就越来越苛刻。

随着中国消费者购买力的提高,中国已经成为世界上最大的时尚消费市场之一,国际的时尚品牌如亚历山大·巴黎、亚历山大·施华丽、施华洛世奇等都纷纷进入中国,在此背景下,国内民族品牌的技术水平和创新能力正逐步增强,出现了有影响力的时尚品牌,这类品牌企业通过不断强化创新设计与扩充渠道发展壮大,并通过相应市场推广策略来提升品牌的美誉度和知名度。

从行业发展特点来看,我国时尚行业具备以下几个特征:

一是群体化。不同经济水平、社会地位和消费观念的人形成了不同的时尚中心,他们对时尚的追求不一样。从性别来看,女性是时尚产品的主力消费群,在时尚饰品、化妆品等时尚产品上的支出远远超过男性。从年龄层级来看,20～40岁的消费群体的消费频率高于其他年龄段的消费频率。

二是地域化。我国地区间差异非常大,不同的文化、地理条件都使得时尚具有地域化特征。同时,一、二线城市由于城市规模大、经济实力强和开放程度较高,时尚消费水平普遍高于三、四线城市。目前北京、上海、广州、深圳的时尚消费水平高于其他城市。

三是品牌化。时尚行业发展到一定阶段,品牌显得尤其重要,品牌寄托着时尚的核心价值,代表着消费者对公司产品和服务的认可。打造品牌主要包括两个环节:一是产品设计;二是品牌营销运作。时尚品牌产品设计是基于研发和创新基础上的新产品开发,决定着企业的核心竞争力。品牌营销运作能力决定着企业产品和品牌的市场认知度,是现代化企业产业链和价值链的重要高端环节。

四是两极化。大众消费和奢侈品消费分别受消费人群数量和高附加值驱动,分别代表着时尚行业的终极消费体现和潮流消费前沿。大众消费注重商品本身所带来的时尚美感,产品的创新设计与服务都能激发消费者的消费潜能。而对奢侈品的追求不是商品本身,而是依附在商品使用价值之中的“符号象征价值”,这种符号象征着人们的身份和社会地位。

中国时尚产业发展存在的主要问题有:

时尚品牌拥有量低,缺乏国际竞争力。中国时尚产业自主品牌缺乏的主要原因,一是长期贴牌生产,二是缺乏品牌管理和保护意识,三是缺乏品牌管理专业知识。

自主创新能力较弱。目前中国时尚产业还局限于跟随欧美捕捉信息、模仿流行设计。

专业化、国际化人才短缺。珠宝首饰行业缺乏珠宝鉴定人才。服装行业缺乏设计师人才。除技术专业人才之外，时尚产业对管理、营销、人力资源、财务等领域的人才需求也在增加。

产业发展意识滞后。有些领导还没有充分认识到发展时尚产业对于促进产业结构调整和优化升级的重要性；很多企业仍局限于传统制造业和服务业的范畴；很多人在时尚消费方面表现出盲目性等。

在大的消费环境下，时尚俨然成为一种新兴消费文化，影响着我们的生活。就目前现状来看，中国的时尚产业发展还不成熟，发展还处于初级阶段。

二、主要经济体政策支持与发展规划

(一)意大利

时尚产业是意大利经济中最重要的部门之一，在国际上扮演主要角色。出口和进口在意大利时装业都非常重要。意大利发展时尚产业的主要策略有以下几个方面：

1. 构建良好的时尚产业环境

意大利时尚产业的发展得益于良好环境的构建，这主要包括适时奠定生产基础、转型期稳固产业环境和打造品牌塑型期的内外环境三个阶段。

第一阶段，适时奠定生产基础。意大利纺织服装产业的复兴之路得益于美国20世纪40年代末期的援助计划。由于当时美国国内原材料的积压及成品的匮乏，不得不积极拓展海外生产基地，寻找海外合作伙伴。这时美国把目光投向了有着集设计与生产优势于一体的意大利，凭借着美国“马歇尔计划”对意大利实行了一系列援助政策，大量的设备、资金以及专利技术进入到了意人利。这无疑极大地激活了意大利原本因地方保护主义而逐渐衰竭的纺织服装产业，大量的出口也拉动了意大利纺织服装业的发展，并为后来意大利发展自有品牌奠定了坚实的物质基础。现如今，意大利在“七国集团”中，依然是占据世界纺织服装市场的份额最多的国家。

第二阶段，转型期稳固产业环境。在20世纪60年代和70年代，意大利时尚产业从原来的时尚“追随者”身份逐渐转型为“引领者”，并开始登上国际舞台，这一时期成为意大利时尚产业重要的转型发展时期。意大利积极发展纺织服装业与手工业，以城市为中心的发展模式使得米兰、佛罗伦萨、罗马等城市成为强有力的时尚中心。在时尚城市的角逐战之中，米兰凭借标新立异的创新思潮与良好的手工业规模基础，逐渐取得了时尚之都的地位并保持至今。米兰逐渐成为意大利整个时尚产业的代名词，成为世界时尚版图中一颗璀璨的明珠，这颗明珠的光芒也让世界对意大利的手工业与时尚业更加另眼相看。

第三阶段，打造品牌塑型期的内外环境。品牌是产品的灵魂。20世纪80年代与90年代，意大利时尚产业开始走品牌扩张路线。当下声名显赫的意大利大部分奢侈品品牌的形象塑造都是在这一时间段完成的。

2. 调配时尚产业市场

意大利根据其产业特点制定了一系列切实可行的操作方案：

完善销售业态。销售业态是销售市场向确定的顾客提供确定的商品和服务的具体形态，是销售企业适应市场经济日趋激烈的竞争的产物。这种销售业态为满足不同的消费需求而形成了不同的经营方式，实际上也是“物竞其类，适者生存”法则在商品流通领域的重要表现。

加大海外市场拓展力度。面向国内与国外这两大市场，意大利时尚产业积极调整国内市场，同时着力加大海外市场的拓展力度。意大利的纺织服装产品主要有梭织服装、针织服装和领带，60%的服装出口欧美各国，其中，最大的出口国为德国、法国和美国；最大的进口国为罗马尼亚、中国和突尼斯。

培育本土消费兴趣。在意大利，大部分的品牌是通过大量广告形式的植入培养出来的，但是作为消费者本身，意大利消费者更愿意为纺织品或服装的包装付费。一个良好的包装为纺织品和服装在销售时提升了认知度。为了获得商品美观的外观，生产商在制造时将其标准材料与皮革、木材、塑料、纺织品等结合使用。意大利的消费者非常注重包装，小到一条丝巾，大到一套衣服，外包装和内包装要符合消费者的消费目的。否则，质地再好的时尚产品意大利人也不愿意为其买单。

刺激旅游消费。根据贝恩机构和意大利奢侈品传播研究机构 Altagamma 的数据，在 2010 年，意大利奢侈品市场市值 166 亿欧元，约占全球 1720 亿奢侈品市场的 10%。奢侈品高管们称未来的意大利等欧洲国家的奢侈品销售将主要通过游客购买实现，此前法国芳登广场进驻的品牌也验证了这一观点。Altagamma 全球市场监测报告机构执行总监阿曼多·布朗齐尼(Armando Branchini)称在诸如米兰这样的城市，游客奢侈品消费占比高达 70%。

以教育增加人才储备。近些年来，意大利极其注重时尚产业后备人才力量的培养，利用人才以“传教士”的方式去传送意大利时尚的精髓，影响人们对意大利时尚的热爱。在意大利，公立与私立的设计院校相结合，私立院校的国际化扩张路线更为突出。公立的米兰理工大学，是意大利最负盛名的工业大学，涵盖 17 个院系，4 万名学生。而私立大学中的马兰欧尼学院现已向世界时尚界输送了 3 万多名时尚从业者，其中世界著名时尚品牌公司范思哲和普拉达近 80%的员工都毕业于此。作为欧洲最大的私立设计学院，意大利欧洲设计学院也是培养人才的重地。这所大学除了在意大利的米兰、罗马、都灵、威尼斯等设立校区之外，还在西班牙也设立了巴塞罗那校区与马德里校区。由此可见，意大利在欧洲乃至世界的时尚人才储备能力上都是不容小觑的。

3. 营造时尚产业舆论

时尚舆论，是指公众对于时尚活动的意见或言论。在时尚产业舆论营造方面，时尚活动与时尚传媒是两大不可或缺的组成部分。

动态展现时尚成果。米兰时装周在世界四大时装周中起步最晚，却是影响最大的时装周之一。每年两季的米兰时装周是将意大利制造的产品推向世界的优质平台。据意大利国家时装协会(CNMI)发布的数字，米兰时装周期间，有超过 230 场时装发布会在米兰举行，吸引约 2500 名记者和超过 1.5 万名职业买家。每季百余场的时装发布使得米兰时装周不仅仅是时装设计师的乐园，更是来自全球商业买手与时尚传媒竞相展现自我魅力的舞台。米兰时装周成为支撑意大利时尚产业良性发展的一支定海神针。

除此之外，米兰的展会业也十分发达，拥有许多世界知名的展会。其中，米兰设计周中的米兰国际家具展和米兰国际皮革展是最为知名的两个展览。这些展览范畴极其宽广，并不仅仅局限于服装纺织品的范畴，而是通过这些展览将跨界的服饰设计、家具设计、家纺设计等结合起来。这样既拉近了各个行业间的距离，又使得时尚产业的互动性更加强烈。

以媒介宣扬时尚态度。媒介是收集反馈时尚舆论的最佳途径。通过媒介，意大利的时尚潮流趋势和文化才能顺利地传播到世界各地。从这一意义上来说，时尚媒体行业亦是时尚产业的助推器，主宰着时尚产业的兴衰。

4. 政府扶持时尚产业的发展

意大利的时尚产业在发展过程中，政府与各个协会都给予了积极的支持，起到了主导与协调的作用。政府制定扶持政策，行业协会则帮助大、中、小企业在一条完整的产供销体系中，准确地找到自己的定位，从而更好地享有政策福利，从而实现更好的发展。

建立政府管理体系。意大利时尚产业的稳健发展离不开健全高效的政府管理体系。时尚产业被认作为意大利的国民支柱产业，而其管理有自身的特点。国家政府监督各个大区政府，而各个大区政府又具备自治权和自主权。意大利政府十分注重本国时尚品牌的培养与扩张。为此，意大利政府设立了意大利对外贸易委员会(ICE)，专人负责时尚产业相关事宜。

制定实施鼓励政策。从20世纪五六十年代开始，意大利政府就已经意识到品牌是时尚产业未来发展的核心问题。此后，各级政府开始注重本国时尚产业的品牌意识培养，并且以政府行为在国外为本国设计师举办时装发布会，旨在宣扬本国时尚文化。尤为重要的是，政府根据不同地方的特点，通过系统的研究分析，确定当地产业的特点，以此来划定产业集群区域。增加人才的储备，提高时尚产业从业者素质，也是意大利政府对于支持时尚产业所做的努力。而对于创新技术与开发的高精尖人才，意大利政府一律给予50%的高额资助。在经济危机的应对中，意大利政府更是扮演了重要的角色，发挥了重要的协调作用。在应对金融危机中，意大利政府与协会积极配合采取了一系列措施去减少金融危机的伤害。

协会分担政府职能。行业协会是实现企业与政府之间高效沟通的桥梁。意大利时尚行业协会，主要分为政府机构与非政府机构两种类型。这些协会更多的职能是起到“向上反映需求，向下传递信息”的纽带作用，还会分担政府的一些职能，同时发挥信息交流、咨询中介等服务性职能。比如，进行产业数据统计、分析预测，定期举办时尚相关活动与对外交流活动，并保证市场经济有序的发展。可以说，行业协会在意大利政府与企业间起到的是一种“承上启下”的作用。

意大利时尚产业的特点和做法，对正处在转型期的中国时尚产业来说，是可供借鉴的发展模式。

(二)美国

随着美国经济的持续增长和发展，新兴创意经济的众多亮点之一就是时尚产业。随着越来越多的高价值工作付出高昂的代价，时尚现在不仅在沿海时尚中心，而且在美国的小城市中也产生了巨大影响。

时尚是一个1.2万亿美元的全球行业，美国每年在的时装花费超过2500亿美元。据统计，时装和服装行业在美国雇用190万人，并对整个地区的区域经济产生积极影响。纽约市和洛杉矶是美国最大的两个时尚中心，在这些城市雇用了2/3以上的时装设计师，但他们不是全部，而像旧金山、纳什维尔和哥伦布开始获得经济利益，其中包括时尚设计的高薪工作。

纽约市被许多人认为是排在巴黎、米兰和伦敦之前的世界时尚之都。根据纽约市经济发展公司(NYCEDC)的统计，约有900家时装公司的总部设在纽约市，这个城市是该国最大的零售市场，年销售额超过150亿美元。纽约市时尚产业的发展主要依靠以下推动力：

政府的支持。纽约时尚产业的发展离不开政府的作用，主要体现在两个方面：其一，分区制对时尚产业空间分布的影响；其二，政府在各发展阶段对产业内不同部门的扶持。纽约是美国最早采用分区制(zoning)的城市，利用"片区—分区—地块"的方式管理用地类型。对地块的控制是纽约分区制的核心，每个地块都在土地利用强度、停车要求、建筑体量等多个方面受到管制。

行业协会的推动。行业协会具有灵活性和及时性的特点，能对产业内存在的问题进行快速反应。除了充当游说者影响和改变公共政策之外，纽约时尚产业的行业组织还通过各种活动鼓励时尚设计，推动了纽约从"血汗工厂"到设计之都的转变。二战期间，巴黎设计消失，纽约时尚产业缺少了设计来源，于是一些行业协会开始通过时尚大奖鼓励本地设计，并举办时装周，给予设计师们展示的平台，促进了纽约设计的成长。美国时尚设计师协会(CFDA)于1962年成立，协会通过设立时尚大奖和慈善晚宴的方式促进了行业内的沟通，这些社会活动同时标志着时尚产业正在从商业模式向艺术模式转型。CFDA还与Vogue杂志共同创办时尚基金，为初出茅庐的时尚设计师提供商业指导，鼓励他们追求独立设计，并在版权、消费等方面开展活动，引领整个行业的发展。

企业的推动。6500余家与时尚相关的企业和组织集聚在纽约时尚产业集中的Fashion Center-BID，共同推动了纽约的时尚产业，特别是服装行业的发展，这种都市化集聚也塑造了纽约时尚产业在曼哈顿中城地区集中分布的空间形态。不同类型的企业为时尚产业的发展提供了活力，在这里设计师可以找到任何布料样品，生产商之间可以进行明确的分工，消费者能够购买到各种档次的时尚产品，产业链各环节有机地运转着。除此之外，还有一些相关企业，如艺术工作室、演艺中心、美术馆等文化设施，它们吸引了商店和服务设施的发展，共同营造了区域内的时尚氛围，支持时尚产业发展。

(三)中国

以上海市和浙江省为例。

1. 上海市

以上海市和浙江省为例。上海时尚产业的萌芽可追溯19世纪中叶的上海开埠，20世纪20～30年代，上海曾被誉为"东方巴黎"。新中国成立后，基于比较完备的工业体系，上海成为中国服装名牌产品和优质轻工业产品的发源地。虽然20世纪80年代之后，面对广东和江浙轻纺工业的悄然崛起，上海逐步失去了在轻纺工业方面的领头地位，但21世纪以来，随着与时尚产业密切相关的各类文化、娱乐、休闲、体育、传媒、会展等设施相继建成，前卫时尚、接轨国际的一系列节庆活动相继举办，对比国内其他城市，总体来看，上海发展时尚产业仍具有难得的良好基础和后发优势。

为进一步促进上海市时尚产业的发展，上海市提出如下政策：

一是产业导向政策。

制定上海时尚产业发展规划。合理规划时尚产业发展与布局，确定时尚产业的发展龙头、重点领域和产业布局，为孵化国际级时尚设计师、时尚摄影师、形象造型师、时尚模特、时尚品牌策划专家，开发国际时尚前沿技术，培育国际级时尚品牌和高新技术含量的时尚产品，培育面向国际市场的时尚企业提供方向性支持。

实施时尚企业促进政策。以创新性含量、销售覆盖面、研发投入比率、市场响应度、国际化程度等为主要指标，认定符合条件的传统消费品类企业为时尚企业，享受时尚产业政策，在税收返还、人员培训、研发费用抵扣、市场流通、房租优惠等方面给予一定期限的奖励和扶持。

建立时尚产业发展专项基金。鼓励风险资本和外来人才进入时尚产业。设立时尚产业风险基金，对服装服饰、家居纺织、建筑设计、工业设计、环境艺术、视觉艺术、数码娱乐等相关行业给予资金扶持。

大力实施品牌战略，培养一批龙头企业和时尚品牌。一是建设自主时尚品牌梯队，立足城市品牌资源，从争创世界、国家、市级品牌三个层次，按层次、分梯队推进，相应制定实施品牌战略的目标，形成有特色有竞争力的上海著名品牌的创新体系。二是加快推进时尚产业的产品、企业品牌。选择一些能够突破的领域，重点扶持和打造一批龙头企业（如纺控、家化等）和一批时尚品牌（如百草集、老凤祥、汉光瓷、翠之宝等）。促进优势资源向名企业集中，发挥品牌企业在行业中的影响力和带动力。三是以自主时尚品牌创新为着眼点，坚持做好“四个结合”，构筑城市立体品牌群，创建更多具有自主知识产权和国际竞争力的时尚名牌制定有利于设计产业外包化发展的特殊政策。以政府支持为后盾，鼓励行业协会或者龙头企业牵头组织举办各类时尚产品的国际设计专业赛事，加强各类赛事的规范化、市场化和国际化运作，对优胜设计师适用紧缺人才政策，予以引进或者吸引其来上海工作，充分释放各类存量政策的最大效应。分类指导现有生产性服务业园区和创意产业园区，加强现有载体政策与时尚产业的对接，逐步培育 3～5 家以时尚为特色的时尚类产业园区，鼓励盘活存量房地产资源用于时尚产业发展。

二是载体建设政策。

加强对大型时尚活动的支持，扩大城市影响力。将时装周、艺术节、电影节等一批大型时尚活动，打造成为自主品牌国际化的服务平台、国际品牌辐射中国的展示高地、原创设计培养提升的孵化基地。吸引国际重要时尚活动到上海举办，支持企业参与国内外重大时尚活动。

建设新一代时尚购物场所。结合商圈改造和地铁上盖综合开发，不断提升中心城区现有时尚购物市场的品位，强化各类时尚园区的销售功能，形成设计与市场的对接，规划融设计、展示、商务、购物、消费等功能于一体的新一代时尚购物空间，着力打造一批彰显民族特色、集聚民族品牌的购物市场，努力为世博会期间吸引国内外游客消费打下坚实的基础。

率先建立上海时尚产业博物馆。选择合适场所，建立上海时尚产业博物馆，将世界、中国和上海的时尚产业用实物和图片的形式汇聚于馆中，具有展示展览、体验教育、在线服务、旅游观光和文化交流等功能。

专设上海时尚产品展示厅。利用工博会、上交会、时装节、汽车展等大型会展平台，结合工业新产品展示馆建设，设立“上海时尚新产品展示厅”，吸引国内外品牌企业到上海来发布最新时尚产业信息，创造良好的时尚产业消费氛围，促使上海时尚产业的集聚和辐射中心的形成。

构建上海时尚产业“街、廊、馆、店”布局。在三大高端时尚地标基础上，拓展区域、提升品位、创造精品、引领创新，形成“金三角”（南京西路、外滩、新天地），“大金三角”（黄、卢、静、徐等核心商业区），“新金三角”（十大都市商业中心）以及特色功能区、商旅文结合风情街和特色专业街。在市中心城区、旅游消费集聚地、市郊中心镇，辟建各类“时尚街”“时尚精品特色长廊”“时尚产业博物馆（室）”和“时尚产业品牌旗舰（形象）店”。

三是公共服务政策。

率先组建时尚产业价值评估机构。在全国率先成立市场化、专业性、权威性、社会化的时尚品牌、模特、传媒、设计师等地位评价机构或公司、事务所，建立公正、公平的品牌社会评价体系和评价指数及保障机制。

组建上海时尚管理学院。依托现有高校资源，以校企合作、产学研结合的方式，设立时尚学院，开展时尚产业专业学历教育，培养时尚产业的经营管理人才。设置时尚产业专门人才职称岗位，培训时尚产业专门策划师、咨询师和培训师，建立和完善时尚产业的人才管理体系。

培育、扶持专业时尚媒体平台。选择一批时尚传媒进行重点扶持，提高时尚流行信息发布的专业性与商业性，建成专业化的时尚信息发布平台，积极邀请国际著名品牌公司来沪召开新品发布会，国际著名时装设计师来沪召开时尚产品论坛，新锐设计师来沪举行设计作品展等。积极推动时尚电视频道加强与本土企业的协同，采用企业购买频率资源，专业团队制作，宣传部门审批的方式，联合全市乃至长三角地区的知名时尚企业与上海文广的电视媒体资源相结合，辐射全国乃至亚太地区，搭载全球最具竞争优势和覆盖范围的时尚产业资源库与媒体发布平台，由此吸引诸多国内外时尚人士和顶尖名模。

完善行业组织结构。加强对现有各分散行业组织的指导，以行业龙头为主体，以社会化、市场化运作为机制，以共性化服务平台为纽带，加强专业协会之间的联动与合作，建议考虑筹建中国设计师上海分会。

四是机制创新政策。

建立健全上海时尚产业发展的推进机制和保障体制。建议成立“上海时尚产业发展促进办公室”，整合相关资源：从战略规划到政策措施，从营造环境到服务体系，构筑和完善各负其责、运转高效的工作机制，推动上海与其他国际国内时尚城市的互访，深化多层次、宽领域的交流与合作。

健全时尚品牌保护机制。加强对国内外时尚品牌的保护，严厉打击各种假冒行为和侵犯知识产权行为，形成企业自我保护、行政保护和司法保护三位一体、相互结合的保护体系，创造公平竞争的市场环境。

加强本土时尚品牌、时尚企业、时尚认识的宣传。树立一批典型范例，通过电视片、专栏、访谈、论坛、大会、巡访、展示、网络画册、示范基地、海外推广、品牌榜、品牌宣言、公共活动等手段宣传企业家风采和上海时尚产业的文化底蕴，引导全社会增强时尚品牌意识和营造自主品牌的市场氛围。

2. 浙江省

浙江省为推动时尚产业的发展，提出以下战略措施：

着力提升时尚产业设计创新能力。按照“企业主体、政府引导、统筹规划、合理推进、全程评价、动态管理”的要求，建设一批时尚产业省级重点企业设计院，进一步整合企业内设计研发力量，吸引高端设计资源，形成设计核心竞争力。着力推进时尚产业与国际接轨，鼓励时尚企业加强与国际时尚产业的交流合作，支持有条件的时尚企业到国际时尚中心设立设计研发中心、分支机构。收购兼并国外有潜力的时尚设计企业，创造条件吸引国外先进设计研发中心、设计机构等落户浙江。扶持一批时尚产业网上设计交易服务平台，并提供个性化定制服务，打造“网上设计之城”。

着力拓展时尚产品营销渠道。推进实施“浙江名品进名店”示范工程，选择一批具有较强竞争力和影响力的时尚品牌，推动其在国内知名商业零售终端企业设立专柜。深入实施“电商换市”，鼓励企业加快开展电子商务，依托国内外现有电子商务平台，进行网上交易、产品展示、信息发布等，积极探索尝试离线商务等各种新兴电子商务模式。加快传统商街和专业市场改造升级，打造一批集产品设计、展示、旅游、体验、购物等一体的时尚“街、廊、馆、店、场”。着力加快时尚产业智慧制造。引导鼓励企业积极运用大数据、云计算、物联网及移动互联网等新一代信息技术改造企业研发、设计、生产、管理、营销等各个环节，促进管理方式创新、工艺装备提升、产品质量改进以及生产效率提高。通过开展时尚企业“两化”融合示范试点，实现“机器换人”、网络销售对规模以上企业的全覆盖，实现网络(绿色)制造方式对有污染企业的全覆盖。

着力培育重点时尚品牌。大力实施品牌创新、质量创新和标准创新工程。鼓励企业制定品牌发展战略，形成具有自主知识产权的知名品牌，创建具有国际影响力的世界级品牌。鼓励有实力的企业收购国际知名品牌，支持国内品牌在境外注册商标。通过营销拓展、技术创新、管理创新、服务创新促进已有品牌不断提档升级，并培育一批设计师品牌。力争形成一批能够体现我省时尚产业综合竞争力，创新能力强，具有明显竞争优势的时尚品牌。

推进一批时尚名城建设。按照产城融合的要求，统筹考虑区位条件、资源禀赋、产业基础等因素，加强时尚产业的规划，按照构建时尚产业链的要求，合理布局一批时尚产业发展平台，发挥城市对时尚产业高端要素的集聚作用，逐步建设一批设计引领、品牌荟萃、消费集聚、市场活跃、影响力大的时尚名城。重点推进杭州、宁波、温州三大时尚名城建设试点。

推进一批特色时尚产业基地建设。充分发挥产业集群优势，不断提升产业集群设计创新能力和品牌创新能力，建设一批特色时尚产业基地，进一步做大做强时尚产业。重点推进柯桥面料、海宁皮革、诸暨珍珠饰品、义乌饰品、临海休闲用品、嵊州领带服饰等6个产业集群开展特色时尚产业基地建设试点，打造成为国内外具有较大影响力的特色时尚产业基地。

推进一批时尚产业园和特色小镇建设。结合特色工业设计基地建设，规划建设一批集研发设计、总部经济、时尚展示和信息服务、技术服务、检测服务等公共服务为一体的时尚产业园，成为集聚国内外高端资源的“时尚谷”。在传统工艺美术、丝绸等历史经典产业领域，建设一批具有鲜明产业特色和独特风格的集设计制作、旅游购物等为一体的特色小镇。积极推进一批时尚产业公共服务平台建设。

推进一批时尚重点企业培育。鼓励龙头企业进行股份制改造，对接多层次资本市场，利用产品、品牌经营与资本运作双轮驱动做大做强。鼓励有条件的企业向集“设计研发、运营管理、集成制造、营销服务”为一体的企业总部转变，形成100家拥有自主知识产权和国际竞争力的知名品牌企业。

推进一批时尚活动的开展。积极开展一批具有国际、国内影响力的时尚活动，重点支持中国(杭州)国际时尚周、中国国际丝绸博览会暨中国国际女装博览会、宁波国际服装节、中国(温州)国际时尚消费博览会等活动。以活动为载体，开展国内外创意设计人才交流、创意设计产品与时尚企业对接、流行趋势发布、设计师大赛、时尚品牌展览展示等系列时尚活动，进一步提升我省时尚产业在国内外的影响力。

加强组织协调。建立全省时尚产业发展联席会议制度，定期组织研究时尚产业发展的重大问题和事项，形成合力推进时尚产业发展的联动机制。加强行业的规划和研究，建立时尚产业统计和评估体系，每年发布时尚产业发展报告，对各地时尚产业发展进行通报，促进时尚产业发展。充分发挥时尚产业相关行业协会作用，积极筹建时尚产业联合会(联盟)，促进不同门类时尚产业相互之间的融合，推进时尚产业的整体发展。

加强政策扶持力度。省相关专项资金要加大对时尚产业发展的支持力度，每年安排一定额度的资金，重点用于支持大型时尚活动、人才培养、整体宣传和服务平台建设等项目。引导金融机构加强对时尚产业的金融支持，加快发展商标权质押等新型信贷业务。支持符合条件的自主品牌企业上市、发行债券，利用资本市场直接融资。引导设立市场化运作的时尚产业创业投资基金。

加强设计人才引培。实施浙江省时尚产业"名师培育计划",加强对设计师的培训,通过组织设计师参加国内外具有影响力的设计大赛,发现一批优秀设计人才,列入时尚产业"名师培育计划",并予以相关政策支持和重点培养。支持时尚企业引进国内外高端时尚设计人才和团队,优化对高层次人才医疗保健、子女就学、家属就业等方面的服务。

加强媒体宣传。发挥主流媒体作用,加强对时尚企业、时尚品牌和时尚认知的宣传活动,广泛传播现代时尚消费理念,宣传健康的时尚消费方式,提升本土时尚品牌知名度,引导和支持一批时尚产业专业网站、专业杂志和电视栏目,形成时尚产业发展的良好氛围。

加强知识产权保护。加强知识产权保护法律法规宣传,提高企业和设计师的知识产权保护意识。有关部门要对培育品牌产品和企业在境外注册商标、申请专利提供指导和支持。加强创意设计知识产权和商标品牌的行政执法保护,对线上线下产品开展多部门联合的执法行动,有效打击侵犯知识产权和商标品牌的不法活动。形成企业自我保护、司法维权保护和政府依法保护三位一体的知识产权保护体系。

三、山东省时尚产业发展的对策与建议

要做大、做强、做响山东省的时尚产业,必须以时尚产业发展的关键环节作为突破口,从宏观、中观、微观层面入手,打通产业发展瓶颈,形成一定规模的时尚产业集聚,提升时尚产业的科技含量。山东省发展时尚产业具有良好基础,山东省的纺织制造业在全国具有重要地位。2016 年年底,中国著名纺织品制造商山东如意科技集团有限公司("山东如意")宣布将收购法国轻奢品牌 SMCP SAS 多数股权,旗下 Sandro、Maje、Claudie Perlot 三大轻奢服饰品牌将成为如意系品牌,这一并购掀起了中国资本进军国际时尚产业的热潮,进入成衣领域、完成服装时尚全产业链覆盖、打造时尚产业运营集团,是山东如意一直以来的目标。山东省应抓住此次机遇,着力提升山东省纺织制造业的整体水平,促进山东省时尚产业的发展。

(一)政府引导,促进时尚产业统筹发展

首先,确立产业长远规划。政府是时尚产业发展战略的制定者和实施者,国际时尚城市发展时尚产业往往首先通过明确时尚产业的长远规划,形成城市发展时尚产业的基本依据。其次,设置政府推进机构。由政府成立专门机构来领导时尚产业发展成为共识。通过政府的统一领导和协调,形成行业协会、企业、科研院所、媒体网络多维一体的社会联盟,建立时尚产业的联动发展机制。最后,发展时尚行业协会。与政府机构相比,行业协会在发达国家时尚产业发展过程中扮演着更重要的角色,其作用是组织产业内部有序竞争、健康发展,协调时尚产业与相关产业的关系。

(二)植根本地文化,推动时尚产业的国际化

对于纺织、服装制造业基础好的城市可通过原有产业的升级,发展时尚产业,向本地文化汲取创作灵感,促进设计本土化。可以在山东省重要的商业历史文化遗址,建设一批品牌孵化园区,推进本地品牌与时尚潮流的融合与创新,为新兴时尚市场打造一批原创知名品牌。塑造具有流派的产品品牌力量,坚持自主品牌设计、展示、运营的模式与路径,瞄准高端市场目标,突破传统的规模经济;既要

坚持自主品牌国际化战略，与国际时尚市场接轨，也应加强与本地优秀设计力量的衔接与合作，使本地优秀设计力量"墙内开花墙内外均香"，在国际视野下，加快从加工制造思维转换到价值内涵思维。

(三)完善基础设施，提供时尚产业发展保障

时尚产业作为都市型产业需要良好的交通条件、便捷的沟通网络和顶尖的展示平台，其核心部门宜保留在城市中心地区，而制造部门可保留小部分在城市中心，以满足及时化和专业化生产需要，大规模生产布局在成本较低的城市外围区或采用全球化生产策略。

(四)教育培训，夯实时尚产业人才基础

一方面，培养创意设计人才。时尚创意设计人才是引导、推动和运作时尚产业发展的主要力量，是时尚产业发展中最具活力的要素。各大时尚之都政府在推动时尚产业发展过程中，无一不重视对人才的培养和挖掘。另一方面，注重劳动力技能培训。时尚之都的政府往往通过设立各类不同层次的职业技能培训机构，并出资对各类就业对象进行无偿培训和各种专业化训练，全面提高员工的就业能力。例如，法国 1994 年底为纺织服装业员工在职培训专门成立了欧洲工会联合会(FORTHAC)，资金来源为政府补助、会员会费及资源捐助。对在职人员，政府也开展了相应的技能培训，这些措施都从不同层面保障了劳动者的基本素质。

(五)搭建时尚产业平台，构建开放综合的产业体系

建立符合国际惯例的时尚产业发展机制，提升时尚信息发布、时尚产品推广的专业性与商业性，建立时尚产业公共服务平台、设计服务平台。重点鼓励文化创意和时尚设计的结合、具有创新的销售模式、能体现时尚产业发展趋势和行业竞争力的产业发展。培育或引进若干个有国际竞争力的本土精品品牌或企业集团。鼓励传统都市产业向时尚都市产业转型。时尚产业发展是都市遗留的制造业向附加值高、污染少的都市产业提升的重要机遇。

(六)完善相关法律法规，为时尚产业提供实施保障

扩大开放，完善商务和贸易环境。对国际时尚企业来说，完善的商务和贸易环境是一个重要的考虑因素。目前市场制度还有许多欠缺和不足，制约了国际化的时尚中心的形成。山东省时尚产业的商务和贸易环境尚处于初步探索阶段，需要进一步开放和完善。

完善知识产权等法律环境。时尚设计是智力密集型的产业，设计投入高、设计风险大，但仿制容易，因此特别需要知识产权等相关法律保障。山东省要完善相关法律环境，保障时尚设计及有关产业健康发展。

(七)构建时尚产业链，最大化时尚产品价值增值

结合价值链、产业价值链的基础理论，时尚产业价值链可定义为以人的时尚为根本，以实现时尚产品及其相关产品价值增值最大化为目的，以时尚产品为核心，确保时尚价值、信息、资金等资源在整个价值链上畅通流动，由时尚企业及其相关企业所形成的紧密合作的制作—服务型的企业价值网链结构。具体包含研发—设计—加工制造—展示、体验—销售—品牌塑造等主体架构环节。

以高端化、高附加值化为目标，围绕延伸、优化时尚产业价值链的发展方向，推动商业街区创新发展，充分挖掘时尚元素，大力开展各类时尚活动，在积极引进国际时尚企业总部的同时，促进时尚设计产业的突破发展，不断集聚国际时尚产业的核心要素和关键标准，逐步将山东省建成时尚文化氛围浓厚、时尚消费环境舒适、时尚品牌总部集聚、时尚活动纷呈的时尚多元化省份。

（八）通过政府投资加强载体建设，实现时尚产业集群发展

打造时尚产业中心，制造或设计驱动型时尚都市一般会由政府主导或者市场自发形成专门的产业中心，尤其在设计创意以及高端制造环节上，存在相当大量优势企业在省份或城市特定的产业中心集群发展。加强时尚产业基地建设，以半岛蓝色经济区、省会城市群经济圈等为重点，整合提升各类开发区和工业园区，注重产城融合，构筑时尚产业制造新高地。打造一批配套协作、充满活力的时尚创业园，引导中小型时尚企业集聚发展。大力推广"快速时尚"发展模式，鼓励企业探索推广柔性大规模定制生产模式，更快占领快速时尚消费市场。培育发展新兴时尚产业，依托山东省的独特的历史文化底蕴及自然景观，积极开发生态度假、运动休闲、露营探险、邮轮游艇等高端旅游，大力开发时尚旅游产品。

（九）突破设计、营销两端，建立新型时尚产业发展架构

政府和市场双管齐下，坚持引进与吸收创新和自主创新相结合，紧密结合山东省初具规模的文化创意产业，通过政策聚焦，打破山东省在设计和营销方面的天然瓶颈，逐步摆脱原有加工制作型轻纺产业发展的旧结构，着力向创意型、营销型时尚产业结构模式转变。

（十）推动服装业向时尚产业转型，改善服装企业竞争态势

其一，增强品牌意识和国际化意识。品牌是服装企业最有价值的无形资产，它能给产品带来高额的附加值，是附着在产品上的一种情感价值的认同，品牌价值很大程度体现在顾客的忠诚度上，要想在未来的国际市场差异化竞争中生存和发展，国际化思维方式和强势品牌的意识是必不可少的，必须建立起强有力的品牌差异优势。

其二，加强企业营销渠道的建设与投入。服装业要想获得更大的发展，除了继续利用专业批发市场之外，应当打造和健全属于自己的营销通路，以整体经营的姿态和理念来运作自己的品牌，加强自身的营销、经营意识、渠道意识，通过什么样的营销渠道在什么市场、做什么销售，这直接关系到企业的运营成本、市场的覆盖面、企业和顾客的沟通距离以及和顾客成交的速度与获利能力。品牌需要一个强大的营销渠道做支撑，仅仅依靠和利用现有的大型服装专业市场是远远不够的，没有一个企业能够用任何单一的渠道在市场上取得成功，必须多元化经营，如百货公司、直营店、专卖店的建设，在思维方式和营销方式上多样化，以提高企业的市场应变能力。营销渠道的改造必须由原来数量上的增长进入到质量上的提高阶段，不要过度关注专卖店数量来扩大规模而应该把重点放在提高单店的质量上。这样才能构建起山东省服装业的营销竞争力，不断把山东服装品牌发展壮大。

其三，加强现代化管理理念的导入。一方面，政府应该加强引导服装产业集群，进一步调整服装产业结构，使其向多元化、差别化发展，从低附加值向高附加值提升，鼓励适度的产业梯度转移。通过政策的倾斜和适当引导，利用区域经济发展的差异性，有选择地实施落后设备的调整与转移。对于技

术落后、附加值不高、资源利用率低的生产制造企业要加大转移和淘汰力度，优化配置资源，增强区域整体竞争力，使服装产业集群的结构更加合理化，同时应该加大政府投入，设立专项基金，鼓励创新，鼓励与引导企业的横向合作，避免恶意竞争，使企业有集群整体意识，走向竞合共同发展。另一方面，就服装企业本身来说，应该尽快地摆脱原有的家族式的落后管理模式，加大对现代企业先进管理理念的学习，尽快进行股份制改造，建立现代企业制度，股东大会、董事会、经理层、监事会"三位一体"的法人治理结构是当今最有效的企业经营制度，应该是服装企业特别是中小企业的发展方向。通过股份制改造，形成对企业的产权约束，有利于其制定持续发展的战略，建立和完善规章制度，认真执行规章制度，建立和完善职业经理经营的用人机制和激励机制；提高职员的工作满意程度，加强物质和精神刺激，提供科技人才的各种保障，采取向科技人才倾斜的福利待遇政策，留住人才，用好人才。当今是企业管理和科技同步的时代，只有科学的管理和机制才是保持企业长存的秘诀。

参考文献

[1]卞向阳.时尚产业与城市文明[M].上海：东华大学出版社，2010.

[2]李俞菲.意大利时尚产业的发展路径与策略[J].东岳论丛，2014，35(3)：170-174.

[3]孙莹，汪明峰.纽约时尚产业的空间组织演化及其动力机制[J].世界地理研究，2014，23(1)：130-139.

[4]陈建忠.浙江时尚产业发展规划研究[J].浙江经济，2015(4)：38-41.

[5]于虹.宁波服装业向时尚产业转型发展研究[J].宁波经济(三江论坛)，2016(12)：21-23.

[6]唐忆文，詹歆晔，蔡云，屠烜.国际时尚产业发展趋势及上海借鉴[J].上海文化，2013(4)：66-72.

[7]夏毓婷.产业价值链视角下的武汉时尚产业发展研究[J].江汉大学学报(社会科学版)，2012，29(6)：73-78.

[8]陈一新.发展时尚产业建设时尚之都[J].政策瞭望，2014(10)：18-22.

[9]UNITED STATED CONGRESS JOINT ECONOMIC COMMITTEE. The Economic Impact of the Fashion Industry[R]. 2015.2.

[10]2016年中国时尚行业市场概况及行业发展趋势分析[EB/OL].(2016-04-26)[2018-03-15]. http://www.chyxx.com/industry/201604/410197.html.

政策篇

烟草篇

山东省"十三五"服务业发展规划

根据《山东省人民政府办公厅转发省发展改革委关于开展"十三五"省级专项规划编制工作的意见的通知》要求,为加快推动服务业实现跨越发展,特制定本规划。

一、"十二五"我省服务业发展回顾

"十二五"以来,我省把推动服务业加快发展作为全省经济转型升级和结构调整的战略重点和主攻方向,以提高服务业发展质量和效益为中心,加强组织领导,强化政策措施,深化改革开放,服务业发展取得了显著成效。一是服务业总量规模持续扩大。2015 年,全省实现服务业增加值 28537.4 亿元,占地区生产总值的比重达到 45.3%,与 2010 年相比,总量增加 14108 亿元,占比提高 8.7 个百分点,全省三次产业结构由 2010 年的 9.1∶54.3∶36.6 调整到 2015 年的 7.9∶46.8∶45.3,全面完成了"十二五"规划确定的任务目标。二是服务业投资持续增长。2015 年,全省服务业完成投资 22390.4 亿元,占全省固定资产投资总额的 47.3%,与 2010 年相比,投资增加 11013.6 亿元。软件和信息技术、科技、租赁和商务等现代服务业投资增势强劲,增速分别达到 68.9%、47.2%和 33.6%,为服务业重点行业转型升级提供了强有力支撑。三是服务业税收贡献不断增强。2015 年,全省服务业完成税收 3675.9 亿元,占全部税收的比重为 43.2%.其中全省服务业完成地税收入 2395.74 亿元,占全部地税收入的比重为 61.8%,与 2010 年相比,地税收入增加 1456.4 亿元,占比提高 5.8 个百分点,服务业对财政的贡献显著增强。四是服务业改革开放步伐加快。2015 年,外商投资服务业实际到账外资 60.7 亿美元,占全部外商投资比重达到 37.2%,与 2010 年相比,服务业实际到账外资增长 115%,占比提高 6.5 个百分点。文化、金融、医疗等重点领域改革稳步推进,济南、青岛两个国家服务业综合改革试点工作取得了明显成效,省级服务业综合改革试点为全省服务业发展提供了宝贵经验。五是服务业政策体系初步形成。省政府相继出台了《关于加快服务业发展的若干意见》《关于贯彻国办发〔2014〕26 号文件进一步加快生产性服务业发展的实施意见》《山东省服务业发展绩效考核办法》等一系列政策,并制定出台了涉及金融、信息消费、健康养老、职业教育、电子商务、人力资源服务、文化和旅游等行业的配套措施,作出了"敲开核桃,一业一策"全面推动服务业转型升级的重大决策部署,集中各类资源向服务业倾斜,服务业扶持政策体系进一步完善。

二、"十三五"我省服务业面临的形势

"十三五"时期,我省服务业既面临重大战略机遇,也存在一些困难和挑战。总体上看,"十三五"时期我省服务业将进入一个新的发展阶段。从有利的方面分析:

(一)宏观环境有利于服务业的发展

从国际环境看,世界经济仍将延续复苏态势,全球经济仍在加快转型、产业布局加速调整中,国际服务业转移步伐将进一步加快,有利于服务业利用外资。从国内环境看,十八届五中全会把加快发展现代服务业作为构建产业新体系的重点,将进一步推进经济发展由工业主导向服务业主导转变;经济增长的良好基础,以及经济结构调整不断优化,将更有利于服务业的发展。从我省情况看,"十三五"时期,新一轮结构性改革的加速推进,产业升级提速,各种政策红利的叠加释放,新需求快速形成,新供给持续增加,将为服务业发展注入新的生机和活力。

(二)基础设施建设将为我省服务业的发展带来机遇

"十三五"期间,我省渤海海峡跨海通道等一批重大基础设施建设列入国家规划,我省也将加快推进高速铁路网、高速公路网的建设,实现市市通高铁、县县通高速;加快推进城市地铁和轻轨建设;推进沿海、内河港口规划和建设;推进青岛、菏泽等5市机场的新建和扩建,增开洲际直达航线;加快农村电网和城镇配电网改造建设等,这些基础设施项目的实施,将进一步完善我省公共服务体系,促进服务业发展。

(三)新型城镇化进程加快进一步拓展服务业发展空间

"十三五"时期,我省城镇发展将进入快速发展时期,常住和户籍人口城镇化率分别提高到65%和55%以上,将有700万~1000万农村人口转化为城镇人口。据测算,城镇化率每增加一个百分点,将拉动城镇投资约5000亿元,增加消费约1200亿元。"十三五"时期,新型城镇化建设,将释放巨大消费潜力和投资潜力,必将为我省服务业产生更大的需求和提供强力支撑,为我省服务业发展提供广阔的发展空间。

(四)城乡居民收入提高将拉动消费需求不断增长

"十三五"时期,我省将率先建成小康社会,城乡居民可支配收入将年均增长7.5%以上,到2020年全省人均GDP将达1.5万美元;居民收入水平的提升,将促使服务消费、信息消费、绿色消费、时尚消费和品质消费成为消费新热点,加快消费方式转变,推动消费结构升级,引领产业向价值链高端提升,进一步促进产业结构转型升级。

(五)进一步扩大开放将促进服务业加快发展

"十三五"期间,随着"一带一路"战略的实施和人民币国际化的加快推进,将吸引更多的欧美等发

达国家和地区的国际资本、管理、技术等进入我省服务业领域;中韩、中澳自贸协定的正式实施,鲁港、鲁台经贸合作深化,也给我省金融、旅游、交通等领域提供了合作机遇;中韩金融合作,特别是两国货币直接交易、跨境融资、区域债券市场开放等在我省先行先试,有利于扩大我省金融业的对外开放。扩大服务业的对外开放,也有利于我省发挥比较优势,整合优势产业和优势服务业产品走出去,扩大齐鲁文化、教育、劳务合作等服务贸易出口,拓展服务业发展空间。“十三五”时期,我省服务业无论是“引进来”、还是“走出去”,都将迎来一个新的快速发展期。

同时,也要清醒地看到,“十三五”时期,我省服务业发展也面临着一些困难和挑战:从国际看,国际金融危机深层次影响依然存在,国际经贸规则重塑、地缘政治冲突等将使外部环境复杂多变,外需的拉动作用减弱,我省出口增长将受到影响。从国内看,我国经济发展进入新常态,下行压力较大,产能结构性过剩,有效供给不足,市场需求低迷。从我省看,经济处于增速换档、结构调整、动能转换的“三期叠加”时期,转型升级任务艰巨,服务业仍是经济发展的“短板”。思想观念落后、体制机制不活、服务业占比低、结构不够优化等问题依然存在,用水、用电、用气、用地等发展要素成本明显高于工业,发展环境依然有待优化。为此,必须保持清醒认识,把握战略机遇期的深刻变化,有效地应对各种风险和挑战,加快推动服务业实现跨越式发展。

三、“十三五”时期我省服务业发展的总体要求、任务目标、指导原则

(一)总体要求

以邓小平理论、“三个代表”重要思想、科学发展观为指导,全面贯彻落实党的十八大和十八届三中、四中、五中全会精神,深入贯彻习近平总书记系列重要讲话精神,全面落实“创新、协调、绿色、开放、共享”发展理念,坚持市场化、产业化、社会化、国际化发展方向,着力优化提升传统服务业,着力做大做强现代服务业,着力加快发展新兴服务业,全面推动服务业转型发展,为经济文化强省建设做出更大贡献。

(二)任务目标

到“十三五”末,全省服务业增加值预期性目标为5万亿元,占全省地区生产总值的比重达到55%左右;社会消费品零售总额目标年均增长10%左右。“十三五”时期,广泛推广应用新技术、新业态、新模式,培育形成服务、信息、绿色、时尚、品质和农村消费六大热点,充分发挥新消费在引领供给侧改革方面的重要作用,加快形成以服务业为主导的现代产业新体系。

(三)指导原则

1.贯彻落实创新发展理念,着力培育壮大新消费。以创新促进传统消费升级,以创新催生服务业新业态、消费新热点,满足并创造新消费,支持发展个性化定制、柔性化生产平台,以消费升级引领产业转型发展,扩大服务业有效供给,增进民生福祉。

2.贯彻落实协调发展理念,构建融合发展新优势。加强服务业产业载体建设,推进生产、生活和公共服务业协调发展;发挥比较优势,推进城乡服务业协调发展;加快推广应用科技信息技术,推进三

次产业、产城和产业内部不同行业跨界融合发展。

3.贯彻落实绿色发展理念，形成绿色消费新供给。厚植崇尚勤俭节约的社会风尚，倡导绿色消费，推动企业增加绿色产品和服务供给，引导居民践行绿色生活方式和消费模式，全面推进公共机构带头绿色消费，积极推进供给侧改革。

4.贯彻落实开放发展理念，增添竞争发展新动能。抢抓国家“一带一路”和自贸区建设战略机遇，加快发展服务贸易，优化贸易结构；广泛参与国际服务业合作与竞争，不断扩大服务业对外开放领域，以开放促进服务业改革和发展。

5.贯彻落实共享发展理念，共筑“互联网＋”新模式。鼓励公众将闲置资源通过社会化平台与他人分享并获得收益，通过分享、协作，促进创新创业，提供新型就业方式；应用“互联网＋”，创新商业模式，拓展分享经济新领域，加快发展新兴服务业。

四、“十三五”我省服务业发展布局

“十三五”时期，结合我省深入实施“两区一圈一带”发展战略、加快推进城镇体系建设，服务业发展主要围绕城市级次展开布局，把城镇作为服务业发展的主要载体，充分发挥服务业在城镇化进程中的重要作用，推动不同区域服务业梯次发展、错位发展，形成大中小城市联动协调的服务业发展新格局。

(一)推动区域中心城市服务业高端化发展

济南、青岛两个区域中心城市，结合城市建设优化服务业空间布局，强化资源整合，建设一批层次高、业态新、功能全的各类现代高端服务业集聚示范区，打造全省服务业发展高地。济南围绕打造全国重要的区域性经济中心、金融中心、物流中心、科技创新中心和建设现代泉城的中心任务，加快推进济南现代服务业集聚区、东方文化传承发展示范区、济南区域金融中心和中央商务区建设。青岛围绕大力发展十大现代服务业的总体要求，加快推进青岛财富管理金融综合改革试验区、青岛高端服务业集聚区、亚太旅游中心建设。进一步增强济南在省会城市群经济圈、青岛在山东半岛城市群服务业发展中的核心作用，把济南、青岛发展成为面向全国、服务全省的服务业中心城市，率先实现由工业经济主导向服务经济主导的转变，发挥引领示范作用。

(二)推动市级中心城市服务业集聚化发展

烟台、临沂、济宁3个地区中心城市和其他12个市域中心城市，立足当地资源、产业优势和城市发展，整合服务业资源，优化服务业发展空间，大力培育建设商贸物流、旅游休闲、文化教育、健康养生、金融商务、研发及广告创意等各类服务业集聚区、园区。大力推进总部经济、楼宇经济发展，优化同类型、关联度高的服务业企业和要素合理集聚，发挥好中心城市对周边县(市、区)服务业发展的辐射带动作用，率先实现产业结构由“二三一”向“三二一”的转变，加快形成以服务业为主导的现代产业新体系。

(三)推动县级中心城市服务业特色化发展

县城和较大的乡镇，结合各自实际和服务业发展优势，突出服务业发展特色，着力培育发展各类服务业特色商业街、特色园区、特色乡镇(街、办),形成与市级中心城市服务业发展相配套的各类特色服务业发展基地。优化生活服务业网点规划布局,加强基础设施建设,提升各级商业中心能级和服务业集聚区发展水平,积极打造各类便民利民的生产、生活服务中心。

五、"十三五"我省服务业发展的重点领域

立足我省产业基础,从我省服务业发展实际出发,按照市场化、产业化、社会化、国际化的要求,着力推动服务业重点行业转型发展、创新发展。

(一)着力优化提升传统服务业

实施传统服务业改造提升示范工程,运用信息技术和物联网技术,采用科学管理模式和现代经营业态,改造提升传统零售业、住宿餐饮业、房地产业、养老服务、家政服务、文化创意产业,不断满足城乡居民多样化、社会化及个性化的服务需求。

1.批零餐饮业发展重点。一是加快发展电子商务。实施电子商务进农村、进社区工程,培育30个特色鲜明、模式成熟、双向流通的农村电子商务示范县,推进电商集聚发展。二是创新商业模式。促进线上线下融合发展,推进供应链管理,大力发展连锁经营。三是培育流通主体。重点培育1家销售过千亿元、10家过百亿元、100家过亿元的流通骨干企业。四是完善市场体系建设。推进新一轮设区城市商业网点规划修编,打造"十分钟"便利综合性服务平台,加快传统交易市场信息化建设步伐。五是提升餐饮业发展水平。继续实施早餐示范工程,强化中央厨房建设,加强鲁菜推广,实施"山东美食推介工程""餐饮拓展工程"和"特色餐饮标准化工程";推进鲁菜传承创新,培育鲁菜名师、名菜、名点、名店;推动餐饮企业向集约化、特色化、标准化、信息化和多元化发展,支持龙头企业打造集高品质农产品及食品销售、餐饮连锁经营、便民生活服务于一体的多元化健康饮食及餐饮服务提供商。到2020年,全省社会消费品零售额和电子商务交易额分别达到4.5万亿元和6万亿元。

2.房地产业发展重点。一是调整优化商品房供应结构。由相对单一的居住型产品向多元化产品转变,促进产城融合,繁荣发展服务业,为新兴产业提供空间,积极发展跨界地产;突出发展创业工场,为小微企业、自由职业者、创业者开发建设条件便利、质优价廉的工作生活场所。二是着力化解房地产库存。控制供应规模,提高棚改货币化安置和公租房租赁补贴比重,打通保障房与商品房通道,为农村转移人口或农民提供或改造符合其需求的商品房,鼓励将符合条件的商品房改造为新兴产业、中小学等用房,发展房产租赁市场。三是健全完善小区配套设施。落实公共服务设施建设规划,实行房地产开发项目建设条件意见书制度,未按要求完成配套建设、不能同步交付使用、住房性能达不到要求的项目,不予办理竣工综合验收备案,不予受理不动产登记申请。四是加快转变住房建造模式。抓住标准编制、前端订制、终端应用三个关键环节,综合运用节地、节能、节水、节材、环保、低碳和互联网等技术,采用系统化组织、标准化设计、规模化订制、工业化生产、装配化施工方式,提升住宅品质。五是开展老旧小区整治改造和物业管理。对1995年前建成的城镇和工矿区老旧住宅小区全面开展整治改造,同时实现物业管理全覆盖;鼓励大中型开发企业自营物业企业、自管开发项目,新竣工商品房项目全部实行物业管理,引导农村新型社区开展物业管理。六是培育大型房地产企业集团。以省内房地产开发50强、物业服务30强、中介服务10强企业为依托,培育知名品牌企业,组建和发展大型

企业集团。到2020年，房地产业增加值占地区生产总值的比重达到5%左右。

3.养老服务业发展重点。一是突出居家养老。推进社区居家养老一体发展，健全以企业和社会组织为主体、社区为纽带、信息平台为手段、满足老年人各种养老服务需求的社区居家养老服务网络。二是突出医养结合。对有需求的失能、部分失能老年人，以机构为依托，做好康复护理服务。对多数老年人，以居家和社区养老为主，确保人人享有基本健康养老服务。三是突出人才培养。大力推行学历教育，设置养老服务相关专业，加快培养老年医学、康复、护理、营养、心理、社会工作等专业人才。鼓励医护人员到医养结合机构执业，促进人才有序流动。四是突出基本养老。完善基本养老保障制度，合理确定养老金水平，逐步建立与经济发展相适应的待遇调整机制。积极采取政府购买养老服务等方式，为广大老年人提供基本养老服务。到2020年，全面建成以居家为基础、社区为依托、机构为支撑，功能完善、规模适度、覆盖城乡的养老服务体系，民办和公办民营养老机构总数达到80%以上，养老产业市场规模达到6000亿元以上。

4.家政服务业发展重点。一是实施"金围裙"培训工程。将家政服务业纳入全省加强就业培训提高就业与创业能力五年规划，完善政府购买职业培训成果机制，全面提升家政服务业从业人员技能素质。二是实施公益性信息平台建设工程。健全各级家政服务平台供需对接、信息咨询、服务监督等功能，建设家政服务企业信用评价及从业人员追溯管理系统，实现省级服务平台和各市各类服务平台有效对接，建成功能完善、覆盖全省、全天候的信息服务网络体系。三是实施标准化建设工程。制定全省家政服务标准化建设规划和标准体系框架，深入推进家政服务业标准化试点建设，支持我省家政服务企业参与国家、行业标准制定。四是实施权益保障工程。构建和谐劳动关系，依法推进工资集体协商，切实维护经营者与劳动者的合法权益。五是实施家政服务示范工程。积极开展家政服务业示范城市、示范企业、示范协会、示范公共服务平台、示范培训基地创建活动，逐步完善示范评价标准体系，发挥示范带动作用，带动家政服务业发展方式的转变。到2020年，全面提升我省家政服务业的规范化、产业化、品牌化、信息化水平，争取实现城乡全覆盖的信息服务网络体系，力争使1～2家企业发展成为上市公司。

5.文化产业发展重点。一是完善现代文化产业体系。建立健全文化产业管理组织体系、市场主体组织体系和产业支撑体系，完善文化产业发展政策，构建结构合理、门类齐全、科技融合、创意创新和竞争开放的现代文化产业体系。二是推动文化产业结构优化升级。加快发展文化创意设计、数字文化服务、移动多媒体、动漫游戏、网络文化等新型文化业态。推动演艺娱乐、工艺美术、文化旅游、广告会展等传统文化产业结构调整、转型升级，推动"互联网+"对传统文化产业领域的整合。推进文化产业与制造、建筑、信息、旅游、农业、体育等相关产业融合发展。三是完善文化市场体系。建设产权、版权、技术等要素市场，发展演出娱乐、动漫游戏、工艺美术等文化产品市场，建立现代文化产品流通组织和流通形式，引导社会资本进入文化领域，形成统一开放、竞争有序、诚信守法、监管有力的现代文化市场体系。四是突出市场主体培育。瞄准产业发展方向，着力提高市场主体发展质量，促进优势产业高端化、传统产业品牌化、新兴产业规模化。实施文化产业"十百千万工程"，在全省培育10个特色文化产业集群；建成100家左右国内一流、国际知名的文化产业园区；扶持1000家左右掌握核心技术、拥有原创品牌、具有较强竞争力的骨干文化企业（集团）；发展10000家"专、精、特、新、优"发展道路的中小微文化企业。五是推动特色文化产业发展。依托齐鲁大地深厚的历史人文积淀，引导各地根据资源禀赋和功能定位，走特色化、差异化发展之路，支持规划建设一批特色文化产业项目，打造形成若干在全国有重要影响力的特色文化产业带。实施品牌提升战略，着力发展特色文化城市，创建具有产业集群效应的品牌文化产业园区，品牌文化企业和文化产品。六是促进文化产业与科技、金融等相关产业融合发展。实施“山东省文化创新工程”，搭建一批文化技术创新服务平台，建设一批“文化科技重点实验室”，组建一批文化产业技术创新联盟，培育一批具有自主知识产权的创新型文化企业。实施文化金融创新工程。搭建文化产业投融资服务平台，引导社会资本进入文化领域，拓宽文化企业直接融资渠道。七是扩大和引导文化消费。支持各地采取各种措施促进文化消费，建立扩大和引导文化消费的长效机制。实施文化消费促进工程。提高文化产品和服务的有效供给水平，以供给创新释放消费潜力，以消费升级带动产业升级。通过政府购买服务、消费补贴等途径，引导和支持全省文化企业提供更多优质文化产品和服务。到2020年，文化产业增加值占GDP比重超过5%，成为国民经济支柱性产业。到2020年，文化产业增加值占GDP的比重超过5%。

专栏一　　传统服务业改造提升工程

1.批零餐饮业重点项目

印象济南建设项目、济南宜家商场项目、青岛国际农副产品贸易中心、利群崂山购物广场、中国(淄博)陶瓷产业总部基地、义乌·滕州真爱商城建设项目(商业部分)、滕州兴盟国际商城一期建设项目、东营宝龙城市广场、安家全球家居生活广场、中韩产业园·韩国城项目、烟台毅德国际商贸城、财源大街中央商务区、中国供销·鲁中农产品电商物流商贸城、荣成中韩商贸产业园、九龙湾商业中心、金阳农产品批发市场升级改造项目、颐高电子商务产业园、红星美凯龙家居广场、临沂大连万达广场、中国临沂国际商贸城、德州东北商贸物流城仓储物流和餐饮娱乐区项目、陵城区德州新东方商业广场、金田阳光小商品城、临清市齐鲁三农产业城项目、万达广场项目、创新国际大型综合商贸项目、菏泽毅德城二期、苏南国际商贸市场。

2.房地产业重点项目

意大利佛罗伦萨小镇、蓝海新港城、滕州保利海德佳园建设项目、薛城双子座城市综合体建设、那香海度假花园、日照钢铁精品基地安置区项目、淄博路中心商务区项目、盛世豪庭、临沂华润中心、武城国蕴·幸福家园建设项目、齐河绿城·百合新城、水岸国际。

3.养老服务业重点项目

商河县医养结合建设项目、青岛市市民健康中心、淄博民升养老康复中心、桓公台养老中心、枣庄市社会福利(养老)服务中心、滕州市社会福利综合服务中心项目、垦利国际健康庭院颐养小镇、东营市新型养老社区建设项目、烟台乐康金岳健康服务产业园、烟台乐天养老中心、高端生态养生养老和休闲度假聚集区项目、医养结合型国家级老年安养中心项目、泗水县健康养老服务中心项目、健康养生示范基地、泰山·绿城学院式颐养中心、泰山健康谷、日照市老年康复护理院项目，莒县老年公寓建设项目、雪野湖文体养老中心、大舟山健康养老基地、临沂圣城家源养老中心、台湾长庚医院山东临沂分院、乐陵市大型医养养老基地建设项目、德州市陵城区颐康养老中心、东昌府区老年养护综合服务中心、聊城市南洋颐年花园老年服务中心、雪花山养老中心、枫叶正红养老公寓、菏泽医学专科学校康复养老中心项目。

4.家政服务业重点项目

阳光大姐家政服务标准化培训示范基地项目、潍坊“好潍姐”佳益家政服务项目、临沂市沂蒙大姐家庭服务有限公司、德州阳光大姐家政公司培训学校扩建项目、滨州市好大姐家政服务有限公司智慧家政社区O2O公共服务平台体系建设项目、惠民大姐家政养老服务中心。

5.文化产业重点项目

融汇文化创意城、星工坊·飞尔姆乐园、青岛东方影都项目、青岛数字文化体验中心、枣庄市文体中心、山亭鲁南伏羲产业文化园、黄河口文化产业基地、广饶汽车文化产业园二期、胶东文化创意产业园、大秧歌·琵琶岛影视基地、潍坊灵狮集团文化产业有限公司潍坊国际创意港、峡山影视文化产业园、微山湖国际文化创意产业园、梁山县开发区文化产业园、大汶口国家考古遗址公园、文庙历史文化街区项目、文化创意产业园项目、五莲山佛教文化产业园项目、嬴秦文化产业园、长勺之战产业园、雪野文化创意基地、临沂银光文化创意产业基地、乐陵智慧文化广场项目、乐陵市龙山文化博物馆建设项目、聊城金正数字创意工场项目、菏泽市民文化中心、山东巨野书画艺术产业园文化。

(二)着力做大做强现代服务业

瞄准国内外先进水平"寻标对标",大力发展技术含量和附加值高、对地方贡献大的现代服务业,重点突破信息服务、科技服务、现代金融、现代物流、人力资源服务、法律服务、会计评估等领域,实现创新链、产业链、财税链的有效衔接和有机融合。

1.软件与信息服务业发展重点。一是培育大型骨干企业。突破一批核心技术和关键产品,大力培育具有较强国际竞争力和龙头带动作用的大型骨干企业,培育做强一批新兴业态小微企业。二是推进产业聚集发展。建设高水平中国济南软件名城,推动青岛软件产业做大做强,推进烟台、济宁等软件和信息技术服务业新兴聚集区加快发展。三是强化产业配套协同。加强我省企业与国内优势基础软硬件厂商的横向联合,强化产业链配套和产品协同。推行国产安全可靠、自主可控软硬件系统协同应用的试点示范。四是攻克关键核心技术。集中力量攻关云计算关键技术,重点发展立足实体经济的自主电子商务平台,创建一批电子商务知名品牌。加快推进智慧城市、城区、社区和园区试点。五是推动"互联网+制造业"融合创新。加快传统产业、战略性新兴产业各类行业应用软件、嵌入式软件、信息安全软件、综合性行业解决方案的产品开发和创新力度,鼓励家电、服装、铝、家具等具备条件的企业,开展个性化定制、柔性化生产,建设一批"互联网+制造业"公共技术服务平台,推进制造服务化创新发展。到2020年,规模以上企业达到3500家,从业人员40万人,软件业务收入超过6000亿元。

2.科技服务业发展重点。一是提升研发服务的市场化水平。推动青岛海洋科学与技术国家实验室、中国-乌克兰巴顿焊接技术研究院(筹)、黄河三角洲现代农业研究院(筹)、山东国际生物科技园等重大创新平台建设。二是加强公共服务平台建设。完善山东省大型科学仪器设备协作共用网络平台建设,建设山东专利信息大数据基地,搭建区域专利信息服务平台。三是打造众创空间。强化孵化模式创新,积极搭建"天使投资+创业导师+专业孵化"等新型创业服务平台。四是强化科技金融服务。加快发展创投机构和投资基金,建设科技金融服务平台,开展知识产权质押融资,拓展资本市场融资渠道。五是打造科技服务聚集发展示范区。加快推进山东半岛国家自主创新示范区建设,推进示范区围绕加快科技服务业发展先行先试,促进创新要素的有效整合、合理流动,努力打造成为科技体制改革的试验区和科技服务业发展的示范区。到2020年,培育各类科技服务骨干机构超过2000家,全省科技服务业产业规模达到8000亿元。

3.金融业发展重点。一是优化社会速效结构。创新间接速效方式,扩大抵质押范围,促进银企互信合作,努力保持信贷丧事与经济增长合理匹配。深入挖掘多层次资本市场功能,全面拓宽股票、债券、私募股权、保险资金运用等直接融资渠道,不断提高直接融资比重。二是改善对转型升级和创新创业的金融服务。鼓励金融产品、业务、组织和服务创新,以科技金融、绿色金融和消费金融为重点,加快普惠金融发展步伐。提升保险服务深度、密度,积极开发推广农业保险、责任保险、保证保险、科技保险等领域业务品种。推动各类市场主体更多更好运用期货工具。三是深化地方金融改革。做强做大地方法人金融机构,支持有条件的金融机构开展综合化经营。争取开展民营银行试点。鼓励发展金融租赁、消费金融、汽车金融等非银行金融机构。着力提升全省农商行治理水平和抗风险能力,探索省农村信用联社改革路径。以股权纽带为核心,推动城商行做大做强,更好地服务城乡居民和小微企业。创新发展小额贷款、融资担保、民间融资、新型农村合作金融等新型金融组织。完善股权、产权、碳排放权、金融资产、知识产权等新型资本要素交易平台体系,统筹发展介于现货与期货之间的大宗商品交易市场。规范发展第三方支付、网络借贷、股权众筹等互联网金融业态。四是优化金融业发展布局。深入推进济南区域性金融中心和画饼充饥财富管理中心建设,努力打造烟台区域性基金管理中心等金融特色城市,培育壮大一批金融创新发展示范县(市)。五是加快金融业对内对外开放。鼓励民资、外资进入金融领域。深化山东韩国的金融合作,扩大与日本及中国香港、台湾等国家和地区的金融往来。促进境内外金融机构在我省集聚发展。创新“走出去”金融服务。六是维护金融稳定。推动《山东省地方金融条例》贯彻实施,建立健全地方金融监管体制机制,加强金融监管体系和监管能力现代化、法制化建设,全面构建纵横结合、覆盖完整、运转协调的区域金融运行监管格局,确保不发生区域性、系统性金融风险。力争到2020年末,在全省基本形成多层次、广覆盖、竞争适度、风险可控、与经济社会发展相适应的现代金融体系,金融业增加值占地区生产总值比重达到6%左右。

4.物流业发展重点。以加快物流短板建设、创新体制机制为重点,积极推动“互联网+”等科学技术应用,推动物流业降本提质增效。一是加快推进物流集聚区的建设。重点规划建设和推进东部港口物流群、省会城市群经济圈物流群、鲁南商贸物流群、黄河三角洲物流群、西部经济隆起带物流群等五大物流集聚区。依托国家和省级示范物流园区,进一步调整结构优化布局,推动物流园区功能集成、设施共享、用地集约。二是加快推进物流社会化和专业化服务。扎实搞好青岛、临沂等全国现代物流创新发展城市试点,加强物流资源整合优化,破除物流业发展的体制机制障碍,提升区域物流协同发展水平。大力推动物流供应链一体化服务,着力发展第三方物流和专业化物流企业,发展一批专业化物流园区(中心)。三是加快推进城乡配送体系和快递业务发展。推进城市配送体系建设,继续推广“农超对接”,推进电子商务快递配送信息平台和社会化仓储设施网络建设。四是加快推进物流企业发展壮大。鼓励运输、仓储等传统物流企业加快向现代物流企业转型,加快培育我省电商物流的龙头和品牌企业,完善物流企业信用评价指标体系。五是加快推进物流信息服务体系建设。重点支持制造企业、商贸流通企业、物流企业建立面向上下游客户的信息服务系统,引导社会投资建设物流信息服务中心。六是加快推进多式联运与综合运输体系建设加快多式联运及转运设施建设,大力扶持集装箱多式联运企业做大做强,加快搭建跨国多式联运直达通道。七是加快推进物流技术创新和标准化建设。重点推进大数据、云计算、物联网、北斗导航及移动互联等信息技术在物流管理方面的应用,提高物流装备的现代化水平。到2020年,社会物流总费用与地区生产总值的比率下降到15.8%,物流业增加值占地区生产总值达到6.2%,占第三产业产值达到16.5%。

5.人力资源服务业发展重点。一是加大投入力度,推进人力资源服务业集聚发展。紧密结合区域经济社会发展,因地制宜、合理布局,加强人力资源服务产业园建设,促进人力资源服务机构迅速发展壮大,为其他行业企业和组织降低运营成本、提高管理效率、增强国际竞争力,提供全方位人力资源服务产品,重点打造济南、青岛、烟台、济宁区域辐射型产业园区。二是培育骨干企业。引进国际国内知名人力资源服务机构,支持本土机构通过合资、合作等方式做大做强。推动机构上市融资、拓展业务。三是支持人力资源服务产品创新。鼓励大数据的开发和深度应用,支持服务机构开展线上线下互通产品创新和定制化产品开发。通过政府购买市场化服务方式,举办人力资源服务高端论坛、技术服务大会、产业推广展会等活动,增强业界创新能力,促进业态创新发展。四是加强诚信建设,提升行业环境。发挥市场作用,推进行业协会建设,形成市场自律机制,构建政府、协会、市场主体间的互通桥梁。到2020年,建成2个以上国家级人力资源服务产业园区,市一级建立人力资源服务行业自律组织,实现人力资源服务业全省营业收入1000亿元。

6.法律服务业发展重点。一是打造服务品牌。打造一批享誉全国的知名法律服务机构，引导法律服务机构特别是律师事务所培育、发展和形成本机构的特色业务，吸引国内外著名法律服务品牌到我省设立分支机构。二是优化业务结构。推进"覆盖城乡、惠及全民"的公共法律服务体系建设。建好实体、热线、网络三大平台，实施"一村(社区)一顾问"工程，打通服务群众最后一公里。围绕重点区域战略调整业务模式，研究"互联网＋"拓展新兴业务领域。三是加强队伍建设。构建新型思想政治培训体系，加强对急需紧缺的高层次、复合型法律服务人才的引进、培养力度，大力加强教育培训，提升专业化、职业化水平。四是改进管理和服务工作。整合法律服务资源，构建我省大而强的法律服务格局和权责一致、上下协调、运行有序的法律服务管理体系，健全科学的法律服务业考核评价体系，加强法律服务机构自律管理，规范内部运行机制。到2020年，律师业务收费总额达到60亿元，律师队伍达到2.5万人，公证员总数达到1200人左右，基层法律服务执业机构力争实现乡镇全覆盖。

7.会计评估业发展重点。一是积极扶持省会城市大型事务所在人才、品牌、规模、技术标准、执业质量和管理水平等方面加快发展，优化整合各地会计资源，提升整体服务功能。二是促进机构规模升级。完善事务所体制机制，指导执业机构完善合伙制改革，推行特殊普通合伙和普通合伙体制，培育审慎负责、平等互信、"和合"担当的合伙文化。统筹推进事务所做强做大和做精做专。三是加快高端人才培养，做大高端人才增量，盘活后备人才存量。创新会员继续教育方式。四是拓展专业服务领域。整合经济鉴证服务市场，深化传统领域的审计评估、资本验证、涉税鉴证等服务，推动落实公司年度财务会计报告依法评审。积极拓展企事业单位内部控制、战略管理等咨询服务。五是加强信息化建设。加强信息基础设施建设，整合和提升协会信息化管理系统，加快建立信息综合服务平台，依托"互联网＋"模式，开发、推广会计评估执业软件。到2020年，全省管理规范、收入过3000万元的中型执业机构达到25家；创新领先、业务收入过5000万元的机构达到10家以上；具有核心竞争力、收入过亿元的机构达到6家，全省会计评估行业总收入达到42亿元。

专栏二　　现代服务业发展壮大工程

1.软件与信息服务业重点项目

蓝海领航电子商务产业园、惠普软件全球大数据应用研究及产业示范基地、海尔国际信息谷项目、高新区服务外包产业园、太平洋在线服务中心建设项目、高新区互联网小镇项目、高新区鲁南数据中心项目、东营科技企业加速器、电子商务总部基地、烟台市渤海科技产业园、蓝色智谷、潍坊恩源实业高端食品电子商务总部项目、山东万声信息产业有限公司山东数据管理服务基地项目、颐高集团颐高电子商务产业园项目、蒜都电商创业园、神农智谷大数据中心、泰山云谷互联网产业园、以云管端为基础的互联网运营商及超宽带"互联网＋"项目、优粮城惠农电子商务平台"智慧农村"项目、雪野生态软件园(鲁中软件产业基地)、临沂智慧城市云计算、临沂电子信息产业园配套项目、乐陵(义乌)商务综合产业园、国际地理标志产品电子商务公共服务平台、陵城区电子商务产业园、德城区农村电子商务创业园项目、互联网＋铝产业制造服务化公共服务平台、沿黄生态高效现代农业示范区综合信息管理系统、菏泽天华电商物流产业集聚园区、大集镇淘宝产业园。

2.科技服务业重点项目

济南创新谷加速器、中国航天科技园(济南)项目、海尔全球创新中心、哈工大青岛科技园"四新"产业基地、齐鲁安全科技产业孵化器项目、淄川经济开发区高新技术创业服务中心二期、华大东营农产品分子检测平台、国家轮胎及橡胶制品质量监督检验中心广饶橡胶轮胎分中心试验场、万华化学集团全球研发中心、烟台国际企业创新港、中国食品谷总部集聚区、国家级食品检测认证中心项目、国家现代蔬菜种业创新创业基地研发中心、创新谷项目(开发区创业中心)、梁山经济开发区创业示范园及工业技术检测研发平台项目、济莱协作区民营科技创业园、临沂东忠科技、临沂高科技电子产业园、禹城市科技创新创业中心建设项目、山东黄三角环保科技产业园公司环保新材料水处理剂研发服务平台、高端集聚区科技孵化中心、高新科技城项目、滨州数码港项目、滨山东绿色科创孵化器产业示范总部经济园项目。

续表

3.金融业重点项目 汉峪金融商务中心、奥体金融中心、历下金融商务服务中心、意大利联合圣保罗银行财富管理公司、必伟金融信息服务公司和财富管理公司、黄金珠宝国际交易中心、浙商金融中心、泰安金融商务区、丰联金融服务项目、日照银行市北经济开发区金融服务中心项目、北部新城金融大厦、雪野金融小镇、金运通互联网支付系统升级改造实名支付平台、经济技术开发区金融大厦、山东华建置地有限公司金融中心项目。 4.物流业重点项目 济南传化泉胜公路港、济南粮食产业园、中国北方(青岛)国际水产品交易中心和冷链物流基地、青岛国际木材交易产业园项目、乐物网电子商务物流港、淄博日日顺创新产业园、滕州国际冷链物流产业园二期续建工程、枣庄市粮食仓储物流中心、东营城南物流园项目、东营综合保税区、旭瑞·汇金国际大宗商品供应链产业园、烟台回里保税(B型)物流中心、青岛保税港区诸城功能区项目、昌邑市下营港及临港物流园区项目、中国大蒜冷链物流中心项目、梁山铁水联运项目、中国物流泰安国际物流产业园、泰安泺亨国际物流园区、岚山化工物流园区、石臼港区物流园区、华宝庆丰铁路物流园、“三辣一麻”集散园、中国商城(瓜达尔港自由区)商贸物流园区、临沂高速物流园、宁津县高速商贸物流园、济铁(平原)铁路物流基地项目、烟店镇哈鲁轴承物流仓储中心项目、临清内陆港建设项目(一期)、滨州港物流园区及保税物流中心项目、滨州港套尔河港区物流项目、山东济铁菏泽物流园、青岛保税区菏泽功能区。 5.法律服务业重点项目 山东正之源律师事务所。 6.会计评估业重点项目 山东天元同泰会计师事务所。

(三)着力加快发展新兴服务业

支持企业产品标准化、品牌化,经营网络化、连锁化,加快从服务业新兴业态的“跟随者”转变成为“领跑者”,积极培育旅游休闲、健康养生、体育竞技、教育培训、会展和知识产权等处于初创时期或幼稚阶段的新兴业态,引领并创造新消费,抢占价值链高端。

1.旅游业发展重点。一是编制《山东省旅游产业发展总体规划》。以“旅游+”深入推进旅游各要素的协同创新和旅游资源配置优化,通过旅游+推动旅游休闲业加快改变价值创造方式和行业发展模式。二是加大海外市场营销力度。打造东方圣地、仙境海岸、平安泰山等十大旅游目的地。三是推进乡村旅游提质增效。发展现代乡村旅游,培育乡村旅游示范单位。四是加强旅游公共服务和基础设施建设。加大旅游集散中心、旅游咨询服务中心建设力度,完善道路引导标识。五是大力实施旅游厕所革命和卫生专项整治工程、旅游综合环境和安全隐患整治工程、文明旅游工程,加强全行业的文明素质建设。六是大力实施大企业驱动工程、大项目拉动工程、大活动带动工程,培育旅游大企业集团,推进尼山圣境、梦幻星空等一批重大文化旅游项目,持续办好“好客山东贺年会”。七是大力实施“旅游+互联网”工程、“旅游+金融”工程、旅游改革创新工程,打造线上线下融合的网络营销体系,提升旅游资本化运作水平,培育旅游创新新动力。到2020年,全省实现旅游总消费额1.1万亿元,旅游业增加值约占国民生产总值的6%。

2.医疗服务业发展重点。一是实施创新驱动发展战略。加大科技体制改革和创新驱动发展战略的实施力度,打造一批具有全国一流水平的区域医疗中心。二是扶持社会办医形成竞争优势。完善社会办医政策,支持社会资本(含境外资本)举办高水平、上规模、专业化的医疗机构,支持城市二级医院加快向老年专业医疗服务机构转型。三是积极推进医养结合等多业态融合发展。鼓励二级以上综合医院开设老年病科(区),鼓励基层医疗卫生机构向居民家庭护理服务延伸。四是进一步发扬光大传统中医。扩大中医服务覆盖面和服务半径,提高中医在医疗服务中的比例和市场份额占有率。五是加快发展"互联网+医疗卫生服务业"。探索建立医疗卫生服务业数据中心,打造院内就医"一站式"服务,建立省、市、县、乡四级远程医疗服务协作体系。六是加强医疗卫生人才队伍建设。培养引进高层次人才,建立以行业需求为导向的医学人才培养供需平衡机制,鼓励医师多点执业,促进人才流动。到2020年,医疗卫生服务业总规模达到8000亿元左右。

3.体育产业发展重点。一是培育消费市场。大力营造全民健身良好氛围,培育体育消费观念。加快建设公共体育场地设施,到2020年,全省人均体育场地面积达到两平方米以上。100%的县(市、区)建有公共体育场,90%的县(市、区)建有全民健身活动中心和体育公园,乡镇和农村社区(行政村)普遍建有便捷、实用的体育健身设施,新建社区的体育设施覆盖率达到100%,推进老旧住宅小区体育设施整治履行,县级以上主城区建成"15分钟健身圈"。二是优化发展环境。鼓励和支持社会力量举办商业性和群众性体育赛事活动,加快推进社会力量办运动队改革,探索建立与市场接轨的新型场馆管理体制和运营机制。三是优化布局结构。加快发展体育健身服务业、体育竞赛表演业,进一步推动我省体育产品制造业转型升级。四是大力推动体育产业和其他产业融合发展。大力发展体育休闲旅游业。大力推动康体融合发展,鼓励社会力量开办体质测试、健康咨询和康复理疗等各类机构。鼓励各地以体育场馆等为载体,打造多功能的城市体育服务综合体。到2020年,体育产业总规模达到1500亿元。

4.教育培训业发展重点。一是推进内涵发展、特色发展。重点扶持6所左右省属高校和20个左右优势学科,建设10所左右应用型高校进入国内先进行列,建设260个与我省支柱产业、战略性新兴产业和服务业相对接的优势特色专业群。二是创新人才培养模式。深化教学改革,构建与人才培养目标和办学定位相适应的课程体系。完善春季招生考试制度,深化学分制教学管理改革,优化研究生培养结构,强化创新创业教育。三是提高科技创新能力。继续实施高校协同创新计划,鼓励和支持高校积极争取国家级"2011协同创新中心",建立技术转移服务机构,支持高校教师参股、兼职或离岗创办科技型企业。四是加强职业培训。扩大职业培训规模,构建终身教育体系和发展机制。五是推进办学体制机制改革。鼓励社会力量兴办教育,有序推进中外合作办学,形成以政府办学为主体、全社会积极参与、公办教育与民办教育共同发展的格局。到2020年,基本建立起现代大学制度,全面建成适应经济社会发展学生培养模式,形成各类教育资源共同参与、社会声誉良好的职业、文化教育培训体系。六是加强专业技术人员继续教育。人力资源社会保障部门要加强对企业特别是中小企业继续教育的指导扶持,鼓励具备条件的高等院校等各类教育培训机构面向专业技术人员提供继续教育服务,支持管理规范、服务优良的继续教育机构和企业做大做强,形成具有山东特色的继续教育品牌。

5.会展业发展重点。一是优化空间布局结构。统筹全省会展业发展,形成各具特色、互为补充、错位发展、良性互动的发展格局。二是培育壮大市场主体。培育以大型专业会展企业为龙头、中小型专业化服务企业为补充的会展企业集群。三是着力打造品牌会展。着力打造"山东十大品牌展会",培育"山东十大潜力展会",积极引进更多国际国内品牌展览和高端会议落户。四是优化场馆规模结构和服务。引导各市加强会展场馆建设,鼓励展馆"一馆多用",提高场馆利用率。五是创新山东会展业的发展模式。做大做强几个综合性龙头展会,搞好搞活若干个区域性重点展会,形成市场竞争有序、专业化程度高的会展业发展格局。六是布局省外和境外市场。加强与品牌企业及产业商协会合作,提高我省优势产业和品牌在国内、国际市场的能见度与知名度。推进境外市场营销网络平台,扩大市场占有率和影响力。到2020年，展览总数增加5%，打造“山东十大潜力展会”，争取UFI认证品牌展会2～3个。

6.知识产权业发展重点。一是培育知识产权服务业集聚区。重点打造济南知识产权运用示范区，青岛知识产权服务业综合改革试验区，烟台、潍坊、济宁等知识产权服务业富集区。二是推动知识产权代理服务发展。重点培育10～20家行业知识产权代理服务标杆机构，50家基础好、能力强、信誉良、市场占有率高、在全国具有较强市场竞争力的中介服务机构。三是推动知识产权法律服务发展。建立知识产权保护联盟、行业自律机制和重大知识产权纠纷援助机制，重点培育50～100家具有法律特色优势的知识产权服务机构。四是发展知识产权信息服务。打造知识产权信息综合服务平台，建立统一高效、功能完备的山东省知识产权综合公共服务平台。五是发展知识产权运营服务、金融服务及交易服务。鼓励和引导金融机构、创业投资、民间资本等进入知识产权运营市场，探索建立知识产权“银行”，集中推进齐鲁股权知识产权交易平台、山东省文化版权交易中心，济南、青岛、烟台、泰山专利技术展示交易平台和鲁南技术产权交易中心建设。到2020年，实现我省知识产权行业产值20亿元左右，从业人员3万人左右。

专栏三　　新兴服务业培育工程

1.旅游业重点项目

新奇世界国际度假区、章丘国家森林公园建设、邮轮母港城、藏马山国际旅游度假区、齐长城旅游开发项目、周村古商城旅游文化园区棚户区改造项目、滕州市微山湖湿地公园及周边景区综合开发、枣庄市抱犊崮熊耳山国家森林公园5A级提升建设项目、揽翠湖温泉度假区、东营龙居利丰温泉旅游度假村、烟台滨海度假酒店群、张裕酒文化旅游项目、诸城市恐龙文化旅游区、印象老潍县项目、文化国际慢城项目、明故城古泮池风貌区建设工程、碧霞湖文化项目、新泰市莲花山省级旅游度假区建设项目、大溪谷国际婚礼博览园、环翠区传统文化古镇、海乐湾、渔人码头、棋山国家森林公园、齐长城一线五村文化旅游开发、沂蒙国际文化旅游城、蒙山旅游区综合开发、德岸漫城文化创意产业园、大禹文化旅游产业园、临清市海棠家园旅游观光项目、葡香园欢乐世界项目、黄河风情乡村旅游、三河湖生态文化旅游度假区项目、郓城水浒文化旅游区建设项目、中华祖源风景区。

2.医疗服务业重点项目

福胶集团健康产业园项目、青岛市市立医院东院二期、山东大学齐鲁医院（青岛）二期、山东省立医院（集团）烟台医院、文登整骨烟台医院、阳光保险集团股份有限公司阳光融和医院项目、潍坊滨海旅游集团潍坊滨海温泉疗养院建设项目、威海港中科医院康复中心有限公司港中科医院项目、威海光华医院威海中韩医院及高端养老养护中心、东港区医疗卫生服务体系建设项目、临沂河东区尚荣医疗、德州市联合医院医养中心项目、北顺康复养生项目、高唐县中医院医养结合康复项目合惠医院、鲁西南国医产园循环经济项目、曹县医养结合综合项目。

3.体育产业重点项目

英派斯体育健身产业基地、沿海一线水上运动休闲基地、崂山户外运动休闲基地、市民健身中心、泰安市体育中心竞技健身综合体、山东大学全民健身项目、日照市全民健身中心项目、临沂市体育中心建设项目、乐陵市国家自行车训练基地建设项目、滨州主体育场（足球城）、菏泽全民健身中心、郓城县文体中心建设项目。

4.教育培训业重点项目

市中区素质教育培训基地、微软-伟东教育云研发基地、山东（潍坊）公共实训基地、山东美佳教育投资管理有限公司昌乐新二中·美加国际学校项目、山东力明科技职业学院泰安新校区建设项目、山东山译实业发展有限公司大学生创业基地项目、中基南海科教城（山东）有限公司山东省高等学校基础物理实验教师实训基地及科普教育基地项目、市职业教育公共实训基地暨科技中等专业学校实训基地项目、山财大莱芜校区、临沂公共实训基地。

5.会展业重点项目

济南西部会展中心、中铁青岛博览城、中国红岛国际会议展览中心、泰安·广弘国际矿山机械交易博览中心项目、中韩自贸区经贸交流中心、乳山市科技规划展示中心项目、临沂保税展示展销中心。

6.知识产权业重点项目

临沂专利事务所建设项目。

六、保障措施

（一）加大政策扶持

完善税费政策。进一步落实营改增等国家有关服务业税收优惠政策，全面清理服务业领域的各类收费，实现用电、用水、用气价格与工业同价。强化财政投入。各级政府在本级预算内设立服务业发展引导资金，综合运用贷款贴息、投资补助等多种方式，引导社会资金投向服务业。拓宽融资渠道。引导金融机构扩大服务业贷款规模，创新金融产品，支持服务业企业通过上市、发行债券、引进股权投资等多种渠道融资，鼓励产业投资基金、创业投资机构、融资性担保机构等服务业企业提供融资服务，努力扩大服务业招商引资。提供用地支持。结合土地利用总体规划修编，逐步增加服务业发展用地比例，政策鼓励工业企业利用自有工业用地举办促进企业转型升级的自营生产性服务业，经依法批准，对提高自有工业用地容积率用于自营生产性服务业的工业企业，可按新用途办理相关手续。鼓励各市探索扶持性的供地政策，支持服务业项目建设。强化人才支撑。继续实施“服务业千人培训工程”和泰山产业领军人才工程，深入实施服务业领域专业技术人才知识更新工程，加快引进一批服务业高端紧缺人才，完善人力资源服务体系和留住人才的鼓励政策。

（二）深化改革开放

放宽市场准入。除国家法律、法规有明确规定外，允许各类社会资本平等进入服务业领域。对进入城市供水、供气、供热等市政公用事业领域的社会资本，在设立登记、行政许可等方面，执行与公办机构相同的政策；进一步深化审批制度改革，积极推进审批事项“负面清单”制度，打破所有制限制和行业垄断，为民间投资创造良好环境。深化服务业改革。深化机关、学校后勤服务社会化改革，加快公益类事业单位去行政化和法人治理结构建设试点工作，建立各类事业单位统一登记管理制度；重点抓好济南、青岛国家级和省级服务业综合改革试点，并扩大省级服务业综合改革试点范围；继续深化文化、金融、医疗卫生等重点领域的改革，积极推进供销社全国综合改革试点工作，健全农业社会化服务体系。扩大服务业对外开放。深化鲁港、鲁台服务业的交流合作，积极参与“一带一路”建设，有序推进教育、文化、医疗卫生等领域的对外开放；以中韩（烟台）产业园为载体，纵深推进对韩服务业开放；积极引导国际资本投向科技信息、文化创意、商务服务等现代服务业领域，逐步提高服务贸易在对外贸易中的比重，优化服务贸易结构。支持威海作为国家服务贸易创新发展试点城市，在服务贸易管理体制、促进机制、政策体系、监管模式等方面先行先试，总结推广一批可复制、可推广的经验。

（三）提高创新发展水平

突出技术创新。支持服务业领域关键共性技术研发及公共服务平台建设，加快大数据、云计算、移动技术和社交网络在服务业企业的应用，加强研发机构和研发平台建设，推进产学研合作，引进创新型人才和研发团队，通过技术创新形成先发优势。突出商业模式创新。加快新兴信息技术在服务业领域的推广与应用，大力发展电子商务平台、金融支付平台、软件应用平台、云计算应用平台等模式，加快构建以消费者为核心，借助互联网等新兴信息技术，让智力资源和社会资本更加自由流动的众包、众筹、众创等新型商业模式。突出品牌创新。推动服务业企业加强商标注册、运用、管理和保护。从成本竞争优势向标准、品牌竞争优势转变。制定一批省级地方服务业标准和行业服务规范,争取成为全国行业标准;培育一批“山东服务名牌”企业,鼓励服务业争创驰名商标和著名商标,争创服务业名牌。

(四)促进产业融合发展

促进服务业与现代农业深度融合。通过搞好农业生产产前、产中、产后全过程服务,降低农业生产成本,提高农业比较效益。鼓励农业企业和涉农服务机构重点围绕提高科技创新和推广应用能力,开展农作物良种繁育、农业生产动态和环境监控、病虫害防治、测土配方施肥和机耕、机播、机收等服务,健全农业生产资料配送网络和农副产品流通体系,推动农业与科技、旅游、文化、会展等服务业融合,着力发展农业休闲观光旅游和农产品会展,拉长农业产业链条。促进服务业与先进制造业深度融合。加快发展总集成总承包,开展试点示范,支持有条件的企业由提供设备向提供系统集成总承包服务转变,由提供产品向提供整体解决方案转变,带动产业链上下游企业协同发展。鼓励有能力的工业企业重点围绕提高研发创新和系统集成能力,将数字技术和智能制造技术广泛应用于产品设计和制造过程,推进面向产业集群和中小企业的公共服务平台建设,整合优化生产服务系统。运用互联网、大数据等信息技术,积极发展个性化定制、柔性化生产,满足多样化、个性化消费需求。促进服务业内部深度融合。加快服务业内部存量调整和增量优化,以科技信息服务改造提升传统服务业,依托互联网服务平台,促进服务业不同行业间跨界融合发展,发展分享经济,加快发展新兴服务业,培育发展大数据、云计算等新兴服务业。

(五)完善工作机制,加强组织领导

按照国家统一部署,省、市、县三级建立健全统一的服务业部门联席会议制度,完善服务业重点产业和重点工作协调推进制度,加强各部门的协调配合,共同推进服务业跨越发展。加强服务业载体建设。进一步完善重点服务业城区、园区、企业和项目四大载体认定和动态管理办法,建立载体建设季度调度分析制度;加大各级财政资金对服务业载体建设扶持力度,鼓励引导金融信贷资金、社会资金更多地投入服务业载体建设;支持各地围绕规模以上入统企业、重点项目、特色商业街、服务业特色镇等载体建设,结合实际创新服务业载体培育办法。完善服务业统计和绩效考核制度。健全完善全面反映我省服务业发展水平的统计制度,大力推进服务业全行业统计,完善行业统计和运行监测分析季报制度;完善服务业绩效考核办法,把服务业发展作为考核省政府有关部门和各市工作的重要内容,并逐步扩展到县。确保规划实施。把服务业纳入各级国民经济中长期发展规划中,统筹谋划服务业的发展;把实施服务业规划与编制年度计划结合起来,与行业专项规划的编制实施相衔接,使规划确定的任务目标通过年度计划和行业规划得到贯彻实施;适时开展规划评估,全面分析检查规划实施效果,及时进行调整,推动规划全面有效落实。

山东省人民政府关于加快服务业发展的若干意见

鲁政发〔2013〕25号

各市人民政府，各县（市、区）人民政府，省政府各部门、各直属机构，各大企业，各高等院校：

为认真贯彻落实党的十八大和省第十次党代会精神，加快促进服务业发展，特提出以下意见：

一、更新观念，突出重点

（一）进一步提高认识

服务业是实体经济的重要组成部分。加快发展服务业，对于稳增长、调结构、扩内需、增就业具有重大的现实意义，是打造山东经济升级版、推动长期健康发展的新引擎。近年来，我省服务业取得长足发展，规模和质量同步提升，为保持经济平稳发展发挥了重要作用。但总体上看，服务业仍是我省经济发展的“短板”，总量规模偏小、结构层次不优、创业创新活力不足、市场竞争力不强。2012年服务业增加值占生产总值的比重为40%，比全国平均水平低4.6个百分点，与山东经济大省的地位很不相称。

我省服务业发展滞后，存在着多方面深层次原因，主要体现在以下五个方面：一是与工业化、农业现代化相比，我省城镇化和信息化进展滞后；二是作为历史文化大省，“重农轻商”“重工轻商”和“学而优则仕”的传统观念影响深远；三是多数服务业领域改革落后于农业和工业领域，特别是带有垄断性质的部门和行业仍然保持着计划经济时期的行政色彩，国有事业单位改革任务艰巨；四是相对于农业、工业、建筑业的国际化水平，我省大部分服务业较为封闭、管理落后、竞争力弱；五是各级政府部门对服务业的研究、规划、指导相对薄弱，财政资源还有相当大比例没有用于公共服务领域，产业结构调整基金用于服务业的比重也明显偏低。各级、各部门要充分认清我省服务业发展中存在的问题及根源，切实提高加快发展服务业重要性和紧迫性的认识。

(二)明确指导思想

进一步解放思想、更新观念,切实把服务业放到转方式调结构的战略重点位置;进一步整合力量、加大扶持,集聚各类资源向服务业倾斜;进一步转变政府职能、提高效能,创造一流营商环境;进一步深化改革、扩大开放,打破行业垄断和地方保护;进一步加强引导、激发活力,充分调动基层和群众的聪明才智和创业积极性,推动服务业全面进步。

(三)突出发展重点

从总体上看,我省所有服务业领域都存在着供不应求问题,蕴藏着巨大发展潜力,都需要加快发展步伐。从相互关联和带动作用考虑,今后一个时期,全省要特别重视发展信息、物流、教育、研发、文化、旅游、养老、医疗、金融以及各种商务服务等行业和领域。坚持分类指导,加大财政投入,鼓励社会资本参与,开发多层次市场,促进服务业消费,拉长产业链,提高附加价值。加快发展公共服务业,扶持发展生活性服务业,提升发展生产性服务业。各地要坚持因地制宜、因势利导,合理确定发展重点,不断增创服务业发展新优势。

(四)确定发展目标

力争到2020年,服务业总量显著扩大,就业容量明显增加,体制机制更加完善,开放水平全面提高,市场竞争力持续增强,总体发展规模、质量和层次与经济文化强省建设的要求相适应;服务业增加值占生产总值的比重达到50%左右,基本形成服务业占主导地位的经济结构。

二、加强引导,增加投入

(五)加强规划引领

各级政府在制定国民经济中长期发展规划和年度计划中,要把服务业放在优先位置,统筹规划重点产业、各类集聚区和重点项目,把更多的政府资源用于公共服务,引导社会各类资源投入服务业。在土地利用总体规划和城乡规划中,要统筹安排服务业布局、用地规模和开发时序,预留服务业发展空间。城市和中心镇要优先发展服务业。城市新建住宅小区开发建设和旧城改造要将商业、幼儿园、中小学校、养老服务、社区服务等设施建设,纳入公建配套实施方案同步规划、同步建设。推进服务业行业和专项规划的编制实施。

(六)加大财政投入

除进一步强化公共财政支持公共服务的属性之外,各类政府产业扶持和结构调整资金主要投向服务业,一般不再投入竞争性工业领域。各级政府在本级财政预算内设立服务业发展引导资金。在扩大2014年省级服务业发展引导资金规模的基础上,今后逐步增加。引导资金重点支持服务业关键环节和新兴领域发展,通过贴息、补助和奖励等方式,引导社会资金投入,发挥政府资金“四两拨千斤”的示范带动作用。

(七)扩大政府购买公共服务范围

明确政府购买公共服务的范围、程序、资金安排和组织保障,建立严格的监督评价机制。推动政府、国有企业为主投资的项目设备采购和专业服务整体外包,增加对公益服务的政府采购,实行机关物业管理服务政府采购,推行政府法律顾问制度和法律服务政府采购。

(八)保障和优化土地供应

各地要调整城镇用地结构,扩大服务业用地供给,提高服务业建设用地比例。鼓励各市探索扶持性的供地政策,支持对地方经济带动作用大的现代服务业和惠及民生的旅游、养老等服务业项目建设。在工业园区内建设的物流、研发和工业设计等生产性服务业项目,可参照执行工业用地政策。逐年提高服务业项目数量在省市重点建设项目中的比重。对省级服务业载体项目用地,各级政府在新增用地指标方面予以重点支持。

鼓励集约用地。通过挖潜盘活的城镇存量土地和城乡建设用地增减挂钩节余的土地指标,旧城区和城中村改造腾出的土地,优先满足服务业需求。鼓励利用工业和仓储用房兴办服务业,涉及原划拨土地使用权转让或改变用途的,经批准可采取协议出让方式供应。对服务业企业单位用地面积财税贡献率高的,可由当地财政给予奖励。

(九)调整价格政策

严格执行服务业用电、用气、用水、用热与工业同价政策。进一步完善峰谷分时电价政策,110千伏安以下的商场、超市、餐饮、宾馆、冷库等无法避峰用电的企业,不再纳入执行峰谷分时电价范围,并分步实施到位。城乡社区居民委员会的工作场所及非经营公益服务设施,养老机构等社会福利场所的生活服务设施,学校教学设施和学生生活服务设施,城乡居民住宅小区公共场所非经营性服务设施,用电价格执行居民电价的非居民用户价格;用水、用气、用热价格执行当地居民价格。

(十)拓宽融资渠道

扩大服务业企业贷款抵(质)押品范围,积极推进知识产权、股权、特许经营权、应收账款、收费权、动产等抵(质)押贷款业务。加快发展消费金融业务,满足教育、文化、旅游等服务消费领域的信贷需求,开展老年人住房反向抵押养老保险试点。积极发展供应链融资、物流融资、网络融资。支持符合条件的服务业企业集团设立财务公司。提高服务业企业在上市后备资源库中的比重。支持符合条件的服务业企业,通过发行企业债券、短期融资券和中期票据等进行融资。通过奖励、风险补偿等多种方式引导融资性担保公司健康发展。

(十一)强化人才支撑

鼓励省内高等院校和中等职业学校根据服务业发展的需要调整或增设专业。开展服务业专业技术人员继续教育,优先纳入全省专业技术人才知识更新工程。继续做好选派服务业企业青年管理干部赴美攻读专业学位和服务业千人培训工程工作。

各级政府和有关部门要为服务业高端人才在我省工作生活提供落户、子女教育、医疗和出入境等便利服务，并按规定纳入当地社会保障体系。对引进的紧缺高端人才，经认定，由所在地政府或企业给予一次性安家费补助，企业补助安家费按规定在企业所得税税前列支；对在省内居住超过1年的，在子女教育、医疗方面享受当地居民待遇。支持公办的教育、医疗等公共服务机构，探索实行灵活的吸引人才、留住人才的收入分配机制。鼓励高层次、高技能人才来我省创业发展，可由各地政府以企业成长性和经济贡献为依据，对其高层次管理人才和科技人才予以适当奖励。各级政府要加大对人力资源服务业的资金支持力度，开发满足不同层次、不同群体需求的服务产品，推进人力资源服务业创新发展。

省政府奖励对服务业发展和行业推动有突出贡献的科技专业人才，每年奖励20名，由省级服务业发展引导资金给予每人一次性奖励30万元。

三、简政放权，优化环境

（十二）减少行政审批

省政府规章不得新设工商登记前置性审批项目；已经设定的，按照程序将直接关系国家安全和公民生命财产安全的前置性审批项目改为后置审批，其他一律取消。对不涉及国家规定前置审批的经营项目，登记机关直接核定企业经营范围。除国家有明确规定外，服务业企业固定资产投资项目立项一律实行备案制。省内房地产等企业可在项目所在地以分公司名义办理项目审批手续、设立银行账号、交纳有关税费，可不再新设立独立法人资格的子公司。

（十三）提高行政效率

进一步简化登记、许可、立项、规划、土地、环保、建设、卫生、消防等审批验收环节和程序，取消不必要的中间流程，压缩审批时限。全面推行并联审批制，相关职能部门要平行运作，必要时采用集中会签会审制。能当场办结的审批事项，要当场办结；法律、法规有审批时限规定的，一律做到限时办结。进一步下放审批权限，凡是下级行政机关作实质性审查、上级行政机关只作程序性批准的审批事项，采取授权或委托方式下放到下级行政机关办理。加快电子政务建设，积极推行网上咨询、预审和审批。

（十四）规范市场秩序

实现政府职能从“重审批”向“重监管”转变。对取消的生产经营活动审批事项，制定针对性的具体措施，加强对市场主体和经营活动的监管。对取消的资质资格许可项目，制定职业标准或评价规范，提高相关行业组织的自律管理能力，并依法加强监督。对通过备案制度或自由进入市场的服务业企业和个人，严格按标准进行监管，维护公平竞争的市场秩序。

四、深化改革，扩大开放

（十五）打破行业垄断

除国家法律、法规有明确规定外，允许各类社会资本平等进入各服务业领域。鼓励社会资本参与交通、通信等基础设施建设，进入城市供水、供气、供热等市政公用事业领域，发展教育、卫生、文化、体育等社会事业。在设立登记、行政许可、建设、土地、税费、金融、政府资金扶持和采购、医保定点、资质认定标准、学科建设，以及用电、用水、用气、用热价格等各方面，执行与公办机构相同的政策。在专业技术人员的资格认证、职称评聘、职业技能鉴定、进修培训、科研课题申请招标、成果鉴定验收等各方面，享受公办机构专业技术人员同等待遇。鼓励和引导民营企业通过参股、控股、资产收购等形式，参与相关公办机构的改制重组。

（十六）加快事业单位分类改革

加大攻坚力度，坚持分类施策。对从事生产经营活动的事业单位，完善过渡政策，加快转企改制步伐；对面向社会提供公益服务的事业单位，实行政事分开，建立健全法人治理结构，积极探索管办分离的有效形式。深化事业单位人事和收入分配制度改革，按照国家统一部署推进社会保险制度改革，积极探索建立基本养老保险和职业年金相结合的多层次养老保障体系。

（十七）完善社会保障制度

进一步扩大社会保险覆盖范围，努力实现应保尽保，维护参保人员权益。积极探索民办非营利机构社会保障制度改革，开展非营利性民办职业院校教师社会保障与公办学校同样待遇试点，取得经验后逐步在全省民办教育、医疗机构推广。

（十八）加快服务业综合改革

支持国家和省级试点单位，在改革开放方面先行先试。省、市级权限下放可先在试点单位试行，支持试点单位在取消下放行政审批、优化流程和加强监管、创新机构编制管理等方面积极探索。对改革成效显著的，由省级服务业发展引导资金给予奖励。

推进行业协会、商会与行政机关脱钩。对行业协会、商会、科技、公益慈善和社区服务类等社会组织实行直接登记管理，不再需要业务主管单位的审查同意。降低社区服务类社会组织的登记门槛，实行登记、备案双轨制。将异地商会登记管理权限下放到设区的市，非公募基金会的登记权下放到设区的市和县（市、区）。探索一业多会，引进竞争机制，激发行业协会、商会发展活力。

（十九）扩大服务业对外开放

鼓励外资在我省以合资、合作方式举办营利性或非营利性医疗机构，逐步取消境外资本的股比限制。鼓励外资兴办职业技能培训、养老和社会福利机构，合作举办高等教育机构。有序推进普通高中教育和文化产业对外开放。香港、澳门特别行政区和台湾地区在我省举办有关机构，按规定享受优先扶持政策。支持利用外资发展金融保险、科技信息、现代物流、服务外包、旅游会展、评级评估、会计审计、法律服务、品牌创意、人力资源等现代服务业。放宽对外商投资小额贷款公司股比限制。落实外商投资企业国民待遇，健全完善外商投诉协调机制。

（二十）扩大服务贸易和服务外包

继续支持运输、旅游、对外劳务及工程承包等劳动力密集型服务出口，加快发展文化、教育、医疗和研发设计等资本和技术密集型服务贸易，提高服务贸易在对外贸易中的比重。鼓励服务贸易企业到境外设立经营网点。大力发展服务外包城市、园区和企业，加快培育一批具有较强国际竞争力的服务外包领军企业。

（二十一）鼓励发展总部经济

各地引进的国内外企业总部、地区总部、采购中心、研发中心、财务管理中心和结算中心等，其建设项目优先列为省重点建设项目，优先纳入所在地年度土地供应计划；其自建、购买或租赁办公用房，各级政府可给予资金支持；缴纳房产税、城镇土地使用税确有困难的，经批准可给予免征；对其高管人员，当地政府可给予奖励。对新引进的和省内新入围的世界500强、国内综合100强和服务业100强企业总部、区域和功能性总部，由省级服务业发展引导资金给予一次性奖励。

五、激励创业，推动创新

（二十二）支持服务业自主创业和小微企业发展

在财政扶持、税收优惠、公共服务、金融服务和产业引导上更多向小微服务业企业倾斜，推动全民创业。各级政府要依托公共就业服务体系和中小企业公共服务平台，开展自主创业培训和辅导，帮助个人创办小微服务业企业、提高经营管理水平和多渠道开拓市场。对金融服务、小微企业服务和创业服务等类型的社会组织给予注册。利用失业保险基金结余部分建立创业带动就业扶持资金，主要用于扶持自主创业和小微服务业企业发展，给予小额担保贴息和促进创业孵化基地、园区建设等。提高创业补贴标准，加大小额担保贷款支持，深化创业型城市创建工作，加强创业指导服务。各级政府要大力促进文化创意产业发展，鼓励举办民营博物馆和文化馆，并支持相关领域的创业就业，对相关企业和项目建设给予资助。加大扶持力度，促进家庭服务业，社区、物业管理服务和民办非企业创业创新发展。放宽小微服务业企业市场退出规定，延长休养生息时限。支持个体工商户转为小微企业，税负增加的，所在地政府给予相应的补助。

（二十三）支持服务业企业创新发展

允许服务产品、商业模式创意方案和其他可评估、可转让的无形资产折算为企业股份。支持服务业领域关键共性技术研发及公共服务平台建设，扶持发展电子商务平台和园区；鼓励服务业相关企业申报博士后科研工作站和国家、省市级重点实验室、企业技术中心、工业设计中心、工程（技术）研究中心、工程实验室，申报高新技术企业、软件企业和技术先进型服务企业。制定省级服务业创新团队认定办法，被认定的省级创新团队由省政府公布，省级服务业发展引导资金给予一次性奖励；对国家和省创新团队实施的项目给予资助。

（二十四）支持企业剥离非主营业务

鼓励生产制造企业将研发设计中心、重大产业技术创新平台，信息、物流、售后和社会服务等业务组建成为专业化的法人企业。剥离后的服务业企业，购置的固定资产符合条件的可按规定缩短折旧年限或加速折旧；在不改变土地用途、不重新开发建设的情况下，可暂不办理土地变更手续；税负高于原税额的，高出部分由所在地政府给予相应补助；缴纳房产税、城镇土地使用税确有困难的，经批准可给予减免。

（二十五）支持品牌和标准化建设

对新获得国家驰名商标、中华老字号的服务业企业，组织制定服务行业国家标准和开展国家服务业标准化试点项目的企业，由省级服务业发展引导资金给予一次性奖励。扶持培育阳光大姐、银座超市、临沂物流等一批本土服务业名牌。制定振兴“鲁菜”发展规划，加快“鲁菜”开发创新，提升品牌形象和餐饮市场占有率。

（二十六）支持服务业集群集聚发展

完善省重点服务业城区、园区、企业认定和动态管理办法。制定我省现代服务业集聚示范区培育办法，经省政府认定的省级现代服务业集聚示范区，由省级服务业发展引导资金给予一次性奖励，并适当安排部分建设用地指标予以支持；对示范区内的现代服务业建设项目，给予优先扶持。

六、加强领导，强化考核

（二十七）加强服务业工作组织领导

建立健全与服务业发展新形势、新要求相适应的组织领导和工作推进机制。完善省服务业工作领导协调机构，强化重点产业和重点工作协调推进机制，发挥好对服务业工作组织协调、统筹规划、推进重点产业发展、研究解决服务业发展重大问题的作用。各级政府和各部门要健全服务业领导和工作机构，明确分工，落实责任，形成发展合力。

（二十八）加大服务业绩效考核力度

提高服务业在各级科学发展综合考核评价体系中的权重。完善服务业发展年度目标和重点工作责任分解制度，明确各市、省直有关部门责任分工，确保各项任务目标落到实处。修订完善对各市、县（市、区）、省直有关部门和服务业载体单位绩效考核办法，建立科学有效的绩效考核指标体系和奖励机制。对发展服务业成绩突出的单位，省政府给予通报表扬和奖励。

（二十九）完善服务业统计制度

健全完善全面反映我省服务业发展水平的统计指标体系和统计制度，大力推进服务业全行业统计。加强服务业各行业主管部门和行业协会的统计工作，完善对服务业重点产业、新兴产业的统计，建立行业统计和运行监测分析季报制度，促进统计信息的交流与资源共享，提高统计数据的时效性和准确性。对企业或企业集团以及其他机构内部服务单位的增加值进行分类评估。参照市场租金，科学核算居民自有住房的虚拟租金水平。加强各级、各部门服务业统计基础设施和信息化建设，提高统计调查和数据分析能力。

(三十)强化典型示范带动

鼓励各地创先争优,积极在发展方式、改革开放、优化环境、政策扶持、自主创业、企业创新和品牌打造等方面,发现、扶持和培育一批先进典型。认真总结各地服务业发展的好经验、好做法,通过各种形式,加强宣传推广,强化典型引领。

按规定程序抓紧清理修订与本意见不相符的地方性法规、政府规章和规范性文件。各市和省直有关部门要根据本意见制定具体配套措施并认真组织实施。省政府办公厅、省发展改革委、省监察厅会同有关部门定期督导本意见执行情况,协调推动各级、各部门加大措施,落实责任,确保取得实效。

本意见自下发之日起执行,此前与之不一致的规定以本意见为准。

附件:加快服务业发展的若干意见重点任务分工(略)

山东省人民政府

2013年11月1日

省会城市群经济圈现代服务业发展规划

前　言

省第十次党代会作出了“继续发挥济南优势，加快科学发展、建设美丽泉城，带动省会城市群经济圈做大做强”的决策部署。强化省会城市核心地位，加快省会城市群经济圈发展，是深入实施重点区域带动战略、挖掘释放区域发展战略更大红利、促进中西部加速崛起的战略选择。现代服务业作为经济社会发展的新引擎，是衡量一个区域综合竞争力和现代化水平的重要标志之一。大力发展现代服务业，是构建省会城市群经济圈现代产业体系、“扩内需、增就业、惠民生”的有效途径，对于建设经济文化强省、提前全面建成小康社会具有重大意义。为深入贯彻落实省委省政府加快服务业发展的总体部署，加快推动省会城市群服务业跨越发展，根据《省会城市群经济圈发展规划》及《山东省人民政府关于加快服务业发展的若干意见》等文件，特编制《省会城市群经济圈现代服务业发展规划》。

规划范围：包括省会济南及周边的淄博、泰安、莱芜、德州、聊城、滨州，共 7 市，52 个县（市、区）。

规划期限：2014 年至 2020 年。

第一章　发展基础和背景

省会城市群经济圈是我省现代服务业发展的关键区域，直接关系全省服务业转型升级大局。近年来，区域内各市、县（市、区）高度重视服务业在产业结构调整中的战略引擎作用，不断增加服务业投入，优化服务业内部结构，实现了赶超跨越，取得了显著成效。

一、发展成就

总量规模不断扩大。2013 年省会城市群经济圈服务业实现增加值 8331.6 亿元，是 2005 年的 2 倍多；服务业增加值占 GDP 的比重达到 41.5%，比 2005 年提高了 9.2 个百分点，高于全省 0.3 个百分点，服务业正在成为省会城市群经济圈新的经济增长点。

发展后劲明显增强。省会城市群经济圈服务业投资保持了快速增长势头。2013 年全省服务业投资增速高于全社会投资增速 5 个百分点以上的有 5 个市，省会城市群经济圈占了 4 个。聊城、德州、莱芜、泰安分别高出 19.9、7.9、6.9、6.4 个百分点。服务业投资占比提高的 11 个市中，省会城市群经济圈占比超过了 1/3。一批重大服务业项目相继建成，对经济拉动效应逐步显现。

社会贡献不断增强。2013 年，省会城市群经济圈服务业实现税收 941.3 亿元，占全部税收收入的比重达到 47%。2013 年服务业从业人员 883 万人，占全社会从业人员的比重达到 38%，服务业正在成为增加财政收入、吸纳社会就业、提高城乡居民收入的重要渠道。

二、发展优势

产业基础良好。区域内现代农业发达，冶金、石油化工、交通运输装备、新材料、新能源和生物技术等一批具有较大规模和较强竞争力的优势产业集群，为农村服务业、生产性服务业发展奠定了坚实基础。旅游、商贸、金融等一批现代服务业集聚区已经形成，为进一步转型升级、延伸产业链条提供了有利条件。

区位优势明显。省会城市群经济圈地处山东腹地，南接长三角，北临京津冀，与半岛城市群、中原城市群相连，是山东半岛与华东、华北和中西部地区联结的重要门户，是全国交通、信息大通道的重要枢纽。区域内生态环境良好，自然资源丰富，在承接产业转移、配置生产要素、拓展经济腹地、提高综合实力等方面享有得天独厚的优势。

人力资源丰富。省会城市群经济圈人口 3270 万人，占全省人口的比重为 34.1%，劳动力资源充沛。区域内集聚了一大批国家和省部级科研机构、大型企业集团总部和企业技术开发中心，研发实力雄厚、创新能力较强；各类高校数量占全省 50%以上，为发展智力要素密集度高的现代服务业提供了强有力的人才支撑。

文化底蕴深厚。省会城市群经济圈是齐鲁文化重要发祥地，历史悠久，拥有大量宝贵的历史文化遗产。泰山文化、黄河文化、运河文化、泉城文化、海洋文化，为发展文化创意、文化旅游、文化会展、文化休闲等新兴服务业提供了竞争优势。

三、机遇和挑战

(一)发展机遇

服务全球化为服务业发展提供了更加广阔的空间。随着服务经济的不断发展，服务外包规模和范围不断扩大，服务贸易结构也正在发生根本性变化，知识、技术、信息密集型高端服务业的国际转移速度明显加快，产业转移层次明显提升，为省会城市群经济圈承接金融保险、科技信息、服务外包等新兴和高端服务业提供了难得的发展机遇。

扩大改革开放为服务业发展注入了新的活力。党的十八届三中全会作出了全面深化改革的战略部署，随着改革的深入推进，体制机制更加完善，营商环境更加优化，将进一步激发和汇聚加快发展现代服务业的活力。国家大力实施自由贸易区战略和“一带一路”战略，将为省会城市群经济圈“引进来”和“走出去”相结合加快发展现代服务业提供更大平台。服务业“营改增”税制改革有效解决了过去营业税制按流转环节征税所带来的重复计税问题，提高了工业企业实施非主营业务剥离的积极性，有利于加速生产性服务业专业化进程。小规模纳税人税负的普遍下降，激发了全民创业创新的积极性。

新型城镇化为服务业发展提供了更多的市场需求。省会城市群经济圈正处于城镇化加速提质发展时期，城镇化进程的加速推进，将释放巨大的投资需求和消费需求潜力，带动大量农村人口向城镇转移，推动资本、产业、人才、科技、信息等资源要素向城市集聚，有力地促进金融、物流、商务等生产性服务业和商贸、餐饮、文化、旅游、教育、卫生等生活性服务业加快发展。公共服务需求的增多及信息消费、健康养老、教育培训等新的消费领域的兴起，也将为服务业发展提供更大空间。

经济转型为服务业发展提供了新的动力。当前省会城市群经济圈正处在一个转型发展的战略机遇期，解决经济发展方式粗放、自主创新能力不强、节能减排压力加大等问题，迫切需要更多地发挥服务业对经济发展的带动作用。省会城市群经济圈深入贯彻省委、省政府部署，深入实施高端、高质、高效产业发展战略，改造提升传统产业，做大做强高新技术产业，加快发展战略性新兴产业，为研发设计、金融保险、商务服务、供应链管理、营销网络等生产性服务业提供了巨大需求。

政策环境优化为服务业发展提供了更可靠的制度保障。近年来，国家和我省陆续出台了一系列扶持服务业加快发展的政策措施，支持金融改革、信息消费、乡村旅游、社会养老、职业教育、电子商务、文化创意及快递服务发展，尤其是《山东省人民政府关于加快服务业发展的若干意见》(鲁政发〔2013〕25 号)的出台，为进一步深化我省服务业体制机制改革，完善投融资机制，激励创业创新，提供了明确的指导和依据，为省会城市群经济圈发展提供了政策保障。

(二)面临挑战

区域竞争愈发激烈，高端服务需求不足。省会城市群南接长三角，北临京津冀，西连中原经济区。长三角机制灵活，京津冀科技人才优势明显，中原经济区政策优越，这些区域的快速发展，势必会对该区域在资金、技术、人才等方面形成“抽离效应”，加快发展现代服务业面临更加激烈的竞争。同时，由于我省资源型工业大量存在，传统生产模式仍占较高比重，产业链向“微笑曲线”两端延伸程度较低，对附加值较高的研发、设计、生产、营销、售后等服务环节需求不足，抑制了高端生产性服务业的发展，省会城市群的人才、科技优势发挥不够。

城镇化水平较低，服务业整体带动不强。我省缺乏在全国、全省影响较大和辐射带动能力强的区域性中心城市，难以提高服务业特别是现代服务业的集聚发展水平。2013 年，济南服务业增加值占全省服务业增加值的比重仅为 12.2%，而广州、深圳服务业增加值占广东省服务业增加值的比重分别达到 33.6%和 27.6%。2013 年，省会城市群经济圈中，除济南、淄博城镇化率分别达到 66%和 65.3%外，其他五市都在 50%左右，城市规模、综合实力较弱，尤其是中心城市对服务业发展的辐射带动力明显不足。

服务业占比低，经济发展效益不高。服务业整体层次偏低，交通运输、批发零售、住宿餐饮等传统服务行业占比过高，金融、信息、文化等发展滞后，加快发展现代服务业面临严峻挑战。省会城市群经济圈还存在产业链条短、结构层次低、质量效益不高等亟待破解的难题，腾笼换鸟的任务依然艰巨。区域内工业和农业基础较好，但资源消耗型和要素驱动型的发展模式导致产业链条短、附加值低、上下游带动力不足，经济发展质量有待进一步提高。

第二章　战略定位和发展目标

一、指导思想

以邓小平理论、“三个代表”重要思想、科学发展观为指导，深入贯彻落实党的十八大和省第十次党代会精神，把加快服务业发展作为产业结构升级和综合竞争力提升的重要抓手，以高端化、市场化、国际化为方向，以先进技术和信息化应用为支撑，加强城市间联合互动，优化产业空间布局，培育发展载体，促进产业融合，推动产业集聚，实现服务业增速明显加快、比重明显提高、结构明显优化、竞争力明显增强，把省会城市群经济圈打造成为我省服务业发展的强大引擎。

二、发展定位

建设全省高端服务业发展先导区。以高端技术、高端产品、高端产业为引领，培育壮大高端服务业产业集群，打造具有较强自主创新能力和国际竞争力的现代高端服务业集聚区。按照高处着眼、高端切入的发展理念，积极抢占现代服务业的上游领域，增强对产业链中最具附加价值和影响力环节的控制力。主动承接新一轮国际高端服务业转移，加快三次产业融合，利用先进的信息技术和科学的经营方式改造提升传统服务业。坚持以城市经济为主攻方向，推动城市高端生产性服务业和现代生活性服务业协同发展。

建设全省服务业发展改革示范区。着力打破服务业行业垄断、地方保护，清除市场壁垒，加快建立区域内统一、开放、竞争、有序的市场体系。深入实施国家和省服务业综合改革试点，支持区域内试点单位在行政审批、优化流程、加强监管、财税价格、土地供应、人才支撑等方面积极探索。培育和扶持由市场自愿形成的民间商会和行业协会，探索建立服务业发展联盟。完善服务业政策法规体系，率先建立适应市场经济要求的信用管理制度。

建设全省金融、物流、信息和旅游业发展高地。充分发挥济南的辐射带动作用，打造以济南为中心、以周边城市为补充的区域性金融服务中心。发挥区位优势，实施物流基础设施、高速通道、机场和北部沿海港口改扩建工程，构建便捷高效的现代商贸物流通道网络，推行智能化管理，推动物流业转型升级。依托各市高新区、经济开发区，打造产业特色鲜明、创新能力强、品牌形象优、产业规模大的信息产业基地。依托省会城市群丰富的自然资源和厚重的人文资源，实施旅游目的地与集散地双重推进战略，全面释放旅游资源活力。

三、发展目标

产业规模明显扩大。统筹发展面向生活和面向生产的服务业，做大总量、提升规模。到2020年，服务业增加值总量达到15000亿元以上，年均增长9%，服务业占比超过50%。服务业投资占全社会固定资产投资的比重达到55%以上。

产业结构明显优化。加快商贸、餐饮、交通运输等传统服务业改造升级，推进科技信息、现代物流、文化创意、养老健康、现代旅游等现代服务业发展，积极培育云计算、互联网、电子商务等新业态，到2020年，力争形成覆盖城乡、功能完善、特色突出、优势互补的服务业发展新格局。生产性服务业增加值达到6000亿元以上，年均增长10%以上。

载体水平明显提升。集聚要素资源，倾斜支持服务业载体建设。推动服务经济基础好、总量规模大、发展速度快的县(市、区)形成以服务经济为主的产业结构，推动区位优势明显、发展特色鲜明的服务业园区成为集聚集群发展典范，推动创新能力强、市场竞争力强的服务业企业成为新一轮服务业发展的主力军。到2020年，建成一批在全省、全国具有影响力的服务业集聚区，培育一批有较强市场竞争力的重点企业，形成一批在国内外具有较大影响力和较强竞争力的品牌。

第三章　空间布局和功能定位

依据各地的资源禀赋和产业基础，按照区域协调、竞合统一，错位发展、突出特色，因地制宜、统筹兼顾，节约资源、注重效率的原则，充分发挥市场配置资源的决定性作用，明确服务业区域功能定位，引导服务业集群集聚发展，逐步形成“一核、三带、五点”的服务业发展布局：以济南为核心，以三条产业经济带为骨架，以淄博、泰安、德州、聊城、滨州五个次中心城市为支撑点。

一核带动：突出发挥济南在省会城市群经济圈中的核心作用，把济南打造成服务全省、面向全国的服务业中心城市、区域性金融中心和现代服务业集聚示范区，辐射带动区域内各节点城市服务业快速发展。拓宽济南战略发展空间，加快济莱协作区建设，推进济莱服务体系同城化、一体化。

三带集聚：一是济南、淄博、滨州新兴服务业集聚带。突出发展科技信息服务、先进制造服务、现代物流、农村服务等，打造资源共享、功能配套、相互支撑的新兴服务业格局。二是济南、泰安、莱芜、德州文化旅游休闲产业带。依托泰山风景区、雪野湖风景区、天下第一泉、黄河北展区等旅游资源，重点发展文化休闲旅游和商贸、餐饮、健康、养老等高端生活性服务业。三是济南、德州、聊城农村服务业发展带。依托三市的农村市场优势，大力发展农村服务业和乡村休闲旅游业。

五点协同：一是淄博。大力发展为工业转型升级服务的生产性服务业，重点发展工业设计、物流、信息等主导服务产业。二是泰安。重点发展旅游文化、金融保险、商贸物流、科技信息、养老养生和教育培训等现代服务业。三是德州。突出发展现代物流、商贸商务、休闲娱乐、生命健康、房地产等服务业。四是聊城。加快建设商贸流通和文化休闲旅游两大基地，积极发展社区服务等产业。五是滨州。着力培植现代物流、信息科技等现代服务业，加快发展农村服务业，打造城市群经济圈和黄河三角洲共享的区域物流中心、金融和科技服务中心，拓展与京津冀、环渤海区域的发展共享。

第四章　重点产业

一、科技信息服务业

充分发挥科技信息服务业在现代产业体系中的支撑作用，利用信息传输、增值服务、物联网等现代信息服务技术，推动信息服务业与制造业、生产性服务业的融合发展。

依托济南高新区等国家级、省级经济开发区，积极推进生产力促进中心、行业技术创新中心、技术产权交易以及咨询、评估和知识产权等科技中介服务机构建设；加快信息化基础设施建设，构建宽带、泛在、融合、安全的信息网络基础设施，统筹布局新一代移动通信网、下一代互联网、下一代广播电视网等产业，优化提升有线宽带、3G＋WLAN 无线宽带网络服务能力，深化信息技术应用；统筹信息资源整合、开发利用和公用设施建设，加快信息技术服务推广运用，大力发展物联网、数字内容服务、软件设计和云计算等产业。

积极承接国内外服务产业转移，推进服务外包产业国际化进程。依托中国服务业外包最具特色城市-济南，以及各有关市的重点服务外包基地、软件园，主动承接发达国家服务业的转移。大力发展信息技术外包、业务流程外包，重点发展企业售后服务外包、金融后台服务、大力打造一批具有自主知识产权、自主品牌、高增值服务能力的服务外包企业。

实施区域内"信息兴农"工程，推进信息服务进村入户，大力发展面向农产品流通、科学种养、生物灾害防治以及农村医疗卫生、文化教育等领域的信息服务。

专栏一　　科技信息服务业重点建设项目

济南：齐鲁软件园、济南创新谷孵化器、联东U谷、中新科技城、浪潮科技园、中商物联网技术研发中心、海洋空间信息技术产业基地、济南银江智谷产业园、湘商光电子科技产业园、湘商中小企业科技孵化产业园、济南创新谷、青岛海尔（济南）虚实网服务园、山东省电子商务产业园。淄博：张店区卓创科技产业园一期项目、高新区淄博数据存储与数据灾备中心项目、高新区海量数据存储处理系统研发中心项目、高新区天利和特色软件研发中心项目、高新区现代联合淄博电子商务产业园项目、高青县山东省黄三角物联网产业园项目、高新区服务外包产业园项目、高新区 Auto-cloud 万洲汽车云平台核心关键技术研发及 CDM 协同设计管理平台项目、高新区中国高端陶瓷、玻璃电子商务总部基地项目、高青县大地肉牛交易中心项目、桓台县新型双界面金融卡模块封装测试研发项目、桓台县 CPU 卡安全控制系统研发及应用和基于 RFID 防伪天线关键技术研发项目、齐鲁安全科技产业孵化器项目、仪器仪表园创新园项目、临淄区卓创信息服务平台项目、桓台县鲁供天马电子商务平台项目、淄博科技工业园云计算服务平台项目、高新区石化水运电子商务平台项目、高新区国家级新材料电子商务平台项目、临淄橡塑网在线服务升级及现货电子商务平台项目、临淄农资农产品电子商务平台项目、淄川建材城电子商务平台项目、两岸软件和信息服务业创新园项目、石油交易所。泰安：泰山软件与信息产业园、泰安高新区通信金融呼叫服务外包基地、泰山区泰山云谷互联网产业园、新泰德泰汽车配件研发服务平台、新泰起重机械自动化工程技术研究中心、新泰市杞农电子商务信息服务中心、肥城高新区科技孵化器项目、肥城总部经济区建设项目、肥城物联网研发产业园项目、肥城留学归国人员创业服务中心、宁阳海斯摩尔纤维抗菌检测中心、宁阳凌云迪联开放物流服务平台项目、宁阳义乌购山东分仓 B2R 平台项目、东平矿产业循环经济园区信息平台项目、泰山高技术产业园、泰山钢铁电子商务产业项目、山东乙丁食客交易平台项目、泰安青青优品平台项目、东平工业产业园公共信息服务平台项目。莱芜：雪野生态软件园、鲁中软件基地、鲁中电子商务产业园、莱芜高新技术产业孵化园、凤城高新技术创业服务中心、莱芜瑞赢科技创业园、泰钢不锈钢研发中心、豪德电子商务中心。德州：贝依格电子商务创业服务平台、港洋纺织产业集群配套生产性科技服务中平台、药物及食品安全检验检测服务平台、山东乾元易农电子商务有限公司现货交易电子商务平台、夏津县棉纺织产业研发检测中心、夏津县功能油脂工程实验室、山东省轴承检验检测中心、德州市小麦功能成分深度提取工程研究中心、德州市棉花转基因工程实验室、德州市新型自动调心离合器分离轴承工程研究中心、山东格瑞德制冷设备检验检测服务中心、德州市桑葚子功效成分提取技术集成及产业化研究工程实验室山东国际电子商务基地、陵城区政企信息化综合服务平台、陵城区食品药品检验检测中心、陵城区黑马农贸市场农贸物流信息平台、宁津县科技创新创业园、山东省工业设计中心、中国土工合成材料质量监督检验中心、针织面料及服装研发中心、兴豪皮革工程研究中心、明华光电半导体照明器件封装工程实验室、功能糖全产业链物联网应用示范项目、山东齐鲁科技企业孵化器创新创业服务平台、利民同城网购电子商务平台、德城区星火科技信息服务平台、国家级民用及特种鞋和鞋底实景模拟检测基地、山东思卓特科研中心、中关村海淀园齐河科技城、移宝手机电子商务平台、古贝春电子销售商务平台及电子追溯体系、兴宏棉花电子商务平台、荷兰王氏集团服务外包工业园、小枣技术开发服务平台、国家体育用品工程技术研究中心、希森马铃薯工程技术研究中心、哈工大人才教育培训基地、国家健身器材产业技术创新联盟、德州（乐陵）省级农业高新技术产业示范区、中国摩擦材料技术研发中心、黄三角调味品公共服务平台、义乌商贸城电子商务平台、上海联孚新能源汽车研发平台、星光食糖交割电子商务平台、泰山体育科技研发检测平台、希森马铃薯研发中心、百米生活电子商务公共服务平台项目、临邑科技创新园、德州市科技创新创业园、德州电子商务产业园、德州百仕达服务外包软件设计基地、黄河商品交易市场、德州市高新技术创业服务中心公共信息服务平台、中央空调检测公共服务平台、太阳能研发检测公共服务平台、奥德乐商务综合体。聊城：西安交大科技园暨产学研基地项目、鑫佳物流有限公司 E 钢在线电子商务产业园、祥光生态工业园铜产品交易信息平台、聊城创新置业有限公司聊城高新科技城项目、中原电子商务产业园项目、聊城电子商务产业园公共服务中心、信发科技研发服务中心扩建、秸秆综合利用技术服务公共平台、聊城市生态农业信息化服务平台。滨州：无线政务办公系统、基础地理信息数据库、社会信息化服务工程项目、山东省农村信息化（滨州）示范基地项目、综合物流信息平台项目、黄河三角洲环境监测与信息中心建设项目、滨州银软公司财富生意圈项目、无棣县利德金融电子产业园综合服务平台、邹平西王物流信息平台、滨州市电子商务综合服务平台、家政服务综合服务平台、滨州临港产业区大宗商品交易电子商务公共服务平台、中国塑料绳网公共技术服务平台、海洋大学-滨州海洋科技转化中心、邹平县青年电商创业园。

二、现代物流业

建设省会城市群经济圈域内一小时高效物流服务圈。充分发挥济南国家级物流节点城市功能，建设快速便捷的多式联运通道及系统，尽快形成国际物流、区域物流、城市配送三级物流运作设施网络。

重点建设济南物流基地，规划建设鲁中物流中心，推进聊城、德州内陆无水港建设。发展专业化物流，建立商流、物流、信息流相结合的物流模式，实现供应链一体化物流配送服务，以济南、淄博为核心，泰安、莱芜为重点，发展钢铁、煤炭、化工、农副产品物流，以德州为中心，聊城、滨州为重点，发展连接东部沿海和中西部内陆的中转物流和农产品物流。

提升物流信息技术水平，依托各专业物流园区，整合检验检疫、航运、航空、铁路、物流等信息资源，构建第四方物流信息服务平台，实现企业物流信息与公共服务信息的有效对接，打造集物流信息发布、在线交易、数据交换、智能配送、地理信息系统和全球定位系统跟踪反馈、智能分析等功能为一体的第四方物流信息服务中心。

专栏二　　现代物流业重点建设项目

济南：盖家沟物流园区、零点物流港、济南航空物流产业园、山东瀚迪物流园、济南化工新材料交易中心、山东传化泉胜综合物流园、深圳越海济南航空物流基地、山东捷瑞（济阳）物流中心、山东鲁棉公司仓储物流二期、山东国恒物流加工基地、济南粮食物流园、济南电子商务物流服务园、山东重汽配件物流中心、国药控股山东物流中心、黄台电子商务产业园。淄博：齐鲁化工物流园区、鲁中国际保税物流园区、鲁中公铁联运物流园区、鲁中商贸物流园、一汽集团山东备品物流基地、茂隆钢材商贸物流园、齐鲁现代物流港、山东中汇综合物流项目、山东鲁中煤炭储备物流项目、淄博国润农副产品物流园、淄博保税物流中心二期工程、桓台龙展物流综合服务中心项目、齐鲁国际采购物流中心项目、淄川齐鲁大山物流园、渤海商品交易所指定交割仓库项目、大地黑牛冷链物流项目、沂源山东腾辉物流中心项目、周村旱码头商贸物流园区物流中心项目、淄博华鸿物流园项目、山东醴云物流仓储中心项目、依厂物流园、沂源正本铁路物流园、临淄正本液体化学品仓储物流扩建项目。泰安：泰山物流园、钢材物流园区、湖屯物流园、磁窑物流园、山东煤炭物流中心、康平纳四海物流园、东平现代国际物流园区、泰安快递物流园区、新加坡泺亨物流现代物流中心项目、泰安交运集团交运物流中心、长城五金机电商城、财源现代商贸物流城、泰山物流中心、岱岳区润恒现代农副产品冷链物流产业园、肥城义乌国际物流园、肥城桃都农产品物流园、肥城鲁中桃源农产品物流园、肥城安站物流园、肥城中国有机农产品交易中心、肥城鲁中国际电子商务产业园项目、肥城农副产品冷链物流项目、肥城青兰高速连接线物流基地项目、肥城盐化工物流园项目、宁阳粮食仓储物流园、泰山现代物流园区、香港广弘集团泰安·国际矿山机械交易博览中心、泰安茂源物流园区、中富宏泰泰山国际物流产业园、泰安汽车配件物流中心、新泰新易泰物流园、新泰天宝煤炭物流园、新泰岳华能源保税仓储物流项目、新泰市汽车配件物流园、新泰良友运输物流集中园二期项目。莱芜：齐鲁钢铁物流园、莱芜农高区三辣一麻集散园、莱芜市莱城工业区商贸物流园、云谷电子商务物流园、莱芜豪德现代商贸物流城、万兴农产品冷链物流基地、嘉禾农产品物流中心、济南综合保税区鲁中（莱芜）保税区、盛德泰果蔬冷链物流、虹鑫物流中心、金方圆仓储物流中心、五矿（山东）钢铁物流园、铁路物流园。德州：德州东北商贸物流城、德州永兴物流港和益海嘉里粮食物流园、高铁综合物流基地、神化物流园、陵城区黑马农贸水产品批发市场物流项目、陵城区汽车综合市场、美嘉居五金建材物流园、陵城区德龙烟铁路物流园、亿丰伟业物流园、恒诚仓储物流中心、鲁研种业物流中心、鲁西北区域粮油物流建设项目、齐河宏运通B型保税物流中心、鲁北煤炭储配基地、普洛斯（齐河）国际物流园、山东永锋金属制品集配钢铁物流园、齐河盖世冠威国际物流园、保龄宝玉米期货物流集成平台、山东国际商贸港、山东聚源物流园、鸿兴源现代物流项目、禹城综合商品批发市场、禹城鑫辰供销商贸物流城、临邑县铁路物流园、中国供销临邑农产品综合物流园、临邑兰剑物流现代物流智能化装备研发设计与科技服务中心、临邑新宇公共型保税仓库及物流综合园、临邑县综合物流园区、济铁（平原）物流基地、平原物流中心、黄河三角洲（乐陵）会展物流中心、华乐保税库现代物流园、星光保税物流中心、80万吨食糖储备库、农产品物流分拨中

续表

心、青岛保税港区(德州)功能园区、黄三角调味品产业新城、义乌国际商贸物流园、五洲国际家居博览城、郑店公铁物流园、农副产品冷链物流中心、中国庆云中国城、庆云红云国际物流园、陵城区京沪高铁物流园区、宁津高速物流园区、武城贝州家居建材城、兴宏仓储物流、中央空调配件专业市场、德州欧典物流汽配城、齐河煤炭储备配送基地、鲁北现代粮食物流园、夏津棉纺物流中心、中澳冷链物流中心、六和集团鸭制品冷链物流、四季城商贸中心、开源物流中心建设项目、德州欧典物流汽配城项目、德百物流项目(二期)、济铁物流园、四方物流中心、山东国际商贸港项目、青岛保税港区(德州)功能园区、义乌国际商贸物流园、五洲国际家居博览城、黄三角会展物流中心、德尔利钢材物流产业园、山东永锋金属制品集配钢铁物流园、九达物流项目、张庄汽贸城项目、夏津亿丰国际商贸城、银龙中心商品批发城、中贸农产品综合商贸园区、高铁新区商服物流园、德州综合保税区、德州汽车文化产业城、东方国际皮都。聊城:聊城北部物流园区项目、农产品物流交易中心项目、煤炭储备配送基地、莘县生态谷国际物流城、聊城盖氏邦晔物流项目、鲁西国际现代物流园、茌平物流园打造工程、聊城香江现代商贸物流城项目、茌平县汽车产业园项目、冠县钢铁交易物流中心项目、高唐物流支撑工程、临清铁路商贸物流集聚区、临清 LNG 储运站项目、祥光物流中心建设项目、东阿物流园项目、东阿恒润物流项目、阳谷震达出口型农副产品现代化仓储物流项目、聊城正大物流园区改扩建工程、保税物流中心、山东宝信贸易有限公司宝信物流园项目、山东泉林纸业大型自动化仓储物流项目、聊城海昌物流中心、大运万里国际汽配物流中心、阳谷中基远洋物流项目。滨州:滨城区秦皇台陆港物流园区、北海新区临港物流园区、滨州经济开发区物流中心园区、邹平铁路物流园区、大高物流中心、博兴物流中心、沾化物流中心、无棣物流中心、齐星鲁北工贸综合物流园区、滨州市药品现代物流园、滨州黄河三角洲托福食品研发加工配送中心、西王集团全产业链现代智慧物流、阳信陆港物流园区、惠民物流中心、邹平魏桥创业物流园、滨州港综合物流服务区、沾化临港物流园区、鲁中运达保税物流中心、中国北方苗木物流交易中心。

三、教育服务业

加快普及学前教育,大力发展公办幼儿园,积极扶持民办幼儿园,不断满足人民群众对学前教育的需求。扩大农村学前教育资源,加强乡镇中心幼儿园建设。优化城市幼儿园布局结构,扶持企事业单位、街道社区和个人举办幼儿园,促进公办、民办教育协调发展。

提高义务教育实施水平,推进义务教育均衡发展。建立发达地区支援欠发达地区、城市学校支援农村学校、强校支援弱校的工作制度,在县(市、区)域内实现教育均衡发展。

全面提升高等教育质量,建立人才需求与学科专业调整机制,促进高等教育质量,建立人才需求与学科专业调整机制,促进高等教育与区域经济社会协调发展,重点建设若干所一流高水平大学。

把发展职业教育放在更加突出的位置。大力扶持和推广民办职业培训机构,组建多形式的职业教育集团,引导培训机构向专业化、精细化、连锁化、品牌化发展。重视发展面向农村的职业教育,扩大农村职业教育培训覆盖面。积极推进教产合作与校企一体合作办学,充分发挥行业企业在职业教育的作用,推进教产合作与校企一体合作办学,建立职业教育与产业对话协作机制。加快职业教育实训基地建设,依托省级职业教育基地和区域内 7 市职业教育基地,建成职业教育基地网络,服务省会都市群,辐射周边地区。

积极开展社区教育、远程教育等服务项目,建设远程职业教育平台,依托社区学院和乡镇成校、社区教育中心,建设社区教育基地,打造终身教育平台。开拓教育培训新兴领域,以青少年教育培训、职业生涯培训、个人兴趣爱好培训、老龄教育培训为重点,提升居民素质,满足新兴需求。

专栏三　　教育服务业重点建设项目

济南：章丘市职教中心、市中区素质教育基地、济南市技师学院新校区。淄博：桓台县职业中等专业学校实训基地、中国电子商务协会职业教育培训（淄博）基地、高青县职业中专新建扩建项目、淄川区竞技体校新校区建设工程、淄川文体中心项目。泰安：蓝领培训基地项目、泰安三英技校培训基地、肥城市职业教育中心校、宁阳县职业中专公共实训基地、东平移民教育培训基地、泰山互联网人才培训基地、新泰市城区学校扩容工程、新泰市义务教育学校改造提升工程。莱芜：山东师创人才实训基地。德州：国家体育总局德州青少年体育运动训练基地、商业模式创新培训工程、蓝领培训工程、养老健康服务人才培训工程、德州市服务外包人才培训中心、巾帼家政服务培训中心、德城区信息工程学实训基地、德科公共实训中心基地、乐陵哈工大人才教育培训基地、山东汽车工程学院建设项目、宁津县电梯技术培训学校、云天职业学院、陵城区大学生创业园、陵城区职业教育实训基地、职业教育和就业培训公共实训基地、百枣纲目博物馆、泰山体育博物馆、武城县大洲通用机场公共实训基地、武城县公共实训中心、夏津县职业教育实训基地、临邑县职业中等专业学校实训基地。聊城：聊城高级财经职业学校、聊城高级工程职业学校、冠县清华园学校、聊城大学职业技术学院建设项目。滨州：山东大高国际航空学校、九天国际飞行学院大高分院、无棣县职业中专实训基地、惠民卫校新校区建设工程、滨州技术学院服务业技能人才培训、滨州技师学院服务业技能人才培训、邹平纺织职业学院服务业技能人才培训、博翱职业学校服务业技能人才培训、阳信县职业中专新校区。

四、现代旅游业

打造山泉水圣齐鲁文化旅游中心。整合提升济南、泰安、淄博、莱芜、德州、滨州、聊城及紧密相关的区域外旅游资源，加快形成以泰山、泉城、圣人、齐文化、江北水城、钢铁工业、房干峡谷、“太阳谷”低碳、黄河（运河）水文化为主题和特色的旅游体系。打造省会城市群旅游合作平台，优化整合城市群经济圈旅游线路，推进旅游市场一体化，发展旅游服务联盟，推行无障碍旅游。

打造和延伸旅游产业链条。注重发展传统饮食精品，展示独特的食品制作工艺，开发以鲁菜为代表的山东特色美食系列，打造“美食山东”品牌。大力发展旅游购物，提高旅游商品、纪念品在旅游消费中的比重。提升山东传统特色商品的制造加工水平，提高旅游商品的创新设计能力，推出一批有鲜明地域特色和文化内涵、符合市场需求、具有自主知识产权的旅游商品，促进旅游商品产业化发展。

加强文化演艺业、娱乐业、体育与旅游业的结合，积极发展具有地方特色的旅游演艺和健康向上的娱乐活动，培育旅游业新的增长点。结合各地自然、人文资源特色，以旅游休闲功能为导向，着力打造融合娱乐、休闲、运动、会议、度假、体验、居住等多种旅游功能在内的旅游综合体。

完善旅游公共服务，推进旅游信息化建设，积极发展旅游电子商务。加强旅游交通和核心景区通景公路建设，推动区域内各城市公交服务网络延伸到周边主要景区和乡村旅游点。加强各级旅游集散中心的建设与完善，实现游客集散、交通换乘、信息咨询和产品订购等多项服务功能的统一。普及旅游标识系统，90%以上旅游景区具有中英多语种标识，实现旅游标识清晰化、人性化。建立旅游市场综合治理长效机制，加强旅游诚信体系建设，强化旅游标准化管理。

专栏四　　现代旅游业重点建设项目

济南：黄河古镇、鹊山龙湖旅游开发、澄波湖综合开发、非物质文化遗产园、五峰山旅游度假区、百脉泉休闲旅游集聚区、鹊山龙湖休闲旅游集聚区、华山历史文化公园、黄河古镇旅游文化综合体、济南海棠湾温泉度假村、龙冈旅游服务设施、千佛山风景名胜区保护建设工程、野生动物世界迁建、兴隆旅游综合体、西客站旅游集散中心。淄博：淄博旅游集散中心、世界足球起源地创意开发项目、聊斋文化旅游整体提升项目、魔幻聊斋传奇乐园、博山五阳湖生态旅游度假区、姚家峪生态旅游度假区、中华博山陶瓷琉璃文化城、原山金色年华颐养中心、如月湖湿地公园科技示范园、太阳山旅游度假区莲花山综合开发项目、天湖旅游度假区、张店区玉皇山近郊生态休闲旅游开发项目、齐文化生态旅游区项目、高青黄河楼生态旅游开发项目、山东马踏湖国家湿地公园、国井古城项目、中国航天太空港主题公园、沂源县城北温泉度假中心项目、沂源红苹果大世界、淄川莲花山旅游度假村、太公温泉城、周村古商城旅游文化园区三期。泰安：碧霞湖旅游度假区、太阳部落、龙曦国际旅游度假地、天颐湖休闲度假园区、天平湖旅游休闲度假园区、天泽湖特色文化旅游园区、蒿里山文化旅游园区、岱庙及周边历史文化园区、泰山龙曦旅游度假地、神童山旅游风景区开发、新泰莲花山省级旅游度假区、泰安老县衙旅游景区、泰山区宝泰隆度假区、泰山温泉城、岳海新天街、肥城春秋古城、肥城世上桃源旅游度假区、肥城泰山御隆温泉开发、肥城泰山植物园、肥城乡村旅游综合开发、东平湖旅游休闲度假区、泰山玉石市场项目、泰山快乐驿站、天乐城、徂徕山滑雪场、化马湾龙湾风景区、新泰和文化旅游开发项目、新泰墨石山文化古城旅游度假区、蓢云山旅游开发、云蒙山旅游开发项目。莱芜：恒大雪野湖北岸旅游小镇、山东高速雪野湖国际度假区、房干4A级景区、雪野农博园、山东香山国际旅游度假区、永祥农业生态观光园、生态文博园、儿童欢乐中心、雪野生态湿地公园、山东烟草雪野文化基地、英伦风情小镇、文昌文化园、雪野水村、航空科技体育公园、环湖公园、雪野旅游绿道。德州：齐河黄河生态旅游文化大观园、“两湖温泉”生态休闲度假区、“太阳谷”低碳科技城、德州苏禄王御园项目、南部生态片区旅游基地、东盟国际生态城、中国城商道文化街、万亩桃园旅游区、渤海金山文化城、卧龙岛(两河三堤)生态旅游度假区和唐枣生态园、庆云宫、祥云欢乐世界、晏子湖休闲度假、黄河故道森林公园、平原省级森林公园、碧霞湖风景旅游区、枣乡红韵-红色文化主题公园、大禹城水生态文明新城、大禹文化旅游产业园、禹城市生态农业旅游观光项目、马颊河生态湿地文化公园、颜真卿文化广场、广觉寺文化旅游项目、陵城区“两湖”旅游风景区、隆兴寺风景区、东方朔故里省级森林公园、陵城区生态乡村旅游、天沐温泉、百里长廊百果园、齐河水上世界、齐河文化古城、齐鲁文化大观园、齐河温泉度假村、齐河昌润致中和有机农场、红坛寺省级森林公园、临邑县城之泊生态湿地公园、康宁湖杂技文化主题公园(二期)、武城县四女寺风景区、金水湾生态园、枣林中心景区、乐福洲乡村休闲区、乐陵市崇圣公园、乐陵义乌国际商贸城温泉旅游度假村、亚联文化旅游度假村、碧霞元君文化旅游区、“东方德州”牛仔乐园、大孙乡村生态采摘园、碧霞元君故居、冀鲁边区革命纪念园、崇圣公园、泰山体育博物馆、中国金丝小枣博物馆、希森新村、德百温泉度假村、德百运动健康城、圣树源农业主题公园、黄河魂文化大观园、德州文化博览园、德州乐源—世界风情主题园、减河湿地风景文化区。聊城：聊城江北水城度假区于集观光项目、凤凰湖项目、马颊河湿地温泉旅游度假区、马颊河世界运河之窗文化产业园、徒骇河景观带、高唐圣树湾、东昌府区盛世天湖、温泉城建设工程、茌平千岛山庄项目、蒋官屯江北水镇文化旅游、古漯河生态旅游度假区、金牛湖4A级风景区目、黄河观音文化旅游区、东阿县休闲渔业观光基地、大秦水库风景区周边综合开发、临清华夏帝苑、黄河故道生态旅游、七级运河古镇旅游、泰福水上世界游乐园、清平森林公园、肖庄镇枣乡林海观光园、中华海棠园二期、迷魂阵军事旅游区开发、燕塔公园二期工程、金水湖公园、紫汇湖开发、山东阳谷运河文化博物馆及演艺平台建设项目(一期)、茌平国家级森林公园项目、普济沟慢生活体验区、聊城陶公庄园旅游观光项目、双海湖生态书画公园、聊城江北水城旅游度假区金龙湖建设项目。滨州：黄河岛贝壳堤岛湿地保护区、徒骇河城市湿地公园、冬枣生态旅游园区、大高通用航空旅游区、孙子文化国际旅游区、魏氏庄园、“无棣古城”恢复扩建文化旅游项目、千年古桑逍遥游乐园、阳信万亩梨园风景区、邹平县“三山两湖一河”治理项目、邹平鹤伴山旅游区、博兴麻大湖综合旅游项目、沾化文化古城旅游开发、滨州龙江湿地公园。

五、文化服务业

放大齐鲁文化资源优势，大力发展文化创意、影视制作、出版发行、演艺娱乐、数字内容和动漫等重点文化产业。发挥省文化产业投资基金作用，加强文化产业示范基地建设，形成一批年产值过百亿元的文化产业园区和一批主业突出、实力雄厚的大型文化产业集团。

搭建文化产业创意设计公共服务平台，建立信息咨询、人才培训、展示交易、行业交流等文化创意设计的服务支持机构，帮助文化创意设计企业开拓国内国际市场。

大力发展健康向上、丰富多彩的大众化演艺娱乐项目，促进高雅艺术文化与大众文化共生发展，满足人民群众多层次、多样化的文化需求。

建设文化艺术专业人才库和文化经营管理人才库，加快人才聚集，汇集一批善于开拓国际文化市场的外向型人才和懂经营善管理的文化复合型人才。

专栏五　　文化服务业重点建设项目

济南：园博园文化创意产业园、齐鲁文化产业园、齐鲁动漫产业基地、长清动漫产业基地、非物质文化遗产博览园、大众传媒产业园、西部新城会展中心、济南荣宝斋文化艺术广场、济南七星谷文化农林产业园、创意山东文化综合体、融汇文化创意城、山东书城、百年商埠区、人民传媒大厦、济南日报传媒大厦、博鳌山东文化大厦、中新济南智慧城。淄博：山东齐赛创意产业园（二期）、1954陶瓷文化创意园、齐文化博物院、国井酒文化博览园、国井文化产业园、高青颐阳文化园、印象齐都文化创意产业园、自主研发大型3D虚拟现实引擎技术与三维高清数字影像技术综合应用项目（二期）、陈庄西周古城考古遗址公园、中国华夏文化产业园、周村铜响乐器制作流程博物馆、管子文化产业园、齐文化产业园、临淄齐故城综合开发项目、淄川孟姜女齐长城文化旅游区、山东沂源七夕爱情文化休闲旅游区、淄川峨庄古村落国家森林公园项目、齐鲁工业设计创意产业园、临淄区技术研发中心。泰安：泰山文化创意产业基地、创意产业孵化基地、东平影视基地、中华盛世文化博览园、中华儒商文化主题园、泰山报业文化中心、泰豪旅游文化商品城、瑞奥不夜城、泰山动漫城、东平水浒文化产业园、大汶口国家考古遗址公园、泰安市历史文化轴建设工程、新泰市创嘉广告产业园、肥城文化创意产业园、肥城桃木文化产业园、肥城“老城故事”创意产业园、中华蟋蟀文化主题园、宁阳金彩山酒文化产业园、新泰市文化中心、泰山华博文化创意产业园。莱芜：雪野文化创意基地、九羊文化产业园、钢铁博物馆、莱芜大汶河文化产业园、齐鲁文化产业园、兰歌（中国）榨油博物馆、万福山文化创意产业园。德州：中国黑陶文化产业园、中国德州文化产业博览园、中国微电影产业园、璞石书院、苏禄王御园、中国董子文化街、山东新街口文化创意产业园、德州传媒创意产业综合体—媒立方、古玩藏品交易博览中心、德州皮都时尚园、中国太阳谷国际梦幻影都、古贝春非遗文化产业园、泰山体育文化产业园、邢侗书法文化产业园、临邑县明清文化城、中国平原三国文化产业城、中华蟋蟀文化城、华嬉园、德岸漫城文化创意产业园、大禹文化基地、吴钟八极拳国际交流中心、东方朔文化项目、黄河生态文化旅游大观园、武城县运河文化长廊、武城县孝文化传播基地、冀鲁边区革命纪念馆、枣乡红韵文化创意产业园、桑文化产业园。聊城：中华水上古城文化产业园、马颊河世界运河之窗文化产业园、运河文化大码头项目、中国东阿阿胶养心城项目、水浒文化体验园、鲁台书画艺术交流基地及双海湖生态书画公园、东昌府区傅氏文化苑旅游项目、中华葫芦大观园、莘城民俗风情园、慈济寺及国民素质教育基地、东阿阿胶养生文化苑提升工程、临清民族文化园项目、凤凰湖梨园剧场扩建项目、东阿杂技团演艺中心项目、茌平慈济寺建设项目。滨州：黄河三角洲（滨州）文化产业园、阳信县民俗文化产业园、中国海瓷艺术创意产业园、西王玉米文化产业园、滨州惠民温泉文化博览园、孙子文化产业园、华夏海盐文化产业园、邹平天地缘酒文化产业园、邹平辰坤雕塑文化产业园、滨州泰义文化养生园、三阳翰墨文化创意产业园。

六、养老服务业

加强公办养老机构建设，加快公办养老机构基础设施建设和提档升级步伐，积极推进区内7市“三院合一”建设，进一步提升公办养老机构的医疗康复和服务保障能力，推行和探索“养医结合、康护一体”及城镇老人到农村进行“候鸟”式养老的新模式。

大力推进社会办养老机构建设，以土地划拨、低价转让、一次性资助等方式，鼓励和支持社会力量投资建设养老服务机构，鼓励企事业单位福利设施向社会开放。稳步推进居家养老服务中心（站）建设，在有条件、有需求的社区建设居家养老服务站，实现居家养老服务对社区单亲老人、空巢老人、高龄老人全覆盖；培植一批稳定的居家养老服务团队、中介组织，建立专业社工、志愿者和社区义工团队，实现居家养老服务社会化，积极开展益券居家养老试点。

加快养老服务信息化建设步伐，通过信息咨询和管理平台建设，提高养老服务效率和资金投入使用效益；开设紧急援助"一键通"及"为老服务"热线等服务项目，运用信息网络手段，将专业养老服务机构、社区居家养老服务力量、社会各类中介服务优化组合，实现资源优化配置。深度挖掘泰安、德州、聊城等地盐海神汤、温泉养生、低糖生物、阿胶保健等资源优势，大力发展养老服务业。

专栏六　　养老服务业重点建设项目

济南：合众健康谷、山东济南养老服务中心。淄博：文昌湖亲颐养生文化村、淄博养老发展中心、齐鲁养老养生园、国际慢城项目、高新区现代老年生活中心、临淄区颐康养生院二期、周村老年康复养老院、富乐老年公寓、高青阳光养老公社。泰安：青龙山生命颐养生态度假区、华夏健康养生基地项目、泰安市鸿泰颐丰园老年公寓、泰山区泰山慈恩老年颐养中心、泰山区泰山养老中心、新泰老年公寓、肥城白云山养老服务中心、肥城市颐然社区养老服务设施建设项目、宁阳县中医院杏林康复颐养中心、天思国际东平养生养老休闲度假产业园、泰山亲和源养老中心、泰安市泰山老年颐养院、新泰洪强医院健康养老中心、新泰孟氏医疗健康养老苑；莱芜：城市社区老年人日间照料中心、农村幸福养老院、房干养老基地、钢城区养老服务中心。德州：夏津万景禅修文化养生养老健康城、夏津老年公寓、如意老年人颐养中心、齐河县社会福利中心、幸福苑养老服务中心、陵城区老年照护中心、陵城区第一社会福利中心、宁津中医院老年康复中心、宁津县社会福利中心、武城县社会福利中心、山东武城仁爱敬老院、平原县红运养老公寓、平原县大型养老医疗服务中心、禹城国际健康产业园、禹城医疗康复养老中心、鳌龙健康养老中心、德惠园养老院、禹城市社会福利中心、通达养老中心、德州咏福园颐养中心、纽约庄园居家养老社区、德城区银龄公馆、临邑县社会福利中心、临邑县阳光老年公寓、临邑县社会福利中心二期项目、德州 CCRC 国际健康养老城、鹤祥老年服务中心、乐陵社会福利中心、乐陵市乡镇中心敬老院、乐福洲生命健康产业园、乐陵市居家养老服务平台、德州市健康城。聊城：聊城市鸿福老年公寓、冀鲁医疗保健集聚区、高唐县医院医疗保健中心、莘县县医院医疗保健康复中心、阳光大姐家政服务实训基地、居家养老和社区托老建设项目、聊城华美医院健康养老医护保健服务中心、临清市医护型养老保健服务中心、冠县辛集阳光养老公寓、东阿民康养老院扩建项目、金柱和佑·千岛山庄颐养中心、聊城市光明医院颐养园、莘县日月潭怡养院。滨州：市社会养老服务中心、农村幸福院工程、沾化龙栖湾养老公寓、惠民乐安社会养老服务中心、邹平县城乡社会养老服务提升工程、无棣县综合养老服务中心、沾化县养老康复中心。

七、医疗服务业

建立健全公共医疗卫生服务网络，全力构建以城市综合医疗卫生机构为主导，以中心城镇区域性医疗卫生机构为骨干，以专科性、功能性医疗卫生机构为特色，以基层社区医疗卫生服务机构为基础的医疗服务新体系。加强新型农村卫生服务体系建设，健全以县级医院为骨干、乡镇卫生院和村卫生室为基础的农村医疗卫生服务网络。

创新医疗服务运行机制，大力推进信息化建设，加快建立区域性医疗卫生服务信息平台，推进医疗服务流程再造，健全分级诊疗制度、双向转诊制度，形成医疗会诊新机制。大力培养社区卫生人才，建立完善激励医务人员长期服务基层社区的工作制度。

专栏七　　医疗服务业重点建设项目

济南：市第五人民医院综合楼工程、市第四人民医院医疗综合楼项目、市儿童医院内科病房楼、济南药谷、金光健康城。淄博：市中心医院西院区建设项目、市中医院东院区建设项目、市妇幼保健院西迁建设项目、淄博市公共卫生中心建设项目、市职防院病房楼项目、齐鲁石化中心医院职业病烧伤防治中心项目、高新区世博国际高新医院项目、淄川区医院西院区建设项目、临淄区医疗中心项目、高青县妇幼保健院门诊病房楼项目、高青县中医院扩建项目、高青县第二人民医院项目、迁建周村区人民医院项目、博山区中医院门诊病房综合楼建设项目、桓台县妇幼保健院淄博市微创治疗研究中心项目。泰安：徂徕山美容养生健康基地、泰安市妇幼保健医院项目、宁阳县人民医院迁址新建项目、宁阳县妇幼保健院新院建设项目、泰安市中心医院高新区分院、新泰市中医院健康养老病房楼项目、新泰市第三人民医院医疗综合楼建设项目、新泰市疾病预防控制中心业务综合楼建设项目。莱芜：莱芜市人民医院院区扩建工程、新城医院。德州：高铁新区医疗城、陵城区中医院门诊病房综合楼建设项目、禹城生命产业园、禹城中医康复中心、齐河齐鲁医疗城、德城区新河医院建设项目、德州市德城区检验检疫中心、德州联合医院医养中心综合楼项目、临邑县人民医院门诊医技综合楼建设项目、临邑县中医院新病房楼建设项目、宁津县人民医院康复综合楼、乐陵社区卫生服务中心、庆云县中医院暨颐养中心项目、武城县儿童早教服务中心、乐陵人民医院迁建项目、夏津县人民医院门诊综合楼建设项目。聊城：鲁台股份制医院建设项目、山东华美医院建设项目、莘县人民医院古云分院、东阿县人民医院门诊楼及住院楼建设项目、千岛山庄医院项目。滨州：居民医疗保健档案及信息网络系统、滨州市中医院建设项目、沾化骨健康科技研究中心、惠民中医院改扩建项目、惠民县公共卫生服务中心、邹平县医院综合楼。

八、金融服务业

以优化银行体系为重点，发展一体化货币市场。实现城市圈内同城清算；建设济南区域性票据中心市场，区域内各市设立专业化的票据市场主体；不受地域限制，发展异地贷款；加快发展同业拆借市场。以推进高新区全国代办股份转让试点园区建设为突破口，形成多层次资本市场体系。

谋划设立股权交易所，积极发展股权投资市场；打造济南证券交易中心的地位，充分利用证券市场的融资功能，加快企业上市步伐；加快发展保险业，促进非银行机构的发展；发展地方金融机构，加快金融电子化、网络化。

推进区域金融中心建设，鼓励金融机构向金融中心区集聚。建设济南金融集聚区，加快打造济南金融商务中心区和东部金融新区。健全金融风险防化体系，建成城市圈金融安全区。

专栏八　　金融服务业重点建设项目

济南：金融商务中心区、奥体金融中心、山东汇金国际金融中心、文博金融服务中心、国际财富中心、东部金融新区、金融高新技术服务区、省人寿大厦、建行山东分行营业楼、山东汇金国际金融中心。淄博：鲁中金融中心、淄博市资金清算服务中心、淄博市金融中心大厦、太保在线生活服务商城、浙商金融中心、黄金市场、高青村镇银行。泰安：泰山服务外包与金融后台产业园区、泰山区东部金融区、财源大街中央金融区、泰安长城路金融区、肥城鑫旺金融中心、东岳大街金融产业带、新泰市信用大厦。莱芜：金融创投园、财富管理中心、齐鲁证券服务平台。德州：综合金融服务区、德州市经济发展担保中心、德州市产权交易中心、金和金融大厦、德城区休闲商务区、德城区城南商务区、齐河金融中心、禹城市金融服务中心、乐陵金融大厦、乐陵金融仓储服务中心、陵城区高铁新区金融服务中心、临邑金融服务中心、武城金融综合服务中心、夏津金融中心。聊城：金融集聚区、山东东阿汇银中小企业发展中心、聊城北斗金融中心。滨州：滨州市商业银行设立、滨州市农村商业银行组建、滨州金融国际中心、滨州金融大厦、滨州齐银大厦、惠民金融服务中心、邹平金融大厦。

九、社区服务业

制定并实施家政服务业发展规划，鼓励发展家庭保洁、烹饪、保姆、家务管理、精神陪护、小学生接送等多种类型的社区家政服务，满足不同层次家庭对家政服务的需求。

推进"早餐工程""家政服务工程""双进工程"(便民便利进社区、进家庭)在社区的落实。重点扶持一批规模较大的社区家政服务业企业实施连锁战略。制定税收、工商登记等优惠政策，鼓励企业并购或联营，大力发展连锁便利店、连锁家政服务、连锁早餐等服务，实现品牌化社区连锁经营服务体系。

支持开展家政服务职业技能培训，加快推行持证上岗制度。鼓励和支持各类组织、企业和个人投资社区便民服务业。强化社区公共服务建设，加强社区卫生服务工作，完善社区卫生服务机构"六位一体"功能；加大社区基础服务设施投入，加速建设城区、街道办事处社区服务中心、社区居委会服务站和社区文化体育设施等；加强社区服务信息化网络建设，梳理、优化、整合各类服务热线、呼叫热线、服务网站，规范新建系统、调整在建系统、改进已建系统，加快构建社区服务网络平台，实现互连互通和社区公共资源共享。

第五章　保障措施

健全区域合作发展机制，加大政策支持力度，切实加强组织领导，完善规划实施机制，确保规划目标顺利实现。

一、加强组织领导，强化综合协调

在省会城市群经济圈协调机制下，建立省、市、县各级推进服务业发展的高层议事和决策办法，协调解决区域内重大基础设施建设、重点产业项目布局等问题。省发展改革委会同有关部门，做好服务业任务分解、措施制定、督导检查等工作，加强政府、企业、行业和协会间的多层次交流协作，实现优势互补、合作共赢。理顺区域之间、部门之间的管辖关系，明确责任分工，打破地区之间的行政封锁。建立城市群经济圈服务业规划与有关地区规划的相互衔接，特别是加快制定分产业规划，做好与城市总体规划、城镇体系规划、土地利用规划、重大基础设施布局规划、重要资源开发规划等的衔接。

二、推进体制机制创新

完善政策支持体系。加大城市群服务业发展政策的创新力度，加快现有政策落实，真正发挥已出台服务业政策的效用。针对省会城市群经济圈经济欠发达市较多的现状，探索制定更加优惠的税收、价格及投融资政策。对经济圈各市适当增加服务业建设用地指标，逐步缩小工业和服务业用地价格差别，对生产性服务业实行与工业相同的供地政策。加快建立服务业"飞地经济示范区"，鼓励推动服务企业向开发区、园区集中布局。支持产业链拉伸，加快推进三次产业融合发展。

创新公共服务体系。推动城市群公共服务一体化发展，制定统一规范的服务业劳动用工制度、职业资格认证制度和跨区域培训教育等就业服务制度，探索建立社会保障信息共享机制和同城结算机制，逐步统一标准，推动社会保障关系互联互认和正常转移接续。推进各市资源共享，支持联合办医、办学，扩大优质医疗资源供给，推动城市群居民在医疗、教育方面享受同等待遇。

改革投融资机制。制定出台配套扶持政策，引导各类金融机构加大对服务业的支持力度。支持银行、担保机构和企业加强合作，加快中小服务企业融资担保体系建设，引导融资性担保机构为区域内服务业提供融资支持，加快开发适应城市群服务业企业需求的金融产品。鼓励各类创业投资机构、信用担保机构对发展前景好、吸纳就业多的中小服务企业提供金融支持。完善政府融资平台，积极搭建中小服务业企业融资平台，规范民间融资，探索发展民营银行、民间借贷合作组织等形式，为区域内服务业发展提供资金支持。

三、强化财税支持力度

充分发挥服务业引导资金的政策导向和带动作用，引导各类政府产业扶持和结构调整资金投向省会城市群都市圈服务业发展。在安排国家、省级服务业发展引导资金时，适度向省会城市群倾斜。城市群各市、县(市、区)要在政府财政预算内增加服务业发展引导资金规模。探索财政性资金“以奖代补”、股份投入、贴息等办法，鼓励和吸引区域内社会资本、银信资金投入项目建设。重点支持区域内现代服务业集聚区、重大民生服务工程、农村生产服务体系、重大服务业项目建设。

四、强化支撑保障措施

加快推进交通基础设施一体化。积极推进城市群交通基础设施同城化，科学布局公交线路、站场和换乘枢纽，实现中心城市与周边主要城市半小时直达交通圈。加快推进城际铁路建设、高速公路建设、省国道改造扩建等工程，逐步建立起各城市及所属各县(市、区)之间的城际快速交通系统。整合各市间电子政务与公共服务专用信息网络，实现政府机关互联互通、并网升级。以基础设施为条件，统筹各市土地利用和城乡建设，优化服务业发展布局，合理配置服务业资源，促进服务业优质资源向城区、乡镇驻地集聚，形成发展特色，体现城镇功能定位，为融合发展提供有力支撑。

加快推进城镇化。推动服务业与城镇化互动发展，加快文化、教育、卫生等公共服务建设，完善城市服务功能。建设一批充满活力和创造力的现代服务业集聚区，引领经济转型升级和提质增效。实施“强化核心、多元增长、区域联动、县域支撑”的城镇化发展战略，加快构筑以城市群为主体，以区域中心城市为核心，以县域中心城市为支撑，以小城镇和新型农村社区为基础的层次分明、布局合理、功能协调、城乡一体的五级新型城镇体系，为服务业创造发展空间。在城镇化进程中，加快建设中央商务区、区域性贸易中心、科技文化中心和金融中心。

五、加强人才培育和引进

加大引才引智力度。建立健全区域内人才引进与使用激励机制，鼓励各市建立引才引智专项资金，支持发展人才中介、猎头公司等服务机构，畅通人才引进渠道。对服务业特殊人才实行“一事一议”制度，允许地方政府在户籍、子女教育等方面给予照顾倾斜。

丰富人才培养模式。加大对服务业创新团队和行业领军人物的培养，定期组织优秀服务业青年管理干部到省属高等院校、科研单位进行学习。鼓励区域内职业院校增设与服务业相关的学科专业，支持企业与高职学校联合办学，建立联合培养机制，培养实用型人才。建立固定的人才培训基地，增加对在职服务业工作人员的培训频度，提高服务业劳动者技能。

六、建立健全督查统计体制

加快建立城市群经济圈服务业发展年度报告制度，强化规划实施情况跟踪督查，组织开展对重点服务业集聚区、重点项目的专项督查。完善服务业统计调查方法、指标体系和统计核算、监测预测体系，充实统计力量，提高服务业统计的全面性、精确性和及时性。

西部经济隆起带现代服务业发展规划

前　言

现代服务业是衡量一个区域综合竞争力和现代化水平的重要标志之一。大力发展现代服务业，是西部经济隆起带加快构建现代产业体系、推进转型发展的重要举措，是扩内需、增就业、惠民生的有效途径，对于建设经济文化强省、提前全面建成小康社会具有重大意义。为深入贯彻落实省委省政府加快服务业发展的总体部署，加快推动西部经济隆起带现代服务业跨越发展，根据《山东省人民政府关于加快服务业发展的若干意见》《西部经济隆起带发展规划》《山东省"十二五"服务业发展规划纲要》，特编制《西部经济隆起带现代服务业发展规划》。

规划范围：包括枣庄、济宁、临沂、德州、聊城、菏泽6市和泰安市的宁阳县、东平县，共60个县（市、区）。

规划期限：2014年至2020年。

第一章　发展基础

近年来，西部经济隆起带服务业发展取得明显成效，规模和质量稳步提升，在保持经济平稳发展、调整优化产业结构、扩大社会就业等方面发挥了重要作用，为站在新的起点上提升西部经济隆起带建设水平奠定了坚实基础。

一、主要成就

总量规模明显扩大。2013年，西部经济隆起带服务业增加值达到5997.4亿元，是2010年的1.6倍，年均增长17.2%；服务业增加值占GDP比重达到37.1%，比2010年提高了3.7个百分点；拉动GDP增长5.2个百分点，对经济增长的贡献率进一步提高；规模以上服务业投资完成5251.1亿元，是

2010年的2.1倍，年均增长28.1%，占全社会投资比重达到45.7%。

内部结构不断优化。近年来，西部经济隆起带金融、旅游、现代物流、商务服务、软件等现代服务业发展迅速，成为服务业发展新的增长点。2013年，金融业实现增加值479.2亿元，占服务业增加值比重8%，比2010年提高了1.5个百分点；实现旅游总收入1250.3亿元，接待境内外游客1.62亿人次；物流业实现总收入48730亿元；软件业实现营业收入12409亿元。

社会贡献不断增强。2013年，西部经济隆起带全年服务业实现地税收入478.5亿元，是2010年的2.4倍，年均增长33.9%，占全部地税收入的比重达到55.1%；服务业从业人员831.2万人，占全社会从业人员的比重为35.8%，服务业成为增加财政收入、吸纳社会就业、提高城乡居民收入的重要渠道。

二、比较优势

区位优势明显。西部经济隆起带地处山东腹地，同冀苏皖豫4省11市接壤，与山东半岛城市群、中原城市群相连，是山东与华北、华东和中西部地区联结的重要门户，是全国交通、通信大通道的重要枢纽，在集聚生产要素、拓展市场空间、深化区域合作等方面条件优越。

文化底蕴深厚。西部经济隆起带是中华文明的重要发祥地之一和儒家文化的发源地，拥有孔孟文化、黄河文化、运河文化、水浒文化、兵学文化、书法文化、红色文化等多种文化资源；历史名人辈出，名胜古迹众多，自然风光秀丽，人文旅游、生态旅游、红色旅游开发潜力巨大，发展文化旅游具有得天独厚的优势。

特色产业优势突出。经过多年的培育和发展，西部经济隆起带形成了一批特色突出、竞争力较强的主导产业，文化旅游和生态旅游成为具有较强影响力的支柱产业，拥有长江以北最大的商贸物流基地，现代物流业在全国占有重要地位，现代金融、商务服务等渐成规模；工农业基础扎实，三次产业加快融合，为发展现代服务业提供了良好支撑。

政策环境优越。拥有中原经济区、沂蒙革命老区、资源型城市转型等国家支持政策，《西部经济隆起带发展规划》赋予了系列省级支持政策，各地出台了落实国家和省里政策的配套措施，有利于发挥各类政策的集成优势，更快集聚要素资源，促进服务业提质增量。

三、机遇挑战

今后一个时期，是我国全面深化改革、加快释放改革红利的攻坚阶段，也是我省凤凰涅槃、腾笼换鸟、转型发展的关键时期，服务业国际化、知识化、专业化、融合化趋势日益明显，西部经济隆起带现代服务业发展将进入大有可为的黄金发展期，同时也面临着诸多挑战。

（一）发展机遇

山东省出台了加快服务业发展的若干意见，将服务业确定为打造山东经济转型升级版的新引擎，为我省及西部经济隆起带服务业发展提供了重大机遇。全面深化改革将释放巨大的推动力。服务业发展最大的动力和潜力来源于改革红利。党的十八届三中全会作出了全面深化改革的战略部署，随着改革的深入推进，体制机制更加完善，营商环境更加优化，将进一步激发和汇聚加快发展现代服务业的活力和动力。新型城镇化将提供更加广阔的空间。西部经济隆起带正处于城镇化加速提质发展时期，将释放巨大的投资需求和消费需求潜力，公共服务等领域的开放和信息消费、健康养老、教育培训等新的消费领域的兴起，加快发展现代服务业面临重大机遇。产业融合发展将提供广阔舞台。世界产业技术革命催生了一批新业态，推动着商业模式创新，为制造业服务化发展提供了重要支撑，西部经济隆起带制造业基础较好、规模较大，制造业服务化发展潜力巨大。全面开放将提供重大机遇。国家大力实施自由贸易区战略和“一带一路”战略，将为西部经济隆起带“引进来”和“走出去”相结合加快发展现代服务业提供更大平台，特别是能够更好地发挥儒家文化圣地的优势，加快做大做强文化旅游和文化创意产业。

（二）面临挑战

2013 年，西部经济隆起带服务业增加值仅占全省的 26.6%，占 GDP 比重低于全省 4.1 个百分点；服务业整体层次偏低，交通运输、批发零售、住宿餐饮等传统服务行业占比过高，金融、信息、文化等发展滞后，加快发展现代服务业面临严峻挑战。载体建设亟待加强。有影响力的服务业集聚区、特色园区、龙头企业偏少，制约了各类服务资源的高效整合，不适应现代服务业集聚发展的要求。创新能力亟待提高。高等院校、科研机构无论是数量还是层次，与全省平均水平尚有较大差距，创新能力不足，服务业高端适用人才紧缺。在现代服务业更多依赖创新引领和人才支撑的形势下，加快提高创新能力，建设高层次人才队伍的任务十分艰巨。区域竞争愈发激烈。西部经济隆起带南接长三角，北临京津冀，西连中原经济区。长三角机制灵活，京津冀科技人才优势明显，中原经济区政策优越，这些区域的快速发展，势必会对本区域在资金、技术、人才等方面形成“抽离效应”，加快发展现代服务业面临更加激烈的竞争。

第二章　总体要求

一、指导思想

以邓小平理论、“三个代表”重要思想、科学发展观为指导，全面贯彻党的十八大和十八届三中全会精神，认真落实省委省政府关于加快发展服务业的决策部署，以全面深化改革和扩大开放为牵引，以创新创业为动力，以文化旅游、现代物流、金融保险、科技信息与服务外包、商务服务、生命健康、社区服务、农村服务和生态环保服务业为重点，着力提升发展层次，着力加强载体建设，着力增强支撑保障能力，着力营造一流营商环境，构筑现代服务业发展与技术创新、商业模式创新和新业态培育的联动格局，推动服务业提质增量、跨越发展，使其成为保持经济较快增长、支撑和引领转型发展和扩大社会就业的重要力量，为加快经济文化强省建设、提前全面建成小康社会做出新的贡献。

二、基本原则

——改革开放牵动。以解决制约服务业发展的重大问题为导向，完善推进机制，加大改革力度，加快释放改革促进现代服务业发展的红利；主动融入国家自贸区战略和“一带一路”战略，加快构建开放型经济新体制，搭建现代服务业发展新平台。

——载体建设带动。把载体建设作为现代服务业发展的核心任务，优化载体布局，明确功能定位和发展重点，强化规划管控和政策的引导作用，吸引要素资源、项目和产业向符合功能定位的载体集聚，加快培育一批规模优势强、产业集中度高、综合效益好、带动能力大的载体，成为支撑和引领现代服务业加快发展的主导力量。

——创新创业驱动。加强创新平台和研发公共服务平台建设，完善人才培养和引进机制，积极推动服务业技术创新、经营模式创新，培育新业态；着力营造一流营商环境，激发劳动、知识、技术、管理、资本的活力，让一切创造社会财富的源泉充分涌流，为加快现代服务业发展注入新的动力。

——合作融合联动。建立经济利益分享和补偿机制，搭建合作平台，畅通合作渠道，加强资源整合，强化产业集群配套协作与专业分工，推动区域融合发展；完善推进机制，促进现代服务业与先进制造业、现代农业联动发展，形成三次产业融合发展的良性发展格局。

——商标品牌推动。完善支持政策，打造商标公共服务平台，培育一批现代服务业商标；挖掘商标内涵，提高商标策划运营能力，提升商标品质品位品格，推动服务业商标向知名品牌跃升，依托品牌提高要素资源集聚能力和扩大市场影响力，促进现代服务业快速发展。

三、发展定位

立足充分发挥地理区位、文化资源、产业基础、政策集成等综合优势，结合推动经济文化强省建设和大力发展现代服务业的战略要求，根据《西部经济隆起带发展规划》赋予的战略定位，科学确定西部经济隆起带现代服务业的发展定位。

——建设服务业综合改革先行区。根据建设体制机制创新试验区的要求，按照全面深化改革的总体部署，用好窗口期，选好突破口，坚持顶层设计与摸着石头过河相结合，优先在西部经济隆起带部署启动与服务业发展相关领域的改革试点工作，鼓励在财税体制、资金扶持、用地保障等先行先试，集聚各类资源向服务业倾斜，积极探索现代服务业发展的新路径、新模式、新机制。

——建设经济文化高度融合发展示范区。充分发挥文化底蕴深厚和人文资源丰富的优势，结合实施文化数字化工程和创意山东计划，加大支持力度，抓好文化大项目建设，培植一批规模大、实力强、有影响力和竞争力的文化大企业、大集团，加快推进曲阜文化经济特区、台儿庄文化产业试验园、东平水浒影视城、鸿儒国际广告创意产业园、鄄城孙膑旅游城等文化产业示范园区建设，高起点规划建设中华运河文化传承创新核心区，加快构筑文化引领、融合、催生现代服务业发展的新格局，打造经济文化融合发展高地。

——建设现代国际商贸物流基地。发挥地处苏皖鲁豫交界的地理优势，以临沂国际商贸物流基地为龙头，建立利益分享机制，加大资源、市场的整合力度，鼓励集团化发展、连锁化经营，打造一批千亿元级商贸物流产业聚集区；大力发展综合性、专业性、行业性和特色商贸物流，推行智能化管理，推动商贸物流业转型升级；实施物流基础设施、高速通道和机场改扩建工程，构建便捷高效的现代商贸物流通道网络，进一步强化对建设国际现代商贸物流基地的支撑。

——建设世界知名的旅游目的地。按照发展大旅游、开发大市场、建设大产业的要求，突出儒家圣地、黄河文化、运河古城、红色基地、生态蒙山、湿地风韵、牡丹花都、江北水城、水浒文化、中国太阳城等特色，加强旅游基础设施建设，加大旅游资源整合力度，开发高档旅游产品，高水平设计旅游精品线路，建设无障碍旅游区，做大做强西部经济隆起带旅游品牌，打造著名的国际旅游目的地。

四、发展目标

发展速度明显加快。到2020年，服务业增加值达到1.4万亿元以上，年均增长13%；服务业增加值占GDP比重达到45%以上，年均提高1.2个百分点；服务业从业人员占全社会从业人员的比重达到40%；服务业投资占全社会固定资产投资的比重达到55%以上，年均提高1.5个百分点左右；社会消费品零售总额年均增长15%以上。

产业结构明显优化。加快发展金融保险、商贸物流、科技信息、商务服务及服务外包等生产性服务业，力争到2020年，生产性服务业增加值占服务业增加值的比重达到55%以上。推动文化旅游、红色旅游等传统优势产业实现特色化、规模化、高端化发展，培育生命健康、老年颐养、连锁配送、电子商务、网络金融等行业成为服务业新的增长点。

产业集聚度明显提升。西部经济隆起带服务业逐步向中心城市集中，完善产业链条，提高配套能力，激活发展动力，全面提升服务业的集聚度。到2020年，建成一批现代服务业重大项目，重点建设区域服务业中心和主导产业突出、特色鲜明、层次较高的现代服务业集聚区。

企业竞争力明显增强。培育一批有较强市场竞争力的重点企业，形成一批在国内外具有较大影响力和较强竞争力的品牌。到2020年，力争营业收入超100亿元的服务业企业达到10家。

第三章　空间布局

依据各地的资源禀赋和产业基础，充分发挥中心城市在西部经济隆起带服务业发展中的作用，引导服务业合理集聚发展，使西部经济隆起带逐步形成"抬龙头、舞龙身、跃龙尾"巨龙腾飞的服务业发展布局；突出地方优势和特色，充分发挥服务业在产业结构调整中的引领作用，促进现代服务业与先进制造业、现代农业融合发展，使西部经济隆起带逐步形成各具特色、功能互补的服务业发展功能定位。

抬龙头。以临沂、枣庄为中心，积极打造西部经济隆起带现代物流、文化生态旅游发展高地。以临沂国际商贸名城建设为契机，整合物流资源，促进鲁南、鲁西物流网络融合发展，构建现代物流产业体系，大力开拓国际市场，形成服务业对外开放的龙头。依托台儿庄古城、红荷湿地公园等景区景点的红色文化、运河文化，加大旅游资源整合力度，形成山东旅游新地标，充分发挥以旅游为龙头的服务业在城市转型发展中的作用。

舞龙身。以济宁、菏泽为中心，积极构建文化旅游、商贸物流服务业发展集聚区。发挥济宁传统文化优势，加快培育形成传统文化提升示范区，把文化资源优势转化为经济发展优势，积极传承优秀的儒家文化，进一步挖掘汶上佛文化、梁山水浒文化等传统文化资源，深入推进文化旅游融合发展，打造世界知名旅游目的地。发挥菏泽地处四省交界区位优势，突出发展商贸物流业，培育一批辐射范围广、影响力大的商贸物流园区和大型批发市场，办好林产品、农资产品展销会，尽快形成四省交界处的商贸物流高地。

跃龙尾。以德州、聊城为中心，积极打造物流与生命健康产业发展示范区。发挥德州交通区位优势，加快物流园区和专业批发市场建设，使德州成为粮食、棉花和煤炭、木材等大宗商品的仓储、运输中心和配套加工基地；聊城积极对接省会城市群经济圈和中原经济区，在着力提升传统商贸流通业的同时，积极发展农村服务业，发挥生态优势，打造高水平特色医疗、健康养老、健康保险等全产业链健康服务，建设面向京津冀、服务省会城市经济圈、辐射中原经济区的生命健康服务示范区。

第四章　重点领域

顺应服务业信息化、国际化、标准化发展趋势，以文化旅游、现代物流、金融保险、科技信息与服务外包、商务服务、生命健康、社区服务、农村服务和生态环保服务业等九大领域为重点，扩大规模与优化结构并举，强化载体建设与放大品牌引领作用并重，加快发展新业态，积极培育新的增长点，全面提升现代服务业对转型发展的支撑作用。

一、文化旅游业

传承儒家文化、水浒文化、运河文化、红色文化和黄河文化丰富内涵，积极推动文化与旅游融合发展，探索"文化特色十旅游集团"发展新模式，着力构建西部经济隆起带"一核、两轴、四链"的文化旅游产业发展新格局。到2020年，旅游总收入达3000亿元以上，年均增长15%左右，旅游业增加值占GDP比重达到7%；文化创意产业增加值年均增长10%以上，占GDP比重达到5%。

专栏一　　文化旅游业发展布局

一核：中华儒家文化传承创新区。加快曲阜"文化经济特区"规划建设，以曲阜国家级文化产业示范园为龙头，整合孔、孟、颜、曾等文化资源，打造独具儒家特色的文化圣地和共有精神家园。

二轴：(1)乡村旅游发展轴。依托京福、日东、济菏高速公路、京沪高铁和京杭大运河，做好"双色"(绿色乡村游和红色乡村游)线路结合文章，打造蒙山沂水、泗河尼山、微山湖上、运河古城、黄河故道、江北水城等特色乡村游线路。(2)温泉养生发展轴。依托京沪高速、济广高速、京沪高铁、京九铁路，以临沂、聊城、德州为中心，整合周边温泉资源，挖掘温泉衍生产品，积极打造中国温泉城和江北温泉城品牌。

四链：(1)儒家文化旅游链。以曲阜为中心，整合邹城、泗水、嘉祥等地相关资源，打造儒家文化旅游品牌。(2)水浒文化旅游链。整合梁山、郓城、东平、阳谷等地相关资源，打造水浒文化旅游品牌。(3)运河文化旅游链。以枣庄、济宁为中心，整合德州、临清、聊城等地相关资源，打造运河文化旅游品牌。(4)红色文化旅游链。以枣庄、临沂、菏泽为中心，整合周边相关资源，打造红色文化旅游品牌。

建设文化创意产业集聚区。以曲阜国家级文化产业示范园、德州德岸漫城文化创意产业园、临沂中国兵学城、羲之文化城、台儿庄文化产业试验园、嘉祥石雕城、东平水浒影视城、郓城水浒文化创意产业园等文化产业示范园区和基地为载体，深入实施文化数字化工程和创意山东计划，鼓励开发原创作品，重点扶持发展一批能够成为研发投入主体、技术创新主体和创新成果应用主体的文化创意骨干企业，发展一批实力雄厚、竞争力强的文化产业集团，促进文化与经济、旅游的深度融合。充分发挥各地产业优势和区位特点，积极拓展新兴文化创意产业园区及创意楼宇，加快促进文创产业园区从企业集聚向产业集聚、从扩容到提质、从增量到增效的转变，形成产业规模巨大、产业特色鲜明、创新能力强大、文化品位较高、创业环境一流、专业人才聚集、公共服务完善的文化创意产业集群。

打造特色文化旅游品牌。突出"圣人圣地"旅游品牌，重点实施尼山圣境、孔子国际文化交流中心、孔子博物馆、鲁故城大遗址公园等旅游产业项目，提升儒家文化特色旅游品质。抓住京杭运河申报世界文化遗产契机，突出运河文化特色旅游产品开发，加快台儿庄古城、微山湖古镇、运河樱花洲湿地公园、济宁城区运河、大运河南旺分水枢纽工程、南阳古镇、运河大码头、东平戴村坝等重点项目建设，全面打造展现京杭运河重商、包容、开放文化内涵的国内著名运河风情文化旅游区。优化整合区域内地热优势资源，加快推进观唐温泉、智圣汤泉、天沐温泉、阿尔卡迪亚温泉、齐河温泉等景区产品升级换代，积极培育示范基地，建设集汤泉开发、文化旅游、度假康乐、地热文化展览展示于一体的大型地热文化产业园，打造西部地区温泉旅游度假带。选取"儒家、水浒、运河、红色"四大文化旅游链精华，构建曲阜三孔、兖州兴隆寺、汶上宝相寺、泰山、济宁市区运河、水泊梁山、台儿庄古城、蒙山沂水文化旅游"金环"，打造西部经济隆起带高端旅游品牌。突出乡村文化特色和原生态保护，做好红色乡村游和绿色乡村游线路结合文章，积极培育一批影响大、带动能力强的文化名镇、风情小镇和富有乡村气息的旅游景点景区，支持各地积极培育"沂蒙人家""泰山人家""圣地人家""湖上船家""黄河人家""运河人家""水城人家""枣乡人家""水浒人家""鲁西南记忆"等品牌，打造"齐鲁乡村游、好客到我家"品牌集群。

构建区域旅游资源协调共享机制。按照“错位发展，优势互补，资源共享，客源互通”的原则，创新旅游品牌运作模式，整合各地文化旅游资源，面向国际、国内进行品牌统一运作和营销，塑造整体旅游品牌。积极发展旅游服务联盟，推行无障碍旅游。加快推进区域合作，共同推介区域内旅游产品，对单个旅游产品进行重新定位、组合、包装，形成新的主题旅游产品和线路。统一编制区域旅游手册、导游图，制作区域性旅游网站，共同打造区域旅游整体形象。

提升旅游服务体系建设。完善旅游公共服务体系，推进咨询服务、交通服务、标识系统、安全救援等系统建设。推进旅游信息化建设，积极发展旅游电子商务，实现“三位一体”旅游咨询服务。完善旅游交通服务环境，推进旅游公共交通服务，完善自驾车服务系统。加强旅游安全设施建设，做好旅游安全保障工作。普及旅游标识系统，80%以上旅游景区具有中英多语种标识，实现旅游标识清晰化、人性化。建立旅游市场综合治理长效机制，加强旅游诚信体系建设，强化旅游标准化管理。

专栏二　　文化旅游业重点项目

文化创意产业。枣庄：台儿庄古城文化产业试验园、鲁班文化创意园、奚仲文化创意园、龙腾水街文化创意产业园、上海大世界基尼斯枣庄发布文化创意中心、葫芦套铁路影视文化创意产业园、乡情文化创艺园、古城广告创意产业园。济宁：兴达生态酿造文化园、山东滋阳山国际农业文化产业园、儒家文化体验基地、曲阜万豪儒家文化动漫体验园、嘉祥石雕文化产业园、嘉祥鲁锦文化产业基地、水浒文化产业园、东方文博城一期项目、济宁高新区创意设计中心。临沂：迪可可儿童文化产业园、动漫公园和商业综合体项目、羲之文化产业园。德州：中华蟋蟀文化城、华婧园、德岸漫城文化创意产业园。聊城：聊城运河文化大码头项目、中国东阿阿胶养心城项目、水浒文化体验园、鲁台书画艺术交流基地及双海湖生态书画公园、东昌府区傅氏文化苑旅游项目、中华葫芦大观园、莘城民俗风情园、慈济寺及国民素质教育基地、东阿阿胶养生文化苑提升工程、临清民族文化园项目。菏泽：北方木艺品文化产业园、巨鑫源芦笋生态园、巨野书画艺术产业园、郓城水浒文化创意产业园。泰安宁阳：金彩山酒文化产业园。

旅游业。枣庄：台儿庄古城、微山湖古镇、翼云石头部落、熊耳山-抱犊崮旅游区综合开发、奚公山风景区文化旅游服务综合体项目、中国石榴城、运河樱花洲湿地公园、枣庄旅游集散中心、环城市游憩带建设工程。济宁：济宁杂技城、尼山圣境项目一期工程、孔子国际文化交流中心、鲁国故城周公庙区域保护展示工程、蓼河仿古文化商业街、古泮池景区开发项目、鲁国故城国家考古遗址公园、万紫千红生态养生旅游度假区、西侯幽谷旅游建设项目、天适集团生态农业旅游观光项目、泉林泉群综合开发项目、邹城市峄山文化旅游综合开发建设项目、邹城市绿洋林业有限公司生态林业休闲观光建设项目、南阳古镇旅游综合开发项目、微山水乡文化中心区项目、微山湖红豆杉生态观光园项目、金水湖旅游度假区、光善寺景区、羊山古镇国际军事旅游度假区、嘉祥凤凰城卧龙山旅游项目开发项目、宝相寺景区建筑群扩建项目、汶上县南旺枢纽考古遗址公园建设项目、梁山泊遗址湿地项目、太白湖景区游乐场及风情街、济宁市博物馆新馆项目。临沂：百合花生态农业观光园、蒙山旅游开发项目一期工程、汤泉古城项目、山东涌泉休闲养生项目、鲁商温泉综合开发项目、沭河湾国际旅游度假区、东方威尼斯项目、养生小镇、高端商业城市综合体和温泉文化旅游项目、沂水中华太极文化产业园、山东澳信温泉综合开发项目、奥华国际温泉度假村项目、松山温泉旅游度假区、温泉旅游度假项目、曹家峪风景区整体开发项目。德州：黄河故道生态旅游开发、德百温泉度假村、中国城商道文化街、祥云欢乐世界、渤海金山文化城、庆云宫、四女寺风景区建设项目、董子文化街二期、文化博览园建设项目、大禹城水生态文明新城项目、枣乡红韵-红色文化主题公园、马颊河生态湿地文化公园、颜真卿文化广场、齐河温泉度假村、齐河水上世界、齐河文化古城、红坛寺省级森林公园开发项目、临邑县城之泊生态湿地公园项目。聊城：茌平千岛山庄项目、东昌温泉城建设工程、马颊河生态旅游度假区、蒋官屯江北水镇文化旅游项目、古漯河生态旅游度假区、金牛湖4A级风景区建设项目、黄河观音文化旅游区、临清黄河故道地质森林公园项目、七级运河古镇旅游开发项目、泰福水上世界游乐园、清平森林公园建设项目、肖庄镇枣乡林海观光园项目、东阿县休闲渔业观光基地建设项目、大秦水库风景区周边综合开发项目、临清中华海棠园二期建设项目、迷魂阵军事旅游区开发、燕塔公园二期工程、金水湖公园、紫汇湖开发。菏泽：菏泽牡丹文化旅游风景区、黄河文化景区、定陶牡丹源温泉旅游休闲度假综合体、菏泽红色旅游景区、菏泽历史文化旅游景区、牡丹区艺泽生态旅游、定陶商圣文化园、巨野新龙美农业生态文化旅游区、鄄城孙膑旅游城风景区、山东玉皇生态文化旅游度假村。泰安宁阳：中华孔子城、中华蟋蟀园；东平：东平湖国家级休闲旅游区、水浒文化产业园。

二、现代物流业

依托西部经济隆起带的产业、资源、区位和交通优势，以打造“一带一路重要物流中心”为目标，以降低物流成本和提高物流效率为核心，整合物流资源，完善鲁南、鲁西和鲁北物流区域网络，构建高效便捷的物流通道，推进标准化和信息化建设，形成高度开放、功能齐备的物流公共信息平台，打造一批具有品牌优势和综合竞争实力的第三方物流企业、企业集团和物流园区，形成与国际接轨的社会化、专业化、规模化现代物流产业体系。物流业增加值年均增长 8.5%左右，到 2020 年物流总额达到 12 万亿元。

推进物流重点领域发展。支持临沂加快推进国际商贸名城建设，以临沂、菏泽为中心，依托菏兖日铁路和规划建设的临沂至岚山高速公路，加强与岚山港、日照港、董家口港等的主动对接，加快国际贸易采购体系服务平台建设，大力推进采购物流、生产物流、销售物流发展，打造国际商贸物流中心。依托京杭运河黄金水道，以枣庄、济宁为中心，大力发展铁水联运、内河集装箱运输和临港物流产业，完善物流通道设施建设，优化沿河港口布局，建设港口与邻河各类园区连接通道，实现商贸流通和临港加工相互促进，联动发展。依托农副产品生产、加工、储存、物流优势，积极对接省会城市群众经济圈和中原经济区，以聊城、德州为中心，依托德滨高速、济乐高速和德陇烟铁路，积极推进城乡一体化配送，大力发展农副产品冷链物流，打造鲁西北、冀东南物流发展轴。

创新物流业发展模式。延伸物流产业链，发展货物交易、集散、分装、加工、贮存、配送、资金结算等业务，做大物流产业，形成以交通运输业为龙头，涵盖仓储业、物流中心、物流货物储运代理、物流中介服务、物流信息服务等行业较为完整的现代物流业发展体系。提升物流信息技术水平，依托各专业物流园区，整合检验检疫、航运、航空、铁路、物流等信息资源，构建第四方物流信息服务平台，实现企业物流信息与公共服务信息的有效对接，打造集物流信息发布、在线交易、数据交换、智能配送、地理信息系统(GIS)和全球定位系统(GPS)跟踪反馈、智能分析等功能为一体的第四方物流信息服务中心。提升物流业装备技术水平，鼓励和支持科技型企业在物流产业集聚的区域内设立物流技术研发中心。

培育壮大物流企业。积极引进国际知名物流企业和央属物流企业，加强与本地物流企业的合作，鼓励物流企业采取参股、控股、兼并、联合、合资、合作等形式，与省内外物流企业建立战略联盟，培育一批核心竞争力强、规模大的物流企业集团。大力推广供应链管理与现代物流的理念、技术与方法的运用，推动工业、商业、运输、联运、物资、仓储等行业物流资源整合。引导传统运输、物流企业向第三方物流企业转型。

完善物流金融服务保障体系。探索设立区域性物流金融服务中心，积极鼓励和吸引各类金融机构的总部和分支机构，开展涉及国际国内物流的投资、信托等金融服务，创新物流金融服务产品。鼓励金融企业服务网点进驻物流园区，为物流企业开展贴身式金融服务。支持第三方物流企业利用保险基金、产业基金等开展仓单质押、融通仓、融资租赁等金融业务。支持行业协会、业内龙头企业，通过联合发债、产业基金等多种形式，解决物流中小物流企业融资问题。

专栏三 现代物流业重点项目

枣庄:鲁南铁水联运物流园、中国农产品跨国采购枣庄分中心、滕州农副产品物流中心、盛达农副产品商贸冷链物流中心、枣庄现代粮油物流产业园、峄城临航物流产业园、台儿庄区临港物流园区、中国玻璃城、枣庄汽车文化贸易产业园、德合集团枣庄绿色农产品物流中心、枣庄市九州快运物流园、沃尔玛物流配送中心。济宁:济宁永丰商贸有限公司仓储物流园、中国供销济宁现代仓储物流中心、济宁联合物流有限公司现代物流中心、海尔虚拟产业园、兴隆物流有限公司农产品冷链物流中心、山东绿源冷链物流项目、鲁恒医药物流项目、山东恒邦商贸有限公司物流项目、泗水县金阳物流有限公司金阳物流园、山东圣地源农牧公司农产品冷链物流项目、邹城临港物流产业园区、鱼台县港口物流集疏中心、金乡农产品国际物流园、聚汇冷链物流项目、蒜都国际冷链物流园、济宁市化工园区化工码头物流项目、济宁铁路物流园、济宁市江北粮食物流产业园、中远物流项目、梁山铁水联运项目、济宁福泰医药有限公司医药物流项目、汶上县商贸物流园区、上海钢联电子商务物流平台建设项目。临沂:中华现代物流产业园项目、金字国际商贸城、不锈钢加工及贸易集散地项目、阜新铁路商贸物流港、山东公路国际物流仓储基地项目、鲁南(朱保)铁路物流综合园区、沂南县火车站大型物流园区建设项目、火车站物流园项目、中泓蓝海油品仓储项目、国际冷链物流园项目、临沂九州物流产业园项目、莒南雨润冷链物流中心。德州:四季城商贸中心、顾家·欧亚达国际商贸城、中国庆云中国城、庆云农副产品物流中心项目、宁津综合物流园区、开源物流中心建设项目、德州欧典物流汽配城项目、德百物流项目(二期)、济铁物流园、山东通益水产食品市场、四方物流中心、山东国际商贸港项目、青岛保税港区(德州)功能园区、义乌国际商贸物流园、五洲国际家居博览城、黄三角会展物流中心、德尔利钢材物流产业园、B型保税物流中心、盖世冠威物流园、山东永锋金属制品集配钢铁物流园、德州东北商贸物流城、临邑县铁路物流园、中国供销临邑农产品综合物流园、临邑兰剑物流现代物流智能化装备研发设计与科技服务中心建设项目、九达物流项目、张庄汽贸城项目、禹城鑫辰供销商贸物流城。聊城:聊城农产品物流交易中心项目、鲁西国际现代物流园、茌平物流园打造工程、聊城北部物流园区、聊城香江现代商贸物流城项目、茌平县汽车产业园项目、冠县钢铁交易物流中心项目、高唐物流支撑工程、临清铁路商贸物流集聚区、临清LNG储运站项目、祥光物流中心建设项目、东阿物流园项目、东阿恒润物流项目、阳谷震达出口型农副产品现代化仓储物流项目、聊城正大物流园区改扩建工程、保税物流中心、山东宝信贸易有限公司宝信物流园项目。菏泽:牡丹区华英物流园、单县交通物流园、菏泽(鄄城)物流中心、东明盛景物流中心、巨野鲁西南煤炭应急储备基地、牡丹区吕都物流园、单县煤炭物流配送中心、鲁之翼物流中心、定陶交通物流、成武天之翼物流园、单县天龙物流中心、郓城煤化工物流中心、曹县国药控股物流园、曹县巨鑫源冷链物流、东明交通物流中心。泰安宁阳:宁阳煤炭物流基地、华源棉花储运;东平:东平现代物流调拨中心项目。

三、金融保险业

抓住我国金融领域开放程度不断扩大的机遇,把握产业发展对金融服务需求日益旺盛的趋势,发挥金融保险业在促进经济发展中的支撑作用,探索建立金融创新与科技创新、文化创新、产业创新深度融合的运行机制,完善银行证券保险协调发展、直接金融和间接金融结构合理、交易功能和服务功能相匹配的多层次金融市场体系,将西部经济隆起带打造成为鲁苏豫皖区域性金融保险富集中心。金融保险业增加值保持年均10%增长,到2020年占服务业比重达到10%以上。

健全金融市场体系。积极引进国内外各种金融机构,鼓励金融机构向县域延伸服务网络。全面深化农村信用社改革,鼓励社会资本参与组建农村商业银行。积极发展村镇银行、社区银行等中小型金融机构,加快发展各类产业基金、股权基金和财务公司等金融企业。扶持发展各类专业融资担保公司,改善中小企业投融资环境。积极推进企业上市、挂牌和债券融资,不断扩大直接融资规模。依托区内产业优势,探索发展介于现货与期货之间的大宗商品交易市场。扩大保险覆盖面,丰富大众服务品种,鼓励发展互助型合作制保险组织和专业化保险机构。积极引导保险公司推进市场细分化、产品差异化、服务标准化、条款简明化创新,大力发展小额信贷保证保险、科技保险、出口信用保险、"三农"保险等保险业务。

推动金融创新发展。推动金融与科技、产业联动发展,鼓励针对产业升级、自主创新、节能减排、中小企业发展等热点需求,大力发展供应链金融、知识产权融资、低碳金融等新型金融服务产品。规范发展民间融资,积极稳妥地发展民间借贷登记机构及民间资本管理公司,并逐步把试点范围向全区推开,促进民间金融阳光化、规范化发展。积极争取国家和省里支持,通过完善金融创新激励机制、开展投贷联动业务试点、推动抵押方式多样化、搭建金融资产交易平台等方式,围绕中小企业金融服务,开展组织创新、业务创新和金融产品创新的先行先试。

推进金融重点项目建设。高水平规划和发展金融街区、金融商务集聚区等大型综合金融载体中心区,推进枣庄珠江路金融商务区、济宁财富中心、兖州金融中心、临沂中央商务金融中心、德州高铁新区金融中心、夏津金融中心、乐陵金融仓储服务中心、聊城金融集聚区等重点项目建设。

四、科技信息与服务外包产业

充分发挥科技信息服务业在现代产业体系中的支撑作用,利用信息传输、增值服务、物联网等现代信息服务技术,以国家级高新区为载体,推动信息服务业与制造业、生产性服务业的融合发展,打造山东西部科技信息高端创新中心。积极承接国内外服务产业转移,推进服务外包产业国际化进程,依托济宁高新区省级服务外包基地,打造苏鲁豫皖服务外包发展示范中心。

搭建科技信息公共服务平台。依托济宁高新区、临沂经济技术开发区等国家级、省级经济开发区,积极推进生产力促进中心、行业技术创新中心、技术产权交易以及咨询、评估和知识产权等科技中介服务机构建设。加快信息传输基础设施建设,推广3G、4G网络应用,深化信息技术应用,放大临沂商城公共信息服务平台的示范效应,建设完善集大众消费、公共服务、企业经营于一体的电子商务平台。统筹信息资源整合、开发利用和公用设施建设,加快信息技术服务推广运用,大力发展物联网、数字内容服务业、软件设计业和云计算产业等。不断完善科技协作服务网络,培育发展工程咨询、检验检测、人才交流、创业辅导培训、企业管理、投融资、市场准入和产品认证等专业性中介服务机构。鼓励、引导各类中介机构和社会力量参与和介入各类服务活动,推动科技服务专业化分工和产业链上下游互动,促进科技信息服务业加快发展。

加快发展服务外包产业。依托济宁高新区、临沂经济技术开发区、德州高铁新区等省级服务外包基地、软件园,主动承接发达国家服务业的转移,坚持以在岸外包为重点,以离岸外包为突破的原则,大力发展信息技术外包、业务流程外包,重点发展企业售后服务外包、金融后台服务、呼叫中心服务、知识处理业务外包,在动漫设计、建筑设计、新药创制、生物工程等方面,大力打造一批具有自主知识产权、自主品牌、高增值服务能力的服务外包企业。积极引进、培育服务外包主体,改善服务外包企业投融资条件,鼓励银行、外资、风险资本和民间资本等资金以多种形式进入服务外包企业。积极推进济宁服务外包产业园、济宁服务器租赁中心、台儿庄软件与服务外包产业园、临沂应用科学城、德州荷兰王氏集团服务外包工业园等重大项目建设。

专栏四　　科技信息与服务外包产业重点项目

枣庄：滕州(国家)软件创意产业园、国家级食品安全检测中心、国家级锂电检测检验中心、鲁南信息产业园、伦达国贸城大学生创业孵化基地、台儿庄软件与服务外包产业园、鲁南之家电子商务总部、枣庄电子商务产业园。济宁：济宁高新区国家北斗产业化应用示范基地、任城区北斗产业园、大唐高鸿电信项目、邹城市科技金融创新创业服务中心、金乡县大蒜产业协同创新平台、山东鲁南煤化工研究院化工区分院、金乡福德科技孵化中心、山东省圣丰种业大豆种质及生物育种项目、汶上县联想化工区联化创业平台项目、汶上县内燃发电机组检验检测中心建设项目、惠普国际人才和产业基地项目、山东中煤工矿物资集团有限公司中煤科技产业园项目、太白湖新区科技创业孵化中心。临沂：东忠科技产业园、浙商五金机电产业园项目。德州：现货交易电子商务平台、古贝春电子销售商务平台及电子追溯体系、兴宏棉花电子商务平台、山东国际电子商务基地项目、功能糖全产业链物联网应用示范项目、山东齐鲁科技企业孵化器创新创业服务平台、移宝手机电子商务平台、荷兰王氏集团服务外包工业园建设项目。聊城：西安交大科技园暨产学研基地项目、鑫佳物流有限公司E钢在线电子商务产业园、祥光生态工业园铜产品交易信息平台、聊城创新置业有限公司聊城高新科技城项目、鲁西国际现代物流园管委会中原电子商务产业园项目。菏泽：菏泽高科技创业园、牡丹区尧舜牡丹产业园、曹县中小企业孵化园、巨野新能源设备制造技术研发平台、东明玉皇研发中心、菏泽市战略性新兴产业新城项目、巨野中药制造技术研发平台、巨野麒麟动漫城、定陶城市之家区域电子商务平台。泰安宁阳：海斯摩尔纤维抗菌检测中心、凌云迪联开放物流服务平台项目。

五、商务服务业

适应社会化分工和产业发展的需要，完善商务服务体系，积极推进中介服务行业标准化、规范化建设，着力提升重大会展、节庆活动的品牌影响力，规划建设一批商务服务业集聚区，引进培育一批商务服务龙头企业，打造山东西部商务服务资源集聚中心。

完善中介服务市场体系。以会计税务、法律仲裁、咨询评估、知识产权、人力资源、信用服务、广告等行业为重点，构建多层次、多元化的服务机构集群，发展高端服务业务，打造现代中介服务体系。培养骨干龙头企业，引进一批具有国内外知名度和国际执业资质的咨询与调查服务机构设立分支机构，支持专业服务企业间开展合并重组，重点扶持和培育若干家大型会计服务机构与律师服务机构。完善发展环境、加强诚信建设，严格行业准入制度，完善职业资格认证和考核体系，建立公平竞争机制，提高服务水平，促进商务服务业向“多元化、网络化、规范化、国际化”方向发展。

提升会展品牌影响力。制定会展业发展规划，重视会展品牌培育，调动民间资本参与会展投资的积极性。支持大型会展基础设施项目建设，鼓励国内外知名会展机构在区内设立分支机构、举办会展活动或提供会展服务。巩固扩大中国(临沂)国际商贸物流博览会、枣庄滕州微山湖湿地红荷节、济宁孔子文化节、书圣文化节、德州中国太阳城博览会、聊城水文化节、菏泽牡丹节、乐陵枣文化节等重大会展、节庆品牌的国内外影响力。

建设商务服务集聚发展区。坚持商务服务集聚发展，规划建设若干商务服务业集聚区，大力发展特色区域总部经济，重点规划商务楼宇、科研楼宇、城市综合体等商务配套项目，积极推进济宁万达城市广场、万象和商务区、临沂中央商务区、临沂国际会展中心、德州星凯国际广场、德州恒川运城、枣庄双子座城市综合体、聊城开发区中央商务区、宁阳亿丰国际时代广场等重点项目建设。

专栏五　　商务服务业重点项目

枣庄：万洲数码广场（第一街）、德意君瑞国际广场、红星美凯龙全球家居生活广场、沃尔玛商业广场、枣庄市市民中心、枣庄双子座城市综合体、枣庄茂源国际采购中心、枣庄天合数码城。济宁：海尔大厦项目、孟子湖新区总部经济区项目、泗水大正汽车产业园、中都智能大厦项目、太白湖金融商务中心（城市 CBD）、京投总部大厦、省运会媒体中心工程。临沂：中兴总部经济、华润中心城市项目综合体、宇乐天项目、万城国际商业广场、天元锦都城城市综合体项目、南坛片区城市综合体、华前城市广场、齐鲁园广场、鲁商中心、巴黎春天城市广场、万和广场、碧桂园城市综合体项目、“阳光城”城市综合体项目、东方新天地。德州：良种研发培育及农产品检验检测服务平台建设项目、高新技术创业园、鲁权屯镇中小企业高新技术孵化器、中商产业智慧产业总部基地项目、国际地理标志产品电子商务公共服务平台项目、万邦工业孵化园及高档会所建设项目、平原县电子商务物流平台、理想镇智慧中心项目、中央空调与复合材料产业公共服务平台、恒川运城微商微企综合体项目、西八里汽车服务中心项目。聊城：中国高端轴承保持器研发设计检测中心、鲁西质检中心项目、顺和微小企业创业园、茌平经开正泰中小企业创业中心项目。菏泽：巨野文化金融中心、曹州汽车城、曹县新古都商城、国贸中心、亿丰时代广场、红星美凯龙、和平新贵、恒盛大市场、汉字语言科研中心、软件开发中心于一体的汉字文化产业园区。泰安宁阳：义乌购山东分仓 B2R 平台项目。

六、生命健康业

以提供专业化、个性化、多元化的医疗健康服务为切入点，把健康服务产业培育成为新的经济增长点，促进居民健康消费需求由单一的治疗型向疾病预防保健型和健康促进型转变，多渠道、多层次满足居民健康消费需求。发挥区位、生态优势，打造高水平基本医疗、特色医疗、健康管理、健康养生、健康保险以及健康云等全产业链健康服务，完善以老年生活照料、医疗保健、体育健身、文化娱乐、健康疗养等为主要内容的银发产业体系，建设面向京津冀、长三角的医疗养老服务基地。

着力提升基本医疗服务水平。优化西部经济隆起带医疗卫生资源配置，新增医疗资源重点向县区、小城镇、社区、农村倾斜。巩固提升现有大型综合医院的服务功能，通过合作共建等方式提升医院办医水平，支持基础较好的二级综合医院升级成三级医院。探索以三级甲等医院为基础组建医疗集团，推进医疗资源优化配置和医疗技术水平的快速提升。鼓励支持北京、上海、天津等国内知名的三甲医院、特色专科医院以及国内知名的中医医院、中西医医院与社会资本融合，在区内建立易于纳入医保范围的非营利性医院。

积极培育健康管理服务产业。以个人和家庭为服务对象，以社区为依托，推进健康服务业市场化、产业化、社会化发展。鼓励发展以个性化健康检测评估、健康咨询服务、营养保健指导、健身美容等非医疗健康管理服务产业，构建健康服务体系。鼓励商业服务模式创新，加快发展商业性体检中心、亚健康服务中心、护理院、心理咨询中心等各类健康服务机构，提供健康检测、评估、咨询、调理、康复、病患照料和陪护等服务。充分发挥中医药“治未病”的预防保健特色优势，大力发展中医药调治亚健康服务。发挥健康教育机构、社康中心和家庭医生在促进居民健康、普及健康常识中的主导作用，推进家庭医生试点，完善个人健康档案，探索个人健康管理新模式。

加快发展养老服务业。鼓励民间资本进入社会化养老产业，积极发展各类老年公寓、老年康复中心，加快构建投资主体多元化、经营管理社会化、运行机制市场化的养老机制。健全居家养老服务体系，积极探索社会力量兴办、专业化养老机构管理运营的新模式，为居家养老的老年人提供日间托护、医疗保健、心理抚慰、文化娱乐、配餐送餐以及上门包护等多项专业化服务。深度挖掘西部经济隆起带温泉养生、山水垂钓、牡丹药疗、阿胶保健等资源、生态优势，大力发展养老旅游产业。

专栏六 生命健康产业重点项目

枣庄:山东银光福源健康养老护理中心、峄城颐养山居国际健康养老基地。济宁:泗水县山水合老年生态休闲养生中心项目、嘉祥县诚祥建安有限公司健康城、九顶山生态养老养生项目、汶上县健康养老社会服务一体化项目、运河高端颐养工程建设项目。临沂:圣城家源社会健康养老服务中心。德州:万景佛教文化养生养老基地、夏津残疾人拖养康复中心项目、庆云县常家镇养老服务中心、宁津中医院老年康复中心、武城县社会福利中心项目、平原县红运养老公寓建设项目、平原县大型养老医疗服务中心、国际健康产业园项目、鳌龙养老公寓项目、德惠园养老院项目、通达养老中心、东方智慧养生苑、齐鲁医疗健康城、德州咏福园颐养中心。聊城:鲁西医疗康复中心、冀鲁医疗保健集聚区项目、高唐县医院医疗保健中心项目、莘县县医院医疗保健康复中心、鲁台股份制医院建设项目、聊城市鸿泰老年公寓项目、聊城市光明医院颐养园项目、莘县日月潭怡养院建设项目、临清市人民医院医护型养老服务中心。菏泽:菏泽医专康复养老中心、牡丹区养老城、曹县社会福利服务中心、定陶残人康复中心、成武社会福利综合服务中心、单县家政产业园、巨野社会福利中心、郓城养老康复护理中心、鄄城高档养老公寓、开发区南湖康复养老基地。泰安宁阳:宁阳县中医院杏林康复颐养中心;东平:天思国际东平养生养老休闲度假产业园。

七、社区服务业

以新型城镇化建设为指引,坚持政府提供与社会兴办相结合,以推进服务设施建设为抓手,在继续加大社区公共性服务投入基础上,大力发展家庭服务业、社区便民商业和社区休闲娱乐服务业,促进社区服务体系扩大规模、拓展内容、健全网络、强化特色,到2020年,初步建立起与经济社会发展相适应,门类齐全、布局合理、适度集中、便民利民的现代社区服务体系。

建立健全家政服务业体系。制定并实施家政服务业发展规划,鼓励发展家庭保洁、烹饪、保姆、家务管理、精神陪护、小学生接送等多种类型的社区家政服务,满足不同层次家庭对家政服务的需求。重点扶持一批规模较大的社区家政服务业企业实施连锁战略。支持开展家政服务职业技能培训,加快推行持证上岗制度。扶持行业协会发展,加强行业准入和规范管理。鼓励和支持各类组织、企业和个人投资社区便民服务业。

完善社区综合服务保障工作。加强社区卫生服务工作,完善社区卫生服务机构"六位一体"功能。推进"早餐工程""家政服务工程""双进工程"(便民便利进社区、进家庭)在社区的落实。加强社区民防服务工作,提高辖区居民应对突发公共事件的能力。建立健全市、县(市、区)、街道(乡镇)、社区(村)四级社区志愿服务工作体系,加强社区志愿服务骨干力量建设。

创新服务模式和机制。制定税收、工商登记等优惠政策,鼓励社区服务法人化经营。鼓励企业并购或联营,打破区域限制,大力发展连锁便利店、连锁家政服务、连锁早餐,实现社区服务的统一管理、统一运营。以市民服务热线为平台,引入"云计算",引进情境感知服务、服务计算、物联网等先进技术,打造社区云服务平台。

八、农村服务业

大力发展农村服务业,围绕农村主导产业和优势产品,积极构建完善以生产销售、科技服务、信息服务和金融服务为主体的农村社会化服务体系,充分发挥农村服务业在促进农业生产、方便农民生活等方面的重要作用,推动农业规模化、产业化,增加农民收入,促进城乡经济社会协调式发展。

完善农业科技服务体系。加大对农业重点实验室、工程技术(研究)中心和科技创新平台建设的支持力度，加强农业科技研发公共服务平台建设，建立以产业为主线、以产品为单元的首席专家负责制的农业科技创新体系，组建农业技术推广、动植物疫病防控、农产品质量监管等乡镇或区域性农技推广综合服务中心，大力提升农业科技创新、成果转化和应用推广水平。加强农村信息基础设施和公共服务平台建设，积极推动信息技术与农业技术融合，提高农业自动化、智能化水平。深入实施良种工程，加快构建以产业为主导、企业为主体、基地为依托、产学研相结合、育繁推一体化的现代种业体系。

构建农村现代流通网络。继续推进“万村千乡市场工程”，以连锁经营、统一配送等经营方式改造农村传统零售网点，鼓励有实力的零售企业运用特许经营、销售代理等方式改造农村代销店，逐步增强农家店服务能力。培育壮大农产品新型营销主体，大力推进示范性合作组织建设，继续探索多样化的紧密型联结机制，鼓励农民以土地经营权、资金、技术等生产要素和产品入股，采取股份制、股份合作制等形式，与农业企业结成利益共享、风险共担的利益共同体。鼓励龙头企业积极实施“农超对接”“农校对接”“农企对接”“农餐对接”，引导和鼓励流通企业与农产品生产基地建立长期的联盟，着力推进农产品直接进入零售市场，逐步建立从产地到零售终端的鲜活农产品冷链系统。

提升农村金融服务水平。创新农村信贷产品，充分发挥农村信用社（农村商业银行、农村合作银行）在为农金融服务领域的带头作用，鼓励农信社积极推广“企业＋农民专业合作社＋农户”“企业＋专业大户”“企业＋家庭农场”等农业产业链金融服务模式。积极探索农村土地承包经营权、农民宅基地使用权等抵（质）押贷款方式。扩大新型农村金融服务业的贷款品种范围，设计推出建房、教育、嫁娶、医疗保健、商品零售等贷款品种，引导农民消费升级。完善农村信用担保体系，设立农村信贷担保基金，鼓励有条件的专业合作社、涉农企业和协会组织创办为“三农”服务的担保公司。

大力发展特色服务业。结合乡村旅游推进工程，顺应城市居民体验农村生活、感受农村气息的要求，充分挖掘农业多种功能，大力发展集观赏、科普、采摘、养生、休闲、度假为一体的观光农业，建设一批集生产、消费、旅游为一体的农业公园，打造农业休闲观光走廊。

九、节能环保服务业

以新能源开发、资源能源综合利用、节能环保服务咨询为重点，着力培育低碳环保服务市场，建成一批拥有自主知识产权、核心竞争力强、市场占有率高的优势企业，全面提高产业整体竞争力，使低碳环保服务业成为新的经济增长点。

推广合同能源管理。加快培育专业化的合同能源管理公司，为用户制定节能方案，提供全过程的技术支持，利用合同能源管理，促进金融、技术服务、设备营销等相关服务的结合。培育和发展一批有特色、高水平的节能专业服务机构，引导合同能源管理公司加强技术开发、拓展服务领域、提高服务水平。实施公共机构节能示范工程，鼓励采用合同能源管理模式进行公共机构既有建筑节能改造。

建立健全环保产业服务体系。积极构建从污染治理技术研发、环境技术评价、环境管理认证、环保规划到工程建设、设施运营的环境监测、环境审核、环境贸易为主要内容的环保产业服务体系。发展环境工程总承包服务，鼓励从融资、设计、安装、调试到运行的一条龙服务，培育一批环保工程技术方案设计、施工、运营服务的大型工程总承包或项目总承包企业集团。以环境污染治理和专业化环保设施运营服务为重点，推行特许经营模式，推进各类环境污染治理设施的市场化和专业化运营服务。

创新发展塌陷地环保服务业。积极开展采煤塌陷地综合整治工作，综合利用采煤塌陷地发展生态旅游、观光农业，推广枣庄薛城、邹城北宿、曲阜陵城、任城石桥、巨野龙涸等塌陷区生态治理模式，对常年积水的重度塌陷区，采取围湖造岸、植树种草等方式，进行种植、养殖、加工、旅游开发，发展生态旅游。对城镇周边的塌陷区，利用矸石、建筑垃圾等进行充填，治理成建设用地区，建设休闲娱乐聚集区、建材交易市场、城市公园。

第五章　重大工程

顺应现代服务业发展趋势，强化政府引导作用，发挥市场机制决定性作用，重点实施区域产业联盟建设工程、区域招商平台打造工程、集聚发展工程、产业融合发展工程、服务品牌建设工程、创新能力建设工程等重大工程，集聚各类资源加快向服务业倾斜，推动服务业实现跨越式发展。

一、区域产业发展联盟建设工程

顺应区域间的竞争正由个体间的竞争转变为区域整体竞争的趋势，围绕解决西部经济隆起带服务业同质化竞争突出的问题，探索合作路径，创新合作方式，加强在资源开发、产业发展、基础设施、科技创新、生态环保等方面的对接合作，构筑区域性产业发展联盟，形成发展合力。依据西部经济隆起带的资源优势、产业基础和发展潜力，以组建区域性文化旅游产业发展联盟为切入点，着力构筑合作平台，探索建立利益分享机制，加快打造“无障碍旅游区”，更好地发挥示范带动作用；探索组建现代商贸物流、文化创意产业和生命健康产业等现代服务产业发展联盟，强化产业集群配套协作与专业分工，共同打造服务品牌，塑造整体竞争优势。

二、区域统一招商平台打造工程

加强招商政策、招商策略、招商宣传、招商保障的统筹部署和集中推进，打造专业的区域性公共招商平台，根据各地服务业功能定位和发展重点，实行统一招商、定点布局。整合招商信息资源，建立国内外服务业行业骨干企业信息资源库，构建统一、开放、规范、高效的信息共享平台，完善招商引资激励机制。创新招商模式，依托基地型龙头企业开展以商招商，在全球范围内寻找合作伙伴、配套企业，吸引大的战略投资者和上下游配套企业，吸引产业链条整体转移和关联产业协同转移。制定以商招商奖励办法，充分调动投资商和企业以商招商、以企引企的积极性。积极开展园区招商、产业链招商、科技招商、网络招商、展会招商、旅游招商等，探索引进国内外产业和园区投资开发商参与服务业集聚区建设。

三、集聚发展工程

顺应现代服务业集聚发展趋势，完善管理机制，强化规划引导，加快推进以中央商务区、旅游综合体和特色商业街区为重点的现代服务业集聚区建设，积极打造文化创意产业、金融保险业、现代物流业、商务服务业、信息服务业等生产性服务业集聚区。积极引导金融保险、商务商贸、信息服务、研发设计、中介服务等集聚效应强的服务业向主城区集聚，推进中央商务区综合性商业街区建设。依托区内国家级、省级经济开发区、高新区等产业基地，推进物流配送、营销策划、研发设计、产品检测、员工培训、流程管理等综合性生产性服务业集聚区建设。在服务业集聚发展的基础上，以优势服务行业为切入点，通过延伸产业链、产业互补，促进服务业相关行业的融合与渗透，推动服务业从集聚向集群方向发展，提高现代服务业发展的共振效应。

四、产业融合发展工程

顺应产业融合发展、制造业服务化趋势，实施工业化和信息化深度融合专项行动计划，深化信息技术的集成应用，实施"智能制造工程"，加快重点领域装备、生产过程和制造工艺的智能化，推进企业研发、管理、营销信息化水平，推动服务业与制造业融合发展。加快制定支持生产性服务业发展的系列政策，积极引导区内制造企业大力发展研发设计、产品营销、金融服务、战略咨询等专业化生产服务和中介服务，鼓励企业根据市场需求发展多种服务形式，积极提供产品整体解决方案、个性化研发设计、在线支持服务、产品全生命周期运行维护、精准化供应服务、多元化融资服务等，推动形成高端生产性服务业与先进制造业融合发展的新格局。大力推广总集成总承包模式，推进电子商务基础设施和平台建设，大力培育和引进网商，着力打造一批具有国内外影响力的电子商务企业，加快推进"电子商务＋传统行业"融合发展模式，促进电子商务与先进制造业深度融合。实施农业冷链产业科技示范工程，加快建设区域农业冷链产业物联网管理运维数据中心、食品安全物联网工程实验室、农产品电子交易中心和生态农产品生产基地，推动农业与现代物流业融合发展。

五、服务品牌建设工程

把培育商标品牌作为西部经济隆起带加快发展现代服务业的重要任务，增加商标品牌数量和提高商标品牌运营能力并重，进一步提高商标注册、运用、保护和管理能力，打造服务业品牌集聚高地。鼓励具有区域特色的服务资源和产品积极注册商标，大力支持注册国际商标；在物流仓储、旅游景区、星级宾馆、特色餐饮等有国家等级标准的领域中，培育一批国家级、省级名牌；发挥区域文化资源优势，大力培育文化创意产业商标品牌，以商标集成创新资源，支撑和引领文化产业集聚区和文化创意产业基地迅速壮大规模。加强集体商标、联盟标准、区域名牌基地建设，培育一批区域特色服务品牌。加强品牌公共服务平台建设，支持发展专业品牌运营机构，提供信息咨询、产品开发、市场推广等专业化服务。实施品牌质量提升工程，支持服务业企业开展品牌资本经营，通过兼并、收购、转让、特许经营、有偿使用等方式经营品牌，实现品牌价值提升，放大品牌集聚要素资源能力和扩大市场的影响力。

六、创新能力建设工程

实行支持自主创新的财税、金融和政府采购等政策，引导企业增加研发投入，创新商业模式，积极培育新业态，推动形成现代服务业与技术创新、商业模式创新和新业态培育的联动发展格局。鼓励服务业相关企业申报博士后科研工作站和国家、省市级重点实验室、企业技术中心、工业设计中心、工程(技术)研究中心、工程实验室，支持企业与高校、科研院所建立多种模式的产学研合作创新组织，推动企业与科研机构建立产业技术创新战略联盟。整合创新资源，加强科技专项资金等资金的扶持力度，加快推进文化创意、电子商务等领域关键共性技术研发及公共服务平台建设，为企业创新提供服务支撑。开展商业模式创新试点工作，引导企业优化服务模式、强化集成创新，加强在线维护、合同能源管理、连锁销售、现代物流、专业化的总集成总承包等新型商业模式的应用。实施信息基础设施提升工程和宽带高速网入户工程，提高网络覆盖率、传输速率和可达性，为发展网上商城、网上银行、网上教育、远程医疗等新兴服务业态提供坚实支撑。支持开展多媒体综合业务和衍生增值服务，积极发展楼宇经济、总部经济、服务外包、高铁经济、会展经济、健康经济、空港经济，培育一批轻资产、高智能、成长性良好的新业态。

第六章 保障措施

一、强化要素保障

进一步整合力量、加大扶持，着力强化服务业发展引导资金的使用效率和引领作用，积极拓展投融资渠道，优先安排现代服务业重点项目用地，不断提升资金、土地等要素的保障能力。

用好各类政府扶持资金。加强服务业发展引导资金等政府扶持资金的管理，根据发展需要，适时增加扶持资金额度，建立政府扶持资金检查跟踪机制，定期对使用情况进行评估。集约高效使用各类政府扶持资金，重点用于扶持服务业重大项目、新兴行业和薄弱环节，重点支持区域内重点产业的一体发展和融合发展，逐渐从推动服务业数量扩张向推动服务业质量提升转变。加大对区域内市、县两级政府、开发区管委会扶持资金设立和使用情况的监督力度，形成整个区域内上下合力、共同推进服务业跨越发展的局面。

拓展投融资渠道。支持和引导金融机构创新产品和服务，加大信贷投入，优化信贷结构，重点加强对文化旅游、现代物流、健康服务、商贸会展、信息服务等现代服务业的支持。支持银行、担保机构和企业加强合作，加快中小服务企业融资担保体系建设，鼓励省级中小企业融资担保机构每年安排一定比例的担保额度用于中小微服务业企业。鼓励西部经济隆起带服务业企业通过发行债券、股权融资、上市等融资方式拓宽融资渠道。推动股权投资市场发展，探索设立服务业债权基金和创业投资风险基金。加快发展消费金融业务，满足教育、文化、旅游等服务消费领域的信贷需求。

保障用地需求。建立对现代服务业好项目大项目的用地保障机制，对现代服务业集聚区内项目和服务业重点项目，优先安排用地，加快办理预审、供地等手续，确保尽快开工建设。在工业园区内建设的物流、研发和工业设计等生产性服务业项目，可参照执行工业用地政策。制定服务业集聚区投入产出标准，优先安排高于标准的项目用地。鼓励用地单位在不改变土地权属、不重新开发建设的前提下，充分利用原有工业厂房、仓储用房、传统商业街等存量房产和土地兴办信息服务、研发设计、创意产业等现代服务业，土地用途可保持原状，不需办理改变土地用途手续。对现有服务业用地，在符合规划、不改变用途的前提下，提高土地利用率和增加容积率的，不再增收土地价款。采取减免税费等政策，引导企业"退二进三"。

二、夯实人才支撑

建立健全人才培养与使用激励机制，营造人才汇聚、人尽其才、才尽其用的良好环境，打造高端人才的聚集地和优质劳动力的富集地。

加大人才引进和培养力度。鼓励各地建立引才专项资金，加大对引进人才的资助和补贴力度，吸引高层次、复合型、紧缺型经营管理人才和创新创业领军人才进驻发展。鼓励发展人才中介、猎头公司等服务机构，畅通人才引进渠道。建立柔性化引才机制，实行高层次人才无障碍引进。增加区内院校服务业专业招生计划，鼓励区内大专院校增设与服务业相关的学科专业，加强服务业专业学院建设；完善支持政策，加大招院引所力度，支持国内外高校在区内建立服务业专业的教学、实习和科研基地。

优化用人环境。进一步完善人才引入机制，开辟人才绿色通道，在引进服务业高层次人才方面实行“一事一议”制度，在户籍、住房、薪酬待遇、家属随迁等方面给予倾斜。逐步扩大资本、知识产权、技术、管理等要素参与分配的范围和额度，鼓励服务业人才开展技术转让、技术开发、技术咨询、技术服务活动。鼓励创业行为，在工商、税费、信贷等方面对中小型服务业企业予以倾斜。

三、营造一流营商环境

坚持优化营商环境与加快转变政府职能相结合，全面落实政务公开和服务承诺，着力营造“尊商、亲商、安商、富商”的良好环境，创造国内领先的营商环境。

创新行政管理体制机制。加强对审批事项的梳理、规范、清理工作，提出改革路线图，大幅减少政府各类审批事项。加快电子审批平台建设，公开网上审批的规范和流程，推动电子化、网络化审批，实现网上公开申报、受理、查询、办复。按照“非禁即准”“非限即许”的原则制定“负面清单”，制定支持民间投资进入公共服务领域的具体实施意见，支持民营资本公平竞争进入相关行业和领域。加快建立符合治理体系和治理能力现代化要求的营商法律体系，打造公平公正、规范透明的法制环境，使各类企业依法平等使用生产要素、公平参与市场竞争、同等受到法律保护。

打造高效服务平台。完善服务业集聚区服务功能，为区内企业提供全方位的服务。搭建服务业企业云管理服务平台，实现实体网络互为支撑，线上线下互动服务。

四、健全协调推进机制

在省区域发展战略推进工作领导小组下，建立服务业发展协调推进机制，协调解决跨区域重大基础设施建设、重点产业项目布局等问题，推动组建区域性商会、行业协会和产业发展联盟；省直有关部门要根据职能分工，完善工作措施，有序推进《规划》确定的各项任务；各级政府要切实加强规划落实的组织领导，制定具体推进方案，出台配套政策措施，落实任务目标，形成齐抓共管的工作格局。建立由相关产业领域的高层次人才组成的专家咨询委员会，为西部经济隆起带服务业发展提供智力支持、决策支撑。

五、加强督促考核

加快建立西部经济隆起带服务业发展年度报告制度，强化规划实施情况跟踪检查，组织开展对重点服务业集聚区、重点项目的专项督查。完善服务业发展考核体系，加强对地方政府、服务业主管部门的考核。加强规划宣传，完善政府与企业、民众的信息沟通机制，形成加快推进西部经济隆起带服务业发展的良好氛围。

山东省人民政府关于贯彻国发〔2014〕26 号文件进一步加快生产性服务业发展的实施意见

鲁政发〔2015〕24 号

各市人民政府，各县(市、区)人民政府，省政府各部门、各直属机构，各大企业，各高等院校：

为贯彻落实《国务院关于加快发展生产性服务业促进产业结构调整升级的指导意见》(国发〔2014〕26 号)，进一步加快我省生产性服务业发展，现提出以下实施意见：

一、总体要求

(一)指导思想

主动适应和把握经济发展新常态，以提质增效为中心，以培育市场主体为基础，以创新发展为动力，紧抓国家实施"中国制造 2025"和"互联网＋"行动计划的机遇，培育壮大生产性服务业，促进服务业与先进制造业、现代农业在更高水平上有机融合，带动我省产业结构优化升级，为经济文化强省建设作出新贡献。

(二)工作原则

1.坚持高端发展。立足我省产业基础，以显著提升产业发展整体素质和产品附加值为重点，围绕产业链、价值链的高附加值和核心环节，高点定位、高端切入，推动产业不断向价值链高端发展。围绕提高研发创新和系统集成能力，鼓励有能力的工业企业发展市场调研、工业设计、技术开发、工程总包和系统控制等业务。

2.坚持创新发展。充分发挥市场在资源配置中的决定性作用，鼓励和支持各种所有制企业根据市场需求，积极发展生产性服务业。鼓励企业开展科技创新、产品创新、管理创新、市场创新、品牌创新和商业模式创新，发展新兴生产性服务业态，不断拓展市场服务需求。引导服务业企业推广应用先进科学技术，充分发挥科技创新对生产性服务业的引领作用。

3.坚持融合发展。鼓励制造业由生产制造型向生产服务型转变，提升我省生产与服务融合发展水平。搞好农业生产产前、产中、产后全过程服务，提高农业比较效益。加快服务业内部存量调整和增量优化，促进生产性服务业与其他服务业深度融合。

4.坚持集聚发展。优化生产性服务业功能定位布局，围绕深入实施"两区一圈一带"区域发展总体战略，因地制宜引导生产性服务业在中心城市、制造业集中区域、现代农业产业基地以及有条件的城镇等区域集聚，实现规模效益和特色发展。

(三)发展目标

"十三五"期间，力争生产性服务业年均增长10%左右；到2020年，全省生产性服务业增加值占服务业增加值的比重达52%以上，初步建立起结构优化、功能完备的生产性服务业体系。

二、重点发展领域

(一)信息技术服务

1.推动信息化与工业化深度融合。推动工业企业与软件提供商、信息服务提供商联合提升企业生产经营管理全过程的数字化水平。加强工业领域相关软件研发，面向工业行业应用提供系统解决方案，促进工业生产业务流程再造和优化。(责任单位：省经济和信息化委、省通信管理局。排在第一位的为牵头单位，下同)

2.发展各类新型信息技术服务。运用云计算、大数据等信息技术，推动制造业的智能化、柔性化和服务化，促进定制生产等模式创新发展。推进云计算与物联网、移动互联网融合发展，催生基于云计算的在线研发设计、智能制造等新业态。支持骨干龙头企业在嵌入式软件、高端软件、信息服务、云计算、大数据等新兴技术领域实现更多重大技术突破，积极抢占产业发展制高点。(责任单位：省经济和信息化委、省科技厅、省发展改革委)

3.大力发展物联网产业。全面实施"智慧山东"发展战略，整合各部门信息资源，建立城市公共信息平台、公共数据库等，加快推进智慧城市、城区、社区和园区试点。依托省级物联网产业基地，发挥山东省物联网协会作用，培育物联网产业集聚区，推动物联网产业链相关产品的研发制造和推广应用。实施物联网百强企业培育计划。(责任单位：省经济和信息化委、省发展改革委、省住房城乡建设厅、省科技厅、省国土资源厅、省通信管理局)

4.推进信息系统研发应用。做大做强国产软件优势企业，强化产业链配套和产品协同。集中力量在大数据、云服务、下一代互联网等新领域抢占制高点。加快我省自主软件产品推广应用，推行国产安全可靠、自主可控软硬件协同应用试点示范，提高信息安全服务水平。(责任单位：省经济和信息

化委、省科技厅)

5. 完善信息基础设施建设。大力推进“三网融合”,实施数字城市、光纤入户、农村宽带普及、无线覆盖工程,统筹提高城乡宽带网络普及水平和接入能力。(责任单位:省经济和信息化委、省发展改革委、省通信管理局)

(二)研发设计

1. 大力发展工业设计。培育一批专业化、开放型的工业设计企业和工业设计服务中心,形成一批特色鲜明、布局合理的工业设计园区。支持重点企业建设国家级、省级工业设计中心,到 2020 年,建设 20 家国家级工业设计中心、200 家省级工业设计中心。打造全省工业设计成果评选、转化和需求发布平台。鼓励发展各类工业设计教育及培训。促进工业设计向高端综合设计服务转变,支持工业设计行业竞赛,研发具有山东文化特色的设计产品,打造“山东设计”品牌。(责任单位:省经济和信息化委、省教育厅)

2. 支持发展科技创新公共服务平台。推动青岛海洋科学与技术国家实验室、中国-乌克兰巴顿焊接技术研究院(筹)、黄河三角洲现代农业研究院(筹)、威高医用植入器械国家工程实验室等一批重大创新平台建设,实施山东省创新公共服务平台计划,力争到 2020 年在全省建成 50 个高水平专业公共技术创新和服务平台。支持省级企业技术中心、省级工程实验室(研究中心)、示范工程技术研究中心转变功能定位,积极从事市场化的研发设计等服务。引导国家和省级科技创新公共服务平台与地方产业深度融合发展,面向社会服务。改革重点实验室建设服务模式,鼓励大型骨干企业、高校院所建立完善研发资源开放共享机制。(责任单位:省科技厅、省发展改革委、省经济和信息化委)

3. 完善科研成果转化服务体系。健全知识产权交易和中介服务体系,发展研发设计交易市场,开展面向生产性服务业企业的知识产权培训、知识产权咨询、专利运营、专利商标质押融资、专利保险和专利导航等高端知识产权服务。完善科研成果转化服务机制和创业孵化、技术转移推进机制,促进科技成果转化。到 2020 年,全省各类专利代理机构(含分支机构)达到 200 家,知识产权综合服务能力较强的品牌服务机构数量达到 20 家以上。(责任单位:省科技厅、省知识产权局)

(三)现代物流

1. 鼓励企业大力开展供应链管理服务。积极推进供应链管理示范工程建设,鼓励传统运输、仓储企业向供应链上下游延伸服务,建设物流供应链一体化管理平台。加快发展具有供应链设计、咨询管理能力的专业物流企业,提升面向制造业企业的供应链管理服务水平。推广制造业企业零库存管理等现代企业管理模式。支持建设一批物流电子交易平台。(责任单位:省经济和信息化委、省交通运输厅、省商务厅)

2. 加强物流核心技术和装备研发。鼓励物流企业采用物联网、云计算等先进适用技术和装备技术,提升物流业信息化和智能化水平。鼓励物流企业采用货物跟踪定位、无线射频识别、智能交通等关键技术,提高物流装备的现代化水平。鼓励采用节能环保的技术、装备,降低物流业的能耗和污染物排放水平。加快物流新技术应用步伐,积极引导企业在物流活动中采用标准托盘和集装单元,实行货物生产、包装、装卸和运输的全过程标准化管理。(责任单位:省经济和信息化委、省科技厅、省商务厅)

3. 加强物流基础设施网络建设。构建以济南、青岛两个全国性流通节点城市和潍坊、烟台、临沂等三个区域性流通节点城市为核心、不同层次的物流枢纽为依托、各类物流示范园区为支撑的物流布局。发挥铁路、公路、港口、航空、管道五种运输方式的整体功能,构建全省及区域性综合交通运输体系。大力发展铁水联运、滚装运输、甩挂运输等运输方式,促进多种运输方式衔接通畅。优化城市配送网络体系,鼓励统一配送和共同配送,积极发展智慧物流配送,推动城市配送车辆标准化、品牌化,完善配送车辆便利通行措施。(责任单位:省发展改革委、省经济和信息化委、省交通运输厅、省商务厅、省邮政管理局)

4.培育一批专业物流骨干企业。重点培育一批服务水平高、竞争力强的第三方物流企业,鼓励物流企业向物流金融服务、保税物流业务等功能服务延伸,形成一批技术先进、一体化、网络化和品牌化经营的大型物流企业集团。(责任单位:省经济和信息化委、省商务厅、省邮政管理局)

(四)融资租赁

1.重点推进设备租赁。推广大型制造设备、施工设备、运输工具、生产线等融资租赁服务,大力发展机械设备的简单融资租赁,加快发展通信设备、大型医疗设备、运输设备等领域的项目融资租赁,积极发展适用于飞机、轮船、通信设备和大型成套设备的杠杆融资租赁、二手设备的回租租赁和商务租赁平台的委托融资租赁。支持具有工业制造、大型工程等基础的大型企业开展融资租赁业务。鼓励融资租赁企业支持中小微企业发展。引导各类企业利用融资租赁方式,进行设备更新和技术改造以及扩大设备进出口业务。(责任单位:省商务厅、省经济和信息化委)

2.积极拓展融资租赁模式。引导租赁服务企业加强与商业银行、保险、信托等金融机构合作,充分利用境内外资金,多方面拓展融资渠道,实现规模化经营。鼓励有实力的大型企业集团成立租赁公司,采用多种融资租赁方式开拓国内外市场。鼓励服务运营商、各类投资机构等非厂商机构投资设立融资租赁公司,促进投资主体多元化。(责任单位:省商务厅、省经济和信息化委、省金融办)

3.支持发展金融租赁业务。支持主营业务为制造适合融资租赁交易产品的大型企业,作为发起人设立或参股投资金融租赁公司。支持组建主要服务"三农"的金融租赁公司,鼓励开展农业机械等方面的金融租赁业务。鼓励民间资本参与设立金融租赁公司。(责任单位:山东银监局、省金融办)

4.加快建设租赁物与二手设备流通市场。加快建设程序标准化、管理规范化、运转高效的租赁物与二手设备流通市场,建立完善的租赁物公示、查询系统和融资租赁资产退出机制。引导融资租赁企业强化资产管理能力,积极稳妥发展售后回租业务,严格控制经营风险。(责任单位:省商务厅)

(五)节能环保服务

1.完善第三方节能环保服务体系。积极开展节能减排投融资、能源审计、清洁生产审核、工程咨询、节能认证评估等第三方节能环保服务。推行合同能源管理,建设"一站式"合同能源管理综合服务平台,推进节能量市场化交易。推行环境污染第三方治理。建设再生资源回收体系和废弃物逆向物流交易平台。规范引导建材、冶金、化工、能源企业协同开展城市及产业废弃物的资源化处理,建立交易市场。建设再制造旧件回收、产品营销、溯源等信息化管理系统。(责任单位:省经济和信息化委、省环保厅、省商务厅)

2.建立完善节能环保标准和监测体系。围绕高耗能、高污染行业,制定严于国家标准的能耗限额和污染物排放地方标准,健全节能改造、评估与审查等标准,进一步完善节能减排的计量、统计、监测、核查体系，强化总量控制和有毒有害污染物排放控制要求，推进环境空气自动监测站和机动车尾气检测社会化运营。（责任单位：省经济和信息化委、省环保厅、省质监局）

3.提高节能环保服务业企业竞争力。加快节能新技术、新产品的研发应用，引导企业采用先进适用技术设备进行节能改造。培育一批节能环保产业基地，实施一批节能环保重点工程，打造一批节能环保产业公共服务平台，做大做强节能环保企业。（责任单位：省经济和信息化委、省环保厅）

4.实施节能环保产品认证。加强政府示范推广，发挥政府采购引导作用，对列入国家节能和环保产品政府采购清单的节能环保产品进行优先采购或强制采购，逐步提高节能环保产品政府采购比重。（责任单位：省经济和信息化委、省质监局、省财政厅、省机关事务管理局）

（六）检验检测认证

1.建立健全检验检测体系。强化标准化、计量等基础能力建设，加强标准物质、检验仪器设备、检测技术和方法的研发，满足我省检验检测服务需求。加快发展食品药品、医疗器械、农产品质量安全、重大装备制造、互联网及信息技术、新材料、新工艺、新技术、新能源以及进出口等检验检测服务，提高能源、环保的在线检测能力，完善检验检测认证服务体系。（责任单位：省质监局、省食品药品监管局、山东检验检疫局）

2.提高检验检测水平和能力。围绕我省重点产业，培育一批具有一定国际影响力的检验检测、认证机构。吸引国内外标准、计量、检验检测、认证服务机构入驻山东。整合一批业务相近、能力相似的检验检测、认证机构，形成技术能力强、服务水平高、规模效益好的综合性检验检测认证集聚区及集团企业。（责任单位：省质监局、省编办、山东检验检疫局）

3.加快发展第三方检验检测认证服务。加强先进重大装备、新材料、新能源汽车等领域的第三方检验检测服务。推进整合业务相同或相近的检验检测认证机构，推动具备条件的检验检测机构尽快与主管部门脱钩、转企改制。提升第三方检验检测机构的服务质量和水平。（责任单位：省质监局、省编办、山东检验检疫局）

（七）电子商务

1.提升电子商务创新能力。加快电子商务产业技术创新，推动电子商务领域云计算、大数据、数字加密、智能终端等技术持续发展，加强下一代互联网、移动互联网、物联网等关键技术在电子商务领域的应用。加快电子商务应用模式创新，鼓励企业开展网上直销、网络团购、新媒体营销等电子商务新型营销模式，支持开展网络拍卖、数据托管、数据分析、网上培训等新业务。依托济南、东营、潍坊、临沂等综合保税区和青岛、烟台等保税港区以及威海中韩自贸区地方经济合作示范区、烟台中韩产业园发展跨境电子商务，完善跨境电子商务运行模式和管理政策。支持建设国际快递转运中心和分拨中心，发展电商小包等新型邮政业务和邮政、快递综合服务平台。（责任单位：省商务厅、省经济和信息化委、省发展改革委、省科技厅、省邮政管理局）

2.拓展电子商务应用领域。鼓励农业电子商务发展，支持发展农产品、农资等电子商务平台，支持涉农行业发展生鲜农产品电子商务，培育30个特色鲜明、模式成熟的农村电子商务示范县。鼓励工业企业实施供应链电子商务。扩大服务业领域电子商务应用范围，推动商贸流通、信息服务、金融保险等产品和服务的在线购买、交付和使用。（责任单位：省商务厅、省经济和信息化委、省发展改革

委、省农业厅、省金融办、山东银监局、山东保监局、省供销社)

3.完善电子商务支撑体系。加快建设覆盖全省的开放式电子商务快递配送信息平台和社会化仓储设施网络,规范建设快件处理中心和航空、陆运集散中心。整合利用现有商业设施、供销社连锁经营网络、邮政便民服务设施,加强共同配送末端网点建设。加快推进适应电子签名、电子认证和电子合同应用的制度建设。积极发展互联网支付和移动支付。(责任单位:省商务厅、省经济和信息化委、省发展改革委、省科技厅、省供销社、省邮政管理局、人民银行济南分行)

(八)商务咨询

1.拓展商务咨询服务领域。大力发展战略规划、营销策划、市场调查、管理咨询、品牌建设等提升产业发展素质的咨询服务,积极发展资产评估、会计、审计、税务、法律、勘察设计、工程咨询等专业咨询服务。发展信息技术咨询服务,开展咨询设计、集成实施、运行维护、测试评估、应用系统解决方案和信息安全服务。加强知识产权咨询服务,发展检索、数据分析和加工等基础服务,培育知识产权转化、投融资等市场化服务。开展无形资产、信用等评估服务。(责任单位:省发展改革委、省财政厅、省司法厅、省国土资源厅、省住房城乡建设厅、省知识产权局)

2.提高商务咨询服务水平。建立健全商务咨询信息数据库。支持本土商务咨询企业发展,培育一批具有较强实力的商务咨询品牌企业。围绕商务咨询龙头企业和优势企业,建设一批商务咨询服务集聚区。加强执业培训和行业自律,强化商务咨询人才队伍建设,推行商务服务行业诚信服务承诺制。(责任单位:省发展改革委、省财政厅、省司法厅、省国土资源厅、省住房城乡建设厅、省知识产权局)

(九)人力资源服务

1.提高人力资源服务能力。鼓励各类创业风险投资机构进入人力资源服务业。积极培育人力资源服务企业集团,形成一批具有国际竞争力的人力资源服务机构。支持猎头公司等高端人力资源服务企业发展。支持有条件的地方建设人力资源服务产业园区。(责任单位:省人力资源社会保障厅)

2.完善人才培训机制。统筹利用本科高校、科研院所、职业院校(含技工院校)、社会培训机构和企业等各种培训资源,强化生产性服务业所需的人才开发培训。加快建立生产性服务业人才培训、应用、开发和评价体系。深入推进人力资源服务领域专业技术人才知识更新工程,加大人力资源服务业高层次人才的培养引进力度。建立农民技能培训机制,培养建设职业农民队伍。(责任单位:省人力资源社会保障厅、省教育厅、省农业厅、省供销社)

(十)农村生产性服务业

1.构建新型农业社会化服务体系。加大市场主体培育力度,鼓励发展各类流通中介组织,推进农业社会化服务组织与科研院所合作,加强农业经济信息服务体系建设,为农业服务规模化提供支撑。结合经济区域特色和特色种养业规模,按照布局合理、规模适度、半径适宜、功能完备的原则,设立综合性为农服务中心,打造"三公里土地托管服务网"。(责任单位:省农业厅、省供销社)

2.健全农村现代流通服务网络。推进农业物流配送体系建设,加快开拓农村物流市场,推动"农业生产资料、农民生活资料下乡"和"农产品进城"双向物流体系建设,继续推广"农超对接",建立农产品进城快捷通道。鼓励邮政、快递企业积极服务山东名优特农产品进城。优化农村流通基础设施建

设。(责任单位:省商务厅、省经济和信息化委、省农业厅、省供销社、省邮政管理局)

3.健全完善农村金融服务体系。鼓励商业银行增设县域支行,向县域和农村延伸服务。深入开展新型农村合作金融改革试点。规范发展村镇银行、小额贷款公司、融资性担保机构、民间融资机构、农村保险互助社等新型农村金融服务组织,拓展多层次农村金融市场。(责任单位:省金融办、人民银行济南分行、山东银监局、山东保监局、省农业厅、省供销社)

三、重点行动计划

围绕生产性服务业创新、融合、集聚发展,重点实施以下5个行动计划。

(一)服务业与先进制造业融合计划

促进服务要素对产业链的嵌入和提升,催生新技术、新业态、新空间。鼓励将数字技术和智能制造技术广泛应用于产品设计和制造过程。鼓励制造业企业开展全流程解决方案和产品全生命周期服务,逐步实现由单纯生产型向价值链高端的制造服务型转变。推进面向产业集群和中小微企业的专业化公共服务平台建设,开展基础工艺、基础材料、基础元器件研发和系统集成以及生产、检测、计量等服务。(责任单位:省经济和信息化委、省发展改革委、省科技厅)

(二)服务业与现代农业融合计划

支持农业生产的信息技术服务创新和应用,发展农作物良种繁育、农业化学投入品质量安全、农业生产动态监控、环境监控等信息技术服务,建立健全农产品质量安全可追溯体系。大力培育家庭农场、专业大户、农民合作社、农业企业等新型农业经营主体,引导规范土地经营权有序流转,开展测土配方施肥、统防统治、农机作业、土地托管等统一服务,推动农业分工分业和适度规模经营发展。推动农业与科技、旅游、文化、会展等服务业的融合,大力发展乡村旅游、观光农业、会展农业、休闲农庄、休闲渔业等,拉长农业产业链条。(责任单位:省农业厅、省发展改革委、省科技厅、省商务厅、省文化厅、省新闻出版广电局、省食品药品监管局、省旅游局、省供销社、省海洋与渔业厅)

(三)服务业集聚发展计划

立足区域比较优势和特色产业优势,在全省打造一批布局合理、定位准确、发展集约、辐射力强的研发设计、现代物流、科技信息、检验检测、电子商务、人力资源等生产性服务业园区。加快济南区域性金融中心建设,着力发展总部经济和研发设计、销售网络等价值链高端产业,打造一批生产性服务业产业集群,率先形成以服务经济为主的产业结构。加快青岛财富管理中心建设,大力发展蓝色科技,重点培育分工合理、多点支撑的蓝色产业集聚区,打造一批海洋科技、现代物流、研发设计、商务服务等生产性服务业集聚区。其他地区发挥优势,突出特色,整合资源,加强分工和协作,提高产业集中度,延伸区域产业链和价值链,建设布局合理、错位发展、协作密切的区域产业体系。(责任单位:省发展改革委、省经济和信息化委、省科技厅、省人力资源社会保障厅、省商务厅、省质监局、省金融办、省海洋与渔业厅)

(四)商业模式创新计划

加快发展总集成总承包,开展试点示范,支持有条件的企业由提供设备向提供系统集成总承包服务转变,由提供产品向提供整体解决方案转变,带动产业链上下游企业协同发展。推动工业技术和新商业模式渗透融合,支持企业开展柔性制造、云制造、智能制造、服务型制造等商业模式创新,鼓励发展新型电子商务模式。支持生产性服务业创新团队培养,建立创新发展服务平台。(责任单位:省经济和信息化委、省商务厅、省发展改革委)

(五)质量和品牌建设行动计划

实施质量强省战略、品牌战略和标准化战略,积极构建政府监管、市场调节、企业主体、行业自律、社会参与的质量工作格局。引导企业提升售后服务质量,完善产品“三包”制度,推动发展产品配送、安装调试、以旧换新等售后服务。完善售后服务认证制度和质量监测体系。深入实施商标战略,指导企业提高商标注册、运用、保护和管理能力。加快培育一批引领发展、国内领先的生产性服务业知名企业和知名品牌,形成一批品牌影响力大、质量竞争力强的大型服务企业(集团)。围绕物流、信息、节能环保、电子商务、检验检测、人力资源服务等行业,加快服务标准化建设,制定一批关键技术和核心指标更加严格的地方服务业标准和行业服务规范,推动服务标准与国际接轨。加大自主知识产权产品的保护力度,树立“鲁商”“鲁企”的品牌形象,争取拥有更多的服务业自主知识产权,形成自有创新品牌。(责任单位:省质监局、省工商局、省商务厅、省经济和信息化委、省农业厅、省知识产权局)

四、保障措施

(一)扩大改革开放

1.放宽市场准入,鼓励社会资本发展生产性服务业。清除社会资本歧视性障碍,营造统一开放、竞争有序的营商环境。允许社会资本参与应用型技术研发机构市场化改革。鼓励社会资本参与国家和省级服务业综合改革试点。进一步减少生产性服务业领域前置审批和资质认定项目,不得以层级、地区不同等为由对生产性服务业行业准入设置障碍。(责任单位:省发展改革委、省科技厅、省商务厅、省工商局、省编办)

2.积极引导外国投资者来山东设立生产性服务业企业。根据国家《外商投资项目核准和备案管理办法》适时修改完善我省相关规定。放开建筑设计、会计审计、商贸物流、电子商务等服务业领域外资准入限制,积极吸引国际知名生产性服务业企业总部、地区总部、采购中心、研发中心、分拨中心、呼叫中心、财富管理中心和结算中心等在山东落户。落实《中韩自由贸易协定》,加快推进威海中韩自贸区地方经济合作示范区和中韩(烟台)产业园建设。(责任单位:省发展改革委、省商务厅、省邮政管理局)

3.实施“走出去”战略。鼓励我省有条件的生产性服务企业依托现有产品贸易优势,在境外设立分支机构。简化境外投资备案核准程序,进一步提高生产性服务业境外投资的便利化程度。支持有实力的企业开展跨国跨省经营，指导服务出口企业申请商标国际注册，逐步建立自主国际营销渠道，大力发展服务贸易。（责任单位：省商务厅、省发展改革委）

（二）完善财税政策

1. 适时推进营业税改征增值税试点工作。全面落实当前交通运输业与研发和技术、信息技术、文化创意、物流辅助、鉴证咨询、有形动产租赁、广播影视等服务领域的“营改增”试点政策，并按照国家要求适时将营改增扩大到服务业全领域。（责任单位：省国税局、省地税局、省财政厅）

2. 落实生产性服务业税收优惠政策。研发设计、检验检测认证、节能环保等科技型、创新型生产性服务业企业，按照国家规定认定为高新技术企业的，可按规定减按15%的税率征收企业所得税。积极落实生产性服务业服务产品出口退税政策，适时就产品退税目录和具体管理办法提出意见和建议。（责任单位：省国税局、省地税局、省财政厅、省科技厅）

3. 鼓励各级财政扶持生产性服务业发展。各类政府服务业引导资金和产业投资基金重点扶持生产性服务业发展。省市县在各自事权和财政支出责任范围内，重点支持公共性、公益性、共享性的生产性公共服务平台建设，支持企业剥离非主营业务，鼓励生产制造企业将研发设计中心、重大产业技术创新平台、信息、物流、售后等业务组建成为专业化的法人企业。加大政府向社会力量购买服务的力度，凡适合社会力量承担的，都可以通过委托、承包、采购等方式交给社会力量承担。（责任单位：省财政厅、省发展改革委、省经济和信息化委、省编办）

（三）拓宽融资渠道

1. 加强银企合作。鼓励商业银行按照风险可控、商业可持续原则，开发适合生产性服务业特点的各类金融产品和服务，积极发展商圈融资、供应链融资等融资方式。支持符合条件的生产性服务业企业利用银行间债券市场，发行短期融资券、中期票据、集合票据等债务融资工具。支持商业银行发行专项金融债券，提升服务“三农”和小微企业的能力。根据研发、设计、应用的阶段特征和需求，建立完善相应的融资支持体系和产品。（责任单位：人民银行济南分行、山东银监局、省金融办、省财政厅）

2. 完善抵（质）押担保扶持政策。鼓励融资性担保机构为生产性服务业提供担保增信服务。支持开展排污权、收费权、集体林权、农村土地承包经营权、特许经营权、购买服务协议预期收益等抵（质）押贷款业务，建立健全相关抵（质）押标的物流转体系。推广开展股权质押融资业务，建立完善专利管理与金融、资产评估等部门联合工作机制，为知识产权质押融资提供有利环境。（责任单位：省金融办、人民银行济南分行、山东银监局）

3. 扩大资本市场融资规模。推动符合国家产业政策、盈利较好的生产性服务业企业到主板、中小板、创业板及境外资本市场上市融资。支持符合条件的生产性服务业上市公司通过配股、增发、可转换债券等方式扩大融资规模。鼓励发展各类支持生产性服务业发展的创投基金、股权投资基金。推动符合条件的生产性服务业企业在全国中小企业股份转让系统和齐鲁股权交易中心、蓝海股权交易中心挂牌交易。推进私募市场发展。（责任单位：省金融办、山东证监局、省财政厅）

4. 创新投融资模式。探索新型互联网金融投融资模式。构建新型创新支撑体系，积极探索“孵化＋创投”、“项目＋资本开放式链接”等创业融资模式。加快推广政府和社会资本合作（PPP）机制。积极拓展科技保险、物流综合责任保险、环境污染责任保险等保险业务，扩大保险资金运用规模，积极运用财政政策的杠杆作用，发展小额贷款保证保险业务，发挥其促进社会融资的作用。（责任单位：省金融办、山东银监局、省发展改革委、省财政厅、山东证监局）

（四）完善土地政策

1.强化生产性服务业土地保障。对列入省重点建设项目的生产性服务业项目，所需用地应优先支持；对国家和省重点服务业园区、集聚示范区、服务业载体项目中生产性服务业新增建设用地，各级政府应优先安排年度用地计划指标。（责任单位：省国土资源厅）

2.鼓励工业企业利用自有工业用地按照“退二进三”的原则发展生产性服务业。提高自有工业用地容积率用于自营生产性服务业的工业企业，经批准，可按新的用途依法办理相关手续。鼓励通过对城镇低效用地的改造发展生产性服务业。鼓励利用工业和仓储用房兴办服务业，涉及原划拨土地使用权转让或改变用途的，符合条件的，经批准可采取协议出让方式供应。（责任单位：省国土资源厅、省住房城乡建设厅）

（五）落实价格政策

1.全面落实生产性服务业用电、用水、用气、用热与工业同价政策，对工业企业分离出的非核心业务，在水、电、气方面实行与原企业相同的价格政策。支持符合条件的冷链仓储、云计算等大型能耗企业申请与发电企业直接交易用电试点。深入推进生产性服务业重点领域价格改革，建立完善市场决定价格的生产性服务业价格形成机制。（责任单位：省物价局、省经济和信息化委、省电力公司）

2.规范涉生产性服务业收费。依法清理规范涉及行政审批事项、行政审批前置服务项目或垄断行业延伸服务等方面的收费，加强对生产性服务业重点领域违规收费项目的清理和监督检查。（责任单位：省物价局、省财政厅、省编办）

（六）保护知识产权

1.完善知识产权保护政策法规体系。鼓励自主创新，优化创新环境，制定和修订我省的知识产权保护法规规章。加强与知识产权法律法规相配套的政策研究、制定工作，细化并延伸有关规定，增强知识产权保护法规的可操作性。（责任单位：省知识产权局、省工商局、省新闻出版广电局、省农业厅、省林业厅、省质监局）

2.提高知识产权行政执法能力。加强执法协作机制建设，建立统一高效的联合执法体系。加大知识产权行政执法保护力度，完善执法专项行动工作机制。创新知识产权维权援助工作模式，积极探索开展知识产权涉外维权援助工作。（责任单位：省知识产权局、省工商局、省新闻出版广电局、省文化厅、省农业厅、省质监局）

（七）健全统计制度

1.按照国家统一制定的生产性服务业分类标准，根据国家顶层统计制度建设情况，结合我省实际，制定完善相关统计制度和指标体系。（责任单位：省统计局）

2. 建立健全生产性服务业统计信息共享机制。统计、发展改革、经济和信息化等部门要会同有关部门开展生产性服务业统计监测，逐步形成年度、季度统计信息发布制度。（责任单位：省统计局、省发展改革委、省经济和信息化委）

各市、各有关部门要加强协调配合，制定加快生产性服务业发展的配套政策和保障措施，确保各项政策落到实处、见到实效。省发展改革委要加强统筹协调，会同有关部门对本意见落实情况进行督促检查和跟踪分析，重大问题及时向省政府报告。

山东省人民政府

2015 年 11 月 27 日

山东省人民政府关于贯彻国发〔2015〕66号文件积极发挥新消费引领作用加快培育形成新供给新动力的实施意见

鲁政发〔2016〕36号

各市人民政府，各县（市、区）人民政府，省政府各部门、各直属机构，各大企业，各高等院校：

为贯彻落实《国务院关于积极发挥新消费引领作用加快培育形成新供给新动力的指导意见》（国发〔2015〕66号）精神，充分发挥新消费在培育形成经济发展新供给新动力中的重要引领作用，现结合我省实际提出以下实施意见：

一、总体要求

（一）指导思想

全面贯彻党的十八大和十八届三中、四中、五中、六中全会精神，深入学习贯彻习近平总书记系列重要讲话和视察山东重要讲话、重要批示精神，坚持创新、协调、绿色、开放、共享的发展理念，顺应消费升级的新需求，深化服务业供给侧结构性改革，充分发挥新消费的引领作用，加快推动产业转型升级，构建经济稳增长长效机制，为经济文化强省建设提供持久动力。

（二）基本原则

——坚持消费引领，强化示范带动。围绕消费市场变化调整投资、创新和生产，加快培育服务、信息、绿色、时尚、品质和农村消费，强化分类指导、综合施策，形成示范带动效应。

——坚持创新驱动，促进融合发展。以科技为核心推动全面创新，实施"互联网＋"发展战略，培育新技术、新产业、新业态、新模式，促进产业融合发展，增加有效服务和产品供给，满足不同群体不断升级的多样化消费需求。

——坚持市场主导,优化消费环境。充分发挥市场配置资源的决定性作用和政府的调控监管作用,营造消费者自主选择、企业守法经营、行业规范自律、政府依法监管、社会共同监督的消费环境,促进统一市场形成,激发市场主体活力。

——坚持制度保障,培育持久动力。以完善的体制机制引导和规范市场主体行为,积极利用全球资源和市场,推动形成节约、理性、绿色、健康的现代生产消费方式,丰富省内消费供给,构建新消费稳定经济增长的长效机制。

二、主要任务

(一)明确消费升级重点和方向

1.提升服务消费。按照"敲开核桃,一业一策"要求,重点抓好家政、批零餐饮、文化产业、医疗卫生、房地产、养老、物流、软件信息、教育培训、科技服务、知识产权、法律服务、会计评估、旅游、体育、金融、会展、农业生产服务业、邮政快递、通信、建筑设计和装修、城市园林绿化、环保服务业、人力资源服务业等转型升级方案的实施,带动服务业相关行业加快发展。(责任单位:省直相关部门、单位)

2.创新信息消费。加快高速宽带网络建设,深入推进网络"提速降费"。深化"光纤到户"工程,加快第四代移动通信(4G)网络建设。提升骨干网络容量和网间互通能力,大幅增加城域网和骨干网出口带宽。深入推进电信基础设施共建共享,促进铁塔等电信基础设施资源整合,积极引导广电、电信业务双向进入,加快通信网、广电网和互联网"三网融合"。深化东营、济宁、德州、烟台、枣庄等"宽带中国"示范城市建设,大力提升城市宽带发展水平。实施智能终端产业化工程,建设数字家庭产业基地,支持开发智能手机、智能电视等终端产品,大力发展家庭教育、家庭金融、家庭医疗、学习娱乐等应用软件,积极培育数字出版、互动新媒体、移动多媒体等新兴产业。推进实施"互联网+"行动计划,大力拓展互联网与制造、能源、农业、商贸、金融、物流、交通、服务等相关行业融合的广度和深度,推动智慧城市、智慧住区、电子政务、智慧民生和智慧产业有效对接供给侧,持续带动和扩大信息消费。(责任单位:省经济和信息化委、省发展改革委、省通信管理局)

3.倡导绿色消费。加强宣传引导,厚植崇尚勤俭节约的社会风尚,大力推动消费理念绿色化,规范消费行为,引导居民文明、健康、节约资源和保护环境的消费模式,增加对节能环保产品的消费。推进"工业绿动力"计划,抓好燃煤锅炉节能环保综合提升工程,推进新能源集热系统应用,推广太阳能集热系统在纺织、食品加工、化工等工业领域的应用,支持学校、医院、养老院使用太阳能集热系统,实施合同能源管理推广工程。大力实施绿色建筑行动,县城以上城市规划区新建建筑全面执行绿色建筑标准。实施配电变压器能效提升工程,组织重点用电企业对高耗能配电变压器升级改造,推广高效配电变压器。通过采用自动化、信息化技术和集约化管理模式,对企业能源的生产、输送、分配和使用环节实施集中监控管理,优化能源配置,提高能源管理水平,建立健全节能环保产业标准、评估和技术服务体系。抓好公共机构节能,开展能效领跑者引领行动,树立节能低碳标杆,鼓励用能单位开展能效对标达标活动。实施绿色制造工程,打造和培育一批节能环保产业基地、示范企业、节能环保服务平台和示范县,引领和带动全省节能环保产业加快发展,大力推动企业增加绿色产品和服务供给。

（责任单位：省经济和信息化委、省发展改革委、省环保厅、省住房城乡建设厅）

4.引导时尚消费。提升时尚产业设计创新能力，拓展时尚产品营销渠道，加快时尚产业智慧制造，培育一批知名时尚品牌。建设一批时尚名城、时尚产业基地和时尚产业园等载体，培育一批时尚重点企业，积极开发适应需求偏好的时尚商品和品牌服务，大力发展个性化定制和体验式消费。加快发展健身休闲旅游、游轮旅游、低空航空旅游、自驾车房车露营、餐馆酒吧、休闲娱乐等时尚服务业。大力推广应用线上线下电子商务（O2O）和消费者对企业（C2B）销售模式，做实线下时尚体验店，增强消费者体验感。依托制造业基础，重点发展时尚休闲服装、饰品和化妆品、保健食品、健身器材、时尚家居和休闲用品、珠宝玉器、时尚消费类电子产品等时尚产品制造业。加快推广以消费者为核心的顾客对工厂（C2M）商业模式，在制造业领域培育一批定制平台型企业，搭建起消费者与生产者直接沟通联系的桥梁和纽带，满足消费者对高端、小众、定制品牌的需求，实现消费者和生产者利益最大化。（责任单位：省发展改革委、省经济和信息化委、省商务厅、省文化厅、省旅游发展委）

5.满足品质消费。顺应居民收入水平不断提高的趋势，特别是中高收入群体对消费品质的新需求，利用现代科技加快创新，提升产品质量和品牌知名度。总结推广我省实施精致农业、土地托管和土地租赁、家庭农场等生产经营模式，以标准化生产和基地创建为载体，强化无公害农产品的安全管控，突出绿色食品优质优价。突出地域特色和品质特性，培育农产品区域公用品牌和企业产品品牌，为消费者提供优质放心农产品。在全省消费品工业领域加快实施增品种、提品质、创品牌的“三品”战略，提高工业消费品创意设计水平，加快消费工业转型升级，加强对名优企业和名牌产品的扶持和保护。引导企业大力实施商标战略，开展自主品牌建设，加强质量精准化管理，推进质量检验检测和认证，全面提高服务和消费品品质，提高品牌知名度和竞争力，完善品牌服务体系，积极推进品牌国际化。（责任单位：省农业厅、省经济和信息化委、省质监局、省商务厅、省工商局、省食品药品监管局、省供销社）

6.挖掘农村消费。深化与大型电商企业的战略合作，重点打造农村日用品和农资统采分销、农产品流通、冷链物流仓储、农村电子商务平台，着力推进农产品上行、日用品统采分销体系建设，支持农村居民在交通通信、休闲旅游、文化娱乐、健康养老、绿色环保、家电类耐用消费品、家用轿车、农用机械等方面的消费。把握国家在我省开展新型农村合作金融试点机遇，促进农村合作金融业务扩面提质、规范发展，深化与保险公司的合作，共同推进农业互助保险业务，为农民生产生活消费提供金融支持。加快新型农村社区建设，实现乡乡通沥青路、农村普及自来水、城乡环卫一体化，做到废弃物资源化综合利用和垃圾污水集中处理，大力发展生产生活信息咨询以及农业生产中的各类社会化服务，为农民放心消费提供优质服务。（责任单位：省商务厅、省供销社、省农业厅）

（二）加快推进重点领域制度创新

1.健全公平开放透明的消费市场。深化商事制度改革，最大限度降低市场准入门槛。严格落实权力清单和责任清单制度，继续削减服务业领域审批事项，精简申请材料，减少审批环节，取消各种不合理前置审批事项，建立公平竞争审查制度，促进商品和要素自由流动。全面清理地方保护政策，推进消费政策管理标准化、统一化，消除跨地区、跨行业商品和服务消费的体制壁垒。梳理编制公共服务事项目录和办事指南，优化公共服务流程，推进公共服务事项网上办理和信息共享，消除各种显性和隐性行政性垄断，保障各类市场主体依法平等参与市场竞争。（责任单位：省工商局、省编办、省商务厅）

2.深化服务业改革开放。积极稳妥推进教育、医疗、养老、文化等事业单位分类改革,在全省中小学全面取消行政级别,选择部分高校、医院、科研院所试点取消行政级别,推进事业单位去行政化,在公立医院、科研院所全面推开事业单位法人治理结构建设工作。推进从事生产经营活动事业单位转企改制。继续实施国家级和省级服务业综合改革试点,不断创新公共服务供给方式,鼓励社会资本提供个性化多样化公共服务,形成政府保基本、非基本公共服务主要靠市场的供给体系。积极扩大服务业对外开放,放宽对外资的限制,发挥服务业引导资金"四两拨千斤"的作用,引导外资和社会资本投资服务业领域,保障民办与公办机构在资格准入、职称评审、土地供给、财政支持、政府采购、监督管理等各方面公平发展。(责任单位:省编办、省发展改革委、省教育厅、省科技厅、省民政厅、省财政厅、省商务厅、省文化厅、省卫生计生委、省人力资源社会保障厅、省工商局)

3.完善促进新消费的制度保障。积极推进医养结合,提升养老服务质量和水平;加快服务业新技术的推广与应用,拓展"互联网+"应用范围,推动行业跨界融合发展、三次产业融合发展。适应新兴服务业领域从业人员就业灵活、企业运营服务虚拟化等特点,建立企业从设立到退出全过程的规范化管理制度,为新兴业态发展创造宽松环境。各地要对基础电信企业在规划、环评、融资、用电、选址、社区接入等方面给予支持,并加强政策落实情况的考核。鼓励有条件的地方对众创空间的宽带网络给予适当补贴。(责任单位:省经济和信息化委、省发展改革委、省财政厅、省人力资源社会保障厅、省商务厅、省工商局)

4.推动以人为核心的新型城镇化。积极推动户籍制度改革,按照户籍政策规定,放开县域落户限制,放宽市区落户条件。深化居住证制度,及时为符合条件的流动人口制发居住证,保障流动人口持居住证依法享有基本公共服务和权利。加快推进城镇基本公共服务向常住人口全覆盖,完善社保关系转移接续制度和随迁子女就学保障机制。鼓励中小城市采取措施,支持农业转移人口自用住房消费。鼓励农业转移人口进城购房,将符合城镇住房保障条件的农业转移人口纳入以公共租赁住房为主体的住房保障体系,实行灵活的住房公积金缴存政策,加快农业转移人口市民化进程,推动消费结构升级和消费潜力释放。(责任单位:省公安厅、省发展改革委、省教育厅、省人力资源社会保障厅、省住房城乡建设厅)

(三)全面改善优化消费环境

1.提高标准化水平。围绕消费升级,逐步与国际标准接轨,抓好山东标准的制订与实施,发挥标准引领作用,完善重点领域及新兴业态的相关地方标准,强化农产品、食品、药品、家政、养老、健康、体育、文化、旅游、现代物流等领域关键地方标准制修订;加强新一代信息技术、生物技术、智能制造、节能环保等新兴产业关键地方标准研究制定;实施企业产品与服务标准自我声明公开,用标准带动山东产品和服务质量的全面提升,优化供给,满足消费需求。(责任单位:省质监局)

2.完善质量监管体系。加强质量考核工作,大力推广随机抽查机制,完善产品质量监督抽查和服务质量监督检查制度,依法强化生产和流通领域质量监管工作,规范质量抽检,提升监管效能。积极推进大众消费品"品质革命",以空气净化器、智能手机、儿童及婴幼儿用品、厨具、家具、卫浴等智能、时尚、绿色、安全消费品为重点,开展改善消费品供给专项行动,组织实施消费品质量提升工程。在食品药品等领域建立全过程质量安全追溯体系,推行生产经营良好行为规范,加大抽检监测力度,增强风险防控能力,提高质量安全水平。(责任单位:省质监局、省工商局、省食品药品监管局、省商务厅)

3.改善市场信用环境。充分发挥"信用山东"国家企业信用信息公示系统(山东)综合性信用平台作用,完善数据交换功能,推动省、市、县三级信用信息平台体系建设,完成我省企业信用信息公示系统与国家企业信用信息系统的同构,实现国家平台信息互联互通。加快构建守信激励和失信惩戒机制,实施企业经营异常名录、严重违法失信企业"黑名单"、强制退出等制度,推进跨地区、跨部门信用奖惩联动。规范全省价格系统"12358"、工商系统"12315"信息平台系统,健全质量举报投诉和质量争议协调解决机制,完善系统大数据功能,严厉打击居民消费领域乱涨价、乱收费、消费欺诈、制售假冒伪劣商品等违法犯罪行为,依法查处垄断和不正当竞争行为,规范服务市场秩序,营造良好消费环境,保护消费者合法权益。(责任单位:省发展改革委、省工商局、省质监局、省物价局)

4.健全消费者权益保护机制。健全消费者权益保护机制,严厉打击制售假冒伪劣商品、虚假标识、计量欺诈等侵害消费者利益的违法行为。积极开展重点商品缺陷调查工作,督促企业按照法律、法规实施召回。大力开展消费教育和新闻宣传,强化公益性保护措施,加强消费者协会组织建设,充分发挥消协在维护消费者权益方面的作用。(责任单位:省工商局、省发展改革委、省经济和信息化委、省商务厅、省质监局)

5.强化基础设施支撑。积极推进城市综合交通体系建设,加快实施城市公共停车场、电动汽车充电基础设施建设工程。把完善旅游交通基础设施作为重点,推进连接重要景区干线公路的提级改造,大力发展智能交通,推动从机场、车站、客运码头到主要景区交通零距离换乘和无缝化衔接,开辟跨区域旅游新路线和大通道。推动跨地区跨行业跨所有制的物流信息平台建设,在城市社区和村镇布局建设共同配送末端网点和邮政快递服务站,提高"最后一公里"的物流快递配送效率。加快大众化全民健身和文化设施建设,推进城乡社区公共体育健身设施全覆盖。(责任单位:省经济和信息化委、省发展改革委、省住房城乡建设厅、省交通运输厅、省商务厅、省体育局、省旅游发展委)

6.拓展农村消费市场。升级改造乡镇所在地集贸市场,打造功能集聚、业态多样的城镇微商圈。发挥农业、邮政快递、供销合作社系统龙头企业和网络优势,扩大与省内外农产品交易市场、大型超市的对接和合作,打造工业品下乡和农产品进城双向流通主渠道。完善农产品冷链物流设施,健全覆盖农产品采收、产地处理、贮藏、加工、运输、销售等环节的冷链物流体系。在全省选择部分县开展电子商务进农村综合示范工作,加强县域电子商务公共服务中心和村级电子商务服务站点建设,开展电商培训。支持阿里巴巴、京东、供销e家等大型电子商务企业在我省农村建设电子商务县级运营中心和仓储物流中心。(责任单位:省发展改革委、省经济和信息化委、省财政厅、省国土资源厅、省住房城乡建设厅、省交通运输厅、省农业厅、省商务厅、省环保厅、省工商局、省供销社)

7.积极培育国际消费市场。依托济南、青岛等城市培育面向国内外旅游消费者的消费中心。运用市场手段以购物节、旅游节、影视节、动漫节、读书季、时装周等为载体,提升入境旅游和各类国际文化体育会展活动的质量和水平,带动文化娱乐、旅游和体育等相关消费。畅通商品进口渠道,稳步发展进口商品直销等新型商业模式,增设口岸进境免税店,完善和落实境外旅客购物离境退税政策。(责任单位:省旅游发展委、省商务厅、青岛海关、济南海关、省财政厅、省国税局)

(四)创新并扩大有效供给

1.改造提升传统产业。全面落实"中国制造2025"战略,引导制造业企业由生产型向生产服务型转变,加快推动轻工、纺织、食品加工、机械、化工等重点行业的转型升级,加大传统制造业转型升级工作力度，支持企业研发和产品创新，推动生产方式向数字化、精细化、柔性化转变，着力发展个性化定制，延伸产业链条、提升价值链，全方位提高消费品质量。(责任单位：省经济和信息化委、省发展改革委)

2. 培育壮大战略性新兴产业。围绕建设山东半岛国家自主创新示范区，高度重视颠覆性技术创新与应用，以技术创新推动产品创新，更好满足智能化、个性化、时尚化消费需求，引领、创造和拓展新需求。围绕新兴产业智能化、服务化、低碳化、融合化和个性化发展方向，强化重大技术引领和高技术服务业支撑，加快节能环保、新一代信息技术、新能源汽车等战略性新兴产业培育，大力开发社交娱乐、智能家居、创意日用品、可穿戴设备等新兴消费品，创造新供给、释放新需求、开拓消费新领域。(责任单位：省发展改革委、省经济和信息化委、省科技厅、省商务厅)

3. 大力发展服务业。以省级重点服务业城区、园区、企业和项目为抓手，加快培育服务业发展载体，积极推进服务业重点行业的转型升级。以产业转型发展需求为导向，着力发展生产性服务业，积极培育新型服务业态，促进生产性服务业专业化发展、向高端价值链延伸；以消费结构升级为导向，着力发展生活性服务业，创新服务方式和内容，推动生活性服务业便利化、精细化、品质化发展。(责任单位：省发展改革委、省经济和信息化委、省民政厅、省人力资源社会保障厅、省商务厅、省质监局)

4. 推动大众创业万众创新蓬勃发展。大力推进大众创业、万众创新，培育众创、众包、众扶、众筹等新业态、新模式，积极打造孵化与创业投资结合、线上与线下结合的开放式服务载体，总结推广创新发展新经验。健全知识、技术、管理、技能等创新要素按贡献参与分配的机制，发展知识产权交易市场。(责任单位：省发展改革委、省经济和信息化委、省科技厅、省人力资源社会保障厅、省工商局、省知识产权局)

5. 鼓励和引导企业加快产品服务升级。激发和保护企业家精神，加快培育核心竞争力强的企业集团和专业化中小企业，支持企业应用新技术，加快产品升级换代，通过改进工艺技术提高产品质量和生产效率，通过拓展行业市场提高消费便利性和市场占有率，维护良好信誉、打造知名品牌，培育提升核心竞争力。(责任单位：省经济和信息化委、省发展改革委)

6. 适度扩大先进技术装备和日用消费品进口。贯彻落实国家鼓励先进技术和关键设备、零部件进口的政策，积极为符合条件的项目争取中央资金支持。着力解决电子商务在境内外发展的技术、政策等问题，加强支付、物流、通关、检验检疫、税收等方面的国际协调，创新跨境电子商务合作方式。以济南国际邮件互换局运行为契机，扩大跨境电子商务邮件、快件业务，促进我省国际电商业务发展。(责任单位：青岛海关、济南海关、省发展改革委、省商务厅)

7. 鼓励企业加强品牌建设。积极开展山东省名牌产品认定、著名商标认定、服务品牌认定等品牌建设工作，着力培育国际国内名牌产品和名牌企业。鼓励企业引入先进质量管理模式，加强质量管理，强化品牌培育，增强品牌意识，加大品牌宣传和推广力度，提升品牌价值和竞争力；深入实施商标战略，通过商标注册、商标规范使用和保护商标专用权，依法促进企业创建品牌、发展品牌和提升品牌价值。(责任单位：省经济和信息化委、省发展改革委、省工商局、省质监局)

三、政策措施

(一)强化财税支持政策

1. 发挥财税政策的导向作用。完善地方税体系，逐步提高直接税比重，加大对新消费相关领域的财政支持力度。落实小微企业、创新型企业税收优惠政策和研发费用加计扣除政策。健全政府采购政策体系,逐步扩大政府购买服务范围。完善消费补贴政策,推动由补供方转为补需方,并重点用于具有市场培育效应和能够创造新需求的领域。(责任单位:省财政厅、省地税局、省国税局、青岛海关、济南海关)

2.支持商业网点建设。发展智能快件箱、电商网下取货点,构建信息化、便捷化、智能化的终端物流体系。省级结合城市共用配送试点,对标准智能箱建设给予一定补助。按照规范化、连锁化、便利化、品牌化和特色化发展方向,在市驻地和县城新建或改造一批固定早餐便民网点。进一步完善肉类蔬菜流通追溯体系,将生猪定点屠宰企业、肉类批发市场、连锁超市、蔬菜直营直供企业配送中心、直营直供菜店和社区车载蔬菜直销站点纳入肉类蔬菜流通追溯体系。(责任单位:省经济和信息化委、省商务厅、省财政厅、省邮政管理局)

3.实施农机购置补贴。对直接从事农业生产的组织和个人购买农业机械予以补贴,重点补贴粮棉油及饲草料等主要农作物生产关键环节所需机具,兼顾渔业、设施农业、林果业及农产品初加工发展所需机具。具体补贴范围和标准按照当年农机购置补贴方案执行。(责任单位:省农机局、省财政厅)

4.积极推进政府购买公共信息服务。对适合市场化方式提供的公共信息化服务事项,采用政府购买服务的方式开展建设和运维服务。优先将电子政务、产业园区信息化平台和企业服务信息化平台建设,以及由公共财政资金安排、政府部门组织实施、市场主体较为成熟的公益性公共信息化服务和管理事项,列入政府购买服务的范围。(责任单位:省经济和信息化委、省财政厅、省编办)

5.加大体育设施开放利用力度。加快企事业单位等体育设施向社会开放,推动各类公共体育设施免费或低收费开放。鼓励学校体育设施向社会开放,中小学校的体育设施利用课余时间、休息日、节假日向社会开放,所需安保、设施建设维护、意外险费用等纳入部门预算中统筹安排。鼓励社会力量建设小型化、多样化的活动场所和健身设施,有条件的地方以政府购买服务等方式予以支持。(责任单位:省体育局、省教育厅、省财政厅)

6.鼓励绿色低碳消费。争取将我省生产的节能环保产品列入国家重点节能技术推广目录。支持流通企业与绿色低碳生产企业对接,打造绿色低碳供应链。政府采购优先购买节能环保产品,对于绿色低碳产品生产企业给予能源价格倾斜照顾。(责任单位:省经济和信息化委、省环保厅、省商务厅、省财政厅)

7.实施绿色消费税收优惠政策。对节能服务公司实施符合条件的合同能源管理项目,将项目中的增值税应税货物转让给用能企业,暂免征收增值税;对符合条件的资源综合利用产品实行增值税免税和即征即退政策;对符合条件的纳税人提供技术转让、技术开发和与之相关的技术咨询、技术服务免征增值税。(责任单位:省地税局、省国税局)

8.发挥价格调控作用。进一步完善社会救助和保障标准与物价上涨挂钩联动机制,低收入居民基本生活费用价格涨幅超过规定的临界点时,及时启动联动机制,发放价格临时补贴,保障低收入群众基本生活不受影响。推行涉及民生的价格政策特别是重大价格改革政策时,要充分考虑社会承受能力,特别是对低收入群众生活的影响,完善配套措施,努力保障低收入群众基本生活。(责任单位:省物价局)

(二)推动金融产品和服务创新

1.促进金融创新。鼓励更多科技企业到创业板、“新三板”或区域性股权交易市场上市挂牌。加大省级股权投资引导基金引导支持力度,设立新兴产业发展、医疗健康、教育餐饮等产业领域股权投资基金,并加强与贷款类机构合作,探索推进投贷联动融资模式。建立健全金融消费者权益保护机制。鼓励和引导民间资本通过股权、债权、资产证券化等方式参与新消费相关基础设施和公共服务领域投资。鼓励银行业金融机构与网络零售平台在小额消费领域开展合作,并在风险可控、权责明确的条件下,自主发放小额消费信贷。(责任单位:省金融办、人民银行济南分行、山东银监局、山东证监局、山东保监局)

2.完善金融服务。支持发展“互联网+金融”,强化普惠金融服务,打造集消费、理财、融资、投资等业务于一体的金融服务平台。支持发展消费信贷,鼓励符合条件的市场主体成立消费金融公司,鼓励保险机构开发更多适合医疗、养老、文化、旅游等行业和小微企业特点的保险险种,在产品“三包”、特种设备、重点消费品等领域大力实施产品质量安全责任保险制度。(责任单位:省金融办、省发展改革委、省经济和信息化委、人民银行济南分行、山东银监局、山东证监局、山东保监局、省工商局、省质监局、省财政厅)

3.扩大绿色消费信贷。经银监会批准经营个人汽车贷款业务的金融机构办理新能源汽车和二手车贷款的首付款比例,可分别在15%和30%最低要求基础上,根据自愿、审慎和风险可控原则自主决定。大力开展能效贷款和排污权、碳排放权抵质押贷款等绿色消费信贷业务。(责任单位:省金融办、山东银监局)

(三)优化政府投资结构

1.扩大公共投资。加强适应新消费和新产业、新业态、新模式发展需要的基础设施和公共平台建设,加大政府对教育、医疗、养老等基础设施的投入,以及农村地区和西部经济隆起带的基础设施和公共服务领域的投资力度,促进基本公共服务均等化发展。(责任单位:省发展改革委、省财政厅)

2.引导社会投资。创新投资方式,更好发挥政府投资的引领、撬动和催化作用,通过推动政府和社会资本合作(PPP)项目,创新政府投资与市场投资的合作方式,鼓励和吸引社会资本投资。(责任单位:省财政厅、省发展改革委)

(四)完善土地政策

1.集约节约用地。按照优化用地结构、提升利用效率的要求,创新建设用地供给方式,更好满足新消费新投资项目用地需求。优化新增建设用地结构,加快实施有利于新产业新业态发展和大众创业、万众创新的用地政策,重点保障新消费新投资发展需要的公共服务设施、交通基础设施、市政公用设施等用地,适当扩大战略性新兴产业、生产性和生活性服务业、科研机构及科技企业孵化机构发展用地,多途径保障电动汽车充电设施、移动通信基站等小型配套基础设施用地。(责任单位:省国土资源厅、省住房城乡建设厅)

2.优化存量建设用地。积极盘活低效利用建设用地,推广在建城市公交站场、大型批发市场、会展和文体中心地上地下立体开发及综合利用。鼓励原用地企业利用存量房产和土地发展研发设计、创业孵化、节能环保、文化创意、健康养老等服务业。依法盘活农村建设用地存量，重点保障农村养老、文化及社区综合服务设施建设用地，合理规划现代农业设施建设用地。（责任单位：省国土资源厅、省住房城乡建设厅）

（五）创新人才政策

1.加大人才培养和引进力度。培养适应产业转型升级和新兴产业发展需要的人才队伍，扩大家政、健康、养老等生活性服务业专业人才规模，加强信息、教育、医疗、文化、旅游、环保等领域高技能人才和专业技术人才队伍建设。完善医疗、养老服务护理人员职业培训补贴等政策。按照国家相关规定，通过创造宽松便利条件等措施加大对国际优秀人才的吸引力度。（责任单位：省教育厅、省发展改革委、省科技厅、省卫生计生委、省人力资源社会保障厅、省民政厅）

2.加强企业家队伍建设。加强对企业家队伍的培训，提高企业家队伍综合素质；对税收贡献大、有社会责任的企业家给予表扬。（责任单位：省人力资源社会保障厅、省经济和信息化委、省国资委、省财政厅）

（六）健全环境政策体系

以健康节约绿色消费方式引导生产方式变革，完善统一的绿色产品标准、标识、认证等体系，开展绿色产品评价，支持绿色技术、产品研发和推广应用。鼓励发展绿色建筑、绿色制造、绿色交通、绿色能源，支持循环园区、低碳城市、生态旅游目的地建设。强化节约环保意识，推行垃圾分类回收和循环利用，推动生产和生活系统的循环链接。推进生态产品市场化，建立完善节能量、碳排放权、排污权、水权交易制度。大力推行合同能源管理和环境污染第三方治理。（责任单位：省发展改革委、省经济和信息化委、省财政厅、省住房城乡建设厅、省质监局、省环保厅、省金融办）

各市、省直各部门要高度重视并主动顺应消费升级大趋势，加强组织领导和统筹协调，加快研究制定具体实施方案和配套措施，积极发挥新消费引领作用，引导企业加快产品和服务升级，提高供给体系质量和水平，扩大新产品和服务供给，培育形成新供给新动力，推动经济提质增效、健康发展。

山东省人民政府
2016年12月28日

山东省人民政府办公厅关于贯彻国办发〔2015〕85号文件进一步加快发展生活性服务业促进消费结构升级的实施意见

鲁政办发〔2016〕45号

各市人民政府，各县（市、区）人民政府，省政府各部门、各直属机构，各大企业，各高等院校：

为贯彻落实《国务院办公厅关于加快发展生活性服务业促进消费结构升级的指导意见》（国办发〔2015〕85号），进一步加快发展我省生活性服务业，促进消费结构升级，经省政府同意，现提出以下实施意见。

一、总体要求

（一）指导思想

全面落实党的十八大和十八届三中、四中、五中全会精神，深入学习贯彻习近平总书记系列重要讲话和视察山东重要讲话、重要批示精神，紧紧围绕推进供给侧结构性改革这条主线，加快推进生活性服务业规范化、连锁化、便利化、品牌化、特色化发展，积极培育生活性服务新业态、新模式，推动生活性服务业向精细化、高品质转变，努力满足人民群众日益增长的生活性服务需求，为扩大消费需求、拉动经济增长提供有力支撑，为实现山东由大到强、走在前列提供持续动力。

（二）基本原则

1.坚持市场主导。大力保障基本公共服务，充分发挥市场配置资源的决定性作用，着力培育生活性服务消费新热点，满足人民群众多样化、多层次消费需求，引领个性化消费。

2.坚持创新驱动。大力推动新技术在生活性服务业领域的推广应用，推动服务产品、经营管理和商业模式创新，聚焦重点领域和薄弱环节，实现生活性服务业重点突破，带动生活性服务业全面发展。

3.坚持质量为本。建立健全生活性服务业质量管理、监督和标准体系,倡导崇尚绿色环保的消费理念,转变生活方式和促进消费结构升级,大力推进服务规范化和标准化,全力打造山东省服务名牌。

4.坚持特色发展。加强分类指导,发挥各地优势,优先发展基础条件好、产业优势明显、带动作用强、发展前景广阔的重点行业和领域,增强示范带动效应,因地制宜实现差异化、特色化发展。

(三)任务目标

到2020年,全省实现社会消费品零售总额4.5万亿元,年均增长10%左右;电子商务交易规模达到5万亿元;实现旅游消费总额1.2万亿元,基本形成开放共享、城乡一体、便民高效优质的生活性服务业体系。

二、重点领域

(一)批发零售服务

推进新一轮设区城市商业网点规划修编,畅通生产、物流、销售等各个环节,形成城乡双向、内外互通的市场体系;在城市重点构建以商业和新聚集区为引领、社区商业为基础、特色商业街为品牌的商业服务体系,打造"10分钟"便利综合性服务平台;在乡村重点构建以县城商业为龙头、乡镇商贸中心为骨干、村级便利店为基础的农村商业服务体系。引导企业转变观念和经营模式,细分市场,开展特色经营,提高组织化、专业化程度,重点培育1家销售过千亿、10家过百亿、100家过亿元的流通骨干企业。运用云计算、大数据和互联网技术,建设省级流通平台,降低物流成本,构建多元化供应链管理体系,大力发展连锁经营;大力培育电子商务经营主体,不断创新商业模式,促进线上线下融合发展,实施电子商务进农村、进社区工程,重点培育30个农村电子商务示范县、一大批电商村和电商镇,推进电商集聚发展,积极开展跨境电子商务试点。(省商务厅、省质监局、省工商局等部门按职责分工负责)

(二)旅游(休闲)服务

实施"旅游+"和"互联网+旅游"发展战略,深入推进旅游各要素的协同创新和旅游资源配置优化,通过旅游与相关产业融合互动发展,打造全域旅游示范区。推进十大文化旅游目的地品牌建设,加大"好客山东"品牌的国内外市场营销力度,持续举办"好客山东贺年会",积极发展入境旅游,完善线上线下网络营销体系,培育会展旅游、邮轮游艇、房车露营、休闲度假、低空飞行、温泉滑雪、养老养生、研学旅游、文化演艺等新业态,推动旅游定制服务,满足个性化需求。加强旅游公共服务和基础设施建设,加大旅游集散中心、旅游咨询服务中心和旅游数据中心建设力度,完善道路引导标识;大力实施旅游厕所革命和卫生专项整治工程、旅游综合环境和安全隐患整治工程;着力培育乡村旅游示范单位,打造一批富有活力的观光旅游、教育培训、科技体验、传统文化、休闲度假和养老养生旅游特色小镇,提高现代乡村旅游发展水平。大力实施大企业驱动工程、大项目拉动工程和大活动带动工程,培育旅游市场主体,指导青岛市、沂南县落实全国旅游业改革创新先行区工作任务,引导各地在资金、资源、规划和公共服务等方面探索新机制、新模式,提高旅游及休闲业创新发展水平。(省旅游发展委、省发展改革委、省商务厅、省公安厅等部门按职责分工负责)

(三)住宿餐饮服务

围绕提高服务民生水平,促进家务劳动社会化。推进餐饮企业规范化管理,规模化、连锁化经营。进一步强化中央厨房建设,制定实施我省中央厨房建设服务地方标准。继续实施早餐示范工程和楼宇午餐工程,保障食品安全。大力发展绿色饭店、经济型商务酒店、农家乐餐住、主题特色酒店等满足大众化消费需求的住宿服务业,有序发展高端星级宾馆,促进住宿餐饮企业连锁化、特色化、品牌化发展;积极推进网上订餐和餐饮共享服务;推进鲁菜标准化建设,加强鲁菜推广、传承与创新,实施"山东美食推介工程"和"餐饮标准化工程",培育鲁菜名师、名菜、名点、名店,形成鲁菜文化品牌,推动住宿餐饮业提质增效;鼓励餐饮企业通过投资建设蔬菜种植基地、建立农商对接蔬菜直采体系,强化食材原材料源头控制;支持龙头企业打造集高品质农产品及食品销售、餐饮连锁经营、便民生活服务于一体的多元化健康饮食及餐饮服务提供商,拉长住宿餐饮产业链。(省商务厅、省工商局、省质监局、省食品药品监管局、省农业厅等部门按职责分工负责)

(四)居民和家庭服务

健全城乡居民家庭服务体系,推动家庭服务市场多层次、多形式发展。整合、提升家庭服务业公共平台,健全服务网络,实现省级服务平台和各市各类服务平台有效对接,建成功能完善、覆盖全省、全天候的信息服务网络体系。制定全省家政服务标准化建设规划,深入推进家政服务业标准化试点,支持我省家政服务企业参与国家、行业标准制定。完善社区服务网点,鼓励发展集婴幼儿看护、养老、保健、婚姻、家政服务、洗衣、家电维修、护理、殡葬等生活性服务于一体的社区生活服务中心。鼓励在乡村建立综合性服务网点,提高农村居民生活便利化水平。鼓励社会力量创办、发展多种形式的家庭服务机构,逐步构建以准员工制为主导、从业人员注册制为主体、公共服务平台为载体的家政服务体系,构建和谐劳动关系,依法推进工资集体协商,切实维护经营者与劳动者的合法权益。(省商务厅、省人力资源社会保障厅、省发展改革委、省质监局、省工商局等部门按职责分工负责)

(五)健康服务

围绕提升健康素质和水平,逐步建立覆盖全生命周期、业态丰富、结构合理的健康服务体系。放宽准入,支持社会资本(含境外资本)举办高水平、专业化的医疗机构;通过社办公助的形式,扶持一批基础好、有技术优势、群众认可度高的社会医疗机构,提供特色专业医疗服务;支持城市二级医院以托管、合作等形式与社会资本合作,加快向康复医院、老年病专科医院和护理医院转型,逐步建立多元化办医格局,提升医疗服务品质。鼓励发展健康体检、健康咨询、健康文化、健康旅游、体育健身、养生保健等健康服务,积极推进医养结合等多业态融合发展,鼓励二级以上综合医院开设老年病科(区),鼓励基层医疗卫生机构向居民家庭护理服务延伸。继承发展中医药健康服务,推广中医养生保健知识及产品,创新中医药健康服务技术手段,丰富中医药健康服务产品种类,扩大中医服务覆盖面和服务半径,提高中医在医疗服务中的比例和市场份额占有率。加快发展"互联网+医疗卫生服务业",建立省、市、县、乡四级远程医疗服务协作体系,培养引进高层次人才,建立以行业需求为导向的医学人才培养供需平衡机制,鼓励医师多点执业,促进人才流动。支持医疗服务评价、健康管理服务评价、健康市场调查等第三方健康服务调查评价机构发展。积极发展健康保险,扩大商业健康保险供给,鼓励探索使用职工基本医疗保险个人账户结余资金购买商业健康保险。(省卫生计生委、省人力资源社会保障厅、省食品药品监管局、山东保监局等部门按职责分工负责)

(六)养老服务

围绕满足老年人多样式、多层次、个性化的养老服务需求,以"把养老服务业培育成一个强大服务产业"为目标,着力打造"孝润齐鲁·安养山东"品牌,不断完善服务设施,规范服务模式,努力构建以居家为基础、社区为依托、机构为补充、医养相结合的养老服务体系。突出居家养老,积极运用网络信息技术,发展紧急呼叫、健康咨询、物品代购等适合老年人的服务项目,健全以企业和社会组织为主体、社区为纽带、信息平台为手段、满足老年人各种养老服务需求的社区居家养老服务网络。推动医养结合,鼓励养老服务与相关产业融合创新发展,推动基本生活照料、康复护理、精神慰藉、文化服务、紧急救援、临终关怀等养老服务的发展,对有需求的失能、部分失能老年人,以机构为依托,做好康复护理服务。加快建立完善长期护理保险制度,鼓励开发包括长期商业护理保险在内的多种老年护理保险产品,保障老年人长期护理服务需求。按照"保基本、兜底线"原则,完善基本养老保险制度,适度合理调整基本养老金水平,积极采取政府购买养老服务等方式,为广大老年人提供基本养老服务。积极发展老年人意外伤害保险,提高老年人抗风险能力。加强农村养老服务,统筹农村公共养老服务设施建设,探索符合农村实际需求的养老服务方式。(省民政厅、省卫生计生委、省人力资源社会保障厅、省老龄办等部门按职责分工负责)

(七)文化服务

着力提升文化服务内涵和品质,积极发展具有山东特色的传统文化艺术,鼓励创造兼具思想性、艺术性和观赏性,人民群众喜闻乐见的优秀文化服务产品,不断满足人民群众日益增长的文化服务需求。推进文化创意和设计服务等新型服务业发展,加快数字内容产业发展,推动文化服务产品制作、传播、消费的数字化、网络化进程,推进动漫游戏等产业优化升级。推进新闻出版精品工程建设,以儒学、道教、民俗、考古等元素为着力点,加大对山东传统文化、红色文化的宣传推介力度。积极发展移动多媒体广播电视、网络广播电视等新媒体、新业态,全面实现广播电影电视数字化、网络化。推动传统媒体与新兴媒体融合发展,提升先进文化的互联网传播吸引力。完善文化产业国际交流交易平台,提升文化产业国际化水平和市场竞争力。加快文化产品市场和生产要素市场建设,发展市场中介组织,形成统一、开放、竞争、有序的文化市场体系,降低文化市场交易成本,提高市场运转效率。探索建立文化产业发展众筹平台,推动艺术品评估、产权交易、投资咨询等服务机构建设。(省文化厅、省新闻出版广电局、省经济和信息化委等部门按职责分工负责)

(八)体育服务

加快建设公共体育场地设施,大力营造全民健身良好氛围,培育体育消费观念,大力推动群众体育与竞技体育协同发展,构建门类齐全、结构合理的体育服务体系,重点培育健身休闲、竞赛表演、场馆服务、中介培训等体育服务业;大力发展体育休闲旅游业,打造广大群众日常休闲健身基地和节假日体育旅游精品线路,大力推动康体融合发展,鼓励社会力量开办体质测试、健康咨询和康复理疗等各类机构。鼓励和支持社会力量举办商业性和群众性体育赛事活动,加快推进社会力量办运动队改革，探索建立与市场接轨的新型场馆管理体制和运营机制，鼓励各地以体育场馆等为载体，打造多功能的城市体育服务综合体；探索完善赛事市场开发和运作模式，打造一批国际性、区域性品牌赛事。加快发展普及性广、关注度高、市场空间大的运动项目，大力发展“互联网＋体育”，推广群众参与广泛的网络体育健身项目。普及健身跑、自行车、登山等运动项目，带动大众化体育运动发展；加快发展体育竞赛表演业；支持各地积极开展特色品牌赛事创建活动，形成“一市一品”赛事体系；鼓励体育优势企业、优势品牌和优势项目“走出去”。（省体育局、省旅游发展委等部门按职责分工负责）

（九）法律服务

加强民生领域法律服务，推进覆盖城乡居民的公共法律服务体系建设，重点抓好法律服务实体、热线和网络三大平台建设，实施法律顾问全覆盖工程，大力发展涉外法律服务，基层法律服务执业机构力争实现乡镇全覆盖，加强对弱势群体的法律服务，加大对老年人、妇女和儿童等法律援助和服务的支持力度。大力发展律师、公证、司法鉴定等法律服务业，推动各市全部建成“12348”法律咨询热线运转体系，打造一批享誉全国的知名法律服务机构，引导法律服务机构培育形成特色业务，吸引国内外著名法律服务品牌到我省设立分支机构。发展公益律师服务机构和公益律师队伍，推动法律服务志愿者队伍建设；实施“一市一品牌、一县一亮点”工程，创建一批县域法律服务品牌和项目，发挥示范带动作用。加强律师事务所管理，强化法律服务队伍专业化、职业化建设，将专业技术职务纳入综合考核体系和职业评价体系，建立违法违规执业惩戒制度。建立法律人才专家库，加强对急需紧缺的高层次、复合型法律服务人才的引进、培养力度，加强对涉外法律人才和青年法律人才的培养。（省司法厅、省人力资源社会保障厅等部门按职责分工负责）

（十）教育培训服务

以提升服务质量为核心，发展形式多样的教育培训服务，逐步形成政府引导、以职业院校和各类培训机构为主体、企业参与的现代职业教育体系和终身职业培训体系。在发展模式上向内涵发展、特色发展转型，建设特色名校，调整优化专业结构，为社区居民提供人文艺术、科学技术、幼儿教育、养老保健、生活休闲、职业技能等方面的教育培训服务，提高社区居民综合技能。在培养模式上向培养应用型、技能型人才转型，深化招生制度改革和职业院校课程改革，加强师资队伍建设，提升高校教师的实务教学与应用研究能力；推进教育培训信息化建设，鼓励学校和企业整合线上线下教育资源，探索职业教育和培训服务新方式，发展远程教育和培训，促进数字资源共建共享；建立家庭、养老、健康、社区教育、老年教育等生活性服务示范性培训基地或体验基地，带动提升行业整体服务水平。在办学体制机制上向多元化发展转型，大力推进民办教育健康发展，积极鼓励和引导民间资金进入教育领域，发展股份制、混合所有制职业院校，允许以资本、知识、技术、管理等要素参与办学，建立营利性和非营利性民办学校分类管理制度。（省教育厅、省人力资源社会保障厅、省经济和信息化委等部门按职责分工负责）

三、重大工程

（一）家务劳动社会化工程

1.餐饮服务社会化。加强便民网点建设，实施早餐示范工程，鼓励高端餐饮企业发展大众餐饮网点，大力发展具有浓郁文化特色的地方美食。支持大型餐饮企业建设中央厨房，实现集约采购、集约生产，为大众提供质优价廉的一日三餐服务，推广网络餐饮共享服务。支持机关企事业单位食堂向社会开放，推进餐饮服务社会化发展。拓展餐饮网点服务项目，推动发展养老助餐服务。（省商务厅负责）

2.家政服务多元化。发挥家政服务平台覆盖广的优势，实现省、市、县家政服务平台有效对接，建成功能完善、覆盖全省城乡居民、全天候的家政信息服务网络体系。积极开展家政服务业示范企业、示范培训基地等创建活动，逐步完善示范评价标准体系，发挥示范带动作用，创建一批知名家庭服务品牌。支持连锁便利店发展网上订货、实体配送等新模式。（省商务厅、省人力资源社会保障厅、省民政厅等部门按职责分工负责）

3.养老服务便利化。总结推广医养结合、居家养老经验，强化医疗卫生机构与养老机构合作，健全以企业和社会组织为主体、社区为纽带、信息平台为手段，满足老年人各种养老服务需求的社区居家养老服务网络，推进社区居家养老一体化发展。鼓励多元化建设养老基础设施，到2020年每千名老人拥有养老床位35～40张，民办和公建民营养老机构占比达到80%以上。（省民政厅、省卫生计生委、省老龄办等部门按职责分工负责）

（二）生活品质提升工程

1.完善旅游公共服务功能。加快游客集散中心、旅游咨询服务中心和智慧旅游建设，全力打造好客山东旅游公共服务"一张网"。加大对旅游厕所的新建改建支持力度，鼓励旅游景区、商业街区、交通枢纽周边的机关、企事业单位厕所向社会开放；继续扶持乡村旅游实施改厨改厕工程；支持全省统一旅游标识标牌，推动旅游服务标准化。（省旅游发展委负责）

2.推进城乡环卫一体化建设。健全城乡生活垃圾一体化处理体系，鼓励社区创新再生资源回收管理运营机制，支持农村加强无害化卫生厕所改造，2018年实现全覆盖；支持农村自来水和宽带进村入户，提高群众生活质量。（省住房城乡建设厅、省水利厅、省环保厅等部门按职责分工负责）

3.推动发展分享经济。围绕衣、食、住、行、康，加快发展智慧出行、住房短租、生活用品租赁、餐厨分享、康体健身等服务平台，支持公众通过获得使用权实现商品、服务消费；鼓励公众将闲置资源通过社会化平台与他人分享并获得收益，实现存量生活性服务业资源利用最大化，促进创新创业，提供新型就业方式，创新商业模式，发展新兴服务业。（省住房城乡建设厅、省商务厅、省交通运输厅、省卫生计生委、省经济和信息化委等部门按职责分工负责）

（三）标准化和品牌引领工程

1.推进标准化建设。总结推广标准化程度较高企业的标准化发展经验，加快家政、养老、健康、体育、文化、旅游、法律、教育等领域的关键标准研制与推广，推动服务产品安全标准化，促进企业服务标准化发展并带动相关领域产业化发展。支持生活性服务业骨干企业、行业协会、产业联盟通过制定团体标准，整合产业链上下游企业，联合开拓市场，增加市场服务供给。（省质监局、省安监局、省发展改革委等部门按职责分工负责）

2.保护传承老字号。支持老字号企业利用连锁经营、电子商务等现代商业模式，拓展营销渠道，扩大经营规模。挖掘省内中华老字号、山东老字号品牌的文化内涵，支持有市场发展潜力的老字号企

业创新经营模式，扩大经营规模，提升品牌影响力。（省商务厅负责）

3.加强品牌建设。加强指导，提升企业商标注册、运用、管理和保护水平。支持生活性服务业企业争创中国驰名商标、山东省著名商标和山东省服务名牌，通过实施品牌战略开拓市场，提高产品和企业知名度、美誉度和市场竞争力。加大招商力度，吸引外来知名企业、品牌产品和服务进入山东市场，满足居民多元化消费需求。（省工商局、省质监局、省商务厅等部门按职责分工负责）

（四）市场主体培育工程

1.鼓励支持大众创业。引导各类创业孵化基地、创业园区、众创空间积极吸纳、扶持生活性服务业小微企业发展，优化创业环境，大力支持创业就业。（省人力资源社会保障厅负责）

2.加快培育小微企业。通过小微企业数据库和小微企业名录向政府部门推送数据，推动小微企业扶持政策公平、公正、公开地落实。综合运用各项政策措施，支持小微企业加快发展；鼓励小微企业加大品牌建设，加快特色化发展。（省经济和信息化委、省工商局等部门按职责分工负责）

3.做大做强骨干企业。支持生活性服务业骨干企业通过入股、合作、兼并、重组等方式做大做强，着力打造一批标杆性的生活性服务业企业，鼓励其走向省外、国外开拓市场。（省国资委负责）

四、保障措施

（一）扩大改革开放

1.优化发展环境。进一步深化行政审批制度改革，切实破除行政垄断、行业垄断和地方保护，建立统一、开放、竞争、有序的服务业市场。进一步深化投融资体制改革，按照国家制定的市场准入负面清单，研究提出我省市场准入负面清单，以清单方式明确列出禁止和限制投资经营的生活性服务业行业、领域、业务等，清单以外的，各类主体皆可依法平等进入，鼓励和引导各类社会资本投向生活性服务业。加快全省政务服务平台建设，推进省、市、县三级互联互通。深化商事制度改革，全面落实“五证合一、一照一码”登记制度，进一步放宽新注册生活性服务业企业场所登记条件。适时推广生活性服务业企业简易注销制度，建立有序的市场退出机制。（省发展改革委、省政府办公厅、省编办、省工商局等部门按职责分工负责）

2.扩大市场化服务供给。积极稳妥推进事业单位分类改革，加快生活性服务业行业协会商会与行政机关脱钩，进一步扩大生活性服务业要素供给，激发生活性服务业发展活力。加快科技信息技术在生活服务领域的推广与应用，通过实施“互联网＋”战略，培育生活性服务业新业态、新模式，发展个性化定制服务、全生命周期服务、网络精准营销和在线支持服务等，增加服务新供给，形成服务业发展新动力。（省编办、省发展改革委、省民政厅等部门按职责分工负责）

3.提升国际化发展水平。弘扬山东儒学、鲁菜、中医药等传统文化，推动有条件的生活性服务业企业“走出去”，抓住“一带一路”、京津冀协同发展等战略机遇，推动大企业大集团通过新建、并购、参股等方式，到省外境外布局，设立分销、展示、交易平台。统一内外资法规规章，探索实行准入前国民待遇负面清单管理模式，优化外商投资环境，提高中介服务专业化水平，突出园区招商、产业链招商，吸引国内外知名生活性服务业企业来鲁投资发展。（省商务厅、省发展改革委等部门按职责分工负责）

(二)强化政策支持

1.创新财税政策。按照国家部署扎实推进"营改增"改革,确保国家各项服务业税收优惠政策落实到位,加大政策落实情况督查力度。适当增加省级服务业引导资金规模,发挥政府资金的引导作用,加大对生活性服务业发展的支持力度。"十三五"期间,省级每年安排10亿元支持养老服务业发展,重点向社区、居家和农村养老倾斜。充分发挥省级服务业创新发展引导基金作用,积极引导参股子基金支持符合条件的生活性服务业企业发展。依法给予中小型家政服务企业减免城镇土地使用税优惠,或在3个月内延期缴纳。到2017年12月31日,对年应纳税所得额低于30万元(含30万元)并符合相关条件的小型微利企业,其所得减按50%计入应纳税所得额,按20%的税率缴纳企业所得税。对依法登记备案的住房租赁企业、机构和个人,给予税收优惠政策支持,具体细则参照《山东省人民政府关于运用综合政策措施支持扩大消费的意见》(鲁政发〔2016〕22号)。(省财政厅、省国税局、省住房城乡建设厅、省民政厅等部门按职责分工负责)

2.拓宽融资渠道。加大上市挂牌企业后备资源培育力度,筛选一批实力强、前景好的生活性服务业企业进行重点培育,支持符合条件的生活性服务业企业上市融资和发行债券,支持符合条件的创新型、创业型和成长型中小微生活性服务业企业到"新三板"挂牌,鼓励挂牌公司进行股权融资、债券融资。鼓励生活性服务业企业通过应收账款质押、预期收益权质押、动产抵押等抵质押贷款业务进行融资,拓展投融资渠道。建立"政银保"合作机制,开展小额贷款保证保险试点工作。积极稳妥扩大消费信贷,开展消费金融公司试点。在风险可控的前提下,探索养老服务机构土地使用权、房产、收费权等抵质押贷款的可行模式;加大创业担保贷款投放力度,支持社区小型家政、健康服务机构发展;探索开展旅游景区经营权和门票收入权质押贷款业务,推广旅游企业建设用地使用权抵押、林权抵押等贷款业务;创新版权、商标权、收益权等抵质押贷款模式,积极满足文化创意企业融资需求;运用中长期固定资产贷款、银团贷款、政府和社会资本合作(PPP)等方式,支持影视院线、体育场馆、大专院校等公共基础设施建设。(省金融办、山东银监局、山东证监局、省财政厅、省发展改革委、省旅游发展委等部门按职责分工负责)

3.健全价格机制。建立健全以市场为主导的生活性服务业价格形成机制,规范服务价格。深化景区门票及相关服务价格改革,凡具备市场竞争条件的放开价格;对实行政府定价或政府指导价的,从严核定价格。实施旅游淡旺季差别价格机制,鼓励错峰休假旅游。对免费或低收费向社会开放的公共体育设施给予财政补贴。落实国家银行卡刷卡手续费优惠政策,促进生活性服务业企业健康发展。(省物价局、省财政厅等部门按职责分工负责)

4.完善土地政策。按照土地利用总体规划,优先安排生活性服务业设施建设用地。"十三五"期间,根据省政府确定的养老服务体系建设任务,按照每张床位50平方米的标准,安排养老服务设施专项用地指标,应保尽保。科学调整优化服务业土地供应结构,适当增加服务业发展用地,加快对批而未用土地的处置力度,将盘活的闲置土地、依法收回的各类国有土地和具备"净地"供应条件的储备土地,优先用于服务业项目建设。(省国土资源厅、省民政厅等部门按职责分工负责)

(三)改善消费环境

推动生活性服务业企业信用信息共建共享,整合部门和行业现有信用系统,依托信用山东信息平台，强化失信联合惩戒，逐步形成以诚信为核心的生活性服务业监管制度。规范全省价格系统"12358"、工商系统"12315"等部门举报投诉平台，健全质量举报投诉和质量争议协调解决机制，完善系统大数据功能，严厉打击居民消费领域乱涨价、乱收费、消费欺诈、制售假冒伪劣商品等违法犯罪行为，依法查处垄断和不正当竞争行为，规范服务市场秩序，营造良好消费环境，保护消费者合法权益。（省发展改革委、省物价局、省工商局、省质监局等部门按职责分工负责）

（四）强化基础设施建设

加大生活性服务业基础设施建设力度，通过各种形式广泛吸引社会资本投资建设城市停车设施，大力推广政府和社会资本合作（PPP）模式。鼓励企事业单位、居民小区及个人利用自有土地、地上地下空间建设停车场，允许对外开放并取得相应收益。推动跨地区跨行业跨所有制的物流信息平台建设，在城市社区和村镇布局建设共同配送末端网点，提高"最后一公里"的物流配送效率。推动光纤入户和主要城市的城区公共场所免费无线局域网全覆盖，提高带宽和传输效率，大幅度降低宽带费用。完善生活性服务业各项服务配套功能，大力提升服务业要素资源吸附能力、产业支撑能力和对周边产业辐射带动能力。加大农村生活性服务业基础设施建设投入，着力补齐县、乡、村流通、文化、体育等基础设施短板。（省发展改革委、省财政厅、省经济和信息化委、省商务厅等部门按职责分工负责）

（五）健全质量标准体系

以质量考核为抓手，开展第三方顾客满意度调查，推动各级政府、行业主管部门和服务业企业重视服务质量。加强认证认可体系建设，积极推进绿色食品、有机食品、地理标志产品等认证工作，在生活性服务业领域积极开展山东服务名牌创建工作。全面推动诚信计量体系建设，建立诚信计量管理制度，规范集贸市场、餐饮行业、商品超市等领域计量行为。建立健全与国家、行业配套的服务业标准体系，积极推进国家和省级服务业标准化试点，加大标准实施监督工作力度，及时总结推广经验。（省质监局、省工商局等部门按职责分工负责）

（六）强化职业教育和培训

把职业教育和培训纳入全省教育事业"十三五"规划，各相关学校和培训机构要制定实施方案和工作规划，形成工作合力。适应培养应用型、技术技能型人才的需要，逐步提高高校和职业学校生均拨款标准。按照"分类管理，鼓励特色"的思路，全面实施本科高校"分类拨款"机制改革，集中力量，加大"双一流"大学和现代职业教育体系建设等专项经费支持。探索通过地方政府债券、争取国家政策性银行低息专项贷款等多种形式筹集经费，不断拓宽高校和职业学校建设资金来源渠道。支持企业、社会团体和个人等社会力量通过独资、合资、合作等形式举办各类学校。健全政府补贴、购买服务、贷款贴息、基金奖励、捐资激励等制度，鼓励社会力量办学。（省教育厅、省人力资源社会保障厅等部门按职责分工负责）

（七）完善统计制度

严格执行生活性服务业法律法规，强化对专利、商标、版权等无形资产的开发和保护。按照国家统一制定的生活性服务业分类标准，结合我省实际，完善相关统计制度和指标体系，明确相关部门统计任务，把服务业统计工作纳入对各市政府和服务业主管部门的服务业绩效考核内容，建立健全生活性服务业统计信息共享机制，逐步建立生活性服务业信息定期发布制度。各级政府要建立健全工作协调机制，结合当地服务业发展的实际，抓紧研究制定服务业重点行业转型升级实施方案，把生活性服务业作为转型升级的重点，按照“敲开核桃、一业一策”的要求，分行业研究提出对策措施。省政府有关部门要结合职能职责和工作实际，围绕发展生活性服务业的主要目标任务，抓紧研究制定配套政策措施，成熟一项出台一项，同时要积极对接国家重大工程，为生活性服务业加快发展创造良好条件。（省发展改革委、省科技厅、省工商局、省新闻出版广电局、省统计局等部门按职责分工负责）

山东省人民政府办公厅

2016年9月19日

山东省推进服务业转型升级行动计划（2016～2020年）

加快服务业转型与跨越发展，是推动我省结构调整的战略重点和主攻方向，也是保持经济可持续健康稳定发展的重要举措。为进一步提高服务业发展的质量和效益，增强我省服务业的综合实力和竞争力，根据省委、省政府关于“敲开核桃，一业一策”，全面推动服务业转型升级的重大决策部署，制定本行动计划。

一、发展现状

近年来，全省上下认真贯彻落实省委、省政府关于推动服务业转型与跨越发展的重大决策部署，统一思想，把握关键，突出重点，积极作为，创造性开展工作，全省服务业保持了平稳较快发展良好态势，为服务业实现转型与跨越发展奠定了坚实基础。

一是总量规模持续扩大。2015年，全省实现服务业增加值28537.4亿元，占地区生产总值的比重达到45.3%，与2010年相比，总量增加14108亿元，提高97.7%，占比提高9.2个百分点，全省三次产业结构由2010年的9.1∶54.3∶36.6调整到2015年的7.9∶46.8∶45.3，全面完成了“十二五”规划确定的任务目标。

二是投资后劲持续增强。2015年，全省服务业完成投资22390.4亿元，占全省固定资产投资总额的47.3%，接近“半壁江山”。与2010年相比，投资增加11013.6亿元，提高97%。软件和信息技术、科技、租赁和商务等现代服务业投资增势强劲，增速分别达到68.9%、47.2%和33.6%，为服务业重点行业转型升级提供了强有力支撑。

三是税收贡献持续提高。2015年，全省服务业完成税收3675.9亿元，占全部税收的比重为43.2%。其中，全省服务业完成地税收入2395.74亿元，占全部地税收入的比重为61.8%，与2010年相比地税收入增加1456.4亿元，占比提高5.8个百分点，服务业对财政的贡献显著增强。

四是品牌建设持续加强。始终坚持把品牌建设作为重要抓手，树立了一批品牌标杆企业，探索出一条以标准化带动产业化，以产业化催生新品牌的服务业品牌发展之路。截至 2015 年底，全省共有省长质量奖企业 4 家，中华老字号 66 家，山东老字号 153 家，山东省服务名牌 419 个，打造了阳光大姐、卓创资讯、荣庆物流等一批服务业名牌，塑造了“好客山东”“厚道鲁商”等闻名全国的公共品牌，成为山东形象和齐鲁文化的亮丽名片。

五是改革步伐持续加快。省政府相继出台了《关于加快服务业发展的若干意见》、《关于贯彻国办发〔2014〕26 号文件进一步加快生产性服务业发展的实施意见》《山东省服务业发展绩效考核办法》等一系列政策措施，并制定出台了涉及金融、信息消费、健康养老、职业教育、电子商务、文化和旅游等行业的详细配套政策措施，服务业扶持政策体系进一步完善。降低服务业准入门槛，调整价格政策，加大财政投入，完善市场体系，集中各类资源向服务业倾斜。改革开放步伐持续加快，文化、金融、医疗体制改革稳步推进，组建了一大批国有骨干文化企业，在全国率先建立起地方金融监管体系，多元化办医格局初步形成。服务业综合改革试点扎实推进，济南、青岛两个国家服务业综合改革试点工作取得了明显成效，省级服务业综合改革试点区域取得突破性进展，为全省服务业发展探索提供了有益借鉴。尽管我省服务业取得了长足发展，但与全省经济社会发展的任务相比，与实现“腾笼换鸟，凤凰涅槃，优化产业结构”的要求相比，服务业仍是我省经济发展的“短板”，转型升级任务十分艰巨。从国际看，根据世界银行发布的《世界发展指数(2014)》，2013 年全球服务业增加值占生产总值的比重为 70%，其中发展中国家达到 54%，发达国家达到 74%。我省服务业占生产总值的比重比世界平均水平低 30 个百分点，比发达国家低 34 个百分点，比发展中国家低 14 个百分点。从国内看，与沿海发达省份相比，我省服务业在发展质量和效益上还存在明显差距。2015 年，我省服务业增加值占 GDP 比重仍低于全国 5.2 个百分点，分别比广东、浙江和江苏低 5.5 个、4.5 个和 3.3 个百分点。主要表现在：

一是体制机制不够活。多数服务业领域改革长期滞后，特别是带有垄断性质的部门和行业仍然保持着计划经济时期的行政色彩。在金融、电信等多数服务行业，以及教育、卫生等公共服务业中，国有资本占主导地位，民营经济尚未充分发展，政府购买社会服务水平仍然不高，事业单位改革任务艰巨。政府与市场的关系尚未厘清，影响了资源的合理配置和良性竞争机制的形成。山东省 3049 家养老机构中，民办机构仅有 952 家，全省 5.2 万个各类家政服务企业和网点中开展养老服务的只有 540 个。

二是内部结构仍待优化。山东省交通运输仓储和邮政业、批发零售业、住宿餐饮业三大传统服务业占服务业增加值比重超过 50%，比江苏、浙江、广东高 10 个百分点左右。现代服务业特别是金融业、电子商务等许多新兴业态发展比较滞后。2015 年，山东省电子商务交易额达到 1.8 万亿元，占全国电子商务交易额的比重为 10%，分别比广东、浙江低 7.2 和 5.4 个百分点。金融业增加值位列广东、江苏、北京、上海和浙江之后，仅居第六位。山东省软件业务收入仅为广东的 46%，江苏的 51.3%。

三是信息化程度不够高。根据工信部中国电子信息产业发展研究院发布的《2015 年中国信息化发展水平评估报告》，山东省信息化水平排名仅为第八位，发展水平仅分别为上海、北京、浙江、天津、江苏、广东、福建等地区的 77.4%、78.5%、80.4%、86.1%、86.5%、86.8%、95.3%，利用现代信息技术推动服务业转型升级的步伐相对缓慢。山东省软件和信息技术服务业企业的业务领域主要集中在传统业务领域，缺少像阿里、腾讯、百度、新浪等具有较强国际影响力的新兴信息服务企业。在商业模式上也是以传统模式为主，创新能力不足。据阿里巴巴平台统计，2015 年中国电子商务百佳县山东仅有 4 个县入围，而浙江有 42 个、江苏有 15 个、福建有 14 个县入围，且排名最靠前的博兴县仅列第 83 位。

四是市场主体竞争力不强。2015 年，我省入选中国服务业企业 500 强企业 16 家，比江苏、浙江、广东分别少 17 家、48 家和 48 家。在中国信息服务收入前 20 家企业中，我省企业无一入围；2015 年中国软件业务收入前百家企业广东入围 14 家，北京 35 家，江苏 8 家，山东仅有 7 家，且缺少像华为、中兴、阿里巴巴等千亿级规模的知名企业；我省尚无建筑设计企业进入全国百强。2015 年，国际品牌机构发布的“中国最具价值品牌 500 强”中，我省入选品牌 42 个，主要集中在家电、机械、食品、化工、纺织等传统制造业领域，金融、旅游、餐饮、酒店、物流等服务业品牌无一上榜。

五是高层次创新型人才不足。目前，我省服务业人才结构不合理，高层次人才匮乏，领军型、创新型、复合型人才严重不足，难以适应服务业快速发展需要，缺少像马云、马化腾、刘强东等级的领军人物。我省会计评估行业中，注册会计师数量 5599 人，仅占全国的 7%，居全国第五位，而入选全国领军人才的仅有 8 名，占全国的 0.38%。

六是发展环境有待进一步优化。我省创业创新的环境与先进省市相比还有较大差距。特别是对于电子商务、大数据、云计算等新行业、新领域、新业态的扶持培育政策不够，如北京、浙江、广东等省，近几年对电子商务、云计算等行业发展出台了含金量很高的扶持政策，我省应借鉴先进省市经验，加大扶持力度，加快推进新兴产业发展。

二、发展趋势

近年来，随着科技进步尤其是互联网技术的快速发展，服务业焕发出蓬勃生机，呈现出加速发展的新局面。当前，服务业发展水平已经成为衡量经济社会发达程度的重要标志。2015 年，我省人均 GDP 达到 8016 美元，已经处于中等偏上收入阶段。国际经验表明，在这个阶段，服务业进入到了快速发展的时期，将融合衍生出许多新的业态和发展空间，推动产业结构、资源配置和产业布局等发生深刻变革。

一是服务业成为经济转型发展的主动力。目前，以信息化为代表的服务业转型升级，在改变着人们的消费方式和生产经营方式的同时，也彻底颠覆了传统商业模式。从我省来看，近年来电商交易额“井喷式”增长，全省“淘宝村”已达到 64 个，电商平台 3000 多家，各类电商经营主体 120 万家，成为带动了整个产业转型升级的重要力量。

二是服务业成为消费加快升级的牵引力。随着城乡居民收入水平的持续提高，消费需求正由对基本服务需求为主过渡到以文化精神需要为主的高层次生活服务业。全省国内旅游消费总额由 2000 年的 386.5 亿元扩大到 2015 年的 6505 亿元，增长了 16.8 倍；乡村旅游发展迅猛，2015 年全省乡村旅游收入达到 1806.7 亿元，增长 27.2%，超过全省旅游消费总额的 1/4；城镇居民人均医疗保健、交通通信、文教娱乐三大消费支出占人均消费比重从 2000 年的 28.9%上升到 2015 年的 31.8%，到 2020 年将提高到 40%以上，成为城镇居民的消费主体。

三是服务业成为绿色低碳发展的助推力。服务业发展本身就是绿色发展。与工业相比，服务业的能源资源消耗低，环境污染少，有利于增强可持续发展能力。据测算，服务业万元增加值用电量仅为工业的1/7，更是远远低于高耗能、高污染的重化工业，服务业单位能源所创造的经济效益远高于工业。

四是服务业成为增进民生福祉的支撑力。服务业作为劳动力密集型行业，吸纳就业能力为工业的2～3倍。此外，服务业与民生的关系最为紧密，特别是健康养老、文化体育、住宿餐饮、批发零售、旅游等生活性服务业，涉及群众生活的方方面面，直接关系群众生活质量和幸福感。

国内外服务业发展的趋势表明，大力发展服务业，加快推动服务业转型与跨越发展是大势所趋，更是我省实现由大到强、全面建成小康社会的必然选择。

三、总体要求

（一）指导思想

把推动服务业转型与跨越发展，作为全省经济结构调整和转型发展的战略重点和主攻方向，以供给侧结构性改革为主线，以提质增效为中心，以扩大总量和优化结构为重点，革新发展理念，创新发展路径，深化改革开放，推动创新融合，建立市场化的资源配置机制、创新化的发展驱动机制、融合化的产业协同机制、国际化的分工合作机制，加快服务业向创新驱动、多元开放、融合集聚、高端高质的方向转型发展。

（二）转型目标

做大做强现代服务业、加快发展新兴服务业、优化提升传统服务业，加快推动全省产业结构实现由“二三一”向“三二一”的转变。2016～2020年，服务业增加值年均增长8.5%左右。分阶段目标如下：

到2017年，服务业增加值占比达到49%以上，生产性服务业增加值占服务业增加值比重达到50%以上，服务业就业人数占比达到36.5%。服务业转型升级迈出新步伐，成为促进经济社会可持续发展的新引擎、主动力，“三二一”产业格局初步形成。

到2020年，服务业增加值占比达到55%左右，生产性服务业增加值占服务业增加值比重达到52%以上，服务业就业人数占比达到38.5%。服务业信息化水平和技术含量明显提高，改革创新成为服务业发展的核心动力，全省形成以服务业为主导的现代产业新体系。

（三）基本原则

1.革新发展理念。摒弃“重农轻商”“重工轻商”和“学而优则仕”的传统观念，既要看到服务业的产业引领支撑作用，更要深刻认识服务业转型升级对国民经济结构优化的带动效应，把服务业转型升级作为转变经济发展方式和推动经济结构战略性调整的重中之重。深入研究服务业发展规律，把握现代技术和经营模式创新趋势，加快推进服务业的高端化、集聚化和国际化。

2.转变发展机制。将政府工作重心转到优化发展环境、引导产业方向、统筹宏观经济上来，发挥市场配置资源的决定性作用，实现由政府政策驱动型向市场自我发展型转变。深化改革、扩大开放，建立公开透明、平等规范的市场准入制度，打破服务业行业垄断，促进生产要素合理流动，积极参与国际合作与竞争。

3.创新发展路径。加大科技、人才和管理等创新要素投入，实现由传统资金、人力投入推动型向科技引领、创新推动型转变。促进文化、技术与服务的深度融合，鼓励创新，推动创业，加快培育新型服务业态，探索建立以技术为先导、专业化人才为支撑、创新创业为基础的服务业转型路径。

4.科学统筹发展。坚持生产性服务业与生活性服务业并重、现代服务业与传统服务业并举。在扩大规模、全面发展的基础上，以高端、高质、高效为方向，突破生产性服务业发展瓶颈，提高生活性服务业发展层次，增强公共服务业发展活力，大力推动涉及面广、辐射作用大的服务业重点行业和领域升级改造，带动全省服务业转型发展。

(四)转型导向

1.提升整体规模。立足把服务业做大、做强、做活，通过多业并举、统筹兼顾，解决我省服务业占比低、服务供给不足问题。推动生活性服务业向便利化发展、生产性服务业向专业化发展、公共服务业向均等化发展、基础性服务业向网络化发展。

2.优化结构层次。高点定位、高端切入，通过服务业内部结构进档升级，优化提升区域布局，强化产业链中最具附加值和影响力的环节，抢占未来服务业发展的制高点。推动传统服务业“脱胎换骨”、现代服务业“换挡提速”、新兴业态“落地开花”、区域布局“特色集聚”。

3.增强发展动力。突出企业在创新驱动中的主体地位，激发创新热情，鼓励全民创业，提高服务业企业市场竞争力。实现以技术创新赢得先机、以商业模式创新拓展空间、以品牌创新放大优势、以创新创业激发活力。

4.强化创新引领。依托现代高新技术，通过产业深度融合，催生新产业、创造新需求，拉长产业链、提升价值链，带动相关产业向“微笑曲线”两端延伸。推进服务业与现代农业深度融合、服务业与先进制造业深度融合、服务业内部深度融合。

5.深化改革开放。适应开放型经济发展的新要求，全面深化服务业体制改革和机制创新，促进现代服务业全方位、宽领域、多层次对外开放，做到进一步深化改革、进一步扩大开放、进一步完善资源集聚投入。

四、重点任务

立足我省产业基础，根据行业规模和影响较大、实施主体明确的原则，按照市场化、产业化、社会化、国际化的要求，坚持分类指导、统筹推进，明确重点任务和路径，引导资源要素合理集聚，重点推动批发零售餐饮、房地产、养老、家政、文化、城市园林和绿化、建筑设计和装修、农业生产性服务业、软件和信息技术、科技、金融、物流、人力资源、法律、注册会计师与资产评估、邮政和快递、通信、旅游、医疗卫生、体育、教育培训、会展、知识产权、环保服务业等 24 个重点领域和产业的转型发展，编制分行业转型升级实施方案，构建优势突出、结构优化、水平先进的服务业发展格局。(省发展改革委牵头，有关部门按职能分工负责)

(一)着力优化提升传统服务业

实施传统服务业改造提升示范工程,运用信息技术和物联网技术,采用科学管理模式和现代经营业态,改造提升传统零售业、住宿餐饮业、房地产业、养老服务、家政服务、文化创意产业,不断满足城乡居民多样化、社会化及个性化的服务需求。

1.批零餐饮业

转型目标:到2017年,全省社会消费品零售额达到3.2万亿元,其中批发零售业完成2.9万亿元、住宿餐饮业完成3500亿元,电子商务交易额突破3万亿元。到2020年,流通规模进一步扩大,产业贡献度进一步提高,主体竞争力明显增强,现代化水平显著提升,基本建立起统一开放、竞争有序、安全高效、城乡一体、便民惠民的现代流通体系。

重点任务批发业,推动批发市场、传统批发商线上转型,建立产业融合发展新模式。零售业,推动实现零售多业态并存、盈利模式多元、供应链整合发展。餐饮业,推动餐饮企业向集约化、特色化、信息化和多元化发展。

加快发展电子商务,实施电子商务进农村、进社区工程,培育30个特色鲜明、模式成熟、双向流通的农村电子商务示范县,推进电商集聚发展、跨境发展。创新商业模式,促进线上线下融合发展,推进供应链管理,大力发展连锁经营。培育流通主体,重点培育1家销售过千亿、10家过百亿、100家过亿元的流通骨干企业。完善市场体系建设,推进新一轮设区城市商业网点规划修编,打造"十分钟"便利综合性服务平台,加快传统交易市场信息化建设步伐。发展大众餐饮,提高餐饮服务水平,提升早餐服务水平,加强鲁菜推广,拉长餐饮产业链。(省商务厅牵头,有关部门按职能分工负责)

2.房地产业

转型目标:到2017年,房地产业增加值占地区生产总值比重达到4.5%左右,贡献地税收入1100亿元左右。到2020年,房地产业增加值占地区生产总值比重达到5%左右,贡献地税收入1200亿元左右。

重点任务:整合提升开发行业,做大做优物业行业,规范发展中介行业,不断提高产业的绿色化、智能化、精细化水平,不断提高产品的耐久期、舒适度、便利性,不断提高企业的规模化、专业化、品牌化程度。

加快转变房地产供应和消费模式,由相对单一的居住型产品向多元化产品转变,积极发展跨界地产,努力消化库存商品房,大力盘活闲置住房。加快转变住房建造模式,推进建筑(住宅)产业现代化。发展节能环保型住宅,打造新型住宅产业链。推进住宅部品通用化、住宅施工装配化、土建装修一体化、技术应用集成化、住宅建设标准城乡一体化,加快信息技术推广应用,推动住宅建造和管理智能化。加快转变房地产企业发展模式,增强市场竞争力。以我省房地产开发50强、物业服务30强、中介服务10强企业为依托,加快培育知名企业、品牌企业,组建大型企业集团、住宅产业联盟。(省住房城乡建设厅牵头,有关部门按职能分工负责)

3.养老服务业

转型目标:到2017年,基本建成以居家为基础、社区为依托、机构为补充、医养相结合的养老服务体系,民办养老机构占比突破50%,每千名老年人拥有养老床位35张以上;提供就业岗位50万个以上。到2020年,全面建成以居家为基础、社区为依托、机构为补充、医养相结合,功能完善、规模适度、覆盖城乡的养老服务体系，民办和公建民营养老机构占比达到85%以上，每千名老年人拥有养老床位40张以上；提供就业岗位100万个以上。

重点任务：打造"孝润齐鲁·安养山东"品牌，统筹城乡发展，统筹区域发展，推进市场化、产业化、社会化发展，壮大产业规模，优化产业结构。突出居家养老，健全以企业和社会组织为主体、社区为纽带、信息平台为手段、满足老年人各种养老服务需求的社区居家养老服务网络，推进社区居家养老一体发展；突出医养结合，把保障老年人基本健康养老需求放在首位，加快建立完善长期护理保险制度，以社区和居家养老为主，通过医养有机融合，确保人人享有基本健康养老服务；突出人才培养，积极开展养老服务专业人才、管理人员在职培训，大力推行学历教育，加快培养老年医学、康复、护理、营养、心理、社会工作等专业人才，全省设立养老服务相关专业的高等院校、职业学校（含技工院校）达到30处；坚持全民覆盖、保障适度，完善基本养老保险制度，逐步建立覆盖全体参保人员的基本养老保险待遇合理调整机制，适当提高退休人员基本养老金和居民基础养老金标准。积极采取政府购买养老服务等方式，为广大老年人提供基本养老服务。（省民政厅牵头，有关部门按职能分工负责）

4.家政服务业

转型目标：到2017年，培育30个省级知名家政服务品牌，形成1～2个竞争力和辐射带动能力强、营业额过亿元的大型龙头企业。到2020年，培育10个全国知名家政服务品牌，形成1～2个营业额过5亿元的大型龙头企业；家政服务业营业额年均增长10%以上，力争使1～2家企业发展成为上市公司。

重点任务：加大家政服务品牌培育力度，打造具有山东特色的"惠家服务"品牌，建立较为完善的家政服务业政策支撑体系，整合全省家政服务信息平台，实现省级信息平台与各类服务平台的有效对接，服务功能实现全面提升，力争城乡信息服务网络体系实现全覆盖。

实施"金围裙"培训工程，加强就业培训提高就业与创业能力，建设公益性信息平台，健全各级家政服务平台供需对接、信息咨询、服务监督等功能，建设家政服务企业信用评价及从业人员追溯管理系统，建成功能完善、覆盖全省、全天候的信息服务网络体系。实施标准化建设工程，制定全省家政服务标准化建设规划和标准体系，深入推进家政服务业标准化试点建设。实施家政服务示范工程，积极开展家政服务业示范城市、示范企业、示范协会、示范公共服务平台、示范培训基地创建活动，逐步完善示范评价标准体系。实施权益保障工程，依法推进工资集体协商，切实维护经营者与劳动者的合法权益。（省商务厅牵头，有关部门按职能分工负责）

5.文化产业

转型目标：到2017年，文化产业增加值占GDP的比重超过4%。到2020年，文化创意产业与相关产业实现深度融合发展，形成产业集群、特色产业园区、骨干文化企业和小微文化企业建设四位一体的发展新格局，文化引领支撑经济社会发展的作用更加凸显，文化产业发展质量和效益显著提升，文化产业增加值占GDP的比重超过5%，成为国民经济支柱性产业。

重点任务：实施重大文化产业项目带动工程，加强统筹协调，形成有效的管理机制。实施创新驱动战略和品牌提升战略，加强全省文化产业创新创意资源整合，运用高新技术创新文化生产方式，扩大总量、优化结构、提高层次，推动文化产业集约化、规模化、专业化、融合化发展。

优化文化产业发展环境，深化文化体制改革，建立统一开放、竞争有序、诚信守法、监管有力的现代文化市场体系，加强文化产品和要素市场建设，发展现代流通组织和流通形式，改进市场监管。培育壮大市场主体，瞄准产业发展方向，提高市场主体发展质量，促进优势产业高端化、传统产业品牌化、新兴产业规模化，坚持“抓大托中扶小”统筹发力，促进国有文化企业和小微文化企业共同发展。促进文化产业与科技融合发展，充分运用高新技术推动文化产业内容、形式和传播手段创新，搭建一批文化技术创新服务平台，催生发展一批新兴文化业态。促进文化与金融融合发展，降低社会资本进入文化产业门槛，拓宽文化企业直接融资渠道。促进文化与旅游融合发展，开发利用齐鲁丰厚的历史文化资源，打造各具特色的文化旅游目的地，加强文化旅游商品的创意开发。促进文化创意和设计服务与相关产业融合发展，推动“创意山东”建设，加快实现由“山东制造”向“山东创造”转变。实施文化产业“走出去”战略，扶持一批出口规模大、拥有自主知识产权、符合文化出口导向的对外文化贸易企业。提高文化产品和服务的有效供给水平，扩大和引导文化消费。（省文化厅、省新闻出版广电局牵头，有关部门按职能分工负责）

6.城市园林绿化服务业

转型目标：到2017年，从业人员65万人，综合产值达550亿元以上，产值过5亿元企业达到5家以上。到2020年，从业人员75万人，综合产值达650亿元以上，产值过10亿元企业4家以上，过5亿元企业10家以上。

重点任务：以提升产业发展质量和水平为目标，优化发展环境，完善体制机制，强化人才队伍建设，大力实施创新驱动，突出专业化、社会化和市场化发展方向，推动园林绿化服务业发展方式由传统粗放式向现代精细化转变，业态形式由单一化向多元化转变，建设新型园林绿化服务业。

实施“增绿行动”，拓展行业发展空间。推进园林绿化养护市场化改革，提高绿地服务水平。通过合资合作、兼并、重组等，指导支持20个左右园林绿化企业向综合性企业集团发展，培育100个左右骨干企业，形成带动示范效应。大力在园林绿化行业宣传、倡树、践行“工匠精神”，支撑园林精品建设。加强产业配套，拉长产业发展链条。以企业为主体、市场为导向，全面提升园林绿化产业创新能力。支持企业大力开拓省外和国际市场，依托国家“一带一路”等重大战略，积极参与外部竞争。（省住房城乡建设厅牵头，有关部门按职能分工负责）

7.建筑设计和装修服务业

转型目标：(1)建筑设计。到2017年，全省建筑设计单位全部改企，企业总营业收入和人均企业营业收入力争进入前7位。BIM技术在大型建筑设计单位广泛应用，完成白图替代蓝图试点。到2020年，90%的建筑设计单位完成改制，民营企业和混合所有制企业成为市场主体。(2)装修服务业。到2017年，产值达到1800亿元，产值超50亿元的企业2～3家，争取2家企业上市(包括在新三板挂牌)。到2020年，产值达到2600亿元，住宅装修产值达到600亿元，产值超百亿元的企业达到2家，上市企业达到5家，部品工厂化生产达到70%以上。

重点任务：建筑设计质量进一步提升，建筑文化特色明显，行业信息化和设计技术显著提高，企业综合竞争力明显提高，企业队伍层次和规模保持合理水平，市场秩序进一步规范。装修服务业结构明显优化，产业集中度明显提高，推出在全国有影响的品牌企业。

研究制定企业改革政策措施，推动建筑设计单位转企改制，建立现代化企业管理制度，提升企业现代化运作管理水平。鼓励企业通过联合、兼并、重组等方式，做大做强。鼓励企业构建品牌运作体系，打造企业品牌，提高品牌优势。积极开展勘察设计项目评优，鼓励支持企业进行高新技术企业认定，推动行业创新创优。完善市场管理制度，完善设计招投标制度，规范“互联网＋设计”，积极应对市场新模式。加强人才队伍建设,加大人才政策支持力度,开展优秀人才选拔工作,提高从业人员整体素质。突出地域文化特色,提炼运用富有山东特色的建筑文化因素,将文化融入装修工程。进一步提升行业的产业化、信息化、国际化水平。(省住房城乡建设厅牵头,有关部门按职能分工负责)

8.农业生产性服务业

转型目标:到2017年,全省农业生产性服务业主体达到20万家,农业生产性服务业增加值达到245亿元,土地经营规模化率达到45%。到2020年,力争农业生产性服务业主体达到22万家,农业生产性服务业增加值达到330亿元,土地经营规模化率达到50%。

重点任务:实施农业科技服务工程,以培育优质品牌农产品、构建农业产业链为重点,围绕提高农业技术创新和推广应用能力,整合现有资源,推进产学研结合,发挥农业企业创新主体作用。实施农产品质量安全服务工程,加强农业系统检验检测认证资源整合,进一步规范和推进监测机构建设和发展,做大做强综合性农产品检验检测机构,优化要素配置,发挥集群效应。实施农产品流通服务工程,优化农产品物流企业供应链管理服务,推广农产品生产企业零库存管理等现代企业管理模式,提高农产品物流企业的信息化、智能化、精准化水平。实施农产品初加工服务工程,支持专业大户、家庭农场、农民合作社以及中小型农产品加工企业开展农产品整理、分级、包装等初加工项目,实现产品增值,减少损耗,增加收入。实施农村资源、能源、环保服务工程,加强农村可再生能源管理,完善服务体系,鼓励引导社会力量开办农村能源技术服务实体或服务网点,探索沼气工厂、太阳能利用、微小水电和地热能开发的标准化服务模式。实施农业信息服务工程,以信息化带动农业现代化,支持农业生产的信息技术服务创新,推进物联网技术在农业生产、经营、消费与管理方面的应用。实施土地流转管理服务工程,在基本完成农村土地承包经营权确权登记颁证工作基础上,搞好农村产权流转交易市场建设,推进农村产权公开、公正、规范交易。实施农业金融服务工程,建立完善农业生产融资运营服务体系,丰富融资方式,提升专业水平。实施农业服务规模化创新工程,适应农业生产经营方式和适度规模经营稳步发展需要,推广土地托管等形式的系列化、规模化服务方式,通过开展多环节乃至全程化的规模化服务,提高生产效率、推广农业技术、降低生产成本,以服务的规模化推进生产经营的规模化、标准化,加快农业现代化进程。(省农业厅牵头,有关部门按职能分工负责)

(二)着力做大做强现代服务业

瞄准国内外先进水平"寻标对标",大力发展技术含量和附加值高、对地方贡献大的现代服务业,重点突破信息服务、科技服务、现代金融、现代物流、人力资源服务、法律服务、会计评估等领域,实现创新链、产业链、财税链有效衔接和有机融合。

1.软件和信息技术服务业

转型目标:到2017年,软件和信息技术服务业规模以上企业达到3100家,从业人员达到35万人,软件业务收入超过4000亿元,年均增长20%左右。到2020年,规模以上企业达到3500家,从业人员40万人,软件业务收入超过6000亿元。软件和信息技术服务业成为我省重要的战略性新兴产业,对国民经济和社会发展的服务支撑作用明显增强。

重点任务:推进软件和信息技术技术创新,提升新技术应用水平,做强优势产业,培育新兴业态,推进产业聚集,提高核心竞争能力,构建以新一代信息技术为先导、以融合发展为特征、以广泛应用为目标、以安全可控为保障的现代产业体系和生态环境。

培育大型骨干企业，突破一批核心技术和关键产品，大力培育具有较强国际竞争力和龙头带动作用的大型骨干企业，培育做强一批新兴业态小微企业。推进产业聚集发展，建设高水平中国济南软件名城，推动青岛软件产业做大做强，推进烟台、济宁等软件和信息技术服务业新兴聚集区加快发展。强化产业配套协同，加强我省企业与国内优势基础软硬件厂商横向联合，推行国产安全可靠、自主可控软硬件系统协同应用的试点示范。攻克关键核心技术，集中力量攻关云计算、大数据、物联网等关键技术，创建一批电子商务知名品牌，加快推进智慧城市、城区、社区和园区试点。推动互联网与经济社会深度融合创新，建设一批"互联网＋"公共技术服务平台。（省经济和信息化委牵头，有关部门按职能分工负责）

2.科技服务业

转型目标：到2017年，科技服务业发展政策环境和创新机制明显优化，培育各类科技服务骨干机构超过1200家。到2020年，培育各类科技服务骨干机构2000家，基本形成覆盖科技创新全链条的科技服务体系，全省科技服务业产业规模达到8000亿元。

重点任务：着力提升研究开发、技术转移、检验检测认证、创业孵化、知识产权、科技咨询、科技金融、科学技术普及等方面的服务能力，加快培育科技服务市场主体，加强科技服务模式创新，构建服务机构健全、产业链条完善、投入渠道多元、区域特色突出的科技服务业体系。

提升研发服务的市场化水平，加快青岛海洋科学与技术国家实验室、黄河三角洲现代农业研究院等重大创新平台建设，为区域主导产业提供技术支撑。加强公共服务平台建设，完善山东省大型科学仪器设备协作共用网络平台，建设山东专利信息大数据基地，搭建区域专利信息服务平台。打造众创空间，强化孵化模式创新，积极搭建"天使投资＋创业导师＋专业孵化"等新型创业服务平台。强化科技金融服务，加快发展创投机构和投资基金，建设科技金融服务平台，开展知识产权质押融资，拓展资本市场融资渠道。打造科技服务聚集发展示范区，依托山东半岛国家自主创新示范区和黄河三角洲农业高新区，开展政策措施的先行先试，重点培育新型服务模式和服务业态。强化国家科技服务业区域试点建设，积极推进济南、青岛、淄博、潍坊、德州五家国家高新区科技服务业发展，形成一批具有国际竞争力的科技服务业集群。（省科技厅牵头，有关部门按职能分工负责）

3.金融业

转型目标：到2017年，金融业增加占地区生产总值达5.5%左右；力争到2020年末，在全省基本形成多层侧、广覆盖、竞争适度、风险可控、与经济社会发展相适应的现代金融体系，金融业增加值占生产总值比重达到6%左右。

重点任务：深化地方金融机构改革，推动传统金融服务创新，促进新兴金融业态互补发展，优化金融资源布局，加快金融对内对外开放步伐，防范化解金融风险，改善金融发展环境。

鼓励金融产品、业务、组织和服务创新。促进银企互信合作，积极扩大抵质押范围，鼓励发展信用贷款，探索开展股权和债权相结合的融资方式，努力保持信贷增速与经济增长合理匹配。深入挖掘多层次资本市场功能，全面拓宽股票、债券、私募股权、资产证券化、保险资金运用等直接融资渠道，不断提高直接融资比重。提升保险服务深度、密度，积极开发推广农业保险、责任保险、保证保险、科技保险等领域业务品种。推动各类市场主体更多更好运用期货工具。做强做大地方法人金融机构，支持有条件的金融机构开展综合化经营。争取开展民营银行试点，引导民间资本进入金融领域。着力提升全省农商行治理水平和抗风险能力，探索省农村信用联社改革路径。推动城商行做大做强，更好地服务城乡居民和小微企业。创新发展小额贷款、融资担保、民间融资、私募股权、新型农村合作金融等地方金融组织。完善股权、产权、碳排放权、金融资产、知识产权等新型资本要素交易平台体系，统筹发展介于现货与期货之间的大宗商品交易市场。规范发展第三方支付、网络借贷、股权众筹等互联网金融业态。深入推进济南区域金融中心和青岛财富管理中心建设，努力打造烟台区域性基金管理中心等金融特色城市。深化鲁韩金融合作，扩大与日本、香港、台湾等国家和地区金融往来。促进境内外金融机构在我省集聚发展。创新"走出去"金融服务。建立健全地方金融监管体制机制，加强金融监管体系和监管能力现代化、法制化建设，全面构建纵横结合、覆盖完整、运转协调的区域金融运行监管格局，确保不发生区域性、系统性金融风险。（省金融办牵头，有关部门按职能分工负责）

4. 物流业

转型目标：到 2017 年，物流业增加值占地区生产总值比重达到 6%，占第三产业产值比重达到 16%，社会物流总费用与地区生产总值比率下降到 16%。到 2020 年，物流业增加值占地区生产总值比重达到 6.2%，占第三产业产值比重达到 16.5%，社会物流总费用与地区生产总值的比率下降到 15.8%。

重点任务：提高物流服务的专业化和社会化水平，推进供应链一体化物流服务模式，城乡物流配送体系日渐完善。提升物流信息化水平，实现物流信息互联互通，初步建成区域间和行业内的物流平台信息共享平台，形成布局合理、信息畅通、技术先进、管理规范、节能环保、安全有序的现代物流服务体系。

加快推进物流集聚区的建设，重点规划推进东部港口、省会城市群经济圈、鲁南商贸、黄河三角洲、西部经济隆起带等五大物流区域建设。加快发展物流社会化和专业化服务，推动物流供应链一体化服务，发展一批专业化物流园区（中心）。加快发展农产品冷链物流，积极推进城乡配送体系和快递业发展，推广"农超对接"，推进电子商务快递配送信息平台和社会化仓储设施网络建设。加快推进物流企业发展壮大，培育电商物流的龙头和品牌企业。加快推进物流信息服务体系建设，引导社会投资建设物流信息服务中心。加快推进多式联运与综合运输体系及转运设施建设，搭建跨国多式联运直达通道。加快推进物流技术创新和标准化建设，推进大数据、云计算、物联网、北斗导航及移动互联等信息技术在物流管理领域的应用。（省经济和信息化委牵头，有关部门按职能分工负责）

5. 人力资源服务业

转型目标：到 2017 年，全省人力资源服务业产业规模达到 550 亿元，人力资源服务机构超过 2000 家。到 2020 年，全省人力资源服务机构达到 2500 家，建成 2 家以上国家级人力资源服务产业园区、10 家以上省级人力资源服务产业园，培育 10 家在全国有影响力的人力资源服务机构，全省人力资源服务业产业规模超过 1000 亿元。

重点任务：充分发挥市场在人力资源配置中的决定性作用，以产业引导、政策扶持、营造环境为重点，深化改革，扩大开放，进一步激发市场主体活力，不断完善人力资源服务产业体系，大力推动人力资源服务业跨越发展，力争 3～5 年内把人力资源服务产业培育成现代服务业的重要增长点。健全完善人力资源市场法律法规体系、标准规范体系、诚信服务体系，营造统一开放、竞争有序的市场发展环境，人力资源服务业对我省经济社会发展的支撑作用显著提高。

大力推动人力资源服务业跨越发展，研究制定进一步促进人力资源服务业发展的意见，鼓励各地紧密结合区域经济社会发展实际，不断完善人力资源服务产业体系，将人力资源服务产业培育成现代服务业的重要增长点。加快人力资源服务产业园建设，推进人力资源服务产业的集聚发展，重点打造济南、青岛、烟台、潍坊、济宁等区域辐射型产业园区。大力培育骨干企业和行业领军人才，支持人力资源服务机构与知名人力资源服务机构进行合资、合作，学习借鉴国际国内先进经验，加快推进产品创新和服务创新，提升市场竞争能力。大力引进具有国际视野的专业化人才，发挥领军人才在推动人力资源服务业发展中的引领带动作用。加强行业诚信体系建设，加大奖优罚劣力度，引导人力资源服务机构自觉依法诚信经营、主动接受社会监督，提高全行业整体诚信水平。积极推进行业协会建设，引导其发挥好行业指导、行业服务、行业自律、行业监督作用，提升发展环境。完善人才诚信体系，建立和落实人才失信“黑名单”制度。支持人力资源服务行业组织建设，完成政府人才公共服务与经营性服务分离改革任务，支持各类人力资源服务机构和行业组织有序承接政府转移的人才培养、评价、流动、激励等服务功能。

6.法律服务业

转型目标：到2017年，律师业务收费总额达到45亿元，律师队伍达到2.2万人，公证员队伍稳步保持在1100人以上，基层法律服务机构乡镇覆盖率力争达到90%以上，打造10家设施完善、专业突出、资质较高的公共司法鉴定机构，形成比较完善的司法鉴定服务体系。到2020年，律师业务收费总额达到60亿元，律师队伍达到2.5万人，公证员总数达到1200人左右，基层法律服务执业机构力争实现乡镇全覆盖。

重点任务：立足国内、国际两个法律服务市场，整合资源、搭建平台，推动专业化、规模化、品牌化、国际化发展，合理规划法律服务发展布局，大力拓展新兴业务领域，调整业务结构，转变发展方式。

打造服务品牌，打造一批享誉全国的知名法律服务机构，引导法律服务机构特别是律师事务所培育、发展和形成本机构的特色业务，吸引国内外著名法律服务品牌到我省设立分支机构。优化业务结构，推进覆盖城乡、惠及全民的公共法律服务体系建设，围绕重点区域战略调整业务模式，研究“互联网+”拓展新兴业务领域。加强队伍建设，构建新型思想政治培训体系，加强对急需紧缺的高层次、复合型法律服务人才的引进、培养力度，大力加强教育培训，提升专业化、职业化水平。改进管理和服务工作，构建权责一致、上下协调、运行有序的法律服务工作管理体系，健全科学的法律服务业考核评价体系，加强法律服务机构自律管理，规范内部运行机制。（省司法厅牵头，有关部门按职能分工负责）

7.注册会计师行业与资产评估行业

转型目标：2016～2020年，全省注册会计师行业与资产评估行业总收入年均增长10%左右。到2017年，行业管理体制和运行机制全面完善，行业信息化基础设施及管理系统建设基本到位。到2020年，全省管理规范、收入过3000万元的中型执业机构达到25家；创新领先、业务收入过5000万元的机构达到10家以上；具有核心竞争力、收入过亿元的机构达到6家。

重点任务：以服务经济文化强省建设为主线，以市场为导向，以改革为动力，不断创新行业管理模式，拓展行业服务领域，加强行业人才建设、机构建设、道德建设和信息化建设，为全省经济社会发展提供有力保障。

优化会计评估执业机构布局，培育“蓝黄”两区行业龙头，扶持省会城市大型事务所壮大规模，建设省级会计评估服务创新示范基地，提升整体服务功能。促进机构规模升级，指导执业机构完善合伙制改革，推行特殊普通合伙和普通合伙体制，统筹推进事务所做强做大和做精做专。加快高端人才培养，做大高端人才增量，盘活后备人才存量，创新会员继续教育方式。拓展专业服务领域，整合经济鉴证服务市场，深化传统领域的审计评估、资本验证、涉税鉴证等服务，积极拓展企事业单位内部控制、战略管理等咨询服务。加强信息化建设，整合和提升协会信息化管理系统，依托“互联网＋”模式，开发、推广会计评估执业软件。推进会计评估市场综合治理，建立行业资源优化组合的综合评价和风险保障机制，加强行业自律监管、行政监管，加强行业职业化建设，优化交易机制和收费定价机制，建立科学招投标机制。（省财政厅牵头，有关部门按职能分工负责）

8.邮政和快递服务业

转型目标：到2017年，全省完成邮政行业业务总量320亿元，业务收入完成260亿元。其中，快递业务量达到13亿件，快递业务收入完成164亿元。到2020年，全省完成邮政行业业务总量500亿元，完成业务收入400亿元。快递业务量达到27亿件，快递业务收入完成300亿元。

重点任务：以落实《国务院关于促进快递业发展的若干意见》为主线，坚持问题导向，强化创新驱动，推进结构改革，突出均衡协调，培育壮大市场主体，衔接综合交通体系，扩展服务网络惠及范围，保障寄递渠道安全，促进行业转型升级和提质增效，加快建成与山东经济文化强省地位相匹配、与小康社会相适应的现代邮政业。

推动邮政企业深化改革，支持重点快递企业开展创新转型试点，培育壮大邮政、快递企业。促进邮政、快递服务与电子商务、综合交通运输、现代农业、先进制造业等关联产业协同发展。大力发展跨境寄递服务，推进“快递向外”拓展。大力开展邮政、快递服务专项提升行动，提升邮政、快递服务标准化、智能化、低碳化水平。坚持问题导向，积极融入“信用山东”建设，健全完善行业诚信体系。（省邮政管理局牵头，有关部门按职能分工负责）

9.通信行业

转型目标：2017年，全省电信业务总量达到2000亿元，年均增长率为25.0％；各电信运营企业完成电信业务收入680亿元，年均增长率为4.5％。到2020年，全省电信业务总量达到3400亿元，年均增长率为22.0％；各电信运营企业完成业务收入突破800亿元，年均增长率为4％。

重点任务：进一步加大基础设施建设力度，着力提升通信网络特别是宽带网络接入能力，构建泛在高效的信息网络。积极参与事关行业发展全局的基础研究和共性关键技术研究，推进基础网络技术演进，加大互联网、移动互联网技术开发应用力度，发挥技术创新在行业发展中的引领作用。鼓励运用新一代信息通信技术开展跨界融合创新，丰富面向生产、生活和管理的信息通信产品和服务。加强网络与信息安全保障能力建设，确保安全和发展同步推进。发挥政府在规划引导、市场规范、政策扶持、协调发展等方面的重要作用，统筹推进我省通信业实现节能与绿色发展、城乡均衡协调发展。（省通信管理局牵头，有关部门按职能分工负责）

（三）着力加快发展新兴服务业

以勇于从服务业新兴业态的“跟随者”转变成为“领跑者”为目标，积极培育旅游休闲、健康养生、体育竞技、教育培训、品牌会展、知识产权等处于初创时期或幼稚阶段的新兴业态，抢占价值链高端。

1.旅游（含休闲）业

转型目标：到2017年，实现全省旅游总消费额达到9000亿元，接待国内外游客超过7.6亿人次，城乡居民年人均出游3.8次。到2020年，全省实现旅游总消费额1.2万亿元，接待国内外游客超过9亿人次，城乡居民年人均出游5次，旅游业增加值约占生产总值（GDP）的6％。

重点任务：优化旅游产业结构，推进旅游综合改革，完善旅游市场体系，加强旅游公共服务，将“好客山东”建设成为国际知名、国内一流的重要旅游目的地品牌。发挥旅游产业综合优势，实施“旅游+”战略，强化部门联合、资源整合、产业融合，释放各类资源的旅游功能，优化旅游环境，不断扩大旅游投资和消费，加快旅游供给侧结构性改革，满足大众旅游时代消费需求，提升人民群众幸福指数。

编制《山东省旅游产业发展总体规划》，以“旅游+”深入推进旅游各要素的协同创新和旅游资源配置优化，率先在旅游休闲业改变价值创造方式和行业发展模式。打造仙境海岸、儒风运河、平安泰山、东方圣城等十大文化旅游目的地。按照十大文化旅游目的地、休闲度假城市、精品旅游度假区、旅游特色镇、乡村旅游聚集区的框架布局和路径，发展全域旅游，争取到2020年培育20个国家级全域旅游示范区。提升城市宜居宜游功能，发展城市休闲街区、城市绿道、骑行公园、慢行系统，逐步免费开放城市公园、体育场馆、科普教育基地、博物馆、纪念馆、文化馆、图书馆、青少年宫、科技馆以及基层文化活动中心等公共财政投资建设的场馆。实施大企业驱动工程、大项目拉动工程、大活动带动工程，培育旅游企业集团，推进东方影都、曲阜尼山、张裕乐园、呼雷汤温泉及影视文化创意园、齐长城文化旅游创意园等等一批重大旅游项目，持续办好“好客山东贺年会”。大力发展邮轮游艇、低空飞行、自驾车房车营地、温泉滑雪、休闲垂钓、研学旅行、养老养生旅游、体育健身旅游、文化旅游、节会旅游等旅游新业态，延伸全域旅游产业链条，开发工业旅游产品、壮大旅游装备制造业。推出一批有地方特色和文化内涵的旅游商品，推进旅游购物店、旅游休闲购物街区和购物旅游示范区建设。继续大力发展乡村旅游，培育乡村旅游示范单位，结合培育富有乡村慢生活元素的休闲观光、康体养生、农事体验旅游区，打造一批富有活力的观光游览、教育培训、科技体验、传统文化、休闲度假、养老养生的旅游特色小镇。组织乡村旅游点带头人到境外乡村旅游发达地区和国家精准交流。实施乡村旅游“送智下乡”工程和乡村旅游创业工程，打造一批乡村旅游创客基地，因地制宜发展精品乡村民宿，通过发展旅游解决全省400个村实现脱贫解困。加强旅游公共服务和基础设施建设，完善旅游集散、咨询服务体系，加强旅游交通设施建设，完善道路引导标识，持续推进旅游厕所革命，推进“旅游+互联网”，建设好客山东旅游产业网。实施改革创新驱动工程，支持青岛市、临沂市沂南县2个全国旅游改革创新先行区先行先试。支持各地在资金、资源、规划、公共服务等方面探索旅游业发展新模式、新机制。加快建设旅游数据中心，开展旅游业增加值核算，将旅游发展纳入全省国民经济核算与数据发布体系。扩大旅游对外开放，积极融入“一带一路”旅游圈，提升入境旅游便利化水平，打造内容丰富、特色鲜明、具有重大影响力的旅游交流营销推介活动。完善入境旅游、旅游新业态、旅游改革创新示范区等奖励政策，省区域战略推进专项资金继续支持旅游基础设施建设和旅游产业转型升级。发挥旅游发展引导基金吸引社会资本参与旅游发展的作用。将重大旅游项目纳入重点建设项目，在安排年度新增建设用地指标时，优先支持重点文化旅游项目建设。推进游客友好型环境建设，大力实施旅游综合环境和安全隐患整治工程。将“好客山东”纳入全省精神文明建设范畴。充分发挥省政府旅游工作联席会议的作用，及时研究解决旅游发展的重大问题，统筹旅游改革发展，推动建立相关部门参加的资源整合、政策扶持、环境保障、联合执法、联合营销、综合考评等旅游休闲业持续健康发展的保障机制。（省旅游发展委牵头，有关部门按职能分工负责）

2. 医疗卫生服务业

转型目标：到2017年，医疗卫生服务业总规模达到5000亿元左右；到2020年，医疗卫生服务业总规模达到8000亿元左右，人民更健康，体系更完善，产业更科学，资源更高效。

重点任务:以全民健康为目标,以大健康理念为引导,坚持政府引导与市场驱动相结合,加快推进从以疾病为中心到以健康为中心的服务模式转变,拉长预防、保健、咨询、养生等前端链条,促进医养结合等多业态融合发展,建立覆盖全体人群、生命全过程的大健康服务体系。

实施创新驱动发展战略,打造一批具有全国一流水平的区域医疗中心。扶持社会办医形成竞争优势,支持社会资本(含境外资本)举办高水平、上规模、专业化的医疗机构,支持城市二级医院加快向老年专业医疗服务机构转型。积极推进医养结合等多业态融合发展,鼓励二级以上综合医院开设老年病科(区),鼓励基层医疗卫生机构向居民家庭护理服务延伸。进一步发扬光大传统中医,扩大中医服务覆盖面和服务半径,提高中医在医疗服务中的比例和市场份额占有率。加快发展"互联网+医疗卫生服务业",探索建立医疗卫生服务业数据中心,建立省、市、县、乡四级远程医疗服务协作体系。加强医疗卫生人才队伍建设,培养引进高层次人才,建立以行业需求为导向的医学人才培养供需平衡机制,鼓励医师多点执业,促进人才流动。(省卫生计生委牵头,有关部门按职能分工负责)

3.体育产业

转型目标:到2017年,体育产业增加值占GDP比重逐年上升,体育产业总规模达到2000亿元,创建2~3个国家级体育产业基地,扶持培育15~20个省级体育产业基地和示范单位,形成3~5个国内一流、国际知名的体育企业,重点打造1~2个国际体育赛事和3~5个国内外具有一定影响力的特色品牌赛事。

到2020年,体育产业增加值占GDP比重持续上升,体育产业总规模达到3000亿元,创建3~5个国家级体育产业基地,扶持培育20~25个省级体育产业基地和示范单位,积极开展奥运项目协会脱钩分离改革试点工作,力争全省实现在境内外上市体育企业2家以上,体育产业主体活力和竞争力明显增强,体育服务业在体育产业中的比重逐年上升,群众体育健身和消费意识显著增强,人均体育场地面积接近2平方米,经常参加体育锻炼的人数占全省总人口的38%以上。人均体育消费支出明显提高。

重点任务:以增强人民体质、提高健康水平为根本目标,大力实施全民健身国家战略,创新体育产业管理体制和运行机制,扩大体育产品和服务供给,不断满足人民群众日益增长的体育需求。

培育消费市场,加快建设公共体育场地设施,全省每年建设2300个以上农村社区健身场地、10个公共体育场或全民健身中心、200个笼式足球场地。优化发展环境,鼓励和支持社会力量举办商业性和群众性体育赛事活动,加快推进社会力量办运动队改革,探索建立与市场接轨的新型场馆管理体制和运营机制。优化布局结构,加快发展体育健身服务业、体育竞赛表演业,进一步推动我省体育产品制造业转型升级。大力推动体育产业和其他产业融合发展,发展体育休闲旅游业,打造广大群众日常休闲健身基地和节假日体育旅游精品线路。大力推动康、体融合发展,鼓励社会力量开办体质测试、健康咨询和康复理疗等各类机构。鼓励各地以体育场馆等为载体,打造多功能的城市体育服务综合体。(省体育局牵头,有关部门按职能分工负责)

4.教育培训业

转型目标:到2017年,初步形成高等教育分类管理、特色发展的机制和以培养高素质应用型人才为主的多途径成才培养模式,形成现代职业教育体系基本框架,基本建立起文化教育培训的市场化管理机制。到2020年,高等教育毛入学率达到50%以上,应用型本科和专科职业教育的规模比重达到80%左右,从业人员继续教育年参与率达到70%,形成培养培训一体化、培训形式多样化,各类教育资源共同参与、社会声誉良好的教育培训体系，年培训规模达到200万人次以上。

重点任务：推进高校内涵发展、特色发展，重点扶持6所左右省属高校和20个左右优势学科，建设10所左右应用型高校进入国内先进行列，建设6所左右高职院校、7所左右中职学校进入“国家一流职业院校”行业。改革培养模式，大力发展专业硕士研究生教育，完善春季招生考试制度，深化学分制教学管理改革，构建与人才培养目标和办学特色相适应的课程体系，加强实践教学设施建设，强化创新创业教育。提高科技创新能力，深入实施“高等学校协同创新计划”，建立高校技术转移机制，支持高校教师带着科研项目和成果离岗创办科技型企业。构建终身教育体系和发展机制，扩大职业和文化教育培训规模。推进办学体制机制改革，鼓励社会力量兴办教育，大力推进校企合作办学，有序推进中外合作办学，形成以政府办学为主、全社会积极参与、公办教育与民办教育共同发展的格局。（省教育厅牵头，有关部门按职能分工负责）

5.会展业

转型目标：到2017年，展览总数增加8%，引进10家以上境内外办展机构，省外和境外参展项目分别增加10%和20%，参展企业增加30%以上。到2020年，展览总数增加5%，打造“山东十大潜力展会”，争取UFI认证品牌展会2～3个。

重点任务：围绕国家和全省重点发展战略，内接京沪、外联日韩，错位发展，加快引进一批国际知名办展机构，打造一批知名品牌展会，培育一批会展龙头企业，增加一批新兴市场和新行业参展项目。

优化空间布局结构，统筹全省会展业发展，形成各具特色、互为补充、错位发展、良性互动的发展格局。培育壮大市场主体，培育以大型专业会展企业为龙头、中小型专业化服务企业为补充的会展企业集群。着力打造品牌会展，着力打造“山东十大品牌展会”，培育“山东十大潜力展会”，积极引进更多国际国内品牌展览和高端会议落户。优化场馆规模结构和服务，引导各市加强会展场馆建设，鼓励展馆“一馆多用”，提高场馆利用率。创新山东会展业的发展模式，做大做强几个综合性龙头展会，搞好搞活若干个区域性重点展会，形成市场竞争有序、专业化程度高的会展业发展格局。布局省外和境外市场，加强与品牌企业及产业商协会合作，提高我省优势产业和品牌在国内、国际市场的能见度与知名度。推进境外市场营销网络平台，扩大市场占有率和影响力。（省商务厅牵头，有关部门按职能分工负责）

6.知识产权服务业

转型目标：到2017年，我省知识产权服务业发展水平基本满足全省社会经济发展需要，部分服务领域如知识产权运营、知识产权质押融资等服务水平和产业规模进入全国先进行列，行业总产值达到15亿元，提供就业岗位2万个。到2020年，我省知识产权服务业实现行业产值20亿元左右，从业人员3万人左右，知识产权服务业对经济社会发展的贡献度明显提高。

重点任务：以政府引导、市场驱动，突出重点、夯实基础、创新发展为原则，以推进知识产权服务业专业化、规模化、国际化发展为目标，实现知识产权服务业与经济社会发展深度融合。

培育知识产权服务业集聚区，重点打造济南知识产权运用示范区、青岛知识产权服务业集聚试验区、烟台、潍坊、济宁等知识产权服务业富集区。推动知识产权代理服务发展，重点培育10～20家行业知识产权代理服务标杆机构，提升省重点产业领域知识产权代理服务水平。推动知识产权法律服务发展，建立知识产权保护联盟、行业自律机制和重大知识产权纠纷援助机制，重点培育50～100家具有法律特色优势的知识产权服务机构。发展知识产权信息服务，建立山东省知识产权综合公共服务平台，进一步加大知识产权信息开放和利用力度，提升知识产权信息对产业发展支撑和引领作用。发展知识产权运营服务，大力培育知识产权运营服务机构，鼓励和引导各类金融资本进入知识产权运营市场，加强关键产业领域知识产权运营，有效提升知识产权资产收益。发展知识产权金融服务，充分发挥知识产权质押融资风险补偿基金引导作用，进一步扩大知识产权质押融资规模，并有效带动专利保险、知识产权证券化等新兴知识产权金融服务业态。发展知识产权交易服务，加快探索并建立符合市场价值规律并充分体现知识产权核心价值的知识产权价值评估指标体系，搭建知识产权交易服务平台，重点推进并完成山东省知识产权交易中心建设。（省知识产权局牵头，有关部门按职能分工负责）

7.环保服务业

发展目标：到2017年，促进环保服务业发展的政策制度体系初步建立，环保服务市场进一步开放和规范，市场规模进一步扩大，环保服务社会化、专业化水平显著提升。到2020年，环保服务业产业规模较快增长，环保服务业产值吸纳就业能力显著增强，全省规模以上环保服务业从业单位达到300家，利润总额突破34亿元。

重点任务：积极开展促进环保服务业发展的政策试点，争取在3～5年内，全省建立20个环境服务业试点项目。认真研究我省环境保护重点任务和治理需求，重点围绕大气污染防治、水污染防治和土壤污染防治行动计划，推动实施一批环境基础设施建设、工业污染治理、环境综合整治等工程项目。建立健全第三方运营服务标准、管理规范、绩效评估和激励机制，鼓励工业污染源治理第三方运营。科学合理地加严环保标准，逐步实现行业标准向区域性排放标准的过渡，以环保标准倒逼企业实施技术改造，推动产业转型升级。推进政府购买环保服务，研究制定政府购买环保服务的指导性目录，明确政府购买环保服务的种类、性质和内容。依托环保产业公共服务平台，建立第三方治理企业信息交流平台，加强信息、技术、需求及政策等的信息发布，推广环保先进适用技术。积极开展排污权、碳排放权交易试点，通过吸引社会资金，加快建立排污权有偿使用制度和碳排放交易制度。（省环保厅牵头，有关部门按职能分工负责）

五、保障措施

（一）集聚各类资源，优先向服务业倾斜

集中政府可调控的资金、土地、人才等生产要素，优先向服务业倾斜。

1.强化规划政策引领。按照“一行业、一对策”的要求，服务业各重点行业要加快制定有依托、有载体、路径清晰、操作性强、符合实际的产业转型升级实施方案。抓好“十三五”服务业发展规划的组织实施，进一步优化服务业重点产业、各类集聚区和重点项目布局。加快编制《山东省旅游产业发展总体规划》，进一步发挥我省资源优势，促进沿海文化旅游、养老休闲和生命健康服务业融合发展，打造我省服务业的品牌和特色。加快制定《山东省关于积极发挥新消费引领作用加快培育形成经济发展新供给新动力的实施意见》《关于加快发展生活性服务业促进消费结构转型升级的实施意见》等政策。积极开展促进服务业发展的地方立法工作，为全省服务业发展创造良好的法制环境。（省发展改革委牵头，有关部门按职能分工负责）

2.加大财税金融支持。进一步加强公共财政对服务业的支持力度,各类政府产业扶持和结构调整资金,一般不再投入竞争性工业领域,主要用于服务业发展。凡是政府可支配的公共资源,都要向服务业倾斜。扩大省级服务业发展引导资金规模并逐年增加,各级政府在本级财政预算内设立服务业发展引导资金。发挥好政府股权投资引导基金作用,引导更多民间资本投向服务业。引导扩大对服务业企业的信贷投放,拓宽股权、债权等直接融资,完善保险、担保、期货等风险分担机制,探索多元化融资渠道,努力形成以政府投入为引导、社会投入为主体、外资投入为补充的服务业投融资机制。(省财政厅、省金融办负责,有关部门按职能分工负责)

3.集聚要素资源投入。加大对服务业发展的土地保障力度,在工业园区内建设的物流、研发和工业设计等生产性服务业项目,可参照执行工业用地政策。完善吸引服务业人才的鼓励政策。组织实施泰山产业领军人才工程(现代服务业及社会民生领域),继续组织实施"服务业千人培训工程",制定服务业突出贡献人才奖励办法,加快培养一批现代服务业急需人才,加快引进一批国内外高端紧缺人才,建立完善人力资源服务体系,创造科研有条件、创业有保障、干事有舞台的工作环境。(省发展改革委、省人力资源社会保障厅、省国土资源厅,有关部门按职能分工负责)

4.健全工作协调机制。构建促进服务业发展的组织协调机制。省、市、县各级建立推进服务经济发展的高层议事和决策机制,协调有关部门的改革进程,形成政策合力。进一步完善我省服务业重点产业和重点工作协调推进制度,建立服务业发展部门联席会议制度,形成各部门齐抓共促服务业发展的局面。健全服务业发展绩效考核机制,科学设置考核指标体系,进一步强化服务业在科学发展综合考核中的分量,增强考核激励,确保考核推动效果。(省发展改革委、省编办负责)

(二)增强发展动力,提高创新发展水平

突出企业在创新驱动中的主体地位,激发创新热情,鼓励全民创业,提高服务业企业市场竞争力。

1.以技术创新赢得先机。支持服务业企业加大研发投入,通过技术创新引领服务方式变革和服务内涵提升,形成先发优势。注重引进创新型人才和研发团队,鼓励建立研发人员报酬与市场业绩挂钩机制,使人才的贡献与回报相匹配。加强研发机构和研发平台建设,推进产学研合作,争取拥有更多的服务业自主知识产权,形成自有创新品牌。(省发展改革委、省经济和信息化委、省人力资源社会保障厅、省财政厅、省科技厅、省质监局,有关部门按职能分工负责)

2.以商业模式创新拓展空间。引导企业把服务理念创新、管理方式创新与商业模式创新结合起来,更好满足市场服务需求。支持生产企业从制造产品向"产品+服务+连锁"的后端延伸,减少流通环节,扩大市场辐射,提升价值链。支持有条件的企业采用"设计+商品+服务"的模式,组合不同企业的优势产品,提供最优性价比的总成服务。大力推广总集成总承包业务模式,支持企业由提供产品向提供系统集成总承包服务和整体解决方案转变。大力发展BTB、BTC、CTC、BTO、OTO等电子商务经营模式,推广网络经营、连锁经营,开展供应链管理、企业流程再造和精益服务。(省经济和信息化委、省商务厅,有关部门按职能分工负责)

3.以品牌创新放大优势。推动服务业企业从成本竞争优势向标准、品牌竞争优势转变。制定一批服务业省级地方标准,鼓励相关行业协会、产业联盟等制定服务业团体标准和行业服务规范;培育一批"山东服务名牌"企业。加强行政指导,提高市场主体商标注册、运用、管理和保护水平,鼓励服务业争创驰名商标和著名商标。实施"十个一百"科技创新品牌培育工程,提高科技服务供给能力。(省

质监局、省工商局、省科技厅,有关部门按职能分工负责)

4.以创新创业激发活力。以产业政策的发展导向、财税政策的利益导向,引导服务业大企业调整产品结构、加快自主创新,努力做大做强。以创新引领创业,以创业带动就业,在公共服务、金融扶持、职业教育和产业引导上更多向服务业的小微企业倾斜,鼓励支持"大众创业、万众创新"。(省发展改革委,有关部门按职能分工负责)

(三)突出生产性服务业,促进产业融合发展

认真贯彻落实《国务院关于加快发展生产性服务业,促进产业结构调整升级的指导意见(国发〔2014〕26号)》,抓好我省促进生产性服务业发展的政策措施落实,依托高新技术,推进产业深度融合,提高附加值,拉长产业链,抢占产业竞争战略制高点。

1.促进服务业与现代农业深度融合。通过搞好农业生产产前、产中、产后全过程服务,健全完善农业社会化服务体系,降低农业生产成本,提高农业比较效益。鼓励农业企业和涉农服务机构重点围绕提高科技创新和推广应用能力,发展农作物良种繁育、农业生产动态监测、环境监控等信息技术服务。搭建各类农业生产服务平台,加强政策法律咨询、市场信息、病虫害防治、测土配方施肥、种养过程监控等服务。鼓励开展农机跨区作业、承包作业、机具租赁和维修服务。健全农业生产资料配送网络,完善农副产品流通体系,搭建农超对接、农社对接平台。建立健全农产品质量安全可追溯体系。(省农业厅牵头,有关部门按职能分工负责)

2.促进服务业与先进制造业深度融合。鼓励有能力的工业企业围绕核心业务和产品,不断增加服务要素在投入和产出中的比重,从以加工组装为主向"制造+服务"转型,从单纯出售产品向出售"产品+服务"转变。推进面向产业集群和中小企业的基础工艺、基础材料、基础元器件研发和系统集成以及生产、检测、计量等专业化公共服务平台建设,鼓励企业在信息技术、研发设计、能源管理、财务管理、人力资源管理等领域广泛采用服务外包,整合优化生产服务系统。积极发展合同能源管理、清洁生产审核及咨询等节能环保服务。鼓励将数字技术和智能制造技术广泛应用于产品设计和制造过程,丰富产品功能,提高产品性能。运用互联网、大数据等信息技术,积极发展定制生产,满足多样化、个性化消费需求。围绕市场营销和品牌服务,发展现代销售体系,增强产业链上下游企业协同能力。(省经济和信息化委牵头,有关部门按职能分工负责)

3.促进服务业内部深度融合。加快服务业内部存量调整和增量优化,以科技和信息服务改造提升传统服务业,促进金融与物流,商贸与物流,商业、旅游与文化等行业间的融合。推动文化创意和设计服务业与科技、教育等相关产业的融合发展,强化文化产品创新,大力发展数字技术、广告创意制作、工艺设计等高端文化创意产业。(省有关部门按职能分工负责)

(四)深化改革开放,优化发展环境

适应开放型经济发展的新要求,全面深化服务业体制改革和机制创新,促进现代服务业全方位、宽领域、多层次对外开放,创造良好的营商环境。

1.深化改革。着力打破服务业行业垄断和地方保护,清除市场壁垒,加快建立统一开放、竞争有序的市场体系。在更多领域放开竞争性业务,鼓励社会资本投向银行、保险、铁路、电信、民航、教育、医疗、养老、健康、旅游等服务业,推进政府向社会力量购买服务。研究探索将社会力量兴办的非营利

性学校、医院、幼儿园、养老机构纳入事业单位法人登记管理的办法，建立各类事业单位统一登记管理制度。深化机关、学校后勤服务社会化，加快公益类事业单位去行政化和法人治理结构建设试点工作。启动第二批服务业综合改革试点，扩大省级服务业综合改革试点范围，支持试点单位积极探索、先行先试，为全省服务业转型发展提供示范。加快推进全省农业生产全程社会化服务试点和供销社全国综合改革试点工作，搭建为农服务综合平台，健全农业社会化服务体系。（省发展改革委、省财政厅、省农业厅、省供销社，有关部门按职能分工负责）

2.扩大开放。进一步扩大服务业利用外资的领域和规模，优化服务业外商投资结构。积极引导国际资本投向科技信息、文化创意、商务服务等现代服务业领域，深化鲁港、鲁台服务业交流合作，积极参与丝绸之路经济带、21世纪海上丝绸之路建设，开创服务业对外开放新格局。（省商务厅牵头，有关部门按职能分工负责）

3.优化发展环境。破除体制机制障碍，优化营商环境。加快推进政府职能转变，进一步理顺政府和市场的关系，进一步深化审批制度改革，取消下放一批“含金量”高、社会关注度高的审批项目，简化审批验收环节和程序，压缩审批时限。积极探索推进审批事项“负面清单”试点。进一步打破所有制限制和行业垄断，建立公开、平等、开放、规范的市场准入制度，为民间投资创造良好环境。（省发展改革委牵头，有关部门按职能分工负责）

山东省服务业创新发展行动纲要（2017～2025年）

为贯彻落实国家发展改革委《服务业创新发展大纲（2017～2025年）》精神，进一步优化我省服务供给结构，增强服务业发展新动能，实现创新发展、持续发展、领先发展，加快推动我省迈向服务经济新时代，制定本行动纲要。

一、总体要求

（一）指导思想

全面贯彻落实党的十九大精神，坚持以习近平新时代中国特色社会主义思想为指导，认真贯彻落实党中央、国务院决策部署，牢固树立和贯彻落实新发展理念，牢牢把握走在前列的目标定位，坚持世界眼光、国际标准、山东优势，深入推进供给侧结构性改革，以提高质量和核心竞争力为中心，加快新旧动能转换，努力构建优质高效、充满活力、竞争力强的现代服务产业新体系，推动服务业和现代农业、先进制造业互促互进，培育服务经济发展新动能，实现创新发展、持续发展、领先发展，为建设社会主义现代化强省做出更大贡献。

（二）基本原则

1.创新驱动，融合发展。立足创新，大力促进服务业领域新技术、新产业、新业态、新模式蓬勃发展，增强服务经济发展新动能。推进我省服务业与现代农业、先进制造业及服务业不同领域之间的深度融合，构建产业协同发展体系，引领全省经济发展。

2.市场主导，优质发展。充分发挥市场在资源配置中的决定性作用，顺应消费升级趋势，扩大服务供给，提升服务品质，全方位提供满足人民需要的服务产品。健全服务质量治理和促进体系，打造以标准、质量、品牌为核心的竞争优势，全面提高服务业发展质量和效益。

3.重点突破，特色发展。立足省情，抓住关键，大力推动我省服务业重点产业加快转型升级。发挥各地比较优势、培育竞争优势，因地制宜发展各具特色的服务业，促进服务业集群、集聚发展，发挥示范带动作用。

4.改革开放，加快发展。打破制约服务业发展的体制机制障碍，激发市场活力，以深化改革推动服务业加快发展。扩大服务领域开放，加快发展服务贸易，广泛深入参与国际服务业分工合作，在开放竞争中拓展空间、提升水平，增强我省服务业国际竞争力。

（三）主要目标

到2025年，全省服务业增加值占地区生产总值的比重达到60%，社会消费品零售总额目标年均增长10%左右。服务业有效供给持续扩大，结构不断优化，新技术、新产业、新业态、新模式充分发展，服务业市场化、社会化、国际化水平明显提高，新消费在引领供给侧改革方面发挥重要作用，基本形成以服务业为主导的现代产业新体系。服务业发展环境全面优化，统一开放、公平竞争、创新激励的市场环境加快形成；质量效益显著改善，服务可及性、便利性明显提高；创新能力大幅提升，科技进步对服务业发展的支撑作用明显增强；产业融合持续深化，新服务模式和业态蓬勃发展；标准化、品牌化建设取得明显成效，形成一批具有较强国际竞争力的服务业企业和知名品牌。

二、创新引领，培育服务业发展新动能

深入实施新旧动能转换重大工程，激发服务业创新发展活力，通过发展新技术、新产业、新业态、新模式，促进产业智慧化、智慧产业化、跨界融合化、品牌高端化，实现传统产业提质效、新兴产业提规模、跨界融合提潜能、品牌高端提价值，全面提升服务业创新发展水平。

（一）以新技术为支撑，推进产业智慧化

适应服务业创新发展需要，不断应用新技术，提升服务业科技水平，推动技术工艺创新与广泛深度应用，实现传统服务业提质效。

1.提升技术创新能力。强化企业技术创新主体地位，引导支持企业建立服务业创新中心、技术中心、工程研究中心、工程实验室等研发机构，加大研发投入，强化研发团队建设。鼓励龙头企业牵头建立产业技术创新战略联盟，形成优势互补、利益共享、风险共担的产学研结合新机制，开展关键共性技术联合开发和推广应用。支持建立多层次、开放型技术交易市场和转化平台，促进科研成果转化应用。支持省内高等院校和科研院所面向市场提高研发服务能力，创建专业特色服务平台。实施创新能力提升行动，围绕信息、生物、检验检测等重点领域基础和核心技术创新能力，进行创新研发、产业化及应用示范。（责任单位：省发展改革委、省经济和信息化委、省科技厅、省知识产权局）

2.加快服务业工艺创新。适应服务多元化、专业化、精细化、个性化发展要求，鼓励服务业企业设立工艺设计创新中心、企业设计中心，加强对新工艺的研发应用，提升设计水平，优化服务流程。鼓励挖掘、保护、传承、发展传统技艺，利用新技术开发现代工艺、更好弘扬传统工艺。大力弘扬新时期工匠精神，支持高技能人才多元化研修平台和齐鲁技能大师特色工作站建设，保护一批传统工艺工匠，

培养一批具有精湛技艺技能的高技能人才。(责任单位:省人力资源社会保障厅、省发展改革委)

3.深入推进服务业信息化。鼓励利用新一代信息技术改造提升服务业。加快政务信息系统资源整合,建立省级政务大数据平台,推进政府信息等数据资源开放共享。设立省级大数据交易机构,促进数据的交易流通。实施大数据重大工程,加快大数据产品、解决方案在重点行业领域的应用。积极培育人工智能产业生态,支持企业突破人工智能、智能感知等关键核心技术,重点发展面向下一代移动互联网和信息消费的智能可穿戴、智慧家庭、智能车载终端等服务,面向特定需求的定制终端服务。(责任单位:省政府办公厅、省发展改革委、省经济和信息化委、省科技厅)

(二)以新产业为示范,推进智慧产业化

坚持包容创新、鼓励探索、积极培育的发展导向,促进各种形式的商业模式、产业形态创新应用,实现新兴服务业提规模。

1.鼓励平台经济发展。鼓励发展信息咨询、科技金融、商品交易、物流运输等重点领域专业特色平台,培育发展一批信誉好、实力强的平台企业,带动和整合上下游产业,实现融合创新发展。开展大企业构建基于互联网的制造业“双创”平台试点示范,重点培育一批服务模式创新、市场化水平高、自我发展能力强、服务成效显著的科技创新公共服务平台。(责任单位:省经济和信息化委、省科技厅、省发展改革委、省人力资源社会保障厅、省金融办)

2.加快信息经济发展。充分利用现有信息网络基础设施,依托宽带光纤、新一代移动通信网、下一代互联网、数字电视网等信息基础设施建设,推动智慧、技术、创意加速向现实生产力转化,发展壮大人工智能、大数据、云计算、物联网、移动互联网、虚拟现实、量子通信、北斗导航、创意设计等信息服务产业,有关行业主管部门及时研究出台相关领域发展规划和实施意见,积极开展示范基地创建工作,培育一批国际知名的百亿千亿级信息服务经济领军企业。(责任单位:省经济和信息化委、省发展改革委、省有关部门)

3.支持分享经济发展。优化分享经济发展的政策环境,支持交通出行、房屋住宿、专业技能、生活服务等领域分享经济发展。实施“企业上云”计划,加强云计算产业链合作和生态体系建设,引导企业依托现有生产能力、基础设施、能源资源等发展分享经济。完善省大型科学仪器设备协作共用网平台建设,整合全省科学仪器设备资源,形成大型科研仪器开放共享的长效机制。(责任单位:省发展改革委、省经济和信息化委、省科技厅、省财政厅、省住房城乡建设厅、省法制办)

4.促进体验经济发展。鼓励企业挖掘生产、制造、流通各环节的体验价值,利用虚拟现实等新技术创新体验模式,发展线上线下新型体验服务。支持虚拟现实产品研发及产业化,探索开展在生产制造、休闲娱乐、旅游购物、医疗保健等领域的应用示范,引导产业向“产品+服务”转型升级。加强体验场所设施的质量和安全监管。(责任单位:省发展改革委、省经济和信息化委、省旅游发展委、省卫生计生委、省质监局)

(三)以新业态新模式为带动,推进跨界融合化

推进服务业与相关产业在更广领域、更深程度的融合,强化服务业对现代农业和先进制造业的全产业链支撑作用,实现跨界融合提潜能。

1.服务业与现代农业融合。加快构建全程覆盖、区域集成的新型农业社会化服务体系。促进农

村一、二、三产业深度融合，发展农业“新六产”，打造终端型、体验型、智慧型、循环型新业态，实现全环节提升、全链条增值、全产业融合。支持以龙头企业为核心、农民合作社为纽带、家庭农场和专业大户为基础的农业产业化联合体。实施乡村旅游创业创新创客工程，发展休闲农业、休闲渔业、森林旅游和乡村旅游。深入推进国家农村农业信息化示范省建设，发展“智慧农业”。加快推广“互联网＋农业科技综合服务”模式，支持创建农村产业融合发展示范园区，开展农村电商示范县创建，发展一批特色电商镇、电商村。大力推动农产品上行计划，加快培育一批农产品电商平台企业和农村电商服务企业。（责任单位：省发展改革委、省商务厅、省农业厅、省经济和信息化委、省供销社、省旅游发展委）

2.服务业与先进制造业融合。支持企业由生产型向生产服务型转变、服务企业向制造环节延伸。实施服务型制造行动计划，促进制造企业向创意孵化、研发设计、售后服务等产业链两端延伸，提升制造产业价值链。开展总集成总承包试点示范，支持有条件的企业由提供设备向提供系统集成总承包服务转变、由提供产品向提供整体解决方案转变。推进信息化与工业化深度融合，加快发展工业互联网，完善山东工业云平台功能，提高制造智能化水平。鼓励服务企业开展批量定制服务，支持服务企业利用信息、营销渠道、创意等优势，向制造环节拓展业务范围。积极搭建服务制造融合平台，支持打造电子商务集聚区。开展工业电子商务试点示范，支持制造业骨干企业、电子商务平台服务企业建设一批工业电子商务平台。（责任单位：省经济和信息化委、省发展改革委）

3.服务业内部融合。支持服务企业拓展经营领域，加快业态和模式创新，构建产业生态圈。顺应消费升级和产业升级趋势，支持文化、旅游、物流、养老等服务业跨界融合发展。推广应用现代流通技术和设施设备，培育服务业融合发展新载体，支持服务业集群集聚发展，推动商流、物流、信息流、资金流融合。培育系统解决方案提供商，推动优势企业跨地区、跨行业、跨所有制整合经营，发展一批具有综合服务功能的大型企业集团或产业联盟。（责任单位：省发展改革委、省旅游发展委、省经济和信息化委、省文化厅）

（四）注重提升新品牌，推进品牌高端化

创新服务质量管理，加快服务业标准化、规范化建设，建立和完善企业规范、行业自律、政府监管和社会监督的多元共治格局。积极推进服务业名牌产品、名牌企业、名牌行业、名牌区域建设，实现品牌高端提价值。

1.健全服务业质量治理体系。强化企业责任意识，引导企业加强质量控制，建立质量自我评估与公开承诺制度，主动发布质量标准、质量状况报告。推行质量责任首负承诺，支持企业提高质量监测和产品全生命周期服务质量追溯能力。鼓励推广服务质量保险，逐步建立质量保证金制度。提升政府监管和执法水平，加大随机抽查和质量监督检查力度。继续开展服务质量满意度提升、服务质量标杆引领和服务质量检测能力提升行动。充分发挥“12305”“12315”等消费者质量投诉举报渠道作用，推广服务质量社会监督员制度，鼓励第三方服务质量调查。支持行业协会商会加强质量自律，发布行业服务质量和安全报告。（责任单位：省发展改革委、省经济和信息化委、省工商局、省质监局、省安监局）

2.提高服务标准化水平。建立政府主导制定的标准与市场自主制定的标准协同发展、协调配套的新型标准体系，实施服务业标准体系建设工程，加强“山东标准”建设，继续开展服务业标准化试点示范，支持具有核心竞争力的专利技术向标准转化。鼓励企业自主制定企业标准，推出一批国际国内

领先的服务业标准单位。加强标准制修订工作，将服务业领域先进技术、先进经验、先进服务模式写入标准。鼓励企业积极参与国际标准化组织活动，广泛开展国际认证，推动国际国内标准接轨，提高服务领域标准化水平。开展服务标准化提升行动，建立健全服务认证制度体系，推动与国际知名认证互认，推动更多优势品牌占领市场。（责任单位：省质监局、省发展改革委）

3. 培育服务业知名品牌。鼓励服务企业加强品牌建设，培育质量高、效益高、诚信度高、美誉度高、关联度高的知名品牌。在生产性服务业企业试点开展质量标杆、品牌培育示范活动，发挥试点先行、示范引领作用。开展品牌价值提升行动，鼓励中小服务企业品牌孵化建设。支持具有文化、民族、地域特色的服务品牌创建区域性知名品牌，支持大型服务企业培育形成一批精品服务项目和服务品牌。发挥行业协会商会在品牌培育和保护方面的作用，建立和完善市场主导、顾客满意、行业自律、政府监督的品牌评价、发布机制。完善品牌信用信息平台，建立企业自我保护、行政保护和司法保护三位一体的品牌保护体系，打击侵犯商标专用权和制售假冒伪劣商品的行为。（责任单位：省质监局、省工商局、省商务厅、省发展改革委、省知识产权局、省法制办）

三、转型升级，优化服务供给结构

聚焦我省服务业重点领域和发展短板，按照“敲开核桃，一业一策”的要求，加快实施23个行业的转型升级实施方案，通过比标对标，找准差距和发展目标，扩大服务产品供给，优化供给结构，满足大众化、多样化、差异化消费需求。

（一）做大做强生产服务业

以产业升级需求为导向，促进生产服务业向专业化和价值链高端延伸，培强做大生产服务业，全面提升产业体系整体素质和竞争力。

1. 信息服务。创新发展并积极应用高性能计算、人工智能、虚拟现实、基础软件等战略新兴技术。大力推进量子通信技术研发和产业化。推动大数据技术产业创新发展，积极争取国家大数据综合试验区落户山东，支持基于移动互联网、云计算、物联网的“智慧山东”等建设。编制自主可控软件技术产品推荐目录，加快信息安全、信息消费领域信息系统国产化替代进程。培育具有较强国际竞争力和龙头带动作用的大型骨干企业，建设高水平软件和信息技术服务业新兴聚集区，培育认定一批省级大数据聚集区、软件产业园区和软件工程技术中心。推动电子信息产品制造企业由单纯提供产品向提供综合解决方案和信息服务转变，加强我省企业与国内优势基础软硬件厂商的横向联合，集中力量攻关云计算关键技术，加快综合性行业解决方案的产品开发和创新力度。（责任单位：省经济和信息化委、省发展改革委）

2. 科创服务。构建覆盖科技创新全链条的科技服务体系，强化创新研发平台、创新服务平台、创新孵化平台等重大创新平台建设，加快发展工业设计、研究开发、创业孵化、科技成果转移转化和科技咨询等服务，支持大学科技园建设，加强对高校科技成果转移转化和创新创业的服务，增强服务科技创新的能力。支持建立数字海洋平台，开展海洋生物和海洋药物的安全评价、临床试验设计等技术研发服务，为海洋产业提供特色技术服务。完善知识产权交易和中介服务体系，支持专利运营和产业化服务平台建设，打造山东省知识产权一站式服务平台。加快代理、法律服务等传统服务转型。（责任

单位:省科技厅、省发展改革委、省经济和信息化委、省人力资源社会保障厅、省海洋与渔业厅、省知识产权局)

3.金融服务。发展高效安全、绿色普惠、开放创新的现代金融服务业,提高金融服务实体经济效能。加强对产业转型和创新创业的金融服务,引导金融资源向科技创新、小微企业、"三农"领域、精准扶贫等领域倾斜,推动开展股权、知识产权、应收账款、排污权、土地承包经营权、宅基地使用权、林权、农村集体经济组织产权等抵质押贷款业务,探索开展股权和债权相结合的融资方式创新服务,积极发展商圈融资、供应链融资、物流融资、网络融资等新型融资方式。深化金融科技创新,推动金融机构数字化转型,积极运用互联网、大数据、云计算等信息科技手段,丰富金融产品和服务渠道。积极推进基础设施等重点领域资产证券化。大力发展农业保险、责任保险、保证保险、健康保险等涉及社会民生的保险业务。充分发挥小额贷款、融资担保、融资租赁、民间融资、金融属性交易市场、新型农村合作金融等地方金融组织功能作用。加强"一带一路"建设金融服务,推动跨境财富管理等对外金融业务。以贯彻落实《山东省地方金融条例》为指引,创新完善地方金融监管和风险防范机制。(责任单位:省金融办、人民银行济南分行、山东银监局、山东证监局、山东保监局、省农业厅、省发展改革委、省科技厅)

4.商务服务。积极发展检验检测认证、广告设计和代理、管理与咨询服务、市场研究等商务服务业,提高专业化服务水平,加快实施法律服务、知识产权、会计评估和会展业转型升级实施方案,打造一批在全国有影响的品牌商务服务机构。促进商务服务业深化改革、扩大开放,鼓励各类社会资本以独资、合资、参股联营等多种形式来我省兴办商务服务企业,加快培育综合与专业性商务服务类高端智库,减少和规范服务资格许可及认定,健全商务服务业职业水平评价制度,全面提升商务服务机构服务水平和市场竞争力。(责任单位:省发展改革委、省商务厅、省财政厅、省人力资源社会保障厅、省司法厅、省知识产权局)

5.人力资源服务。大力推动人力资源服务业跨越发展。加强人力资源服务产业园建设,推进人力资源服务产业的集聚发展。大力培育骨干企业和行业领军人才,积极引进知名人力资源服务机构,鼓励支持本土人力资源服务机构与国内外知名人力资源服务机构进行合资、合作,发展产业化、国际化人力资源服务机构。加快推进产品创新和服务创新,鼓励发展招聘、人力资源服务外包和管理咨询、高级人才寻访等业态,规范发展人力资源服务代理、人才测评和技能鉴定、人力资源培训、劳务派遣等服务。(责任单位:省人力资源社会保障厅、省发展改革委)

6.地理信息服务。加快地理信息产业结构调整和产业优化,提高自主研发能力,推动产业集聚和优化升级,实现地理信息产业跨越发展。重点发展卫星导航与位置服务,推动航天航空遥感技术及应用,推进地理信息软件开发,发展地理信息装备制造,开发地图和地理信息文化产品,加强地理信息服务,加快形成产业集聚、链条完整、特色鲜明、跨界融合的地理信息产业发展新格局。(责任单位:省国土资源厅、省发展改革委、省经济和信息化委)

(二)构建现代流通服务体系

以改革创新为动力,以先进技术和信息化为支撑,以提高效率和降低流通成本为目标,提升流通标准化、信息化、智能化、集约化服务水平。

1.物流服务。加快供应链物流发展,深化物流与生产、销售、研发设计、金融等行业的对接,打造集仓储、货代、运输、交易、融资为一体的综合物流服务模式。加强物流基础设施建设，高标准规划建设一批物流园区，完善城乡物流配送和快递体系，提升物流标准化、信息化、网络化、智慧化水平。大力发展社会化、专业化物流，加快培育我省电商物流龙头和品牌企业。支持物流企业走出去，加快建设海外仓储和集散转运中心。着力打造“中欧班列”山东品牌，增辟洲际直航航线，加快建设面向全国、东连日韩、西接欧亚的国际物流大通道。启动省内多式联运示范工程建设，打造交通枢纽型经济区，提高运输效能，降低运输成本。（责任单位：省经济和信息化委、省商务厅、省发展改革委、省交通运输厅、省供销社）

2.现代商贸。积极探索发展“智慧商业”，创新商贸经营管理模式，提升现代商贸整体效能。支持专业批发市场、传统批发商转型升级，建立以市场为依托，以产业为基础，集生产、销售、售后服务等为一体、产业链融合发展的新模式。鼓励流通企业加强供应链创新与应用。支持连锁经营向多行业、多业态和农村延伸。加快传统商场线上线下融合发展，大力发展新一代便利店等新兴业态，增强体验式服务能力。加强农产品批发市场建设，加快形成区域中心城市大型农产品批发市场、市级骨干农产品批发市场、县级示范性农产品交易市场协调发展格局。推动餐饮企业向集约化、特色化、标准化、信息化和多元化发展，为居民提供多元化健康饮食及餐饮服务。（责任单位：省商务厅、省发展改革委）

3.电子商务。培育壮大电子商务经营主体，完善支撑体系，强化政策支持，加强监督管理。支持面向中小企业的第三方电子商务服务企业发展壮大，健全在线信用评估、电子支付、电子认证等技术服务体系，鼓励相关机构建立可信交易服务平台。整合全省供销社系统采购信息，向社有企业全面放开采购渠道。积极推进供销系统平台一体化，整合供销系统经营网络、物流配送和商业终端网点信息，培育壮大山东为农服务信息综合平台。重点培育一批电商示范基地、电商示范企业和农村电子商务示范县，建设一批电子商务县级运营中心和村级服务站。（责任单位：省商务厅、省发展改革委、省供销社）

（三）扩大社会服务有效供给

积极应用现代科学信息技术，大力推广新型管理、营销和服务模式，适应生产生活需求变化，进一步完善文化教育、健康养老、家庭服务等方面的服务，全面提升服务能力和水平。

1.教育培训服务。进一步优化教育结构，均衡配置公共教育资源，实现教育公共服务均等化。加快建设现代职业教育体系，支持民办教育，发展市场化教育培训业，推进各类培训机构向专业化、精细化、连锁化和品牌化发展。鼓励发展继续教育、职业教育、老年教育、社区教育、校外教育，创新发展技能培训、兴趣培训，引导民间资金进入教育领域。支持开发数字教育资源，发展开放式教育培训云服务。鼓励教育服务外包，引导社会力量提供实习实训等专业化服务。（责任单位：省教育厅、省人力资源社会保障厅、省发展改革委）

2.医疗服务。加快推进从以疾病为中心到以健康为中心的服务模式转变，拉长预防、保健、咨询、养生等前端链条，促进医养结合等多业态融合发展，建立覆盖全体人群、全生命历程的大健康服务体系。完善社会办医政策，支持社会资本举办医疗机构，打造一批具有全国一流水平的区域医疗中心。加强临床医学研究中心等创新平台建设。支持康复医院、护理院发展，鼓励二级以上综合医院开设老年病科，鼓励基层医疗卫生机构向居民家庭延伸服务，推动医疗养老结合。扩大中医服务覆盖面和服务半径，提高中医在医疗服务中的比例和市场份额占有率。构建移动医疗、远程医疗等诊疗新模式，发展智慧医疗，打造院内就医“一站式”服务，推动检验检查结果互认，建立省、市、县、乡四级远程医疗服务协作体系。建设国家健康医疗大数据区域中心，探索大数据资源开发应用，鼓励精准医疗等新兴服务发展。（责任单位：省卫生计生委、省民政厅、省发展改革委、省科技厅、省经济和信息化委、省财政厅、省人力资源社会保障厅）

3.体育服务。大力实施全民健身国家战略，扩大体育产品和服务供给，鼓励兴办多种形式的健身俱乐部和健身组织。积极研究制定体育健身服务行业标准。鼓励各地以体育场馆等为载体，打造多功能的城市体育服务综合体，支持社会力量举办商业性和群众性体育赛事活动，探索建立与市场接轨的新型场馆管理体制和运营机制。鼓励发展具有地域特色的体育休闲旅游产业，打造群众日常休闲健身基地和节假日体育旅游精品线路，创建一批体育旅游小镇、体育旅游特色村、体育旅游驿站。办好山东省运动会、全民健身运动会和大中小学体育联赛等综合性赛事，提高赛事影响力。发挥山东竞技体育优势，积极引进培育国际精品赛事和传统高水平赛事，创建特色品牌赛事，进一步提升体育节庆活动水平。培育发展多形式、多层次、多门类的协会和中介组织。鼓励社会力量开办体质测试、健康咨询和康复理疗等各类机构。促进体育传媒、体育会展、体育广告、体育影视、体育物业、体育文学创作等新型业态发展。（责任单位：省体育局、省发展改革委、省旅游发展委）

4.养老服务。全面放开养老服务市场，支持发展居家和社区养老服务，建立以企业和机构为主体、社区为纽带的养老服务网络。打造“孝润齐鲁·安养山东”品牌，提升居家养老、医养结合、人才培养水平，壮大产业规模。推进社区居家养老一体发展，建立满足老年人各种养老服务需求的社区居家养老服务网络。积极应对人口老龄化，大力发展医疗养老联合体，有效增加医疗养老设施和服务供给。支持社会力量举办养老服务机构，重点支持兴办面向失能半失能、失智、高龄老年人的医养结合型养老机构，鼓励规范化、专业化、连锁化经营。鼓励发展智慧养老。按照国家统一部署，完善养老保障体系，逐步提高基本养老金水平。积极采取政府购买养老服务等方式，为老年人提供基本养老服务。（责任单位：省民政厅、省卫生计生委、省发展改革委、省财政厅、省人力资源社会保障厅）

5.文化服务。发挥齐鲁文化优势，加快构建结构合理、门类齐全、科技含量高、富有创意、竞争力强的现代文化产业体系。实施文化产业数字化精品工程，推动文化创意、设计服务与相关产业融合发展，培育新型文化业态。鼓励企业提升服务产品文化价值，开发富有文化内涵的服务，打造具有文化内涵的服务品牌。以扩大和引导文化消费，开展山东文化惠民消费活动，以文化消费推动供给侧调整，以企业转型带动产业升级。鼓励创建对外文化贸易基地和国家级文化产业示范园区。进一步完善公共服务平台，支持数字出版、网络视听、移动多媒体、动漫游戏、网络音乐、网络文学、创意设计、绿色印刷等新兴产业发展，推动影视制作、工艺美术、文化会展、出版发行印刷等产业转型升级。鼓励实体书店建设成为复合式文化场所。（责任单位：省文化厅、省委宣传部、省新闻出版广电局、省经济和信息化委、省发展改革委）

（四）提高居民服务质量

适应群众对生活服务便利化的新要求，引导居民服务规范发展，全面提升服务品质和消费满意度。

1.家政服务。加大家政服务品牌培育力度，实施公益性信息平台建设工程，实现省级服务平台和各市各类服务平台有效对接。制定全省家政服务标准化建设规划和标准体系框架，深入推进家政服务业标准化试点建设，支持我省家政服务企业参与国家、行业标准制定。支持社会资本投资家政服务，促进中小家政企业专业化、特色化发展。加强规范化和职业化建设，加大对家政服务人员培训的支持力度，开展家政服务业示范城市、示范企业、示范协会、示范公共服务平台、示范培训基地创建活动，逐步完善示范评价标准体系。构建和谐劳动关系，依法推进工资集体协商，切实维护经营者与劳动者的合法权益，促进行业诚信体系建设。（责任单位：省人力资源社会保障厅、省质监局、省发展改革委、省商务厅、省民政厅、省财政厅）

2. 旅游服务。创新旅游发展机制，积极实施“旅游业＋”发展战略，推动旅游业与相关产业融合发展。积极创建国家全域旅游示范省，全面提升“好客山东”品牌价值和影响力，大力发展精品旅游，扩大高质量、个性化旅游精品供给，完善旅游服务体系。重点培育邮轮游艇、自驾车房车、温泉滑雪、低空飞行、生态休闲、康体健身、旅游演艺等旅游新业态。发展现代乡村旅游，打造环城市乡村旅游休憩带。开发具有地域特色的文化旅游活动，持续举办“好客山东贺年会”，建立具有山东地方特色的研学旅行体系。开展旅游环境整治行动，完善旅游市场监管信息平台，规范旅游市场秩序，实施旅游培训工程，提高从业人员专业素质和游客文明素养。加强旅游休闲安全、紧急救援、保险支撑能力，保障旅游安全。（责任单位：省旅游发展委、省卫生计生委、省农业厅）

3. 房地产服务。强化住房居住属性，满足不同区域、不同层次居民的多元化住房需求，加快推动产品创新、技术创新、商业模式创新。加快培育和发展住房租赁市场。推进建筑产业现代化，发展节能环保型住宅，打造新型住宅产业链。支持房地产评估和经纪、土地评估和登记代理机构专业化发展，鼓励房地产企业向综合服务商转型。鼓励社会投资兴办物业企业，利用现代信息技术提高物业服务效率，延伸服务领域，促进物业服务专业化、信息化、多元化。（责任单位：省住房城乡建设厅、省国土资源厅、省发展改革委）

四、保障措施

进一步深化改革、扩大开放，强化政策措施，创建服务业发展良好环境，激发推动服务业创新发展的动力和活力。

（一）深化改革，优化服务业发展环境

1. 公平市场准入。以市场准入负面清单为核心，建立服务领域平等规范、公开透明的准入标准。清理规范各类前置审批和事中事后监管事项，明确确需保留事项的审批主体、要件、程序和时限，及时向社会公开，并加强事中事后监管。推进统一开放、竞争有序的服务市场体系建设，营造权利平等、机会平等、规则平等的发展环境。深化商事制度改革，积极推行简易注销、企业名称登记管理制度改革、多证合一、电子营业执照、企业全程电子化登记等措施。（责任单位：省编办、省工商局、省发展改革委、省商务厅）

2. 深化企事业改革。积极推进国有服务业企业投资主体多元化，鼓励各类社会资本参与国有服务业企业改革，鼓励发展非公有资本控股的混合所有制企业。推动我省国有服务业企业与中央企业、世界500强企业、国内优秀民营企业合资合作。加快分类推进教育、科技、文化、卫生等事业单位改革。继续推进我省国家级服务业综合改革试点，深化新一轮省级服务业综合改革试点，积极探索县域

服务业优质高效发展的新途径，发掘培育一批可复制可推广的新业态、新模式和新产业。鼓励高校、科研院所建立有利于促进科技成果转化的激励分配机制，激发科研人员创新积极性。探索建立“产业教授”和“技术特派员”岗位，支持高校、科研院所科研人员到企业指导技术创新，支持企业科研人员到高校、科研院所围绕企业技术难关协同攻关，推动高校、科研院所与企业密切合作。（责任单位：省国资委、省发展改革委、省委宣传部、省教育厅、省科技厅、省卫生计生委、省编办、省人力资源社会保障厅）

3.创新监管方式。顺应服务业发展新趋势，更新理念，创新方式，加快推动监管方式由按行业归属监管向功能性监管转变，由具体事项的细则式监管向事先设置安全阀及红线的触发式监管转变，由分散多头监管向综合协同监管转变，由行政主导监管向依法多元监管转变。按照服务类别制定统一的监管规则、标准和程序，并向社会公开。全面推进综合行政执法体制改革，在稳步推进部门领域内综合执法和跨部门跨领域综合执法的基础上，建立健全跨部门、跨区域执法联动响应和协作机制，加强信息共享和联合执法。健全网络安全等级保护制度，做好网络安全执法检查，严厉打击网络攻击犯罪活动。建立健全社会化监督机制，充分发挥公众和媒体监督作用。创新新业态新模式监管方式，加强对“互联网＋”、平台经济、分享经济等的有效监管。加强对安全生产中介机构的监管。加大垄断及不正当竞争案件查处力度。（责任单位：省工商局、省质监局、省安监局、省公安厅、省物价局、省经济和信息化委、省发展改革委、省编办）

4.营造公平普惠的政策环境。创新财税政策，积极构建有利于服务业创新发展的财税政策环境。构建银行多层次普惠金融服务体系，落实支持服务业及小微企业发展的税收优惠政策，做好非营利组织免税资格认定及优惠备案。各级要落实好培育服务业载体建设的税收优惠政策。各级服务业引导资金、各级各类有关服务业产业基金，重点支持服务业载体建设。充分发挥政府资金的引导作用，推广政府与社会资本合作模式，积极引导社会资本投入公共服务领域，推动形成以政府资金为引导、社会资本为主体、多元化投资并存的现代服务业投资格局。优化金融支持，拓宽融资渠道。支持通过股票、债券、私募基金等方式筹集资金。深化价格改革，加快完善主要由市场决定价格机制，放开竞争性领域和环节服务价格。深化教育、医疗、养老等领域价格改革，营利性机构提供的服务实行经营者依法自主定价。全面清理规范涉企收费，推进实施涉企收费目录清单管理并常态化公示。健全消费政策，鼓励消费金融创新。创新服务业供地方式，除房地产以外的行业用地，均可采取长期租赁、先租后让、租让结合、弹性年期出让方式使用土地，实行分期供地政策。积极盘活存量，鼓励集约用地。（责任单位：省财政厅、省国税局、省地税局、人民银行济南分行、省金融办、省发展改革委、省国土资源厅、省经济和信息化委、省住房城乡建设厅、省物价局、山东保监局）

5.加强信用体系建设。加强信用法律法规建设，完善褒扬诚信、惩戒失信机制，引导服务业企业和从业人员树立诚信理念、弘扬诚信美德，营造优良信用环境。着力加强服务市场诚信建设，建立健全市场主体信用记录，开展服务企业诚信承诺活动，构建跨地区、跨部门、跨领域的守信联合激励和失信联合惩戒机制。培育和规范信用服务市场，发展各类信用服务机构，逐步建立公共和社会信用服务机构互为补充、信用信息基础服务和增值服务相辅相成的多层次信用服务体系。支持具有较高市场公信力的第三方征信机构培育和发展。鼓励社会机构依法使用征信产品，拓展应用范围。（责任单位：省发展改革委，省直相关部门配合）

(二)扩大开放,提升服务业国际化水平

1. 深入推进服务业领域对外开放。积极推动外资领域简政放权、放管结合、优化服务改革。对外资全面实施准入前国民待遇加负面清单管理制度,简化外资企业设立和变更管理程序,提高市场准入透明度和可预期性。在财政政策、融资服务、土地使用和经济技术合作等方面实现内外资企业一视同仁。推动重点领域对外开放,优先放开对弥补发展短板、促进产业转型升级、提高人民生活质量具有重要作用的领域。有序推进教育、医疗、金融等领域对外开放。鼓励外商投资工业设计和创意、工程咨询、现代物流、检验检测认证等生产性服务业。(责任单位:省商务厅、省发展改革委、省教育厅、省经济和信息化委、省住房城乡建设厅、省卫生计生委、人民银行济南分行、省金融办、山东银监局、山东证监局、山东保监局)

2. 打造服务业全方位开放新格局。进一步扩大招商引资引技引智力度,大力发展高层次外向型服务业。推动中韩服务贸易创新发展,探索中韩服务业合作新机制。支持有条件的地方建设具有较大影响力的金融、技术、信息等要素市场。深化国际旅游合作,大力提升"好客山东"品牌在海外的美誉度,提高山东旅游产品在国际上的知名度和影响力。加强我省与台湾、香港、澳门在服务业领域的合作,积极开展我省与新疆、青海、甘肃、重庆等"一带一路"沿线省(区、市)服务业领域的合作,提高服务业对外合作水平。(责任单位:省商务厅、省发展改革委、省旅游发展委、省经济和信息化委、省文化厅、省新闻出版广电局、人民银行济南分行、省金融办)

3. 推动服务业走出去开拓国际市场。鼓励服务业企业在全球范围内配置资源、开拓市场,拓展发展新空间,提升国际竞争力。积极探索我省与"一带一路"沿线国家服务业领域深度合作。扩大金融保险、交通运输、信息通信、研发咨询、环境服务等高附加值服务出口,鼓励科技企业成立数字化经济战略联盟,利用数字化技术整合全球科技和金融资源,为"一带一路"沿线国家信息化建设提供服务。积极推动文化、中医药等服务出口,加强体育、餐饮等特色服务领域的国际交流合作。大力发展服务外包,推动服务外包向价值链高端延伸。围绕关键短板和战略需求,支持服务业企业以跨国并购、绿地投资、联合投资等方式,高效配置全球人才、技术、品牌等核心资源。鼓励企业通过在境外设立研发中心、分销中心、物流中心、展示中心等形式,构建跨境服务产业链。鼓励企业利用信息技术改造提升传统服务投资贸易方式,积极发展跨境电商、全球维修、全球采购等服务。(责任单位:省商务厅、省发展改革委、省文化厅、省卫生计生委、省经济和信息化委、省体育局)

(三)夯实基础,完善服务业发展支撑

1. 完善服务业统计制度。健全完善全面反映我省服务业发展水平的统计指标体系和统计制度,大力推进服务业全行业统计,建立行业统计和运行监测分析季报制度,提高统计数据的时效性和准确性。加强部门沟通合作,完善部门统计数据报表制度,健全数据互通共享机制,提高信息共享的能力和水平,为服务业增加值核算提供准确、完整的统计基础资料,科学反映服务业发展情况和创新成果。建立健全大数据应用管理制度,探索互联网、大数据等现代信息技术在服务业统计中的应用,丰富统计数据资源。强化对调查数据的分析评估,及时了解行业发展动态,为科学决策提供可靠依据。加强服务业发展绩效考核,组织开展年度全省服务业发展绩效考核评价工作,发挥好考核的评价、导向和激励作用。(责任单位:省统计局、省发展改革委,省直相关部门配合)

2.强化人才队伍支撑。继续实施泰山产业领军人才工程，做好年度服务业专业人才表扬工作。深入实施现代服务业领域专业技术人才知识更新工程，继续实施“服务业千人培训工程”，加大服务业经营管理人才、专业技能人才培养力度，强化服务业人才支撑。加快引进高端专业人才和复合型人才，完善人力资源服务体系和鼓励政策，切实解决入户、工作、生活等方面的实际问题，为人才创造宜居宜业、安全舒适的环境。鼓励省内高等院校开设服务业领域相关专业，继续推进校企共建服务业技能人才培训基地。（责任单位：省发展改革委、省人力资源社会保障厅、省财政厅、省教育厅）

3.完善基础设施建设。完善适应服务业发展的基础设施体系，加快推进基础设施改造升级，提升智慧化和网络化水平。抓好信息、交通、流通、旅游、社会服务等领域基础设施建设。推动中国通信企业与我省战略合作，加快重点事项落地。加快构建面向服务业应用的信息基础设施和平台建设，完善物联网、云计算及大数据平台等基础设施，建设数据信息资源开放平台，加快高速骨干线路、宽带接入网络、公共服务平台建设。完善高速路网布局，尽快实现全省高速公路网九纵、五横、一环、七连的“9517”布局。加快内河高等级航道建设，围绕建设东北亚综合航运枢纽，推进区域港口资源整合，打造山东国际航运中心。加快城市群城际铁路网建设，完善高铁快运设施。推动公共交通优先发展，加快大城市中心城区轨道交通建设。加强综合交通枢纽布局、建设和运营衔接，积极发展智慧交通。加强社区和农村流通基础设施建设，优化社区商业网点、公共服务设施的规划布局和业态配置。推进服务业相关基础设施标准化建设和改造，促进互联互通和系统功能优化。（责任单位：省发展改革委、省经济和信息化委、省旅游发展委、省商务厅、省交通运输厅、省住房城乡建设厅、省公安厅、省供销社）

4.强化载体建设。积极搭建各类服务平台载体，集聚资源要素、强化组合优势、探索开放创新，充分发挥示范带动作用，为服务业发展提供有效支撑。全省重点培育一批重点服务业城区、重点服务业园区、重点服务业企业和重点服务业项目，引领全省服务业转型升级；重点培育一批现代服务业特色产业集群，提高现代服务业集群集聚集约发展水平，促进产业产城融合发展；重点培育一批产业特色鲜明、文化底蕴浓厚、生态环境优美、富有生机活力、示范效应明显的服务业特色小镇，引领全省县（市、区）及乡镇服务业特色发展、集聚发展，提高县以下服务业发展水平；重点培育和认定一批省级服务业创新中心，发挥示范和引领作用，带动和促进全省服务业创新发展。（责任单位：省发展改革委）

5.保护消费者合法权益。健全适应服务消费特点的监管机制，建立全省消费者权益保护联席会议制度，强化线上线下消费者权益保护，有效维护消费者合法权益。开展“放心消费在山东”创建工作，着力打造安全放心的消费环境。健全服务信息依法依规告知制度，严格落实经营者明码标价和收费公示制度。规范商业合同格式和条款解释，推进合同条款标准化、表述通俗化。完善服务质量担保、损害赔偿、风险监控、投诉响应、先行赔付和公益诉讼等制度，充分发挥消费者协会等组织维护消费者权益的作用。（责任单位：省工商局、省质监局、省发展改革委、省司法厅、省商务厅、省食药监局、省物价局）

加快发展服务业是产业结构优化升级的主攻方向，各市和省直有关部门要充分认识推动服务业创新发展的重大意义，加强组织领导，健全工作机制，强化部门协同和上下联动，形成工作合力，积极推动全省服务业创新发展。各市要因地制宜、大胆创新，积极探索服务业发展的新思路新举措，落实相关政策，及时总结推广经验。有关部门要按照任务分工，细化政策措施，认真组织实施。

数据篇

(一)2017 年山东省分行业增加值完成情况

行业	总量(亿元)	同比增长(%)	占生产总值比重(%)
地区生产总值	72678.18	7.4	100.0
第一产业	4876.74	3.5	6.7
第二产业	32925.12	6.3	45.3
第三产业	34876.32	9.1	48.0
交通运输、仓储和邮政业	2916.53	8.2	4.0
批发和零售业	9832.19	8.6	13.5
住宿和餐饮业	1558.27	8.2	2.1
金融业	3707.24	8.0	5.1
房地产业	3176.09	7.4	4.4
其他服务业	13346.47	10.6	18.4

(二)2017 年山东省各市服务业增加值完成情况

地区	服务业增加值（按现价计算）	增长速度（按可比价计算）		服务业增加值占生产总值比重		
	（亿元）	（%）	位次	（%）	同比提高点数(个)	提高点数位次
全省	34876.32	9.1		48.0	1.3	
济南市	4315.34	8.2	12	59.9	1.3	2
青岛市	6110.10	8.4	10	55.4	1.3	2
淄博市	2141.35	9.0	7	44.8	1.2	4
枣庄市	958.69	7.9	14	41.4	0.6	12
东营市	1284.16	5.1	17	33.8	0.0	16
烟台市	3184.70	8.0	13	43.4	0.8	8
潍坊市	2694.03	8.9	8	46.0	1.7	1
济宁市	2030.44	8.3	11	43.7	0.6	12
泰安市	1676.94	7.3	15	46.8	0.7	10
威海市	1664.13	9.6	4	47.8	1.2	4
日照市	888.94	9.4	5	44.4	0.2	15
莱芜市	339.92	9.9	3	37.9	−3.4	17
临沂市	2098.43	10.5	1	48.3	0.9	6
德州市	1330.38	8.6	9	42.4	0.7	10
聊城市	1196.98	9.3	6	39.1	0.9	6
滨州市	1153.45	7.1	16	44.1	0.4	14
菏泽市	1079.76	10.1	2	38.3	0.8	8

(三)2017年山东省分行业固定资产投资完成情况

行业	投资完成额(亿元)	同比增长(%)	占总投资比重(%)
全省总计	54236.03	7.3	100
第一产业	1029.61	10.7	1.9
第二产业	26876.28	2.5	49.6
第三产业	26330.14	12.5	48.5
交通运输、仓储和邮政业	3955.00	34.7	7.3
信息传输、软件和信息技术服务业	317.67	11.7	0.6
批发和零售业	1804.64	−18.9	3.3
住宿和餐饮业	419.50	17.4	0.8
金融业	136.89	35.6	0.3
房地产业	9592.01	7.7	17.7
租赁和商务服务业	1380.17	20.1	2.5
科学研究和技术服务业	953.00	−5.6	1.8
水利、环境和公共设施管理业	3753.87	28.9	6.9
居民服务、修理和其他服务业	238.99	−12.4	0.4
教育	1167.17	59.7	2.2
卫生和社会工作	651.43	25.8	1.2
文化、体育和娱乐业	974.63	24.7	1.8
公共管理、社会保障和社会组织	678.33	−35	1.3

(四)2017 年山东省各市服务业投资完成情况

地区	固定资产投资		其中:第三产业		服务业投资占总投资比重	
	投资额(亿元)	同比增长(%)	投资额(亿元)	同比增长(%)	占比(%)	同比提高点数(个)
全省	54236.03	7.3	26330.14	12.5	48.5	2.2
济南市	4363.58	13.5	2824.22	12.6	64.7	−0.5
青岛市	7777.09	7.4	4561.93	22.6	58.7	7.3
淄博市	3135.08	3.4	1495.42	24.3	47.7	8.0
枣庄市	1797.52	5.7	806.41	5.8	44.9	0.0
东营市	2557.45	5.8	1159.77	5.8	45.3	0.0
烟台市	5594.24	8.5	3029.63	6.7	54.2	−0.9
潍坊市	4855.49	0.5	1996.48	1.4	41.1	0.4
济宁市	3473.53	8.4	1611.77	9.9	46.4	0.6
泰安市	2992.49	7.2	1530.15	9.5	51.1	1.1
威海市	2941.89	8.7	989.19	2.9	33.6	−1.9
日照市	1691.19	9.5	955.81	13.4	56.5	1.9
莱芜市	668.14	5.5	308.33	21.6	46.1	6.1
临沂市	3765.72	8.0	1711.11	17.1	45.4	3.5
德州市	2641.01	8.0	1129.44	17.3	42.8	3.4
聊城市	2470.14	10.7	808.66	13.5	32.7	0.8
滨州市	2187.91	5.6	829.53	17.0	37.9	3.7
菏泽市	1323.56	9.5	582.29	7.9	44.0	−0.7

(五)2017年山东省分行业地税税收收入完成情况

行业	地税税收收入		
	税额(亿元)	同比增长(%)	占地税税收收入比重(%)
总计	2962.75	15.06	100
第一产业	18.89	16.06	0.6
第二产业	1015.94	6.08	34.3
第三产业	1927.92	20.43	65.1
交通运输、仓储和邮政业	61.27	21.19	2.1
信息传输、计算机服务和软件业	19.47	17.11	0.7
批发和零售业	158.59	10.45	5.4
住宿和餐饮业	12.21	6.66	0.4
金融业	223.02	13.15	7.5
房地产业	805.75	21.58	27.2
租赁和商务服务业	213.25	7.86	7.2
居民服务和其他服务业	95.33	16.09	3.2
教育	14.31	27.69	0.5
卫生、社会保障和社会福利业	22.63	53.05	0.8
文化、体育和娱乐业	16.01	−0.50	0.5
其他服务业	286.08	45.26	9.7

(六)2017年山东省各市服务业地税税收收入完成情况

地区	地税税收收入		其中:第三产业		占地税税收收入比重	
	税额(亿元)	增长速度(%)	税额(亿元)	增长速度(%)	占比(%)	同比提高点数(个)
全省	2962.75	15.06	1927.92	20.43	65.1	2.9
济南市	389.30	25.66	318.12	32.74	81.7	4.4
青岛市	575.08	19.21	448.39	26.41	78.0	4.4
淄博市	168.88	9.17	107.65	10.12	63.7	0.5
枣庄市	76.02	9.07	49.28	35.48	64.8	12.6
东营市	126.79	24.15	47.25	23.81	37.3	−0.1
烟台市	282.82	3.65	171.11	11.08	60.5	4.0
潍坊市	279.25	9.22	170.66	3.50	61.1	−3.4
济宁市	198.71	15.72	83.05	−3.13	41.8	−8.1
泰安市	105.28	5.01	59.69	8.00	56.7	1.6
威海市	170.51	19.78	112.06	24.96	65.7	2.7
日照市	64.12	29.05	43.62	41.81	68.0	6.1
莱芜市	23.30	19.16	10.47	12.35	45.0	−2.7
临沂市	138.05	7.42	94.99	15.14	68.8	4.6
德州市	91.72	14.81	56.33	25.07	61.4	5.0
聊城市	87.62	20.67	55.42	37.96	63.2	7.9
滨州市	109.10	11.83	55.75	22.26	51.1	4.4
菏泽市	76.20	16.49	44.10	41.09	57.9	10.1